Studientexte zur Soziologie

Reihe herausgegeben vom Institut für Soziologie der FernUniversität in Hagen, **repräsentiert durch**
D. Funcke
F. Hillebrandt
U. Vormbusch
S. M. Wilz

FernUniversität in Hagen, Deutschland

Die „Studientexte zur Soziologie" wollen eine größere Öffentlichkeit für Themen, Theorien und Perspektiven der Soziologie interessieren. Die Reihe soll in klassische und aktuelle soziologische Diskussionen einführen und Perspektiven auf das soziale Handeln von Individuen und den Prozess der Gesellschaft eröffnen. In langjähriger Lehre erprobt, sind die Studientexte als Grundlagentexte in Universitätsseminaren, zum Selbststudium oder für eine wissenschaftliche Weiterbildung auch außerhalb einer Hochschule geeignet. Wichtige Merkmale sind eine verständliche Sprache und eine unaufdringliche, aber lenkende Didaktik, die zum eigenständigen soziologischen Denken anregt.

Reihe herausgegeben vom Institut für Soziologie der FernUniversität in Hagen, repräsentiert durch
Dorett Funcke
Frank Hillebrandt
Uwe Vormbusch
Sylvia Marlene Wilz

FernUniversität in Hagen, Deutschland

Weitere Bände in der Reihe http://www.springer.com/series/12376

Dorett Funcke · Thomas Loer
(Hrsg.)

Vom Fall zur Theorie

Auf dem Pfad der rekonstruktiven
Sozialforschung

 Springer

Hrsg.
Dorett Funcke
FernUni Hagen
Hagen, Deutschland

Thomas Loer
independent
Bergkamen-Overberge, Deutschland

Studientexte zur Soziologie
ISBN 978-3-658-22543-8   ISBN 978-3-658-22544-5   (eBook)
https://doi.org/10.1007/978-3-658-22544-5

Die Deutsche Nationalbibliothek verzeichnet diese Publikation in der Deutschen Nationalbibliografie; detaillierte bibliografische Daten sind im Internet über http://dnb.d-nb.de abrufbar.

© Springer Fachmedien Wiesbaden GmbH, ein Teil von Springer Nature 2019
Das Werk einschließlich aller seiner Teile ist urheberrechtlich geschützt. Jede Verwertung, die nicht ausdrücklich vom Urheberrechtsgesetz zugelassen ist, bedarf der vorherigen Zustimmung des Verlags. Das gilt insbesondere für Vervielfältigungen, Bearbeitungen, Übersetzungen, Mikroverfilmungen und die Einspeicherung und Verarbeitung in elektronischen Systemen.
Die Wiedergabe von Gebrauchsnamen, Handelsnamen, Warenbezeichnungen usw. in diesem Werk berechtigt auch ohne besondere Kennzeichnung nicht zu der Annahme, dass solche Namen im Sinne der Warenzeichen- und Markenschutz-Gesetzgebung als frei zu betrachten wären und daher von jedermann benutzt werden dürften.
Der Verlag, die Autoren und die Herausgeber gehen davon aus, dass die Angaben und Informationen in diesem Werk zum Zeitpunkt der Veröffentlichung vollständig und korrekt sind. Weder der Verlag noch die Autoren oder die Herausgeber übernehmen, ausdrücklich oder implizit, Gewähr für den Inhalt des Werkes, etwaige Fehler oder Äußerungen. Der Verlag bleibt im Hinblick auf geografische Zuordnungen und Gebietsbezeichnungen in veröffentlichten Karten und Institutionsadressen neutral.

Verantwortlich im Verlag: Cori Antonia Mackrodt

Springer ist ein Imprint der eingetragenen Gesellschaft Springer Fachmedien Wiesbaden GmbH und ist ein Teil von Springer Nature
Die Anschrift der Gesellschaft ist: Abraham-Lincoln-Str. 46, 65189 Wiesbaden, Germany

Inhalt

Von der Forschungsfrage über Feld und Fall zur Theorie.
Zur Einleitung 1
Dorett Funcke und Thomas Loer

Wie kommt man zu einer Fallstrukturhypothese? 57
Andreas Wernet

Die gleichgeschlechtliche Inseminationsfamilie.
Gegenstandsbestimmung, Dimensionsanalyse und Methodisches 85
Dorett Funcke

Eine Fallgeschichte im Feld sozialer Hilfen 127
Karl Friedrich Bohler

Objektiv-hermeneutische Falldiagnostik im Rahmen der Kinder-
und Jugendhilfe 157
Andreas Franzmann

Die Analyse materieller Kultur mit der Methode der Objektiven
Hermeneutik 193
Matthias Jung

Stand by Me: Was können Fotografien über Paarbeziehungen aussagen? ... 217
Kai-Olaf Maiwald

„… ich möchte unabhängig sein …" – Autonomie in der öffentlichen
Diskussion um ein Bedingungsloses Grundeinkommen.
Eine exemplarische Deutungsmusteranalyse 255
Sascha Liebermann

Über die Arbeit an einer Strukturtheorie des Unterrichts und
die dabei auftretenden methodologischen Probleme 289
Johannes Twardella

Verlaufsformen fallrekonstruktiver Forschung.
Methodologische Reflexion einer Untersuchung zum Berufshabitus
von Umweltmediatoren 329
Peter Münte

Autoren und Herausgeber 371

Von der Forschungsfrage über Feld und Fall zur Theorie
Zur Einleitung

Dorett Funcke und Thomas Loer

1 Von der Forschungsfrage zur Theorie – Eine Pfadbeschreibung für eine fallrekonstruktive Forschung

Im Folgenden soll zunächst der Pfad, den rekonstruktive Forschung in der Regel beschreitet, beschrieben werden. Dabei ergibt sich Erläuterungsbedarf, der einerseits durch Hinweise auf die Beiträge, die diesen Band ausmachen, andererseits in dem dann folgenden Teil dieser Einleitung, der sich konstitutionstheoretischen, methodologischen und methodischen Fragen ausführlicher widmet, befriedigt werden soll.

Forschungsfrage

In der Regel beginnt eine Forschung mit einer *Forschungsfrage*, die sich daraus ergibt, dass ein Forscher sich über etwas wundert[1] oder dass aus anderen Gründen seine Neugier geweckt wird. Dies kann eine Verwunderung über ein beobachtetes Phänomen sein[2] oder eine Verwunderung über eine wissenschaftliche Strittigkeit[3]

---

[1] So wie überhaupt das Staunen der Ausgangspunkt der Forschung ist (vgl.: „Μάλα γὰρ φιλοσόφου τοῦτο τὸ πάθος, τὸ θαυμάζειν· οὐ γὰρ ἄλλη ἀρχὴ φιλοσοφίας ἢ αὕτη / Denn gar sehr ist dies der Zustand eines Freundes der Weisheit, die Verwunderung; ja es gibt keinen andern Anfang der Philosophie als diesen" – Platon 1970: 44/45; 155 d).

[2] Warum etwa werden Menschen so häufig von Quadrupeden begleitet? – Vgl. hierzu Loer 2016a, b.

[3] Etwa der in den Positionen von Gilles Kepel und Olivier Roy verkörperte Streit darüber, ob es sich bei dem Jihad in Europa um eine islamistische Radikalisierung handelt oder um ein vom religiösen Inhalt unabhängiges Generationenphänomen (vgl. Kepel 2015, Kepel/Rougier 2016, Roy 2015, Worth 2017).

© Springer Fachmedien Wiesbaden GmbH, ein Teil von Springer Nature 2019
D. Funcke und T. Loer (Hrsg.), *Vom Fall zur Theorie*, Studientexte zur Soziologie, https://doi.org/10.1007/978-3-658-22544-5_1

oder die Neugier darauf, ob eine entwickelte Theorie auch andere Phänomene erklären kann als diejenigen, zu deren Erklärung sie entwickelt wurde.[4] Natürlich kann die Forschungsfrage auch von außen an die Wissenschaft herangetragen werden[5] oder es kann ein wissenschaftliches Fragen in praktischen Zusammenhängen ausgelöst werden.[6]

Fragestellung

In Auseinandersetzung mit den bereits vorliegenden Kenntnissen und Erkenntnissen, die für die Beantwortung der Forschungsfrage relevant sein können, wird diese weiterentwickelt zu einer *Fragestellung*. Eine Fragestellung ist also, so könnte man sagen, die Explikation der Implikationen einer Forschungsfrage. Lautet also die Forschungsfrage: „Was ist Unterricht?", so könnte man als deren Implikationen die Fragen benennen, ob es nur eine Form von Unterricht gibt oder mehrere und, falls letzeres gilt, ob die mehreren etwas gemeinsam haben und worin es besteht; worin sich Unterricht von verwandten Phänomenen unterscheidet,[7] welche Rolle verschiedene an Unterricht beteiligte Handlungslehren wie Pädagogik, Didaktik, Ethik spielen usw. Johannes Twardellas Beitrag widmet sich dieser Fragestellung, in der der begriffliche Aspekt im Vordergrund steht – wobei Begriff realistisch verstanden wird in dem Sinne, dass ein Gegenstand auf den Begriff gebracht werden soll. Lautet die Forschungsfrage: „Um was handelt es sich bei diesem Ding (etwa bei dem Fundstück, das Matthias Jung in seinem Beitrag analysiert)?", so könnte man als deren Implikationen die Fragen benennen, wie man überhaupt Artefakte untersuchen kann, wie man die mögliche Nutzung des Gegenstands zu seinem historischen Kontext ins Verhältnis setzen kann, usw. In dieser Fragestellung steht der methodische Aspekt im Vordergrund – wobei Methode als sachangemessene verstanden wird in dem Sinne, dass mit ihr ein Gegenstand erschlossen wird.[8]

---

4   Ein solcher Fall liegt zum Teil in dem Aufsatz von Peter Münte in diesem Band vor, der prüft, ob die für die Erklärung der klassischen Professionen entwickelte Professionalisierungstheorie auch den Gegenstand der Umweltmediation erschließen kann.

5   Dies wird in dem Beitrag von Johannes Twardella thematisiert, der die Frage nach der begrifflichen Bestimmung von Unterricht auch angestoßen sieht durch die praktische Frage, wie das Gelingen von Unterricht erreicht werden kann.

6   Dies ist in der Regel dort der Fall, wo klinische Professionen beteiligt sind, die ausgehend von einem praktischen Handlungsproblem mit wissenschaftlichen Mitteln Erkenntnisse entwickeln, die zu dessen Lösung beitragen können; die Beiträge von Karl Friedrich Bohler und Andreas Franzmann beschäftigen sich hiermit.

7   Vgl. etwa zum Verhältnis von Lehre und Unterricht Loer 2015 a.

8   Das Problem, dass es Methoden gibt, die ihrem Gegenstand übergestülpt werden, die ihn einem allgemeinen Methodenmodell subsumieren, darf nicht zu dem Missverständnis

Forschungsgegenstand

Indem man so fragt, bestimmt man zugleich mit der Fragestellung seinen *Forschungsgegenstand*. Hierbei ist zunächst einmal festzuhalten, dass mit ‚Forschungsgegenstand' nicht ein dingliches Objekt gemeint ist, wie es etwa in dem Beitrag von Matthias Jung untersucht wird, und auch nicht ein Datentypus wie zum Beispiel ein Foto. Was aber ist dann der Forschungsgegenstand?

Der Gegenstandsbereich der Sozialwissenschaften,[9] der Bereich also, in dem die Sozialwissenschaften ihre Gegenstände suchen und finden, ist im weitesten Sinne der Bereich menschlicher Praxis. Nichts, was die Sozialwissenschaften untersuchen, liegt außerhalb dieses Bereichs. Wenn wir als Sozialwissenschaftler etwa tierisches Verhalten untersuchen, so untersuchen wir es nur, falls und insofern es in Bezug zu menschlicher Praxis steht (vgl. etwa Prothmann 2007, Crossman 2017); ebenso verhält es sich mit Naturgegebenheiten wie Landschaftsformationen (vgl. etwa Semple 1932) oder auch mit Artefakten (vgl. Jung in diesem Band).[10] Damit ergibt sich aber die Frage, wie dieser Gegenstandsbereich, wie also menschliche Praxis konstituiert ist. Hierauf geben verschiedene Konstitutionstheorien unterschiedliche Antworten; die aus unserer Sicht angemessene Antwort, die an dieser Stelle nur genannt werden soll, lautet: menschliche Praxis besteht in der regelgeleiteten Lösung von Handlungsproblemen. Daraus nun wiederum folgt, dass der jeweils spezifische zu untersuchende Gegenstand aus dem Gegenstandsbereich der Sozialwissenschaften seinerseits durch bestimmte Regeln und durch ein ausgezeichnetes Handlungsproblem konstituiert ist.

Nehmen wir an, wir wollten unternehmerisches Handeln untersuchen.[11] Zunächst zeigt sich unternehmerisches Handeln in reiner Form im Handel: „Wenn

---

führen, Methode schließe Sachangemessenheit aus. Dieses Missverständnis bei dem gleichzeitigen Bemühen um die Vermeidung von Unverbindlichkeit kommt schön in folgendem Ausspruch Peter Szondis zum Ausdruck: ‚Der Gegensatz zu methodisch ist nicht unmethodisch, sondern sachangemessen.' (1962 o. 1975, zit. n. d. Gedächtnis) – Die Lösung für dieses Dilemma kann einzig eine Sachangemessenheit integrierende, ja zum Kern des Vorgehens machende Methode sein: eine rekonstruktive Methode.

9   Wir verwenden hier die eingeführte Bezeichnung für die Disziplinen; es gibt bekanntermaßen auch eine Tiersoziologie (vgl. Rahmann 2002), die aber traditionellerweise nicht zu den Sozialwissenschaften gerechnet wird. Präziser müsste man bzgl. der Sozialwissenschaften entweder von einer Humansoziologie sprechen oder – aber stets in einem Atemzug und verstanden als *ein* Terminus – von Sozial- und Kulturwissenschaften (vgl. Loer 2012).

10   Eine berechtigte klare Kritik an der Aktor-Netwerk-Theorie, die Dingen Handlungsfähigkeit zuschreibt (Latour 2005: 63-86; „Objects too Have Agency"), findet sich in Jung 2012: 381.

11   Wir nutzen hier Ausführungen aus Loer 2006 a.

Überfluss und Mangel gleichzeitig auftreten, ist Handeln angesagt" soll der Migros-Gründer Gottlieb Duttweiler gesagt haben; aber diese ausgleichende Funktion ist nur ein Aspekt des unternehmerisch betriebenen Handels. Ein weiterer Aspekt besteht darin, anderswo vorhandene Problemlösungen zu transferieren, die unter Umständen das gelöste Handlungsproblem als solches durch diesen Transfer erst zu Tage fördern. So kann man etwa bezüglich des frühen Gewürzhandels sagen, dass erst durch diesen Handel im westlichen Europa die Möglichkeit der entsprechend gewürzten Speise als Handlungsproblem aufscheint, das durch den Handel mit den entsprechenden Gewürzen zugleich gelöst wird. – Ein nächster Schritt in der Geschichte des unternehmerischen Handelns ist die Produktion von Lösungen für vorhandene Handlungsprobleme in Manufakturen und Fabriken, wo die Neuerung des Unternehmers vorrangig in der Organisation der Produktionsmittel und -prozesse bestand. – Schließlich findet sich die Produktion von Lösungen für mögliche Handlungsprobleme, die – wie oben für den Handel angedeutet – durch die Lösungen erst zu Tage gefördert und eben gleichermaßen gelöst werden.[12] – Das unternehmerische Handeln wird also gewissermaßen durch ein Handlungsproblem zweiter Ordnung konstituiert: die (ursprünglich neuartige) Bereitstellung und ggf. Erzeugung von Lösungen für Handlungsprobleme erster Ordnung (seien es bereits bekannte oder durch die bereitgestellte Lösung erst zu Tage geförderte). Wenn wir also unternehmerisches Handeln zum Gegenstand machen, müssen wir dasjenige Handeln untersuchen, das sich der Lösung des genannten Handlungsproblems zweiter Ordnung widmet, und versuchen zu rekonstruieren, an welchen Regeln es sich dabei orientiert.

Wir haben hier über den Gegenstand ‚unternehmerisches Handeln' Vorwissen in Anspruch genommen. Eine Inanspruchnahme von Vorwissen zur Bestimmung des Gegenstands ist unerlässlich. Dabei kann das Vorwissen unserem vorwissenschaftlichen Verständnis entstammen – dies findet sich etwa in dem Beitrag von Johannes Twardella, der zur Bestimmung seines Gegenstands Unterricht zunächst fragt, was gemeinhin darunter verstanden wird. Von daher versucht er das Handlungsproblem, für das Unterricht eine Lösung zu sein beansprucht, zu bestimmen. Es kann sich aber auch um theoretisches Vorwissen handeln. In der Regel untersuchen wir einen Gegenstand, zu dem bereits theoretische Erkenntnisse vorliegen. Insofern muss – sofern sich nicht lediglich die Bestätigung einer bestehenden Theorie ergibt – aus Forschung hervorgehende „Theoriebildung [...] verstanden werden als Theorie*weiter*- oder *um*bildung", wie Andreas Wernet in seinem Beitrag

---

12 Ein Beispiel hierfür ist etwa die Erfindung des Teflons, dass durch die Möglichkeit der Beschichtung von Bratgeschirr dem Anhaften von Bratgut überhaupt erst den Charakter eines spezifischen Handlungsproblems gegeben hat (vgl. August 2003).

ausführt (i. d. Bd.: 57-84). Dabei zeigt sich die aufschließende Kraft der vorliegenden familientheoretischen Erkenntnisse für die Bestimmung des Gegenstands, hier der familialen Interaktion, sowohl bei Andreas Wernet als auch bei Dorett Funcke; demgegenüber versucht Peter Münte in seinem Beitrag seinen Gegenstand ausgehend von der Selbstbezeichnung „Mediation" zunächst ausschließlich über die vorliegenden theoretischen Erkenntnisse zu bestimmen und kann im Laufe der Rekonstruktion zeigen, dass diese Gegenstandsbestimmung unzureichend ist, so dass er mit der Phase der Gegenstandsbestimmung neu ansetzen muss.

Nun ist ein Gegenstand immer in einem bestimmten Bereich angesiedelt: in einem Feld, das dadurch, dass wir den Gegenstand untersuchen wollen, zum Forschungsfeld wird.

Feld

Ein prominenter Verwendungskontext, in dem der Terminus ‚Feld' in wissenschaftlichen Zusammenhängen auftaucht, ist die frühe Ethnographie: So spricht Margaret Mead von ihrem „first field trip" (1949/1950: ix) und Bronisław Malinowski von „anthropological field-work" (1944: 23). Angesichts der Entwicklung, die Arthur J. Vidich und Stanford M. Lymon so beschreiben: „The ‚field' itself has become constricted by the march of decolonization and the modernization that has overtaken once ‚primitive' peoples" (1994: 41 f.) und als deren Folge sie festhalten: „The ‚field' may be located in one's library or one's study" (a. a. O.: 42), verliert die Ethnographie zunehmend den Zugang zu ihrem Feld im räumlichen Sinne.[13] Demgegenüber wird in bestimmten Spielarten der Soziologie in Anlehnung an den ethnographischen Feldbegriff etwa von Forschungsfeld gesprochen: „Unter ‚Forschungsfeld' werden hier natürliche soziale Handlungsfelder im Gegensatz zu künstlichen situativen Arrangements verstanden, die extra für Forschungszwecke geschaffen werden." (Wolff 2000: 335) Entsprechend muss der Forscher sich „Wege ins Feld" (a. a. O.) eröffnen. Zugleich wird an solchen Bestimmungen deutlich, dass

---

13 Karl-Heinz Kohl hat allerdings kürzlich darauf aufmerksam gemacht, dass der Terminus ‚field' wohl bereits anlässlich der „famous Cambridge Torres Straits Expedition" (Kohl 2016: 159) von 1898/1899 von A. C. Haddon verwendet wurde. Kohl hält es dabei für wahrscheinlich, dass der Terminus zunächst nicht schlicht im räumlichen Sinne verwendet wurde, sondern, „that the organisers of the Cambridge expedition transferred the concept of field [that ‚was very popular in the natural sciences in the second half of the nineteenth century'] into anthropology to underline the scientific character of their planned inquiries." (a. a. O.: 163) Damit verbunden war ein erstaunlich früher Einsatz von Film, Photographie und Sonographie, aber in positivistischem Verständnis und schon bei der Erhebung ohne Rücksicht auf die pragmatische Rahmung (s. u.) (vgl. etwa Kohl 2016: 164).

in dem „traditionellen, lokalitätsorientierten Feldbegriff der klassischen Ethnografie" (Strübing 2006a: 253) immer schon ein umfassenderes Verständnis des Feldes als eines sozio-kulturellen Zusammenhangs enthalten war.[14]

Auch wenn man die Verwendungsweisen von ‚Feld' in einem deskriptivem Sinne als Forschungsfeld betrachtet – etwa wenn Franz Boas sagt: „the way in which the personality reacts to culture [...] makes the studies for foreign cultures a fruitful and useful field of research" (1928/1950: vii) –, so wirft die Frage, wodurch denn der Zusammenhang des Forschungsfelds gestiftet wird, sofort die Vermutung eines systematischen sozio-kulturellen Zusammenhangs auf – zumindest wenn man nicht willkürlich Äpfel mit Birnen vergleichen, sondern eben Obst untersuchen will.

Einen solchen systematischen Zusammenhang unterstellt bekanntermaßen Pierre Bourdieu in spezifischer Weise mit seinem Feldbegriff, der neben dem ethnographischen das zweite prominente Verständnis von ‚Feld' in den Sozialwissenschaften etabliert hat. Er definiert ‚Feld' als „System objektiver Beziehungen" zwischen verschiedenen Institutionen, „das den Konkurrenzraum konstituiert, den sie [...] zusammen bilde[n]" (1992/1999: 289), so dass jede einzelne zu dem Feld gehörige Institution durch ihre Position in diesem Feld bestimmt wird, weshalb nur so „die Wahrheit über jede einzelne dieser Institutionen [...] zu gewinnen ist" (ebd.).[15] Es kann hier nicht ausgeführt werden, dass dieser Feldbegriff mit unseres Erachtens nicht unproblematischen Annahmen operiert und eine Übergeneralisierung darzustellen scheint. Nicht zufällig hat Bourdieu seinen Feldbegriff in der Untersuchung der Eliteschulen in Frankreich entwickelt, die untereinander in Konkurrenz stehen und deren Konkurrenz auch in das politische Feld hineinragt. Ob aber solche Relationen bestehen, ist unseres Erachtens eine empirische Frage und kann nicht von vornherein als für jedes Gegenstandsfeld konstitutives Merkmal angenommen werden.

Wenn wir in dem vorliegenden Band von Feld sprechen, so ist damit weder der ‚lokalitätsorientierte Feldbegriff der klassischen Ethnografie' noch der voraussetzungsvolle Feldbegriff Bourdieus aufgerufen. Vielmehr machen wir uns in gewissem Sinne der von Bourdieu denunzierten Banalität[16] schuldig: Mit ‚Feld'

---

14 Bei einem angemessenen Verständnis physikalisch objektivierter Lokalität ist klar, dass dieser sozio-kulturelle Zusammenhang das Konstitutive war, nicht der physikalisch Ort (vgl. zu einem soziologischen Begriff des Raumes: Oevermann 1995: 52-60, 2001a: 305-311, 2003a: 355-372).

15 „chaqun de ces institutions ne peut livrer sa vérité singulière [...] qu'à condition d'être replacée dans le système des relations objectives constitutif de l'espace de concurrence qu'elle[s] forme[nt]" (1992: 254)

16 s. Bourdieu 1992/1999: 289, Fn. 7, 1992: 254, Fn. 6

wird also, wie wir oben (S. 6) bereits andeuteten, hier der Bereich benannt, in dem der Forschungsgegenstand angesiedelt ist. – Was ist damit gemeint?

Nehmen wir an, unsere Forschungsfrage lautet: „Worin besteht die Anziehungskraft des dschihadistischen Islam auf europäische Jugendliche?", und die daraus sich ergebende Fragestellung enthält die Aspekte: „Was kennzeichnet den dschihadistischen Islam?", „Was kennzeichnet die Jugendlichen, die angezogen werden?", „Welche inhaltlich religiösen Aspekte spielen in dem Prozess eine Rolle?", „Gibt es typische Verläufe der Anziehung und wenn ja: welche?", „Welche Mechanismen spielen dabei eine Rolle?", … Wenn wir dann den Gegenstand genauer bestimmen, so können wir prima vista davon ausgehen, dass es sich hier um Prozesse handelt, die im weitesten Sinne eine Form von Religiosität darstellen – selbst wenn das Ergebnis der Untersuchung lauten sollte, dass inhaltlich religiöse Aspekte keine Rolle spielen.[17] Unser Gegenstand ist also als das strukturell religiöse Handeln einer spezifischen: einer dschihadistisch attrahierten, Jugendlichenkohorte in einer säkularisierten Gesellschaft zu bestimmen.

Demgemäß wäre nun das Feld, in dem dieser Gegenstand angesiedelt ist, bestimmt als Überschneidung von säkularisierter Gesellschaft, Jugendlichkeit und Attrahiertsein vom Dschihadismus. Um das Forschungsfeld genauer zu bestimmen, ist es wichtig, im nächsten Schritt diejenigen Dimensionen herauszuarbeiten, die für die Bearbeitung der Fragestellung und damit die Beantwortung der Forschungsfrage relevant sind.[18] Für die Gewinnung dieser prima vista relevanten Dimensionen, die sich durchaus im Laufe des Forschungsprozesses als weniger relevant erweisen könnten und zu denen vor allem weitere hinzutreten können, benutzen wir unser alltägliches und theoretisches Vorwissen vergleichbar wie bei der Bestimmung des Gegenstandes (s. o., S. 5 f.). Dazu gehören in unserem Beispiel Dimensionen wie die religiöse Sozialisation des Jugendlichen – also inhaltlich religiös oder nicht, falls ja: islamisch oder nicht, falls ja: traditionell, pragmatisch oder streng (etwa salafistisch) –; dann die Relation zur westlich-europäischen Gesellschaft – etwa mit Migrationserfahrung oder nicht, falls ja: mit eigener Migrationserfahrung

---

17 Dabei beziehen wir uns auf das Strukturmodell der Religiosität, das Ulrich Oevermann entwickelt hat (1995, 2001 a, 2003 a). Diesem Modell gemäß gibt es eine universelle Struktur der Religiosität, in dem Sinne, dass jede Lebenspraxis mit einem *Bewährungsproblem* konfrontiert ist, was sie mithilfe eines *Bewährungsmythos* zu bewältigen versucht; dieser kann, muss aber nicht, inhaltlich religiös sein, also sich auf eine transzendente Welt, eine „Hinterwelt" im Sinne Max Webers (1921/1988: 122), beziehen. Da für einen Bewährungsmythos grundsätzlich keine Evidenz auf einer empirischen Basis gefunden werden kann, „muß diese Evidenz durch ein kollektives Verbürgt-Sein durch eine *vergemeinschaftende Gefolgschaft* gesichert werden." (Oevermann 1995: 65; kursiv i. Orig.)

18 S. hierzu auch den Beitrag von Dorett Funcke in diesem Band.

oder mit bloß familiärem Migrationshintergrund; weitere Dimensionen bzgl. der Jugendlichen sind der Bildungsgrad des Herkunftsmilieus, die eigene Schulbildung, dann das Geschlecht, evtl. der Beruf. – Bezgl. des attrahierenden Dschihadismus erscheint prima vista die Dimension des Verhältnisses zu Gewalt relevant – etwa: geht es um den „,größeren' Jihad gegen das Böse", also um den „Kampf, in den sich tugendhafte muslimische Gläubige ihr gesamtes Leben hindurch gestellt sehen" (Ruthven 1997/2000: 161), der nicht unbedingt gewalttätig ist, oder um den „kleineren' Jihad des Krieges gegen die Polytheisten" (ebd.) und gegen die Ungläubigen im weitesten Sinne?

Dem Beitrag von Karl Friedrich Bohler in diesem Band liegt das Forschungsthema[19] „Entwicklung der Kinder- und Jugendhilfe in Deutschland nach 1990" zugrunde. Der Gegenstand ist also eine bestimmte Form der sozialen Hilfe in einem bestimmten Zeitrahmen. Das Feld, in dem dieser Gegenstand untersucht wird, wird aufgespannt von verschiedenen Dimensionen, die bei Bohler als konditionelle Matrix[20] gefasst werden.

Um nun Aussagen über den Gegenstand machen und die Forschungsfrage beantworten zu können, brauchen wir relevante Fälle. – Was ist damit gemeint?

Fall – Fallbestimmung – Fallauswahl

Der Terminus ‚Fall' wird in vielfältiger Hinsicht gebraucht. Der Fernsehkonsument kennt ihn etwa aus Krimis, wo der Kommissar einen Fall zu lösen hat. In diesem Zusammenhang findet sich auch die juristische Verwendung des Terminus: Handelt es sich um einen Fall von Totschlag oder von Mord? In den Beiträgen von Karl Friedrich Bohler, Andreas Franzmann, Peter Münte und Andreas Wernet findet sich der Terminus im Sinne eines praktischen Falls der sozialen Hilfe, der Familienberatung und -betreuung, der Mediation und generell im Sinne eines Ausnahmefalls.

Der Fall der rekonstruktiven Sozialforschung ist demgegenüber zunächst gerade nicht der Ausnahmefall, sondern der Normalfall – und zwar der Normalfall des zu untersuchenden Gegenstandes X. Wir untersuchen stets einen Fall von X, wobei wir aber das Problem haben, dass wir X ja gerade noch nicht genau bestimmen

---

19 Ein Forschungsthema ist, so könnte man sagen, die in eine Überschrift umformulierte Forschungsfrage.
20 Der Unterschied zwischen dem Einbettungsverhältnis, das die konditionelle Matrix zu fassen sucht, und den Dimensionen, die nicht zwingend in einem Einbettungsverhältnis stehen, sondern von den den Gegenstand konstituierenden Handlungsproblemen her entworfen werden und dabei möglichst kontrastiv zueinander stehen, wird in dem Beitrag von Dorett Funcke thematisiert.

können – denn wenn wir das könnten, bräuchten wir ja darüber keine Forschung mehr anzustellen. Insofern ist die Fallbestimmung am Beginn der Forschung stets eine – mehr[21] oder weniger[22] sichere – *vorläufige*: Wir vermuten, dass A ein Fall von X ist und untersuchen A im Hinblick darauf; die Vermutung kann sich aber als falsch erweisen. So untersucht etwa Peter Münte das Handeln von Umweltmediatoren unter der Annahme, dass es sich um einen Fall von Umweltmediation handelt, muss dann aber feststellen, dass es sich gerade nicht um einen Fall von Mediation als Vermittlung eines Dritten zwischen zwei gleichrangigen Parteien, die sich in einem Konflikt befinden, den sie aus eigener Kraft nicht mehr lösen können, handelt.[23]

Damit die Vermutung, dass der ausgewählte Fall ein Fall von X ist, also Aussagen über den Forschungsgegenstand erlaubt, möglichst tragfähig ist, gilt es, die Fallauswahl systematisch vorzunehmen. Hierzu sind nun die Dimensionen des Forschungsfeldes hilfreich. Denn wenn der Forschungsgegenstand im Forschungsfeld angesiedelt ist und wir die relevanten Dimensionen dieses Feldes bezüglich unserer Fragestellung kennen, so können wir das Forschungsfeld am besten umfassend erschließen, wenn wir zum einen bei der Auswahl unserer Fälle die relevanten Dimensionen abdecken und dies zudem kontrastiv tun. Bei der diskreten Dimension Geschlecht liegt es auf der Hand, dass wir beide Pole: den weiblichen und den männlichen abdecken sollten, um das Feld umfassend zu erschließen; ähnliches gilt für die Dimension der Schulform in dem Beitrag von Johannes Twardella. Bei den kontinuierlichen Dimensionen wie etwa Bildungsstatus der Herkunftsfamilie oder der regionalen Milieuwelt (vgl. Bohler i. d. Bd.) ist es ebenfalls sinnvoll, kontrastiv zu verfahren und die jeweiligen Pole der Dimension mit Fällen von X abzudecken. Wenn wir in den Fällen, die sich diesen Polen zuordnen lassen, vergleichbare Muster finden, so ist es strukturell wahrscheinlich, dass diese Dimension keinen Einfluss auf die Konstitution des Gegenstand hat – wenn sich also etwa herausstellen würde, dass bildungsfern sozialisierte Jugendliche und Jugendliche aus gebildeten Milieus sich in gleichem Maße und in gleicher Weise vom Dschihadismus attrahieren lassen, so wäre es strukturell wahrscheinlich, dass Bildungswissen keinen Einfluss auf diese Attrahierbarkeit

---

21 Etwa im Beitrag von Karl Friedrich Bohler, wo der untersuchte Fall zugleich einen Fall im Sinne der helfenden Praxis darstellt und damit bestimmt ist.

22 Etwa im Beitrag von Andreas Wernet, wo die Bestimmung als Fall von familialer Interaktion erst in der Analyse erfolgt, oder bei Peter Münte, wo die Bestimmung als Fall von Umweltmediation im ersten Zugriff scheitert.

23 Müntes Konsequenz ist allerdings nicht, die Fallauswahl zu korrigieren, sondern die Gegenstandsbestimmung.

hat. Der Mechanismus der Attraktion müsste natürlich in concreto bestimmt werden; diese Bestimmung wäre umso aussagekräftiger, in je mehr relevanten, ihrerseits das Forschungsfeld kontrastiv ausschöpfenden Dimensionen er in den jeweils kontrastierenden Polen rekonstruiert werden könnte. Wenn wir an den Fällen, die sich diesen Polen zuordnen lassen, unterschiedliche Muster finden, so kann die konkrete Rekonstruktion den Einfluss[24] der unterschiedlichen Lagerung in der Dimension herausarbeiten.[25]

Als Fallbestimmung bezeichnen wir also nicht das Ergebnis der Fallrekonstruktion (s. Abschn. „Fallrekonstruktion und Strukturgeneralisierung", S. 13 ff.), sondern die vorherige (und vorläufige) Bestimmung, ob und inwiefern eine untersuchte Praxis als Fall von X, also als Fall des Forschungsgegenstands gelten kann. Das ist auch relevant, wenn wir bereits Datenmaterial vorliegen haben, da in jedem Datenmaterial immer mehrere Praxen zum Ausdruck kommen und wir uns entscheiden müssen, welche Praxis wir als Fall von was untersuchen wollen.

Wenn wir das Ausgeführte nun zusammennehmen, so ist es sinnvoll, die Fallauswahl gemäß der Bestimmung der Dimensionen des Forschungsfeldes, also angeleitet durch einen dimensionalen Auswahlrahmen kontrastiv vorzunehmen.[26] Diesen Prozess der kontrastiven Fallauswahl[27] hat auf der Grundlage unserer Konzeptualisierung Kathy Vanderjack (Chicago) im Rahmen eines Beratungsprojekts der Firma toca (Chicago)[28] folgendermaßen veranschaulicht:

---

24 Wenn hier von *Einfluss* die Rede ist, so geht es nicht um die statistisch bestimmbare Relation von dann als Einfluss*faktoren* gedeuteten Elementen; vielmehr geht es um den in der Rekonstruktion konkret als strukturierend nachweisbaren Einfluss einer einbettenden Einfluss*struktur* (vgl. hierzu Loer 2007, insbes.: 7-19, 267-273).

25 Vgl. hier wiederum Karl Friedrich Bohlers Beitrag.

26 S. hierzu auch den Beitrag von Dorett Funcke i. d. Bd.

27 Idealiter würde die Fallauswahl auch sequenziell erfolgen, da im Laufe der Fallanalysen die Relevanz der Dimensionen und weitere relevante Dimensionen bestimmt werden können und so die Fallauswahl der fortschreitenden Einsicht in das Forschungsfeld angepasst werden könnte. In der Regel verbieten forschungsökonomische Zwänge und die Vorgaben für Projektanträge es, diesem Ideal zu folgen.

28 S.: http://www.toca.com u.: http://kathyvanderjack.com – In einem Beratungsprojekt der Firma toca in den Jahren 2009/10 wurde von Thomas Loer das Konzept des „di-mensional selection frame" zuerst entwickelt.

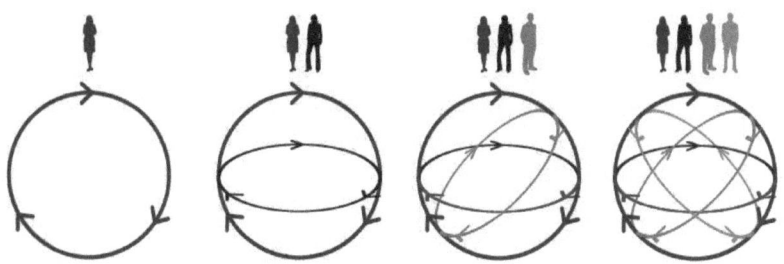

Abb. 1 Kontrastive Fallrekrutierung – Graphic courtesy of TOCA Chicago (Kathy Vanderjack) 2014

Hierbei symbolisiert der erste Kreis mit einer Person den Pol einer Dimension, die sich – idealiter – während des Forschungsprozesses als relevant erweist und in der dann ein Kontrastfall (zweiter senkrecht dazu angelegter Kreis) gesucht wird. Nun wird ein weiterer Fall gesucht, der seinerseits in einer zweiten Dimension kontrastiv zu beiden in der ersten Dimension kontrastiven Fällen steht (dritter Kreis) usw., so dass man fallweise das Forschungsfeld ausschreitet und es so in der Totalität seiner Erscheinungsformen erfassen kann.

Vor diesem Hintergrund wird deutlich, dass es sinnvoll sein kann, vor jeder Fallrekonstruktion in Form gedankenexperimenteller Hypothesenbildung ein Feld möglicher Fälle zu entwerfen, zu denen dann entsprechende reale Fälle gesucht werden.[29] Die Fallauswahl wird somit angeleitet durch einen dimensionalen Auswahlrahmen, erfolgt also auf der Basis der Bestimmung möglicher relevanter Fälle entweder, indem aus bereits vorliegendem Datenmaterial die passenden Fälle ausgewählt werden, oder, indem entsprechende Erhebungen vorgenommen werden.

Datenerhebung

Haben wir nun die ersten präsumtiv relevanten Fälle bestimmt, so müssen wir Daten erheben – oder vorhandene Daten aufsuchen –, in denen der Fall so zum Ausdruck kommt, dass sie im Hinblick auf unsere Fragestellung möglichst weitreichenden Aufschluss bieten. Wenn es etwa um Unterricht geht, so stellt sich die Frage, ob man Unterrichtsstunden erhebt oder Befragungen durchführt, und wenn man sich für ersteres entscheidet, so stellt sich wiederum die Frage, welche Stunden man

---

29 Vgl. Funcke i. d. Bd.; ein weiteres Beispiel hierfür in Loer 2016 b: 204 ff.

auswählt (vgl. hierzu Twardella i. d. Bd.).[30] Manchmal ist es erforderlich, bezüglich der Datenerhebung Kompromisse zu machen. So kann etwa die Aufzeichnung einer Mediationsveranstaltung sehr aufwendig oder aus rechtlichen Gründen gar unmöglich sein, so dass man sich mit Forschungsgesprächen mit den Beteiligten begnügen muss. Gleichwohl ist es sinnvoll, sich vorab zu überlegen, welches die besten Daten wären, damit man die erforderlichen Abstriche systematisch berücksichtigen kann.

Vorhandene Daten verwenden Andreas Franzmann, der den Brief eines Mädchens an seine Schwester analysiert, Karl Friedrich Bohler, der Akten der Sozialbehörden als Daten nutzt, Matthias Jung, der ein Artefakt aus der Eisenzeit untersucht, und Sascha Liebermann, der ein im Internet zugängliches Video nutzt. Der Vorteil solcher Daten ist, dass hier keine Reaktivität auftritt;[31] allerdings ist das – auch wenn es oftmals in Methodenhandbüchern als solches erscheint – dann kein grundsätzliches Problem, wenn bei der Datenauswertung die Effekte der Erhebung als pragmatischer Rahmung angemessen berücksichtigt werden. Bei dem von Kai-Olaf Maiwald untersuchten Foto handelt es sich ebenfalls um ein nicht zu Forschungszwecken erhobenes Datum, inwiefern seine Herstellung gleichwohl für die Analyse eine Rolle spielt, diskutiert Maiwald ausführlich.

Datenaufbereitung

Nur der Vollständigkeit halber sei hier darauf hingewiesen, dass Daten u. U. für die Analyse zugänglich gemacht werden müssen. Dies gilt insbesondere für Daten, die an der Flüchtigkeit der Praxis[32] partizipieren, also Audio- und Videoaufzeichnungen. Diese entheben zwar das aufgezeichnete Handeln der Flüchtigkeit im Sinne der Nicht-Reproduzierbarkeit, aber sie teilen die Flüchtigkeit im Sinne des Vergehens in der Zeit, was insbesondere für Audioaufzeichnungen gilt: Hält man eine Audioaufzeichnung an, ist der aufgezeichnete Ton nicht mehr hörbar, weshalb wir eine Verschriftlichung oder Notation[33] benötigen; Videoaufzeichnungen hingegen kann man anhalten und so entsprechende Einzelbilder erzeugen. Die erforderliche

---

30 Bei Twardella geht es allerdings unter der Überschrift „Auswahl des Datenmaterials" nicht nur um diese (welche Stunden sollen aufgezeichnet werden?), sondern implizit auch um die Fallauswahl (welche Schulformen sollen untersucht werden?).

31 Zu „observer effects" s. Adler/Adler 1994: 382.

32 Zur Flüchtigkeit von Praxis im doppelten Sinne: zum einen in dem Sinne, dass Handeln wie jedes in der Zeit ablaufende Ereignis flüchtig ist, zum anderen in dem Sinne, dass Handeln eine je spezifische, nicht reproduzierbare Geschichte hat und von daher selbst nicht reproduzierbar ist, s. Loer 2010a: 321; zu dem ersten Aspekt s. auch den frühen einschlägigen Aufsatz von Jörg Bergmann (1985).

33 Oftmals wird in diesem Zusammenhang der Terminus ‚Transkription' verwendet; wörtlich genommen bezeichnet dieser die (lautgerechte) Übertragung von einer Schrift in

Genauigkeit der Verschriftlichung hängt von dem Forschungsinteresse ab, Genauigkeit sollte jedenfalls keinen Selbstzweck darstellen. Als ein Anhaltspunkt mag gelten: Hörbare relevante Bedeutungsdifferenzen sollten auch in der Verschriftlichung erkennbar sein – wobei der Maßstab der Relevanz im Forschungsinteresse gründet,[34] sich aber auch im Laufe der Analyse verändern kann, so dass u. U. die Verschriftlichung nachträglich erweitert werden muss.

Datenanalyse: Fallrekonstruktion und Strukturgeneralisierung

Haben wir Daten vorliegen, in denen ein Fall zum Ausdruck kommt, dienen diese dessen Analyse: der Fallrekonstruktion. Festzuhalten ist dabei, dass eine Fallrekonstruktion weder den Fall als ein bloßes Beispiel präsentiert, das die Struktur des Gegenstands illustrieren soll – hierfür müsste der Gegenstand ja auch bereits erkannt sein[35] –, noch ist eine Fallrekonstruktion zu verwechseln mit Falldiagnosen, die in praktischen Zusammenhängen mit dem Ziel der Indikationsstellung und der Intervention durchgeführt werden.[36] Auch ist eine Fallrekonstruktion von den verbreiteten Fallstudien und Fallbeschreibungen zu unterscheiden: „Und die ‚case studies‘, die heute häufig als Illustration in Studien verwendet werden, sind nichts anderes als Fallbeschreibungen, die die Individualität eines konkreten Falles nur dadurch erfassen, daß sie sie in einer größeren Anzahl von klassifikatorischen Merkmalen abbilden, so daß mit deren erhöhter Anzahl die Wahrscheinlichkeit der Wiederholung einer identischen klassifikatorischen Merkmalskonfiguration stark abnimmt. Aber diese Individualitätsidentifikation bleibt bei genauer Betrachtung rein negativ, residual. Sie schließt das Innere einer Fallstruktur nicht auf und sie leistet in ihrer Trivialität deshalb nicht mehr als die Bezeichnung einer ganz einfachen Einzigartigkeits- oder Singularitätsfeststellung, die im Prinzip für jedes empirische Ereignis gilt, weil jedes Ereignis konkret an einer einzigartigen bzw. singulären Raum-Zeit-Stelle stattfindet, an der ein anderes Ereignis nicht auch noch stattfinden kann." (Overmann 2002: 11) Fallrekonstruktion heißt stattdessen: Erschließung „einer wiedererkennbaren Fallstruktur, d. h. einer Art Identitätsfor-

---

   eine andere. Hier geht es hingegen darum, Laute überhaupt erst schriftlich zu fixieren, weshalb die Termini ‚Verschriftlichung' oder ‚Notation' vorzuziehen sind.
34 Spielen etwa Eigenheiten eines Sprechstils eine Rolle – die untersuchte Praxis spricht in unterschiedlichen Situationen „gewählt" bzw. „lässig" –, so ist der hörbare Unterschied zwischen etwa „sieben Uhr" und „siebn Uhr" in der Verschriftlichung wiederzugeben.
35 Wenn Andreas Franzmann von Fall*beispiel* spricht, so ist dies ein Beispiel für das methodische Vorgehen in professionalisierter Praxis, das er in seinem Beitrag darstellt – nicht aber ein Beispiel für den Gegenstand der Pflegeinteraktion oder der Interaktion in und zwischen Pflegefamilien.
36 Vgl. hierzu den Beitrag von Andreas Franzmann.

mel der jeweiligen Lebenspraxis als Ergebnis ihres bisherigen Bildungsprozesses". (Oevermann 2013: 75)

Damit wird jeder Fall zugleich als *token* eines *type* rekonstruiert, wobei der type (Typus) hier im Verhältnis zum token (Verkörperung) steht wie etwa die Partitur eines Musikstücks zu ihrer Aufführung. Hier lehnen wir uns an das Verständnis von *type* und *token* an, wie Charles Sanders Peirce es bestimmte:

> „A common mode of estimating the amount of matter in a MS. or printed book is to count the number of words. [...] There will ordinarily be about twenty *the's* on a page, and of course they count as twenty words. In another sense of the word ‚word', however, there is but one word ‚the' in the English language; and it is impossible that this word should lie visibly on a page or be heard in any voice, for the reason that it is not a Single thing or Single event. It does not exist; it only determines things that do exist. Such a definitely significant Form, I propose to term a *Type*. A Single event which happens once and whose identity is limited to that one happening or a Single object or thing which is in some single place at any one instant of time, such event or thing being significant only as occurring just when and where it does, such as this or that word on a single line of a single page of a single copy of a book, I will venture to call a *Token*. [...] In order that a Type may be used, it has to be embodied in a Token which shall be a sign of the Type, and thereby of the object the Type signifies." (Peirce 1906: § 537; kursiv i. Orig.)

Typus ist hier also nicht zu verstehen als „category or class of people or things distinguished by the posession of some characteristic and grouped together on that basis", und somit als bloßes „means of classification" (Koschnick 1992: 1844); dieses Verständnis würde zur Fallbeschreibung (s. o., S. 13) passen, nicht aber zur Fallrekonstruktion. Es könnten somit andere Fälle dem Typus als weitere Verkörperungen zugeordnet werden. Des Weiteren werden mit einer solchen Erschließung immer auch die ‚objektiven Möglichkeiten' (vgl. Weber 1906/1985)[37] dessen, was der Fall auch hätte werden können, mit erschlossen, so dass die übergreifenden Strukturen, die diese Möglichkeiten bereithalten, immer schon mit rekonstruiert werden. Sodann „stellt jede rekonstruierte Fallstruktur eine je konkrete Variante einer einbettenden, übergeordneten Fallstrukturgesetzlichkeit dar und liefert über sie eine allgemeine Erkenntnis" (Oevermann 2002: 16); dies kann eine Erkenntnis über den Forschungsgegenstand sein – so stellt etwa eine konkrete Familie, die als Fall familialer Interaktion untersucht wird, eine „konkrete Variante" familialer Interaktion dar (vgl. hierzu den Beitrag von Andreas Wernet) und „liefert über sie eine allgemeine Erkenntnis"; es kann aber auch eine nicht im Fokus der jeweiligen

---

37 Anders als bei Weber sind die „objektiven Möglichkeiten" allerdings als Moment der Realität zu verstehen (vgl. hierzu Loer 2007: 11 Anm. 5).

Forschung stehende ‚übergeordnete Fallstrukturgesetzlichkeit' sein – also etwa „die Pragmatik eines Weihnachtsmarktbesuchs und (vergleichbarer Unternehmungen) mit einem Kind" (Wernet i. d. Bd.: 57-84). Insofern stellt jede Fallrekonstruktion in all diesen Hinsichten zugleich eine Strukturgeneralisierung dar, die Erkenntnisse über den Gegenstand, als Fall von dem die untersuchte Praxis analysiert wird, und über weiter Ebenen, denen sie angehört,[38] liefert.[39]

Typologie

Wenn nun, wie soeben dargelegt, jeder Fall als token eines type gelten muss, dann können wir über die Analyse kontrastierender Fälle (s. o.; S. 10 f.) zu einer Reihe von Typen gelangen, in denen der Gegenstand sich realisiert – also etwa einer Reihe von verschiedenen Typen familialer Interaktion (Wernet), Typen von Insemintionsfamilien (Funcke), Typen von Unterricht (Twardella) oder Typen von Mediation oder auch von Governance (Münte) usw. Eine solche Reihe von Typen eines Gegenstandes nennen wir seine Typologie (Typologie familialer Interaktion, Unterrichtstypologie, Typologie von Paarbeziehung etc.). Wenn wir trotz der Kontrastivität unserer Fälle nur zur vielfachen Rekonstruktion desselben Typus gelangen, müssen wir davon ausgehen, dass der Gegenstand sich nur in einem Typus realisiert – oder dass die Dimensionen des Gegenstandsfeldes, die wir entworfen haben, nicht die relevanten bzw. nicht ausreichend sind.

Es wäre natürlich auch möglich, dass unsere Typologie aus kontingenten Gründen unvollständig bleibt – etwa dadurch, dass sich Fälle nicht so – nicht in dem Umfang, nicht in der Kontrastivität – erheben lassen wie es in der Bestimmung des Feldes der möglichen Fälle hypothetisch vorgesehen war. Diese Beschränkung wäre dann zu benennen und es wäre anzustreben, sie in künftiger Forschung aufzuheben.

Theoretische Bestimmung des Gegenstands (gegenstandsspezifische Strukturgeneralisierung)

Wenn wir nun eine Typologie unseres Gegenstands erarbeiten konnten, so liegt es nahe, dass wir die Typen ihrerseits als Verkörperungen des Gegenstandes begreifen. Dann sollte es uns gelingen, eine Art gegenstandsspezifischer Strukturgeneralisierung vorzunehmen und somit den Gegenstand auf den Begriff zu bringen bzw. zu einer Theorie über den Gegenstand zu gelangen. So kann die Erarbeitung einer Typologie von Unterricht weitergeführt werden zu einer theoretischen Bestimmung von Unterricht. Wir haben dann eine Gegenstandstheorie vorliegen, aus der die

---

38 Vgl. die Ebenen der konditionellen Matrix im Beitrag von Karl Friedrich Bohler.
39 Für weitere Aspekte der Strukturgeneralisierung s. die „sieben Hinsichten […], in denen die Strukturgeneralisierung operiert" Oevermann 2002: 14-17.

Strukturgesetzlichkeit von Fällen vom Gegenstand so abgeleitet werden kann, dass sich daraus die empirisch vorliegende Gestalt der Fälle erklärt. Aus einer Theorie der Familie heraus etwa erklärt sich das von Andreas Wernet in seinem Beitrag rekonstruierte spezifische Muster der familialen Interaktion; aus einer Theorie der Paarbeziehungen das von Kai-Olaf Maiwald rekonstruierte spezifische Muster der Beziehung des fotografierten Paares.

Theorie mittlerer Reichweite (feldspezifische Strukturgeneralisierung)

Bei der Erarbeitung einer Typologie unseres Gegenstands und ihrer Weiterentwicklung zu einer Gegenstandstheorie werden wir auf Strukturen stoßen, die feldspezifisch sind und nicht nur unseren Gegenstand, sondern das Feld generell strukturiert beeinflussen. Dies wird etwa in dem Beitrag von Kai-Olaf Maiwald deutlich, der anhand einer Photographie als Datenmaterial die Struktur eines Falles von Paarbeziehung rekonstruiert und dabei – in diesem Fall aufgrund seiner Auswahl des Datentypus – das Feld der Photographie und das Feld der Selbstpräsentation im öffentlichen Raum mit analysieren muss.[40] In der Ausarbeitung seiner Theorie des Gegenstands ‚Paarbeziehung' wird hier also eine theoretische Bestimmung von Selbstpräsentation in Photographien im besonderen und im öffentlichen Raum im allgemeinen erforderlich. Zwar bezieht er sich bzgl. letzterer v. a. auf Erving Goffman (1959/1969),[41] bzgl. ersterer aber erarbeitet Maiwald hier tentativ eine Theorie der Selbstpräsentation in Photographien, die man mit Robert Merton als Theorie mittlerer Reichweite bezeichnen kann: „*theories of middle range* […] lie between the minor but necessary working hypotheses that evolve in abundance during day-to-day research and the all-inclusive systematic efforts to develop a unified theory that will explain all the observed uniformities of social behavior, social organization and social change." (Merton 1968a: 39; kursiv i. Orig.)[42] Wie

---

40 Maiwald behandelt hier nur einen Fall von Selbstpräsentation in einer Photographie, entwirft aber gedankenexperimentell andere kontrastive Fälle, die man nun heranziehen könnte – dabei wäre es für die feldspezifische Strukturgeneralisierung sinnvoll, nicht nur Fälle von Paarbeziehungen, sondern auch andere Fälle von Selbstpräsentation und nicht nur in der Photographie sondern generell im öffentlichen Raum zu untersuchen.

41 Dass Goffmans Betonung der permanenten Selbstpräsentation überzogen ist, wenn daraus eine Behauptung wird wie in folgendem Titel: „Wir alle spielen Theater" (Goffman 1959/1969), kann hier nicht ausgeführt werden; es sei ihm nur mit George Herbert Mead entgegnet: „one is not an actor all of the time." (1934/2015: 147)

42 Gemäß dieser Bestimmung lassen sich auch Gegenstandstheorien als Theorien mittlerer Reichweite bezeichnen; dies macht etwa Karl Friedrich Bohler in seinem Beitrag so. Bohler setzt allerdings darüberhinaus feldspezifische Strukturgeneralisierung und

ist dieses vage „between" genauer zu verstehen? Es werden bezogen auf ein Gegenstandsfeld allgemeine strukturierende Prinzipien herausgearbeitet, die sowohl den Forschungsgegenstand als auch andere im selben Feld angesiedelte Gegenstände strukturierend beeinflussen. Die Theorie mittlerer Reichweite, an der Merton diesen Begriff herausgearbeitet hat, ist die sogenannte „Theory of Reference Group Behavior" (Merton 1968 b). Bei der Untersuchung sozialer Deprivation[43] stieß er darauf, dass weniger die nach äußeren Merkmalen bestimmbare Zugehörigkeit zu einer Gruppe die Erfahrung der Deprivation erklären konnte, als diejenige „non-membership group", der die Probanden sich zurechneten und diejenige, mit der sie sich verglichen. Daraus entwickelte er die genannte Theorie, mit deren Hilfe sich sowohl „self-image" und „self-appraisal" von Personen als auch „uniformities of behavior" bzgl. anderer sozialer Phänomene als dem der sozialen Deprivation erklären lassen. In der Fassung von Tamotsu Shibutani (1955) wird diese Theorie ansatzweise zu einer Theorie sozialer Deutungsmuster[44] ausgearbeitet, die weit über die Erklärung von Deprivationserfahrung hinaus zur Erklärung der Verortung in der sozialen Welt beiträgt.

Der Pfad, der von der Forschungsfrage, aus der die Fragestellung entwickelt wurde, über den Forschungsgegenstand und dessen Verortung im Forschungsfeld führte, sich durch die Fallbestimmung und Fallauswahl wandt und die eher technischen Passagen der Datenerhebung und -aufbereitung durchmaß, dann über Fallrekonstruktion und Strukturgeneralisierung zur Typologie und zu Theorien mittlerer Reichweite führte, ist gangbar natürlich nur, weil er auf einem bestimmtem konstitutionstheoretischen und methodologischen Untergrund aufruht. Dieser soll nun im Folgenden näher beleuchtet werden.

---

gegenstandsbezogene Strukturgeneralisierung in eins; wir schlagen vor, diese begrifflich unterschiedliche Theoriebildung auch terminologisch zu unterscheiden.

43 Merton bezieht sich hier zunächst v. a. auf die umfangreiche Studie „The American Sodier" (Stouffer et al. 1949-50); wichtig für die Ausarbeitung dieser Theorie waren die frühen Beiträge von Herbert H. Hyman (vgl. etwa 1942).
44 Vgl. dazu Oevermann 1973/2001 u. 2001 b.

2 Konstitutionstheoretische und methodologische Aspekte fallrekonstruktiver Forschung

2.1 Vorbemerkung zu den Begriffen Konstitutionstheorie und Methodologie

Immanuel Kant, der die Epistomologie der modernen Wissenschaft rekonstruiert und diese damit erkenntnistheoretisch begründet hat, schrieb in der „Kritik der reinen Vernunft" (1781): „Alles Interesse meiner Vernunft [...] vereinigt sich in folgenden drei Fragen" (1877/o. J.: 818, d. i.: A 804): „1. Was kann ich wissen? – 2. Was soll ich tun? – 3. Was darf ich hoffen?" (a. a. O.: 818, d. i.: A 805) Dabei werden die zweite und die dritte Frage von Kant als „praktisch" (a. a. O.: 819, d. i.: A 805) gekennzeichnet.[45] Da Wissenschaft praktische Fragen nicht beantworten kann (vgl. hierzu: Weber 1917/1985, Oevermann 2000 a), muss sie sich der ersten Frage Kants widmen: „Was kann ich wissen?" und sie sorgfältig und geduldig zu beantworten suchen. Hierfür müssen eine Konstitutionstheorie und eine Methodologie ausgearbeitet werden. Erstere beantwortet die Frage: „Wie ist der Forschungsgegenstand beschaffen?" – letztere die Frage: „Mit welcher Methode kann der so beschaffene Forschungsgegenstand erfasst werden?" Die Bearbeitungen dieser Fragen stellen Reflexionsmomente des Forschungsprozesses dar, die während des Forschens immer wieder und mit zunehmender Genauigkeit eingeschoben werden.[46] Ihr – wie alle Theorie stets vorläufiges und dem Falsifikationsvorbehalt unterliegendes – Resultat sind eben die Konstitutionstheorie und die Methodologie, die – gleichsam als Revers und Avers ein und derselben Münze – dann wieder das weitere Forschen fundieren.

2.2 Zwei komplementäre Aspekte fallrekonstruktiver Forschung

Unter den Überschriften „Konstitutionstheoretische Aspekte" und „Methodologische Aspekte" finden sich im Folgenden jeweils fünf Unterabschnitte, die – auch dort wo ihre Titel es nicht unmittelbar benennen – dasselbe Moment fallrekonstruktiver Forschung einmal in der Perspektive der Konstitutionstheorie (Abschn. 2.2.1.1-2.2.1.5) und einmal in der Perspektive der Methodologie (Abschn. 2.2.2.1-2.2.2.5)

---

45 Die dritte Frage kennzeichnet Kant dabei als „praktisch und theoretisch zugleich" (ebd.).

46 Insofern folgt der Prozess in gewisser Weise Herbert Blumers „einfache[r] Anweisung [...]: Berücksichtigen Sie die Beschaffenheit der empirischen Welt und bilden Sie eine methodologische Position aus, um diese Berücksichtigung zu reflektieren." (1973: 143 f.)

darstellen. Die jeweiligen Unterabschnitte sind also jeweils als komplementär zu betrachten.

2.2.1 Konstitutionstheoretische Aspekte fallrekonstruktiver Forschung

2.2.1.1 Handeln als regelgeleitetes Verhalten und als Problemlösen

Fallrekonstruktive Forschung wird nun fundiert von dem konstitutionstheoretischen Verständnis von Handeln als regelgeleitetem und damit sinnstrukturiertem Verhalten. Dabei unterscheidet sich Handeln, das im weiteren Sinne auch Verhalten darstellt, von Verhaltem im engeren Sinne (etwa tierischem Verhalten) dadurch, dass die Handlungsinstanz sich an Regeln orientiert, von denen sie abweichen kann, wohingegen das sich verhaltende tierische Exemplar ohne Wahlmöglichkeit einem Verhaltensprogramm folgt, sei dies angeboren oder durch Lernprozesse erworben.[47]

Regeln eröffnen dabei einerseits Handlungsoptionen, andererseits befolgt die Handlungsinstanz in der Auswahl aus diesen Optionen ebenfalls Regeln; diese sind (ohne hier eine erschöpfende und diskrete Aufzählung geben zu wollen):

- Normen der einbettenden Gemeinschaften, der die Handlungsinstanz angehört,
- Routinen, die sich bewährt haben,
- Gewohnheiten (vgl. Camic 1986),
- Erfahrungsregeln.

Der Auswahlparameter (s. u., Abschn. 2.2.1.4 Auswahlparameter), der durch diese Regeln konstituiert wird, strukturiert die Entscheidungen der Handlungsinstanz. Er bestimmt eine Systematik der Auswahl und stellt so eine Fallstruktur dar, die bewirkt, dass die Handlungsinstanz innerhalb eines Möglichkeitsraums von alternativen Handlungsoptionen spezifische Entscheidungen trifft. Diese Auffassungen von Handlungen als Manifestationen einer Praxis, eben einer Handlungs- bzw. Entscheidungsinstanz, die, unter Orientierung an bedeutungserzeugenden Regeln, nach gewissen Prinzipien Entscheidungen, also Auswahlen aus Optionen trifft, wird im Folgenden erläutert werden. Grundlage dafür ist die Konstitutionstheorie der Objektiven Hermeneutik, in der das rekonstruktionslogische Verfahren, mit dem das regelgenerierte sinnstrukturierte Handeln als ein besonderes Allgemeines explizit gemacht werden kann, am ausführlichsten begründet ist.[48] Um zu erläutern,

---

47 Vgl. die Darlegung zu einem Beispiel komplexen tierischen Verhaltens in Loer 2010b.
48 Zu Konstitutionstheorie, Methodologie und Methode der Objektiven Hermeneutik vgl.: Oevermann et al. 1976, 1979, Oevermann 1981, 1983, 1986, 1988, 1991, 1993, 1999,

auf welcher methodischen Grundlage das durch bedeutungserzeugende Regeln generierte sinnstrukturierte Handeln Gegenstand von Fallanalysen werden kann, sind verschiedene Zwischenschritte nötig, für deren Verständnis wir zentrale Begriffe wie Regel, objektive Bedeutungsstruktur, manifester und latenter Sinn, Fall und Fallstruktur mit dem dazugehörigen Strukturbegriff erläutern werden. Auch werden wir auf die für die Objektive Hermeneutik wichtige Unterscheidung von Protokoll und protokollierter Wirklichkeit eingehen. In Teil 3 dieser Einleitung, der sich den methodischen Aspekten fallrekonstruktiver Forschung widmet, wird das „Herzstück" der Objektiven Hermeneutik (vgl. Oevermann 2004a: 203), das Verfahren der Sequenzanalyse, vorgestellt; diese stellt die methodische Lösung für die Analyse von Entscheidungsprozessen dar, als die Handeln im Sinne von regelgeneriertem, sinnstrukturiertem Entscheiden begriffen werden muss; dabei ist der Primat von sozialen Strukturen zu berücksichtigen.

Dass Handeln regelgeleitet ist, bedeutet unter anderem, dass im Handeln stets aus durch Regeln eröffneten Optionen eine Auswahl getroffen werden muss. Die Handlungssituation stellt somit für eine bestimmte Lebenspraxis immer auch ein Handlungsproblem dar, für das eine Lösung gefunden, auf das eine Antwort gegeben werden muss. Dabei wird entweder akut eine Entscheidung getroffen oder eine bereits getroffene Entscheidung vollzogen, indem einer Norm, einer Routine oder einer Gewohnheit gefolgt wird. Letzteres ist etwa der Fall, wenn wir stets morgens, bevor wir ins Bad gehen, die Kaffeemaschine anstellen; zweites, wenn wir Gabeln, Messer und Löffel in der Besteckschublade in einer bestimmten Reihenfolge anordnen usw. Gewohnheiten und Routinen stellen bewährte Lösungen für Handlungsprobleme dar: das zeitökonomische Bereiten eines morgendlichen Heißgetränks bzw. das dem ebenfalls zeitökonomisch vorteilhaften Wiederauffinden dienende Ordnen des Bestecks, und wir folgen ihnen solange wie die Bewährung andauert: etwa bis wir eines Tages unsere Morgentoilette so weit ausdehnen, dass der Kaffee schon wieder kalt ist, wenn wir das Bad verlassen, bzw. bis etwa eine vorübergehende Bewegungseinschränkung durch einen Armbruch die Zugänglichkeit der Besteckschublade verändert und eine andere Anordnung die Erreichbarkeit verbessert. Auch Normen stellen bewährte Lösungen für Handlungsprobleme dar: So ist etwa die „civil inattention" (Goffman 1963/1966: 158) einerseits, die Rücksicht andererseits eine bewährte Lösung für das Problem der Abgrenzung von Privatheit im öffentlichen Raum; Normen sind aber darüber hinaus ausgezeichnete Lösungen, denen nicht nur sachliche Bewährung zukommt, sondern die von der Gemeinschaft, innerhalb derer sie gelten, akzeptiert werden, weil sie als akzeptabel gelten. Als

---

2000b, 2003b, 2013, 2008/2016; Sutter 1997; Wernet 2000/2009; Zehentreiter 2001; Loer 2006b, 2015b; s. auch: Burkholz/Gärtner/Zehentreiter 2001 u. Becker-Lenz et al. 2016.

akzeptabel gelten Problemlösungen dann, wenn sie mit dem Selbstverständnis der Gemeinschaft in Einklang stehen, wenn also die Mitglieder im Befolgen der Norm sich wiedererkennen.

2.2.1.2 Regelbegriff[49]

Das Moment der Regelgeleitetheit von Handeln bedeutet zunächst einmal, dass den Handelnden von den ihr Handeln bestimmenden – nicht determinierenden – Regeln Handlungs*möglichkeiten eröffnet* werden. Regeln im allgemeinen verknüpfen Handlungssequenzen miteinander, indem sie Anschlussoptionen eröffnen und – vor jedem Vollzug der Entscheidung für eine der Optionen – die Konsequenzen festlegen, die eine jeweilige Auswahl aus diesen Optionen bedeutet.

Das ist einfach verständlich bei sprachlichen Regeln, so eröffnet etwa die Verwendung der Präpostion ‚in' die beiden Optionen, mit einem Akkusativ- oder mit einem Dativobjekt anzuschließen, wobei zugleich „mit dem semantischen Merkmal ‚INNEN'" (Weinrich 1993: 632) eine Bedeutung festgelegt ist, die folgende Varianten annehmen kann: (a) dass ein bereits benannter Gegenstand in das „‚INNEN'" hineinbewegt wird (erste Option: ‚Er legt den Schlüssel in die Schublade.'), (b) dass er sich darin befindet (zweite Option: ‚Der Schlüssel liegt in der Schublade.').

Zur Veranschaulichung der Bedeutungserzeugung durch pragmatische Regeln, die meist in der Analyse sozialer Praxis im Vordergrund stehen, eignet sich der Gruß in besonderem Maße, da hier die Zahl der regelgemäß eröffneten Optionen minimal ist: es gibt genau zwei. Der Gruß – etwa durch das Entbieten der Tageszeit – stellt das Angebot des Grüßenden an den Gegrüßten dar, eine gemeinsame Praxis zu vollziehen. Damit liegt auch sowohl die Bedeutung des Zurückgrüßens wie die von dessen Unterlassung fest, bedeutet ersteres doch eine Annahme des Angebots und damit die Übernahme entsprechender Verpflichtungen (z. B. an einer Plauderei teilzunehmen), letztere hingegen die Ablehnung des Angebots und damit die Vermeidung der entsprechenden Verpflichtung. Diese Bedeutung haben die beiden Optionen nun objektiv, gemäß geltenden Grußregeln und unabhängig davon, was der Handelnde, der eine der Optionen auswählt und vollzieht, subjektiv damit meint,[50] ob er sie sich bewusst macht oder nicht.

---

49 Neben den einschlägigen Texten von Ulrich Oevermann, insb. dem Abschnitt „Zum Begriff der Regel und zum Verfahren der Geltungsbegründung" (1986: 22-44), stützen wir uns hier auf Keller 1974, Loer 2008.

50 U. U. konstituiert die Differenz zwischen dem Gesagten und seiner objektiven Bedeutung einerseits und dem Gemeinten und seiner subjektiven Bedeutung ein Erklärungsproblem: Was sagt es über den Handelnden aus, wenn er die objektiven Implikationen seines Handelns verkennt?

Folgerichtig hält Rudi Keller fest: „Daß Regeln von Menschen gemacht sind, bedeutet noch nicht, daß diejenigen, die nach ihnen zu handeln wissen, diese auch explizit nennen können. Zum Beherrschen eines Handlungsmusters gehört nicht, daß man beim Vollzug der Handlung die Regel(n) vor Augen hat, sie gleichsam in einem bewußten Akt des Befolgens befolgt." (1974: 15)

Welchen Status haben nun einzelsprachliche Regeln und (kulturspezifische?) Regeln der Begrüßung? Gemäß den konstitutionstheoretischen Annahmen der Objektiven Hermeneutik, die hier nicht en détail begründet werden können, liegen einzelsprachlichen und kulturspezifischen Regeln noch universelle Regeln zugrunde, die in ihrem materialen Gehalt nicht kritisierbar sind; als Regeln konstituieren sie Sprechen und Handeln überhaupt und erzeugen damit „die naturgeschichtliche Besonderung der humanen Sozialität" (Oevermann 1986: 23).[51] – Dass Regeln, wie oben zitiert, von Menschen gemacht sind, heißt nun seinerseits nicht, dass es sich um Vereinbarungen, um bloße Konventionen handelt. „Regeln sind (in einem gewissen Sinn) von Menschen gemacht; entweder indem sie von Autoritäten geschaffen bzw. verordnet werden, wie die Regeln des Straßenverkehrs […] oder indem sie sich durch gemeinsame gesellschaftliche Praxis konstituieren, wie die Regeln der Sprache (von sprachnormerischen Eingriffen abgesehen) oder manche Regeln der Moral." (Keller 1974: 14)[52]

Was bedeutet es nun, dass die Regeln dieses zweiten Typus in ihrem materialen Gehalt nicht kritisierbar sind? Die *Rekonstruktion* dieser Regeln – etwa die der von Noam Chomsky (1965) herausgearbeiteten universalgrammatischen Regeln oder

---

51 Damit entsprechen sie am weitesten dem Typus der konstitutiven Regeln, wie John R. Searle ihn bestimmt hat: „I want to clarify a distinction between two different sorts of rules, which I shall call *regulative* and *constitutive* rules. […] constitutive rules do not merely regulate, they create or define new forms of behavior. The rules of football or chess, for example, do not merely regulate playing football or chess, but as it were they create the very possibility of playing such games. The activities of playing football or chess are constituted by acting in accordance with (at least a large subset of) the appropriate rules. […] Constitutive rules constitute (and also regulate) an activity the existence of which is logically dependent on the rules." (1969/1983: 33 f.; kursiv i. Orig.)

52 Für den als zweites von Keller genannten Typus von Regeln hat Ferdinand de Saussure in Bezug auf Sprache (la langue) den scheinbar paradoxen, aber treffenden Ausdruck „conventions nécessaires" geprägt: La langue „est à la fois un produit social de la faculté du langage et un ensemble de conventions nécessaires, adoptées par le corps social pour permettre l'exercice de cette faculté chez les individus." (1915/1985: 25) – Die Regeln des ersten von Keller genannten Typus bestimmte Searle als regulative Regeln: „we might say that regulative rules regulate antecendently or independently existing forms of behavior; for example, many rules of etiquette regulate inter-personal relationships which exist independently of the rules. […] Regulative rules regulate a pre-existing activity, an activity whose existence is logically independent of the rules." (Searle 1969/1983: 33 f.)

die der von Logikern wie Wilhelm Kamlah und Paul Lorenzen (1987) herausgearbeiteten Regeln logischen Schließens – kann natürlich kritisiert werden;[53] um aber eine solche Kritik durchzuführen, müssen die material geltenden Regeln der Sprache und der Logik immer schon in Anspruch genommen werden und Maßstab der Falsifikation der Regelrekonstruktionen sind Angemessenheitsurteile über ‚klare Fälle', wobei in jenen Urteilen die materiale Geltung der Regeln sich erweist.[54]

Dieses Verhältnis von geltenden Regeln und Angemessenheitsurteilen über die Geltung findet sich auch dort, wo wir es mit kulturspezifischen Regeln zu tun haben – etwa mit Regeln der Organisationskultur, die man allgemein bestimmen kann als „This is how we do things around here" (Bright/Parkin 1997: 13). So muss der Sozialforscher, sofern er nicht als Angehöriger der Kultur, in der er einen Gegenstand untersucht, über diese Regeln verfügt, mittels Angemessenheitsurteilen, die er erhebt, sich die geltenden Regeln erschließen, um sie dann in seiner Analyse des Gegenstands in Anschlag bringen zu können.[55]

Kulturspezifische Regeln haben in der Regel normativen Charakter – der Satz „This is how we do things around here" kann als Aufforderung verstanden werden, sich entsprechend zu verhalten. Normen sind also auch Regeln – aber nicht alle Regeln sind Normen. Des weiteren können Normen auch formal gesatzt sein, also

---

53 Vgl.: „Von falschen Formulierungen kann die Rede sein, wenn man die Regeln zu Handlungsmustern formulieren will, die man schon beherrscht, ohne explizite Formulierungen der betreffenden Regeln zu kennen, also etwa im Zuge einer theoretischen Nachkonstruktion." (Keller 1974: 20)

54 Die Rekonstruktion und auch Falsifikation der Rekonstruktion grammatischer Regeln etwa findet „auf der Basis eines zuverlässigen, intuitiven Urteils der Grammatikalität" statt (Oevermann 1986: 25), in dem die grammatischen Regeln selbst wirksam sind.

55 Davon ist das Vorgehen zu unterscheiden, wenn er die Kultur – etwa eines Unternehmens – selbst untersucht; dann muss er deren Regeln in der Analyse nicht in Anschlag bringen, sondern erschließen. – Um es anschaulich zu machen: Wenn ich das Erziehungshandeln von Alleinerziehenden untersuchen will und u. a. in einem spezifischen Sprachmilieu Fälle erhebe, so muss ich mir, falls ich nicht als Angehöriger des Sprachmilieus darüber verfüge, mittels erhobener Angemessenheitsurteile die in dem Milieu geltenden sprachlichen Regeln, z. B. die der generalisierten Verwendung des Komparativ-Junktors ‚wie' auch beim Vergleich der Komparativstufe (‚Peter ist größer wie Christiane.'), verfügbar machen, um sie bei der Analyse in Anschlag zu bringen; untersuche ich aber den spezifischen Sprachstil dieses Milieus selbst, so muss ich die Regeln der Hochsprache in Anschlag bringen (Verwendung des Komparativ-Junktors ‚als' beim Vergleich der Komparativ- und Verwendung des Komparativ-Junktors ‚wie' beim Vergleich der Positivstufe – s. hierzu Weinrich 1993: 794 f.), woraufhin die sprachliche Besonderheit des betreffenden Milieus als Erklärungsproblem erscheint.

Gesetzen[56] entsprechen – der Satz „This is how we do things around here" könnte in eine spezifische Form gebracht werden (etwa: „B is the action to be taken if A occurs.") und den Charakter einer Anweisung annehmen, sich im Falle A entsprechend (B) zu verhalten. Gesetze im juristischen Sinne sind also formal gesatzte Normen[57] und damit Regeln, aber nicht alle Normen sind Gesetze im juristischen Sinne.

2.2.1.3 Erzeugungsparameter – konstitutionstheoretisch: universelle Regeln

Angesichts der „durch Regeln [...] objektiv eröffnete[n] Möglichkeiten" (Oevermann 2000 b: 93) führt Ulrich Oevermann aus: „Die *bedeutungserzeugenden, algorithmisch operierenden Regeln* erzeugen zugleich eine sequentielle Verknüpfung von wohlgeformten Anschlußmöglichkeiten. Welches Element auch immer die nächste Sequenzstelle tatsächlich füllt, seine Bedeutung ist durch die sequenzierenden Regeln schon immer vorweg festgelegt." (a. a. O.: 64; kursiv i. Orig.) Diese Regeln nennt er „Parameter I der Erzeugungsregeln" (a. a. O.: 93) oder auch kurz „Erzeugungsparameter" (Oevermann 2003 b: 192). Dabei ist zunächst zu beachten, dass im konstitutionstheoretischen Sinne diese Regeln als gattungskonstitutiv und *per se* bedeutungskonstituierend begriffen werden müssen.[58] Darunter sind die die Gattung Mensch *qua* Gattung konstituierenden universellen Regeln der Universalgrammatik, des logischen Schließens und die konstituierenden Prinzipien der Moral als eines Formalismus der Kooperation zu verstehen; diesen liegt noch Reziprozität als Regelhaftigkeit überhaupt konstituierende Form der Sozialität zugrunde.[59] Diese Regeln sind universell im Sinne der Geltung wie der Reichweite und material nicht kritisierbar (vgl. Oevermann 2003 b: 194 ff., 200-204), da jede Kritik sie schon in Anspruch nimmt und somit den Kritiker in einen performativen Selbstwiderspruch führte, den Karl-Otto Apel ausführlich behandelt hat (vgl. etwa 1972/1973).

---

56 Gesetze im juristischen Sinne sind nicht zu verwechseln mit Naturgesetzen; von letzteren kann nicht abgewichen werden, sie stellen folglich keine Regeln dar.
57 Dazu bedarf es einer dazu legitimierten, mit entsprechender Autorität ausgestatter Instanz, die die Gesetze erlässt (vgl. hierzu Loer 2008: 177 f.).
58 Vgl. hierzu Loer 2006 b: 362-365.
59 Reziprozität in diesem Sinne entsteht durch die „Instinktreduktion" (Gehlen 1940/1986: 26), durch das Natur überschreitende Faktum der Natur, dass der Mensch nicht nur Umwelt hat, dass er also nicht, wie komplex auch immer, letztlich in seinem Verhalten ein naturgesetzliches Produkt der Vektoren Situation und Verhaltensprogrammierung ist, dass er vielmehr Welt hat (vgl. a. a. O.: 35), also weltoffen ist; damit liegt eine negative Form von Reziprozität dergestalt vor, dass es keine bloße Juxtaposition mehr geben kann (Lévi-Strauss 1947/2002: 70): Wann immer zwei Angehörige der Gattung Mensch sich begegnen, beziehen sie sich objektiv aufeinander (vgl. Loer 2012).

2.2.1.4 Auswahlparameter – konstitutionstheoretisch: historische Regeln

Davon zu unterscheiden sind diejenigen Regeln,[60] die in ihrer raumzeitlichen Reichweite beschränkt sind, also vielleicht für Jahrhunderte oder nur für wenige Minuten eines Kinderspiels gelten und u. U. für weltumspannende Kulturen oder nur an einem Ort. Aber auch diese Regeln – seien sie konstitutiv wie Spielregeln, seien sie regulativ wie Höflichkeitsnormen[61] – gelten in ihrem raumzeitlich begrenzten Geltungsgebiet universell und unerbittlich; eine Abweichung, gleich wie praktisch mit ihr umgegangen wird: tolerant oder scharf sanktionierend, ist als Abweichung sofort erkennbar. – Ulrich Oevermann nennt diese Regeln „Parameter II der Auswahlprinzipien" (2000b: 119) oder auch kurz „Auswahlparameter" (Oevermann 2003b: 193), wobei diese Bezeichnung erst aus der methodologischen Perspektive verständlich wird (vgl. Abschn. 2.2.2.4).

Hierzu zählen die oben (S. 19) aufgezählten Normen einbettender Gemeinschaften, Routinen, Gewohnheiten, Erfahrungsregeln; anders als die universellen Regeln, sind diese auch in ihrem materialen Gehalt kritisierbar: Ob etwa die Höflichkeitsnorm gelten soll, dass Jüngere ihnen begegnende Ältere zuerst grüßen sollen; ob man an der Routine festhalten soll, in der Besteckschublade die Gabeln links, die Messer in der Mitte und die Löffel rechts abzulegen; ob man an der Gewohnheit, den Kaffee vor dem morgendlichen Gang ins Bad zu kochen, festhalten soll; ob die Erfahrungsregel, dass „die ‚magische' Mimik des Kundigen den Regen aus dem Himmel" lockt (Weber 1922/1985: 245),[62] weiter gelten soll – zu all diese Fragen kann mit Bezug auf Wertstandpunkte praktisch mit Ja oder Nein Stellung genommen werden.[63]

---

60 Ulrich Oevermann spricht beim Auswahlparameter nicht von Regeln, sondern von Prinzipien (2000b: 90), da er die Termini ‚Normen', ‚Maximen' etc. dem der Regeln entgegensetzt. Da aber auch Normen Regeln (s. o., S. 11; auch Oevermann begreift Normen als eine Ausprägung von Regeln – s. 2003b: 194) und Prinzipien sowie Maximen wörtlich genommen oberste Regeln sind, ist die Rede von Regeln auch in Bezug auf den Auswahlparameter gerechtfertigt.

61 Zu der Searleschen Unterscheidung vgl. Fn. 51 u. 52.

62 „Wie das Quirlen den Funken aus dem Holz, so lockt die ‚magische' Mimik des Kundigen den Regen aus dem Himmel." (Weber 1922/1985: 245)

63 Die Stellungnahme mit Ja oder Nein macht Jürgen Habermas fälschlich zur Grundlage der Geltungsbegründung von Regeln überhaupt (vgl. Habermas 1981: 386f.). Darin vermengt er den wesentlich praktischen Charakter der Stellungnahme zu normativen Ansprüchen, die letztlich in einer Wertentscheidung gründet, mit dem unpraktischen Charakter des zwar praktisch vollzogenen, aber in Argumenten gründenden und damit eben handlungslogisch unpraktischen Bestreitens oder Befürwortens von assertorischen Geltungsansprüchen. – Zur Kritik in unserem Zusammenhang vgl. Oevermann 1986:

Der Auswahlparameter nun ist es, der in strukturierter Weise aus den durch den Erzeugungsparameter eröffneten Optionen auswählt. Dabei gehen in ihn die historischen Regeln verschiedener Ebenen ein, die als „*Ensemble von Dispositionsfaktoren*, [...] die Entscheidung einer konkreten Lebenspraxis, sei es einer Person, Gemeinschaft, Gruppe, Organisation, Regierung oder was auch immer [...] in einer bestimmten Valenz [...] auf wiedererkennbare, prägnante Weise systematisch strukturier[en]" (Oevermann 2000 b: 65); dieses Ensemble fasst Oevermann in dem Begriff der *Fallstruktur* (ebd.; s. u., S. 33 ff.).

2.2.1.5 Strukturbegriff konstitutionstheoretisch[64]

Der Begriff der Struktur in der rekonstruktiven Sozialforschung hat nichts mit dem Strukturbegriff der standardisiert verfahrenden Forschung, etwa zur Sozialstruktur, zu tun, wo Struktur statisch verstanden wird als „distinctive pattern of relationship between units of an organized whole" (Koschnick 1993: 1658). Der Strukturbegriff muss, wenn anders er der Wirklichkeit des Handelns gerecht werden soll, das alte soziologische Problem des Verhältnisses von Individuum und Gesellschaft aufheben.[65]

Wie kann er dies leisten? Strukturen müssen als Systeme von Regeln begriffen werden und gehen dabei über den Charakter der einzelnen Regel: eine bewährte Problemlösung darzustellen, hinaus. Sie erlauben durch ihren Zusammenhang eine relative Stabilität der Regeln auch über die Zeit hin, in denen diese keiner neuen Bewährungsprobe ausgesetzt sind. Wenn Handlungsinstanzen sich nun an geltenden Regeln orientieren, so reproduzieren sie in ihrem Handeln zugleich diese übergreifenden Strukturen und sich selbst als strukturierende Instanzen: eben ihre Fallstruktur. Insofern ist die Fallstruktur zugleich eine generative Instanz, die die Entscheidungen hervorbringt. Zudem entwerfen Handlungsinstanzen, wenn ein neues Handlungsproblem auftaucht qua Transformation der Regeln eine neue Antwort, die sich dann wieder bewähren und damit in die somit transformierte Struktur eingehen kann. Aber auch die Erfindung einer neuen Regel, die zunächst als bloße Lösung eines spezifischen Handlungsproblems gefunden wird, ist weder in

---

27 ff.; Oevermann 2000 a. Ohne diese Kritik zu berücksichtigen argumentiert neuerdings auch Bruno Hildenbrand für die Fundierung von Verstehen in praktischer Verständigung (2017).

64 Wir stützen wir uns hier auf Loer 2006 b: 346-351.

65 Dies gelingt allerdings nicht durch den semantischen Trick der Rede von einem „doppeltem Strukturbegriff" (Matthiesen 1994: 80), die der interpretativen Soziologie Anthony Giddens und deren Konzeption von strukturierter und strukturierender Struktur entlehnt wird (Giddens spricht von der „Dualität von Struktur" – 1984/1995: 67). Diese Rede verschiebt nur das Problem. Weder ist der Strukturbegriff doppelt noch ist es die Struktur.

bezug auf das zu lösende Handlungsproblem hin beliebig: in seiner Lösung erweist sie sich als durch das Problem gemodelt; noch ist sie beliebig in bezug auf die sie hervorbringende Handlungsinstanz, da diese in übergreifende Strukturen eingebettet ist, die mit ihren Regeln bestimmte Optionen für eine Lösung eröffnen und andere ausschließen; insofern erweist sich auch das Problem in seiner konkreten Gestalt als durch die Lösung bestimmt und die Fallstruktur weist in Relation zu den übergreifenden Strukturen zugleich einen prozessualen Charakter auf, befindet sich in einem permanenten Bildungsprozess, der in einer kontinuierlichen offenen Transformation mehr oder weniger lange Phasen der Reproduktion aufweist.

2.2.2 Methodologische Aspekte fallrekonstruktiver Forschung[66]

2.2.2.1 Objektive Bedeutungsstruktur

Aufbauend auf den Erläuterungen zum Regelbegriff der Objektiven Hermeneutik, in der Handeln begriffen wird als sinnstrukturiert durch Regeln, welche die Bedeutungen von Handlungen erst erzeugen, soll im Folgenden der „Schlüsselbegriff" (Oevermann 2002: 1) der Objektiven Hermeneutik: die objektive Bedeutungsstruktur erläutert werden. Der Begriff der objektiven Bedeutungsstruktur ist in der Objektiven Hermeneutik entwickelt worden, um in Abgrenzung vom subjektiv intentional repräsentierten Sinn, der sich durch nachvollziehendes Verstehen erschließen lässt, eine soziale Realität zu bezeichnen, die objektiv durch bedeutungserzeugende Regeln konstituiert wird. Die soziale Realität der objektiven Bedeutungsstruktur kann weder zurückgeführt werden auf die Intentionen der in der Praxis Handelnden, noch auf die subjektiven Repräsentanzen von Bedeutungen, die Handelnde ihren Handlungen zuschreiben (Meinungen, Deutungen). Vielmehr wird die objektive Bedeutung einer Handlung konstituiert durch Regeln verschiedenen Typs (universelle, historische). Diese durch Regeln erzeugten objektiven Bedeutungen, sowie auch die Regeln selbst, die das Handeln immer schon bedeutungsvoll vorstrukturieren, können dem Handelnden bewusst (manifest) sein; zum größten Teil bleiben sie allerdings unbewusst (latent) (vgl. 2.2.2.2). Wenn also in der Objektiven Hermeneutik von objektiven Bedeutungsstrukturen die Rede ist, dann ist damit nicht ein „mentalistisch zuschreibbarer subjektiver Zustand" (Oevermann 2004a: 193) gemeint, sondern die Bedeutung bzw. objektive Bedeutungsmöglichkeiten, die „aufgrund geltender Regeln der Bedeutungserzeugung" (a. a. O.) eine erfahrbare Wirklichkeit ganz eigener Art erzeugen. Es handelt sich quasi um einen Begriff, der „einerseits auf die konstitutionstheoretisch zu begründende spezifische Methodo-

---

66 Hier wird nun der Avers der Münze, von der vorstehend der Revers dargestellt wurde, präsentiert.

logie der Erfahrungswissenschaften von der sinnstrukturierten Welt beschränkt [ist], ohne spezifische Gegenstände darin zu thematisieren, andererseits aber von zentraler Bedeutung insofern er allererst die möglichen Gegenstände der Erkenntnis dieser Wissenschaften so auf analytische Distanz bringt, dass sie über eine bloße Beschreibung hinausgehend auf ihre innere Gesetzmäßigkeiten hin erschließbar werden" (Oevermann 2001b: 40).

2.2.2.2 Manifester und latenter Sinn

Der Begriff der „latenten Sinnstruktur" hat in der Rezeption immer wieder für Verwirrung gesorgt, da er – vgl. hier ausführlicher Loer 2016c – von Oevermann selbst manchmal synonym mit dem Begriff der „objektiven Bedeutungsstruktur", manchmal aber auch – im pragmatischen Gebrauch wie auch per Definition – als unterschieden davon verwendet wird, oder auch so, dass beide Begriffe, „objektive Bedeutungsstruktur" und „latente Sinnstruktur", nicht als Alternativen, sondern als sich wechselseitig ergänzend gebraucht werden. So beschreibt Oevermann latente Sinnstrukturen als eine von dem „praktischen Wissen der Akteure unabhängige Realität" (Oevermann 2001b: 41); sie gehören einer der sinnlichen Wahrnehmbarkeit enthobenen, gleichwohl erfahrbaren Wirklichkeit an. Es handelt sich um Gebilde, „für die konstitutiv ist, dass wir sie nicht sinnlich wahrnehmen können. Wir können die objektiven Sinnstrukturen weder sehen noch hören, riechen, schmecken oder ertasten. Sie sind aber dennoch empirisch in dem zwingenden Sinne, dass wir ihre Existenz und ihre Wirkung mit Hilfe unstrittiger Methoden nachweisen und bestimmen können. Als solche können wir sie nur lesen, nicht wahrnehmen. Sie sind also in diesem Sinne von vornherein abstrakt und nicht konkret" (Oevermann 2004a: 198). Nur in „Ausnahmefällen" – so Oevermann – sind Menschen „in der Lage […], auf der Ebene von latenten Sinnstrukturen Bedeutungszusammenhänge zu entschlüsseln, die erst nach langwierigen und recht komplizierten praktischen Schlüsseln und unter der Bedingung der Handlungsentlastetheit und Nicht-Betroffenheit expliziert werden können" (Oevermann 1979: 366).[67]

Mit anderen Worten: Wir müssen unterscheiden zwischen den durch Regeln erzeugten objektiven Bedeutungen, die zugleich dem Handelnden als subjektiver Handlungssinn bewusst sein können, was durch den Handlungsdruck der Praxis allerdings meistens nicht der Fall ist, und solchen, die „nicht notwendigerweise

---

67 Vgl. hierzu die Analyse eines Protokolls familialer Interaktion aus dem Projektzusammenhang „Elternhaus und Schule", in dem Oevermann anfangs der 1970er Jahre begonnen hat die „Objektive Hermeneutik" zu entwickeln, insbesondere das sequenzanalytische Verfahren als Methode, um so abstrakte Gebilde wie latente Sinnstrukturen analytisch zu erfassen (vgl. 1979: 354-366).

aktual psychisch repräsentierte Realität" (Oevermann 2001b: 41) sind. Dieses „Verhältnis von *objektiver* Bedeutung zum von den Handelnden *subjektiv* realisierter Bedeutung" (Loer 2016c: 373) kann so bestimmt werden, „dass diejenigen Aspekte der Bedeutung, die subjektiv realisiert werden, als manifest, die darüber hinausgehenden Aspekte als latent bezeichnet werden müssen, wobei der Begriff der objektiven Bedeutung beide Typen von Aspekten enthält" (a. a. O.). Und unabhängig davon, ob es sich um eine subjektiv repräsentierte (also manifeste) Bedeutung oder um eine dem Handelnden nicht bewusste (also latente) Bedeutung handelt, sind doch beide Sinnstrukturen „objektiv durch Regeln konstituiert" (a. a. O.). Für die handelnde Praxis ist die im Vollzug von Interaktionen sich wie hinter dem Rücken der Akteure entfaltende Bedeutungsstruktur in der Regel „wegen des Handlungsdrucks, unter dem sie stets steht, systematisch latent und wird nur selektiv in subjektiven intentionalen Realisierungen manifest" (a. a. O.: 371). Für den Forscher allerdings, der immer gebunden an das Vorliegen von Protokollen versucht, die Fallstruktur als das Resultat eines individuellen Bildungsprozesses zu bestimmen, indem er das sequenzanalytische Verfahren anwendet, sind diese als eigene empirische Realität im Handeln der Akteure operierenden Bedeutungsstrukturen nicht latent, „sondern eben nur unbekannt, d. h. nicht prädiziert. Dazu zählen dann sowohl die Momente der untersuchten Bedeutungsstruktur, die der Praxis latent wie jene, die für sie manifest sind" (a. a. O.: 371 f.). Um als Forscher aber nun herauszufinden, was an Bedeutungssinn dem in der Praxis Handelnden als latenter Sinn verschlossen und ob, wenn überhaupt, Ausschnitte vom durch Regeln erzeugten Bedeutungssinn ihm bewusst, also manifest sind, ist immer die Rekonstruktion von objektiven Bedeutungsstrukturen erforderlich.

2.2.2.3 Erzeugungsparameter – methodologisch: bedeutungserzeugende Regeln

Es ist nun schon deutlich geworden, dass es Regeln gibt, wie z. B. die universellen gattungsspezifischen Regeln oder auch Spielregeln (z. B. Regeln des Schachspiels oder Regeln des Fußballspiels), bei denen es sich um konstitutive Regeln handelt. Sie konstituieren eine soziale Praxis erst überhaupt, indem sie Handlungsoptionen generieren.[68] Davon sind die regulativen Regeln, wie z. B. die bereits genannten Höflichkeitsregeln zu unterscheiden, die – wie der Name schon sagt – eine Praxis

---

68 Vgl. hierzu Maiwald/Sürig, die am Beispiel des Fußballspiels zeigen, dass wenn unterschiedliche Auffassungen in Bezug auf eine Regelgeltung bestehen, die soziale Praxis des Fußballspiels gar nicht erst entstehen kann oder frühzeitig abgebrochen werden müsste. So würde eine Fußballspiel, auch wenn zwei Mannschaften vom äußeren Erscheinungsbild her zu beurteilen, das spielen, was man allgemein Fußball nennt, dann zu Ende kommen, wenn Abseitssituationen unterschiedlich gedeutet werden, und von

regulieren.⁶⁹ Diese Unterscheidung von zwei Regeltypen, den des regulativen und den des konstitutiven, geht auf den Sprechakttheoretiker Searle (1969/1983) zurück (vgl. S. 22, Fn. 51 u. 52). Welche Regeln lassen sich nun welchem Regeltypus zuordnen? Die universell gültigen gattungsspezifischen Regeln, die Regeln also mit der größten humanspezifischen Reichweite, sind immer konstitutive Regeln, da sie die Voraussetzung für menschliches, immer schon per se kooperatives Handeln darstellen und dieses erst erzeugen. Die davon zu unterscheidenden Regeln mit wiederum historisch unterschiedlicher Reichweite, die quasi „oberhalb der Fallstruktur liegen […] [und] determinieren, welche Anschlüsse sinnlogisch möglich sind bzw. welche Handlungen oder Äußerungen sinnlogisch vorausgehen konnten" (Leber/Oevermann 1994: 386 f.), können sowohl konstitutive Wirkung zeitigen, also eine soziale Praxis konstituieren (Regeln aus dem Bereich von Spiel und Sport; Sprechakte wie Versprechen, Behaupten etc.; Interaktionsregeln wie Gesprächseröffnung, Sequenzierung, Sprecherwechsel etc. – vgl. Maiwald/Sürig 2018). Historische Regeln können aber auch dem bloß regulativen Regeltypus angehören, genau dann, wenn sie eine unabhängig von ihnen konstituierte soziale Praxis regulieren (z. B. Regeln des Taktes, Vorschriften wie „bei Rot stehenbleiben, bei Grün gehen", Taktikregeln im Wettkampfspiel, Normen wie die der Höflichkeit, Gewohnheiten oder auch manche Gesetze).⁷⁰

Was im Zentrum einer Fallanalyse steht, ob nun die allen historischen Regeln vorausliegenden universellen, das Humanspezifische erst ausmachenden konstitutiven Regeln, oder die historischen Regeln, die entweder konstitutive oder regulative Ordnungswirkung haben, ist von der jeweiligen Forschungsfrage abhängig. Auf der Ebene der Fallanalyse aber, also wenn es darum geht, die Fallstruktur als das Ergebnis einer Bildungsgeschichte zu bestimmen, ist zu unterscheiden zwischen den die untersuchte Praxis einbettenden Strukturen, die mit ihren Regeln immer bestimmte Handlungsoptionen für eine Lösung eröffnen und andere ausschließen (vgl. Loer 2006 b: 349), und der Fallstruktur (vgl. Leber/Oevermann 1994: 386 f.), „welche unter den möglichen Anschlüssen oder Optionen" (a. a. O.) auswählt. Im

---

der einen Mannschaft auch der Abpfiff des Schiedsrichters nicht als gültig anerkannt werden würde (2018: 58 f.).

69 Regulative Regeln normieren, und darin wirken sie handlungsentlastend, eine spezifische Art und Weise in der Praxis zu sein. Dazu zählen im Fußballspiel z. B. Aufstellungsregeln, die Teil der Taktik sind und das Ziel haben, „die Mannschaften nach Kriterien der Effektivität zu organisieren" (Maiwald/Sürig 2018: 58).

70 Ausführlich s. dazu: Loer 2006b: 360-365, wo „die konstitutionstheoretische Unterscheidung von Universalität und Historizität der Regelgeltung" von „der methodologischen Unterscheidung von optioneneröffnenden Regeln einerseits und die Fallspezifik ausmachenden Regeln" (a. a. O.: 360) differenziert und diskutiert wird.

methodischen Verfahren der Sequenzanalyse (dazu weiter unten ausführlicher) wird dieser Unterscheidung zwischen den oberhalb der Fallstruktur liegenden Strukturvorgaben, in denen Regeln den Spielraum von objektiven Möglichkeiten des Handelns festlegen, und der Fallstruktur selbst, als der Instanz, die eine Auswahl aus den objektiven Handlungsmöglichkeiten trifft, Rechnung getragen, indem unterschieden wird zwischen zwei Parametern, die jede Sequenz determinieren. Die allgemeinen, „an der Generierung von Bedeutung beteiligte[n] Regeln" (a. a. O.) sind Bestandteil des *Erzeugungs- oder Eröffnungsparameters;* zu dem *Entscheidungs- oder Auswahlparameter* hingegen zählen die Regeln, denen eine Praxis folgt (z. B. Höflichkeitsnormen, Anstandsregeln etc.), um das Handlungsproblem zu lösen, d. h. eine Option durch eine Selektion vollzogene Auswahl als die vom Fall markierte zu favorisieren und damit zugleich potentielle Alternativen als abgewählte zu kennzeichnen (zu den beiden Parametern ausführlicher in Teil 3).

Wir kommen zu einem Beispiel, dass zeigen soll, wie konstitutive Regeln als Bestandteil des Eröffnungsparameters objektive Bedeutungen von Handlungen erzeugen, die als unabhängig von subjektiven Deutungen eines Akteurs zu bestimmen sind. Auf die soziale Praxis des wechselseitigen Grüßens, von dem eine sozialintegrative Kraft ausgeht, da es aus dem Nebeneinander der Akteure ein Miteinander macht, haben wir bereits verwiesen. Vergleichbar der Praxis des Grüßens wird auch in der Praxis des sich z. B. wechselseitigen Weineinschenkens – ein zumindest im vorigen Jahrhundert in den südfranzösischen Lokalen noch anzutreffender Brauch, den Lévi-Strauss (1947/1981) ausführlich als eine Form des Gabentausches beschrieben hat – Folgendes deutlich: dass in der jeden Gabentausch kennzeichnenden Abfolge von Geben, Nehmen und Erwidern, also im Vollzug einer einfachen Form von Sozialität, *zum einen* Erzeugungsregeln am Wirken sind, die Anschlussoptionen für den Handelnden eröffnen, und dass *zum anderen* mit diesen möglichen Interaktionsanschlüssen immer schon Konsequenzen verbunden sind, die der eigentlichen Entscheidung des Handelnden vorausliegen. Claude Lévi-Strauss beschreibt den über den Austausch von Wein sich vollziehenden Gabentausch wie folgt: „In den kleinen Lokalen, wo der Wein im Preis der Mahlzeit eingeschlossen ist, findet jeder Gast vor seinem Teller eine kleine Flasche [...] Die kleine Flasche mag zwar nur knapp ein Glas enthalten, doch dieser Inhalt wird nicht in das Glas des Besitzers, sondern in das des Nachbarn gegossen, und dieser macht augenblicklich eine entsprechende Geste der Reziprozität" (1947/1981: 116). Zu den Erzeugungsregeln der sozialen Praxis, des sich wechselseitigen Weineinschenkens, gehört, dass derjenige, der den ersten Zug macht, der die Initiative ergreift und dem Fremden mit dem Angebot Wein einzuschenken, Kooperationsbereitschaft signalisiert, sich in einem besonderen Maße exponiert. Denn er tut etwas „von sich aus [...] für andere", es wird in Vorlage getreten, man gibt Kredit (vgl. Maiwald/Sürig 2018: 73).

In diesen Eröffnungszug sind genau zwei mögliche Anschlussoptionen eingebaut. Das Kooperationsangebot kann vom Tischnachbarn abgeschlagen werden mit der Konsequenz, dass man sich nicht auf eine gemeinsame Zukunft hin definiert, die in ihrer Mininmalversion dann zumindest die Zeitspanne der gemeinsamen Mahlzeit umfasst. Das Unterlassen der Reziprozitätsgeste,[71] mit der man auch zum Ausdruck bringt, den Regeln der Höflichkeit nicht nachzukommen, also ihre negative Auslegungsvariante bevorzugt, hat zur Konsequenz – einmal ganz abgesehen davon, dass der Tischnachbar dieses Antwortverhalten mit Sanktionen bestrafen könnte (z. B. Kopfschütteln, missbilligende Blicke etc.) –, dass die Unsicherheit, die durch das Austauschen von Wein hätte zwischen den zwei Fremden beseitigt werden können, weiterhin besteht. Der „Zustand der Spannung zwischen der Norm der Privatheit und der Tatsache der Gemeinschaft" (Lévi-Strauss 1947/1981: 116) kann nicht für die Dauer der Mahlzeit überwunden werden. Die zweite im Eröffnungszug angezeigte Anschlussalternative, nämlich die Anschlusshandlung des Erwiderns, indem man nun dem anderen aus seiner Flasche Wein einschenkt bedeutet objektiv die Annahme des Angebots des Tischnachbarn. Somit eröffnet die Schließung der entstandenen Reziprozitätslücke mit einem vergleichbaren Gegenzug, der auch ein Ausdruck dafür ist, den geltenden Regel der Höflichkeit

---

71 Hier ist allerdings zu beachten, dass selbst das Unterlassen der Reziprozitätsgeste objektiv noch einen Vollzug der unausweichlichen konstitutiven Reziprozität darstellt. Da der Mensch Welt hat (vgl. bereits Scheler 1928/1983: 38) und da er somit nicht nicht-reagieren kann – eben auch nicht, wenn er einem Gattungsgenossen begegnet – ist jedes Verhalten eine Antwort auf die Präsenz der Situation; es gibt auf dieser konstitutiven Ebene keine Nicht-Reziprozität. Anders als beim Tier, wo die Reaktion auf die sinnlich wahrnehmbare Anwesenheit eines Artgenossen für jedes Exemplar festgelegt ist, ist beim Menschen nur klar, *dass* jedes Verhalten eine Antwort auf die wahrnehmbare Anwesenheit eines Gattungsgenossen ist. Es gibt keine bloße Juxtaposition; mit Lévi-Strauss kann man sagen, la récitprocité „substitue un lien à la juxtaposition". (1947/2002: 70) Dieses kulturelle Moment, dass sich zunächst negativ: als Deutungsbedürftigkeit zeigt, erfährt in jeder spezifischen Kultur, wodurch sie sich als diese spezifische Kultur konstituiert, eine geregelte Ausgestaltung von Reziprozität; darin zeigt sich das kulturelle Moment positiv: als Anerkennung des anderen Anwesenden qua Gattungsgenossen – zunächst in der konkreten Form der Anerkennung als Freund oder als Feind. Reziprozität auf dieser basalen Ebene ist für die Beziehung zwischen Angehörigen der Gattung Mensch konstitutiv, sie eröffnet eine Welt von Möglichkeiten der wechselseitigen Bezogenheit im Verhalten, die zugleich unausweichlich ist. „Instinktreduktion" (Gehlen 1940/1986: 26) bezogen auf das Verhältnis von Angehörigen der Gattung zueinander bedeutet also objektiv unausweichliche fundamentale Reziprozität. Diese Reziprozität ist noch grundlegender als die von Claude Lévi-Strauss behandelte, von der er, wie gerade zitiert, sagt, sie setze eine Bindung an die Stelle der Juxtaposition. (vgl. Loer 2012: 2 f.)

normgemäß zu folgen, für die Zukunft die Möglichkeit für weitere Kooperation, z. B. den Beginn einer Unterhaltung. Was diese beispielhafte Erläuterung zeigen sollte, ist, dass a) durch Regeln soziale Praxis erst ermöglicht wird, dass b) durch Regeln mit dem Eröffnen von Handlungsoptionen auch objektive Bedeutungen von Handlungen festlegelegt werden, c) dass Regeln Sequenzen verknüpfen und durch das Verknüpfen von Handlungssequenzen schon vor dem Vollzug der Entscheidung, also der Wahl einer Handlungsalternative, die Konsequenzen festlegen, „die eine jeweilige Auswahl dieser Option bedeutet" (Loer 2013: 42) und – darauf haben wir schon verwiesen – dass d) Regeln, um befolgt werden zu können, nicht bewusst sein müssen.

2.2.2.4 Auswahlparameter – methodologisch: Fallstruktur

Die Erschließung der objektiven Bedeutungsstruktur ist in der Objektiven Hermeneutik ohne die Rekonstruktion von Regeln nicht zu denken. Denn das menschliche Handeln ist in der Objektiven Hermeneutik konzipiert als ein Auswählen aus von bedeutungserzeugenden Regeln entworfenen Handlungsoptionen bzw. Handlungsmöglichkeiten. Für die methodische Analyse folgt daraus, dass zum einen das Spektrum an Handlungsalternativen, die jeder Entscheidung als Möglichkeiten vorausliegen und mit der Selektion dann als Wirklichkeit vollzogen werden, expliziert werden muss, und dass zum anderen das Muster, nach welchem wiederholt Optionen gewählt bzw. verworfen werden, als Fallspezifik rekonstruiert wird. Auch wenn durch Regeln bestimmte Möglichkeiten sich zu entscheiden – Möglichkeiten, die im Moment des Handelns dem Einzelnen meistens nicht bewusst sind, ebenso wenig die unterschiedlichen Folgen, die aus den (noch möglichen anderen) Entscheidungswahlen resultieren – gegeben sind, wäre nun irrig anzunehmen, dass die getroffene Entscheidung völlig unbestimmt erfolgt. Es sind nicht nur auf der Ebene der Erzeugung von Handlungsoptionen Regeln am Werk, sondern auch in der Auswahl einer Alternative. Denn der Einzelne ist mit seinen Handlungsentscheidungen immer auch als sozial konstituiertes Subjekt zu denken, das eingebettet in und geprägt durch strukturelle Rahmenbedingungen Auswahlen aus Optionen trifft.

Was einen Fall also als spezifischen erkennbar macht, ist die systematische Auswahl aus den von Regeln erzeugten Optionen, die in Relation zu den pragmatischen Erfüllungsbedingungen bzw. Einbettungsverhältnissen zu denken ist, in denen Regeln (z. B. Normen der einbettenden Gemeinschaften, Gesetze einer Gemeinschaft aber auch z. B. Bräuche und Sitten[72]) Handlungsentscheidungen

---

72 Max Weber (1922/1985: 15 [§ 4]) unterscheidet zwei Arten von regelmäßigem Handeln: den Brauch und die Sitte. Ein Brauch ist die „tatsächlich bestehende Chance einer Re-

vorstrukturieren. Diese das Subjekt übergreifenden Rahmenbedingungen (Einbettungsverhältnisse) legen die „Anschlussoptionen fest, in deren Auswahl die Fallstrukturgesetzlichkeit sich ausdrückt" (Loer 2015b: 307). Konstitutiv für eine Entscheidung sind also einerseits die das Entscheiden erst ermöglichenden Regeln, die Handlungsoptionen eröffnen, weshalb sie auch Eröffnungsregeln genannt werden. Andererseits drücken sich in einer Entscheidung, die sogenannten Auswahlregeln aus, die den Fall in seiner Fallspezifik ausmachen und als Fallstruktur im Prozess der Sequenzanalyse rekonstruiert werden. Kritiker der Objektiven Hermeneutik (etwa Strübing 2006b; vgl. Loer 2006b) vermitteln oft den Eindruck, dass in der Objektiven Hermeneutik das Subjekt als Akteur wie eine Marionette sich in den Grenzen vorgegebener Regeln bewegt, ist doch der freie Wille eines Subjekts nicht auszumachen in der Konstitution von Alternativen, da diese durch Regeln erzeugt werden. Hingegen stellt „analytisch betrachtet" (Loer 2015b: 307) der Handelnde „stets die Entscheidungsinstanz dar, ist also zentrales Moment des Auswahlparameters" (a. a. O.). Das Subjekt wird in der Objektiven Hermeneutik nicht als Automat gedacht, sondern als autonome Entscheidungsinstanz, die erst durch die

---

gelmäßigkeit der Einstellung sozialen Handelns [...], wenn und soweit die Chance ihres Bestehens innerhalb eines Kreises von Menschen lediglich durch *tatsächliche Übung* gegeben ist". Ein Brauch wird dann zur Sitte, „wenn die tatsächliche Uebung auf *langer Eingelebtheit* beruht" oder wenn eine „*Interessenlage"* besteht. Der Oberbegriff für ein regelmäßiges Handeln ist der Brauch, die Sitte ist ein Spezialfall des Brauchs. – Ein Beispiel für die „lange Eingelebtheit": Wenn Bergarbeiter im Steinkohlenbergbau in die Grube bzw. in den Stollen über einen Schacht mit Hilfe eines Förderkorbs einfuhren, dann war es Sitte – das wird von ehemaligen Bergarbeitern, die auf unterschiedlichen Zechen im Ruhrgebiet gearbeitet haben und heute auch Führungen im Bergbaumuseum Bochum anbieten, erzählt – alles Reden einzustellen; man fuhr eng zusammenstehend in einem kleinen Korb schweigend in die Grube ein. Ein Beispiel, an dem die Bedeutung der Interessenlage deutlich wird: Als im Zuge der liberalen Agrargesetzgebung zu Beginn des 19. Jahrhunderts das Anerbenrecht abgeschafft wurde, reagierte die Bauernschaft im westfälischen Minden-Ravensberg und in Hohenlohe-Franken mit der Ausbildung einer Anerbensitte. Diese ermöglichte ihnen, durch Familienverträge bzw. durch ein Familienvertragssystem (Hofübergabe, Ausgedinge, Rechte der weichenden Erben) die Realteilung, die das neue Gesetz forderte, zu unterbinden. Die Anerbenform konnte dann zwar nicht mehr als Anerbenrecht, „sondern nur als Anerbensitte bewahrt werden" (Bohler 1995: 158), führte aber dazu, dass auf lange Sicht es nicht zur „Auflösung bäuerlichen Wirtschaftens" kam (Hildenbrand 2005: 157). Dies ist ein Beispiel für eine eingelebte Sitte, die das Ergebnis einer Interessenlage ist, die darin besteht; den Niedergang eines Hofes zu vermeiden, indem das Realteilungsgesetz durch Festhalten an der Anerbenpraxis unterlaufen wird.

durch Regeln erzeugten Handlungsoptionen in den Stand gesetzt wird, sich frei entscheiden zu können, dies allerdings unabdingbar und unvermeidbarerweise.[73]

2.2.2.5 Strukturbegriff methodologisch

Die Objektive Hermeneutik hat auf eine „formale Bestimmung" des Strukturbegriffs „von vornherein verzichtet" (Oevermann 1981: 7). Denn da es ihr nicht darum geht, über standardisierte Erhebungen mit großen Fallzahlen Korrelationen zwischen Merkmalen (z. B. soziale Herkunft und Bildungserfolg) als ‚Struktur' zu identifizieren, verwendet sie „statt eines operationalisierbaren Strukturbegriffs ein Konzept davon, dessen abstrakter Gebrauch immer nur als Vorgriff auf eine durchzuführende Rekonstruktion des strukturierten Ablaufs eines sozialen Gebildes oder eben eines Falles legitimiert ist" (a. a. O.: 25). Um diesen voraussetzungsreichen Satz verstehen zu können, werden im Folgenden die allgemeinen Kriterien, denen ein in der Objektiven Hermeneutik verwendeter Strukturbegriff genügen muss, in einem Überblick dargestellt (a-e).[74]

a. In der Objektiven Hermeneutik wird von einem Strukturbegriff ausgegangen, in dem soziale Struktur immer nur mit Bezug auf ein Konzept von Fallstruktur begriffen werden kann. Bei einem Fall handelt es sich um ein soziales Gebilde bzw. abgrenzbare Handlungseinheiten, „die als Träger [...] [von] Strukturen gelten" (a. a. O.: 41), die das Ergebnis von „Bildungs- und Individuierungsprozessen" (a. a. O.) sind. „Unter einem Fall können wir dann einzelne Personen, Familien, historische Institutionen, Lebenswelten, Organisationen eines bestimmten Typs, Kulturkreise, konkrete Gesellschaften oder auch Gesellschaften eines bestimmten Typs verstehen" (a. a. O.).

b. Diese (Fall)Einheiten, deren Struktur im Rahmen einer „durchzuführende[n] konkrete[n] Rekonstruktion" (a. a. O.: 25) analysiert werden soll, werden „wegen ihrer Befähigung zur Autonomie (im Sinne einer Befähigung zur Selbsterzeugung von Strukturen) als Formen der Lebenspraxis" (a. a. O.: 7) bestimmt, „die als widersprüchliche Einheit von Begründungs- und Entscheidungszwang eine

---

73 In Anlehnung an das metakommunikative Axiom Paul Watzlawicks: „Man kann nicht *nicht* kommunizieren." (Watzlawick/Beavin/Jackson 1969/1996: 53; kursiv i. Orig.) lässt sich formulieren: Man kann sich nicht *nicht* enscheiden.

74 Vgl. dazu das Beispiel („Mutti, wann krieg ich denn endlich mal was zu essen. Ich hab so Hunger" – vgl. Oevermann 1981), das Ulrich Oevermann auch in „vielen mündlichen Darstellungen erprobt hat" (1991: 8, Fn. 6; siehe auch Oevermann 1979, S. 415 ff.), an dem gut nachvollziehbar ist, was gemeint ist, wenn es darum geht, auf der Grundlage einer materialen Analyse eine Struktur, die in diesem Beispielfall etwas über die Struktur des familialen Interaktionssystems aussagt, zu identifizieren.

realdialektische Strukturiertheit par excellence bilden" (a. a. O.). In Fallanalysen wird dann rekonstruiert, wie eine Lebenspraxis aus regelerzeugten Handlungsoptionen Selektionen vornimmt. Die generative Struktur, die musterhaft nach einem bestimmten Prinzip wiederholt Entscheidungen hervorbringt, wird als Fallstrukturgesetzlichkeit bezeichnet.

c. Eine Fallstrukturhypothese, das heißt, eine Annahme darüber, wie ein Fall sich in bestimmten Entscheidungssituationen verhält, nach welchem Entscheidungsmuster Handlungsoptionen abgewiesen und bestimmte andere Optionen gewählt werden, kann dann aufgestellt werden, wenn eine Handlungseinheit (ein Fall) in „hinreichender Länge bruchlos rekonstruiert" (a. a. O.) werden konnte. Eine Struktur – so Oevermann – kann „im Objektbereich der Soziologie überhaupt erst als bekannt und gegeben gelten [...], wenn bezogen auf ein konkretes Gebilde mindestens eine Phase der Reproduktion von dessen Struktur rekonstruiert wurde" (a. a. O.: 25). Um Missverständnisse zu vermeiden, sei noch das Folgende angemerkt: Keinesfalls kann der Strukturbegriff, der im Kern durch das Konzept der Fallstruktur bestimmt ist, aus der heraus eine Lebenspraxis Entscheidungen trifft, reduziert werden „auf die autonome Konstruktionstätigkeit des Individuums [...] Dass dies nicht der Fall ist, mag allein schon daraus hervorgehen, dass dieses Subjekt nur als sozial konstituiert gedacht werden kann und damit der Primat der objektiven sozialen Strukturen vorausgesetzt wird" (a. a. O.: 33).

d. Ein weiteres Kriterium, durch das der Strukturbegriff der Objektiven Hermeneutik bestimmt ist: Er kann nur expliziert werden auf der Grundlage einer Materialanalyse. Das heißt, grundlegend für jede soziologische Strukturanalyse, die Fallstrukturen rekonstruiert, sind Objektivationen einer Praxis, die in materialgebundenen Ausdrucksgestalten ganz unterschiedlicher Art vorliegen können. Ergänzend zu den in den Band eingegangenen Materialsorten (Brief – vgl. Franzmann; Photographie – vgl. Maiwald; archäologisches Objekt – vgl. Jung; Forschungsgespräch – vgl. Münte; Gespräch – vgl. Wernet; Protokolle von Unterrichtsstunden – vgl. Twardella; Konferenzvortrag – vgl. Liebermann) wären hier auch solche Datendokumente wie Kunstwerke (Oevermann 1990; Ritter 2003; Loer 1993, 1994, 2004) oder Luftbilder (Wienke 2001) zu nennen.

e. Der Strukturbegriff der Objektiven Hermeneutik ist des Weiteren nicht „ohne den Regelbegriff [...] angemessen zu denken" (Loer 2006 b: 348). Das ist insofern schon in der Formulierung deutlich geworden, dass alles Handeln in der Objektiven Hermeneutik zu verstehen ist als ein Auswählen aus von bedeutungserzeugenden Regeln entworfenen Handlungsoptionen bzw. Handlungsmöglichkeiten. Wir haben das bereits erläutert am Beispiel des Grußes, also des Austauschs von Begrüßungshandlungen, und am Beispiel des Gabentausches in der Form des wechselseitigen Weineinschenkens. Diese Beispiele machen deutlich, dass wir es immer mit Sequentialität als einer universellen Konstante allen Handelns zu tun haben, in der es einerseits Handlungsoptionen gibt, die analytisch betrachtet eröffnet werden durch Regeln, die Bestandteil des Eröffnungsparameters sind, und andererseits Regeln, die wie die der Höflichkeit bzw. des Anstandes Bestandteil des Auswahlparameters sind (dazu im Folgenden ausführlicher).

3 Methodische Aspekte fallrekonstruktiver Forschung

Die Methodologie der Objektiven Hermeneutik stellt, um an die vom praktischen Wissen der Subjekte unabhängig operierenden Bedeutungsstrukturen analysieren zu können, die Methode der Sequenzanalyse als ein rekonstruktionslogisches Verfahren zur Verfügung. Im Folgenden werden wir dieses, von Ulrich Oevermann auch als „Herzstück der objektiven Hermeneutik" (Oevermann 2004a: 203) bezeichnete, sequenzanalytische Verfahren vorstellen, das, wie der Begriff der Objektiven Hermeneutik schon sagt, ein Interpretationsverfahren meint, welches in der Lage ist, diese, sowohl vom Sozialforscher als Rezipienten eines Textes, als auch vom Textproduzenten unabhängig existierende Realität aufzuschlüsseln. Um dieses Verfahren des „rekonstruierenden Textverstehens" (vgl. Oevermann 1979: 381), das „mit einem verstehenden Nachvollzug innerpsychischer Prozesse, etwa bei der Interpretation von Befragungsergebnissen oder von durch projektive Tests erzeugten Antworten, nichts zu tun hat" (a.a.O.), zu verdeutlichen, machen wir einen Umweg über drei Schritte. In diesen geht es *erstens* um die Unterscheidung zwischen Fallbeschreibung und Fallrekonstruktion, *zweitens* um die zentrale Differenz zwischen Protokoll und protokollierter Wirklichkeit und *drittens* um die zwei am „Grundbegriff der Ausdrucksgestalt" zu unterscheidenden Aspekte, dem Aspekt des Ausdrucksmaterials (Protokoll) und den Aspekt der Nichtwahrnehmbarkeit von objektiven Bedeutungsstrukturen (Text). Diese vorbereitenden Ausführungen münden dann am Ende ein in die Erläuterung dessen, was als das Fundament jeder erschließenden Sequenzanalyse anzusehen ist. Es geht um die Basis, auf der jedes sequenzanalytische Verfahren mit dem Ziel, die fallspezifische Strukturgestalt in der Sprache des Falles selbst zu heben, stattfindet: nämlich die Unterscheidung der „beiden fundamental verschiedenen Kategorien" (Oevermann 2004a: 203) der Erzeugungsregel (Parameter I) und der Auswahlprinzipien (Parameter II) (s.o. 2.2.1.3-4 u. 2.2.2.3-4).

Fallbeschreibung versus Fallrekonstruktion

Fallrekonstruktionen sind von Fallbeschreibungen von vornherein zu unterscheiden. Letztere tragen insofern „zum Erkenntnisprozess nichts Eigenes bei" (Oevermann 2004a: 205) als dass sie durch ein paraphrasierendes Nacherzählen nicht über die „Verdoppelung der Fakten" (a. a. O.: 204)[75] hinausgelangen. Durch ein nachvollzugshermeneutisches Vorgehen werden Einzeltatsachen gesammelt und aneinandergereiht und in der Regel klassifiziert bzw. subsumiert unter theoretisch vorgedachte Kategorien. Sobald nun eine Sozialforschung nicht über eine Forschungstechnik verfügt, die in der Lage ist, „die mit Assoziationen und ‚dichten Beschreibungen' des Erlebens arbeitende direkte Paraphrase der Subjektivität [zu] verlassen" (a. a. O.: 210), ist sie darauf angewiesen subsumtionslogisch vorzugehen, d. h. empirische Beobachtungen unter theoretische Begriffe einzuordnen. Fallrekonstruktionen, „die streng genommen nur sequenzanalytisch durchgeführt werden" (a. a. O.: 206) können, brechen nun mit einem „Empirismus der bloßen Beschreibung und der Faktizität" (a. a. O.: 199). Sie setzen an „die Stelle einfühlsamer Assoziationen die präzise Erschließung der abstrakten Sinnstrukturen" (a. a. O.: 209). Im Gegensatz zu Fallbeschreibungen geht es in Fallrekonstruktionen darum, das Datenmaterial durch die Rekonstruktion der abstrakten Sinnstrukturen aufzuschließen, d. h. theoretisch zu durchdringen. Mit dem sequenzanalytischen Verfahren, das jeder Fallrekonstruktion immanent ist, gelangt man so über ein subsumtionslogisches Vorgehen hinaus hin zu der Möglichkeit, Hypothesen über die Rekonstruktion von Fallstrukturen zu bilden, die „ihrerseits in einem Prozess der Strukturgeneralisierung die Basis für eine Erklärung konkreter Phänomene" abgeben (a. a. O.: 204). Eine unumgängliche Voraussetzung dafür, dass ein Fall mit Hilfe der Sequenzanalyse über die Rekonstruktion der abstrakten, der sinnlichen Wahrnehmbarkeit enthobenen objektiven Bedeutungsstrukturen aufgeschlossen werden kann, ist das Vorliegen von – nach Möglichkeit – unverkürzten Protokollen. Deren Sinnauslegung hat dann extensiv, d. h. wörtlich und möglichst vollständig zu erfolgen (vgl. Wernet 2000/2009), da jenseits des Protokolls die soziale Realität einer Analyse nicht zugänglich ist.[76]

Mit Hilfe folgender methodenpraktischer Schritte kann ein subsumtionslogisches Vorgehen vermieden werden bzw. gelingt es, die objektive Bedeutungsstruktur über

---

75 Oevermann bezieht sich hier auf Adornos Vorwurf an den Positivismus, er sei nichts als die „Verdopplung der Realität durch den Gedanken" (Adorno 1956: 18), damit auf die geheime Verwandtschaft zwischen standardisierter Forschung und Nachvollzugshermeneutik verweisend.

76 Das kann gut nachvollzogen werden insbesondere in den Beiträgen von Liebermann, Wernet und Münte in diesem Band.

die Rekonstruktion einer Texthandlung aus dem Matetrial heraus zu heben. In einem ersten Schritt werden unter Ausschluss des Wissens über den äußeren Kontext eines Falles mögliche Erfüllungsbedingungen konstruiert, die eine Äußerung als sinnvoll erscheinen lassen. Bei der Konstruktion von möglichen Kontexttypen sind der Bezugspunkt fallunabhängige, durch Regeln erzeugte allgemeingültige Bedeutungsmöglichkeiten. Um den „möglichen Variantenreichtum genügend zur Geltung zu bringen" (Oevermann 1981: 11) sollte man „sich zunächst konkrete Situationen ausdenken, gewissermaßen Geschichten zu der Äußerung erfinden. In der Forschungspraxis hat hermeneutische Sinnrekonstruktion wesentlich etwas mit dieser Leistung des ‚Geschichten-Erzählens' zu tun" (a. a. O.). In einem zweiten Schritt erfolgt dann die Konfrontation der gedankenexperimentell konstruierten sinnvollen Kontextbedingungen mit dem tatsächlichen Kontext, in dem die Äußerung gefallen ist. In dem Vergleich von denkbaren zur Äußerung passenden Kontexten mit dem tatsächlichem Kontext wird ersichtlich werden, dass entweder eine oder ggf. auch keine der möglichen sinnvollen Erfüllungsbedingungen dieser Äußerung, die gedankenexperimentell konstruiert worden sind, sich mit dem faktischen Kontext deckt. Wenn nun die Bedeutung einer Äußerung nicht durch eine der Normalitätsbedingungen erfüllt ist, die innerhalb eines klar zu begrenzenden Spielraums an Möglichkeiten erklären, was diese Äußerung objektiv alles bedeuten kann, dann muss geschlussfolgert werden, dass nur über eine Fallbesonderheit, die es zu erschließen gilt, verstanden werden kann, was diese Äußerung, die auch eine Abweichung von der Normalität zum Ausdruck bringt, denn dann bedeutet. Andernfalls: wenn der faktische Kontext einer gedankenexperimentell entworfenen Erfüllungsbedingung entspricht, besteht das Fallspezifische in einer spezifischen Normalitätsvariante. Es macht also erst das zweischrittige Vorgehen: die Explikation des historisch Allgemeinen über die Prozedur der Konstruktion von möglichst vielen, auch kontrastierenden Kontexten für eine Äußerung und der Abgleich mit dem faktischen Kontext des Falles sensibel für das Fallspezifische, aus dem heraus dann die Bedeutung entsprechend der Fallbesonderheit als sinnvoll motiviert verstanden werden kann.

Protokoll und protokollierte Wirklichkeit

Wir kommen jetzt zu der methodisch zentralen Unterscheidung zwischen dem Protokoll und der protokollierten Wirklichkeit: Fallrekonstruktionen, wenn sie darauf abzielen, über das methodische Verfahren der Sequenzanalyse eine von den Bewusstseinsstrukturen unabhängige, nicht-dingliche empirische Wirklichkeit freizulegen, nämlich die der objektiven Bedeutungsstruktur, welche aufgrund der bedeutungserzeugenden Regeln immer schon da ist, sind immer an die Ausdrucksmaterialität von Protokollen gebunden. Denn die soziale Praxis per se ist flüchtig[77] und der methodischen Forschung nicht zugänglich und unwiderruflich verloren, solange sie nicht in irgendeiner Weise in einer sinnlich wahrnehmbaren Protokollform festgehalten ist. Das Protokoll kann die Gestalt von edierten Objektivationen einer Praxis – wie z. B. Kunstwerke (vgl. Oevermann 2004b: 160)[78] – oder von Notaten, die Verbalsprachliches, das durch digitale oder analoge technische Aufzeichnungsgeräte festgehalten werden konnte, verschriftlichen, oder von Beobachtungsprotokollen, die nach der Erinnerung aufgeschriebene Beobachtungen bzw. Erlebtes dokumentieren, annehmen. Wir können nur Protokolle, die strikt zu trennen sind von der protokollierten Wirklichkeit, „also von dem unmittelbar Wahrgenommenen" (a. a. O.) interpretieren. Diese „fundamentale[..] Grenze zwischen dem Protokoll von Wirklichkeit, als das jedes erfahrungswissenschaftliche Datum der sinnstrukturierten Welt gelten kann und muss, und der protokollierten Wirklichkeit selbst [ist] von entscheidender Bedeutung. Diese Grenze ist grundsätzlich methodologisch unüberschreitbar. Wollte man das Protokoll als die ausdrucksmateriale Seite der Ausdrucksgestalt von Lebenspraxis seinerseits kritisch an der protokollierten Realität selbst messen, dann wäre das wiederum nur vermittelt über ein anderes Protokoll möglich, und sei es in der Gestalt der erzählbaren Erinnerung, denn die protokollierte Wirklichkeit als solche ist unwiderrufbar vergangen und nur noch in Protokollen verfügbar. Sie gehört der kategorialen Sphäre des gegenwärtigen Hier und Jetzt an, ist also flüchtig und plötzlich" (Oevermann 2001 b: 54, Fn. 14).[79] Die Nachträglichkeit der methodisch-wissenschaftlichen Rekonstruktion verhält sich – so Oevermann – wie „der Flug der Eule der Minerva, der in der Dämmerung beginnt, also nachträglich, nachdem sich die Praxis nach dem Vollzug ihres Tagewerks zur Ruhe begeben hat. Was wir in der Praxis vollziehen, darauf kann in seiner Unmittelbarkeit methodisch nicht zurückgegriffen werden. Methodisch

---

77 Zur Flüchtigkeit s. o., S. 10

78 In der Objektiven Hermeneutik wird das „nichtsprachliche Kunstwerk […] zum einen als prinzipiell sprachlich ausdeutbare texthafte Spur von Sprechhandeln begriffen, zum anderen aber als überschießend neue und verdichtete Kristallisation von noch nicht sprachlich gehobenen und auch nur in unendlicher, kumulativer Annäherung aufschließbaren Bedeutungsstrukturen. In dieser Überdeterminiertheit läge auch sein ‚Rätselcharakter'" (Zehentreiter 1997: 32, Fn. 15).

79 Zu den Grenzfällen von Protokollen zählt Oevermann die Erinnerungen. „Methodisch nachweisen können wir sie nur, wenn sie gebunden an die sinnlich wahrnehmbaren Ausdrucksmaterialitäten einer Erzählung oder Aufzeichnung in Erscheinung treten." (Oevermann 2004a: 199) Beispiele für aus der Erinnerung heraus entstandene Protokolle sind z. B. Adornos (2005) und Freuds (1900) Traumprotokolle, als auch Loers Protokoll einer Nahtod-Erfahrung (vgl. Loer 2014: 26-83), sowie das Traumbuch (2017) des französischen Schriftstellers Georges Perec.

kommen wir über die Grenze der verbliebenen Protokolle dieser Wirklichkeit nicht hinaus" (Oevermann 2004a: 210).

Ausdrucksgestalt: Protokoll und Text

Grundlage dafür, dass Fallrekonstruktionen überhaupt durchgeführt werden können, ist also die Aufzeichnung bzw. Herstellung von Protokollen, die dem Sozialforscher den „Gegenstand in seiner unzerhackten Integrität vor Augen" (Zehentreiter 2001: 14) führt. Jenseits dieser Ausdrucksgestalt ist das, was im Zentrum jeder Objektiven Hermeneutik steht: die sinnlich nicht wahrnehmbaren objektiven Bedeutungswelten, methodisch zu entziffern. Das Materialhafte dieser abstrakten Objekte, die weder durch ein beobachtendes Beschreiben noch durch subsumtionslogische Strategien erschlossen werden können – beides verstellt zudem den Einblick in die nur sequenzanalytisch zu hebende Fallstruktur – ist nun allerdings nicht „identisch mit den nur lesbaren Bedeutungen" (Oevermann 2004a: 199) von Texten, die in ganz unterschiedlicher Ausdrucksmaterialität, z. B. verbalsprachlich aber auch visuell, vorliegen können. Es muss unterschieden werden zwischen dem ausdrucksmaterialen Substrat (Protokoll), durch das objektive Bedeutungsstrukturen überhaupt erst erfahrbar werden, das aber selbst nicht bedeutungsvoll oder sinnhaft ist (vgl. Oevermann 2001b: 40, Fn. 3), und dem Text. Während der Terminus des ‚Protokolls' „den Aspekt des Ausdrucksmaterials" (Oevermann 2004a: 199) betont, verweist der Terminus des ‚Textes' auf die durch Regeln erzeugten objektiven Bedeutungsstrukturen, auf das „Gewebe von Bedeutungen" (Loer 2013: 47, Fn. 71), das vom Sozialforscher in der Sequenzanalyse zu bestimmen ist.

Das gelingt mit diesem Verfahren zum einen deshalb, weil es den Protokollstatus von Texten insofern ernst nimmt, als dass ausschließlich auf der Grundlage des materialen Substrats analysiert wird, und dabei streng dem Prinzip folgend, detailgenau (sofern es sich um Verbalsprachliches handelt: wörtlich) und vollständig das Material zu durchdringen. Zum anderen handelt es sich um eine Forschungstechnik, die im Anschmiegen an die Sequenziertheit der realen Wirklichkeit, so wie sie im Protokoll festgehalten ist, methodisch den auch immer offenen Prozess der Fallstrukturbildung nachstellt. Das macht die Sequenzanalyse, indem sie jeweils ausgehend von einer Sequenzstelle in einem ersten Schritt den vom Fall selbst ganz unabhängigen Möglichkeitsspielraum, sich typisch entsprechend den Regeln gegebenen Optionen verhalten zu können, durch einen Akt der hypothetischen Konstruktion entwirft. Im zweiten Schritt wird dann von der folgenden Sequenzstelle ‚abgelesen', welcher Selektionstyp im Fall selbst Realität geworden ist, d.h. über welchen gestaltenden Vollzug sich Lebenspraxis in einer spezifischen Fallgestalt realisiert. Das sequenzanalytische Verfahren, das darauf abhebt, über diese beiden Schritte a) den des hypothetischen Entwurfs von objektiven Möglichkeiten und, auf der Folie von deren Explikation b) den der Bestimmung der fallspezifischen Auswahl die Fallstruktur einer Lebenspraxis herauszuschälen, wird in der Objektiven Hermeneutik methodologisch begründet durch die Unterscheidung zweier kategorial verschiedenen Parameter.

Sequenzanalyse: methodische Inanspruchnahme von Parameter I (Erzeugungsparameter) und Parameter II (Auswahlparameter)

Der Parameter I der Bedeutungserzeugungsregeln „erklärt konkret die Eröffnung von Anschlussmöglichkeiten an einer Sequenzstelle jeweils unabhängig vom konkreten Kontext" (Oevermann 2004a: 203). Er enthält Argumente, die sich auf die bedeutungserzeugenden Regeln beziehen, die vom Fall unabhängig objektive Möglichkeiten überhaupt erst eröffnen. Diese Art von Regeln – darauf haben wir bereits verwiesen – konstituieren die Wahlfreiheit eines Handelnden. Sie versetzen den Handelnden erst in den Status, sich frei entscheiden zu können. Denn ohne die durch Regeln erzeugten objektiven Möglichkeiten, die pragmatisch auch als „Erfüllungsbedingungen" (a. a. O.) bezeichnet werden, „unter denen die beteiligten Lebenspraxen eine Auswahl treffen müssen" (a. a. O.), gäbe es keine Entscheidungsfreiheit. Die Kehrseite davon ist, dass zu dieser Freiheit des Handelnden aber auch unhintergehbar die Unabdingbarkeit gehört, eine Wahl aus den Alternativen zu treffen. Der Parameter II der Auswahlprinzipien erklärt, welche dieser Alternativen innerhalb des objektiv vorliegenden Spielraums gewählt wird und wie diese Auswahl motiviert ist. „Er enthält das Gesamt an Dispositionen" (Zehentreiter 2001: 45), das den „Bildungs- und Individuierungsprozess mehr oder weniger gelungen steuert" (Oevermann 2004b: 161); indem aus dem Reservoir von objektiven Handlungsmöglichkeiten gewählt wird, bildet, reproduziert und transformiert sich eine Fallstruktur. Im mimetischen Nachstellen dieser Sequenz von Auswahlentscheidungen auf genau dieser Folie der Explikation von allgemeingültigen, d. h. fallunabhängigen objektiven Sinnstrukturen, gelingt es, die Fallstruktur zu identifizieren. Also erst dann, wenn wir mit Hilfe der Sequenzanalyse „mit Bezug auf jede einzelne Handlung einer Sequenz [jene] doppelte Bestimmung" (a. a. O.: 203) durchgeführt haben, nämlich zu rekonstruieren, wie der Prozessverlauf von durch Erzeugungsregeln eröffneten Möglichkeiten aussieht, die eine Entscheidungssituation provozieren, und die Schließung dieser bis dahin offenen Struktur durch eine vollziehende Handlung, kann eine Fallstrukturhypothese aufgestellt werden. Diese sagt etwas darüber aus, wie der Individuierungsprozess sich vollzieht und wodurch er motiviert ist. Dabei ist der Individuierungsprozess prinzipiell ja immer offen und vollzieht sich durch die Selektion aus alternativen Handlungsmöglichkeiten. Diese sind innerhalb einer objektiven Bedeutungswelt eröffnet. Als Fallstruktur bildet der Individuierungsprozess sich in den protokollierten Auswahlentscheidungen ab; diese erscheinen dann als typisch für einen Fall.

Das soll hier nochmals an einem Beispiel veranschaulicht werden, in dem es um eine in der menschlichen Kommunikation besonders aufschlussreiche Episode geht: die des Beginnens bzw. der Gruß als Bestandteil einer Kommunikationseröffnung. Im Austausch von Begrüßungshandlungen, an der Abfolge von Gruß und Gegengruß, wird deutlich, dass wir es immer mit Sequentialität als einer universellen Konstante allen Handelns zu tun haben, in der es einerseits Handlungsoptionen gibt, die analytisch betrachtet durch Regeln qua Eröffnungsparameter gegeben sind, und andererseits Regeln qua Auswahlparameter wie etwa die der Höflichkeit bzw. des Anstandes (siehe oben die Taktikregeln im Fußball). Auch der Prozess des Grüßens vollzieht sich in den für jeden Gabentausch konstitutiven Phasen des Gebens, Nehmens und Erwiderns (vgl. hier das Beispiel des wechselseitigen Weineinschenkens – siehe weiter oben). Zu den Erzeugungsregeln des Grüßens zählt, dass, wenn B von A begrüßt wurde, aufgrund der in die Erzeugungsregeln eingebauten Anschlussalternativen, schon „vorab die Möglichkeiten der Reaktion von B auf der Sinnebene" feststehen: „Er kann zurückgrüßen und sich dadurch mit A in eine verbindliche gemeinsame Praxisform begeben, oder er kann den Rückgruß verweigern und damit diese gemeinsame Praxisform auch; bzw. sie sofern sie vorher schon bestand aufkündigen" (Oevermann 1996: 76). Entscheidet sich der von A Begrüßte gemäß der Höflichkeitsregeln, die in einer Kultur gelten, zurückzugrüßen, dann erzeugt er nicht nur durch das angenommene Angebot eine gemeinsame soziale Praxis, sondern für die Zukunft ist die Möglichkeit für weitere Kooperationen eröffnet. Dies lässt sich am Beispiel von Zugreisenden wie folgt illustrieren: „Wenn also nun etwa der Reisende, der von dem neuen Passagier begrüßt wird, zurückgrüßt, so nimmt er damit unweigerlich, ob er will oder nicht, das Angebot an, den Handlungsraum der Reise als gemeinsamen zu betrachten. Damit muss er, wenn er zum Beispiel gerade ein Buch liest, gewärtig sein, von dem Mitreisenden, durch ein Gespräch etwa, an der weiteren Lektüre gehindert zu werden, und es ist an ihm, dem ersten Reisenden, sich diesem Ansinnen aktiv zu entziehen, wenn er in Ruhe weiter lesen will. Sollte er aber nicht zurückgrüßen, so weist er damit das Angebot, den Handlungsraum der Reise praktisch als gemeinsamen zu realisieren, zurück. In diesem Falle müsste der Zugestiegene, sollte er ein Interesse an einem gemeinsamen Gespräch haben, seinerseits aktiv werden und einen neuen Versuch starten, um doch noch die Reise beider zu einer gemeinsamen werden zu lassen." (Loer 2008: 165) Wenn nun die in der Erzeugungsregel eingebaute Variante der Grußunterlassung (z. B. von einem Zugreisenden) gewählt wird, dann nimmt sich der zu Handelnde die Freiheit, die er allerdings erst durch die Erzeugungsregeln gewinnt, die negativ ausgezeichnete Handlungsoption zu wählen. Er nimmt damit die schon seiner Entscheidung vorausliegende Konsequenz in Kauf, dass zum einen durch die Grußunterlassung die soziale Praxis des Grußaustausches gar nicht erst zustande kommt, da für ihn die konstitutiven Regeln des Gabentausches nicht gelten, und dass er mit Sanktionen – „vom missbilligenden Kopfschütttelln über despektierliche Bemerkungen über seine Unhöflichkeit oder seine schlechte Kinderstube bis dahin, das er künftig als ungehobelter Mensch gilt und geschnitten wird" (a. a. O.: 168) – rechnen muss, da er die allgemeingültige Norm der Höflichkeit verletzt.

Will man also verstehen, wie über fallspezifische Selektionen „aus einer Menge von objektiv vorliegenden regelhaften Sequenzierungsmöglichkeiten" (Zehentreiter 1997: 30) Strukturen gebildet werden, so bedarf es der Sequenzanalyse mit den beiden darin eingebauten Parametern als einer Grundlage, um über die Explikation von objektiven Bedeutungswelten so abstrakte empirische Gebilde wie objektive Bedeutungsstrukturen zu erfassen. Die Sequenzanalyse wird eben auch deshalb als das „Herzstück der objektiven Hermeneutik" (Oevermann 2004a: 203) bezeichnet, da sie den wissenschaftlichen Zugang zu einer sinnlich nicht wahrnehmbaren Wirklichkeit empirisch ermöglicht. Anders als Verfahren, die das Material unter vorgefertigte theoretische Begriffe subsumieren oder es lediglich paraphrasieren, gelingt es Fallrekonstruktionen auf der Basis von Sequenzanalysen, die Subjektivitätsperspektive des Handelnden zu verlassen und die zum größten Teil (latent) „hinter' der wissensmäßigen Repräsentanz von Welt sich verbergende[r] objektive Realität" (Oevermann 2001: 54, Fn. 14) der Fallstrukturen in ihrer Eigenlogik zu erschließen und auf den Begriff zu bringen (am konzentriertesten in diesem Band nachzuvollziehen in den Texten von Wernet, Maiwald und Liebermann).

4 Der Aufbau des Bandes

Die in diesem Band versammelten Beiträge sollen eine praktische Arbeitshilfe sein. Sie sollen Studenten und allen anderen, die innerhalb des Paradigmas der hermeneutisch-fallrekonstruktiven Sozialforschung arbeiten, helfen, ihre eigene Forschung durchzuführen. Einzelne Schritte in einem Forschungsprozess, die mit Fragen verbunden sind wie: Was ist meine Forschungsfrage? Was ist der Gegenstand meiner Untersuchung? Was ist der Fall? Worin besteht das Feld möglicher Fälle? Was sind die Auswahlkriterien für die Fälle, die in die Analyse eingehen? Welche Strukturebenen gehen in die Analyse ein? Welche Datentypen gehen wie in die Analyse ein? Wie komme ich von der Fallstruktur zur Strukturgeneralisierung? Wie komme ich von der Strukturgeneralisierung zu einer Typologie? werden in den einzelnen Beiträgen dieses Bandes veranschaulicht, problematisiert und diskutiert.

Dem Leser soll so ermöglich werden, sich durch eine Fokussierung auf ausgewählte Aspekte mit Problemlösungen vertraut zu machen, die unausweichlich für ein Forschungsanliegen sind, das über den einzelnen Fall hinaus geht und darauf zielt, über die Anwendung von Generalisierungsoperationen ein höheres Abstraktionsniveau zu erreichen, das zum Beispiel in einer Typologie seinen Ausdruck findet. Des Weiteren wird im Durchgang durch die einzelnen Beiträge deutlich werden, dass sich zum einen mit dem fallrekonstruktiven Forschungsansatz Forschungsfragen aus ganz unterschiedlichen Forschungsbereichen und Praxisfeldern beantworten lassen. Ein bei der Rekonstruktion von Fällen ansetzendes Forschungsverfahren ist keineswegs nur begrenzt auf bestimmte Themenschwerpunkte. Es handelt sich um ein Verfahren der Erkenntnisgewinnung, das in der Lage ist, Forschungsgegenstände aus so unterschiedlichen Untersuchungsfeldern zu erschließen wie der Schulpädagogik *(Johannes Twardella)*, der Sozialen Arbeit *(Karl Friedrich Bohler, Andreas Franzmann)*, der Paar- und Familienforschung *(Kai-Olaf Maiwald, Dorett Funcke, Andreas Wernet)*, der Umweltmediation *(Peter Münte)*, der Sozialpolitik *(Sascha Liebermann)* oder der Archäologie *(Matthias Jung)* – um nur einige zu nennen, die in diesen Band eingegangen sind. Zum anderen soll gezeigt werden, dass fallrekonstruktive Forschungsarbeit auch bedeutet, mit ganz unterschiedlichen Datensorten arbeiten zu können. Soziale Tatsachen auf der Grundlage von Gebilden, die als Fälle bezeichnet werden, zu rekonstruieren, heißt, dass so verschiedene Daten wie Interviews mit einzelnen Personen, Paaren aber auch Familien, Experteninterviews, Gruppendiskussionen, Photographien, archäologische Objekte, Tonaufzeichnungen von Schulstunden und verschiedene andere Dokumentenformate (wie z. B. Briefe und Jugendamtskaten) in die Analyse eingehen können.

Der Band wird eröffnet mit zwei Beiträgen aus der Familienforschung. *Andreas Wernet* veranschaulicht am Beispiel an einer Interaktionssequenz zwischen Vater, Mutter und Tochter anlässlich eines Weihnachtsmarktbesuchs den Prozess der Formulierung einer Fallstrukturhypothese. Es wird gezeigt, dass die allmähliche, fallrekonstruktive Erschließung einerseits in detaillierter Analyse des Interaktionsprotokolls erfolgt; der Interpretationsprozess erscheint so als fortschreitende Verdichtung einer Fallstrukturhypothese. Andererseits wird ausgeführt, dass in diesem Prozess zugleich eine Theoriebildung erfolgt, indem die empirischen Rekonstruktionen in einen Verweisungszusammenhang zu einer fallübergreifenden Theoriesprache gerückt werden, so dass die theoretischen Modelle ihrerseits wiederum zur sinnverstehenden Erschließung beitragen. Am Ende des Beitrages werden einige methodologische Implikationen der Beispielinterpretation diskutiert. In dem Beitrag von *Dorett Funcke* geht es um Forschungsschritte auf dem Pfad der rekonstruktiven Sozialforschung, die in der Regel eine erste Phase im Forschungsprozess ausmachen. Mit Bezug auf den Forschungsgegenstand „Familie" werden

Fragen behandelt, die die Gegenstandsbestimmung betreffen, die Bestimmung eines Feldes möglicher Fälle durch eine Dimensionsanalyse und die Auswahl von Datentypen auf dem Weg zur Fallrekonstruktion. Im Zentrum steht dabei eine alternative Lebensform, in der gleichgeschlechtliche Frauenpaare mit (einem) über anonyme Samenspende entstandenen Kind(ern) zusammenleben. Diese wird daraufhin untersucht, ob es sich bei der sogenannten Inseminationsfamilie um einen Typus von Familie handelt, um einen Fall von Familie.

Das Gemeinsame der folgenden Beiträge von *Andreas Franzmann* und *Karl Friedrich Bohler* ist ihr thematischer Schwerpunkt in einem Bereich der Sozialen Arbeit, den der Kinder- und Jugendhilfe. Im Zentrum von *Andreas Franzmanns* Beitrag steht die Frage, wie in der Jugendhilfe ein Fall zum Fall wird und welche praxisgeleiteten Bedingungen die methodischen Operationen der Falldiagnose leiten. Geschildert werden die verschiedenen Erkenntnisinteressen an einer Falldiagnose, die aus den unterschiedlichen Zuständigkeiten von Jugendämtern, Trägern der Jugendhilfe und erzieherischem Personal, das mit den Kindern arbeitet, erwachsen und die daraus sich ergebenden Schwierigkeiten eines kooperativen Arbeitsbündnisses. Am Beispiel der Sequenzanalyse eines Briefes wird anhand einer konkreten Praxis eines Jugendhilfeträgers veranschaulicht, wie Falldiagnosen nicht nur bei der Erstaufnahme von Kindern, sondern in einer laufenden Betreuung im erzieherischen Alltag zum Einsatz kommen können. *Karl Friedrich Bohler* zeichnet in seinem Beitrag anhand einer Fallgeschichte im Feld sozialer Hilfen nach, wie differenziert sich die Praxis der Sozialen Arbeit in der rekonstruktiv-hermeneutischen Sozialforschung darstellt. Orientiert an der konditionellen Matrix von Anselm Strauss werden insgesamt acht Ebenen unterschieden, die als Bedingungsfaktoren in der Analyse zu beachten sind, um einen Hilfefall bzw. Hilfeprozess in der Kinder- und Jugendhilfe zur Gänze nachzeichnen zu können. Die im Beitrag im Durchgang durch einen Fall zur Anschauung gebrachte Form einer konditionellen Matrix im Feld sozialer Hilfen wird gezeigt einerseits als Resultat der fallrekonstruktiven Forschung; andererseits als strukturerschließende Heuristik, die – unmittelbar auf jeden Fall im selben Praxisfeld – einen neuen Untersuchungsgegenstand zu erschließen und bereits vorliegende Wissensbestände zu systematisieren vermag.

Durch die folgenden Beiträge von *Kai-Olaf Maiwald, Matthias Jung, Sascha Liebermann* und *Johannes Twardella* wird u. a. deutlich werden – auch wenn die verschiedenen Schritte auf dem Pfad der rekonstruktiven Sozialforschung in so unterschiedlichen Bereichen wie Paarforschung *(Maiwald)*, Sozialarchäologie *(Jung)*, Politische Soziologie *(Liebermann)* und Unterrichtsforschung *(Twardella)* behandelt werden – mit welcher Vielfalt an Datensorten in der hermeneutisch-fallrekonstruktiven Sozialforschung gearbeitet werden kann. In dem Beitrag von *Kai-Olaf Maiwald* wird exemplarisch anhand eines künstlerischen Paarportraits gezeigt, wie man Photographien für eine paarsoziologische Analyse methodisch nutzen kann. Dabei wird zunächst der „Protokollstatus" dieses besonderen Datenmaterials bestimmt, um zu klären, welche soziale Praxis in ihm zum Ausdruck kommt. Um dem methodischen Fehlschluss zu entgehen, die Paarbeziehung sei auf einer Photographie irgendwie „unmittelbar" abgebildet, ist es vor allem wichtig zu berücksichtigen, dass Fotografieren und Fotografiert-Werden eine Sozialbeziehung darstellt; eine Sozialbeziehung, die zudem in gewissermaßen doppelter Weise relevant wird: als Face-to-Face- und als Face-to-Lense-Beziehung, wie Maiwald das nennt. Vor diesem Hintergrund wird das vorliegende Paarportrait als Ausdruck der Auseinandersetzung mit einem besonderen Handlungsproblem interpretiert: dem Problem der Selbstdarstellung als (besonderes) Paar. In der sukzessiven Analyse der Positionierung der Personen, ihrer Positur, ihrer Gesten und Accessoires wird herausgearbeitet, in welcher spezifischen und zeitgebundenen Art und Weise die fotografierten Personen „zueinander stehen". Im Beitrag von *Sascha Liebermann* geht es um das Bedingungslose Grundeinkommen (BGE) und die Diskussion, die seit etwa 2004 in der Öffentlichkeit geführt wird und in der viele Fragen aufgeworfen werden. Eine jedoch steht im Zentrum der Auseinandersetzungen. Es ist diejenige um das Verständnis von Autonomie. Sie wird in der Diskussion nicht selten so beantwortet, als hänge die Haltung zum BGE vom Menschenbild ab, das jemand habe. Praktisch gedacht, mag dies naheliegen, erlaubt aber keine Erklärung dafür, woher eine solche Haltung rührt und wie sie sich zum einen zur Struktur von Lebenspraxis, zum anderen zur politischen Ordnung und ihren Voraussetzungen verhält. Letzteres herauszufinden ist Gegenstand dieses Beitrags, der auf der Basis einer Passage aus einem verschrifteten Vortrag der Bundesministerin Andrea Nahles anlässlich der Konferenz *re:publica* ihr Deutungsmuster zu Autonomie herausarbeitet und es ins Verhältnis zur Struktur von Lebenspraxis sowie der in Deutschland geltenden politischen Ordnung setzt. Neben der erstaunlichen Diskrepanz zwischen Handlungsprämissen und Deutungsmuster, die sich in der Analyse zeigt, fällt Nahles' außerordentlich ambivalentes Verhältnis zum „Staat" und politischen Handeln auf, das geradezu anarchistisch radikale Züge hat. Das vorherrschende, wenngleich durchaus widersprüchliche Deutungsmuster von Autonomie besteht darin, Autonomie als Verfügbarkeit über Geld zu begreifen, das sie von anderen unabhängig mache. Dieses abstrakte Verständnis von Autonomie richtet sich damit gegen jede lebenspraktische Verflochtenheit, die nicht hintergehbar ist; eine solche Verflochtenheit ist aber sowohl in gesellschaftlichen (Arbeitsteilung) wie in gemeinschaftlichen Sozialbeziehungen (Gattenbeziehung, Gemeinwesen) für Autonomie geradezu unabdingbar. In dem Beitrag von *Matthias Jung* geht es um die Analyse von Zeugnissen materieller Kultur, also um konkrete Dinge. Diskutiert wird, wie der spezifischen Verfasstheit des Gegenstandsbereiches Rechnung getragen werden kann, wie sich Auswahl- und Entscheidungsparameter in ihm darstellen, und wie die sequenzanalytischen Interpretationsprinzipien berücksichtigt werden können. Als theoretische Anleihen hilfreich erweisen sich dabei der pragmatistische Bedeutungsbegriff von Charles Sanders Peirce, der die Bedeutung eines Gegenstandes als Generalisierung seiner möglichen praktischen Verwendungen konzipiert, sowie das Affordanzkonzept aus der Wahrnehmungspsychologie James Gibsons, das auf den „Aufforderungscharakter" von Objekten Bezug nimmt und mittels dessen sich die Fülle der objektiven Möglichkeiten eines Gebrauchs auf diejenigen eingrenzen lässt, die sie tatsächlich von sich aus nahelegen. Als Fallbeispiel fungiert ein archäologisches Objekt, ein bronzenes Möbel aus dem eisenzeitlichen, im 6. Jahrhundert v. Chr. angelegten Grab von Eberdingen-Hochdorf (Kr. Ludwigsburg). Der Beitrag von *Johannes Twardella* befasst sich mit methodologischen Fragen, die bei der Arbeit an einer Strukturtheorie des Unterrichts aufgetreten sind. Das Besondere an dieser Theorieentwicklung, deren Datengrundlage Notate von Unterrichtsstunden sind, ist, dass sie den Anspruch erheben kann – im Gegensatz zu einer Vielzahl von Theorien des Unterrichts – in dem Sinne empirisch fundiert zu sein, dass sie aus der Rekonstruktion des alltäglichen Unterrichts hervorgegangen ist. In dem Beitrag wird zunächst die Forschungsfrage expliziert. Dann wird der Frage nach der adäquaten theoretischen Modellierung von Unterricht nachgegangen und die Frage aufgegriffen, welche Methode für die Arbeit an einer Strukturtheorie des Unterrichts geeignet ist. Der Fokus liegt sodann auf der Frage, wie von der Rekonstruktion ausgewählter Fälle zu einer materialen Theorie des Unterrichts gelangt werden kann. Die Antwort wird in dem Entwurf einer Typologie gesehen, mit deren Hilfe schließlich auch die Ausgangsfrage nach der Möglichkeit einer allgemeinen Theorie des Unterrichts beantwortet werden kann.

Der Band schließt mit einem Beitrag von *Peter Münte*, in dem skizziert wird, wie sich die Umweltmediation – ein Verfahren, das in den USA entwickelt wurde und seit den 1990er Jahren auch in Deutschland bei der Auseinandersetzung über umstrittene Infrastrukturvorhaben angewendet wird – als Gegenstand fallrekonstruktiver Forschung einrichten lässt. In Anlehnung an den tatsächlichen Verlauf eines Forschungsvorhabens zum Berufshabitus von Umweltmediatoren wird gezeigt, wie sich eine (vorläufige) Ausgangshypothese entwickeln lässt, mit der die untersuchte Tätigkeit einem universalen Problemfokus humaner Sozialität zugeordnet und in einem bestimmten Kontext der Entwicklung der modernen Gesellschaft ansiedelt werden kann. Es wird außerdem gezeigt, inwiefern diese Ausgangshypothese bei der anschließenden Materialanalyse in Schwierigkeiten führt und wie diese behoben werden können. Ziel des Beitrags ist zu verdeutlichen, dass gerade das Scheitern einer den Forschungsprozess strukturierenden Ausgangshypothese für die Gegenstandserschließung fruchtbar sein kann.

Dass der Band Beiträge mehrerer Autoren enthält, erleichtert folgenden Aufgaben gerecht zu werden: (a) dem Leser die Möglichkeit zu geben, nachzuvollziehen, wie einzelne Schritte auf dem Pfad der fallrekonstruktiven Sozialforschung aussehen, wenn es darum geht, die Entwicklung einer Theorie bzw. verallgemeinernde Aussagen über den einzelnen Fall hinaus, anzustreben; (b) ihm einen Einblick in die Vielfalt der Gegenstandsbereiche zu geben, in denen mit einem hermeneutisch-fallrekonstruktiven Forschungsansatz gearbeitet werden kann; und (c) ihm zu zeigen, dass und wie mit unterschiedlichen Datentypen gearbeitet werden kann. Um eine möglichst große Bandbreite von Fragestellungen abzudecken, die mit einem fallrekonstruktivem Forschungsanliegen verbunden sind, wurde eine Reihe von Themen zusammengestellt, die wie einzelne Etappen auf einer Reise den Weg hin zu einer materialen Theorie anzeigen. Die Autoren konzentrieren sich dementsprechend in ihrem Beitrag jeweils auf einen bzw. auf eine Auswahl von Schwerpunkten.

Das Gemeinsame der im vorliegenden Band versammelten Beiträge, die durch ihre jeweilige Schwerpunktsetzung den Lichtkegel auf einen oder mehrere Forschungsschritte richten, besteht darin, dass sie keine rein theoretischen Darstellungen beinhalten. Wenn Methodologisches oder Strukturtheoretisches verhandelt wird, dann jeweils knapp und mit Bezug auf die empirische Analyse von Fällen. Diese kann, je nachdem, worauf der Beitrag den Akzent setzt, kleinschrittig oder exemplarisch erfolgen, oder aber auch nur indirekt in die Darstellung eingehen, führen doch die einzelnen Beiträge wie in einem Chor, der durch verschiedene Stimmen getragen wird, ein gemeinsames Werk auf. Erst zusammengelesen bringen sie zur Anschauung, was fallrekonstruktives Forschen mit dem Ziel, Theorien, insofern sie nicht bloß bestätigt werden, zu bilden oder umzubilden, ausmacht und wie es geht, welche Schwierigkeiten auftauchen und wie sie gelöst werden.

Literaturverzeichnis

Adler, Patricia A.; Adler, Peter (1994): Observational Techniques. In: Denzin, Norman K.; Lincoln, Yvonna S. (Hg.), Handbook of Qualitative Research, Thousand Oaks, London, New Delhi: Sage, 377-392
Adorno, Theodor W. (1956): Begriff der Soziologie. In: Institut für Sozialforschung: Soziologische Exkurse. Nach Vorträgen und Diskussionen, Frankfurt a. M.: Europäische Verlagsanstalt: 9-21
Adorno, Theodor W. (2005): Traumprotokolle. Gödde, Christoph; Lonitz, Henri (Hg.), Frankfurt a. M.: Suhrkamp

Apel, Karl-Otto (1972/1973): Die Kommunikationsgemeinschaft als transzendentale Voraussetzung der Sozialwissenschaften. In: ders., Transformation der Philosophie, Band 2, Das Apriori der Kommunikationsgemeinschaft, Frankfurt a. M.: Suhrkamp, 220-263
August, Hans-Jürgen (2003): Natronloks und Teflonpfannen. Zur oft kuriosen Geschichte von Erfindungen. In: *Wiener Zeitung.at*
Becker-Lenz, Roland; Franzmann, Andreas; Jansen, Axel; Jung, Matthias (Hg.) (2016): Die Methodenschule der Objektiven Hermeneutik. Eine Bestandsaufnahme, Wiesbaden: Springer VS
Bergmann, Jörg R. (1985): Flüchtigkeit und methodische Fixierung sozialer Wirklichkeit. Aufzeichnungen als Daten der interpretativen Soziologie. In: Bonß, Wolfgang; Hartmann, Heinz (Hg.), Entzauberte Wissenschaft. Zur Relativität und Geltung soziologischer Forschung, Göttingen: Schwartz, 299-320
Blumer, Herbert (1973): Der methodologische Standort des symbolischen Interaktionismus. In: Arbeitsgruppe Bielefelder Soziologen (Hg.), Symbolischer Interaktionismus und Ethnomethodologie, Reinbek bei Hamburg: Rowohlt, 80-246 [Alltagswissen, Interaktion und gesellschaftliche Wirklichkeit, Bd. 1]
Boas, Franz (1928/1950): Foreword. In: Mead, Margaret, Coming of Age in Samoa. A Psychological Study of Primitive Youth for Western Civilisation, New York: The New American Library, vii f.
Bohler, Karl Friedrich (1995): Regionale Gesellschaftsentwicklung und Schichtungsmuster in Deutschland. Frankfurt a. M.: Peter Lang
Bright, David; Parkin, Bill (1997): Human Resource Management: Concepts and Practices. Sunderland: Business Education Publishers Ltd.
Burkholz, Roland; Gärtner, Christel; Zehentreiter, Ferdinand (Hg.) (2001): Materialität des Geistes. Zur Sache Kultur – im Diskurs mit Ulrich Oevermann. Weilerswist: Velbrück
Camic, Charles (1986): The Matter of Habit. In: *AJS*: 1039-1087
Chomsky, Noam (1965): Aspects of the Theory of Syntax. Cambridge/MA: The Massachusetts Institute of Technology
Crossman, Molly K. (2017): Effects of Interactions With Animals On Human Psychological Distress. In: *Journal of Clinical Psychology*, 7/2017: 761-784
de Saussure, Ferdinand (1915/1985): Cours de linguistique générale. Bally, Charles; Sechehaye, Albert; Riedlinger, Albert (Hg.), Paris: Payot [Édition critique préparée par Tullio de Mauro. Postface de Louis-Jean Calvet]
Gehlen, Arnold Karl Franz (1940/1986): Der Mensch. Seine Natur und seine Stellung in der Welt. Wiesbaden: AULA-Verlag [Studienausgabe der Hauptwerke, Bd. 1]
Giddens, Anthony (1984/1995): Die Konstitution der Gesellschaft. Grundzüge einer Theorie der Strukturierung. Frankfurt a. M., New York: Campus Verlag
Goffman, Erving (1959): The Presentation of Self in Everyday Life. New York u. a.: Anchor Books
Goffman, Erving (1959/1969): Wir alle spielen Theater. Die Selbstdarstellung im Alltag. München: Piper [Übersetzt von Peter Weber-Schäfer]
Goffman, Erving (1963/1966): Behavior in Public Places. Notes on the Social Organization of Gatherings. New York, London: The Free Press, Collier-Macmillan
Habermas, Jürgen (1981): Handlungsrationalität und gesellschaftliche Rationalisierung. Frankfurt a. M.: Suhrkamp Verlag [Theorie des kommunikativen Handelns, Bd. 1]
Hildenbrand, Bruno (2005): Gerechtigkeitsprobleme im landwirtschaftlichen Familienbetrieb: Historische Grundlagen, Lösungsmodelle und bleibende Widersprüche. In:

Corsten, Michael; Rosa, Hartmut; Schrader, Ralf (Hg.), Gerechtigkeit der Gesellschaft, Wiesbaden: VS Verlag

Hildenbrand, Bruno (2017): Verstehen braucht Verständigung – Verständigung braucht Rahmung. In: *sozialer sinn*, 2/2017: 231-254

Hyman, Herbert H. (1942): The Psychology of Status. In: *Archives of Psychology*, 15

Jung, Matthias (2012): „Objektbiographie" oder „Verwirklichung objektiver Möglichkeiten"? Zur Nutzung und Umnutzung eines Steinbeiles aus der Côte d'Ivoire. In: Lasch, Heike; Ramminger, Britta (Hg.), Hunde – Menschen – Artefakte. Gedenkschrift für Gretel Gallay, Rahden/Westf.: Leidorf, 375-383

Kamlah, Wilhelm; Lorenzen, Paul (1987): Logische Propädeutik. Vorschule des vernünftigen Redens. Mannheim, Wien, Zürich: B.I. Wissenschaftsverlag [2., verbesserte und erweiterte Aufl.]

Kant, Immanuel (1877/o. J.): Kritik der reinen Vernunft. Schmidt, Raymund (Hg.), Wiesbaden: VMA-Verlag [Ehemalige Kehrbachsche Ausgabe. Mit ausführlichem Sachregister von Theodor Valentiner]

Keller, Rudi (1974): Zum Begriff der Regel. In: Heringer, Jürgen (Hg.), Seminar: Der Regelbegriff in der praktischen Semantik, Frankfurt a. M.: Suhrkamp, 10-24

Kepel, Gilles (2015): Terreur dans l'Hexagone. Genèse du djihad français. Paris: Gallimard [avec Antoine Jardin]

Kepel, Gilles; Rougier, Bernard (2016): «Radicalisations» et «islamophobie»: le roi est nu. In: *Libération*, 14.3.2016

Kohl, Karl-Heinz (2016): The Concept of the 'field' in early twentieth century social anthropology and the use of audiovisual media in ethnographic research. In: *Paideuma*, 62/2016: 159-175

Koschnick, Wolfgang J. (1992): Standardwörterbuch für die Sozialwissenschaften. Standard Dictionary of the Social Sciences. Band 2/Teil 1 A-L. Deutsch-Englisch. Vol. 2/Part 1 A-L. German-English. München, London, New York, Paris: K.G. Saur

Koschnick, Wolfgang J. (1993): Standardwörterbuch für die Sozialwissenschaften. Standard Dictionary of the Social Sciences. Band 2/Teil 2 M-Z. Deutsch-Englisch. Volume 2/Part 2 M-Z. German-English. München, London, New York, Paris: K.G. Saur

Latour, Bruno (2005): Reassembling the social. An introduction to Actor-Network-Theory. Oxford: Oxford University Press

Leber, Martina; Oevermann, Ulrich (1994): Möglichkeiten der Therapieverlaufsanalyse in der objektiven Hermeneutik. Eine exemplarische Analyse der ersten Minuten einer Fokaltherapie aus der Ulmer Textbank ‚Der Student'. In: Garz, Detlef; Kraimer, Klaus (Hg.), Die Welt als Text. Theorie, Kritik und Praxis der objektiven Hermeneutik, Frankfurt a. M.: Suhrkamp, 383-427

Lévi-Strauss, Claude (1947/1981): Die elementaren Strukturen der Verwandtschaft. Frankfurt a. M.: Suhrkamp [Übersetzt von Eva Moldenhauer]

Lévi-Strauss, Claude (1947/2002): Les Structures Élémentaires de la Parenté. Berlin, New York: Mouton de Gruyter

Loer, Thomas (1993): Ästhetik im Ausgang vom Werk. Eugène Delacroix: Fantasie arabe (1833). Exemplarische Überlegungen. In: *Zeitschrift für Ästhetik und allgemeine Kunstwissenschaft*: 154-170

Loer, Thomas (1994): Werkgestalt und Erfahrungskonstitution. Exemplarische Analyse von Paul Cézannes ‚Montagne Sainte-Victoire' (1904/06) unter Anwendung der Methode der objektiven Hermeneutik und Ausblicke auf eine soziologische Theorie der Ästhetik im Hinblick auf eine Theorie der Erfahrung. In: Garz, Detlef; Kraimer, Klaus (Hg.), Die Welt als Text. Theorie, Kritik und Praxis der objektiven Hermeneutik, Frankfurt a. M.: Suhrkamp, 341-382

Loer, Thomas (2004): Rückstände im Kraftwerk? Ein Kunstwerk als Dokument – Schwierigkeiten beim Versuch, ein Werk der Bildenden Kunst als »Ego-Dokument« zu deuten. In: Häder, Sonja (Hg.), Der Bildungsgang des Subjekts. Bildungstheoretische Analysen, Weinheim, Basel: Beltz, 100-114

Loer, Thomas (2006a): Zum Unternehmerhabitus – eine kultursoziologische Bestimmung im Hinblick auf Schumpeter. Karlsruhe: Universitätsverlag Karlsruhe (http://www.ksp.kit.edu/386644026X; zuletzt angesehen am 10.8.2017)

Loer, Thomas (2006b): Streit statt Haft und Zwang – objektive Hermeneutik in der Diskussion. Methodologische und konstitutionstheoretische Klärungen, methodische Folgerungen und eine Marginalie zum Thomas-Theorem. In: *sozialer sinn*, 2/2006: 345-374

Loer, Thomas (2007): Die Region. Eine Begriffsbestimmung am Fall des Ruhrgebiets. Stuttgart: Lucius & Lucius

Loer, Thomas (2008): Normen und Normalität. In: Willems, Herbert (Hg.), [Grundlagen der Soziologie und Mikrosoziologie], Wiesbaden: VS Verlag für Sozialwissenschaften, 165-184 [Lehr(er)buch Soziologie, Bd. 1]

Loer, Thomas (2010a): Videoaufzeichnungen in der interpretativen Sozialforschung. Anmerkungen zu Methodologie und Methode. In: *sozialer sinn*, 2/2010: 319-352

Loer, Thomas (2010b): Das Bild vom Menschen – Nutzen, Rationalität und der Homo Oeconomicus. Tübingen [Vortrag und Diskussion im Rahmen der Vorlesungsreihe Studium Generale „Wirtschaftsethik – Eine Ehe zum Scheitern verurteilt?", Tübingen, 28. Apr. 2010]; (https://www.dropbox.com/s/igbmgm0rc03wd55/Loer%202010-ol-2%20Menschenbild%20Kopie.mp3?dl=0; zuletzt angesehen am 10.8.2017)

Loer, Thomas (2012): Die Einheit der Kultursoziologie – Extrakt. In: Soeffner, Hans-Georg (Hg.), Transnationale Vergesellschaftungen. Verhandlungen des 35. Kongresses der Deutschen Gesellschaft für Soziologie in Frankfurt am Main 2010, CD-ROM, Wiesbaden: VS Verlag für Sozialwissenschaften, 7

Loer, Thomas (2013): Zur eigenlogischen Struktur einer Stadt. Konstitutionstheoretische, methodologische und methodische Reflexionen zu ihrer Untersuchung. Frankfurt a. M.: Humanities Online

Loer, Thomas (2014): Selbstverlöschen. Erfahrung und Deutung des eigenen Sterbens. Frankfurt a. M.: Humanities Online

Loer, Thomas (2015a): Lehre und Unterricht und ihre Verschränkung in der Schule. Programmatische Skizze zu einer konzeptuellen Klärung. In: Rademacher, Sandra; Wernet, Andreas (Hg.), Bildungsqualen. Kritische Einwürfe wider den pädagogischen Zeitgeist, Wiesbaden: VS Verlag für Sozialwissenschaften, 69-92

Loer, Thomas (2015b): Diskurspraxis – Konstitution und Gestaltung. Testierbare Daten – Methodologie der Rekonstruktion. Objektive Hermeneutik in der Diskussion. In: *sozialer sinn* 2/2015: 291-317

Loer, Thomas (2016a): Als ob. Fingierte Souveränität im Bilde – Analyse einer Photographie von August Sander. In: Burkart, Günter; Meyer, Nikolaus (Hg.), Die Welt anhalten. Von Bildern, Fotografie und Wissenschaft, Weinheim, Basel: Beltz Juventa, 301-325

Loer, Thomas (2016b): Wirklichkeitsflucht und mögliche Welterweiterung. Hunde als Objekte im Modus des Als-Ob. In: Hitzler, Ronald; Burzan, Nicole (Hg.), Auf den Hund gekommen. Interdisziplinäre Annäherung an ein Verhältnis, Wiesbaden: Springer VS, 203-228

Loer, Thomas (2016c): Objektive Bedeutungsstruktur und latente Sinnstruktur. Eine Forschungsnotiz zu zwei klärungsbedürftigen Termini der Objektiven Hermeneutik. In: *sozialer sinn*, 2/2016: 355-382

Maiwald, Kai-Olaf; Sürig, Inken (2018): Mikrosoziologie. Eine Einführung. Wiesbaden: VS Springer

Malinowski, Bronisław Kasper (1944): Concepts and Methods of Anthropology. In: ders., A Scientific Theory of Culture and Other Essays, Chapel Hill: The University of North Carolina Press, 15-35

Matthiesen, Ulf (1994): Standbein-Spielbein. Deutungsmusteranalysen im Spannungsfeld von objektiver Hermeneutik und Sozialphänomenologie. In: Garz, Detlef; Kraimer, Klaus (Hg.), Die Welt als Text. Theorie, Kritik und Praxis der objektiven Hermeneutik, Frankfurt a. M.: Suhrkamp, 73-113

Mead, George Herbert (1934/2015): Mind, Self, and Society from the Standpoint of a Social Behaviorist. The Definitive Edition. Morris, Charles W. (Hg.), Chicago, London: University of Chicago Press [Annotated Edition by Daniel R. Huebner and Hans Joas]

Mead, Margaret (1949/1950): Preface to the 1949 Edition. In: dies., Coming of Age in Samoa. A Psychological Study of Primitive Youth for Western Civilisation, New York: The New American Library, ix f.

Merton, Robert King (1968a): On Sociological Theories of the Middle Range. In: ders., Social Theory and Social Structure, New York, London: The Free Press/Macmillan, 39-72

Merton, Robert King (1968b): Contributions to the Theory of Reference Group Behavior. In: ders., Social Theory and Social Structure, New York, London: The Free Press/Macmillan, 279-334

Oevermann, Ulrich (1973/2001): Zur Analyse der Struktur von sozialen Deutungsmustern (1973). In: *sozialer sinn*, 1: 3-33

Oevermann, Ulrich; Allert, Tilman; Gripp-Hagelstange, Helga; Konau, Elisabeth; Krambeck, Jürgen; Schröder-Cäsar, Erna; Schütze, Yvonne (1976): Beobachtungen zur Struktur der sozialisatorischen Interaktion. Theoretische und methodologische Fragen der Sozialisationsforschung. In: Lepsius, M. Rainer (Hg.), Zwischenbilanz in der Soziologie, Stuttgart, 274-295

Oevermann, Ulrich; Allert, Tilman; Konau, Elisabeth; Krambeck, Jürgen (1979): Die Methodologie einer »objektiven Hermeneutik« und ihre allgemeine forschungslogische Bedeutung in den Sozialwissenschaften. In: Soeffner, Hans-Georg (Hg.), Interpretative Verfahren in den Sozial- und Textwissenschaften, Stuttgart: J.B. Metzlersche Verlagsbuchhandlung, 352-434

Oevermann, Ulrich (1981): Fallrekonstruktionen und Strukturgeneralisierung als Beitrag der objektiven Hermeneutik zur soziologisch-strukturtheoretischen Analyse. Frankfurt a. M. (Transkription, Frankfurt a. M. 1981; http://publikationen.ub.uni-frankfurt.de/frontdoor/index/index/docId/4955; zuletzt angesehen am 13.2.2012)

Oevermann, Ulrich (1983): Zur Sache. Die Bedeutung von Adornos methodologischen Selbstverständnis für die Begründung einer materialen soziologischen Strukturanalyse. In: von Friedeburg, Ludwig (Hg.), Adorno-Konferenz 1983, Frankfurt a. M.: Suhrkamp, 234-289

Oevermann, Ulrich (1986): Kontroversen über sinnverstehende Soziologie. Einige wiederkehrende Probleme und Mißverständnisse in der Rezeption der »objektiven Hermeneutik«. In: Aufenanger, Stefan; Lenssen, Margrit (Hg.), Handlung und Sinnstruktur. Bedeutung und Anwendung der objektiven Hermeneutik, München: Kindt, 19-83

Oevermann, Ulrich (1988): Eine exemplarische Fallrekonstruktion zum Typus versozialwissenschaftlichter Identitätsformation. In: Brose, Hanns Georg; Hildenbrand, Bruno (Hg.), Vom Ende des Individuums zur Individualität ohne Ende, Opladen: Leske + Budrich, 243-286

Oevermann, Ulrich (1990): Eugène Delacroix – biographische Konstellation und künstlerisches Handeln. In: Georg Büchner Jahrbuch. Jg. 1986/87 (6), 12-58

Oevermann, Ulrich (1991): Genetischer Strukturalismus und das sozialwissenschaftliche Problem der Erklärung der Entstehung des Neuen. In: Müller-Doohm, Stefan (Hg.), Jenseits der Utopie. Theoriekritik der Gegenwart, Frankfurt a. M.: Suhrkamp, 267-336

Oevermann, Ulrich (1993): Die objektive Hermeneutik als unverzichtbare methodologische Grundlage für die Analyse von Subjektivität. Zugleich eine Kritik der Tiefenhermeneutik. In: Jung, Thomas; Müller-Doohm, Stefan (Hg.), „Wirklichkeit" im Deutungsprozeß. Verstehen und Methoden in den Kultur- und Sozialwissenschaften, Frankfurt a. M.: Suhrkamp, 106-189

Oevermann, Ulrich (1995): Ein Modell der Struktur von Religiosität. Zugleich ein Strukturmodell von Lebenspraxis und von sozialer Zeit. In: Wohlrab-Sahr, Monika (Hg.), Biographie und Religion. Zwischen Ritual und Selbstsuche, Frankfurt a. M., New York: Campus, 27-102

Oevermann, Ulrich (1996): Theoretische Skizze einer revidierten Theorie professionalisierten Handelns. In: Combe, Arno; Helsper, Werner (Hg.), Pädagogische Professionalität. Untersuchungen zum Typus pädagogischen Handelns, Frankfurt a. M.: Suhrkamp, 70-182

Oevermann, Ulrich (1999): Strukturale Soziologie und Rekonstruktionsmethodologie. In: Glatzer, Wolfgang (Hg.), Ansichten der Gesellschaft. Frankfurter Beiträge aus Soziologie und Politikwissenschaft, Opladen: Leske + Budrich, 72-84

Oevermann, Ulrich (2000a): Das Verhältnis von Theorie und Praxis im theoretischen Denken von Jürgen Habermas – Einheit oder kategoriale Differenz? In: Müller-Doohm, Stefan (Hg.), Das Interesse der Vernunft. Rückblicke auf das Werk von Jürgen Habermas seit ›Erkenntnis und Interesse‹, Frankfurt a. M.: Suhrkamp, 411-464

Oevermann, Ulrich (2000b): Die Methode der Fallrekonstruktion in der Grundlagenforschung sowie der klinischen und pädagogischen Praxis. In: Kraimer, Klaus (Hg.), Die Fallrekonstruktion. Sinnverstehen in der sozialwissenschaftlichen Forschung, Frankfurt a. M.: Suhrkamp, 58-156

Oevermann, Ulrich (2001a): Bewährungsdynamik und Jenseitskonzepte – Konstitutionsbedingungen von Lebenspraxis. In: Schweidler, Walter (Hg.), Wiedergeburt und kulturelles Erbe. Reincarnation and Cultural Heritage, Sankt Augustin: Academia Verlag, 289-338

Oevermann, Ulrich (2001b): Die Struktur sozialer Deutungsmuster – Versuch einer Aktualisierung. In: *sozialer sinn*, 1/2001: 35-81

Oevermann, Ulrich (2002): Klinische Soziologie auf der Basis der Methodologie der objektiven Hermeneutik – Manifest der objektiv hermeneutischen Sozialforschung. (Transkript, März 2002, http://www.ihsk.de/publikationen/Ulrich_Oevermann-Manifest_der_objektiv_hermeneutischen_Sozialforschung.pdf; heruntergeladen am 20. Mai 2015)

Oevermann, Ulrich (2003a): Strukturelle Religiosität und ihre Ausprägung unter Bedingungen der vollständigen Säkularisierung des Bewusstseins. In: Gärtner, Christel; Pollack, Detlef; Wohlrab-Sahr, Monika (Hg.), Atheismus und religiöse Indifferenz, Opladen: Leske + Budrich, 339-387

Oevermann, Ulrich (2003b): Regelgeleitetes Handeln, Normativität und Lebenspraxis. Zur Konstitutionstheorie der Sozialwissenschaften. In: Link, Jürgen; Loer, Thomas; Neuen-

dorff, Hartmut (Hg.), ‚Normalität' im Diskursnetz soziologischer Begriffe, Heidelberg: Synchron Wissenschaftsverlag der Autoren, 183-217
Oevermann, Ulrich (2004a): Adorno als empirischer Sozialforscher im Blickwinkel der heutigen Methodenlage. In: Gruschka, Andreas; Oevermann, Ulrich (Hg.), Die Lebendigkeit der kritischen Gesellschaftstheorie, Wetzlar: Büchse der Pandora, 189-234
Oevermann, Ulrich (2004b): Sozialisation als Prozess der Krisenbewältigung. In: Geulen, Dieter; Veith, Hermann (Hg.), Sozialisationstheorie interdisziplinär – Aktuelle Perspektiven, Stuttgart: Lucius & Lucius, 155-181
Oevermann, Ulrich (2008/2016): „Krise und Routine" als analytisches Paradigma in den Sozialwissenschaften. In: Becker-Lenz et al. (2016), 43-114
Oevermann, Ulrich (2013): Objektive Hermeneutik als Methodologie der Erfahrungswissenschaften von der sinnstrukturierten Welt. In: Langer, Phil C.; Kühner, Angela; Schweder, Panja (Hg.), Reflexive Wissensproduktion. Anregungen zu einem kritischen Methodenverständnis in qualitativer Forschung, Wiesbaden: Springer Fachmedien, 69-98
Peirce, Charles Sanders (1906): Prolegomena to an apology for pragmaticism. In: *The Monist*: 492-546 (http://www.gnusystems.ca/ProlegomPrag.htm; zuletzt angesehen am 20. Juli 2017)
Perec, Georges (2017): Die dunkle Kammer. 124 Träume. Berlin: Diaphanes
Platon [Πλάτων] (1970): Θεαίτητος. Theaitetos. In: ders., Θεαίτητος – Σοφιστής – Πολιτικός. Theaitetos – Der Sophist – Der Staatsmann, Darmstadt: Wissenschaftliche Buchgesellschaft, 1-217 [Werke in acht Bänden. Griechisch und deutsch, Bd. 6]
Prothmann, Anke (2007): Tiergestützte Kinderpsychotherapie. Theorie und Praxis der tiergestützten Psychotherapie bei Kindern und Jugendlichen. Frankfurt a. M., Berlin, Bern, Bruxelles, New York, Oxford, Wien: Peter Lang
Rahmann, Hinrich (2002): Tiersoziologie. In: Endruweit, Günter; Trommsdorff, Gisela (Hg.), Wörterbuch der Soziologie, Stuttgart: Lucius & Lucius, 639 f.
Ritter, Bertram (2003): Piet Mondrian, ‚Komposition im Quadrat' (1922). Eine kunstsoziologische Werkanalyse. In: *sozialer sinn*, 2/2003: 295-312
Roy, Olivier (2015): «Le djihadisme est une révolte générationnelle et nihiliste». In: *Le Monde*, 24.11.2015
Ruthven, Malise (1997/2000): Der Islam. Eine Einführung. Stuttgart: Philipp Reclam jun.
Scheler, Max (1928/1983): Die Stellung des Menschen im Kosmos. 10. Aufl. Bern, München: Francke Verlag
Searle, John R. (1969/1983): Speech Acts. An Essay in the Philosophy of Language. Cambridge, London, New York, New Rochelle, Melbourne, Sydney: Cambridge University Press
Semple, Ellen Churchill (1932): The Geography of the Mediterranean Region. Its Relation to Ancient History. London: Constable
Shibutani, Tamotsu (1955): Reference Groups as Perspectives. In: *AJS*, 6/1955: 562-569
Stouffer, Samuel A.; Lumsdaine, Arthur A.; Lumsdaine, Marion Harper; Williams, Robin M.; Smith, M. Brewster; Janis, Irving L.; Star, Shirley A.; Cottrell, Leonard S. (1949-50): The American Soldier. Vol. I-IV. Princeton, NJ: Princeton University Press
Strübing, Jörg (2006a): Webnografie? Zu den methodischen Voraussetzungen einer ethnografischen Erforschung des Internet. In: Rammert, Werner; Schubert, Cornelius (Hg.), Technografie. Zur Mikrosoziologie der Technik, Frankfurt a. M., New York: Campus, 249-274
Strübing, Jörg (2006b): Wider die Zwangsverheiratung von Grounded Theory und Objektiver Hermeneutik. Eine Replik auf Bruno Hildenbrand. In: *sozialer sinn* 1: 147-157

Sutter, Hansjörg (1997): Bildungsprozesse des Subjekts. Eine Rekonstruktion von Ulrich Oevermanns Theorie- und Forschungsprogramm. Opladen: Westdeutscher Verlag
Szondi, Peter (1962): Zur Erkenntnisproblematik in der Literaturwissenschaft. In: *Die Neue Rundschau*, 1/1962: 241-256
Szondi, Peter (1975): Einführung in die literarische Hermeneutik. Bollack, Jean; Stierlin, Helen (Hg.). Frankfurt a. M.: Suhrkamp
Vidich, Arthur J.; Lymon, Stanford M. (1994): Qualitative Methods. Their History in sociology and Anthropology. In: Denzin, Norman K.; Lincoln, Yvonna S. (Hg.), Handbook of Qualitative Research, Thousand Oaks, London, New Delhi: Sage, 22-59
Watzlawick, Paul; Beavin, Janet Helmick; Jackson, Don D. (1969/1996): Menschliche Kommunikation. Formen, Störungen, Paradoxien. Bern, Göttingen, Toronto & Seattle: Verlag Hans Huber
Weber, Max (1906/1985): Kritische Studien auf dem Gebiet der kulturwissenschaftlichen Logik. II. Objektive Möglichkeit und adäquate Verursachung in der historischen Kausalbetrachtung. In: ders., Gesammelte Aufsätze zur Wissenschaftslehre, Tübingen: Mohr (Siebeck), 266-290
Weber, Max (1917/1985): Der Sinn der »Wertfreiheit« der soziologischen und ökonomischen Wissenschaften. In: ders., Gesammelte Aufsätze zur Wissenschaftslehre, Tübingen: Mohr (Siebeck), 489-540
Weber, Max (1921/1988): Die Wirtschaftsethik der Weltreligionen. II. Hinduismus und Buddhismus. Tübingen: J. C. B. Mohr (Paul Siebeck) [Gesammelte Aufsätze zur Religionssoziologie, Bd. II]
Weber, Max (1922/1985): Wirtschaft und Gesellschaft. Grundriß der verstehenden Soziologie. Tübingen: Mohr (Siebeck)
Weinrich, Harald (1993): Textgrammatik der deutschen Sprache. Mannheim, Leipzig, Wien, Zürich: Dudenverlag [unter Mitarbeit von Maria Thurmair, Eva Brendl, Eva-Maria Willkop]
Wernet, Andreas (2000/2009): Einführung in die Interpretationstechnik der Objektiven Hermeneutik. Wiesbaden: VS Verlag für Sozialwissenschaften
Wienke, Ingo (2001): Das Luftbild als Datum soziologischer Analyse. Eine objektiv-hermeneutische Textinterpretation als Beitrag zur Rekonstruktion von Strukturen sozialer Räume. In: *sozialer sinn*, 1/2001: 165-189
Wolff, Stephan (2000): Wege ins Feld und ihre Varianten. In: Flick, Uwe; von Kardorff, Ernst; Steinke, Ines (Hg.), Qualitative Forschung. Ein Handbuch, Reinbek bei Hamburg: Rowohlt Taschenbuch Verlag, 334-349
Worth, Robert F. (2017): The Professor and the Jihadi. In: *The New York Times Magazine*, 5.4.2017
Zehentreiter, Ferdinand (1997): Adornos materiale Formenlehre im Kontext der Methodologie der strukturalen Hermeneutik – am Beispiel einer Fallskizze zur Entwicklung des frühen Schönberg. In: Schubert, Giselher (Hg.), Biographische Konstellation und künstlerisches Handeln, Mainz: Schott, 26-60
Zehentreiter, Ferdinand (2001): Systematische Einführung. Die Autonomie der Kultur in Ulrich Oevermanns Modell einer Erfahrungswissenschaft der sinnstrukturierten Welt. In: Burkholz/Gärtner/Zehentreiter (2001), 11-104

Wie kommt man zu einer Fallstrukturhypothese?[1]

Andreas Wernet

1 Methodologische Einleitung

Die Operation der Fallstrukturhypothesenbildung liegt logisch bzw. analytisch gesehen zwischen der Explikation der Bedeutungsstruktur, die an einer Textsequenz expliziert werden kann und der Fallgeneralisierung im Sinne der theoriesprachlichen Würdigung der Besonderung des Falles im Kontext einer allgemeinen Theorie, die diese Besonderung als spezifische oder typische Antwort auf ein allgemeines Handlungsproblem auszuweisen in der Lage ist.

Der Beitrag will zunächst die methodologischen und strukturtheoretischen Annahmen, die mit dem Fallbegriff und dem Konzept der Fallstruktur einhergehen, skizzieren. Das betrifft insbesondere das Modell der Dialektik von Allgemeinem und Besonderem in Abgrenzung zu nomologischen, subsumierenden und klassifizierenden Strategien des empirischen Zugriffs. In diesem Zusammenhang soll auch eine Klärung des Typenbegriffs vorgenommen werden, die sich auf die Unterscheidung zwischen einer deskriptiven Ordnungskategorie und einer theoriebildenden Abstraktion stützt. Ziel der methodologischen Klärungen ist es zu zeigen, dass die Explikation einer Fallstruktur immer schon auf eine allgemeine, fallkontrastierende und fallübergreifende Theoriebildung verweist.

Schließlich geht es darum, die konkrete empirische Operation der Gewinnung einer Fallstrukturhypothese zu erläutern. An einem ausgewählten Beispiel wird gezeigt, wie im Gang der Interpretation zunächst die Bedeutungsstruktur einer Textsequenz in einer kontextfreien bzw. kontextabstrahierenden Interpretation gewonnen wird. Hier wird die Besonderung, die individuierte Gestalt des zu interpretierenden Textes freigelegt. In der Rekontextualisierung erfolgt dann die Formulierung einer Fallstrukturhypothese.

---

1 Ich danke Imke Kollmer und der Herausgeberin, Dorett Funcke und dem Herausgeber, Thomas Loer für wertvolle Hinweise.

Die Formulierung der Fallstrukturhypothese stellt immer schon eine generalisierende Theoriebildung dar. Denn die Aussage darüber, was der Fall *ist*, impliziert immer schon eine Aussage darüber, was er *nicht* ist bzw. sein *könnte*. Die Aussagekraft einer Fallstrukturhypothese hängt wesentlich davon ab, inwiefern es gelingt, diesen allgemeinen theoretischen Zusammenhang kenntlich zu machen. Auch das soll an dem Fallbeispiel exemplarisch gezeigt werden.

Abschließend geht der Beitrag auf die Frage der Überprüfung bzw. Sättigung einer Fallstrukturhypothese ein.

2 Zum Fallbegriff

Der Fallbegriff verweist nicht nur auf die Dialektik von Allgemeinem und Besonderem, er verweist auch auf das Problem der Fraglichkeit und damit auch auf die Unterscheidung alltagsweltlichen und wissenschaftlichen Verstehens. Wenn in der Alltagswelt etwas zum Fall wird, dann liegen Sachverhalte vor, die aus dem Rahmen des Üblichen, des Erwartbaren, fallen. Etwas ist bemerkenswert. Es ist etwas passiert. Darüber lässt sich dann auch berichten und erzählen. „Stell Dir vor, was ich vorhin erlebt habe." Wenn man beim Einkauf an der Kasse ansteht und alles seinen geregelten Gang geht, gibt es nichts zu erzählen. Wenn sich aber jemand „unverschämt" vorgedrängelt hat, dann kann man daraus eine Geschichte machen. Wer im Auto oder Zug sitzt und ungehindert und ungestört von A nach B kommt, hat nichts zu erzählen. Erst wenn etwas Unvorhersehbares passiert, eine Panne, ein Unfall, ein heftiger Streit usw., gibt es etwas zu erzählen. Damit ist ein Anlass gegeben, dem sich der Alltag thematisierend zuwenden kann. In diesen Anlässen ist keimhaft die Möglichkeit eines alltäglichen Fallverstehens angelegt. Wenn die Welt zum Problem wird, kann dies eine Problematisierung der ansonsten problemlos gegebenen Welt auslösen.

Im alltäglichen, sozialen Handeln wird also nur ausnahmsweise etwas zum Fall und was zum Fall wird, stellt eine Ausnahme dar. Die Sozialwissenschaft generalisiert und steigert diesen alltagsweltlichen Fallbegriff, indem ihr potentiell alles zum Fall wird, indem sie auch diejenigen Handlungszusammenhänge und Phänomene, die dem alltäglichen Handeln unproblematisch erscheinen, fraglich werden lässt. Darin liegt die systematische methodologische Bedeutung des Begriffs Alltagssoziologie. Er bezeichnet eine sozialwissenschaftliche Perspektive, in der diejenigen Phänomene, die der sozialen Handlungspraxis (sei es nun die Praxis einer familialen Interaktion, politischer Herrschaft oder ökonomischen Handelns) als „normal" und selbstverständlich erscheinen, zum Problem, und das heißt vor allem: zum *Verstehens*problem werden.

Das heißt nicht, dass eine fallrekonstruktive Forschung sich nicht häufig mit solchen Phänomenen, die auch der vorwissenschaftlichen Wahrnehmung problematisch oder bemerkenswert erscheinen, auseinandersetzt. Wenn sich die Soziologie etwa mit Armut, Migration oder Delinquenz beschäftigt, folgt sie im weitesten Sinne einem „social problem approach", indem sie den alltäglichen, medialen, sozialen oder politischen Relevanzwahrnehmungen folgt bzw. an diese anknüpft. Dazu gehören natürlich auch all diejenigen Forschungsfragen, die sich mit neu auftretenden Phänomenen (wie etwa der Chat-Kommunikation) beschäftigen. Nicht zuletzt die Erwartung, die Sozialwissenschaft möge einen Beitrag zur Lösung sozialer Probleme leisten, unterstützt derartige Forschungszugriffe. Sie sind an den Alltag und seine Diskurse anschlussfähig. Darüber hinaus aber kann die Forschung auch diejenigen Phänomene zum Fall machen, die dem Alltag nicht der Rede wert sind; die ganz normale familiale Kommunikation, die ganz normale Entbietung der Tageszeit, das ganz normale an der Kasse Anstehen.

Aber ist es überhaupt sinnvoll, etwas zum Fall zu machen, das in der alltäglichen Lebenspraxis gar keinen Fall darstellt? Handelt es sich dabei nicht um ein bloß skurriles, die Welt verrätselndes Interesse an Pseudoerkenntnissen? Mindestens lässt sich ja einwenden, dass eine solche Forschungsausrichtung häufig *nicht* anschlussfähig ist an die alltägliche Sicht der Dinge. Und auch mit der Vorstellung eines gesellschaftlichen Nutzens ist eine solche Forschung nicht ohne weiteres vereinbar. Man könnte die Frage rein konventionalistisch oder legitimatorisch beantworten. Das würde bedeuten, dass diese Forschung solange sinnvoll ist, solange es Interessenten an dieser Forschung gibt; solange sie also als sinnvoll erachtet wird. Ich will hier auf einen anderen, einen substantiellen Aspekt hinweisen. Ich bin bisher von einer scharfen Grenzziehung zwischen einem alltäglichen und einem sozialwissenschaftlichen Fall- und Verstehensbegriff ausgegangen. Dies entspricht einer klaren Unterscheidung zwischen Normalität und Abweichung, zwischen Routine und Krise, zwischen einer im Modus der Selbstverständlichkeit gegebenen und verstandenen Welt und einer fraglich gewordenen Welt (in der die Subjekte dann sagen: „Ich verstehe es nicht."). Tatsächlich kann aber zwischen beiden phänomenalen Welten ein Kontinuitätszusammenhang angenommen werden. Einen ersten Hinweis auf eine solche Kontinuität liefern diejenigen Phänomene, die sich nicht eindeutig zuordnen lassen. Wenn ich zu meinem Auto gehe, um zu einem für mich wichtigen Termin zu fahren, werde ich, wenn ich den Termin problemlos erreiche, nichts Bemerkenswertes über das Einsteigen in den Wagen, das Starten, das Losfahren zu erzählen haben. Wenn dagegen der Wagen nicht anspringt und ich den Termin deshalb verpasse, werde ich dies ganz sicher erzählen. Sollte das Türschloss vereist sein und es mir nach einigen Minuten gelingen, die Tür zu öffnen, dann kann ich das zum Fall machen, muss es aber nicht. Je nach Wahrnehmungssensibilität ist der Alltag mehr oder weniger häufig mit mehr oder weniger pointierten Fällen und Unfällen konfrontiert. Gegenüber dieser Figur eines gleitenden Übergangs zwischen den eindeutigen Polen scheint mir ein struktureller Zusammenhang zwischen Normalität und Abweichung, Routine und Krise theoretisch aufschlussreicher zu sein. Die strukturelle Kontinuität zwischen Normalität und Abweichung kann nämlich darin gesehen werden, dass jede Normalität immer schon keimhaft Momente der Abweichung enthält, jede Abweichung umgekehrt auf Normalität verweist und sie in Anspruch nehmen muss. Analog lässt sich das Begriffspaar von Routine und Krise dahingehend verstehen, dass jede Routine schon keimhaft die in ihr enthaltene Krise enthält und umgekehrt jede Krise einerseits sich in einem aufrechterhaltenden Rahmen von Routinen vollzieht, andererseits keimhaft schon das Moment der Problemlösung, der Überwindung der Krise, der zukünftigen Routine in sich trägt. Sowohl die völlige Abwesenheit von Abweichung und Krise als auch die völlige Abwesenheit von Normalität und Routine sind allenfalls momenthaft vorstellbar. Eigentlich kann das Vorliegen des jeweils entgegengesetzten Pols nicht bestritten werden. Die Frage ist vielmehr, wie derjenige Pol, der in einer konkreten Handlungspraxis nicht dominierend ist, empirisch sichtbar gemacht werden kann. Das ist die methodische Frage nach der Rekonstruktion latenter Sinnstrukturen.

3 Vom Protokoll zum Fall

Bezüglich der Ausrichtung der Forschungspraxis hat Oevermann in der Begründung der Objektiven Hermeneutik eine methodisch fundamentale Entscheidung getroffen. Möglichst unverstellte Protokolle der sozialen Wirklichkeit werden einer detaillierten, minutiösen, akribischen Analyse unterzogen. Natürlich lauern hinter der Formulierung „möglichst unverstellte Protokolle der sozialen Wirklichkeit" jede Menge Detailprobleme. Sie reichen von der Frage der angemessenen Verschriftlichung von Audioprotokollen (wie genau sollte die Notation sein?) bis hin zu der heute vieldiskutierten Frage der Interpretation nichtsprachlicher, vor allem bildlicher Protokolle. So wichtig und notwendig diese Fragen auch sind; sie sind gegenüber der methodischen, forschungspraktischen und forschungslogischen Grundentscheidung, Protokolle im Sinne „fixierter Lebensäußerungen" (Dilthey 1900: 319) festzuhalten und zu analysieren, nachrangig. Denn einerseits ermöglicht die Fixiertheit dieser Protokolle jenen Theoriebildungsprozess, den Anselm Strauss „*Grounded* Theorie" genannt hat. Die systematische und kontrollierte Bezugnahme auf ein Protokoll ermöglicht eine Erdung des sinnstrukturellen Erschließungsprozesses alleine schon dadurch, dass der Fokus des Verstehens auf einen konkret gegebenen Text gerichtet

ist. Die methodische Verbindlichkeit des Verstehens setzt zuallererst voraus, einen Gegenstand als stabilen Bezugspunkt der Analyse einzurichten.[2]
Andererseits verfügen Interaktionsprotolle (i. w. S.) über eine eigentümliche Qualität. Sie dokumentieren die Gleichförmigkeit und zugleich Individualität der sozialen Praxis, das Allgemeine *und* Besondere, die in ihr wirksamen manifesten Sinnbezüge *und* latenten Sinnstrukturen in geradezu verblüffender Art und Weise. Nehmen wir als Beispiel die familiale Interaktion.[3] Schon kürzesten Protokollen können wir entnehmen, dass sie Familie protokollieren und dass sie eine *besondere* Familie protokollieren.

Tochter: Schau mal Mama, ein Winnie-Pooh[4]
Mutter: Schön
Tochter: Kann ich einen haben?
Vater: Wozu das denn?

Wenn wir diese vierzügige Interaktion, die bei einem Weihnachtsmarktbesuch festgehalten wurde, betrachten, dann sehen wir, dass hier eine familiale Interaktion vorliegt.[5] Das vermittelt sich nur vordergründig an den Protokollelementen „Mama", „Winnie-Pooh" bzw. an der Bezeichnung der Akteure. Das wird deutlich, wenn wir diese Elemente tilgen:

A: Schau mal, ein X
B: Schön
A: Kann ich einen haben?
C: Wozu das denn?

---

2 Die Erfahrung zeigt, dass diese Stabilisierung des Analysegegenstands Studierenden große Schwierigkeiten bereitet, dass sie lieber rasch zu einer anderen Textstelle springen würden oder gerne über etwas sprechen würden, was nicht im Text steht. Diese Tendenz ist auch nicht überraschend. Wir neigen ja auch in anderen Wahrnehmungskontexten, wie z. B. dem Museumsbesuch, dazu, den Objekten eher flüchtige Aufmerksamkeit zu schenken (vgl. Loer 1995: 65-132). Ich nehme an, dass das damit zusammenhängt, dass die Konzentration auf ein stabiles Objekt eine außerordentliche Anstrengung darstellt.

3 Sie hat bei der Entwicklung der Objektiven Hermeneutik durch Oevermann eine große Rolle gespielt. Vgl. Oevermann et al. 1976.

4 Es handelt sich um einen Luftballon.

5 Das Protokoll entstammt einem Lehrforschungsseminar zur sozialisatorischen Interaktion, das Sandra Rademacher an der Universität Potsdam durchgeführt hat. Ich danke Sandra Rademacher für die Zurverfügungstellung des Protokolls.

Wer könnten A, B und C sein? Was könnte X sein? Sicherlich nicht drei Freundinnen, die gemeinsam shoppen gehen.

A: Schau mal, der Schal
B: Schön

Soweit ließe sich die Interaktion in den Rahmen einer Peer-Interaktion einfügen. Aber spätestens mit dem Sprechakt: *Kann ich einen haben?* sind wir auf Eltern-Kind-Beziehungen verwiesen. Wir wissen dann, dass A ein Kind ist und B ein Elternteil. Schließlich sehen wir dann auch, dass C *kein* Kind ist, sondern das andere Elternteil, das sich gleichsam vorsorglich in Opposition zu der Möglichkeit, B könnte die Frage des Kindes mit *Ja* beantworten, bringt.

Dieses Wissen ist im strengen Sinne kein tatsachenwissenschaftliches, kein detektivisches. Denn natürlich könnten A und C Großeltern sein. Natürlich könnte es sein, dass C nicht der Vater ist, sondern der Freund der Mutter. Natürlich könnte C durchaus auch ein Bruder von B sein (vgl. unten). Ein Wissen um diese Tatsachen lässt sich, streng genommen, hermeneutisch nicht gewinnen. Was sich aber sinnverstehend gewinnen lässt, ist das Wissen, dass die Großeltern sich dann *wie* Eltern verhielten, dass der Freund der Mutter dann eine typische Vaterrolle einnehmen würde, dass der Bruder sich so verhalten würde, als sei er nicht das Kind der Mutter sondern ihr Partner.

Dieser kurze Protokollausschnitt zeigt uns also, dass wir es mit Familie zu tun haben. Und man könnte sagen: Wenn wir verstanden haben, warum er das zeigt, haben wir schon wesentliche Strukturprinzipien der Familie in unserer Gesellschaft verstanden. Wir wissen dann, was Familie ist. Wir könnten an diesen vier Zeilen eine material begründete („grounded") Theorie der Familie entwickeln. Wir sehen aber auch, dass es sich um eine *besondere* Familie handelt. Denkbar wäre, dass die Mutter auf den Ausruf der Tochter gar nicht reagiert. Umgekehrt hätte sie auch sagen können: *Ja, der ist sehr schön.* Denkbar wäre auch, dass der Vater, obwohl nicht direkt angesprochen, sagt: *Hui, der ist ja wirklich schön.* Und natürlich hätte er auch schweigen können. Und schließlich hätte die Tochter eine direkte Anrede vermeiden können oder sie hätte den Vater ansprechen können: *Schau mal, Papa, ein Winnie-Pooh.*

All diese Varianten würden wir als typische Ausdrucksformen familialer Interaktion ansehen. Die Varianten zeigen aber auch, dass wir es mit sehr unterschiedlichen Familien zu tun hätten. Und insofern zeigen sie, dass, obwohl und insofern sie als Protagonisten sich eindeutig als Familie zu erkennen geben, sie zugleich eine *besondere* Familie, ein *individuiertes* soziales Gebilde darstellen.

Was ich damit zeigen wollte: Schon wenn man sich auf kürzeste Interaktionssequenzen als Erkenntnisgegenstand, als Datum, einlässt, kristallisiert sich an dieser Betrachtung ein Fall, ein bemerkenswerter und erklärungsbedürftiger Vorgang. Zugleich erweist sich an diesem Fall wiederum die Notwendigkeit einer Theoriebildung; einer verstehenden Verortung des konkreten Falles in einem allgemeinen Handlungszusammenhang, einem allgemeinen Handlungsproblem.

4 *Latente* Sinnstruktur

Im weitesten Sinne versucht der Begriff der latenten Sinnstruktur dem Umstand Rechnung zu tragen, dass unser Handeln immer auch von Motiven geleitet ist, über die wir nicht rational verfügen, die wir häufig nicht einmal kennen. Die Annahme der Existenz dieser latenten Motive ist alles andere als „Metaphysik" oder „Spekulation"; sie ist im wahrsten Sinne des Wortes *evidenzbasiert*. Auch das lässt sich an den vier Zeilen sehr einfach zeigen:

- Der Vater, der den Wunsch seiner Tochter, einen Winnie-Pooh gekauft zu bekommen, mit *wozu das denn?* kommentiert, könnte vielleicht noch in Anspruch nehmen, dass er eine Haltung der „Sparsamkeit" vertritt, eine Haltung der Ausgabenkontrolle, die es ihm als angebracht erscheinen lässt, auch und gerade unter erzieherischer Perspektive den Wunsch der Tochter zurückzuweisen. Wir können auch annehmen, dass er über diese Haltung insofern rational verfügt, als sie ihm bekannt ist und er gute Gründe für die Richtigkeit und Angemessenheit dieser Haltung angeben kann. Aber schon auf dieser Ebene ist er viel weniger „Herr"[6] dieser Haltung, als es das Alltagsdenken ihm normalerweise zugesteht. Nicht er ist es, der diese Haltung beherrscht; es ist diese Haltung, die ihn beherrscht. Das sieht man daran, dass er offensichtlich nicht dazu in der Lage ist, seine Haltung in einer Situation, für die die Lockerung der Ausgabenkontrolle geradezu konstitutiv ist – es wäre ein Leichtes, einen Weihnachtsmarktbesuch alleine schon mit dem Hinweis, man habe keine Lust, Geld zu verpulvern, abzulehnen – zu suspendieren. Ein „ausnahmsweise" steht ihm offensichtlich nicht zur Verfügung. Er *kann* nicht anders.
- Die Art und Weise der Zurückweisung zeigt, dass viel mehr im Spiel ist als die Frage der (erzieherischen) Ausgabenkontrolle. *Wozu das denn?* verweist auf

---

6 Freud spricht davon, dass das Ich nicht Herr in seinem eignen Haus sei. Vgl. Freud 1917: 7.

Unverständnis und Ärger. Hätte er gesagt: *Der ist wirklich schön. Aber lass uns erst einmal noch ein bisschen weiterschauen, vielleicht sehen wir noch schönere Sachen*, hätte er eine erzieherische Rolle im Modus des „Triebaufschubs" ebenso gut eingenommen. Stattdessen lässt der Vater dem Anliegen der Tochter einen mürrischen, missgelaunten Kommentar folgen. Fast hat es den Anschein, als sei Eifersucht im Spiel.

Diese Überlegungen deuten schon an, dass eine Reduktion der Interpretation auf bewusste, rationale oder auch alltagsweltlich übliche oder naheliegende Deutungen *(Papa ist genervt)*, eine Verarmung des Verständnisses und vielleicht auch eine Verharmlosung des sozialen Geschehens darstellen würden. Die Formulierung einer Fallstrukturhypothese zielt immer auf die den Fall charakterisierenden latent operierenden Sinnstrukturen. Das bedeutet auch und vor allem, dass sich die Analyse frei macht von der Vorstellung, die Akteure, deren Sprechhandlung gedeutet wird, müssten der Interpretation zustimmen.[7] Im Gegenteil ist damit zu rechnen, dass die Akteure, würden sie die Analyse gleichsam zur Überprüfung vorgelegt bekommen, verständnislos reagieren würden.[8]

5 Fallstrukturhypothese: Eine exemplarische Analyse in elf Schritten

1.
Die Deutung des Sprechakts des Vaters, dass hier unter dem Signum einer erzieherischen Strenge in der Zurückweisung des Wunsches der Tochter sich die Beziehungsdynamik der Eifersucht Ausdruck verschafft, stellt einen ersten Schritt auf dem Weg der Gewinnung einer *Fallstrukturhypothese* dar. Es liegt eine erste, eher vage Erschließung einer besonderen Konstellation bezüglich eines allgemeinen Phänomenbereichs vor; eine besondere Familie im sozialen Möglichkeitsraum der Kleinfamilie in der modernen Gesellschaft; die besondere Wahrnehmung einer Vaterrolle. Wie sind wir zu dieser ersten Annäherung gekommen? Wie hat sie sich ergeben? Ein wesentliches Moment der Formulierung einer Fallstrukturhypothese

---

7 In der Methodendiskussion ist diesbezüglich der Begriff der „kommunikativen Validierung" vorgeschlagen worden. Mayring 2002: 112.
8 Vgl. Hildenbrand 1998. Zum Motiv der Kränkung durch sozialwissenschaftliche Erkenntnis: Wernet 2017.

besteht in der gedankenexperimentellen Kontrastierung.⁹ Führen wir uns noch einmal die Einsatzstelle des Vaters vor Augen:

Tochter: Schau mal Mama, ein Winnie-Pooh
Mutter: Schön
Tochter: Kann ich einen haben?

Wie könnte sich der Vater in dieser Situation verhalten? Drei Richtungen lassen sich unterscheiden:

1. Er kann sich aus den Verhandlungen zwischen Mutter und Tochter heraushalten.
2. Er kann sich „einmischen" in der Rolle des zugewandten, „wunscherwägenden" oder „wunscherfüllenden" Vaters.
3. Er kann sich „einmischen" als der strenge, „wunschversagende" Vater.

Vielleicht sind andere Varianten denkbar. Unabhängig davon verdeutlichen solche Kontrastierungen die Spezifik der konkret vorliegenden Handlungsentscheidung. Wir sehen, dass weder die Option, sich positiv ins Spiel zu bringen noch die Option, Mutter und Tochter das Spiel zu überlassen, tatsächlich realisiert wird. Es wird durch diese gedankenexperimentelle Kontrastierung aber auch deutlich, dass der vorliegende Fall eine besondere Form der Realisierung von „Strenge" darstellt. Wir haben schon gesehen, dass die Injektion des Vaters als ärgerliche, eifersüchtige Reaktion interpretiert werden kann. Wenn wir dabei nicht stehen bleiben wollen, sondern weiter fragen, wie diese Fallstrukturhypothese besser begründet, besser verstanden werden kann, dann sind wir auf die Unterscheidung zwischen einem *unpersönlichen, prinzipiengeleiteten* und einem *affektiven Erziehungshandeln*¹⁰ verwiesen. Denn was der Vater *nicht* macht ist, wir haben schon darauf hingewiesen, als bloßer Exekutant einer „Erziehung zur Sparsamkeit" in Erscheinung zu treten. Es handelt sich hier nicht um eine Disziplinierung der Tochter, die er in jeder anderen Situation ebenso vorgenommen hätte. Hätte er in diesem Sinne

---

9 Auf die grundlegenden Operationen der interpretativen Erschließung von Bedeutungsstrukturen der Objektiven Hermeneutik wird hier nicht weiter eingegangen. Vgl. dazu Wernet 2009.

10 Diese ad-hoc-Unterscheidung kann hier nicht weiter verfolgt werden. Ich möchte an dieser Stelle nur darauf hinweisen, dass auch im Gehäuse der diffusen Sozialbeziehung Prinzipien der Erziehung anzutreffen sind, die sich gleichsam unpersönlich und leidenschaftslos („sine ira et studio") artikulieren. Wenn Eltern etwa abends nach dem Zähneputzen darauf bestehen, dass nichts mehr gegessen wird, folgen sie einem unpersönlichen Prinzip.

gehandelt, hätte er zum Beispiel sagen können: *Lass uns doch erstmal weitergucken, was es hier noch so alles gibt.*[11]

Diese gedankenexperimentelle Kontrastierung macht also nicht einfach nur auf eine alternative Handlungsmöglichkeit des Vaters aufmerksam; sie führt auch und gleichzeitig zur Formulierung einer Theorie familialen Handelns oder besser gesagt: zur Reformulierung einer *Theorie der diffusen Sozialbeziehung* in Gegenüberstellung zur Logik *spezifischer Sozialbeziehung*.[12] Anknüpfend an diese ursprünglich von Parsons getroffene Unterscheidung kann so der vorliegende Fall als Fall einer diffusen Sozialbeziehung bestimmt werden. Umgekehrt können die Implikationen dieses Begriffs empirisch spezifiziert werden, etwa dergestalt, dass zur Affektivität der diffusen Sozialbeziehung nicht nur positive, sondern auch negative Affekte gehören oder, dass das affektiv-diffuse Handeln nicht nur eine dyadische Beziehungsrelation betrifft (z. B. Vater-Tochter), sondern in eine mehrdimensionale – hier: triadische – Beziehungsrelation eingebettet ist.

2.

Diese Überlegung führt uns zu einer Präzisierung der Fallstrukturhypothese. Betrachten wir nämlich die vorliegende Interaktion in ihrem triadischen Aufbau, dann wird deutlich, dass die Tochter in ihrem initialen Sprechakt, *schau mal Mama, ein Winnie-Pooh*, den Vater aus der Interaktion ausschließt. Sie adressiert ausschließlich die Mutter. Insofern begibt sich die Tochter in eine affektiv positiv gefärbte dyadische Beziehungsrelation zur Mutter. Es geht um die gemeinsame Aufmerksamkeit gegenüber einem als schön erachteten Objekt und um die Frage des Erwerbs dieses Objekts. In gewisser Weise gehen Tochter und Mutter Hand in Hand, während der Vater daneben steht. In dem zunächst unscheinbaren Interaktionsverlauf ist also die Struktur des innerfamilialen Beziehungsgeflechts thematisch. Die Frage, wie sich der Vater verhält, ist gleichlautend mit der Frage, wie er sich in diesem Beziehungsgeflecht positioniert. Seine eifersüchtige Reaktion zeigt, dass er sensibel für dieses Problem ist. Er ist kein „abwesender", desinteressierter Vater, der sich gleichsam außerhalb der familialen Interaktion begibt (*frag Deine Mutter*). Er übernimmt eine familiale Rolle. Aber seine Reaktion zeigt auch, dass er in gewisser Weise übersensibel ist. Denn tatsächlich ist sein Ausschluss ja lediglich ein situativer. In *dieser konkreten* Situation konstituiert sich eine Mutter-Tochter-Dyade, die er gelassen gewähren lassen könnte in dem Vertrauen darauf, dass in einer anderen Situation *er* es ist, der mit der Tochter in einen dyadischen Austausch tritt. Er hat sich zwar ins Spiel gebracht; aber in der Rolle des Spielverderbers.

---

11 So ähnlich äußert sich die Mutter im unmittelbar folgenden Interaktionsverlauf.
12 Vgl. Parsons 1951.

Diese Überlegungen zeigen, dass sich der Vater in seiner missmutig-eifersüchtigen Reaktion potentiell zum Betreuungsobjekt macht. In gewisser Weise reagiert er nicht in einer souveränen Vaterrolle, sondern wie ein eifersüchtiger Bruder, für den die Aussicht, die Mutter könnte der Schwester einen Luftballon kaufen, eine Bedrohung darstellt. *Ach komm, sei nicht so, lass uns mal die Luftballons anschauen*, könnte die Mutter sagen.

3.

Folgen wir der Interaktion noch einige Zeilen:

Tochter:	Mama bitte
Mutter:	Lass uns erstmal weitergucken, was es hier noch alles gibt
Tochter:	Ich will aber nichts anderes. Ich will Winnie Pooh haben
Vater:	Nun kommt weiter

Das Muster: Tochter – Mutter – Tochter – Vater wiederholt sich. Bemerkenswert ist, dass das Kind sich nicht etwa an den Vater richtet um zu versuchen, dessen Einspruch abzuwenden, sondern abermals an die Mutter. Sie hätte ja – auch das ist ein Muster, das wir als typische Möglichkeit eines Interaktionsverlaufs im Kontext familialer Beziehungsdynamiken kennen – versuchen können, den Vater „um den Finger zu wickeln". Das hätte unter strategischer Perspektive hier insofern auch nahegelegen, als es ja offensichtlich der Vater ist, den es zu überreden gilt: *Och Papa, bitte, bitte*. Aber neben, vielleicht sogar entgegen dem offenkundigen, manifesten Interesse des Kindes, einen Luftballon gekauft zu bekommen, zeigt die abermalige Adressierung der Mutter, dass das *latente* Motiv der Tochter dahin geht, die Mutter-Tochter-Dyade und damit die Exklusion des Vaters zu stabilisieren. *Mama, bitte* heißt auch: *Mama, hör nicht auf Papa*.

Auch wenn wir es hier nicht mit einer gegengeschlechtlichen Dyade zu tun haben, erinnert der Sprechakt der Tochter an Freuds Ödipustheorie. Auf abstraktester Ebene kann diese Theorie interpretiert werden als Versuch des Kindes, die Eltern-Dyade zu sprengen und sie durch eine Dyade mit dem *einen* Elternteil unter Ausschluss des *anderen* zu ersetzen. Umgekehrt verweist die Allerweltsweisheit von Eltern, ihrem Kind erzieherisch als Einheit gegenüber zu treten, im weitesten Sinne auf das Inzesttabu. Was unter erotischer Perspektive mit einem gesellschaftlich strikten Verbot versehen ist, ist unter der Perspektive des alltäglichen kommunikativen Austauschs – *könntest Du mir die Klassenarbeit unterschreiben; aber sag bitte Papa nichts* – als grundlegende und unvermeidliche Spannung der Frage der Konstellierung dyadischer Kommunikation im familialen Handlungsraum präsent.

4.

An dieser Stelle ist ein kurzer, familientheoretischer Exkurs hilfreich. Wir beziehen uns hier auf ein familientheoretisches Modell, das Sigmund Freud und Claude Lévi-Strauss sozialisations- und gesellschaftstheoretisch grundgelegt haben, das Talcott Parsons in einer Theorie der modernen Familie weitergeführt hat und das Ulrich Oevermann und Tilman Allert zu einer Theorie der triadischen Spannung der familialen Interaktion entwickelt haben. *Eine* Pointe dieses Theorieansatzes besteht darin, dass die Einsichten von Freud (Ödipuskomplex) und Lévi-Strauss (Inzesttabu), die einerseits das psychische Motive des ödipalen Wunsches (Freud), andererseits das gesellschaftliche Motiv des Inzestverbots (Lévi-Strauss) thematisieren, fruchtbar gemacht werden für eine Theorie der familialen Interaktion. Der Wunsch und seine Nichterfüllung lassen sich nicht nur als psychisches Schicksal (Freud) bzw. als gesellschaftliches Prinzip der „Heiratsregeln" (Lévi-Strauss) interpretieren, sondern auch als eine Spannung, die sich regelmäßig und typischerweise in der alltäglichen, familialen Interaktion niederschlägt. Sowohl das Konkurrenz- und Eifersuchtsmotiv, das sich aus der Freud'schen Ödipustheorie ergibt, als auch die Dynamik familialer Auflösung und Neugründung, die Lévi-Strauss familientheoretisch betont hat, durchdringen und charakterisieren die familiale Interaktion bis in die Mikroporen ihres trivialen Alltags. Die Spannung, unter der die Familie steht, zeigt sich nicht nur in manifesten Krisen des Seelenlebens und des familialen Umbruchs, sondern auch in der alltäglichen Normalität der familialen Interaktion. Oevermann spricht in diesem Zusammenhang von dem „normalen Dauerzustand" der Eifersucht, der sich aus dem jeweiligen Ausschließlichkeitsanspruch der familialen Dyaden ergibt (vgl. Oevermann 1996: 113; Oevermann 2001: 89). Deshalb befindet sich die familiale Triade in einem „permanenten Selbsttransformationsprozess" (Allert 1998: 250). Auch wenn die Familie in ruhigem Fahrwasser zu sein scheint, ist sie es nicht. Konkurrenz, Eifersucht und Auflösung[13] fließen als Dauerthema und Dauerspannung in die familiale Interaktion ein und machen ihre Besonderheit aus. Das Problem wird längst vor der manifesten Ablösungskrise, die mit der Pubertät beginnt, bearbeitet und es wird zwischen Eltern und Kindern auch dann noch bearbeitet, wenn die Kinder längst selbst schon Eltern sind.

Diese Bestimmung familialer Interaktion, bei der es sich natürlich nicht um eine willkürliche, theoretische Setzung handelt, sondern die sich ihrerseits auf empirische Beobachtungen stützt, steht in deutlichem Kontrast zur alltäglichen Selbstwahrnehmung und gesellschaftlichen Deutung der Familie als Ort der Ruhe, Geborgenheit und Solidarität. Dabei ist die verbreitete Deutung des Familienlebens durchaus mit einem Sinn für manifeste Krisen ausgestattet. Dass es „gute Zeiten,

---

13 Zur Familie als „Auflösungsgemeinschaft": Wernet 2003.

schlechte Zeiten" gibt ist genauso geläufig wie die Konflikthaftigkeit der Interaktion mit „Pubertierenden" (die dann gerne auch so genannt werden, um ihre „Unausstehlichkeit" zu unterstreichen) oder das Stereotyp der Spannungsgeladenheit von Familienfesten (allen voran das Weihnachtsfest). Aber dieser „Sinn für Krisen" der geläufigen Deutung des Familienlebens stellt in gewisser Weise auch eine Ablenkung von der konstitutiven Konflikthaftigkeit und Unruhe familialer Interaktion dar.

Das vorliegende Protokoll kann als Bestätigung dieses familientheoretischen Modells angesehen werden und insofern hat sich diese Theorie am empirischen Material bewährt. Umgekehrt legt das empirische Material diese Theoriebildung nahe. Die Konflikthaftigkeit der familialen Interaktion wird nicht erst durch die theoretische Brille sichtbar. Wir müssen nicht schon über den Begriff der familialen Triade verfügen, um die triadische Spannung im Protokoll identifizieren zu können. Dass wir aber in diesem Prozess einer materialen Explikation unweigerlich zu einer Theorie der familialen Triade gelangen würden, stellt in sich ein hohes Maß der Gewinnung theoretischer Evidenz dar. Die vorhandenen Theorien sind umso hilfreicher, umso besser, je weniger ein Fallverständnis auf sie angewiesen ist; je unabhängiger dieses Verständnis gewonnen werden kann.

5.

Die Mutter beantwortet die Bitte der Tochter mit dem Vorschlag:

Mutter: Lass uns erstmal weitergucken, was es hier noch alles gibt.

In doppelter Hinsicht arbeitet sie damit der Mutter-Tochter-Dyade entgegen. Inhaltlich schließt sie sich ihrem Mann an. In gemilderter Form verneint sie den Kauf des Luftballons. Hätte sie beispielsweise gesagt: *Lass uns mal schauen, was der kostet*, hätte sie die Exklusion des Vaters bestätigt. In dieselbe Richtung weist auch das *Uns*. Das damit reklamierte *Wir* schließt den Vater nicht aus. Der Wortgebrauch als solcher ist mehrdeutig und damit für unterschiedliche Interpretationen offen. Er gibt dem Kind die Möglichkeit, das *Wir* als Mutter-Tochter-Dyade zu interpretieren. Er gibt dem Vater die Möglichkeit, sich dem *Wir* anzuschließen. Sie spielt ihrem Mann geradezu den Ball zu; legt ihm in den Mund zu sagen: *Ja, lass uns erst mal weitersehen*. Insofern wohnt dem Sprechakt der Mutter ein vermittelndes Moment inne. Das triadische *Wir* ist zwar nicht explizit hergestellt. Aber die Möglichkeit zu diesem *Wir* ist eröffnet.

Diese Chance lässt der Vater verstreichen. Indem er sagt: *Nun kommt weiter*, bestätigt er die Mutter-Tochter-Dyade. Denn er spricht nicht im *Wir*-, sondern im *Ihr*-Modus. Die Aufforderung als solche steht dabei in auffälligem Kontrast zu der Möglichkeit, sich dem Vorschlag der Mutter, *weiterzugucken*, anzuschließen.

Der Kontrast ist umso deutlicher, als die Aufforderung bezüglich ihrer äußeren Handlungskonsequenzen – nämlich nicht länger bei den Luftballons stehen zu bleiben und den Weihnachtsmarktbesuch fortzusetzen – keinen Unterschied macht. Aber statt zu signalisieren, dass das Weitergehen im Zeichen der Suche eines schönen Gegenstands für die Tochter steht, schließt der Vater mit seiner Bemerkung *nun kommt weiter* die Winnie-Pooh-Episode als lästige Störung des Weihnachtsmarktbesuchs ab. Eigentlich signalisiert er, dass er bei dem nächsten, die Tochter erfreuenden Fund, genauso reagieren wird. Dies gilt umso mehr, als das Insistieren der Tochter: *Ich will aber nichts anderes* dem Vater die Möglichkeit eröffnet hätte, den Vorschlag der Mutter (den das Kind unverzüglich ablehnt) zu wiederholen. Er hätte sie damit unterstützt und gleichsam gegen die Mutter-Tochter-Dyade einen elterlichen Schulterschluss vollzogen. Die Maxime: „Wir schauen erst einmal weiter" brächte dann eine gemeinsame Haltung gegenüber der Tochter zum Ausdruck. Zugleich stellte sie eine moderate, unaggressive Form der erzieherisch und sozialisatorisch notwendigen Frustration des Kindes[14] dar.

Umgekehrt macht sich die Tochter eine pragmatische Implikation der Aussage der Mutter und des Weihnachtsmarktbesuchs überhaupt zunutze. Sie geht offensichtlich davon aus, dass grundsätzlich ein legitimer Anspruch, auf dem Weihnachtsmarkt etwas gekauft zu bekommen, besteht; dass sie also gleichsam ein Weihnachtsmarktkonto mit einem (unbestimmten) Guthaben besitzt und dass sie dazu bereit ist, in diesem Augenblick ihr gesamtes Guthaben aufzubrauchen. Dass sie ein solches Guthaben besitzt, ist implizit schon durch den Vorschlag der Mutter bestätigt.

Es ist an dieser Stelle vielleicht ratsam, sich die Pragmatik eines Weihnachtsmarktbesuchs (und vergleichbarer Unternehmungen) mit einem Kind vor Augen zu führen. Denn natürlich ist es in anderen Kontexten durchaus vorstellbar, dass der Kaufwunsch eines Kindes grundsätzlich als störend empfunden wird. Beim alltäglichen Supermarkteinkauf beispielsweise mag es als erzieherische Anstrengung empfunden werden, den Wunsch nach Süßigkeiten, Kleinspielzeug oder Bastelheftchen regelmäßig abwehren zu müssen. Man erledigt den Alltagseinkauf eben nicht, um Überraschungseier zu kaufen und das Beisein der Kinder steht nicht im Zeichen einer gemeinsamen Unternehmung. Zu einem Weihnachtsmarktbesuch gehört es dagegen dazu, etwas Unnützes und Übertreuertes zu kaufen, Geld auszugeben, das man sonst nicht ausgeben würde. Das gilt besonders für einen Weihnachtsmarktbesuch mit Kindern, der ja in das allgemeine Muster des weihnachtlichen Beschenkens besonders und vor allem der Kinder eingebettet ist. Hätte ein Kind etwa keinerlei Interesse an Weihnachtsmarktleckereien oder

---

14 Zur Notwendigkeit der Frustration der Kinder durch die Eltern: Parsons 1954: 89.

-basteleien, gäbe das unter normalen Umständen eher Anlass zur Sorge über eine gewisse Freudlosigkeit als Anlass zum Stolz auf die Konsumdisziplin des Kindes. Der Vater, der zu erkennen gibt, dass ihm auf dem Weihnachtsmarkt jedweder freudige Konsumwunsch des Kindes ein Dorn im Auge ist, ist ein Spielverderber, der sich zurecht den Vorwurf gefallen lassen müsste: *Warum gehen wir überhaupt auf den Weihnachtsmarkt, wenn ich dort doch von den schönen Dingen (die ja nur dort schön sind) nichts kaufen darf?*

Mutter: Wenn ich dir einen kaufe, bekommst du aber nichts anderes mehr auf dem Weihnachtsmarkt.
Kind: Ich will nur den Winnie Pooh.
Vater: Jetzt kaufst du ihr das doch nicht etwa?
Mutter: Nun komm, dann hat sie was sie möchte und wir können weiter.
Vater: Dann aber nur einen kleinen Ballon. Weißt du überhaupt was die kosten?

Die Mutter ignoriert das *nun kommt weiter* ihres Mannes und greift die Bemerkung der Tochter auf. Allerdings wiederholt sie eigentlich nur, was die Tochter schon gesagt hatte. Sie formuliert eine Bedingung, die die Tochter schon akzeptiert hat. Das mag vom Ton her nachdrücklich und streng erscheinen (*es gibt dann nichts anderes mehr*), ist der Sache nach aber insofern nachgiebig und entgegenkommend, als damit die „Verhandlungsposition" der Tochter akzeptiert wird. Die Wiederholung klingt so, als antizipiere sie eine spätere Situation, in der dann die Tochter von der ursprünglichen Vereinbarung nichts mehr wissen will.

Neben dieser erzieherischen Haltung ist aber bezeichnend, dass die Mutter die Aufforderung ihres Mannes ignoriert. Sie reproduziert damit die dyadische Konstellation mit der Tochter, die durch die „exzentrische" Äußerung ihres Mannes (*nun kommt weiter*) schon verfestigt wurde. Das schmale Fenster der Öffnung der Interaktion (*lass uns erstmal weitergucken*) im Sinne der Integration des Mannes/ Vaters in eine sich gegenüber der Tochter situierenden Paarbeziehung, die Chance der Vermittlung der Paarbeziehung mit der Eltern-Kind-Beziehung wurde nicht genutzt. So verbleibt der Weihnachtsmarktbesuch als gemeinsame, familiale Unternehmung im Modus einer Mutter-Tochter-Dyade, die durch den Selbstausschluss eines mürrisch sich einmischenden Vaters gestützt und begleitet wird.

6.

Nachdem die Tochter den Deal perfekt macht mit der Versicherung: *Ich will nur den Winnie Pooh* – was soviel heißt wie: *Du kannst Dich darauf verlassen, dass ich während dieses Weihnachtsmarktbesuchs keine weiteren Ansprüche anmelde* –, setzt der Vater seine Politik des „nicht mit mir!" fort. Die rhetorische Frage: *Jetzt kaufst du ihr das doch nicht etwa*, drückt geradezu Empörung aus. Aber indem er sich inhaltlich treu bleibt, vollzieht sich ein bemerkenswerter Wandel in der Adressierungslogik. Diese ist gegenüber der Tochter geradezu schroff. Denn der Sprechakt: *Du kaufst X das doch nicht etwa* stellt nur dann keine Verletzung von X dar, wenn X abwesend ist. Er setzt die *Abwesenheit* von X voraus. Umgekehrt: Ist X anwesend, wird X symbolisch als *abwesend* deklariert. Gegenüber seiner Frau ist der Sprechakt zwar inhaltlich kontrovers, adressierungslogisch aber solidarisch. Plötzlich macht der Mann die Frage, ob der Luftballon gekauft wird, zu einem Gesprächsthema zwischen seiner Frau und ihm. Damit ist die Mutter-Tochter-Dyade gesprengt. Nun finden die Verhandlungen nicht mehr zwischen Mutter und Tochter, sondern zwischen Mann und Frau statt.

An die Stelle der Mutter-Kind-Dyade tritt die Dyade zwischen den Eltern. Aber diese Dyade ist mit dem Ausschluss der Tochter erkauft. Dieser Ausschluss erfolgt wuchtig. Er beruht nicht nur auf der die Tochter ausschließenden Adressierung; er beruht auch auf der Unterstellung, dass der Kauf des Luftballons nicht durch das Paar, sondern durch die Mutter erfolgt (kaufst *du* statt *wir*). Darin ist eine einfache, aber auch harsche Reproduktion der Logik der Eifersucht zu sehen. Die Logik ist: sie oder ich; ihr beiden oder wir beide. Seine Inklusion ist nur möglich, indem die Tochter exkludiert wird. Das ödipale Motiv der Tochter wird insofern durch den Vater regressiv erwidert und gespiegelt. Die Tochter stellt aus der Perspektive des Vaters eine Bedrohung der Paarbeziehung dar. Sie wird symbolisch beseitigt.[15]

7. Weitere Präzisierung der Fallstrukturhypothese

Das Motiv der Eifersucht, das schon am ersten Sprechakt des Vaters abgelesen werden konnte, hat sich in seinen weiteren Äußerungen reproduziert. Solche Reproduktionen stellen eine wichtige empirische Bewährung im Prozess der Bildung einer Fallstrukturhypothese dar. Dieser Bildungs- und Bewährungsprozess kann einerseits als *Reproduktion der Fallstruktur* interpretiert werden. Der Begriff der Reproduktion meint, dass der Fall an den jeweiligen Sequenzstellen einem

---

15 Das Drama des Ödipus beginnt mit dem Vorhaben, ihn zu beseitigen. So erst erfüllt sich die Prophezeiung des Orakels, er werde seinen Vater töten und seine Mutter ehelichen. Hätte man nicht versucht, ihn zu beseitigen, wäre vielleicht nichts passiert.

wiedererkennbaren Muster folgt, das vielleicht mit dem Begriff des Habitus[16] am besten umschrieben ist. Denn die Reproduktion erfolgt nicht mechanisch in der Wiederholung eines Schemas, sondern als kreativer Prozess der Erzeugung unvorhersehbarer aber dennoch typischer Ausdrucksgestalten.[17]

Die Logik der Eifersucht konnte insofern präzisiert werden, als die soziale Dynamik des Ausschlusses im Gang der Analyse fortschreitend an Kontur gewonnen hat. Der Vater fühlt sich aus der Mutter-Tochter-Beziehung ausgeschlossen und er findet in die familiale Beziehung nur zurück, indem er die Tochter ausschließt. Die doppelte Rolle, die im Kontext familialer Interaktion den Eltern bzw. dem Paar abverlangt wird, nämlich zugleich als Partner und als Elternteil zu interagieren bzw. diese beiden Perspektiven zu vermitteln, kann er nicht einnehmen. Der Mutter-Tochter-Dyade steht er „unbeteiligt" gegenüber; die Paardyade kann er nur herstellen, indem er die Tochter interaktionslogisch ausschließt. In gewisser Weise überfordern ihn also die Ansprüche, die die triadische Konstellation an die familiale Interaktion stellt.[18]

So verweist die initiale Fallstrukturhypothese einer eifersüchtig-mürrischen Disposition des Vaters auf ein Problem der Selbstpositionierung im triadischen Spannungsfeld familialer Interaktion. Diese am empirischen Material formulierte Fallstrukturhypothese ist ihrerseits vermittelt zu einer allgemeinen Theorie familialer Interaktion. Sie ist einerseits selbst Bestandteil der Theoriebildung, insofern sie aus sich heraus material das Strukturproblem triadischer Familieninteraktion aufwirft. Sie ist andererseits auf Theoriebildung angewiesen, insofern die bereits vorliegenden familientheoretischen Beiträge sich als aufschlussreich für die Fallrekonstruktion erweisen.

8. Fortsetzung der Analyse

Vater: Jetzt kaufst du ihr das doch nicht etwa?
Mutter: Nun komm, dann hat sie was sie möchte und wir können weiter.
Vater: Dann aber nur einen kleinen Ballon. Weißt du überhaupt was die kosten?
Mutter: Nein.

---

16 Zum Habitusbegriff: Bourdieu 1982: 277 ff.
17 Zur Kreativität der Strukturreproduktion: Wernet 2012: 187 f.
18 Das bedeutet auch, dass, wenn er sich mit seiner Tochter in einer dyadischen Handlungssituation befindet, er sich ihr gegenüber u. U. nicht so beziehungslos verhält, wie in der hier interpretierten Szene.

Auf die empörte Frage des Vaters, *Jetzt kaufst du ihr das doch nicht etwa?*, hätte die Mutter durchaus aggressiv und konflikteskalierend reagieren können: *Wieso denn nicht? Wir sind hier auf dem Weihnachtsmarkt und wenn es Dir nicht passt, kannst Du ja gehen.*

Stattdessen wendet sie sich beschwichtigend an ihren Mann. Mit dem *Nun komm* fordert sie ihn zu einer entspannten und versöhnlichen Haltung auf. Schon in dieser Aufforderung als solcher ist ein Entgegenkommen enthalten. Denn es begegnet derjenigen Haltung, die es überwinden will, mit Verständnis und Wohlwollen: *Du hast ja Recht, aber...* Hätte die Partnerin etwa eine Einladung angenommen, die dem Partner unangenehm ist, weil er sich z. b. mit den Gastgebern nicht versteht, dann würde das *Nun komm* ihm signalisieren, dass sie sein Unbehagen nachvollziehen kann und dass sie dieses Unbehagen anerkennt.

Sie schließt sich aber auch explizit der Sicht ihres Mannes an, indem sie sagt: *dann können wir weiter*. Damit greift sie seinen Sprachgebrauch direkt auf und tut so, als sei der einzige Sinn und Zweck, auf den Wunsch der Tochter einzugehen, den Weihnachtsmarktbesuch fortsetzen zu können; als sei dieser Wunsch nicht Bestandteil sondern Störung der gemeinsamen Unternehmung. Dem *Wir* der Paarbeziehung, das ihr Mann eingefordert hat, schließt sie sich damit an. Man könnte die Haltung, die in dem Sprechakt der Frau zum Ausdruck kommt, folgendermaßen umschreiben: *Schade, dass wir nicht in Zweisamkeit einen gemütlichen Weihnachtsmarktbummel haben können. Nun ist halt unsere Tochter dabei. Wir haben gar keine andere Wahl, als ihre Interessen zu berücksichtigen. Also lass uns vernünftig sein und aus der Situation das Beste machen.*

In gewisser Weise verhält sich die Mutter damit strukturhomolog zum Vater. Indem sie sich auf dessen Seite schlägt, ihn gleichsam ins „gemeinsame Boot" zurückholt, geht die Tochter „über Bord". Hätte sie etwa gesagt: *Nun komm, lass uns mal nach dem Winnie Pooh schauen*, hätte sie zwischen den Interessen der Paar- und der Elternbeziehung vermittelt. Das gelingt ihr nicht. Sie sucht nun den Schulterschluss mit ihrem Mann und „verrät" damit die Mutter-Tochter-Dyade.

Bei dieser Interpretation ist, wie schon oben, die Anwesenheit der Tochter zu berücksichtigen. Würde sie nicht zuhören, könnte der Sprechakt der Mutter als geschicktes, diplomatisches Manöver angesehen werden, um ihren Mann dazu zu überreden, der Tochter den Wunsch zu erfüllen. So aber wird die Tochter Zeugin des „Frontenwechsels" der Mutter. Ihre Wahrnehmung der Situation kann nur sein: *Auf Mama ist kein Verlass. Wenn Papa nur laut genüg aufheult, stellt sie sich auf seine Seite.*

Nachdem die Mutter diesen Dyadenwechsel vollzogen hat, gelingt es offensichtlich problemlos, gegenüber seiner Frau eine kooperativ-reziproke Interaktionsposition einzunehmen: *Dann aber nur einen kleinen Ballon. Weißt du überhaupt was die kosten?* Er behält inhaltlich zwar den Part des auf Ausgabenkontrolle bedachten Mahners bei. Er hat sich nun aber auch darin eingerichtet, die Frage des Kaufs des Luftballons mit seiner Frau über den Kopf der Tochter hinweg zu verhandeln. Er nimmt zwar nicht eine großzügige Haltung gegenüber dem Wunsch der Tochter ein. Aber von der ursprünglichen Eifersucht ist nun auch nichts mehr zu sehen. Er hat sich in der dyadischen Interaktion mit seiner Frau beruhigt und eingerichtet.

9. Erweiterung der Fallstrukturhypothese

Wir haben in der bisherigen Interpretation die Rolle des Vaters im triadischen Familiengefüge herausgehoben thematisiert. Die zuletzt interpretierte Sequenz wirft Licht auf die familiale Interaktionsdynamik aus der Perspektive der Mutter. Von besonderer Bedeutung ist dabei das unvermittelte Umschwenken von einer Mutter-Tochter- in eine Paar- bzw. Eltern-Dyade. Auffällig ist, dass die Mutter die Ausschlusslogik des Vaters reproduziert. Auch sie handelt unter dem Signum *exklusiver* bzw. *exkludierender* Beziehungslogik. Wir können damit die Fallstrukturhypothese, die bisher auf den Vater ausgerichtet war, auf die Paar- und Elternbeziehung ausweiten. Wir haben gesehen, dass die Mutter sich in eine dyadische Beziehung zu ihrer Tochter begeben kann, haben die Eifersucht ihres Mannes festgestellt und vermutet, dass auch er, unter anderen Vorzeichen und in einer anderen Situation, in eine dyadische Beziehung zu seiner Tochter treten könnte. Worin die Paarinteraktion allerdings harmoniert ist das fehlende Moment der *Integration* und *Vermittlung*. Der jeweils Dritte im Bunde, am Ende ist das die Tochter, bleibt ausgeschlossen und desintegriert. Es finden sich keine Hinweise auf geschmeidige Prozesse der beziehungslogischen Übergänge zwischen den Dyaden. Sie stehen sich schroff und *unvermittelt* in einem Entweder-oder gegenüber; so, als handele es sich um Paarbeziehungen unter Erwachsenen, die sich mit einer Dreieckskonstellation arrangieren müssen.

10. Fallstrukturhypothese und Theoriebildung: Zum am Fall gewonnenen Begriff der Vermittlung

Der hier vorliegende Fall hat nicht nur auf das Strukturproblem der sich ausschließenden Dyaden aufmerksam gemacht, sondern auch auf die Möglichkeit und das fallspezifische Fehlen von *Vermittlungen*. Die gedankenexperimentell gewonnenen kontrastiven Alternativen im Sinne nicht realisierter Optionen der Interaktion haben gezeigt, dass zwar nicht die triadische Spannung vermieden werden kann, dass aber ein anderer „Umgang" mit ihr denk- bzw. realisierbar wäre. Der Vater hätte sich, wenn auch von der Tochter nicht angesprochen, ihrem Wunsch nach einem

Luftballon widmen können. Und hätte es die Mutter bei dem *Nun komm* belassen, hätte sie ihren Mann beschwichtigend in eine gemeinsame Praxis eingebunden, ohne die Tochter dadurch auszuschließen. In dem vorliegenden Fall stehen sich die Dyaden unvermittelt gegenüber und die Übergänge der dyadischen Konstellation gestalten sich unvermittelt.

So sind wir vom empirischen Material angeleitet auf den Begriff der Vermittlung gestoßen. Weder kann hier das familientheoretische Potential dieses Begriffs ausgeführt, noch auf seine allgemeine theoretische Reichweite eingegangen werden. Hier kann nur Folgendes angedeutet werden:

- Im Rahmen einer ausführlichen Fallanalyse wäre es angezeigt, die familientheoretische Tragfähigkeit dieses Begriffs zu überprüfen.
- Aussichtsreich erschiene ein solcher Versuch deshalb, weil er einerseits am Fall gewonnen wurde, andererseits mit diesem Begriff eine anspruchsvolle Theorietradition aufgegriffen werden kann. Sie reicht von der Hegelschen Philosophie bis hin zu denjenigen professionalisierungstheoretischen Positionen, die in der Vermittlung widersprüchlicher Handlungsanforderungen den Kern der Anforderung professionalisierten Handelns sehen. Es ließe sich also ein theoriesprachlich weiter Bogen von einer allgemeinen Theorie der Vermittlung von Widersprüchen bis hin zu Bereichstheorien, die einer jeweiligen Spezifikation des Modells bedürfen, spannen.[19]
- Wir sind auf den Begriff der Vermittlung durch die Operation der gedankenexperimentellen Kontrastierung gelangt. Das empirische Material hat uns durch das Fehlen, das Nichtvorliegen von Vermittlung zu diesem Begriff geführt. Daran lässt sich verdeutlichen, dass die Formulierung einer Fallstrukturhypothese immer auch die Frage involviert, was der Fall *nicht* ist (aber sein könnte). Für die am Material erfolgende Theoriebildung ist diese gedankenexperimentelle Kontrastierung von großer Bedeutung.
- Sie spielt aber auch für die empirische Betrachtung eine wichtige Rolle. Denn die Formulierung einer Fallstrukturhypothese verweist kontrastiv auf mögliche Fälle, deren Realität ebenso evident ist wie der vorliegende. Natürlich bedarf es der Konkretion, um die im gegebenen Fall eröffnete, aber nicht wahrgenommene Realität in ihrer spezifischen Verfasstheit zu rekonstruieren. Aber schon die gedankenexperimentelle Fallkontrastierung eröffnet eine empirisch

---

19 Es ist sicherlich kein Zufall, dass der Begriff der „widersprüchlichen Einheit", der auf das Vermittlungsproblem hinweist, von Oevermann sowohl im familien- und sozialisationstheoretischen, als auch im professionalisierungstheoretischen Kontext eine zentrale Rolle einnimmt.

begründete Formulierung des Möglichkeitsraums. Und schließlich erlaubt sie es, den weiteren Forschungsprozess auf der Suche nach kontrastierenden Fällen gezielt anzuleiten.

11. Abschließend ein kursorischer Blick auf den Fortgang der Interaktion

Mutter: Was kostet denn so ein kleiner Ballon?
Verkäufer: 5 Euro.
Mutter: Na los, lass uns einen kaufen.
Vater: Na dann mach hin, dann können wir endlich weiter.
Kind: Ich will aber den großen Winnie haben.
Mutter: Entweder den kleinen oder gar keinen.
Kind: Ich will aber den großen.
Vater: Der ist viel zu teuer. Entscheide dich jetzt. Klein oder gar keinen!
Kind: Mama bitte bitte den großen.
Mutter: Der ist viel zu teuer. Entscheide dich jetzt.
Kind: Mama bitte!
Mutter: Na dann gehen wir jetzt weiter.
Kind: [beginnt zu weinen]
Vater: Letzte Chance! Willst du jetzt einen kleinen?
Kind: Ja!
Mutter: Dann such dir einen aus.
Vater: Können wir dann endlich weiter?

Werfen wir abschließend einen kursorischen Blick auf den Fortgang der Interaktion. Wir sehen, dass die Elterndyade sich nun stabilisiert. Das Paar steht geschlossen der Tochter gegenüber. Diese Geschlossenheit ist auch dem Umstand zu verdanken, dass die Tochter das Kompromissangebot, einen kleinen Luftballon zu kaufen, ausschlägt und auf den Kauf eines großen besteht. Das Kompromissangebot kann als Verhandlungserfolg der Mutter gegenüber dem Vater angesehen werden. Es ist ihr gelungen, ihn entgegen seiner ursprünglich und grundsätzlich ablehnenden Haltung dazu zu bewegen, dem Kauf eines kleinen Luftballons zuzustimmen. Dabei hat er aber auch den Kauf eines großen Luftballons kategorisch ausgeschlossen. Mit ihrem Insistieren überfordert die Tochter nun die Fürsprachekapazitäten der Mutter. Wollte diese sich weiterhin für ihre Tochter einsetzen, müsste sie einen explizit gegen das Diktum ihres Mannes (*dann aber nur einen kleinen Ballon*) wenden. Sie müsste einen heftigen Streit mit ihrem Mann in Kauf nehmen. Umgekehrt zeigt sich die Tochter durch ihr Insistieren gegenüber der alliierten Mutter als „undankbar". Statt ihren Verhandlungserfolg zu würdigen, treibt sie ihre Verbündete in weitere Bringschuld. In gewisser Weise verspielt sie damit die Sympathien der Mutter.

Beziehungsdynamisch reproduziert sich die bisher herausgearbeitete Strukturlogik. Das wiederholte Bitten der Tochter ist an die Mutter gerichtet. Damit arbeitet sie hartnäckig gegen die Elterndyade an. Hätte sie den Vater adressiert, hätte sie die Interaktion triadisch geöffnet. So aber zerrt sie an der Mutter, als wolle sie diese in die Mutter-Tochter-Dyade zurückholen. Damit überdehnt die Tochter nicht nur ihre konsumatorischen Ansprüche, sondern auch ihre Beziehungsansprüche. Hinter der Forderung nach einem großen Luftballon steht die beziehungslogische Überdehnung der Mutter-Tochter-Dyade durch einen Ausschließlichkeitsanspruch. Dass das Konsumbedürfnis nur scheinbar im Vordergrund steht, zeigt sich besonders deutlich daran, dass es unter strategischer Perspektive eindeutig günstiger gewesen wäre, den Vater, und nicht die Mutter, insistierend zu bitten. Insofern wäre es nur vordergründig angemessen davon zu sprechen, dass hier die Konsumbedürfnisse einer Tochter und divergierende normative Haltungen der Eltern zu einer konfliktreichen Interaktion führen. Es scheint vielmehr umgekehrt so zu sein, dass der Luftballon als „Objekt der Begierde" nur einen *Anlass* darstellt, an dem sich die familiale Beziehungsstruktur in ihrer fallspezifischen Konflikthaftigkeit sich ausschließender und unvermittelter Dyaden entzünden kann. Nicht der Luftballon, sondern diese Struktur erzeugt den Konflikt.

Auch der Tochter gelingt keine Vermittlung der Dyaden zu dem triadischen Bezugsrahmen der Interaktion. Durchgängig hält sie an der ausschließlichen Adressierung der Mutter fest. Das Einlenken des Vaters, der dann immerhin den Kauf eines kleinen Luftballons in Aussicht stellt, nimmt sie nicht zum Anlass einer Pazifizierung. Hätte sie an dieser Stelle ihrerseits eingelenkt, wäre der familialen Interaktion immerhin eine konsensuelle Beilegung des Konflikts gelungen. Diese Chance einer kooperativen familialen Praxis lässt sie ungenutzt. Mehr noch: Mit der Forderung nach einem großen Luftballon schließt sie jegliche Möglichkeit des Einvernehmens aus.

6 Methodologische Schlussbetrachtung

An der vorangegangenen Fallrekonstruktion sollten einige Prinzipien der objektiv-hermeneutischen Textanalyse deutlich geworden sein, wie etwa das gedankenexperimentelle und das sequentielle Vorgehen. Bezüglich der Frage, „Wie kommt man zu einer Fallstrukturhypothese?" scheinen mir, über die grundlegenden Interpretationsprinzipien der Objektiven Hermeneutik hinaus, insbesondere folgende Aspekte von grundlegender Bedeutung zu sein:

1. Die Frage, „Was ist der Fall?"
2. Die wechselseitige Verwiesenheit von Fallstrukturhypothese und Theoriebildung
3. Die Unterscheidung von Hypothesenbildung und Hypothesenüberprüfung

Auf diese Aspekte will ich vor dem Hintergrund der hier durchgeführten Beispielinterpretation abschließend eingehen.

1. Was ist der Fall?

Wir sind in der vorangegangenen, beispielhaften Interpretation, vom Protokoll nahegelegt, von einem sehr einfachen Fallbegriff ausgegangen. Einfach deshalb, weil wir uns sowohl alltagsweltlich als auch sozialwissenschaftlich darauf berufen konnten, dass es sinnvoll ist, *Familie* bzw. *familiale Interaktion* als Fall anzusehen und das Protokoll offensichtlich ein „token" dieses „types" darstellt. Wie eingangs ausgeführt, versteht der Fallbegriff die lebensweltliche Konkretion weder als bloße Singularität (Einzigartigkeit) noch als bloßes Exemplar (im Sinne *identischer* Ableger einer allgemeinen Erzeugungsformel). Die Operation der *Fallstrukturrekonstruktion* involviert also immer die Formulierung einer spezifischen Konfiguration als Ausdruck eines allgemeinen Strukturzusammenhangs.

Unausgesprochen sind wir dabei von einem Familienbegriff ausgegangen, der dem Typus der zeitgenössischen Familie in „unserer" Gesellschaft entspricht. Mit dieser Heuristik bleibt die kulturelle und historische Variabilität familialer Konstellationen und Interaktionen unberücksichtigt. Gleichwohl sind solche Heuristiken unverzichtbar. Und in dem Maße, in dem eine überzeugende, material gesättigte Fallstrukturhypothese gelingt, steigt auch die Plausibilität der mehr oder weniger explizit in Anschlag gebrachten Heuristik.

Die vorangegangene Beispielinterpretation wollte darüber hinaus aber auch zeigen, dass der Prozess der Formulierung einer Fallstrukturhypothese die Frage bearbeitet, in welcher Hinsicht das vorliegende Datenmaterial überhaupt zum Fall gemacht wird. Wir haben uns vom Protokoll angeleitet dafür entschieden, die familiale Beziehungslogik in den Blick zu nehmen und die Formulierung einer Fallstrukturhypothese an diesem Fokus auszurichten. Wir sind dabei, relativ willkürlich, von dem ersten Sprechakt des Vaters ausgegangen, haben seine spezifische Haltung versucht zu rekonstruieren, und sind dann, zunächst über die Rolle der Mutter, zuletzt über die der Tochter, zu einer Fallstrukturhypothese gelangt, die den Gesamtzusammenhang des familialen Gebildes zu fassen sucht. Das Protokoll hat uns Anlass dazu gegeben, die Handlungslogik der Akteure nicht je einzeln zu rekonstruieren, sondern sie in den Zusammenhang der wechselseitigen Bezugnahme zu setzen. Wir haben aber auch gesehen, dass die Interpretation uns immer wieder dazu gezwungen hat, die Perspektive der einzelnen familialen Akteure zu rekonstruieren. Wir haben mit der Injektion des Vaters unsere Analyse begonnen und die erste Fallstrukturhypothese hat sein Handeln zum Fall gemacht. Von dort aus haben wir versucht, die Wechselseitigkeit und Reziprozität der familialen Interaktion zu explizieren, d. h. zum Fall zu machen.

Es liegt auf der Hand, dass mit einer solchen Fallfokussierung Dimensionen ausgeblendet werden, die in die Strukturierung des Falls mit einfließen. So haben wir beispielsweise die geschlechtsspezifische Logik der Paarinteraktion nur am Rande thematisiert. Auch auf die Frage des spezifischen Erziehungsstils, der in dem Interaktionsprotokoll zum Ausdruck kommt, sind wir nicht systematisch eingegangen. Und dass das Protokoll auch ein Dokument einer typisch familialen Freizeitkultur ist, haben wir nur en passant thematisiert. All diese Themen hätten ebenso gut ins Zentrum der Analyse gerückt werden können. Andere Dimensionen haben wir überhaupt nicht angesprochen; so etwa die entwicklungspsychologische Frage nach dem kindlichen Egozentrismus, der hier vielleicht am Werk ist, die Frage der Milieubedingtheit der vorliegenden Interaktion oder auch konversationsanalytische Fragen der allgemeinen kommunikationstheoretischen Strukturiertheit von Interaktion.

2. Vom Fall zur Theorie und umgekehrt

Die Theoriebildung, die sich an einem Fall vollzieht, ist immer schon eingebunden und vorstrukturiert durch vorangegangene Theoriebildungen, ohne die ein Zugriff auf den Fall unmöglich wäre. Die Vorstellung eines atheoretischen Zugangs ist naiv. Und sie wäre ja angesichts des Anspruchs auf eine theoriebildende Forschung insofern auch absurd, als ein „erster", „theoriefreier" Zugriff zu Theorien führen würde, die, wollte man weiter atheoretisch forschen, vergessen oder entsorgt werden müssten. Umgekehrt müsste der Anspruch eines atheoretischen empirischen Zugriffs logisch den Verzicht auf Theoriebildung in Kauf nehmen. Theoriebildung kann also nur verstanden werden als Theorie*weiter*- oder *um*bildung.

Für den konkreten Prozess der Formulierung einer Fallstrukturhypothese ist es völlig unerheblich, ob man mit der Datenanalyse beginnt und dabei den theoretischen Rahmen zunächst ausblendet oder ob man mit der Explikation des theoretischen Rahmens beginnt. Denn die konkrete Analyse, der einzelne Forschungsbeitrag, ist ja selbst nur ein winziger Ausschnitt aus dem „universe of discourse"; und in diesem mikroskopischen Ausschnitt wiederholt sich jenes nichtstillstellbare Hin- und-Her zwischen empirischer Konkretion und theoretischer Abstraktion, das auch für den allgemeinen Wissenschafts- und Forschungsdiskurs charakteristisch ist. Deshalb ist es für den konkreten Forschungsbeitrag egal, an welchem Ende er die Bewegung zwischen Konkretion und Abstraktion aufnimmt. Wichtig ist, dass er „in Bewegung kommt". Das heißt, dass die Analyse nicht rein deskriptiv (und damit theoretisch fruchtlos) bleibt bzw. nicht in den Modus eines bloßen Aufsuchens der theoretischen Hypothesen im empirischen Material[20] (und damit empirisch fruchtlos) verfällt.

Ich habe versucht, diese Bewegung in der Beispielinterpretation kenntlich zu machen, wobei der theoretische Referenzrahmen einer Theorie der familialen Interaktion insbesondere unter Bezugnahme auf das Modell der Triade nur angedeutet worden ist. Wir sind dabei auf das Problem der dyadischen Fragmentierung der Triade gestoßen und damit auf den Begriff der *Vermittlung*. Das Ausbleiben von Vermittlungen stand im Zentrum der Fallstrukturhypothese. Ein weitergehender Forschungsbeitrag müsste, soviel sollte deutlich geworden sein, theoriebildend den Begriff der Vermittlung familientheoretisch ins Zentrum rücken und empirisch an weiteren Eltern-Kind-Interaktionen unterschiedlichster Konstellationen die Spannung zwischen dyadischen und triadischen Orientierungen empirisch ausleuchten und empirische Typen des Vorliegens bzw. Ausbleibens von Vermittlungen rekonstruieren. Es sollte klar sein, dass in diesem kontinuierenden Forschungsprozess sich der Begriff der Vermittlung als unzureichend oder ungeeignet erweisen kann und vielleicht durch einen anderen, das empirische Material besser aufschließenden Begriff ersetzt werden muss.

3. Hypothesenbildung vs. Hypothesenüberprüfung

Wir haben gesehen, dass die Formulierung einer Fallstrukturhypothese als fortschreitender Prozess erfolgt, in dem Präzisierungen, Verdichtungen, Konturierungen, Differenzierungen oder Neujustierungen eines initialen Fallzugriffs, einer ersten Fallstrukturhypothese erfolgen. Dieser kumulative Prozess der Interpretation, in dem gleichsam eine *Sättigung* der Fallstrukturhypothese erfolgt, stellt einen zentralen Aspekt der *Sequenzanalyse* dar. Aus der Perspektive des empirischen Gegenstands verweist der Begriff der Sequenzanalyse auf den Bildungsprozess der sozialen Praxis selbst. Unter methodischer Perspektive verweist er darauf, dass eine angemessene Rekonstruktion dieses Bildungsprozesses ihrerseits nur prozessual erfolgen kann. Auch die Formulierung einer Fallstrukturhypothese stellt einen Bildungsprozess dar. Sie ist Ergebnis einer „allmählichen Verfertigung"[21]. Der Begriff der Hypothese soll

---

20 Oevermann charakterisiert ein solches Vorgehen als subsumtionslogisch. Vgl. z. B. Oevermann 1983: 236.

21 Analog der Kleist'schen Figur der „allmählichen Verfertigung der Gedanken beim Reden" (1878/1982). Unbeschadet des Stellenwerts der gemeinsamen Fallanalyse in Interpretationsgruppen könnte man sagen, dass die schriftliche Fallrekonstruktion nichts anderes darstellt als die „allmähliche Verfertigung einer Fallstrukturhypothese beim Schreiben".

auf die Vorläufigkeit und Nichtabgeschlossenheit der wissenschaftlichen Erkenntnis hinweisen. Der Erkenntnisfortschritt, der im Laufe einer fallrekonstruktiven Sequenzanalyse erzielt wird, darf nicht darüber hinwegtäuschen, dass nicht nur die erste, initiale Fallstrukturhypothese, die in einer konkreten Analyse gebildet wurde, vorläufig ist. Auch die gesättigte Fallstrukturhypothese bleibt Hypothese. Was aus der Perspektive der konkreten Fallrekonstruktion als Ende und Ergebnis erscheint, ist aus der übergeordneten Perspektive des allgemeinen Forschungsprozesses nichts anderes als ein Initial für weitere Forschungs- und Erkenntnisvorhaben.

Diese Vorläufigkeit und Unabgeschlossenheit des Erkenntnisprozesses teilt die hermeneutisch-fallrekonstruktive Forschung mit der gesetzeswissenschaftlichen. Allerdings verläuft der Erkenntnisfortschritt der gesetzesförmigen Theoriebildung grundlegend im Modus der *Falsifikation* von Hypothesen. Die empirische Forschung stellt hier, meist in Form des Experiments, einen Hypothesentest dar und ein Theoriefortschritt wird dadurch erzielt, dass eine bisher geltende Theorie (Hypothese) durch empirische Tatsachen zu Fall gebracht wird. Dieser Prozess der Falsifikation führt dann zu einer insofern besseren Theorie, als diese mit den Wahrnehmungstatsachen in besserer Übereinstimmung steht als diejenige Theorie, die von ihr abgelöst wurde.[22]

Diese Dynamik eines hypothesenüberprüfenden bzw. -falsifizierenden Erkenntnisfortschritts ist klar zu unterscheiden von der Dynamik des Erkenntnisfortschritts der Bildung von Fallstrukturhypothesen. In einem engeren Sinne ist der Begriff der Falsifikation nicht übertragbar auf interpretative Erschließungsprozesse und deren Geltungsanspruch. Für das Forschungs- und Erkenntnisverständnis der *Objektiven* Hermeneutik ist der forschungslogische Anspruch der methodischen Kontrolle und intersubjektiven Überprüfbarkeit der Sinnexplikation grundlegend. Gleich der gesetzeswissenschaftlichen Forschung geht es ihr um den Anspruch der Geltungssicherung und Geltungsüberprüfung. Wir haben gesehen, dass dieser Objektivitätsanspruch auch im gesetzeswissenschaftlichen Paradigma in Übereinstimmung mit der Einsicht in die Vorläufigkeit und Unabgeschlossenheit des Erkenntnisprozesses steht. Es wäre also ein Missverständnis, Objektivität mit „Endgültigkeit" gleichzusetzen. Ebenso wäre es ein Missverständnis, „Vorläufigkeit" mit Beliebigkeit und Unverbindlichkeit gleichzusetzen.

Der fortschreitende Prozess der Bildung einer Fallstrukturhypothese im sequenziellen Vorgehen der Objektiven Hermeneutik folgt also nicht der Logik der auf Falsifikation beruhenden Hypothesenüberprüfung. Die Geltungsüberprüfung findet nicht dadurch statt, dass eine Hypothese zu Fall gebracht wird. Sie erfolgt in

---

22 Zur Logik der falsifikatorischen Bewährung gesetzeswissenschaftlicher Theorien: Popper 1935.

einem interpretatorisch verbindlichen Prozess der allmählichen Erschließung der Fallstruktur. Schritt für Schritt erfolgen Präzisierungen, die zu einer Steigerung der Prägnanz der Fallstrukturhypothese führen, indem jene sinnstrukturellen Motive, die den Fall zu dem machen, was er ist, material expliziert und theoriebildend gehoben werden.

Literaturverzeichnis

Allert, Tilman (1998): Die Familie. Fallstudien zur Unverwüstlichkeit einer Lebensform. Berlin/New York: de Gruyter

Bourdieu, Pierre (1982): Die feinen Unterschiede. Kritik der gesellschaftlichen Urteilskraft. Frankfurt a. M.: Suhrkamp

Dilthey, Wilhelm (1900): Die Entstehung der Hermeneutik. In: ders. (1957), Die geistige Welt: Einleitung in die Philosophie des Lebens. Erste Hälfte: Abhandlungen zur Grundlegung der Geisteswissenschaften, Wilhelm Dilthey Gesammelte Schriften, 5. Band, Stuttgart: Teubner, 317-338

Freud, Sigmund (1917): Eine Schwierigkeit der Psychoanalyse. In: Imago: *Zeitschrift für Anwendung der Psychoanalyse auf die Geisteswissenschaften*, 5. Band (1917-1919): 1-7

Hildenbrand, Bruno (1998): Was ist für wen der Fall? Problemlagen bei der Weitergabe von Ergebnissen aus Fallstudien an die Untersuchten und mögliche Lösungen. In: *Psychotherapie und Sozialwissenschaft*, Band 1, H. 4: 265-280

von Kleist, Heinrich (1878/1982): Über die allmähliche Verfertigung der Gedanken beim Reden. In: ders., Sämtliche Werke und Briefe in vier Bänden, 3. Band, München, Wien: Carl Hanser, 319-324

Loer, Thomas (1995): Das Museum als Ort ästhetischer Erfahrung und sinnlicher Erkenntnis. Bericht über eine exemplarische Untersuchung zum Besucherverhalten im Kunstmuseum. (unpubl. Abschlussbericht, 4/1995; http://www.academia.edu/2958199/_Das_Museum_als_Ort_asthetischer_Erfahrung_und_sinnlicher_Erkenntnis._Bericht_uber_eine_exemplarische_Untersuchung_zum_Besucherverhalten_im_Kunstmuseum_Abschlussbericht_4_1995)

Mayring, Philipp (2002): Einführung in die qualitative Sozialforschung: eine Anleitung zu qualitativen Denken. 5. überarbeitete und neu ausgestattete Aufl. Weinheim: Beltz

Oevermann, Ulrich; Allert, Tilman; Gripp-Hagelstange, Helga; Konau, Elisabeth; Krambeck, Jürgen; Schröder-Cäsar, Erna; Schütze, Yvonne (1976): Beobachtungen zur Struktur der sozialisatorischen Interaktion. Theoretische und methodologische Fragen der Sozialisationsforschung. In: Lepsius, M. Rainer (Hg.), Zwischenbilanz in der Soziologie, Stuttgart: Enke, 274-295

Oevermann, Ulrich (1983): Zur Sache. Die Bedeutung von Adornos methodologischem Selbstverständnis für die Begründung einer materialen soziologischen Strukturanalyse. In: von Friedeburg, Ludwig; Habermas, Jürgen (Hg.), Adorno-Konferenz 1983, Frankfurt a. M.: Suhrkamp, 234-289

Oevermann, Ulrich (1996): Theoretische Skizze einer revidierten Theorie professionalisierten Handelns. In: Combe, Arno; Helsper, Werner (Hg.), Pädagogische Professionalität. Untersuchungen zum Typus pädagogischen Handelns, Frankfurt a. M.: Suhrkamp, 70-182

Oevermann, Ulrich (2001): Die Soziologie der Generationenbeziehungen und der historischen Generationen aus strukturalistischer Sicht und ihre Bedeutung für die Schulpädagogik. In: Kramer, Rolf-Torsten; Helsper, Werner; Busse, Susann (Hg.), Pädagogische Generationsbeziehungen, Opladen: Leske und Budrich, 78-128

Parsons, Talcott (1951): The Social System. Glencoe/Illiois: The Free Press

Parsons, Talcott (1954/1968): Das Inzesttabu und seine Beziehung zur Sozialstruktur und Sozialisation des Kindes. In: ders., Sozialstruktur und Persönlichkeit, Frankfurt a. M.: Europäische Verlagsanstalt, 73-98

Popper, Karl (1935/1994): Logik der Forschung. Zehnte, verbesserte und vermehrte Aufl., Tübingen: J.C.B. Mohr (Paul Siebeck)

Wernet, Andreas (2003): Die Auflösungsgemeinschaft „Familie" und die Grabsteininschrift: Eine exemplarische Fallrekonstruktion. In: *sozialer sinn*, 3/2003: 481-510

Wernet, Andreas (2009): Einführung in die Interpretationstechnik der Objektiven Hermeneutik. Qualitative Sozialforschung Band 11. 3. Aufl. Wiesbaden: Springer VS

Wernet, Andreas (2012): Die Objektive Hermeneutik als Methode der Erforschung von Bildungsprozessen. In: Schittenhelm, Karin (Hg.), Qualitative Bildungs- und Arbeitsmarktforschung, Wiesbaden: Springer VS, 183-201

Wernet, Andreas (2017): Über das spezifische Erkenntnisinteresse einer auf die Rekonstruktion latenter Sinnstrukturen zielenden Bildungsforschung. In: Heinrich, Martin; Wernet, Andreas (Hg.), Rekonstruktive Bildungsforschung: Zugänge und Methoden, Wiesbaden: Springer VS, 125-140

Die gleichgeschlechtliche Inseminationsfamilie[1]
Gegenstandsbestimmung, Dimensionsanalyse und Methodisches

Dorett Funcke

1 Vorbemerkung und Gliederung

Ziel meines Beitrages ist es, drei Aspekte darzustellen, die in der Regel eine erste Phase im Forschungsprozess ausmachen. Es geht um Fragen, die die konstitutionstheoretische Bestimmung des Forschungsgegenstandes betreffen (a), um die gedankenexperimentelle Bestimmung eines Feldes möglicher Fälle im Rahmen einer Dimensionsanalyse (b) und um den Prozess der Selektion von Datentypen auf dem Weg zur Fallrekonstruktion (c).

Gegenstand meines Forschungsprojektes, das in den genannten Forschungsaspekten thematisiert wird, ist die Familie. Ein Anlass, über diesen Gegenstand zu forschen, der in der Familiensoziologie i. d. R. angeregt durch die Debatte zum sozialen Wandel der Familie ganz unterschiedlich auf den Begriff gebracht wird, war die Zunahme einer alternativen Familienform, die traditionale Organisationsweisen, die uns im Prinzip der Kernfamilie bekannt sind, radikal auf den Kopf stellte. Es geht um die gleichgeschlechtliche Inseminationsfamilie[2], in der zwei Frauen, die ein Paar bilden, sich einen Kinderwunsch durch eine Samenspende erfüllen. Die Einheit, die im Forschungsprozess als Fall zugrunde gelegt wird, ist also eine besondere Form von Familie, die auf der Grundlage von Datenmaterial daraufhin untersucht wird, wie in dieser Familienform unter der Bedingung von weiblicher Homosexualität und Samenspende als Familie zusammengelebt wird. Eine zentrale forschungsleitende Fragestellung bei der Analyse des Feldes der gleichgeschlechtlichen Inseminationsfamilie ist, ob bei der Lösung von Handlungsproblemen, die für

---

1 Ich danke Thomas Loer herzlich für Kommentare und Hinweise.
2 Ich werde für diese Lebensform mit Kindern hier erst einmal den Familienbegriff verwenden, obwohl erst noch zu prüfen ist – eben über Fallrekonstruktionen –, ob es sich hierbei tatsächlich um einen Fall von Familie handelt.

© Springer Fachmedien Wiesbaden GmbH, ein Teil von Springer Nature 2019
D. Funcke und T. Loer (Hrsg.), *Vom Fall zur Theorie*, Studientexte zur Soziologie,
https://doi.org/10.1007/978-3-658-22544-5_3

diese Fälle von Familien typisch sind, sich Ausdrucksgestalten rekonstruieren lassen, die eine Neubestimmung oder Korrektur des Familienbegriffs erforderlich machen. In einem ersten Schritt (2. Teil) werden klassische Texte zur Familie rezipiert. Es handelt sich dabei um solche Basistexte, die aus sozialhistorischer (Goody, Mitterauer), aus institutionstheoretischer (Tyrell) und strukturtheoretischer Perspektive (Parsons, Oevermann) die Kernfamilie als Lösung für die allgemeinen gesellschaftlichen Handlungsprobleme der sexuellen Reproduktion und der kulturellen Gemeinschaft beschreiben. Im 3. Teil wird die gleichgeschlechtliche Inseminationsfamilie, die eine Abweichung von der für West- und Mitteleuropa kulturspezifischen Norm darstellt, an der orientiert immer noch zu großen Teilen der Prozess der Nachwuchssozialisation organisiert wird, in ihren besonderen Merkmalen vorgestellt. Im Anschluss daran (4. Teil) werden im Rahmen eines Drei-Ebenen-Modells die Einflussstrukturen benannt, die bei den Fallrekonstruktionen zu berücksichtigen sind. In der daran anschließenden Dimensionsanalyse (5. Teil), deren Aufgabe ist, die fallkontrastive Fallauswahl im Erhebungsprozess zu steuern, werden in einem gedankenexperimentellen Hypothesenbildungsprozess verschiedene Typen von gleichgeschlechtlichen Inseminationsfamilien entworfen, die sich darin unterscheiden, dass für die für alle dieser Fälle gleichermaßen geltenden Handlungsprobleme unterschiedliche Lösungen gefunden werden, die sich in der Ausdrucksgestalt unterschiedlicher Fälle objektivieren und demzufolge rekonstruieren lassen. Im 6. Teil wird ein Vorschlag unterbreitet, wie eine erste Fallauswahl erfolgen kann und in welcher Reihenfolge verschiedene Datentypen in den Prozess der Fallrekonstruktion eingehen.

2 Die Konstitution des Gegenstandes „Familie"

Dass wir es im Bereich der Familie mit einem Strukturwandel zu tun haben, wird wohl keiner mehr bestreiten. Seit den 50er und 60er Jahren des 20. Jahrhunderts, dem sogenannten *Golden Age of Marriage*, einer Zeit, in der die bürgerliche Familie die weitverbreitetste Lebensform war (verheiratet, Kind, Mann berufstätig, Frau Hausfrau und Mutter), ist ein Wiederanstieg bzw. „Wiederkehr einer Vielfalt" (von Trotha 1994: 55) zu beobachten. Denn in Stief-, Patchwork-, Adoptiv- und Pflegefamilien, in denen Kinder heute zunehmend aufwachsen, sind Kinder auch in den früheren Jahrhunderten groß geworden, zumal die blutsverwandtschaftliche Abstammungsfamilie in Gestalt der Kernfamilie im Mittelalter und in der Neuzeit aufgrund einer geringen Lebenserwartung infolge von Hunger, Krankheit, Krieg, Seuchen, Missernten, hohe Säuglings- und Müttersterblichkeit selten von langer Dauer war. Wirklich ‚neu' sind im Vergleich zu den früheren Jahrhunderten allerdings die Familienformen, die mit Hilfe reproduktionstechnischer Maßnahmen zunehmend entstehen und bei denen infolge dieser Techniken nicht immer ganz klar ist, wer eigentlich Vater und Mutter ist; man denke an die durch eine Insemination mit einer Fremdsamenspende gezeugten Kinder, an Familien, die durch eine Embryonen- oder Eizellspende entstehen oder an Kinder, die durch eine Leihmutter zur Welt kommen.

Diesen unkonventionellen Familien (Funcke/ Hildenbrand 2009) ist gemeinsam, dass in ihnen im Vergleich zur Kernfamilie die zeugende Sexualität fehlt, um aus dem Paar eine Familie zu machen. Eine leibliche Einheit wird nicht in den kulturellen Rahmen der Kernfamilie übersetzt. Es gibt keine Kongruenz von leiblichen und sozialen Verhältnissen. In diesen von der Kernfamilie in ihrer äußeren Gestalt abweichenden Familienformen können soziale Operationen nicht mehr gestützt von einem biologischen Unterbau erfolgen. In der Familienwissenschaft sind derartige Wandlungsprozesse im Familienleben auch als „Krise der Familie" oder als „Ende der Familie" gedeutet wurden. Ebenso gab es Stimmen, die dafür plädierten, anstelle des Familienbegriffs ad hoc gebildete, theorielose Begriffe wie z. B. „Familie als private Lebensform" (Lenz 2003) zu setzen. Bevor allerdings dafür plädiert werden kann, sich von dem alten Begriff der (Kern)Familie zu verabschieden, der wirklich nicht besonders originell ist, „sondern ein historisch bekannter, gesättigter, erlittener Begriff" (Fischer 2008), ist erst einmal zu prüfen – ein möglicher Weg sind Fallrekonstruktionen –, ob trotz aller Wandlungen der Begriff der Kernfamilie weiterhin, gewissermaßen als Leitkategorie, genutzt werden kann, um (auch) gegenwärtige (neue) Familienformen zu beschreiben. Dafür benötigen wir eine theoretische Perspektive auf den Gegenstand „Familie", um familiale Lebensformen, die in einem neuen Gewand daherkommen, auf alte Muster hin zu befragen. Diese Muster haben sich im Laufe des Zivilisationsprozesses herausgebildet und funktional bewährt. Zu diesem Zwecke schließe ich an Überlegungen aus der sozialhistorischen Familienforschung an, an eine Familiensoziologie, die über ein Strukturmodell der ödipalen Triade verfügt und an eine Institutionstheorie, die ausgehend von evolutionstheoretischen Überlegungen den Prozess der Familienbildung rekonstruiert. Dieses Bündel an Perspektiven, das ich im Folgenden vorstelle, ist ein Versuch, Familie zu begreifen als einen über lange Zeiträume gewachsenen Regel- und Funktionszusammenhang, der im Rahmen umfassenderer Zusammenhänge gesehen werden muss. Worauf geben die gebündelten Perspektiven eine Antwort? Sie enthalten eine Antwort auf die Frage: Welche Lösung – zumindest in West- und Mitteleuropa – haben die Menschen gefunden, um die sexuelle Reproduktion und die Sozialisation des Nachwuchses zu sichern? Die Menschen leben hier in einem Zwei-Generationengebilde stabil zusammen, in dem (unabhängig von der Institution der Ehe) Paarbeziehung (Konjugalität) und Eltern- Kind-Beziehung (Filiation) in einem Zusammenhang gesehen werden, verschiedengeschlechtliche Partner sich, vermittelt über den sogenannten „romantic love complex" (vgl. Linton 1936: 175)[3], eigenständig gegenseitig auswählen. Zugleich sind durch die Familialisierung des Vaters Kooperationsformen entstanden, die an Mustern wie lebenslange Bindung, Affektivität und emotionale Solidarität orientiert sind.

Familie aus institutionstheoretischer Perspektive: Einen Basistext, in dem der Institutionalisierungsprozess der Familie ausgehend von der archaischen Familienbildung rekonstruiert wird, liefert Hartmann Tyrells (1978) Aufsatz „Die Familie als ‚Urinstitution'". Der Leitgedanke, der hier vertreten wird, ist, dass die „biparentale Kernfamilie" (ebd.: 643), in der ein (Ehe)Paar sich über die gemeinsam gezeugten Kinder als Eltern, eben als Vater und als Mutter verstehen, sich erst in einer Gegenbewegung zum zeitlich weiter zurückreichenden matrilinearen Verwandtschaftszusammenhang herausbilden konnte, in dem der Kern der Verwandtschaft aus der Mutter, aus den Kindern und den Geschwistern untereinander, und dem Bruder der Mutter bestand. Die „‚Familialisierung des Mannes'" (ebd.: 640) und damit zusammenhängend die Entstehung der (ehelichen) Paarbeziehung falle – so Tyrell – evolutionär in eine spätere Phase (vgl. ebd. 643; 636). In Abgrenzung zu anderen Ansätzen (Schelsky 1955; Count 1958; Habermas 1976 – ebd.: 613; 617) geht Tyrell, um die familiale Institutionenbildung zu erklären, von Folgendem aus: *Erstens*, er veranschlagt die Mutterschaft und Geschwisterschaft „als Kristallisationskern familial-verwandtschaftlicher Institutionenbildung" (ebd.: 619). Nicht in der „Ehe und der Verschwägerung" (ebd.), sondern in der Beziehungslinie zwischen der Mutter, den von ihr geborenen Kindern und der vom Mutterbruder vertretenen väterlichen Autoritätsfunktion sieht Tyrell die ursprüngliche Verwandtschaftsbeziehung. *Zweitens*, die Familie lässt sich funktional nicht von der Pflegebedürftigkeit des Kindes herleiten. Sondern die Dauer und Exklusivität der Beziehung ist gedeckt durch das, was Tyrell die „archaische Idee der Verwandtschaft" nennt (ebd.: 622). Gemeint ist hier die „ungeheure Suggestion des Sachverhalts, dass die Mutter ihr Kind aus ihrer eigenen physischen Substanz heraussetzt und dass sie darüber hinaus das Kind aus ihren eigenen (leiblichen) Naturkräften nährt und am Leben erhält" (ebd.). Von dieser Sinnfigur ausgehend, von der „physisch-sozialen Dauerzusammengehörigkeit der Verwandten" (ebd.: 622), kann dann erst, so Tyrell, „evolutionär die stabile Identifizierung der Verwandten miteinander gelingen" (ebd.). *Drittens*, über eine Verwandtschaftsterminologie können Beziehungslinien dauerhaft im sozialen Bewusstsein verankert werden. Jemanden als Mutter, Sohn, Tochter, Bruder,

---

3   „The concept of romantic love did not appear in Europe until the time of the thirteenth century troubadours" (Linton 1936: 175). Ich danke Thomas Loer für diesen Hinweis.

Schwester sprachlich zu bezeichnen, verleiht dem Einzelnen nicht nur eine soziale Identität, sondern weist ihm über die Verwandtschaftsterminologie auch einen Ort im Verwandtschaftszusammenhang zu. Und *viertens*, über die Generationen hinweg bleibt, auch wenn das Personal wechselt, die Struktur identisch, „auch die Menschen nachfolgender Generationen stehen jeweils zueinander in einem Verhältnis der Mutterschaft, Kindschaft, Geschwisterschaft" (ebd.: 636). Es überrascht nun nicht, dass Tyrell, der Verwandtschaftsentwicklungen ausgehend von genealogisch miteinander Verbundenen begreift, das Schlüsselmotiv dafür, dass aus dem genealogischen Mutter-Kind-Geschwister-Komplex heraus ein „biparentaler Familialismus" (ebd.: 639) quasi gegen ein „matrilineares Filiationsprinzip" (ebd.: 636) entstehen konnte, also sich – wenn auch kulturell spät – eine „Vater,- Genitorrolle" (ebd.) herausbilden konnte, in dem Wissen über die männliche Zeugungsfunktion sieht. „Erst jetzt ist Verwandtschaft zwischen dem Vater und ‚seinem' Kind denkbar; erst jetzt tritt der Vater als ‚Erzeuger' an die Seite der Mutter" (ebd.: 639). Die matrilineale Verwandtschaft, die ausschließliche genealogische Zusammengehörigkeit von einer Mutter und den von dieser Mutter geborenen Kindern, gibt es nur solange der „Anteil des Mannes an der Kindeszeugung unbekannt war" (ebd.), geleugnet oder ignoriert werden konnte. Dass die Figur des Vaters sich erst evolutionär spät herausbilden konnte, liegt – so Tyrell im Anschluss an den Ethnologen D. M. Schneider (1961) – daran, dass im matrilinealen Kontext die Entstehung einer Gattenbeziehung gleichsam blockiert war, da die „primäre Loyalität der Frau ihrer Sippe, d. h. vor allem den autoritätsbesetzten Figuren des Bruders bzw. Mutterbruders" (ebd.: 641) galt. Erste Ansätze für eine (eheliche) Paarbeziehung sind erst dann zu finden, als Männer einer Sippe beginnen, ihre Frauen an andere Abstammungsgruppen zu tauschen und so über den genealogisch verbürgten Verwandtschaftszusammenhang hinaus ganz neue, über Affinität gestiftete Verwandtschaftsbeziehungen entstehen. Diese Verwandtschaftsoperation des Frauentauschs führt zu einem „von der Matrilokalität wegführenden Entwicklungsdruck" und bereitet den Boden für den Einbau der (ehelichen) Paarbeziehung in die Struktur der Familie, womit sich „die Institutionalisierung der Familie, die nunmehr erst Kernfamilie sein kann" (ebd.: 637), vollendet.

Familie aus sozialhistorischer Perspektive: Es war ein langer Weg, bis die Kernfamilie, die sich aus Sippenbindungen und Clanzusammenhängen herauslöste, entstehen konnte. Über Jahrhunderte hinweg erstreckte sich der Umbau des Verwandtschaftssystems, der in West- und Mitteleuropa dazu geführt hat, dass die konjugale, auf die Ehe bezogene Zwei-Generationenfamilie entstanden ist. Bei der Zwei-Generationenfamilie, der Kernfamilie, handelt es sich um einen für Mittel- und Westeuropa typischen Sonderfall. Im Vergleich zu Ost- und Südeuropa, zu Teilen des Mittelmeerraumes und zu den außereuropäischen Großräumen hat sich nur in diesem westlichen europäischen Gebiet aufgrund spezifischer Bedingungsfaktoren Verwandtschaft auf den „familiären Minimalkomplex" (Koschorke 2011: 121) der Zwei-Generationen-Familie reduziert. Der Sozialanthropologe Jack Goody hat herausgearbeitet, dass es v. a. zwei bedeutsame Faktoren gibt, die dazu beigetragen haben, dass sich die für diese europäische Region typische Familienform herausbilden konnte: das Christentum und die feudale Grundherrschaft (das Lehenswesen) (vgl. Goody 1983). Eines ihrer zentralen Ziele bestand darin, Verwandtschaft nur in kleinster Größe zuzulassen. Dazu waren Regelungen erforderlich, die die „Kontrolle über die Reproduktionsmechanismen der Verwandtschaft" (Koschorke 2011: 122) ermöglichten. Diese Kontrolle zu gewinnen gelang über weitreichende Heiratsverbote und Erbschaftsregeln. Von entscheidender Bedeutung war hier insbesondere die katholische Kirche, die mit dazu beigetragen hat, dass das Modell der autonomen Gattenbeziehung entstand. Machte doch das katholische Kirchenrecht des Mittelalters Schluss mit geplanten Heiraten, die im Interesse eines Status- und Machterhalts von Verwandtschaftsgruppen erfolgten. Das geschah zum einen, indem weitreichende Heiratsregeln festgelegt wurden. Zum anderen erhob die mittelalterliche Kirche die Ehe zum Sakrament. Dieses Sakrament war das einzige, das nicht von einem Priester gespendet wurde, sondern das sich die heiratenden Partner selbst spendeten. So sind in dem Sakrament der Ehe bereits die zentralen Merkmale enthalten, die im Strukturmodell der Kernfamilie (siehe folgender Abschnitt) beschrieben sind. Die Faktoren, die in der Neuzeit den stärksten Einfluss auf die Familienbildung hatten, sind der Industrialisierungs- und Urbanisierungsprozess. Einerseits verstärken sie den Kernfamilienbildungsprozess, andererseits – und das ist keineswegs ein Widerspruch – führen sie dazu, dass neue verwandtschaftliche Beziehungsgebilde entstehen. Auf dem Land entwickeln sich erstmals in größerer Anzahl Drei-Generationenhaushalte, und auch in der Stadt leben zunehmend mehr als zwei Generationen in einem gemeinsamen Haushalt. Obwohl sich für die Neuzeit nachweisen lässt, dass Verwandtschaft zunehmend bedeutsam wurde, werden verwandtschaftliche Bindungen weiterhin aus der Zwei-Generationen-Familie heraus aufgebaut, nukleare Haushaltsformen bleiben ein zentrales Ordnungsprinzip von Familien (vgl. ausführlicher Funcke/Hildenbrand 2018). Im Zuge der Herauslösung des Paares aus den Verpflichtungen des Familien- und Verwandtschaftssystems und der Herausbildung einer Partnerwahl, die am Ideal der Liebesheirat orientiert war, wurde auch das Geschlechterverhältnis neu definiert. Neue Vorstellungen von Geschlechtsunterschieden – so die Historikerin Karin Hausen (vgl. 1976) – trugen zur Legitimierung der Trennung in die öffentlich-männliche und die häuslich-weibliche Sphäre bei. Auf diese Weise entstanden an der Schwelle zum 19. Jahrhundert das romantische Liebesideal, durch den der Partner, überhöht durch den „romantic love complex" zum einzigartigen, singulären erklärt wird (vgl. Oevermann 2014: 34). Auch ein neues Geschlechterverhältnis entwickelte sich: zunächst allerdings nur im Bürgertum – und auch da nur als Ideal. Erst 100 Jahre später sollte das Leitbild der bürgerlichen Familie seine Breitenwirkung voll entfalten.

Familie aus strukturtheoretischer Perspektive: Ein wichtiger historischer Prozess für die Herausbildung eines Modells von Familie, in der sich beide Ehepartner wechselseitig in je personaler Autonomie zum Gatten wählen, ist – wie oben geschildert – die Entstehung des Sakraments der Ehe im europäischen Mittelalter am Ende des 12. Jahrhunderts. Die wichtigste Form, um das Inzesttabu zu realisieren, ist von diesem Zeitpunkt an nicht mehr der Frauentausch oder eine Verwandtschaftsoperation von Familien, um Macht, Kapital und Status von Abstammungsgruppen zu erhalten. Sondern jetzt, nach dem Ausfall der Heiratsregeln, hat ein Erwachsener, passend zum Inzesttabu, eigenständig, jenseits der Herkunftsfamilie, einen Partner nach den Kriterien des „romantic love complex" zu wählen. Eine Voraussetzung für diese Form der Partnerwahl ist die Internalisierung des Inzesttabus. Wurde es bis zum späten 12. Jahrhundert durch entsprechende kulturspezifische Heiratsregeln realisiert, wird es im Übergang zur autonomen Partnerwahl im Durchlaufen einer funktionierenden ödipalen Triade erworben. Ich werde im Folgenden die ödipale Triade mit ihren Merkmalen und Eigenschaften skizzieren. Es handelt sich dabei um ein theoretisches Strukturmodell, das psychoanalytische Ausdrücke allerdings in einer soziologischen Wendung gebraucht (vgl. Oevermann 2014). Die ödipale Triade besteht aus drei Dyaden: einer (ehelichen) Paarbeziehung und zwei Eltern-Kind-Dyaden. Für diese drei Beziehungen gilt, dass es sich um diffuse Sozialbeziehungen handelt, die von spezifischen zu unterscheiden sind (vgl. Parsons 1981). Diffuse Sozialbeziehungen sind immer Beziehungen zwischen ganzen Menschen, d. h. die Beweislast in dieser Art von Beziehungstyp trägt immer derjenige, der ein Thema ausschließen will. Die spezifische Sozialbeziehung ist im Unterschied dazu eine Beziehung, in der die Beweislast derjenige trägt, der zu den in der Rollendefinition festgelegten Zuständigkeiten etwas hinzufügen will. Für Familien gilt nun der Beziehungstyp der diffusen Sozialbeziehung. Spezifisch würde sie explizit erst dann agieren, wenn sie nicht mehr funktioniert, wenn es z. B. nur noch um Unterhalts- oder Besuchsregeln ginge. Solange die Familie als Familie funktioniert, ist sie aber gerade kein Rollensystem, sondern eine Form von Vergemeinschaftung. Diffuse Sozialbeziehungen in der Familie haben nun folgende drei Eigenschaften: *Erstens:* Sie sind unkündbar. Trennung und Scheidung sind auch in der moderneren Definition nicht einfach hinzunehmende Tatsachen, sondern Katastrophen. *Zweitens:* Diese Beziehungen haben notwendigerweise eine Körper- bzw. Leib-Basis. Für die Gattenbeziehung konstitutiv ist die Sexualität. Im Falle der Eltern-Kind-Beziehung geht es um die Pflegebedürftigkeit des Kindes, das ohne die elterliche Fürsorge nicht überlebensfähig ist. *Drittens:* Für die Beziehungen in der Familie gilt, dass sie auf Vertrauen beruhen, welches bedingungslos gewährt wird und eben nicht, wie bei Rollen- bzw. Vertragsbeziehungen, an die Erfüllung von Kriterien gebunden ist.

Familienbeziehungen, so kann man zusammenfassen, sind gekennzeichnet durch die Nichtsubstituierbarkeit des Personals (vgl. Oevermann 2014). Diese dyadischen Beziehungen, die zusammen in der Familie eine Einheit bilden, schließen sich allerdings wechselseitig aus. Denn die Beziehung zwischen ganzen Personen, die Bedingungslosigkeit der Hingabe, kommt erst reziprok zur Vollendung, wenn dieses Ausschließlichkeitsprinzip gut funktioniert. Daraus ergeben sich drei Konfliktsituationen, die sich aus der Perspektive des Kindes wie folgt beschreiben lassen: 1. Das Kind hat Anspruch auf eines der Elternteile; gleichzeitig hat in der Logik der Gattenbeziehung ein Dritter einen Anspruch auf diesen Partner. 2. Beide Eltern haben gleichzeitig einen Anspruch auf das Kind. Das Kind muss entscheiden, mit wem es gemeinsam handeln will, ohne dabei den anderen zu verlieren. 3. Aus der Gattenbeziehung ist das Kind durch die Wirksamkeit des Inzesttabus völlig ausgeschlossen. An dem, was die Eltern ausschließlich miteinander teilen, ist das Kind nicht berechtigt teilzunehmen; zum elterlichen Schlafzimmer gibt es eine Barriere. Durch diese drei Konfliktkonstellationen wird eine sozialisatorische Dynamik in Gang gesetzt, die konstitutiv für die Bildung eines autonomen Subjekts ist. Denn das Kind lernt dabei, die Abhängigkeit von den Eltern allmählich, quasi in der Verinnerlichung des Ödipuskomplexes, aufzulösen und so erwachsen zu werden.

Dieses Bündel an theoretischen Perspektiven auf den Gegenstand „Familie" zielt darauf, Familien in unserer Gegenwartsgesellschaft zu analysieren, ohne die über Jahrtausende gewachsenen Familienstrukturen zu ignorieren. Um diese Familienstrukturen in einer Beschreibung adäquat treffen zu können, habe ich – wenn auch hier nicht immer ausdrücklich zitiert – auf Basistexte zur Familie zurückgegriffen bzw. solche ausgewählt, die eine Antwort auf die Frage geben: Wie wird das gesellschaftliche Handlungsproblem der sexuellen Reproduktion und der kulturellen Gemeinschaft gelöst? Nämlich: Als (Kern-)Familie in einem Zwei-Generationengebilde, das aus einem Elternpaar und Kind(ern) besteht, verlässlich stabil unter Einhaltung des Inzesttabus zusammenzuleben. Die Abstammungsgemeinschaft, die Zeugungsgemeinschaft und die soziale Familie bilden dabei eine Einheit. Zu diesem Rahmen kommen verschiedene Strukturmerkmale wie Diffusivität, affektive und erotische Solidarität, Nichtsubstituierbarkeit und Untrennbarkeit hinzu, an denen sich das Zusammenleben im Binnenraum der Familie orientiert. Durch diese konstitutionstheoretische Bestimmung wird der Begriff der Kernfamilie zur Leitkategorie einer theoriegeleiteten Familiensoziologie.

3 Eine spezifische alternative Familienform – Die gleichgeschlechtliche Inseminationsfamilie

In der gleichgeschlechtlichen Inseminationsfamilie finden wir einen anderen Rahmen als den der Kernfamilie vor, um Kinder großzuziehen. Dieser Rahmen, den das Paar gewählt hat und der auch ihrem Selbstverständnis als Familie entspricht, stellt eine Lösung für das Handlungsproblem dar, sich den Kinderwunsch trotz der Unmöglichkeit der gemeinsamen biologischen Zeugung zu erfüllen. Eine Familienbildung ist dem weiblichen Paar über eine zeugende Sexualität, aus der heraus ein Kind entsteht, das dann in einer Eltern-Kind-Beziehung aufwächst, in der die in der Biologie angelegte Vergemeinschaftungsform ihren Ausdruck in einer Familienform findet, in der Zeugungs- und Abstammungsgemeinschaft eine Einheit bilden, nicht möglich. Es fehlt die männliche Sexualität, um aus dem Paar eine Familie zu machen, in der aufruhend auf der biologischen Zeugung diese Einheit in den kulturellen Rahmen der Kernfamilie übersetzt werden kann.

Denkbare Reaktionen auf die Unmöglichkeit, als lesbisches Paar auf biologischem Wege ein Kind zu zeugen, wären a) der Verzicht auf eine Familiengründung, also auf Kinder, b) sich von der Partnerin zu trennen und einen Mann zu suchen, mit dem man die gemeinsam gezeugten Kinder großzieht, c) die Adoption eines Kindes oder d) die Aufnahme eines Pflegekindes. Nicht auszuschließen wäre auch e), dass mütterliche Ambitionen in alternativen Settings ihren Ausdruck finden, wie zum Beispiel im verwandtschaftlichen Beziehungsverhältnis einer Tante oder Patentante. Auch wenn sich in den letzten Jahren hinsichtlich der gesellschaftlichen Anerkennung gleichgeschlechtlicher Paare, die mit Kindern zusammenleben, viel geändert hat, werden doch, insbesondere wenn es um die Adoption eines Kindes geht, heterosexuelle Paare nicht nur bevorzugt, sondern eine gemeinsame Adoption ist in Deutschland gleichgeschlechtlichen Paaren nicht möglich.[4] Auch bei der Aufnahme eines Pflegekindes konkurrieren homosexuelle Paare mit heterosexuellen, obwohl auch hier in den letzten Jahren aufgrund neuer gesetzlicher Richtlinien eine Zunahme, allerdings mehr von männlichen homosexuellen Pflegeelternpaaren als von weiblichen, zu beobachten ist (vgl. Funcke 2015). Verschiedene Studien zeigen (vgl. Rupp/Dürnberger 2010; Dethlof 2010), dass für gleichgeschlechtliche weibliche Paare, wie auch für heterosexuelle Paare mit noch unerfülltem Kinderwunsch, die Adoption eines Kindes oder die Aufnahme eines Pflegekindes nicht die erste Alternative ist. So wie heterosexuelle Paare sich nicht unmittelbar von

---

4 Erst mit der Entscheidung des Bundesrates vom 1. Juli 2017, Lesben und Schwule rechtlich heterosexuellen Paaren völlig gleichzustellen („Ehe für alle"), ist gleichgeschlechtlichen Paaren auch das uneingeschränkte Adoptionsrecht zugesprochen worden.

dem Wunsch nach einem leiblichen Kind lösen und zunächst alle Chancen einer reproduktionsmedizinischen Behandlung wahrnehmen, bevor eine Adoption erwogen wird, so bevorzugen auch homosexuelle Frauenaare Wege, wie die Wahl einer Samenspende, um ein (zumindest mit einer Frau) leiblich verwandtes Kind zu bekommen.

Bei homosexuellen weiblichen Paaren mit Kinderwunsch hat die Gründung einer Familie mit Hilfe einer Samenspende zahlenmäßig zugenommen, seitdem mit dem Gesetz zur Überarbeitung des Lebenspartnerschaftsrechts aus dem Jahr 2004 diejenige Frau, die mit der Mutter in einer lesbischen Paarbeziehung lebt, durch die Stiefkindadoption in die soziale Position eines Elternteils einrücken kann. Bedingungsvoraussetzungen für eine Stiefkindadoption sind das Zusammenleben in einer eingetragenen Lebenspartnerschaft, dass der Vater nicht bekannt ist bzw. dessen Aufenthaltsort sich nicht ermitteln lässt und dieser sein Elternrecht nicht einfordert. Eine Folge der Möglichkeit der Stiefkindadoption war, dass zeitgleich zur Erhebung der Fälle für dieses Forschungsprojekt, das Interesse der lesbischen Paare an einer anonymen Samenspende zunahm und die Anzahl der über eine anonyme Samenspende entstandenen gleichgeschlechtlichen Familien stark anstieg (vgl. Eggen 2009). Eine Studie des Staatsinstituts für Familienforschung (ifb) der Universität Bamberg aus dem Jahre 2009 bestätigte diese Beobachtung. Auch wenn die Anzahl der Kinder aus früheren heterosexuellen Beziehungen bei eingetragenen Lebenspartnerschaften bei 46 Prozent lag, wurden 42 Prozent der Kinder in die gleichgeschlechtliche Beziehung hineingeboren. Von den insgesamt 852 Kindern aus 747 Familien, die in der ifb-Studie untersucht wurden, waren 2 Prozent Adoptivkinder und 6 Prozent dieser Familien hatten Pflegekinder (vgl. Eggen/Rupp 2011: 33) Kurz, neben der gleichgeschlechtlichen Stieffamilie war die zweithäufigste Form die gleichgeschlechtliche Inseminationsfamilie.

Auch heterosexuelle Paare nutzen bei Unfruchtbarkeit, die psychische oder organische Gründe haben kann, aber auch durch eine lang hinausgeschobene Familienplanung entstehen kann, die Möglichkeiten der Reproduktionsmedizin. Die Lösung, trotz Unfruchtbarkeit sich den Kinderwunsch zu erfüllen, besteht dann hier in einer medizinischen Behandlung, die gleichsam eine prothetische Behandlung ist. Das verhält sich anders bei homosexuellen weiblichen Paaren, die aufgrund der fehlenden männlichen Sexualität als Paar kein leibliches Kind zeugen können und eine Samenspende eines fremden Mannes wählen. In diesen Fällen stellt die Insemination, zum Beispiel durch einen Arzt/Ärztin, durch die lesbische Partnerin oder von einer anderen dritten Person vorgenommen, eine Abweichung vom normativ geltenden Modell dar. Denn seit der Familialisierung des Vaters und der Herausbildung der Kernfamilie als einem Gehäuse, in dem Biologisches und Soziales zur Deckung kommen, ist nicht vorgesehen, dass der Vater des Kindes fehlt, auf uneindeutige Weise abwesend ist und sich nicht – in welcher Form die Lebenshilfe auch immer geleistet wird – als Mitglied der Familie an deren Fortbestehen beteiligt. Im Modell von Sozialisation, so wie es sich im Verlaufe des Zivilisationsprozesses herausgebildet hat und in West- und Mitteleuropa als Sonderform der Kernfamilie seinen Ausdruck fand, gibt es immer einen Vater, der gemeinsam mit seiner Partnerin bzw. Ehefrau, die die Mutter seines leiblichen Kindes ist, einen Rahmen des Aufwachsens herstellt. Bei homosexuellen weiblichen Paaren, die sich über die Wahl einer Fremdsamenspende dazu entschließen, in einer Gemeinschaft als Familie zusammenzuleben, kann nur eine sozialisatorische Interaktion ins Werk gesetzt werden, die im Biologischen keine leibliche Entsprechung hat.

Um Missverständnissen vorzubeugen: Es ist hier damit keineswegs gemeint, dass ohne Leiblichkeit überhaupt keine sozialisatorische Interaktion stattfinden kann und auch nicht, dass eine sozialisatorische Interaktion auf leibliche Mütter und leibliche Väter angewiesen ist. Wir wissen aus vielen Studien zu alternativen Familienformen wie die der Adoptiv- und Pflegefamilie und zur alleinerziehenden Familie, dass die Personalausstattung der in der Triade angelegten Strukturpositionen sehr flexibel gehandhabt werden kann, ohne dass – allerdings nicht ohne Sonderleistungen des Adoptiv-, Pflege- oder Stiefelternpaares – Sozialisationsprozesse gemessen an der Erzeugung einer gelungen autonomen Lebenspraxis scheitern müssen. „Bei alleinerziehenden Müttern" – so Oevermann in einer seiner Vorlesungen aus dem Sommersemester 1995 – „können etwa Freundinnen faktisch die Vaterrolle ausfüllen [...] Überall dort, wo die Mütter ideologisch großen Wert darauf legten, dass sie alleinerziehend sind, war, wenn man genau hinschaute, unter deren Freundinnen eine, die diese Imago-Position ausfüllte. Man muss sich das so vorstellen, dass die Strukturgesetzlichkeit sich ihr Personal dann schon selbst sucht, auch wenn die Leute subjektiv-intentional dagegen sind, also auch wenn ihnen Ideologien die Einsicht in diese Strukturgesetzlichkeit versperren. Die Strukturgesetzlichkeit ist mächtiger. Sie verschafft sich schon irgendwie ihr Recht. Diese Strukturgesetzlichkeit ist kein Natur-Mythos, keine biologische Gesetzlichkeit, nicht die Stimme des Blutes oder dergleichen, sondern ist eine ganz abstrakte nur soziologisch charakterisierbare Gesetzlichkeit" (Oevermann 1996: 105). Für das Feld der gleichgeschlechtlichen Inseminationsfamilie bedeutet das, fallweise zu rekonstruieren, wie sich diese Strukturgesetzlichkeit innerhalb der Rahmenbedingung von weiblicher Homosexualität und Samenspende ihren Ausdruck verschafft.

Die Merkmale einer gleichgeschlechtlichen Inseminationsfamilie sind als Ergebnis der Lösung zu verstehen, bei bestehender Unmöglichkeit der gemeinsamen biologischen Zeugung aufgrund von weiblicher Homosexualität und bestehendem Kinderwunsch, mit Hilfe einer Samenspende einen dem Selbstverständnis des

Paares entsprechenden Rahmen für eine Familie zu setzen. Die zentralen, die gleichgeschlechtliche Inseminationsfamilie kennzeichnenden Merkmale sind:

- Die Strukturposition des Vaters ist nicht besetzt mit der Figur des Vaters, d. h. mit einem Mann, der in Personalunion der Partner/ Ehemann der Mutter und der Vater des Kindes zugleich ist.
- Durch die Wahl einer Samenspende ist der leibliche Vater auf uneindeutige Weise anwesend bzw. abwesend. Der notwendige Dritte, um ein Kind zu bekommen, wird zugelassen *und* auf Abstand gehalten.
- Zeugungsgemeinschaft, Abstammungsgemeinschaft und soziale Familie bilden keine Einheit. Der sozialisatorischen Praxis fehlt die leibliche Entsprechung.
- Die lesbische Partnerin der Mutter ist zwar vergleichbar dem Vater in einer Kernfamilie auch nicht Mitglied der Mutter-Kind-Symbiose, aber es fehlt ihr nicht nur die leiblich-symbiotische Basis, sondern zusätzlich das Deszendente, die genetische Abstammung, um in Verlängerung dazu, quasi von einem biologischen Unterbau abgestützt, Bindung zu entwickeln.

Aus diesem selbstgesetzten Rahmen, der eine Lösung für das Problem darstellt, trotz der Unmöglichkeit, gemeinsam ein Kind zu zeugen, am Kinderwunsch festzuhalten, resultieren wiederum Folgeprobleme, die allen Inseminationsfamilien gemeinsam sind und auf die sie reagieren müssen. Welche Dimensionen mutmaßlich den Prozess der Auseinandersetzung mit diesen Folgeproblemen prägen, wird in einer gedankenexperimentellen Hypothesenbildung zu bestimmen sein (vgl. Kapitel 5). Doch zuvor wird es darum gehen, die aus dem selbst gesetzten Rahmen einer gleichgeschlechtlichen Inseminationsfamilie resultierenden Folgeprobleme zu beschreiben.

An der Art und Weise, wie nun in den einzelnen Fällen Folgeprobleme gelöst werden, wird man erkennen können, a) ob möglicherweise der Begriff der Familie entweder nicht anzuwenden ist auf derartige in den Fällen sich realisierende Formen des Zusammenlebens mit Kindern. Denkbar wäre auch, dass über die Fallrekonstruktionen, in deren Zentrum die Frage steht, wie Folgeprobleme gelöst werden, Ergebnisse zutage treten, die b) anzeigen, dass der Begriff der Familie erweitert werden muss. Und schließlich, nicht auszuschließen ist auch, dass über die Lösung der Folgeprobleme ersichtlich wird, dass c) in den Fällen eine allgemeine Struktur sich realisiert, so dass auch diese Fälle als Familie zu begreifen sind. Es geht darum herauszufinden, ob die sogenannte Inseminationsfamilie als Typus von Familie gelten kann. Kurz: Ist die Inseminationsfamilie ein Fall von Familie?

Die Wahl der Samenspende und zeugende Ersatzhandlung: Es wird von den Frauen zu klären sein, vorausgesetzt es kommen Alternativen zur Samenspende, um ein

Kind zu bekommen, nicht in Frage, wie die Fortpflanzung hergestellt werden soll. Da der biologische Unterbau fehlt, auf dem aufruhend und von diesem gestützt alle weiteren sozialen Operationen verrichtet werden können, sind Ersatzhandlungen notwendig, um eine soziale Praxis als Familie, die dann zwar keine leibliche Entsprechung wie in der Kernfamilie hat, überhaupt erst zu ermöglichen. An der Art und Weise, wie die Frauen das Problem der Zeugung lösen, für welche Variante von Ersatzhandlung sie sich entscheiden, werden wir erkennen können, ob sie sich mit ihren Handlungen dem Gehäuse der Kernfamilie, obwohl sie diese in ihrem Entwurf leugnen, doch annähern. Wird die Zeugung mit einer Samenspende in einen Handlungsrahmen eingebettet, der die Differenz zur natürlichen Zeugung so gering wie möglich hält oder wird kontrastierend dazu eine zeugende Ersatzhandlung gewählt, die vom natürlichen Prozess maximal entfernt ist? Falls die erste Variante realisiert wird, sind Optionen denkbar, wie zum Beispiel, dass die Frau, die Mutter werden will, mit dem Mann, dem zukünftigen Vater des Kindes, den Geschlechtsverkehr vollzieht. Im Falle der zweiten Variante wäre denkbar, dass die Frau, die Mutter werden will, sich den Samen eines anonymen Spenders selbst, ohne dass der Samenspender oder die lesbische Partnerin oder ein andere Person (Arzt, Freund, ‚sozialer' Vater) oder Instanz (Klinik) beteiligt wäre, inseminiert. Schon hier wird deutlich, dass es zwischen diesen beiden Varianten, die maximal miteinander kontrastieren, Abstufungen gibt, die sich einmal mehr dem naturgegeben Prozess annähern (der Samenspender ist bei der Insemination anwesend und die Zeugung findet qua Sexualität statt) oder die Abweichung davon markieren (die Samenspende ist anonym, erreicht das Frauenpaar mit der Post aus dem Ausland und eine andere Person, eine Ärztin oder die lesbische Partnerin, ist behilflich, den Samen zu inseminieren).

Der Umgang mit dem Samenspender: Je nachdem, welche Art der Samenspende gewählt wird (anonyme Samenspende, der Samenspender ist bekannt), resultieren auch daraus wieder Folgeprobleme, die von dem gleichgeschlechtlichen Paar zu lösen sind. Wenn der Samenspender bekannt ist, wird zu klären sein, ob er als der biologische Vater auch einen Platz in der Familie erhält, also ob das, was in der Biologie vorhanden ist, auch in der praktischen Sozialität seine Entsprechung finden soll. Es wird, ganz allgemein formuliert, die Frage zu klären sein, wie, wenn Zeugungsgemeinschaft, Abstammungsgemeinschaft und soziale Familie keine der Kernfamilie entsprechende Einheit bilden, mit der Figur des leiblichen Vaters umgegangen wird. Es kann davon ausgegangen werden, dass fallweise, auch wenn alle gleichgeschlechtlichen Inseminationsfamilien dieses Problem zu lösen haben, unterschiedlich soziale Ausprägungen von Praxis zu erkennen sein werden. Eine die Analyse leitende Frage wird sein: Wenn die Triade wie eine Strukturgesetzlichkeit operiert, hier aber Familie sich nicht als naturgemäße Gemeinschaft bildet, sondern

Mitgliedschaft in einer Familie durch andere Wege hergestellt wird, dann wird zu rekonstruieren sein, ob, wie und durch was bestimmt Rekurs auf den ‚abwesenden' Dritten genommen wird. Denkbar wären Inseminationsfamilien, in denen eingebettet in die weibliche Paarbeziehung eine sozialisatorische Praxis gelebt wird, die mit den leiblichen Verhältnissen kongruent ist; kurz: der biologische Vater lebt in der Familie mit der Mutter des Kindes und der lesbischen Partnerin der Mutter zusammen. Die maximal kontrastierende Variante sehe so aus, dass der biologische Vater (der Samenspender) ganz abwesend ist und die Mutter mit dem Kind in einer Art alleinerziehenden Familie lebt und die Partnerin der Mutter aus der Perspektive des Kindes nicht mehr ist als die Lebenspartnerin/Freundin der Mutter.

Die Platzierung der lesbischen Partnerin in der Familie: Des Weiteren ist von allen gleichgeschlechtlichen Inseminationsfamilien die Frage zu klären, wie die Partnerin der Mutter in die Familie integriert werden soll (als Freundin der Mutter, als eine Art leibliches Elternteil – eine sogenannte Co-Mutter, als Tante etc.) Im Vergleich zu heterosexuellen Paaren in der Kernfamilie sind entsprechende Formen von Zuwendungen zum Kind nicht abgestützt von einer Kongruenz mit leiblichen Verhältnissen. Gleichgeschlechtlichen Elternpaaren, die mit Kindern zusammenleben, ist nicht möglich, sich über eine genealogische Zusammengehörigkeit, also über eine blutsverwandtschaftlicher Abstammung als familiale Einheit zu definieren.[5] Die biologische Verankerung der Eltern-Kind-Beziehung, die in der Kernfamilie durch Deszendenz und Affiliation gegeben ist, fehlt. Vergleichen wir die lesbische Partnerin der Mutter mit einem Vater in der Kernfamilie, so ist beiden gemeinsam, dass das Elternsein für sie ein außerordentlich abstrakter Prozess ist. Der Partnerin der Mutter fehlt wie dem Vater in der Kernfamilie der leibliche Prozess, der sich über die Schwangerschaft vollzieht und der eine enorme Bindung bedeutet. Die Partnerinnen der Mütter sind vergleichbar den Vätern in Kernfamilien nicht Mitglied einer Symbiose. Es fehlt der lesbischen Partnerin der Mutter aber darüber hinaus noch die Deszendenz, die genetische Abstammung. Der leibliche Vater ist zumindest von der Biologie her durch die wenn auch „relativ unverbindliche und ja auch nur punktuell in Erscheinung tretende Beteiligung an der Zeugung gestützt" (Oevermann 1996: 98). Die lesbische Partnerin der Mutter ist aber vom ganzen Vorgang, biologisch gesehen, abgetrennt.

---

5   Und erst seit Kurzem, genauer mit dem im Oktober 2017 in Kraft tretenden Gesetz („Ehe für alle"), können auch gleichgeschlechtliche Paare qua Konjugalität sich als Einheit definieren. Das Gesetz sieht eine Änderung im Bürgerlichen Gesetzbuch vor. So wird der erste Satz des Paragraphen 1353 des Bürgerlichen Gesetzbuches heißen: „Die Ehe wird von zwei Personen verschiedenen oder gleichen Geschlechts auf Lebenszeit geschlossen" (F.A.Z. vom 22.7.2017).

Die von allen gleichgeschlechtlichen Inseminationsfamilien zu beantwortende Frage bzw. das zu lösende Handlungsproblem ist, wie die entsprechende Zugewandtheit aufgebaut werden soll, wenn der naturgestützte Prozess fehlt. Welche Form der Beteiligung, wenn es um Betreuung, Fürsorge, Erziehung geht, wird der Partnerin der Mutter zugedacht? Eine entscheidende Bedingung dafür, dass unter diesen schwierigen Ausgangsbedingungen die lesbische Partnerin in die soziale Position eines Elternteils einrückt und eine einem leiblichen Elternteil entsprechende Zugewandtheit dem Kind gegenüber entwickeln kann, ist eine stabile lesbische Paarbeziehung und eine Unterstützung von Seiten der leiblichen Mutter. Ein Zurückgesetztsein, ein Zurückgesetztwerden oder ein Konkurrieren mit der leiblichen Mutter und/oder dem leiblichen anwesenden Vater würde es erschweren, eine stabile Beziehung zum nicht-leiblichen Kind aufzubauen.

4 Einbettungsstrukturen – Drei-Ebenen-Modell

Das Forschungsziel des Projektes, das hier in seiner ersten Forschungsphase vorgestellt wird, ist, herauszufinden, ob sogenannte gleichgeschlechtliche Inseminationsfamilien als ein Fall von Familie gelten können. Um nun mit dem Prozess einer empirischen Typenbildung beginnen zu können, der über das Verfahren der Fallrekonstruktion, der Strukturgeneralisierung und der Fallkontrastierung verläuft, sind vorab, also bevor mit der eigentlichen Fallerhebung und Fallkontrastierung begonnen wird[6], folgende Schritte notwendig: In einem ersten Schritt werden die Einbettungsstrukturen bestimmt, die mutmaßlich als Bedingungsrahmen bei der Analyse der Problemauseinandersetzung mit zu berücksichtigen sind. In einem zweiten Schritt (siehe Punkt 5) ist in einem gedankenexperimentellen Hypothesenbildungsprozess das Feld möglicher Fälle, die in die Analyse eingehen sollen, im Rahmen einer Dimensionsanalyse zu bestimmen.

Bei den Einbettungsstrukturen, die in der Analyse der Fälle zu berücksichtigen sind, kann es sich um auf ganz unterschiedlichen Ebenen angesiedelte Handlungsbedingungen handeln. In den Studien, die mit dem hermeneutisch-fallrekonstruktiven Verfahren arbeiten, lassen sich unterschiedliche Beschreibungen

---

6 Nicht immer lässt sich forschungsökonomisch der Prozess der Datenerhebung so steuern, dass parallel zum Auswertungsverfahren und angeleitet von dem bereits vorliegenden (Fall)Wissen, Fälle kontrastiv erhoben werden können. Nicht selten ist es so, dass bereits eine Anzahl von erhobenen Fällen vorliegt, aus denen dann entsprechende Kontrastfälle ausgewählt werden.

für in Fallrekonstruktionen mit zu berücksichtigende Einbettungsebenen finden. Karl Friedrich Bohler greift, um den Bedingungsrahmen zu erläutern, der bei Fallrekonstruktionen mit zu berücksichtigen ist, auf eine Anekdote zurück. Ulrich Oevermann habe, wenn es darum ging, die Lebensbedingungen zu erfassen, die eine Alltagspraxis mit bestimmen, sich des Bildes der „russischen Puppen" bedient, bei der aus „jeder größeren Puppe eine kleinere hervorgeholt werden kann" (Bohler 2008: 221). Gemeint sind hier die Einbettungsverhältnisse eines Falles, die in der Grounded Theory im Bild der konzentrischen Kreise, bekannt als das Konzept von der konditionellen Bedingungsmatrix (vgl. Bohler i. d. Bd.), veranschaulicht sind. Eine Durchführung von Fallanalysen in diesem Sinne, d. h. unter Berücksichtigung der das Handeln einbettenden Verhältnisse sensibilisiert für über subjektive Relevanzen hinausgehende Einflussparameter, es verweist auf Einflussgrößen, die als soziale Rahmen außerhalb kleiner partikularistischer Weltzusammenhänge liegen, gleichwohl aber diese in ihrer Fallspezifik mitbestimmen und auch als Resultate von Handlungsentscheidungen zu denken sind.

Wenn im Folgenden von Einbettungsverhältnissen die Rede ist, so sind hier die auf den konzentrischen Kreisen einzutragenden Einflussparameter gemeint, die in den Fallrekonstruktionsanalysen zu berücksichtigen sind. Ich gehe dabei von einem einfachen Drei-Ebenen-Modell aus:

1. Ebene: Gesellschaftliche Rahmenbedingungen als Eröffnungsparamter für Entscheidungen: Hier sind die auf der Ebene der Gesellschaft liegenden Möglichkeiten, unter der Bedingung fehlender männlicher Sexualität eine Zeugung im Rahmen von weiblicher Homosexualität zu realisieren, in einer Analyse zu berücksichtigen. Es wird davon ausgegangen, dass die Familienbildung mitstrukturiert ist dadurch, wie auf gesellschaftlicher Ebene das Thema der Samenspende familienrechtlich geregelt ist und welche medizintechnischen Möglichkeiten zur Verfügung stehen, so dass ein weibliches Paar, bei dem ein Kinderwunsch vorliegt, die Zeugung von eigenem Nachwuchs realisieren kann. Familienrecht und Medizin machen einen Bedingungsrahmen aus, innerhalb dem ein gleichgeschlechtliches weibliches Paare über eine Samenspende eine Familie gründet. Eine zentrale, die Analyse leitende Frage ist: Was war zurzeit, als die Fälle des Samples erhoben wurden, gesellschaftliche Norm hinsichtlich der Möglichkeiten, sich als Frauenpaar den Kinderwunsch mit Hilfe einer Samenspende zu erfüllen?

Es geht darum, den gesellschaftlichen Möglichkeitsrahmen unter dem Aspekt von Familienrecht und Medizin zu entfalten, vor dessen Hintergrund dann die Problemlösung, die von allen weiblichen Paaren gleichermaßen zu bewältigen ist, nämlich sich den Kinderwunsch mit Hilfe einer Samenspende zu erfüllen, rekonstruiert werden kann. In diesem Zusammenhang werden auch denkbar andere

Wege, wie die Möglichkeit einer Adoption oder die Aufnahme eines Pflegekindes berücksichtigt. In die Analyse kann so dann auch die Frage eingehen, ob diese anderen Wege als Möglichkeiten erwogen worden sind und aus welchen Gründen sich das Paar dagegen entschieden hat.

2. *Ebene: Das sozialisatorische Herkunftsmilieu:* Es geht hier um den biografischen Herkunftskontext, insbesondere um die sozialisatorischen Bedingungen aus dem Herkunftsmilieu der Inseminationsmutter. Die Problemkonstellation, die alle weiblichen gleichgeschlechtlichen Paare mit Insemination vorfinden, ist, es muss geklärt werden, wie mit dem Samenspender umgegangen werden soll. An der Art und Weise, wie dieses Problem gelöst wird, werden wir erkennen können, welche Bedeutsamkeit sie der Figur des Vaters für das Aufwachsen des Kindes zuschreiben. Es ist zu erwarten, dass die Fälle, die kontrastiv auszuwählen sind, diesbezüglich variieren, und dass die jeweilige Variation auch zurückzuführen ist auf die Einsozialisierung der Frauen in Deutungs- und Handlungsmuster ihres Herkunftsmilieus. Ich gehe also davon aus, dass unterschiedliche Lösungen, die wir in verschiedenen Typen von Inseminationsfamilien realisiert finden, auch mit den in den Sozialisationsmilieus der Frauen erworbenen Sozialisationskonzepten in Verbindung zu bringen sind. In Bezug auf diese Ebene werden für die Analyse der Fälle dann Fragen relevant wie: Welche Lösungen liegen im Herkunftsmilieu bereit, um mit den Folgeproblemen einer Inseminationsfamilie, insbesondere was die Besetzung der Strukturposition des Vaters angeht, zurechtzukommen? Finden die Frauen in ihrem Sozialisationsmilieu Lösungen für vergleichbare Handlungsprobleme, die aus der Struktur einer Inseminationsfamilie resultieren, so dass eine Orientierung an Überkommenem möglich ist? Gehen diese Lösungen, die sie dort vorfinden, überhaupt in ihren Familienbildungsprozess ein? Reproduzieren die Frauen mit ihren getroffenen Lösungsentscheidungen, was die Figur des Vaters für Sozialisationsprozesse betrifft, eine Zugehörigkeit zu ihrem Herkunftsmilieu oder werden ganz andere Optionen, die sie z. B. auf Abstand zu ihrer Herkunftsfamilie bringt, für relevant erklärt? Diese Aspekte sollen insbesondere vor dem Hintergrund des Folgeproblems, für die Strukturposition des Vaters eine Lösung zu finden, rekonstruiert werden.

3. *Ebene: Die strukturelle Ausgangslage der Familiengründung:* Ich gehe davon aus, dass eine formative Kraft, was die Lösung der Handlungsprobleme: Wahl der Samenspende, Organisation der Fortpflanzung, Umgang mit dem Samenspender und Platzierung der lesbischen Partnerin der Mutter in der Familie, auch von folgenden Faktoren ausgeht: *zum einen* von der Vorgeschichte des Paares. Hier wird in der Analyse zu berücksichtigen sein, wie und wann sich das Paar kennengelernt hat, und

ob bereits eigene leibliche Kinder, die aus einer vorherigen Beziehung stammen, mit in die lesbische Paarbeziehung gebracht wurden? *Zum anderen* wird in der Analyse zu berücksichtigen sein, wer von den beiden Frauen einen Kinderwunsch hat und wer aus welchen Gründen schwanger wird bzw. werden darf. Des Weiteren ist in der Analyse auch zu berücksichtigen, ob altersbedingt überhaupt und wie lange noch eine eigene Schwangerschaft für möglich betrachtet wird, oder ob gesundheitliche Gründe ein Schwangerschaft ausschließen. Diese Informationen werden in der Analyse als Daten insbesondere im Zusammenhang mit der Frage relevant, welchen Platz die Partnerin der Mutter in der Familie einnimmt.

Ich fasse zusammen: Fallrekonstruktiv vorzugehen heißt, von einem weiblichen Paar, in dem ein Kinderwunsch vorliegt und der mit Hilfe einer Samenspende erfüllt wird, auszugehen, welches eingebettet

a. in eine historische Zeit (Ebene 1: Gesellschaftliche Möglichkeiten),
b. in eine spezifische Herkunftsfamilie, in der sozialisatorische Erfahrungen die Nachwuchssozialisation betreffend vorliegen (Ebene 2: Sozialisation im Herkunftsmilieu), und
c. eingebettet in eine strukturelle Ausgangsbedingung (3. Ebene) für die Sozialisation des Nachwuchses sorgt.

Im Folgenden wird es darum gehen, unter Einbezug dieses 3-Ebenen-Modells Dimensionen zu bilden, mit denen das Forschungsfeld der sogenannten gleichgeschlechtlichen Familie über eine präsumptiv vorzunehmende Fallbestimmung ausgelotet werden kann.

5 Das Feld möglicher Fälle – Dimensionsanalyse

5.1 Allgemeine Erläuterungen

Eine Dimensionsanalyse vorzunehmen heißt, mit Hilfe von Dimensionen, „die für die Beantwortung der Forschungsfrage [Ist die gleichgeschlechtliche Inseminationsfamilie ein Fall von Familie? – D.F.] relevant sind" (Loer/Funcke i. d. Bd.: 2), das Forschungsfeld, in dem der Forschungsgegenstand (Familie) untersucht wird, über die Bestimmung möglicher Fälle abzustecken. Es geht also darum, Dimensionen herauszuarbeiten, mit denen es gelingt, das Forschungsfeld, zu dem konkrete mögliche Fälle (von gleichgeschlechtlichen Inseminationsfamilien) gehören, auszuschreiten. Um nun über den Prozess der Dimensionsbildung eine umfassende Feldbestimmung vornehmen zu können, eine, die eine möglichst große Bandbreite an möglichen Fällen abdeckt, ist es hilfreich, die möglichen Fälle im Feld kontrastiv zu bestimmen. Das gelingt, indem die Pole der Dimensionen mit Kontrastfällen belegt werden.

5.2 Die relevanten Dimensionen

Im Folgenden wird es darum gehen, auf der Grundlage von mutmaßlich relevanten Dimensionen ein Spektrum von Fällen zu entwerfen, das helfen soll, mögliche Frauenpaare mit über Insemination entstandenen Kindern als Fälle von Inseminationsfamilien auszuwählen. Ist doch ein wesentliches Ziel der Dimensionenbildung, die sequentielle und kontrastive Fallauswahl zu steuern, um eine möglichst große Bandbreite an qualitativ verschiedenen Fällen von Inseminationsfamilien einzufangen. Aus forschungsökonomischen Gründen werden in der Regel erst einmal nur die Dimensionen thematisiert, die für die typischerweise zu lösenden Handlungsprobleme erwartbarerweise relevant sind. Möglicherweise ergeben sich im Verlaufe des Forschungsprozesses, mit der Zunahme von fallspezifischem Wissen, weitere Dimensionen, auf die hin der kontrastive Fallvergleich auszurichten ist. Eine Konsequenz daraus ist dann, den Auswahlrahmen für das Feld möglicher Fälle zu modifizieren.

Was sind – das sei wiederholend noch einmal gefragt (siehe oben) – die von allen sogenannten gleichgeschlechtlichen Inseminationsfamilien gleichermaßen zu bewältigen Problemlösungen, die aus dem Handlungsrahmen von weiblicher Homosexualität und Samenspende resultieren? Ist es doch so, dass diese allen Inseminationsfamilien gemeinsame Ausgangslage, innerhalb der sie für die Sozialisation des Nachwuchses sorgen, keineswegs bestimmt, was konkret zu tun ist. Auch wenn die Frauenpaare sich dafür entschieden haben, in diesem unkonventionellen Rahmen Kinder groß zu ziehen, so ist von diesem Rahmen aber nicht vorgegeben, wie die daraus resultierenden Folgeprobleme zu lösen sind. Offen und zu beantworten sind die Fragen: a) Welche Form der Samenspende soll gewählt werden? Für welchen Weg, eine Samenspende zu erhalten, soll sich entschieden werden? b) Durch welche Form von Ersatzhandlung soll das Kind gezeugt werden? c) Wie soll mit der Position des leiblichen Vaters in Anbetracht einer Samenspende umgegangen werden? d) Welche soziale Position soll die Partnerin der Mutter einnehmen? Die Lösung dieser aus dem Handlungsrahmen der Inseminationsfamilie folgenden Probleme müssen über Entscheidungs- und Auswahlprozesse des Paares erbracht werden. Auf diesen Problemlösungsprozess haben mutmaßlich unterschiedliche Dimensionen einen

Einfluss, die in dem Prozess des Ausschreitens des Forschungsfeldes möglicher Fälle zu berücksichtigen sind. Im Folgenden sollen die Dimensionen vorgestellt werden, die als relevant erachtet werden, um zu verstehen, wodurch, auch wenn alle gleichgeschlechtlichen Inseminationsfamilien die gleichen Handlungsaufgaben zu lösen haben, Differenz entsteht, die ihren Ausdruck in unterschiedlichen Typen von Inseminationsfamilien findet. Es geht also darum, die Dimensionen zu benennen, die in die Problemlösungen eingehen und so zur Ausprägung von unterschiedlichen Fallstrukturmustern führen, die in den Fallrekonstruktionen herauszuarbeiten sind.

5.3 Dimensionen und kontrastierende Pole – Bezugspunkte in der Fallrekonstruktionsanalyse

Um das fallkontrastive Vorgehen mit Bezug auf den Dimensionsbildungsprozess vornehmen zu können, müssen also erst einmal die Dimensionen herausgearbeitet werden, von denen angenommen wird, dass sie in den von allen Inseminationsfamilien gleichermaßen zu bewältigenden Problemlösungsprozess eingehen, und es müssen die Pole der Dimensionen mit kontrastierenden Fällen belegt werden (vgl. Loer 2016b).

Dimension: Distanz zum Samenspender. Ich gehe erst einmal vereinfachend von den folgenden zwei Polen dieser Dimension aus: Dem einen Dimensionsende lassen sich Fälle von Inseminationsfamilien zuordnen, die zur Gruppe des Typs zählen, die ich vorläufig erst einmal als die „Vertreter des Natürlichkeitsprinzips" bezeichnet habe.

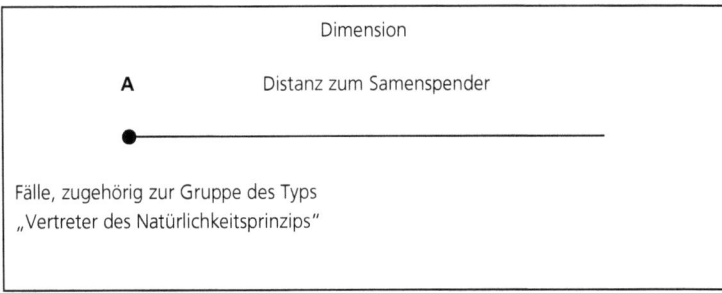

Abb. 1 Dimension – Distanz zum Samenspender, Quelle: eigene Darstellung

Es lassen sich diesem Pol Fälle zuordnen, bei denen der Samenspender als leiblicher Vater platziert ist, mit dem Frauenpaar zusammenlebt und gemeinsam mit der Mutter, die allerdings mit einer Frau in einer Paarbeziehung lebt, Verantwortung für das Kind im Rahmen eines Co-Parenting-Systems, das uns auch von Scheidungspaaren bekannt ist, übernimmt. Es handelt sich bei diesen Inseminationsfamilien dann, sobald der Samenspender wie ein leiblicher Vater in der Familie mit den zwei Frauen einen Platz erhält, um eine um die Figur des Vaters numerisch erweiterte weibliche Paarbeziehung. An der Art und Weise, wie in diesem Typ von Inseminationsfamilie die Zeugung durchgeführt wird und nach welchen Kriterien der Samenspender bzw. eine Samenspende ausgewählt wurde, werden wir erkennen können, ob es darum geht, über diese Entscheidungen sich der Strukturformation und -zusammenhängen der Kernfamilie anzunähern. Zu erwarten ist für diese Fälle, die sich im Auswahlrahmen möglicher Fälle am Pol der „Natürlichkeitsvertreter" verorten lassen, hier eher Entscheidungen derart, dass die potenzielle Mutter mit dem Samenspender das Kind durch den natürlichen Fortpflanzungsakt zeugt, der Samenspender also nicht nur bekannt ist, sondern am Zeugungsakt direkt beteiligt ist; vergleichbar dem eines heterosexuellen Paares aus dem heraus dann ein gemeinsames, eigenes Kind entsteht. Variieren könnten Fälle, gleichwohl sie sich noch diesem Pol zuordnen ließen, hinsichtlich der Samenspenderwahl und der Zeugungspraxis. Denkbar wäre die Durchführung der Insemination durch eine technische Assistenz (Inseminationskatheder) und/oder durch andere Dritte (die Partnerin, eine Freundin, die z. B. Gynäkologin ist, oder den Samenspender). Mögliche Samenspendertypen in Fällen von Inseminationsfamilien, die sich diesem Dimensionsende (Pol) zurechnen lassen, wären zum Beispiel der Ex-Mann der Mutter, der Bruder der Partnerin, ein guter Freund des Frauenpaares, ein Arbeitskollege, ein Nachbar, ein Fremder, der aber einen Integrationsprozess durchläuft und zum Mitglied der Inseminationsfamilie gemacht wird. Eine Konstante innerhalb dieser Fallvarianten ist, dass trotz weiblicher Homosexualität und Samenspende die Nachwuchssozialisation in einem Rahmen erfolgt, in dem das Kind ähnlich wie in einer Kernfamilie einen Vater hat.

Maximal kontrastiv dazu, und deshalb zum anderen Pol dieser Dimension zu rechnen, verhalten sich die Fälle, in denen das Deszendente im Sozialen keine Entsprechung erhält. Die Fallgruppe dieses Typs habe ich vorläufig als die „Vertreter der Konstrukteure einer Familienordnung ohne Vater" bezeichnet.

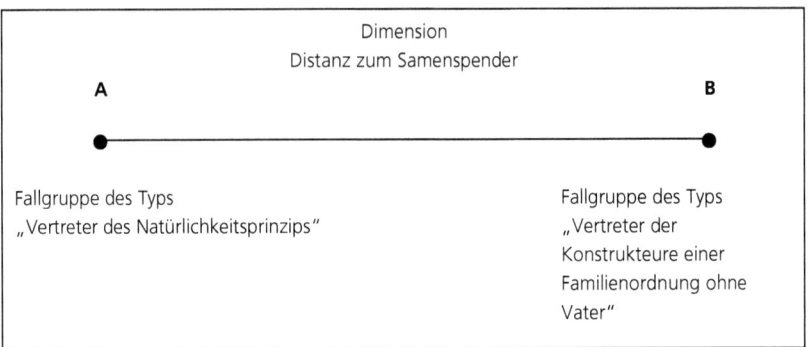

Abb. 2 Dimension – Distanz zum Samenspender, Quelle: eigene Darstellung

Es lassen sich diesem Pol Fälle von Frauenpaaren zuordnen, die sich für eine anonyme Samenspende entschieden haben und demzufolge alternativ zum Geschlechtsverkehr von vornherein auf alternative Fortpflanzungstechniken angewiesen sind. Einzutragen auf diesem kontrastierenden Pol sind die Fälle, bei denen eine Problemkonstellation auffällig ist – wenn wir an die Praxis der Erhebung der Fälle denken – für die gilt, ohne einen männlichen Dritten als eine weitere, neben der lesbischen Partnerin der Mutter lebenspraktisch bedeutsame Elternfigur auszukommen. Das Gemeinsame all dieser Fälle ist – auch wenn sie hinsichtlich des Grads der Anonymität der Samenspende variieren können (vgl. die folgende Dimension) und auch hinsichtlich der Fortpflanzungspraktiken –, dass der Samenspender nicht als der Vater des Kindes Mitglied der Familie ist. Das heißt für diese Fälle an diesem Pol aber noch nicht, dass in jeder dieser Varianten ein Entwicklungsrahmen für die Sozialisation des Nachwuchses erzeugt wird, in dem alternativlos zum leiblichen Vater keine weiteren männlichen Dritten in der Figur des Vaters auftreten können.

Vereinfachende Übersicht über die Dimension „Distanz zum Samenspender":

Pol A: Es erfolgt eine Nachwuchssozialisation unter der Bedingung der maximalen Integration des Samenspenders als leiblicher Vater in die Inseminationsfamilie -> Die Integrierer (Natürlichkeitsvertreter).
Pol B: Es erfolgt eine Nachwuchssozialisation unter der Bedingung des maximalen Ausschlusses des leiblichen Vaters (des Samenspenders) -> Die Ausschließer (Konstrukteure einer Familie ohne Vater).

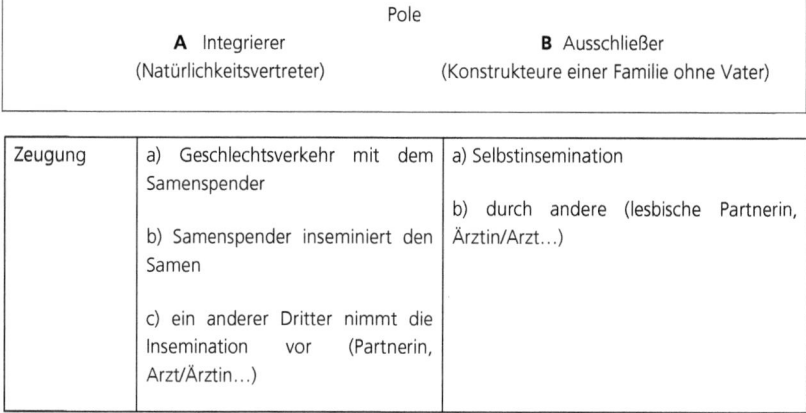

Abb. 3 Pole – A Integrierer/ B Ausschließer,
Quelle: eigene Darstellung

Bei dieser gedankenexperimentellen Übung, Fälle den kontrastierenden Polen innerhalb der Dimension „Distanz zum Samenspender" zuzuordnen, wird ersichtlich, wie schematisch das ganze erst einmal bleiben muss. Allerdings, und das ist ein Argument für derartige Vorüberlegungen, sensibilisiert diese kontrastive Fallbestimmung für „reine" Fälle, die sich im Lebenspraktischen vermutlich so gar nicht finden lassen, und zum anderen für die sich schon hier langsam herauskristallisierende Fülle, wie verschiedenartig mit den Folgeproblemen, die aus der weiblichen Homosexualität und der Samenspende resultieren, umgegangen werden kann.

Dimension: Grad der Anonymität der Samenspende. Es war bisher noch nicht die Rede von solchen Fällen, die sich nicht so einfach einen der beiden Pole der Dimension *Distanz zum Samenspender* zuordnen lassen. Hier sind Fallkonstellationen denkbar, bei denen zum einen der Samenspender dem Kind als Vater bekannt ist (bekannter Samenspender), aber dessen Integration in die Familie, je Fall, zwischen den beiden Extremen: völligem Ausschluss aus der Inseminationsfamilie (er bleibt ein bloßer Zeugungshelfer, ein Samenlieferant) und einer zeitlich begrenzten und klar umrissenen Zuwendungsversorgung (Teilzeitvater, ‚Wochenendpapa') variieren kann (a). Zum anderen lassen sich die Fälle nicht so eindeutig einem der beiden Pole zuordnen, bei denen der leibliche Vater zwar bedingt durch eine anonyme Samenspende unbekannt ist, aber ein anderer männlicher Dritter – wie oben schon angedeutet – die väterliche Strukturposition ausfüllt (b). Ebenso ist eine klare Zuordnung bei den Fällen nicht möglich, in denen das Paar sich für eine halb-offene Samenspende entschieden hat und mit den wenigen Informationen, die es über den Vater des Kindes hat, einen Entwicklungsrahmen einrichtet, die dem Kind die Herausbildung eines väterlichen Imago aber nicht verunmöglichen (c). Es wird schon hier ersichtlich, dass gleichwohl die Fälle (a-c) hinsichtlich der Form der Samenspende miteinander kontrastieren (a bekannter Samenspender/ b anonyme Samenspende/ c halb-offene Samenspende[7]), die Kinder in einer Familie aufwachsen, deren Gemeinsamkeit darin besteht, dass wir es hier mit verschiedenen Formen väterlicher Abwesenheit zu haben.

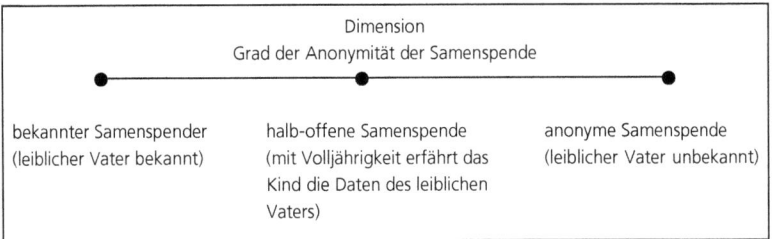

Abb. 4 Dimension – Grad der Anonymität der Samenspende, Quelle: eigene Darstellung

Ein Ausfall des leiblichen Vaters, wenn auch bei der Wahl einer halb-offenen Samenspende nur teilweise, bedeutet aber noch keineswegs, dass die Herausbildung einer väterlichen Objektrepräsentation den Kindern nicht möglich ist. In einer anderen Studie, in der es um die Identitätsbildungsprozesse von Kindern und (jungen) Erwachsenen, die in gleichgeschlechtlichen Inseminationsfamilien aufgewachsen sind, geht, wäre dann zu untersuchen, welche Lösungsvarianten den Weg für gelungene Sozialisationsprozesse ebnen bzw. erschweren. Das Ziel dieser Forschungsarbeit ist aber, mit Bezug auf die Dimensionsanalyse, durch die das Feld möglicher Fälle vorweg in einem ersten Entwurf hypothetisch abgeschritten wird, über den Prozess der Fallrekonstruktion die Frage zu beantworten: Lässt sich, gleichwohl die Fälle maximal miteinander kontrastieren, eine allen gemeinsame, die Fälle übergreifende Strukturgesetzmäßigkeit erkennen, aus der dann mit Bezug auf den Forschungsgegenstand „Familie" eine Erkenntnis abgeleitet werden kann, die klärt, ob es sich bei der gleichgeschlechtlichen Inseminationsfamilie um einen

---

7 Halb-offene Samenspende bedeutet, dass dem Kind, sobald es die Volljährigkeit erreicht hat, die Daten des Samenspenders durch die Reproduktionsklinik bzw. von einem Notar, bei dem die Daten hinterlegt werden, bekannt gegeben werden.

Fall von Familie handelt, oder man eben besser beraten ist, den Begriff der Familie für diese soziale Lebensform mit Kindern nicht zu gebrauchen.

Welcher Typ von gleichgeschlechtlicher Inseminationsfamilie, der sich einem der beiden Pole („Natürlichkeitsvertreter"/„Konstrukteure") zuordnen lässt, sich in einem Fall objektiviert, wird also auch davon abhängig sein, welche Auswahl die Frauen innerhalb der Möglichkeiten treffen, sich den Kinderwunsch mit Hilfe einer Samenspende zu erfüllen (bekannt/unbekannt/halb-offen). Wir erfahren, wenn wir diese Auswahlentscheidung rekonstruieren, aber noch wenig darüber, *was* die Entscheidung motiviert bzw. *worin* die Gründe auszumachen sind, warum sich ein Paar für genau die von ihnen gewählte Variante entscheidet. Im Prozess der fallrekonstruktiven Analyse ist hier eine Dimension zu berücksichtigen, von der gemutmaßt wird, dass von ihr eine fallstrukturbildende Kraft ausgeht:

Dimension: Homologie/Heterologie zum Herkunftsmilieu. Eine allgemeine Anmerkung vorweg: Im Fokus der Analyse steht hier das Sozialisationsmilieu der Inseminationsmutter. Vom Grad der Integration der lesbischen Partnerin in die Inseminationsfamilie wird abhängig sein, inwieweit auch ihr Sozialisationsmilieu als Einflussgröße für den Strukturbildungsprozess in der Analyse mit zu berücksichtigen ist. So ist im Folgenden, auch wenn der Bezugspunkt das sozialisatorische Herkunftsmilieu der Inseminationsmutter ist, bei den folgenden Ausführungen auch die lesbische Partnerin und ihre familiale Sozialisation mit zu denken. Im Zentrum der folgenden Überlegungen steht aber der Zusammenhang von Sozialisationsmilieu der Inseminationsmutter und dem zu lösenden Handlungsproblem, für eine Nachwuchssozialisation unter der Bedingung einer Samenspende zu sorgen. Da jede Inseminationsmutter in ihrem Herkunftsmilieu bereits Problemlösungen für die Sozialisation des Nachwuchses vorfindet, ist das jeder Inseminationsfamilie zugehörige Thema der Samenspende unter der Berücksichtigung des Bezugs auf das sozialisatorische Herkunftsmilieu der Frau, an der die Insemination vorgenommen wurde, aufzuschließen.

Um den Prozess der kontrastiven Fallauswahl unter Berücksichtigung dieser Einflussgröße, des Sozialisationsmilieus der Inseminationsmutter, zu steuern, ist eine Dimension zu benennen, in der über die entsprechende Samenspenderwahl und den Umgang mit dem Samenspender das Verhältnis der Inseminationsmutter zu ihrem Sozialisationsmilieu erfasst werden kann. Unter der Berücksichtigung der Dimension „Distanz zum Samenspender" sind hier folgende verschiedene Falltypen denkbar.

Falltypen: Pol A

Zu dem Pol A der Dimension „Distanz zum Samenspender" gehören – um das noch einmal in Erinnerung zu rufen – die Fälle, die mit Blick auf die Samenspende die Alternative wählen, den Samenspender als den leiblichen Vater in die Inseminationsfamilie zu integrieren. Unterscheiden können sich diese Fälle, die diesem Pol (A) dieser Dimension zuzuordnen sind, hinsichtlich der Orientierung an Mustern, die in der Herkunftsfamilie Sozialisationsfragen betreffend bereits vorliegen. Zu unterscheiden sind an diesem Pol (A) folgende zwei Falltypen:

Denkbar wäre ein erster Falltypus (A1: Homologie zur Herkunftsfamilie), der Lösungen für das Handlungsproblem wählt, unter der Bedingung von weiblicher Homosexualität und Samenspende einen sozialisatorischen Entwicklungsrahmen zu entwerfen, die denen des Herkunftsmilieus der Inseminationsmutter entsprechen. Es erfolgt in diesen Fällen dieses Typus die Sozialisation der neuen Generation in der Inseminationsfamilie im Anschluss an sozialisatorische Konzepte aus der Herkunftsfamilie der Inseminationsmutter. Eine mögliche Motivierung für diese Orientierung könnte sein, auch wenn das erst im Rahmen der Fallstrukturanalyse herauszuarbeiten ist, dem Kind die soziale Beziehungserfahrung, einen Vater zu haben, auch innerhalb der Inseminationsfamilie zu ermöglichen, die allerdings im Vergleich zur Herkunftsfamilie der Inseminationsmutter hinsichtlich seiner Personalausstattung etwas anders aussieht, da es neben der Mutter immer noch eine zweite Frau gibt. Haben wir eine solche Ausprägung vorliegen, dann hätte sich aus der Perspektive der Inseminationsmutter eine Sozialisationskonstellation, nämlich die des Herkunftsmilieus, bewährt, so dass daran auch unter den Bedingungen einer Inseminationsfamilie nichts geändert werden soll. Die Lösungen im Herkunftsmilieu, dem Kind die Erfahrung eines realen Vaters, mit dem es verwandt ist, zu ermöglichen, würde von der Sache her als gelungen angesehen werden. Erfolgt eine Orientierung am Sozialisationskontext der Herkunftsfamilie – unabhängig davon, wie sie motiviert ist – wird Kontinuität zu einer Gemeinschaft hergestellt, in der die Strukturposition des Vaters entsprechend den Normen der Kernfamilie besetzt ist. Da nun die Praxis dieser Formen von Inseminationsfamilien sowohl mit dem Herkunftsmilieu der Inseminationsmutter als auch mit der Norm der Kernfamilie übereinstimmt, ist nicht zu erwarten, auch wenn die Samenspende ein deutungsbedürftiges Problem nach sich zieht, dass dieses mit Argumentationen bearbeitet wird, um daraus resultierende Unstimmigkeiten bearbeiten.

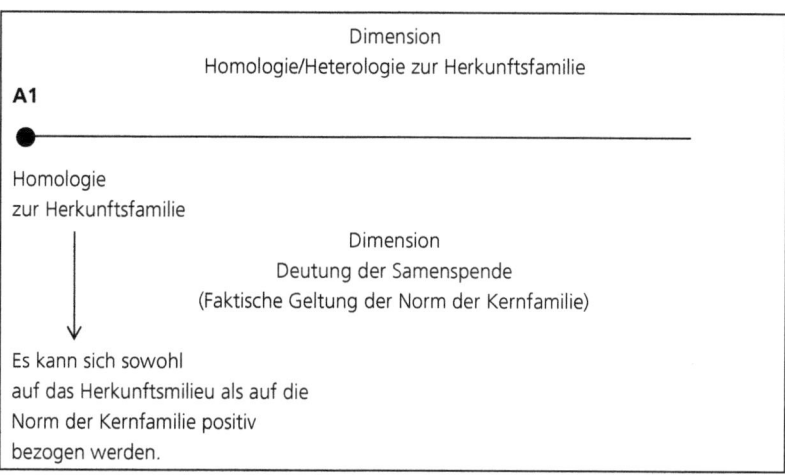

Abb. 5 Dimension – Homologie/ Heterologie zur Herkunftsfamilie, Quelle: eigene Darstellung

Etwas anders verhält es sich mit dem zweiten Falltypus dieses Poles (A2: Heterologie zur Herkunftsfamilie). Die Entscheidung, die Strukturposition des Vaters mit dem Samenspender zu besetzen und ihn maximal in die Inseminationsfamilie zu integrieren, stellt mit Blick auf das Sozialisationsmilieu der Inseminationsmutter in den hier denkbaren Fällen eine Abweichung und damit auch eine Infragestellung ihres eigenen Herkunftsmilieus dar. Für das aus der Samenspende resultierende Problem, wie mit der Strukturposition des Vaters umgegangen werden soll, wird in diesen Fällen eine ganz neue Lösung gefunden, die als Alternative ausgezeichnet wird, um eine angemessene Sozialisation, wenn auch unter unkonventionellen Bedingungen, gewähren zu können. Damit wird eine Abweichung von den Entwicklungsbedingungen, die die Inseminationsmutter vorgefunden hat, vollzogen. Es wird ein anderer primärer Sozialisationsrahmen, in dem es einen konkreten leiblichen Vater gibt, als die geeignetere familiale Integrationsstruktur anerkannt. Eine mögliche Motivierung wäre, auch wenn das erst genauer herauszuarbeiten Aufgabe der Fallanalyse ist, dass dem Inseminationskind, wenn auch im Rahmen von weiblicher Homosexualität und Samenspende, ein anderes Angebot differenzierter Sozialbeziehungen gemacht werden soll, da die Lösungsform, die im Herkunftsmilieu der Inseminationsmutter die Strukturposition des Vaters betreffend vorliegt, als nicht akzeptabel gedeutet wird. Es geht in diesen Fällen darum, ohne an Lösungsvorgaben aus dem Herkunftsmilieu anzuschließen und unter ganz anderen Ausgangsbedingungen (weibliche Homosexualität und Samenspende) eine auf das Kind bezogene Integrationsstruktur einzurichten, die sich von der Struktur primärer Sozialisation, in der die Inseminationsmutter hineingeboren ist, unterscheidet. Interaktionserfahrungen mit dem leiblichen Vater sollen dem Inseminationskind, wenn auch eingebettet in eine weibliche Paarbeziehung, ermöglicht werden. Und die Nichtbesetzung der Strukturposition des Vaters wird – das wäre in der Fallrekonstruktionsanalyse dann zu prüfen – möglicherweise als Defekt, als „durch extreme Notlagen bedingte Ausfallerscheinung" (Popitz 2006: 105) gedeutet. Die Konsequenz wäre, da eine Konstellation, in der die Inseminationsmutter aufgewachsen ist, als eine gedeutet wird, die sich nicht bewährt hat, das für die nachfolgende Generation zu ändern.

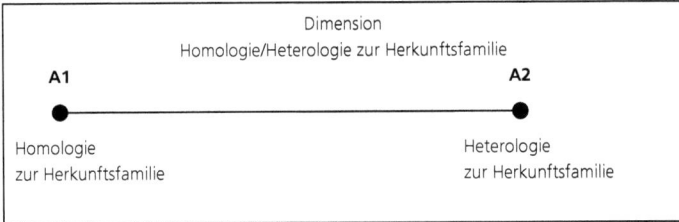

Abb. 6 Dimension – Homologie/ Heterologie zur Herkunftsfamilie, Quelle: eigene Darstellung

Anzunehmen ist, dass das deutungsbedürftige Problem der Samenspende, für das in diesen Fällen dieses Typs (A2: Heterologie zur Herkunftsfamilie) eine Lösung gewählt wird, durch die nicht an die Vorgaben aus der Herkunftsfamilie angeschlossen wird, verbunden ist mit Argumenten, Deutungen, Begründungen, mit denen versucht wird, diese Nichtstimmigkeit zu bearbeiten. Im Prozess der Datenanalyse wird bei derartigen Fällen, bei denen ein solcher Bruch zwischen dem Herkunftsmilieu und den selbst erzeugten Sozialisationsbedingungen auszumachen ist, danach gefahndet werden müssen, wie es gelingt, dass solche Diskontinuitäten thematisch möglicherweise gar nicht aufkommen bzw. über welche Deutungen die gewählten Alternativen nicht als Brüche wahrgenommen werden. Wenn es um Angemessenheitsurteile für den Umgang mit der Samenspende geht, ist zu erwarten, dass in derartigen Fällen sich zwar nicht positiv auf die Herkunftsfamilie bezogen wird, aber argumentiert wird mit der Norm der Kernfamilie.

Die gleichgeschlechtliche Inseminationsfamilie

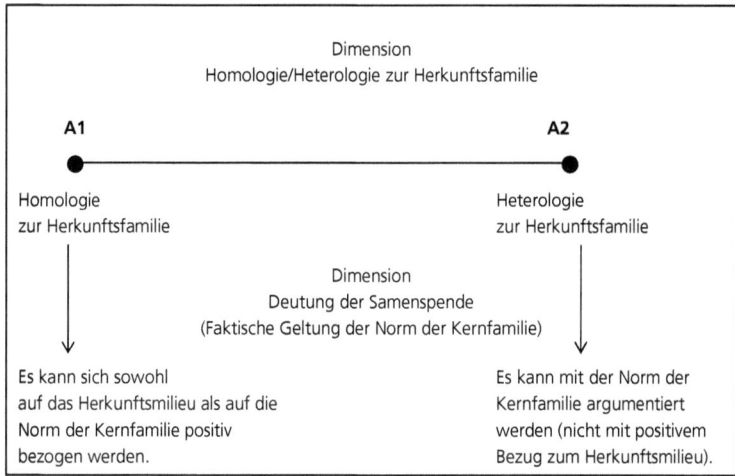

Abb. 7 Dimension – Homologie/ Heterologie zur Herkunftsfamilie, Quelle: eigene Darstellung

In beiden Falltypen, die an diesem Pol A anzusiedeln sind, kommt die Norm der Kernfamilie zum Tragen, wenn es darum geht, unter veränderten Vorzeichen für die Sozialisation des Nachwuchses einen Entwicklungsrahmen zu erzeugen. Unter der Norm der Kernfamilie verstehe ich hier, dass ein primäres Gehäuse, in das das Kind hineingeboren wird, erzeugt wird, in dem die Position des Vaters auch mit dem Akteur besetzt ist, von dem das Kind abstammt. Während es in dem einen Falltypus um eine Strukturerhaltung, um Kontinuität im Milieu geht (Homologie zur Herkunftsfamilie), trotz unkonventioneller, von der Kernfamilie abweichender Ausgangsbedingungen für Sozialisationsprozesse, wird im zweiten Falltypus im Rahmen dieser unkonventionellen Ausgangsbedingungen auch eine neue, vom Herkunftsmilieu abweichende Lösung für die Sozialisation der neuen Generation gefunden (Heterologie zur Herkunftsfamilie). Für die Fälle, die sich diesem Falltypus zuordnen lassen, erwarten wir Deutungen für den Umgang mit dem Problem der Samenspende, die auf diesen Bruch zum Herkunftsmilieu Bezug nehmen oder/ und der Norm der Kernfamilie thematisch Geltung verleihen. Obwohl diese beiden Falltypen sich in ihren Lösungen, was den Umgang mit der Samenspende betrifft, gleichen, nämlich dem Kind Interaktionserfahrungen mit dem leiblichen Vater zu ermöglichen, unterscheiden sie sich in der Art, mit den Lösungsangeboten, die sie in ihren Herkunftsmilieus vorfinden, umzugehen.

Das gemeinsame dieser beiden Falltypen besteht in der Entscheidung, dem Samenspender einen Platz in der Familie zuzuweisen. Aus diesem Handeln resultiert für das Kind die Möglichkeit, neben den beiden Frauen, auch den biologischen Vater zu kennen und darüber hinaus, da er in irgendeiner Form lebenspraktisch in die Familie integriert ist, Interaktionserfahrungen mit dem Vater zu machen. Diese Entscheidung, die Strukturposition des Vaters mit dem Samenspender zu besetzen, konstituiert für den Prozess der kindlichen Erfahrungsbildung andere Möglichkeiten als die, eine anonyme Samenspende zu wählen und den leiblichen Vater auf maximaler Distanz zu halten. Das Kind kann in praktischen Interaktionen mit dem Vater ein Konzept, das beschreibt, was es heißt, einen ‚Vater' zu haben, herausbilden. Der Unterschied zwischen den beiden Falltypen besteht in verschiedenen Bewertungen hinsichtlich der Sozialisationslösungen ihrer Herkunftsfamilien. Im ersten Falltypus (Homologie zur Herkunftsfamilie) wird sich am Vorgefundenen positiv orientiert und Sozialisationslösungen reproduziert. Im zweiten Falltypus (Heterologie zur Herkunftsfamilie) wird im Vollzug einer Transformation sich für eine Alternative entschieden.

Falltypen: Pol B

Beide Fälle auf dem Pol A (A1/ A2) sind kontrastiv zum Pol B in der Dimension „Distanz zum Samenspender". Während in den Fällen am Pol A die Kinder einen Sozialisationsrahmen vorfinden, in dem es den Spender als leiblichen Vater gibt, wird den Kindern in den Fällen, die auf dem Pol B abzutragen sind, ein Aufwachsen in einer Inseminationsfamilie ohne den leiblichen Vater zugemutet. Die Möglichkeit, auf Dauer im Primärraum der Familie, in der es zwei Frauen, die leibliche Mutter und deren lesbische Partnerin, gibt, Interaktionserfahrungen mit dem leiblichen Vater zu machen, ist nicht vorgesehen. Für die Sozialisation der nachfolgenden Generation wird so von diesem Falltyp (B) ein Entwicklungsrahmen erzeugt, in dem die Alternative ausgezeichnet wird, die Strukturposition des Vaters nicht wie im Modell der Kernfamilie mit dem leiblichen Vater zu besetzen. Damit wird fundamental gegen den normativen Charakter der Kernfamilie verstoßen. Wie die Fälle des Poles A kontrastieren die, die dem Pol B zuzuordnen sind, zueinander in der Dimension Homo-/Heterologie zur Herkunftsfamilie.

Mit Blick auf die familiale Sozialisation der Inseminationsmutter hinsichtlich dieser Dimension (Heterologie/Homologie zur Herkunftsfamilie) sind hier zwei kontrastierende Falltypen (B1 und B2) zu unterscheiden: Entweder reproduziert diese Lösung eine Primärkonstellation, die der Inseminationsmutter aus ihrem Sozialisationsmilieu bekannt ist (B1: Homologie zur Herkunftsfamilie), oder diese Lösung steht für etwas Neues, das dann auch impliziert, alternativ zu ihren eigenen Sozialisationserfahrungen mit der Strukturposition des Vaters umzugehen (B2:

Heterologie zur Herkunftsfamilie). In beiden Falltypen, die auf dem Polende B anzusiedeln sind, ist für die Fallrekonstruktion folgende Frage analyseleitend: Mit welchen Argumenten wird die Abweichung von der kulturspezifischen Norm der Kernfamilie soweit abgedichtet, dass eine Praxis realisiert wird, die die Zumutung enthält, dem Kind keine Interaktionserfahrungen mit dem leiblichen Vater zu ermöglichen? Über welche Deutungsmuster angeleitet wird die praktische Negation der Norm nicht soweit zum Problem, dass sie die Praxis, eine Inseminationsfamilie zu erzeugen, in dem es für das Kind den leiblichen Vater nicht gibt, verunmöglicht? Es wäre denkbar, dass in solchen Fällen, in denen die im Herkunftsmilieu der Inseminationsmutter vorliegende Sozialisationslösung, dem Kind ein Aufwachsen ohne Vater zuzumuten, reproduziert wird, die Abweichung von der kulturspezifischen Norm mit Bezug auf das Tradierte normalisiert wird: ‚Ich bin auch ohne Vater aufgewachsen und es hat mir nicht geschadet'. Die Norm der Kernfamilie wäre von diesen Fällen dann ganz in Frage gestellt. Denkbar wäre aber auch, dass die Abwesenheit des leiblichen Vaters in einen Ausdruck des Bedauern eingebettet ist: ‚Leider hatte ich nicht, wie viele andere Kinder einen leiblichen Vater...'. In der Fallanalyse müsste dann nach den Gründen geforscht werden, die die Entscheidung erklären, dem Inseminationskind trotz ihrer eigenen negativen Sozialisationserfahrungen, ein vergleichbar ähnliches Entwicklungssetting zuzumuten. Allgemein gilt für Fälle dieser Art, die sich bei der von ihnen eingerichteten Sozialisationspraxis auf voreingerichtete Muster in ihrer Herkunftsfamilie berufen (können) (B1), dass mit Bezug auf diese Orientierungsvorgaben die Abweichung von der kulturspezifischen Norm, dem Kind im Rahmen der Inseminationsfamilie keine realen Beziehungserfahrungen mit dem leiblichen Vater zu ermöglichen, nicht zu einem derartigen Problem wird, so dass sich gegen einen Entwicklungsrahmen ohne Vater entschieden wird. Wenn in Orientierung an der Sozialisationspraxis der Herkunftsfamilie, das Sozialisationsproblem mit der Samenspende so gelöst wird, dass sozialisatorische Ausgangslagen sich in der Nachfolgegeneration reproduzieren, dann steht diese Handlungsentscheidung auch für eine Vergemeinschaftung mit dem Herkunftsmilieu. Es wird im Verstoß gegen eine kulturspezifische Norm die Zugehörigkeit zur Herkunftsfamilie behauptet.

Mit Blick auf den denkbar anderen Falltypus (B2) am Pol B, bei der die Entscheidung, Sozialisationsbedingungen ohne einen leiblichen Vater zu erzeugen, keineswegs eine Wiederholung von familialen Konstellationen des Herkunftsmilieus der Inseminationsmutter darstellt, ist zu fragen: Mit welchen Argumenten wird von der kulturell als positiv ausgezeichneten Norm abgewichen, gleichwohl in der Herkunftsfamilie der Inseminationsmutter diese Norm praktisch realisiert vorliegt? Es ist in der Fallrekonstruktion dann nach Deutungsmustern zu forschen, die erklären, dass diese doppelte Abweichung, einmal von der kulturellen Norm der

Kernfamilie und zum anderen von den herkunftsfamiliären Vorgaben, nicht zum Problem für die Durchsetzung einer ganz anderen Sozialisationspraxis wird. Mit Blick auf das Herkunftsmilieu wären Argumente denkbar, wie zum Beispiel: ‚Ich bin zwar mit meinen leiblichen Eltern aufgewachsen, aber mein Vater hat sich nicht um mich gekümmert.' Oder: ‚Meine Eltern haben sich nur gestritten'. Oder: ‚Mein Vater war selten zu Hause'. Denkbar sind auch Begründungen wie: ‚Es ist leichter für eine Frau, ohne den Vater des Kindes ein Kind groß zu ziehen'.

Gemeinsam ist den beiden Falltypen des Poles B (B1/ B2), dass in ihnen eine Lösung für das Problem der Samenspende präferiert wird, die für eine Nachwuchssozialisation ohne die Anwesenheit des leiblichen Vaters steht. Während in dem ersten Falltypus (B1) mit dieser Lösung die Akteure in ihrer Begründung der Samenspende an eine in der Herkunftsfamilie vorliegende Normalität anschließen können, ist in dem zweiten Falltypus (B2) von Begründungen auszugehen, die den Widerspruch zur Herkunftsfamilie bearbeiten. Generell, unabhängig davon, ob Probleme die Sozialisation des Nachwuchses betreffend durch Reproduktion von herkunftsfamilialen Lösungsvorgaben bewältigt werden (B1) oder in einer Alternative dazu (B2), ist bei der Analyse dieser beiden Falltypen, in der zwar faktisch von der Norm der Kernfamilie abgewichen wird, zu unterscheiden, ob die Geltung der Norm der Kernfamilie nicht infrage gestellt wird (‚Normalerweise braucht jedes Kind seinen leiblichen Vater, aber wir haben uns dagegen entschieden weil...') oder ganz infrage gestellt wird (‚Ein Kind braucht keinen leiblichen Vater'). Denkbar wäre, dass in den Fällen, in denen von der kulturspezifischen Verbindlichkeit der Kernfamilie abgewichen wird, gleichwohl die Geltung dieser Norm nicht infrage gestellt wird, die Frauenpaare hier offen sind für eine alternative Personalausstattung der väterlichen Strukturposition. Es wäre in der Analyse zu prüfen, ob in diesen Fällen im Vergleich zu denen, die die Norm der Kernfamilie nicht anerkennen, sich weniger radikal von Sozialisationskonzepten abgegrenzt wird, in denen es Männer als Väter gibt.

Die gleichgeschlechtliche Inseminationsfamilie

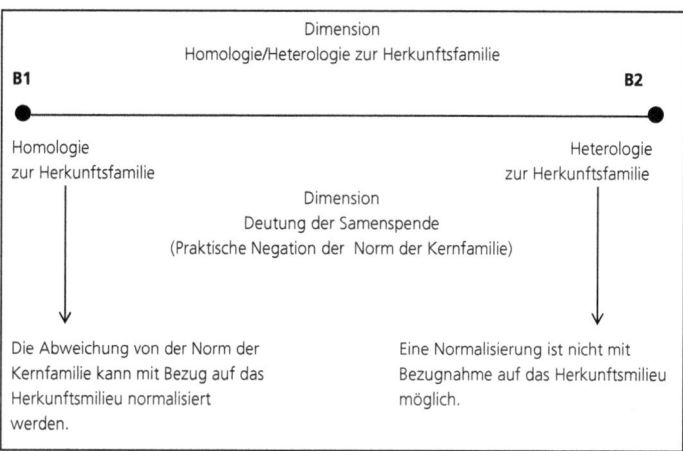

Abb. 8 Dimension – Homologie/ Heterologie zur Herkunftsfamilie, Quelle: eigene Darstellung

Dimension: Konflikt der Partnerin der Mutter mit dem Samenspender. Eine allgemeine Anmerkung vorweg. Welchen Einfluss haben Faktoren wie beispielsweise Entscheidungen aus der Zeit der Vorgeschichte des Paares, ein vorhandener oder nicht vorhandener Kinderwunsch auf der Seite der lesbischen Partnerin, das Alter der Frauen und die reproduktive Gesundheit auf die Lösung der von allen gleichgeschlechtlichen Frauenpaaren mit Kinderwunsch zu lösenden Handlungsprobleme: Wahl der Samenspende, Organisation der Fortpflanzung, Umgang mit dem Samenspender und Platzierung der lesbischen Partnerin der Mutter in der Inseminationsfamilie. Die genannten Einflussfaktoren sollen insbesondere hinsichtlich ihrer formativen Kraft, die lesbische Partnerin der Mutter in der Inseminationsfamilie zu platzieren, betrachtet werden. Die analyseleitende Frage ist hier: Über welche soziale Organisationsweise wird die lesbische Partnerin, die mit dem Kind leiblich nicht verwandt ist, in der Inseminationsfamilie platziert? Die zentrale Dimension, die mutmaßlich dazu führt, dass es zu unterschiedlichen Fallstrukturen kommt in der Auseinandersetzung mit dem zu lösenden Problem der Platzierung der Partnerin der Mutter und das in der Fallstrukturanalyse zu berücksichtigen ist, ist bestimmt durch das Verhältnis zwischen der Frau, die mit dem Kind leiblich nicht verwandt ist, und dem Samenspender.

Ich gehe, um ein Feld maximal kontrastierender Fälle zu entwerfen, auch hier wieder von den zwei Polen aus, die ich im Fall von Fällen, die den Samenspender als leiblichen Vater maximal integrieren, als „Vertreter der Natürlichkeit" bezeichnet habe (Pol A: Die Integrierer) und im Fall von Fällen, die sich für eine maximale Distanz zum Samenspender entschieden und eine Inseminationsfamilie unter der Abwesenheit des leiblichen Vaters als männlichen Dritten eingerichtet haben, als „Konstrukteure einer Familienordnung ohne Vater" bezeichnet habe (Pol B: Die Ausschließer).

Wenn der Samenspender maximal in die Inseminationsfamilie als leiblicher Vater integriert ist, wie das für die Fälle am Pol A typisch ist, dann erwarten wir nur dann ein Problem bei der Platzierung der zweiten Frau in der Familie, wenn der Anspruch ihrerseits besteht, die Strukturposition des Vaters zu besetzen und damit in Konkurrenz zum Samenspender zu treten. Denkbar wäre, dass derartige Konflikte dann auftreten, wenn zum Beispiel der Samenspender in der Familie mit den beiden Frauen zusammenlebt und gleichzeitig die lesbische Partnerin der Mutter des Kindes Formen von Zugewandtheit dem Kind gegenüber auf der sozialen Position eines Elternteils zukommen lassen möchte. Interessant wird dann sein, in der Analyse zu verfolgen, über welche Deutungen und praktischen Problemlösungen das Thema der Mehrelternschaft bearbeitet wird. Es ist zu vermuten, dass ein ausgesprochen ausgeprägter Kinderwunsch von Seiten der lesbischen Partnerin ein zentrales Kriterium sein kann, mit dem sich die Motivation, wie eine Mutter für das ‚gemeinsame' Kind zu sorgen, erklären lässt.

Während in diesen Fällen zu erwarten ist, dass in irgendeiner Form von den Beteiligten auf die über die Kernfamilie hinausgehende numerische Erweiterung Bezug genommen wird, vermuten wir vergleichsweise wenig bzw. keinen Handlungsbedarf in den Fällen, in denen die Ansprüche, das Kind mit elterlicher Zuwendung zu versorgen, auf die Mitglieder der Kerngruppe begrenzt ist. Das ist dann der Fall, wenn die lesbische Partnerin zum Beispiel keinen ausgeprägten eigenen Kinderwunsch hat(te), der Kinderwunsch bereits durch eigene Kinder aus der Zeit der Vorgeschichte, zum Beispiel in einer heterosexuellen Paarbeziehung, zufrieden erfüllt ist, und die lesbische Partnerin sich von Anfang an eher als Lebenspartnerin der Mutter als ein Elternteil des Kindes gesehen hat. In diesen Fällen, in der die zweite Frau aus der Perspektive des Kindes die Freundin seiner leiblichen Mutter ist, kann der Samenspender als leiblicher Vater, ohne sich eine elterliche Strukturposition mit der lesbischen Partnerin der Mutter seines Kindes teilen zu müssen, konkurrenzlos ausfüllen.

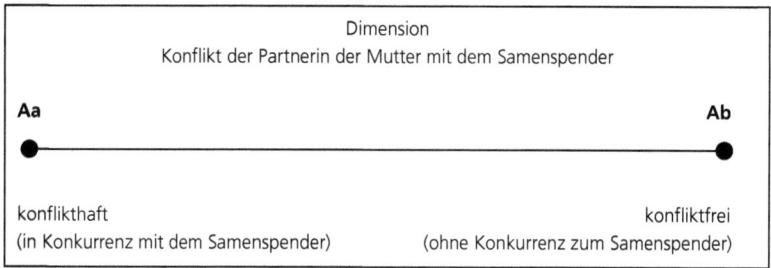

Abb. 9 Dimension – Konflikt der Partnerin der Mutter mit dem Samenspender, Quelle: eigene Darstellung

Die Fälle, die auf dem Pol B abzutragen sind und sich in der Dimension „Distanz zum Samenspender" ähneln, kontrastieren untereinander in der Dimension „Konflikt der Partnerin der Mutter mit dem Samenspender".

Zu den Fällen, die am Pol B anzusiedeln sind: Wenn auch die lesbische Partnerin einen ausgeprägt starken Kinderwunsch hat und dieser zum Beispiel aus Alters- oder Krankheitsgründen nicht erfüllt werden kann, so könnte, selbst wenn vor dem Hintergrund der Herkunftsfamilie der Inseminationsmutter die Entscheidung gegen die Integration des Samenspenders als leiblicher Vater in die Inseminationsfamilie nicht erwartbar ist, dieser derart strukturbildend wirken, dass eine Nachwuchssozialisation unter Ausschluss des leiblichen Vaters zur Alternative wird. Das Motiv, sich gegen die kulturspezifische Norm, dem Kind die konkrete Erfahrung mit dem leiblichen Vater zu ermöglichen, läge in diesen Fällen in dem Wunsch der lesbischen Partnerin, die Strukturposition des Vaters – zum Beispiel als ein zweites Elternteil an der Seite der leiblichen Mutter – auszufüllen. Faktisch würden diese Fälle gegen die Norm der Kernfamilie verstoßen, aber die Geltung der Norm wäre, auch wenn Familie in einer anderen Personenkonstellation gelebt wird, nicht infrage gestellt.

Wenn die lesbische Partnerin aufgrund eines abwesenden oder nur schwach ausgebildeten eigenen Kinderwunsches maximal als Freundin an der Seite der Inseminationsmutter diese bei ihren mütterlichen Aufgaben und Zuwendungsweisen unterstützen will und aus diesen Gründen ein Konflikt mit einem anwesenden/ präsenten leiblichen Vater nicht zu erwarten ist, so bleibt zu erforschen, wo die Gründe für die Entscheidung, dem Kind trotzdem eine Sozialisation ohne Vater zuzumuten, liegen. Wir würden uns in diesen Fällen in der Analyse auf das Sozialisationsmilieu der Inseminationsmutter und auf die Deutungsmuster, die im Zusammenhang mit der Samenspende thematisch werden, konzentrieren.

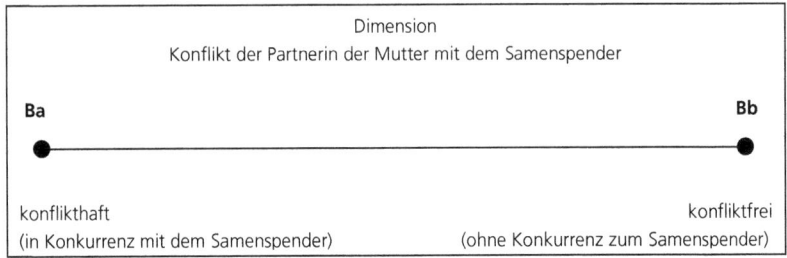

Abb. 10 Dimension – Konflikt der Partnerin der Mutter mit dem Samenspender, Quelle: eigene Darstellung

Ich komme zum Schluss dieses Kapitels: Es kann nun sein, dass sich im Verlaufe der Fallrekonstruktionen noch weitere Dimensionen herausarbeiten lassen, die nachweislich Einfluss auf die von allen gleichgeschlechtlichen Inseminationsfamilien gleichermaßen zu lösenden Handlungsprobleme haben. Ist dem so, also sollte offensichtlich werden, dass auch von anfänglich noch nicht klar benennbaren Dimensionen eine fallstrukturprägende Kraft ausgeht, dann ist der Auswahlrahmen um diese Fälle zu erweitern, in denen diese Dimensionen in die zentralen Handlungsproblemlösungen eingehen. Das Ziel ist, sukzessive, über die durch die Dimensionsanalyse angeleiteten Fallrekonstruktionen, die Frage zu beantworten: Lässt sich über die Fälle hinweg durch kontrastive Fallrekonstruktionen eine Typologie der gleichgeschlechtlichen Inseminationsfamilie entwickeln, aus der sich eine allgemeine Erkenntnis über den Forschungsgegenstand Familie ablesen lässt. Von diesem Ergebnis ausgehend ist dann zu entscheiden, ob die gleichgeschlechtliche Familie ein Fall von Familie ist oder gegebenenfalls als eine private Lebensform mit Kindern zu bezeichnen ist.

6 Erste Fallauswahl und die Organisation der Daten für die Fallrekonstruktion

Eine derartige Dimensionsanalyse, wie ich sie oben vorgenommen habe, kann nun schnell, wie Thomas Loer formuliert hat, und sich in Ansätzen bereits oben abgezeichnet hat, „zu einem ausufernden Formalismus verführen […], [wobei] die Relevanz der zu erhebenden Daten für die Beantwortung der Fragestellung" ausgeblendet wird (Loer 2016b: 4). Deshalb soll es in diesem Kapitel darum gehen, wie der Prozess der Selektion von Datentypen und Datenmaterial in Bezug auf die erste Fallrekonstruktionsanalyse praktisch organisiert werden kann.

Eine unumgänglich zu lösende Frage ist: Mit welchem Fall soll der Prozess der Fallstrukturanalyse begonnen werden? Ein allgemeines Rezept für die Auswahl des ersten Falles gibt es nicht. Soll die Entscheidung aber nicht an der über eine Dimensionsanalyse antizipierend vorweggenommenen Typenbildung vorbei getroffen werden, so ist zum Beispiel ein Fall auszuwählen, der von seinen äußeren Merkmalen her auf den ersten Blick sich einen der beiden Pole, die sich in der Dimension „Distanz zum Samenspender" unterscheiden, zuordnen lässt. Konkret heißt das, es ist entweder ein Fall auszuwählen, der allem Anschein nach vermuten lässt, zum Beispiel schon bedingt durch seine Personalausstattung oder durch die Art der Samenspende oder durch den Vorgang der Zeugung (falls man über derart fallspezifisches Wissen überhaupt verfügt), dass hier vergleichbar einer Kernfamilie der biologische Unterbau eine Verlängerung in eine sozialisatorische Interaktion hinein erfährt, in der es neben der leiblichen Mutter auch einen leiblichen Vater gibt. Oder es wird mit einem Fall begonnen, der am anderen Pol angesiedelt ist. Es müsste sich hierbei um einen Fall handeln, der von seinen äußeren Eigenschaften her vermuten lässt, dass bei der Lösung der Handlungsprobleme, die alle Inseminationsfamilien gleichermaßen zu lösen haben, keine Bestrebungen am Wirken zu sein scheinen, die darauf zielen, eine Nachwuchssozialisation in einem Rahmen zu gewährleisten, in dem der Samenspender als leiblicher Vater des Kindes gemeinsam mit der Mutter soziale Operationen von Fürsorge und Betreuung verrichtet. Hierfür stünde ein Fall, bei dem die Strukturposition des Vaters, zum Beispiel durch die Entscheidung für eine anonyme Samenspende, nicht mit dem leiblichen Vater besetzt ist.

Ist die Entscheidung für den ersten Fall getroffen, stellt sich die Frage, wie ist eine Ordnung in das Dickicht der auf der Erhebungsstrecke angefallenen Datentypen zu bringen. Nicht immer stellt sich die Frage der Selektion von Datentypen, etwa dann nicht, wenn nur ein einziger Datentypus – etwa ein Interviewtranskript – vorliegt. Haben wir es aber mit einem Datenkorpus zu tun, der sich aus verschiedenen Datensorten zusammensetzt, dann ist neben der Frage, mit welchen Daten begonnen werden soll, zum einen zu klären, in welcher Reihenfolge die verschiedenen Datentypen Eingang in die Datenanalyse finden sollen und zum anderen, durch welche Fragen angeleitet die Analyse des entsprechenden Datentyps erfolgen soll.

Ich beginne mit einer thematischen Analyse der objektiven bzw. „testierbaren Daten" (vgl. Loer 2015). Dem Thema der Untersuchung entsprechend geht es hier um Daten der Familiengründung. Relevant sind hier: das Alter der Frauen, die (reproduktive) Gesundheit, die Art der Samenspende, die Organisation der Zeugung, die Anzahl der Kinder (eigene, fremde aus der Vorgeschichte der Partnerin), das

Zusammenleben im Rahmen einer eingetragenen Lebenspartnerschaft und die Entscheidung für die Stiefkindadoption. Es handelt sich bei diesen Daten, die aus dem Interview herausgelesen werden, um Daten, die sich auch unabhängig von dieser Datenquelle überprüfen ließen (vgl. Loer 2015: 303). Interessant sind diese Daten für die Rekonstruktionsanalyse „aufgrund der Annahme, dass die hierin objektivierten Lebensumstände auf lebenspraktische Entscheidungen verweisen, die sich zu einer Typik des Handelns sukzessive verdichten" (Allert 1993: 332, zit. aus Loer 2015: 303). Zentrale Fragen, die unter Einbezug dieser testierbaren Daten und vor dem Hintergrund der zu rekonstruierenden Möglichkeiten, die den Frauen alternativ zur Verfügung standen, sind: Wer hat den Familiengründungsprozess angestoßen? Wer hatte einen ausgeprägten Kinderwunsch? Wie sah der Entscheidungsverlauf bis zur Realisierung der Familiengründung aus? Welche alternativen Handlungspfade waren den Frauen konkret verfügbar? Welche konkreten Schritte haben sie unternommen, um eine Familie zu werden? Dieser Analyseschritt endet mit einer ersten Fallstrukturhypothese, die aufzeigt, wie für diesen Fall typisch Entscheidungen getroffen werden, mit der Folge, einen fallspezifischen Entwicklungsrahmen für Nachwuchssozialisation unter den Bedingungen von weiblicher Homosexualität und Samenspende zu erzeugen.

In einem zweiten Schritt wird das sozialisatorische Herkunftsmilieu der Frau, an der die Insemination vollzogen wurde, einer thematischen Analyse unterzogen. Die zentrale Frage ist hier: Wie werden im Herkunftsmilieu der Inseminationsmutter Sozialisationsfragen gelöst? An welchen Mustern kann sich orientiert werden, wenn es darum geht, unter den Bedingungen einer gleichgeschlechtlichen Inseminationsfamilie Fragen der sexuellen Reproduktion und der kulturellen Gemeinschaft zu lösen? Im Zentrum der Datenanalyse steht hier das „Genogramm" der leiblichen Mutter. Durch die Genogrammanalyse (vgl. Hildenbrand 2007) soll unter Berücksichtigung des bereits vorhanden Fallwissens eine Erkenntnis darüber gewonnen werden, ob mit den Handlungsproblemlösungen, die zur Fallspezifik der Inseminationsfamilie gehören, Lösungen aus dem sozialisatorischen Herkunftszusammenhang der Inseminationsmutter reproduziert werden oder ob eine Alternative dazu gewählt wird. Aus diesen Ergebnissen wird dann eine Hypothese gebildet zu den für diesen Fall erwartbaren Deutungsmustern hinsichtlich des Handlungsproblems der Samenspende. Diese Hypothese bildet dann den Ausgangspunkt für den dritten Schritt.

Im Zentrum der Fallrekonstruktion stehen hier die Deutungsmuster, mit denen das erklärungsbedürftige Thema der Samenspende und damit zusammenhängend die Frage der uneindeutigen An- bzw. Abwesenheit des Vaters bearbeitet wird. Es geht darum, Wissensbestände des Frauenpaares und die selbst von ihnen mit diesem Handlungsproblem in Zusammenhang gebrachten Themen zu erfassen. Zu fragen ist nach den Reflexionsprozessen, die in Bezug auf das Thema bei den Frauen in Gang gekommen sind und wie Überzeugungen begründet werden. Zentrale Fragen sind: Welche Urteile der Angemessenheit gehen in das Thema der Samenspende ein? Welche dem Herkunftsmilieu entspringenden Deutungen ermöglichen einen veralltäglichten Umgang mit dem Handlungsproblem der Samenspende? Wie wird die Entscheidung gedeutet, durch die Wahl, sich den Kinderwunsch mit Hilfe einer Samenspende zu erfüllen, in Prozesse der Sozialisation eingegriffen zu haben? In diesem Zusammenhang wird auch die Kategorie der Zumutbarkeit (Blankenburg 1997) und Normalisierungspraktiken eine Rolle spielen. Diese Analyseebene der Deutungen, des expliziten Wissens, des Meines und Dafürhaltens stellt eine eigenständige Realitätsebene dar. Es geht zentral um die Sichtweise des Frauenpaares auf den Vorgang der Samenspende. Unter Sichtweise verstehe ich im Anschluss an den Soziologen Shibutani eine „Perspektive", die eine „geordnete Sicht der eigenen Welt ist" (1955: 563 f.) Eine solche Perspektive enthält Definitionen, die nicht einfach ad hoc gebildet werden, sondern sie ist Trägerin lebensgeschichtlich entwickelter und in Sozialisationsprozessen erworbenen Denk-, Deutungs- und Handlungsmuster, die die Wahrnehmung organisieren. Der zentrale Datentyp hierfür ist das Interview. Ich werde hier die Interviewstellen auswählen und analysieren, in denen die Frauen zum Beispiel erzählen, wie sie mit dem Thema der Samenspende ihrem Kind gegenüber umgehen oder was sie diesbezüglich denken, für problematisch oder ganz normal halten.

Im vierten Schritt steht im Zentrum der Fallrekonstruktionsanalyse die Frage: Wie ist die zweite Frau, also die lesbische Partnerin der Mutter des Kindes, in die Familie integriert? Unter Berücksichtigung des internen Fallwissens und der bisher herausgearbeiteten Fallstruktur wird – bevor in diesem Analyseschritt neben den thematisch ausgewählten Interviewstellen auch andere Datentypen in die Analyse miteinbezogen werden – Erwartbares über die soziale Platzierung der lesbischen Partnerin in der Familie formuliert. Zentrale Fragen, die die Analyse der verschiedenen Datensorten wie Interview, Beobachtungsprotokoll, Skizze von Sitzordnungen während der Interviews, Familienfoto anleiten, sind: Über welche Art der sozialen Beziehung ist die Frau dem Kind zugeordnet? Wie wird eine Bindung hergestellt, wenn keine leibliche Verwandtschaft zum Kind besteht (Anredeweisen, Namensvergabepraxis etc.)? Wie werden Grundbedürfnisse des Kindes (Trost, Pflege, Schutz) befriedigt? Wie sehen die Zuwendungsstile gegenüber dem Kind aus? Wer ist wann wie zu Hause? Es geht in diesem Punkt um, wie es Maiwald einmal formuliert hat, die „praktische Seite der Beziehung" (Maiwald 2009: 285). Wir erfahren in der Durchführung dieses Analyseschrittes, bei dem die lesbische Partnerin im Fokus steht, etwas darüber, wie die fundamentalen

Sozialisationsleistungen erbracht werden, wenn sie nicht wie in der Kernfamilie auf die Position von Vater und Mutter verteilt sind.
Die Reihenfolge der Daten, so wie sie in die Analyse eingehen, noch einmal im Überblick:

(1) Analyse der Gründungssituation
- Datentyp: objektive bzw. testierbare Daten
- Datentyp: ausgewählte Interviewstelle (Kennenlerngeschichte)

(2) Analyse des sozialisatorischen Herkunftsmilieus der Inseminationsmutter
- Datentyp: Genogramm

(3) Analyse von Deutungsmustern zum Thema Samenspende
- Datentyp: ausgewählte Interviewstellen

(4) Analyse der familialen Interaktionsstruktur
- Datentyp: ausgewählte Interviewstellen (u. a. Eingangssequenz), Beobachtungsprotokoll, Skizze von Sitzordnungen, Klingelschild, Familienfoto

Ist nun der erste Fall ausgewählt und analysiert, so kann als nächstes ein Fall ausgewählt werden, der in einer Dimension, „die entweder vorab als relevant entworfen wurde oder sich im Laufe der Analyse des ersten Falles als relevant erwiesen hat, zum ersten in Kontrast steht" (Loer 2016a: 1). Wie dann für diesen Fall die Datenmaterialorganisation im Prozess der Analyse organisiert wird, ist – wie für jeden weiteren Fall – auch davon abhängig, welche Datensorten generell zur Verfügung stehen und von der Fallstruktur, die sich sukzessive erst im Prozess der Fallrekonstruktion erschließt. Das Ziel der Analyse einer überschaubaren Anzahl von Fällen ist, über eine kontrastive und sequenziell geleitete Fallauswahl, bei der Fallrekonstruktion, Strukturgeneralisierung und kontrastive Fallauswahl die zentralen Schritte im Prozess der Generalisierung sind, Typen von Inseminationsfamilien zu rekonstruieren und herauszufinden, ob es eine die Fälle übergreifende Struktur gibt, die es gerechtfertigt erscheinen lässt, bei der gleichgeschlechtlichen Inseminationsfamilie von einem Fall von Familie zu sprechen.

Literaturverzeichnis

Bannas, Günter (2017): Bundespräsident fertigt Gesetz über „Ehe für alle" aus. In: *F.A.Z.*, 22.7.2017, Nr. 168: 4

Blankenburg, Wolfgang (1997): „Zumuten" und „Zumutbarkeit" als Kategorien der psychiatrischen Praxis. In: Krisor, Matthias; Pfannkuch, Harald (Hg.), Gemeindepsychiatrie unter ethischen Aspekten, Regensburg: Roderer, 21-48

Bohler, Karl Friedrich (2008): Das Verhältnis von Fallanalyse und konditioneller Matrix in der rekonstruktiven Sozialforschung. In: *sozialer sinn*, 2/2008: 219-250

Count, Earl W. (1958): Eine biologische Entwicklungsgeschichte der menschlichen Sozialität: Versuch einer vergleichenden Wirbeltiersoziologie mit besonderer Berücksichtigung des Menschen. In: *Homo*: 9, 129-14

Dethlof, Nina (2010): Assistierte Reproduktion und rechtliche Elternschaft in gleichgeschlechtlichen Partnerschaften. Ein rechtsvergleichender Überblick. In: Funcke, Dorett; Thorn, Petra (Hg.), Die gleichgeschlechtliche Familie mit Kindern. Interdisziplinäre Beiträge zu einer neuen Lebensform, Bielefeld: transcript, 161-192

Eggen, Bernd (2009): Gleichgeschlechtliche Lebensgemeinschaften mit und ohne Kinder. In: ifb-Materialien 1-2009, Staatsinstitut für Familienforschung an der Universität Bamberg (ifb), (http://www.ifb.bayern.de/imperia/md/content/stmas/ifb/materialien/mat_2009_1. pdf; zuletzt angesehen am 7.8.2017)

Fischer, Joachim (2008): In welcher Gesellschaft leben wir eigentlich? In der bürgerlichen! In: Bundeszentrale für politische Bildung, (http://www.bpb.de/apuz/31374/in-welcher-gesellschaft-leben-wir-eigentlich-in-der-buergerlichen?p=all; zuletzt angesehen am 5.8.2017)

Funcke, Dorett; Hildenbrand, Bruno (2009): Unkonventionelle Familien in Beratung und Therapie. Heidelberg: Carl-Auer

Funcke, Dorett (2015): Homosexuelle Paare als Pflegeeltern. Ein Beitrag aus der fallrekonstruktiven Familienforschung. In: *Familiendynamik*, 2/2015: 142-153

Funcke, Dorett; Hildenbrand, Bruno (2018): Ursprünge und Kontinuität der Kernfamilie. Eine Einführung in die Familiensoziologie. Wiesbaden: Springer

Goody, Jack (1983): Die Entwicklung von Ehe und Familie in Europa. Frankfurt a. M.: Suhrkamp

Habermas, Jürgen (1976): Zur Rekonstruktion des Historischen Materialismus. Frankfurt a. M.: Suhrkamp

Hausen, Karin (1976): Die Polarisierung der ‚Geschlechtscharaktere' – Eine Spiegelung der Dissoziation von Erwerbs- und Familienleben. In: Conze, Werner (Hg.), Sozialgeschichte der Familie in der Neuzeit Europas, Stuttgart: Klett-Cotta, 363-393

Hildenbrand, Bruno (2009): Einführung in die Genogrammarbeit, Heidelberg: Carl-Auer

Koschorke, Albrecht (2011): Die Heilige Familie und ihre Folgen. Frankfurt a. M.: Fischer

Lenz, Karl (2003): Familie und persönliche Beziehungen – Eine Replik. In: *Erwägen, Wissen, Ethik*, 14/2003: 563-576

Linton, Ralph (1936): Study of Man. An Introduction. New York, London: Appleton Century Crofts

Loer, Thomas (2015): Diskurspraxis – Konstitution und Gestaltung. Testierbare Daten – Methodologie der Rekonstruktion. Objektive Hermeneutik in der Diskussion. In: *sozialer sinn*, 2/2015: 291-317

Loer, Thomas (2016a): Arbeitshefte Objektive Hermeneutik 1 – Forschungsgespräch [Fassung vom 27. Januar 2016], unv. Manuskript

Loer, Thomas (2016b): Wirklichkeitsflucht und mögliche Welterweiterung. Hunde als Objekte im Modus des Als-Ob. In: Hitzler, Ronald; Burzan, Nicole (Hg.), Auf den Hund gekommen. Interdisziplinäre Annäherung an ein Verhältnis, Wiesbaden: Springer VS, 203-228

Loer, Thomas; Funcke, Dorett (2017): Von der Forschungsfrage über Feld und Fall zur Theorie. In: Funcke, Dorett; Loer, Thomas (Hg.), Vom Fall zur Theorie – Auf dem Pfad der rekonstruktiven Sozialforschung, Studienbrief der FernUniversität in Hagen

Maiwald, Kai-Olaf (2009): Paarbildung als Selbst-Institutionalisierung. Eine exemplarische Fallanalyse. In: *sozialer sinn*, 2/2009: 283-315

Oevermann, Ulrich (1996): Vorlesungen zur Einführung in die soziologische Sozialisationstheorie 1995/96. Frankfurt a. M., unv. Vorlesungstranskript

Oevermann, Ulrich (2014): Sozialisationsprozess als Dynamik der Strukturgesetzlichkeit der ödipalen Triade und als Prozesse der Entstehung von Neuen. In: Garz, Detlef; Zizek, Boris (Hg.), Wie wir zu dem werden, was wir sind, Wiesbaden: VS Springer, 15-69

Parsons, Talcott (1981): Sozialstruktur und Persönlichkeit. Frankfurt a. M.: EVA

Popitz (2006): Soziale Normen. Frankfurt a. M.: Suhrkamp

Rupp, Marina (Hg.) (2009): Die Lebenssituation von Kindern gleichgeschlechtlicher Partnerschaften. Köln: Bundesanzeiger

Rupp, Marina; Dürnberger, Andrea (2010): Wie kommt der Regenbogen in die Familie? Entstehungszusammenhang und Alltag von Regenbogenfamilien. In: Funcke, Dorett; Thorn, Petra (Hg.), Die gleichgeschlechtliche Familie mit Kindern. Interdisziplinäre Beiträge zu einer neuen Lebensform, Bielefeld: transcript, 61-98

Rupp, Marina; Eggen, Bernd (2011): Gleichgeschlechtliche Paare und ihre Kinder. Hintergrundinformationen zur Entwicklung gleichgeschlechtlicher Lebensformen in Deutschland. Verbreitung, Institutionalisierung und Alltagsgestaltung. In: Rupp, Marina (Hg.), *Zeitschrift für Familienforschung*, Sonderheft 7: 23-37

Schelsky, Helmut (1955): Soziologie der Sexualität: Über die Beziehungen zwischen Geschlecht, Moral und Gesellschaft, Reinbek: Rowohlt

Schneider, David M. (1961): Introduction: The Distinctive Features of Matrilineal Descent Groups. In: Schneider, David M.; Gough, Kathleen (Hg.), Matrilineal Kinship, Berkeley, CA: University of California Press, 1-29

Shibutani, Tamotsu (1955): Reference Groups as Perspectives. In: *AJS*, 6: 562-569

Trotha, T. von (1994): Pluralisierung familialer Lebenswelten? Einleitung.In: *Soziologische Revue*, Sonderheft 3: 55-60

Tyrell, Hartmann (1978): Die Familie als ‚Urinstitution': neuerliche spekulative Überlegungen zu einer alten Frage. In: *Kölner Zeitschrift für Soziologie und Sozialpsychologie*, 4/1978: 611-651

Eine Fallgeschichte im Feld sozialer Hilfen

Karl Friedrich Bohler

Ausgehend von einem Fallbeispiel wird hier die Untersuchung sozialer Hilfen in einem Sonderforschungsbereich vorgestellt. Das Thema war die Entwicklung der Kinder- und Jugendhilfe in Deutschland nach 1990.[1] Die methodischen Überlegungen gingen von einem doppelten Umbruch auf den Ebenen des Gesellschaftssystems (im Osten) sowie des Handlungsfelds erzieherischer Hilfen (durch Einführung eines neuen Kinder- und Jugendhilfegesetzes) aus. Die Analysen wurden mithilfe eines fallrekonstruktiven Vorgehens durchgeführt. Sie konzentrierten sich zum einen auf die Klientenstrukturen der Hilfefälle und zum anderen auf die Fragen nach der Organisation eines Hilfesystems und der Professionalisierung der Fachkräfte. Konkret erschlossen wurde das Feld durch die kontrastierende Untersuchung von vier Landkreisen mit ihren Jugendämtern und ihrer Hilfepraxis vor Ort. Das waren die Landkreise Heidenheim (Baden-Württemberg), Ostholstein (Schleswig-Holstein), Rügen (Mecklenburg-Vorpommern) und Saalfeld-Rudolstadt (Thüringen). Die unterschiedliche institutionelle Entwicklung der Erziehungshilfen in diesen Landkreisen wiederum hängt davon ab, wie dieses Feld in die gesellschaftliche Sozialstruktur eingebettet ist. Diese Konstellation wird im Anschluss an die Fallgeschichte systematisch nachgezeichnet.

---

1   Es handelt sich um das Projekt „Individuelle Ressourcen und professionelle Unterstützung bei der Bewältigung von Systemumbrüchen in kontrastierenden ländlichen Milieus in Ost- und Westdeutschland", das im Rahmen des von der Deutschen Forschungsgemeinschaft geförderten Sonderforschungsbereichs 580 „Gesellschaftliche Entwicklungen nach dem Systemumbruch. Diskontinuität, Tradition und Strukturbildung" von 2001 bis 2012 an der Universität Jena durchgeführt wurde. Projektleiter war Bruno Hildenbrand, wissenschaftliche Mitarbeiter waren neben dem Autor Anna Engelstädter, Tobias Franzheld, Dorett Funcke und Anja Schierbaum.

© Springer Fachmedien Wiesbaden GmbH, ein Teil von Springer Nature 2019
D. Funcke und T. Loer (Hrsg.), *Vom Fall zur Theorie*, Studientexte zur Soziologie,
https://doi.org/10.1007/978-3-658-22544-5_4

1 Einleitung

Rekonstruktiv bei der Untersuchung eines Systems sozialer Hilfen vorzugehen heißt, Fälle auf systematisch gestuften Ebenen auszuwählen, zu analysieren und daraus generelle Schlüsse für das Handlungsfeld zu ziehen. Anselm Strauss (1993) bezeichnet die Einbettung eines Falls in die für ihn relevanten strukturellen Ebenen als die konditionelle Matrix sozialen Handelns. Er bestimmt damit den sozialen Rahmen, innerhalb dessen Akteure in einem Feld interagieren und Strukturen sich bilden. Strauss benutzt dafür auch das Bild konzentrischer Kreise um – je nach Anlass und Fragestellung – einen Akteur, eine Interaktion oder einen Vorfall. Er fundiert seine Konstruktion einer konditionellen Matrix in der konkreten Praxis und rekonstruiert fallbezogen auf verschiedenen Ebenen die Handlungsbedingungen. Die Orientierung an einer solchen Bedingungsmatrix ermöglicht es einer hermeneutisch-fallrekonstruktiven Untersuchung sozialer Hilfen, jenseits von Mikrostrukturen und beobachtbaren Interaktionen die umfassenderen sozialen Bedingungen und Konsequenzen in den Blick zu bekommen (vgl. Hildenbrand 2007: 13).

Das Konzept der konditionellen Matrix kann allerdings in der Sozialforschung nicht schematisch angewandt werden, weil sie selbst der Logik der rekonstruktiven Methode unterliegt. Insbesondere hat sie sich im konkreten Forschungsprozess zu bewähren. So vermag sie bezogen auf eine Fragestellung zu dessen Beginn als hypothetisch vorgreifender Entwurf das Untersuchungsfeld konstruktiv zu gliedern. Doch haben solche vorgängigen theoretischen Konstruktionen in dieser frühen Phase wissenschaftslogisch gesehen lediglich einen heuristischen Stellenwert. Der Fortgang der Projektarbeiten kann im Prinzip immer dazu zwingen, das Ausgangsmodell zu differenzieren und die Anzahl wie das strukturelle Profil der Ebenen zu modifizieren.

Untersucht man ein System sozialer Hilfen von der gesellschaftlichen Ebene aus – die Ausgangsfragestellung in unserem Sonderforschungsbereich –, so treten „nationale Politikfelder und Institutionenkomplexe in den Blick, welche als Ausdruck von Sozialstaatlichkeit gelten können" (Kaufmann 2003: 16). Die entsprechenden Untersuchungsfelder sind nationale Gesellschaften mit ihren (sozial-)politischen Auseinandersetzungen und die diesen zugrundeliegenden Weltbilder sowie die staatlichen Institutionen des Wohlfahrtsstaats, deren Operieren und notwendige Grundlagen (vgl. ebd.). Im Bereich der Kinder- und Jugendhilfe, einem der Sektoren sozialstaatlicher Leistungen, zeigen sich in Europa neben Gemeinsamkeiten auch auffallende Unterschiede. Etwa bei der Frage, wie das Verhältnis zwischen Elternrecht und Kindeswohl gewichtet werden soll. Staaten aus dem Mittelmeerraum stärken eher die Familie, nordeuropäische Staaten dagegen eher die Rechte des Kindes – und haben weniger Bedenken, in Familien zu intervenieren (vgl. ebd.: 41 f.). Weil in südeuropäischen Gesellschaften die familiale Orientierung eine tragende Rolle spielt, wird soziale Hilfe in traditionaler, wenngleich zunehmend mit schwächerer Legitimation ausgestatteten Weise über die Zugehörigkeit zu Haushalten und Gemeinschaften geregelt, die ihrerseits einen eindeutigen Platz in der Gesellschaftsordnung haben. Nur im nördlichen Europa entwickelte sich eine spezifisch moderne „Wohlfahrtsproduktion", eine zwangsläufige Folge des Modernisierungsprozesses, welche die Teilhabe an sozialstaatlichen Leistungen universalistisch und als Gewährleistung individueller Rechte, auch von Kindern gegenüber ihren Eltern, regelt (vgl. Hildenbrand 2007: 17). Was das im Einzelnen bedeutet, soll an folgender Fallgeschichte verdeutlicht werden.

2 Die Fallgeschichte der Familie Malte[2]

Die Fallgeschichte, wie sie in der Akte des Jugendamts dokumentiert ist, trägt sich in Mecklenburg-Vorpommern zu. Sie beginnt bereits zu DDR-Zeiten (vgl. Bohler 2008: 238-245). Familie Malte, wohnhaft in einer peripheren Gemeinde eines Kreisgebiets, dessen Sozialstruktur vor 1945 von Gutsbetrieben und danach von einer LPG dominiert wurde, wird 1987 das erste Mal der Jugendbehörde „gemeldet". Die Kinderkrippe der kleinen Landgemeinde äußert den Verdacht, der zweite Sohn der Familie werde vernachlässigt. Der zweijährige Sascha Malte kommt nämlich, so der Bericht in der Fallakte vom Juli 1987, *„ständig unsauber und ungepflegt in die Kindereinrichtung. Oft fehlt Wechselwäsche."* Allerdings wird nichts von Verhaltensauffälligkeiten berichtet. Die Mitarbeiterinnen der Einrichtung machen auch einen Hausbesuch. Sie finden eine Haushalts- und Lebensgemeinschaft in einer alten Landarbeiterwohnung eines früheren Gutsdorfs vor, die aus folgenden Personen besteht: *Renate Malte*, geb. 1962, Förderschule, kein Schulabschluss, Küchenhilfe in einer HO-Gaststätte; *Manfred Renz* (geb.?), ebenfalls früherer Förderschüler ohne Schulabschluss, jetzt Arbeiter in einem Sägewerk, *„Lebenskamerad"* der Mutter, aber nicht Vater der Kinder; *Sohn Nico*, geb. 1981, ist in der Grundschule; und *Sohn Sascha*, geb. 1985, besucht die Kinderkrippe.

---

2 Alle Namen in der Fallgeschichte sind anonymisiert.

2.1 Erste Phase der Fallgeschichte zu DDR-Zeiten

Wie beginnt 1987 die Intervention der DDR-Sozialbehörde? Als Folge des Hausbesuchs fordert die Leitung der Krippe eine Verschärfung und Verstetigung der sozialen Kontrolle durch die *„zuständigen Organe"*. Denn *„es wäre dringend erforderlich, dass von Seiten der Fürsorge, Rat der Gemeinde mit dem ABV* (Polizei), *endlich einmal Auflagen erteilt werden und entsprechende Schritte eingeleitet werden, damit hier endlich wieder Ordnung und Sauberkeit herrscht"*. Daraufhin macht die Jugendhilfekommission des Rats der Gemeinde – im Fall der Familie Malte unter Leitung des Bürgermeisters – einen weiteren Hausbesuch. Dazu wird Frau Malte von ihrer Arbeitsstelle abgeholt und nach Hause begleitet. Dies geschieht in Absprache mit dem Betriebsleiter. (Es wird also begonnen, ein Netzwerk sozialer Kontrolle aufzubauen.) Die wichtigsten Ergebnisse dieses Besuchs vom 15.07.1987 sind: Das Haus sei *„alt und reparaturbedürftig"*, die Wohnverhältnisse *„unordentlich und verschmutzt"*. Renate Malte wird unter Androhung der Kindesentziehung aufgefordert, Ordnung zu schaffen und zu halten. Um dies zu unterstützen sollen wöchentliche Kontrollen organisiert werden.

Darüber wird in den Akten nichts protokolliert. Aber bei einem Hausbesuch am 08.02.1988 ist *„die Wohnung in einem guten und sauberen Zustand"*. Des Weiteren wird in der Fallakte angeführt: *„Auf Hinweise zur Veränderung der hygienischen Umstände ihres Sohnes reagiert Renate Malte zwar einsichtig"*, dauerhafte Veränderungen *„werden jedoch nicht sichtbar"*. Diese Formulierung impliziert, dass zwischenzeitlich doch Verhaltenskontrollen durchgeführt worden sind. Diesen entzieht sich die Familie Ende Februar durch den Umzug in einen ehemaligen Gutsbezirk einer entfernteren Landgemeinde im Kreisgebiet. Dies genügt, dass Familie Malte in den nächsten Jahren nicht mehr in den Akten der Kreisjugendbehörde auffällig wird.

Schon diese kurze Anfangssequenz der Fallgeschichte lässt erste generelle Rückschlüsse auf die soziale Situation zu. Familie Malte lebt in einer ehemaligen Güterprovinz und entstammt (nach Aussage der zuständigen Bezirkssozialarbeiterin) der eingesessenen Landarbeiterschaft. Das sind Familien, die seit Generationen „ihr Päckchen zu tragen haben" (wie es in Gesprächen im Jugendamt hieß). Das Protokoll des Hausbesuchs könnte man als Hinweis darauf verstehen, dass die Vernachlässigung der Erziehung bei Familie Malte die Bedingungen für eine Reproduktion prekärer Lebensverhältnisse verstetigt. Das Ziel erzieherischer Hilfen müsste in solchen Fällen dann darauf gerichtet sein, Kinder in ihrer Entwicklung so weit zu stärken, dass sie dem Kreislauf von mangelnder Förderung und negativen Lebensbedingungen entkommen können.

Im Protokoll der Krisenintervention typisiert die örtliche Jugendhilfekommission Familie Malte als Fall der lokalen ländlichen Unterschicht. Die Folge ist: Die Kinder werden der Mutter nicht weggenommen, es wird sogar eingestanden, dass neben Kontrollmaßnahmen eigentlich auch positive Fürsorgemaßnahmen hinsichtlich der Wohn- und Haushaltsverhältnisse angebracht seien. Das heißt, die Jugendhilfekommission entscheidet nicht einseitig als Kontrollorgan und präferiert nicht für eine bessere Erziehung zu einer „sozialistischen Persönlichkeit" die Heimunterbringung, sondern denkt aufgrund ihrer lebensweltlichen Orts- und Milieukenntnis in der Logik des patriarchalen Herrn eines Gutsbezirks, der seine Fürsorge für die Landarbeiterschaft „gerecht" auf Kontroll- und Hilfeformen verteilt. Das ist die eine Seite. Das Ganze hat jedoch eine Kehrseite: Die Hilfen zum Lebensunterhalt unterbleiben und die ambulante Hilfe durch Kontrolle wird von ehrenamtlichen Kräften geleistet, sodass es ihr gewissermaßen an fachlicher Qualität fehlt.

Familie Malte kann den Besuch der Jugendhilfekommission wegen des einseitigen Kontrollcharakters und des Fehlens lebenspraktischer Hilfe nur als feindlichen Akt sehen, der vor dem Hintergrund des überkommenen milieuspezifischen Wertemusters geradezu illegitim ist. Bei einer so gegebenen strukturellen Rahmung der Interaktion ist die Annahme überaus plausibel, dass sich keine positive Beziehung der „Sozialkontrolleure" zu den zu Betreuenden einstellt. Familie Malte entzieht sich jedenfalls dem Kontakt durch Wegzug – die passive Protestform der sozial Schwachen gegen nicht akzeptierte Herrschaftsformen (im Gegensatz zum aktiven Protest, dessen angemessene Artikulation jedoch ein hohes soziales Handlungspotenzial voraussetzt).

2.2 Zweite Phase der Fallgeschichte nach der Wende

Ein zweites Mal kommt Familie Malte mit der Sozialbehörde nach der Wiedervereinigung in Kontakt. Was passiert in den 1990er Jahren? Im ersten Aktenblatt nach der Wende wird protokolliert: Am 28.03.1994 meldet sich die Leiterin eines Kinderhorts beim Sozialen Dienst des Kreisjugendamts und berichtet von ihrer Sorge um das Wohl von Sascha Malte, der allerdings inzwischen die Schule besucht, und seines kleinen (Halb-)Bruders Rene, der im Hort betreut wird. Aus dieser Meldung geht hervor, dass die zuständigen Hortmitarbeiterinnen bei Familie Malte, die immer noch in der im Frühjahr 1988 bezogenen Wohnung lebt, einen Hausbesuch gemacht haben. Die Familie bzw. Haushaltsgemeinschaft besteht nun aus *Renate Malte*, die ernsthaft erkrankt ist, *Manfred Renz*, für den in der Akte jetzt kein Beruf mehr angegeben wird, *Sohn Nico* (geb. 1981), der die Hauptschule besucht und sein Leben sozial unauffällig meistert, *Sohn Sascha* (geb. 1985), der inzwischen die

Hauptschule besucht und „*immer mehr Sorgen macht*" (wie es heißt), und als neues Familienmitglied der gemeinsame *Sohn* von Renate Malte und Manfred Renz, *Rene*, der 1990 geboren wurde und den Hort besucht. Die Erzieherinnen stellen bei ihrem Hausbesuch (wieder) eine „*desolate Wohnsituation*" sowie eine manifeste „*Unterversorgung*" von Rene fest. Sie berichten dem Jugendamt weiter: Im Umfeld von Sascha Malte würde man von Auffälligkeiten wie „*Essen aus Mülltonnen*" sprechen. Und sie befürchten, dass sich die Probleme mit der Wohnsituation und der Kinderversorgung verschärfen könnten, wenn Renate Malte krankheitsbedingt längere Zeit ausfalle.

Der Inhalt der Meldung des Horts unterscheidet sich nicht groß von der Mitteilung der Kinderkrippe aus dem Jahr 1987. Wieder geht es um den jüngsten Sohn und eine mögliche Kindeswohlgefährdung durch manifeste Vernachlässigung. Wieder steht der Beginn in einer verschärften Spannung von Hilfe und Kontrolle. Was sich jedoch verändert hat, ist die Ressourcenlage in der Familie. Die zu bewältigenden Probleme wurden – schon durch die Geburt eines weiteren Kindes, das der Aufmerksamkeit und Pflege bedarf – mehr, die Potenziale zur Krisen- und Problembewältigung dagegen weniger. Die Familie wohnt zwar immer noch in ihrer Wohnung im ehemaligen Gutsbezirk, jedoch hat der faktische Familienvater Manfred Renz keine Anstellung mehr, und die Mutter Renate Malte hat nicht nur keine Arbeit, sondern ist auch dauerhaft erkrankt. Diese objektiven Daten zur Lage der Familie geben zu verstehen, dass die Hilfebedürftigkeit inzwischen deutlich zugenommen hat. Auch deshalb steigen die fachlichen Anforderungen an eine soziale Unterstützung. Das beginnt mit der Gestaltung des Erstkontakts.

Und hier unternimmt die zuständige Bezirkssozialarbeiterin des Sozialen Dienstes zusammen mit einer Kollegin einen unangemeldeten Hausbesuch bei der Familie – allerdings erst am 30.06.1994. Durch die unangemeldete Form des Besuchs mit Begleitung wird der Kontrollaspekt in der objektiven Situationsbedeutung der ersten sozialarbeiterischen Intervention hervorgehoben. Nicht nur das. Hat sich die Sozialarbeiterin mit dem Kontrollbesuch als Reaktion auf eine, wenn auch etwas unspezifische, Gefährdungsmeldung hinsichtlich des Kindeswohls relativ viel Zeit gelassen, so geht es jetzt sehr schnell. Noch am selben Tag, am 30.06.1994, wird Rene Malte vom Jugendamt in Obhut genommen und in einem Kinderheim nach § 34 SGB VIII stationär untergebracht. Folgt man der Begründung in ihrer Stellungnahme, so sieht die Sozialarbeiterin den Hauptgrund für die Notwendigkeit der Inobhutnahme und der stationären Unterbringung in Problemen mit Sauberkeit und Ordnung im Haushalt – insbesondere „*unvorstellbare Zustände im Bad*" werden angeführt –, die eine gesunde Versorgung und Entwicklung des Kleinkindes Rene unwahrscheinlich machten.

Deutlich wird in der Begründung, dass unterschiedliche Vorstellungen über ordentliche, positive Lebens- und Erziehungsbedingungen bestehen. Auf der einen Seite steht eine Sozialarbeiterin aus einer großstädtischen Mittelschichtfamilie, die erst seit Mitte der 1980er Jahre in der peripher-ländlichen Region lebte. Sie hat ganz andere Vorstellungen hinsichtlich der vom Gesetz (vgl. § 1 SGB VIII) geforderten positiven Lebensbedingungen für den Erziehungsprozess in einer Familie als auf der anderen Seite die Nachkommen der Landarbeiterbevölkerung Mecklenburg-Vorpommerns, die in ihrer Milieulage verharren. Ohne eine Orientierung an fachlichen Standards, die auch die Beziehungsqualität und sozialisatorische Bedeutung der Eltern-Kind-Beziehung mit in Betracht zieht, wird die Mitarbeiterin des Sozialen Dienstes durch ihre eigenen milieuweltlichen Ordnungsvorstellungen zur Herausnahme des Kindes veranlasst.

Die stationäre Maßnahme dauert von Juli bis Oktober 1994. In dieser Phase macht sich der Wandel des Arbeitsstils im Kreisjugendamt bemerkbar. Fachkräfte des Sozialen Dienstes fassen jetzt keine „einsamen Beschlüsse" mehr vergleichbar Sachbearbeitern einer Eingriffsverwaltung, sondern die Fälle werden im Mitarbeiter-Team vorgestellt und mögliche Interventionen bezogen auf sozialpädagogische Standards diskutiert. Als Folge einer solchen Fallbesprechung kommt es zu dem Beschluss, die stationäre Unterbringung zu beenden. So kehrt Rene in den Haushalt seiner Mutter zurück und besucht ergänzend eine Tagesgruppe nach § 32 SGB VIII. Die Möglichkeit einer Erziehung in einer Tagesgruppe wurde im neuen Kinder- und Jugendhilfegesetz geschaffen, um Familien, die sich in besonders belasteten Lebenssituationen befinden, den Verbleib des Kindes zu ermöglichen. Dabei soll die Familie von der Betreuung und Versorgung des Kindes tagsüber entlastet werden, sodass es möglich wird, durch eine fachliche Sozialarbeit die familiären Mängel in der Versorgung und in der Erziehung der Kinder zu bearbeiten und zu beheben. An die Stelle eines Präferierens der Strukturreproduktion der sozialen Lage durch Dulden einer an sich hilfebedürftigen prekären Lebenspraxis tritt nun der Versuch einer Strukturtransformation des sozialisatorischen Milieus durch verschärftes professionelles Eingreifen.

2.3 Dritte Phase der Fallgeschichte: Auflösung der Familie als Lebens- und Erziehungsgemeinschaft

Die Situation der Familie und die Bedingungen für soziale Hilfen verschlechtern sich weiter. Bereits 1995 wird Renate Malte zur Invalidenrentnerin. Auf der einen Seite hätte sie jetzt mehr Zeit für ihre Erziehungsaufgaben, auch wird sie – geregelt durch eine Maßnahme nach § 31 SGB VIII (sozialpädagogische Familienhilfe)

– von einer Familienhelferin unterstützt. Auf der anderen Seite muss sie wegen ihres zunehmend schlechteren Gesundheitszustands, wie befürchtet, länger in ein Krankenhaus. Manfred Renz gibt in dieser Situation dem Jugendamt gegenüber an, für die Kinder und den gemeinsamen Haushalt sorgen zu wollen. Dies tut er nach Aussage der Familienhelferin recht gut. Allerdings stellten die Suche nach einer *„vernünftigen"* Wohnung und die Förderung Renes *„zwecks seiner Schullaufbahn"* große Probleme dar.

Im März 1997 kommt dann Rene Malte in eine Internatsschule, da die kognitive Anregungsarmut des Familienmilieus aus pädagogischer Sicht für einen gelingenden Erziehungsprozess zu groß sei (wie es in der Begründung heißt).

Ab 1998 fällt Sascha Malte vor allem in der Schule durch sein Verhalten auf. Er spuckt, verwendet gegenüber Mädchen einen *„obszönen Wortschatz"* und hat sich einer Gruppe weiterer *„Problemkinder"* angeschlossen. Um hier zu helfen wird entschieden, Sascha in die Schule der Nachbarstadt zu versetzen. Dort zeigt er laut Aktenprotokoll eine *„ausgeprägte Schulverweigerungshaltung"*.

Im Januar 1999 trennt sich Renate Malte von Manfred Renz, obwohl sich dieser in der Zeit ihrer Krankenhausaufenthalte sehr um die Kinder gekümmert hat. Renate Malte beklagt sich bei der Sozialarbeiterin über die mangelnde Zuwendung durch Manfred Renz und die Kinder. In den darauf folgenden Wochen geht sie eine neue Partnerschaft ein. Dieser Lebensgefährte ist arbeitslos und Empfänger von Sozialhilfe. Manfred Renz „verfällt" in den Jahren darauf zunehmend dem Alkohol.

Im März 1999 bricht der bis dahin unauffällige älteste Sohn Nico Malte seine Berufsausbildung zum Maler in einer Einrichtung der überbetrieblichen Ausbildung ab und kehrt nach Hause zurück. Ein wichtiges Motiv in diesem Zusammenhang scheint zu sein, dass er als ältester Sohn seine Mutter vor ihrem gewalttätigen neuen Lebensgefährten schützen muss.

Im April 1999 kommt der zweite Sohn Sascha Malte in ein Erziehungsheim. Er wurde wegen verschiedener Delikte – u. a. Diebstahl, Sachbeschädigungen und Körperverletzung – polizeilich erfasst. Um die sozialen Kontakte zu seinen „falschen Freunden" zu beenden, wird ein Heim in größerer Entfernung außerhalb des Landkreises ausgewählt. Sascha entweicht Ende September 1999 aus dieser Einrichtung und kehrt nach Hause zurück – aus Heimweh, wie er sagt. Er verlässt später die Förderschule ohne Abschluss. Im Herbst 2000 kommt er zum ersten Mal in die Kinder- und Jugendpsychiatrie. Das Gutachten der behandelnden Ärzte empfiehlt eine stationäre Betreuung nach § 35a SGB VIII (seelische Behinderung). Deshalb beginnt mit einiger Verzögerung im September 2002 eine entsprechende Maßnahme.

Sascha durchläuft so eine Hilfekarriere, die durch die Stationen Hilfen für jugendliche Kriminelle, Heimunterbringung und schließlich den Aufenthalt in einer psychiatrischen Anstalt gekennzeichnet ist. Des Weiteren hat sich das Familiensystem zu einem Multi-Problemfall entwickelt (wie es im Feld sozialer Hilfen heißt), der von unterschiedlichen Formen sozialer Unterstützung und Hilfe abhängig ist.

3 Die konditionelle Matrix und das System sozialer Hilfen

Will man ein angemessenes Verständnis für die Transformation der Kinder- und Jugendhilfe in Deutschland nach 1990 entwickeln, so gilt es im Sinne des Konzepts der konditionellen Matrix nicht nur die Seite der Klienten, wie in der Fallgeschichte der Familie Malte skizziert, zu betrachten, sondern auch die Organisation sozialer Hilfen, die Professionalisierung ihrer Fachkräfte sowie deren Klientenbeziehungen in den Blick zu nehmen, und das vor dem historischen Hintergrund zweier gegensätzlicher Gesellschaftssysteme. Aus diesem Grund orientierten wir uns bei der für unsere Analysen relevanten Bedingungsmatrix an einem Acht-Ebenen-Modell konstitutiver Faktoren für die Praxis der Kinder- und Jugendhilfe (vgl. Hildenbrand 2007: 17-26; Bohler 2008: 222-227). Ziel war es, mit der Rekonstruktion der Einbettungsverhältnisse der untersuchten Hilfefälle und Hilfeeinrichtungen zu generellen Aussagen über den Wandel des Praxisfelds sowie dessen Bedingungen und Konsequenzen zu kommen. Dies soll auch mit Blick auf den Fall Malte nachgezeichnet werden.

3.1 Die erste, gesellschaftliche Ebene von Sozialstaatlichkeit

Wenn der Fall Malte zu DDR-Zeiten wie im wiedervereinigten Deutschland von der jeweils zuständigen Sozialbehörde im Landkreis betreut wurde, dann geht durch seine Geschichte eine Systemdifferenz von Gesellschaftsformationen hindurch. Doch Franz-Xaver Kaufmann (2003: 25) hebt auch auf dieser allgemeinen Ebene etwas Übergreifendes hervor: „Wohlfahrtsrelevante öffentliche oder öffentlich finanzierte Einrichtungen – also ein Wohlfahrtssektor – entstehen in praktisch allen sich modernisierenden Gesellschaften; insoweit sind funktionale Imperative wirksam." (Ebd.) Die konkrete Entwicklung eines Wohlfahrtssektors resultiere jedoch „aus der Vermittlung zwischen der Eigendynamik des wirtschaftlich-technischen Fortschritts und seiner sozioökonomischen Folgen einerseits und ihrer öffentlichen Thematisierung in normativen Diskursen sowie den durch sie und vielfältige Interessenlagen motivierten und durch das jeweilige politische System vorstrukturierten politischen Entscheidungen andererseits" (ebd.: 32 f.). Das von 1945 bis 1990 gespaltene Deutschland ist hier ein naheliegendes Beispiel.

Innerhalb eines Gesellschaftssystems werden als Folge politischer und ideologischer Einflüsse auch die unterschiedlich ausgeprägten Rechtsansprüche von Klientengruppen festgelegt. Mit der Rechtslage ist zudem die institutionelle Entwicklung im Wohlfahrtssektor verbunden (vgl. ebd.). Sie beeinflusst auch die Genese und den zeitlichen Bestand der leistungserbringenden Einrichtungen im Bereich der Kinder- und Jugendhilfe, die sich bei Familie Malte vor und nach der Wende deutlich unterschieden. In der ersten Phase der Fallgeschichte zu DDR-Zeiten ging man im sozialpolitischen und im pädagogischen Feld von einem Leitbild aus, das sich an der Erziehung einer „sozialistischen Persönlichkeit" in kollektiven Bezügen ausrichtete. Jugendhilfe war auf die „Organisation des gesellschaftlichen Einflusses" ausgerichtet und hatte eine vorrangige Kontrollfunktion (vgl. Hildenbrand 2007: 21 mit Bezug auf Mannschatz, den führenden Sozialpädagogen der DDR).

Eine Erneuerung der Kinder- und Jugendhilfe auf der Ebene der Gesetzgebung findet in Europa im Zusammenhang mit der Formulierung einer Konvention über die Rechte des Kindes statt, die aus dem Jahr 1989 stammt. So treten in Großbritannien 1989, in Deutschland 1990/91 (das Kinder- und Jugendhilfegesetz; KJHG/SGB VIII) und in Spanien 1996 neue Gesetze in Kraft. Im Rahmen des Sonderforschungsbereichs spielte die gesellschaftspolitische Systemdifferenz zwischen 1945 und 1989 als Ausgangslage für fortwirkende Ost-West Unterschiede in Deutschland eine besondere Rolle. Sie relativieren im Wohlfahrtssektor den Nord-Süd Unterschied in Europa. Zwar neigten ost- wie westdeutsche Sozialbehörden mehr als südeuropäische zu Eingriffen in die Familie, doch taten sie dies mit unterschiedlichen Methoden und Zielen. Im DDR-Modell hatte die Einordnung ins Kollektiv den Primat vor der individuellen Autonomie. Entsprechend groß war die staatliche Bereitschaft, bei familiären Krisen mit der die Familie ersetzenden Maßnahme einer Heimunterbringung zu reagieren (auf die Grenzen im Einzelfall weist der Fall Malte hin). Im westlichen Modell erhielt spätestens nach 1968 die Autonomie des Einzelnen und der Familie im sozialpolitischen Denken den Vorrang. Vorrang haben nun in der Erziehungshilfe die Familie ergänzenden ambulanten Maßnahmen (vgl. Hildenbrand 2007: 18 f.).[3]

---

3 Das änderte sich partiell in unserem Untersuchungszeitraum ab 2006 wieder, als die Problematik der Kindeswohlgefährdung bis heute stetig zunehmende sozialstaatliche Kontrollmaßnahmen und Eingriffe nach sich zu ziehen begann (vgl. Bohler/Franzheld 2010: 189 f.).

Unser Beispiel zeigt also, wie voraussetzungsvoll und v. a. von der politischen Kultur der einzelnen Gesellschaft und ihrer Gliederungen abhängig ein sozialpolitisches Programm der Wohlfahrtsstaatlichkeit und dessen Realisierung ist (vgl. Kaufmann 2003: 25 f.). Auf gesellschaftlicher Ebene zeigt jedes Land in Europa eine spezifische Konfiguration institutioneller Einzelentwicklungen mit einem je unterschiedlichen Gewicht, das ihnen im Rahmen des sozialstaatlichen Ausbaus jeweils zukommt. Insbesondere variiert auch die Bedeutung des Staates für die gesellschaftliche Wohlfahrtsproduktion. Wer sich also angesichts der „Eigensinnigkeit" nationaler Sozialpolitik „auf die wohlfahrtsstaatliche Entwicklung verschiedener Länder einlässt, erkennt bald, dass es sich hier trotz offenkundiger Parallelitäten stets um eigenständige politische Entwicklungen handelt" (ebd.: 26), die von den jeweiligen Vorbedingungen ebenso abhängig sind wie von den herrschenden politischen Kräfteverhältnissen, was der Fall Malte vor und nach 1990 beispielhaft zeigt.

3.2 Die zweite Ebene der Organisation des Hilfesystems

Familie Malte wurde im Laufe ihrer Fallgeschichte mit unterschiedlichen Organisationsformen sozialer Hilfen konfrontiert. Einrichtungen der Kinder- und Jugendhilfe zählten für uns zu den so genannten professionellen Organisationen. Andere Beispiele für diesen Organisationstyp sind Krankenhäuser, Schulen oder das Gesundheitsamt (vgl. Bohler/Bieback-Diel 2001: 137-141). Diese sind angehalten, in der Mitarbeiterschaft Fachlichkeit zu fördern, um die Qualität ihrer Leistungen zu sichern. Einfacher gesagt: Krankenhäuser haben professionelle Mediziner und keine „Geistheiler" zu beschäftigen; und diese haben nach fachlichen Kriterien über die Fälle zu befinden und nicht nach bürokratischen oder ökonomischen. Aber auch soziale Träger und Einrichtungen sind Organisationen, die den in der modernen Gesellschaft ablaufenden Rationalisierungsprozessen unterworfen sind. Dabei spielte der von Max Weber hervorgehobene Bürokratisierungsprozess in der DDR-Jugendhilfe eine größere Rolle als in der Bundesrepublik. Dort konnte sich aufgrund einer „unheiligen" Allianz von Parteiwillkür mit bürokratischer Rationalität auch kein Professionalisierungsprozess im Bereich erzieherischer Hilfen entfalten. Die Jugendhilfe wurde auf Jugendbetreuung i. S. von Fürsorge und Jugendschutz reduziert sowie dem Ministerium für Volksbildung zugeordnet, das sich auf die Schulpolitik konzentrierte. Aus diesem Grund führten die Hilfen zur Erziehung – die Hilfe *in* und *für* Familien bei Krisen – ein „Nischen-Dasein" (vgl. Hildenbrand 2004: 47).

1990 kehrte Ostdeutschland wieder auf den typisch deutschen Entwicklungspfad bei der Organisation sozialer Hilfen zurück. Hier fällt eine besondere Konfiguration auf: Zwar basieren die sozialpolitischen Systeme aller entwickelten nichtsozialistischen Industriegesellschaften hinsichtlich ihrer Hilfeformen auf einer so genannten *mixed economy of welfare,* einem Neben- und Miteinander von öffentlichen und privaten Trägerorganisationen; trotzdem ist die „duale Struktur" der Wohlfahrtspflege und Jugendhilfe in Deutschland mit dem gesetzlich geregelten Einbau der Freien Träger in das Gesamtsystem der sozialen Hilfen einmalig in Europa. Eine gesetzliche Bestandsgarantie der freien bei gleichzeitiger Förderungsverpflichtung und Gesamtverantwortung der öffentlichen Träger und ein solch „komplexes Gefüge von Zuständigkeitsverteilungen und wechselseitiger Inanspruchnahme gibt es in dieser Form nur in Deutschland. Es ist nur aus den politischen, verfassungsrechtlichen und kulturellen Traditionen der deutschen Sozialpolitikgeschichte angemessen zu verstehen" (Sachße 1995: 123 f.). Die duale Struktur setzt sich im Übrigen bis in den Aufbau des Jugendamts hinein fort (vgl. § 71 SGB VIII, wenn der Jugendhilfeausschuss aus Vertretern der öffentlichen und freien Trägern zusammengesetzt ist).

Am 3. Oktober 1990 trat das neue Kinder- und Jugendhilfegesetz in den ostdeutschen Bundesländern in Kraft. Darauf bezogen werden Jugendämter mit Sozialen Diensten aufgebaut, ebenso die Arbeitsteilung zwischen öffentlichen und freien Trägern institutionalisiert. Auch bei Familie Malte erbrachten Einrichtungen und Fachkräfte der Freien Träger nach der Wende die Leistungen der erzieherischen Hilfen. Um einer neuen Kultur des Helfens den Boden zu bereiten gab es zwei entscheidende Neuerungen bei der gesetzlichen Konzeption der Sozialen Arbeit in der Kinder- und Jugendhilfe: Zum einen sollten nur noch professionalisierte Fachkräfte erzieherische Maßnahmen durchführen und zum anderen die Klienten in den Entscheidungsprozess über angemessene Hilfen mit einbezogen werden, um die Entwicklung einer autonomieorientierten Erziehungshilfe zu unterstützen (vgl. Hildenbrand 2004: 41).

Damit wäre an sich die Möglichkeit verbunden, die für Hilfeeinrichtungen spezifische professionelle Organisations- und fachliche Personalentwicklung zu fördern. Stattdessen wollte man seit den 1990er Jahren auch betriebswirtschaftliches Denken aus dem ökonomischen Feld auf die Sozialverwaltungen und gemeinnützigen Organisationen übertragen. Soziale Einrichtungen sollten vermehrt ökonomischer Rationalität unterworfen und in „unternehmerische Institutionen" verwandelt werden, „die unter dem Druck eines Wettbewerbers gezwungen werden, Kosten zu sparen, Dienstleistungen qualitativ zu verbessern sowie die Präferenzen und Wünsche der Nachfrager stärker zu berücksichtigen" (Olk u. a. 1995: 27). Mit der Anerkennung privat-gewerblicher und nicht mehr nur privat-gemeinnütziger Träger der freien Jugendhilfe (vgl. § 75 SGB VIII) betraten neue Wirtschaftlichkeitsüberlegungen und formale Qualitätsstandards das Feld der Erziehungshilfen. Dies kam jedoch

Familie Malte ein Stück weit zugute, weil es ein Angebot an erzieherischen Hilfen auch in ehemaligen Güterprovinzen schuf, wo die institutionengeschichtlichen Voraussetzungen fehlten.

Die von Hildenbrand (2004: 47) angesprochene Bedeutung der Professionalisierung sozialer Berufe wurde und wird oft unterschätzt. Vielleicht schon deshalb, weil soziale Hilfe ursprünglich ein Bereich ehrenamtlicher Tätigkeit (so z. T. noch bei Familie Malte in der ersten Phase der Fallgeschichte zu DDR-Zeiten) und karitativen Engagements war. In den industrialisierten Gesellschaften des Westens wie den USA, Großbritanniens und Deutschlands setzte jedoch im 20. Jahrhundert ein Prozess der Professionalisierung der Sozialen Arbeit ein. Noch im Kaiserreich wurden erste Fachschulen zur Ausbildung von Fürsorgerinnen gegründet. Dann folgte die Phase der Akademisierung; in Westdeutschland systematisch ab den 1960er Jahren betrieben, in Ostdeutschland – auch der Schweiz – nach 1990. Wenn sich im Fall Malte 1994 die Fallarbeit veränderte, so fiel dies in etwa mit dem Ende der beruflichen Qualifizierungsmaßnahmen im Sozialen Dienst des Kreisjugendamts zusammen.

Aber immer noch werden Fachkräfte der Kinder- und Jugendhilfe vom Gesetz auch aufgrund besonderer Erfahrungen in der sozialen Arbeit anerkannt (vgl. § 72 SGB VIII). Deshalb finden sich anders als in Schulen und Krankenhäusern auch heute noch im Sozialwesen ehrenamtliche Mitarbeiter (Frauen in der Familienpflege) oder Fachschulabgänger (Erzieherinnen in Kinderheimen). Und anders als im Gesundheitsamt ist in den Jugendämtern (und bei Freien Trägern) eine fachliche Leitung nicht selbstverständlich. Fehlt es an Fachlichkeit auf Leitungsebene, drohen Einrichtungen der Kinder- und Jugendhilfe zu einem bürokratischen Teilsegment der Kommunalverwaltung oder zu einem bloßen Dienstleistungsunternehmen für „Nachfrager" sozialer Hilfen zu werden. Beides verträgt sich schlecht mit professioneller Arbeit auf der Ebene praktischer Hilfe.

3.3 Die dritte Ebene der regionalen Milieuwelt und sozialen Disparität

Wir charakterisierten die Herkunft von Familie Malte als die aus einer peripheren Region. Damit stellten wir implizit die Frage nach sozialräumlichen Disparitäten. Denn „zur Kennzeichnung von Unterschieden in Häufigkeit und Art von Chancen, Risiken und Lebenslagen in Abhängigkeit von Räumen und Regionen dient der Begriff der regionalen Disparität" (Nüsken 2007: 42). Mit der Frage nach regionalen Disparitäten und milieutypischen Ressourcen zur Bewältigung von Krisen und sozialen Veränderungen trat der soziale Handlungsraum in den Fokus unserer Betrachtung. Die Rekonstruktion seiner Strukturen ist erforderlich, um den Umfang und typischen Bedarf an sozialen Hilfen vor Ort zu verstehen, der sich bspw. an der Zahl der bewilligten und der Art der bevorzugten Maßnahmen ablesen lässt. So war der Sozialraum, in dem Familie Malte lebte, zwar immer schon peripher und ressourcenarm. Unter den Lebensbedingungen der DDR war es jedoch eher möglich, die habitualisierte Landarbeiterexistenz weiter zu führen, ohne dauerhaft Empfänger von Hilfeleistungen zu werden. Das änderte sich nach 1990, als die regionale Disparität (u. a. durch Arbeitslosigkeit) in einem bis dahin nicht gekannten Maße manifest wurde, was sich entsprechend auf die Anzahl bewilligter Hilfen auswirkte.

Für Pierre Bourdieu (1985) lässt sich eine Region als ein Ensemble objektiver Kräfteverhältnisse verstehen, die allen sozialen Gruppen gegenüber sich als Zwang auferlegen (vgl. ebd.: 10). Und zwar disparate Zwänge, die sich im ländlichen Deutschland auf die Besonderheit bäuerlicher Regionen, Gutslandschaften sowie Realteilungs- und ruraler Gewerbegebiete zurückführen lassen (vgl. Bohler 2004, 2007). Da bäuerliche Gebiete ihre „sozialen Probleme" lange Zeit durch Bevölkerungsabgabe „aus der Welt schafften" und der ländliche Familienbetrieb soziale Probleme intern regelte, waren in diesen Regionen die Anforderungen an soziale Hilfen auffallend gering. Ein hohes Entwicklungs-, aber in Krisenzeiten auch Risikopotenzial hatten die ländlichen Gewerbegebiete; ein besonders niedriges Lebensniveau, eine geringe Wirtschaftskraft dagegen die Güterdistrikte, also dort wo Familie Malte seit langem lebte. Auf diese beiden letzten Regionaltypen (mit ländlichem Gewerbe oder landwirtschaftlichen Gütern), die das soziale Hilfesystem stärker belasten, haben wir unsere Untersuchung konzentriert und festgestellt, dass deren historische Sozialstrukturen bis heute den Umfang und die Spezifik sozialer Unterstützungsformen beeinflussen und den damit verglichen kurzfristigeren Ost-West-Gegensatz auf der Ebene der Differenz des Gesellschaftssystems relativieren (vgl. Bohler 2007: 86-94).

Jede regionale Sozialwelt ist über ein System sozialer Ungleichheit in sich differenziert. So können unterschiedliche Muster an Lebenschancen festgestellt werden, die eine bestimmte Habitusform hervorbringen. Soziale Hilfen haben es in unseren Untersuchungsgebieten zum einen mit dem Hysteresis-Effekt eines Gruppenhabitus zu tun, der in den gewerblich entwickelten Kreisgebieten einer randständigen Lebenslage entspringt, und zum anderen eines Klassenhabitus, der in den ehemaligen Güterprovinzen aus der überkommenen Klassenschichtung und ehemaligen Landarbeiterexistenz resultiert. Bei Bourdieu (1987: 111 ff.) besagt Hysteresis, dass sich früh und tief habitualisierte Dispositionen nur verzögert an veränderte äußere Strukturen anpassen. Daraus resultiere die Tendenz sozialer Gruppen, in „alten Geleisen" zu verharren – mit der Folge, dass der Habitus die Bedingungen seiner

Entstehung „überlebe", was zu Formen der Unangepasstheit führen kann. In den unteren Schichten resultiert daraus oft Arbeitslosigkeit (und materieller Hilfebedarf) sowie Desorganisation des sozialisatorischen Familienmilieus (und damit ein Bedarf an erzieherischen Hilfen). Die Geschichte der Familie Malte ist hierfür lange Zeit ein typisches Beispiel. Dazu kontrastierend resultiert Hilfebedürftigkeit aber auch aus zu wenig Integration in das umgebende soziale Milieu. Sie kann das Ergebnis gesteigerter Mobilität sein, die nicht durch neue soziale Netze kompensiert wird und in eine randständige, sozial isolierte Lebenslage einmündet. Und schließlich ist ein Teil der Fälle von Hilfebedürftigkeit durch besondere psychosoziale Belastungen (wie Erkrankungen oder Beziehungsstörungen) bedingt – was sich bei Familie Malte zeigte, als sie sich zu einem Multi-Problemfall entwickelte.

Die regionale Disparität zwischen den beiden gewerblich früh entwickelten Gebieten in Thüringen und Württemberg sowie den beiden ehemaligen Güterprovinzen im östlichen Holstein und in Mecklenburg-Vorpommern zeigte sich bei unserer Untersuchung auch statistisch: Der in der Sozialpolitik oft als Modernisierungsverlierer bezeichnete Fall sozialer Hilfebedürftigkeit ist in den ressourcenärmeren nördlichen Kreisgebieten (u. a. in Gestalt des aus der Landarbeiterschaft hervorgegangenen „Sozialhilfeadels", ein Begriff aus dem beruflichen Jargon der dortigen Jugendämter, zu dessen Umfeld Familie Malte gehörte) häufiger anzutreffen als in den an ökonomischem und kulturellem Kapital (i. S. Bourdieus) reicheren Regionen im Süden. In diesen Gebieten, weil Zielorte von Bevölkerungswanderungen, sind allerdings desintegrierte Randständige (u. a. mit Migrationshintergrund) und wohl auch Klienten(familien) mit besonderer psychosozialer Belastung häufiger (vgl. Bohler 2007: 86-94).

Wie sich die gegensätzlichen Risikofaktoren des Hysteresis-Effekts und der gesteigerten Mobilität auf den Umfang des Hilfebedarfs auswirken, konnten wir bei unseren Kreisgebieten ebenfalls sehen: Ehemalige Güterprovinzen in Schleswig-Holstein und Mecklenburg-Vorpommern weisen einen höheren Hilfebedarf auf als gewerblich entwickelte Regionen in Baden-Württemberg und Thüringen (Hysteresis-Effekt). Aber auch der desintegrierende Mobilitäts- und Belastungseffekt zeigt sich, wenn wir die beiden Kreisgebiete in Ost- und Westdeutschland je für sich betrachten: Im zu DDR-Zeiten „immobileren" Ostdeutschland ist der Abstand zwischen Nord (Mecklenburg-Vorpommern) und Süd (Thüringen) deutlich größer als im „mobilitätsbelasteten" Westdeutschland zwischen den Kreisen in Schleswig-Holstein und Baden-Württemberg (vgl. ebd.: 91 und die dort wiedergegebene Häufigkeitsverteilung erzieherischer Hilfen).

3.4 Die vierte Ebene der institutionellen Konfiguration sozialer Hilfen vor Ort

Wie Familie Malte geholfen werden kann, ist eine Frage, die sich an die Organisation und die Möglichkeiten der Kinder- und Jugendhilfe auf Kreisebene richtet (vgl. Bohler/Bieback-Diel 2001; Bohler 2006). Unser Fallbeispiel zeigt, dass für Aufgaben, die im Altbundesgebiet seit den 1960er und 70er Jahren der Soziale Dienst der Kreisjugendämter wahrnahm, zur gleichen Zeit in der DDR sog. Jugendhilfekommissionen in den Gemeinden zuständig waren, die ehrenamtlich tätig wurden. Jugendhilfekommissionen bestanden zu etwa der Hälfte aus Pädagogen (v. a. Lehrern und Kindergärtnerinnen), die allerdings selbst nicht im sozialpädagogischen Feld arbeiteten. In diesem Bereich als „Jugendfürsorger" auf einer Fachschule ausgebildet waren nur die in der Kreisverwaltung hauptamtlich tätigen Mitarbeiter bzw. fast ausschließlich Mitarbeiterinnen (vgl. Hildenbrand 2007: 22), die selbst keine erzieherische Hilfe leisteten.

Mit dem Systembruch nach 1990 ergaben sich in der Kinder- und Jugendhilfe vor Ort neue Unterschiede, etwa hinsichtlich des jeweiligen organisatorischen Arrangements und des professionellen Profils der Einrichtungen. So heißt es bspw. in § 69 SGB VIII, jeder örtliche öffentliche Träger habe zur Wahrnehmung der gesetzlichen Aufgaben ein Jugendamt zu errichten, doch hängt dessen institutionelle Gestalt und Stellung insbesondere von den lokalen politischen Kräfteverhältnissen ab. Die Entwicklung der zivilgesellschaftlichen Wohlfahrtspflege bzw. freier Träger der Jugendhilfe dürfte dagegen eher von der sozialräumlichen Ressourcenlage sowie dem Vorhandensein interessierter Sozialunternehmen abhängen. Zu sehen war bei unserem Kreisvergleich des Weiteren, wie die politischen Strukturen aus der Zeit der Systemdifferenz den Möglichkeitsraum zivilgesellschaftlicher Initiativen mit bestimmten.

In der Folge stellten wir vor Ort unterschiedliche Mischungsverhältnisse zwischen öffentlichen und freien Trägern fest. In unseren Landkreisen im Altbundesgebiet zeigte sich eine Nord-Süd-Differenz dergestalt, dass im Südwesten eine alte zivilgesellschaftliche Infrastruktur auch bei Erziehungshilfen existierte, während sich im nordwestlichen Kreisgebiet erst in den 1980er Jahren ein namhafter freier Träger etablierte, der sich auf ein modernes soziales Engagement im Unterschied zu traditionellen Formen der Caritas oder milieuweltlichen Solidarität stützt. In beiden ostdeutschen Kreisen wurden freie Träger nach 1990 „von außen" implementiert, weil die Einrichtungen der Kirchen und der Arbeiterbewegung (in Thüringen) zumeist verstaatlicht worden waren, was eine „organische" Entwicklung dieses zivilgesellschaftlichen Sektors wie in strukturell ähnlich gelagerten Landkreisen im Altbundesgebiet nach dem Zweiten Weltkrieg verhinderte. Familie Malte kamen nach der Wende sowohl das sozialökonomische Interesse westdeutscher Trägerorganisationen (bei der Familienhilfe) wie ostdeutsche Initiativen der Freien Jugendhilfe (im Falle der Tagesgruppe) zugute.

Transformationsphasen wie der Systemumbruch von 1990 erzwingen geradezu und die Einführung eines neuen Gesetzes ermöglichen immerhin institutionellen Wandel in den Jugendämtern. Nicht die langen Phasen der Stabilität und Routine, sondern die Krisensituationen bieten institutionellen Reformern größere Gestaltungsmöglichkeiten für eine Erneuerung ihrer Organisation. Wie Leitungskräfte mit den an sie herangetragenen Herausforderungen umgehen, prägt nach unseren Erfahrungen für lange Zeit den Entwicklungspfad der kommunalen Jugendhilfe. Auch hier hatte Familie Malte gewissermaßen Glück. Denn die Leitung des zuständigen Jugendamts versuchte nach der Wende, die Balance zwischen der Bindung an das neue Kinder- und Jugendhilferecht und der fachlichen Flexibilität für Hilfen im Einzelfall durch eine konsequente Qualifizierung des Personals im Sozialen Dienst zu erreichen. Zudem versuchten die Leitungskräfte im Sinne einer anspruchsvollen Jugendhilfeplanung (gem. §§ 79-81 SGB VIII), die Entwicklung der sozialen Infrastruktur im Kreis zu fördern, was in den ostdeutschen Landkreisen nach 1990 eine größere Herausforderung darstellte.

Man kann auf Krisen und Impulse zum Wandel von außen auch anders reagieren (wie in den von uns untersuchten Jugendämtern zu sehen war). So kam es beispielsweise vor, dass bei der Umstellung der formale Gesetzesvollzug betont wurde, um unter allen Umständen in der Krisensituation einem Behördenversagen vorzubeugen. Wenn aber die Risikoträchtigkeit des Wandels im Zentrum der Reorganisation einer Sozialbehörde steht, dann werden sowohl institutionelle Entscheidungen als auch Entscheidungen in der Fallarbeit dergestalt getroffen, als ob sie einer formalen Absicherungsstrategie für angepasstes und nicht angreifbares Verwaltungshandeln folgten. Im Fall Malte wäre es dann nach unseren Erfahrungen zu mehr Herausnahmen der Kinder aus der Familie und Anträgen auf Sorgerechtsentzug gekommen. Jugendämter versuchten aber auch, Neuerungen nur symbolisch durch Umbenennung von Tätigkeiten oder Abteilungen vorzuspielen, also zu unterlaufen.

Damit ist die Spannweite der institutionellen Entwicklung in der Kinder- und Jugendhilfe vor Ort nach 1990 umrissen: Man kann den Wandel gestalten und den professionellen Anteil in einer Fachbehörde betonen oder sich an die neu strukturierte Organisationsform und Rechtsgrundlage anpassen und ein Stück weit anspruchsvolle Neuerungen unterlaufen. Dazwischen gibt es „Mischformen". Entsprechend variieren die Realisierungschancen für professionelle Soziale Arbeit: Sie ist groß, wenn fachliche Anteile die Alltagspraxis in einer Einrichtung insgesamt dominieren; und immer noch groß, wenn Fachkräfte in der Einzelfallarbeit nicht bürokratisch kontrolliert werden. Die Realisierungschance für professionelle Sozialarbeit schwindet dagegen bei einer Organisationskultur, die sich am ordnungsgemäßen Vollzug von Verwaltungshandeln und – das andere Extrem – am Unterlaufen fachlicher wie bürokratischer Standards durch eingeschliffene informelle Routinen orientiert.

Insgesamt zeigte sich in den Landkreisen, dass zwar der institutionelle Aufbau des Hilfesystems allgemein durch Bundesrecht (das SGB VIII) normiert ist, sich vor Ort jedoch spezifische Ausprägungen realisieren, die dazu führen, dass jedes Jugendamt (erst recht Einrichtungen der Freien Träger) ein „institutionelles Individuum" darstellt, das es nicht zweimal gibt.

3.5 Die fünfte Ebene der Klientenfamilien

Auf der fünften Ebene, beispielhaft zu sehen an unserem Fallbeispiel Malte, untersuchten wir die Klientenfamilie und ihre Geschichte (zum Stellenwert und methodischen Vorgehen vgl. Hildenbrand 1999). Für die soziale Arbeit in der Kinder- und Jugendhilfe ist diese ein zentraler Fokus, weil die Grundlagen für die Persönlichkeitsbildung in der Familie gelegt werden. Dagegen wirken die Herausnahme aus der Familie und eine stationäre Unterbringung für Kinder schützend und ambulante erzieherische Hilfen als Ergänzung für familiale Defizite kompensierend. Die Familie bleibt jedoch ursprünglicher Ausgangspunkt menschlichen Lebens, weil sie die einzig gültige („naturgegebene") Antwort auf die existenzielle Frage jedes Einzelnen ist: Woher komme ich? Strukturell gesehen ist die (moderne) Familie durch (a) ihre biologisch-soziale Doppelnatur (ein besonders in der Anthropologie hervorgehobenes Merkmal, an dem aber z. B. die Differenz von leiblicher und sozialer Elternschaft bei Familie Malte hängt), (b) eine besondere Beziehungsdynamik (die v. a. in sozialtherapeutischen Kontexten eine große Rolle spielt) und (c) eine institutionelle In-Pflichtnahme mittels zugeschriebener sozialer Rollen (wie es die zuständigen Sozialbehörden bei Familie Malte tun, die aber generell auch von familienrechtlicher Bedeutung ist) gekennzeichnet. Wichtig für Erziehungshilfen sind v. a. die letzten beiden konzeptionellen Merkmale.

Das Beziehungsmodell der Familie (b) stützt sich auf die Grundeinheit der Triade aus Vater, Mutter und Kind sowie die Generationen- und Geschlechtsachse.[4] Die Familie besteht hier weiter aus einer Einheit untereinander konkurrierender diffuser Sozialbeziehungen zwischen ganzen Menschen und nicht nur Rollenträgern. Dar-

---

4 Damit ist auch der Bezug zur biologisch-sozialen Doppelnatur gegeben, welche die Familie unter allen kleinen sozialen Gruppen auszeichnet (vgl. König 1969/1976: 15 f.).

über hinaus ist das Personal prinzipiell nicht substituierbar – andernfalls kommt es zu einer neuen Familie; Familienbeziehungen sind durch eine generalisierte affektive Bindung geprägt; Familienbande werden durch prinzipiell unkündbare Beziehungen gestiftet – eine Trennung ist immer ein Scheitern; Vertrauen gilt in ihnen bedingungslos und wird durch bedingungslosen Vollzug hergestellt; für die Beziehung der Familienmitglieder ist schließlich eine Körperbasis konstitutiv – aber während die Mutter-Kind- und die Vater-Kind- sowie die Geschwisterbeziehung als inzestuöse sexuell tabu sind, wird für die Gattenbeziehung eine vollzogene, reziproke Sexualität erwartet (vgl. Oevermann 1996: 110-113).

Demgegenüber herrscht eine Orientierung, die auf die von außen an die Familie herangetragenen rollenförmigen Pflichten (c) abhebt, im Alltagsbewusstsein und in den Sozialen Diensten vor: Die Familie ist eine Lebens- und Haushaltsgemeinschaft, in der die Mitglieder je nach Status bestimmte Aufgaben zu übernehmen haben. Dazu gehöre es insbesondere, dass die Eltern ihre Kinder „ordentlich" versorgen und Kinder oder Jugendliche zu Hause, in Kindergarten und Schule nicht „auffällig" werden. Können sie das nicht, werden sie kontrolliert und sind auf soziale Hilfe angewiesen. Kindesvernachlässigung und -misshandlung werden Soziale Dienste in der Fallarbeit regelmäßig dazu veranlassen, bei der Beurteilung von Klientenfamilien und der Bewilligung von Hilfen eine adäquate Rollenerfüllung im familialen Fürsorgesystem als besonders wichtig hervorzuheben.

Gründe für Erziehungsdefizite liegen zum einen, wie in den frühen Phasen unseres Fallbeispiels, in der Ressourcenlage. Das wären Familien, die man als „Milieufall" bezeichnen könnte, da sie sich vornehmlich aufgrund ihrer sozialen Lage und Dispositionen außer Stande sehen, ihre Lebens- und Erziehungsprobleme aus eigener Kraft zu bewältigen (so Allert u. a. 1994: 181 ff.). Zum anderen begründen psychosozial desintegrierte Strukturen, die den reinen „Familienfall" (i. S. von Allert u. a.) kennzeichnen, Hilfebedürftigkeit. Diese kann sich u. U. aus dem Ausfall auch nur einer Person aus der Kernfamilie, aus einem drastischen Verlust an Dichte der Beziehungen und einer entsprechenden Erschütterung der binnenfamilialen sozialen Kontrolle ergeben, wie es sich in den späten Phasen der Fallgeschichte Malte zeigte. Bei abweichenden Verhaltensmustern beispielsweise ist der Anteil an delinquenten Jugendlichen aus sog. unvollständigen Familien auffallend hoch.

Ist die emotionale Struktur einer Familie als Intimgruppe (auch bei Vollständigkeit) „gestört", wird diese oft noch ein Fall für therapeutische Hilfe. Für ihr Verständnis ist die Orientierung am Beziehungsmodell (b) wichtig. Psychosoziale Probleme werden in solchen Fällen erst in einer dynamischen Betrachtung der Familienbeziehungen verständlich: Etwas stellt sich beispielsweise der „naturgemäßen" Auflösung oder Lockerung der Familienbande in den Weg und die Nähe zur Herkunftsfamilie wird auch dann noch aufrechterhalten, wenn die entwicklungsgemäßen Voraussetzungen für solche engen Bindungen eigentlich nicht mehr gegeben sind (vgl. König 1969/1976: 130-159). Das bezieht sich v. a. auf die Ablösekrise im Jugendalter, die beziehungsdynamisch generell eine familiale Krisenzeit mit entsprechend häufigen sozialpädagogischen Interventionen darstellt. Schwere Krisen einzelner Mitglieder wirken sich auf die Familie insgesamt aus. Starke Belastungen können das Fürsorgesystem einer Familie auch zusammenbrechen lassen. Davon sind Kinder besonders betroffen. Sie werden jedoch gehäuft auch zu Symptomträgern „gestörter" Beziehungen. Ohne stabile Eltern-Kind-Beziehung wird es schwieriger für Eltern, im Rahmen der naturwüchsigen familialen Sozialisation zu verhindern, dass ihre Kinder „sozial auffällig" werden. In einer solchen Situation jedoch müssten Eltern, wie Ulrich Oevermann (1996: 171) ausführt, „in letzter Konsequenz die sozialisatorische bzw. Erziehungskompetenz an die Fürsorgepflicht des Staates abtreten und ihre Kinder staatlicher Vormundschaft überlassen". Deutlich wird in diesem Kontext und nicht zuletzt an unserem Fallbeispiel Malte, wie sowohl die Imperative der sozialen Kontrolle jugendlicher Lebensweisen als auch der Vorrang des Kindeswohls in der modernen Gesellschaft die (durch Art. 6 GG geschützte) familiale Autonomie begrenzen.

3.6 Die sechste Ebene des Klienten als Einzelfall

Auf einer sechsten Ebene interessiert der einzelne Klient. Im Feld sozialer Hilfen heißt er Einzelfall, seine Unterstützung ist eine einzelfallbezogene Hilfe. Letztendlich sind soziale Hilfen immer Unterstützungsformen für konkrete Personen, deren autonome Lebenspraxis beschädigt ist. So war Frau Malte als überlastete Mutter eine Klientin der Familienhilfe, ihr Sohn Sascha als Heimbewohner ein Klient der stationären Erziehungshilfe, der ein Recht auf „Erziehung zu einer eigenverantwortlichen und gemeinschaftsfähigen Persönlichkeit" hat (so § 1 SGB VIII). Insbesondere gilt es in der modernen Kinder- und Jugendhilfe, das Wohl von Kindern zu schützen. Damit begann die Geschichte der Familie Malte als Fall für die Sozialbehörde. Der Schutzauftrag, ein zentrales Anliegen moderner Sozialstaatlichkeit (Kaufmann 2003), ist so auch Anlass für konkrete Maßnahmen der Erziehungshilfen – bis hin zu vorläufigen Schutzmaßnahmen nach § 42 SGB VIII, wenn, wie auch bei Familie Malte, ein in seinem persönlichen Wohl gefährdetes Kind aus seiner Familie herausgenommen wird. Das zeigt jeder Blick in eine Jugendamtsakte (nicht nur der Familie Malte) oder einen familiengerichtlichen Vorgang.

Der Begriff Klient verweist in der Sozialen Arbeit auf ein Subjekt, ein Individuum oder einen Akteur. Besonders der Akteursbegriff impliziert eine handlungsfähige Person, die zielgerichtet auf ihre Umwelt einzuwirken vermag. Das ist bei

Kindern als Klienten nur bedingt der Fall. Schon aus formalen Gründen sind die Sorgeberechtigten – meist die Eltern, was ein Problem sein kann – in die Hilfen einbezogen. Aber auch Kinder bauen sich als individuelle Handlungssubjekte ein eigenes Verhältnis zur Welt auf und sind trotz einer notwendigen Bindung nicht nur passive Produkte ihrer familialen Lebensbedingungen. Eltern wie Kindern kommt es zudem auf soziale Anerkennung und Partizipation an. Am Beispiel der Familie Malte ist zu sehen, welche Bedeutung bspw. ein Mangel an Bestätigung in sozialen Beziehungen und eine fehlende Integration in den Arbeitsmarkt haben. Jede Identitätsbildung hat dann zwei Seiten: Die personale Identität verkörpert das unverwechselbar Individuelle, die soziale Identität betont die Integration in ein Bezugsmilieu. Bezogen darauf, und v. a. zu sehen am Beispiel Sascha Maltes, heißt es in § 35 SGB VIII zur sozialpädagogischen Einzelbetreuung, diese habe die *soziale Integration* und die Fähigkeit zu einer *eigenverantwortlichen Lebensführung* zu fördern.

In diesem Kontext wird auch die individuelle Genese sozialer Hilfebedürftigkeit besonders manifest, wenn Kinder Formen von Vernachlässigung, Gewalt und Missbrauch erleben, u. U. auch häufige Beziehungsabbrüche in einem desintegrierten Familiensystem oder im Rahmen einer „Jugendhilfekarriere"; wenn überforderte Eltern, v. a. alleinerziehende Mütter, sich in einer instabilen, oftmals perspektivlosen Lebenssituation befinden; wenn Jugendliche in der Ablösephase scheitern und – aufgrund der „falschen" Wahl einer adoleszenten Bezugsgruppe – delinquente Verhaltensweisen zeigen. All dies droht wie im Fall der Familie Malte individuelle Lebenschancen auf Dauer zu beeinträchtigen. Sind solche Risikofaktoren in typische Lebenswelten von Unterschicht- und Migrantenmilieus eingebettet, besteht für die Soziale Arbeit die Gefahr, den Fall nicht in seiner Besonderheit (in ihrer eigenen Sprache: als ‚Einzelfall') zu sehen, sondern ihn wie im Fallbeispiel als vortypisierten Fall eines Milieus unter dieses soziale Milieu zu subsumieren.

Aber auch die Leitlinien psychosozialer Diagnostik in der Kinder- und Jugendhilfe sind nicht nur auf die Persönlichkeit und Befindlichkeit eines Hilfe bedürftigen Kindes oder Jugendlichen gerichtet, sondern dezidiert auch auf deren soziales Umfeld mit seinen typischen Schutz- und Risikofaktoren für die kindliche und jugendliche Entwicklung (vgl. Harnach 1995/2007: 19). Wird ein Fall nicht genügend in seiner Besonderheit gesehen, dann erhält v. a. die individuelle Resilienz – also die Frage nach individuellen Schutzfaktoren und Ressourcen – im diagnostischen Prozess zu wenig Beachtung. Immer wieder zeigt sich jedoch die Fähigkeit von Kindern, belastenden Herausforderungen des Lebens standzuhalten und aus diesen Erfahrungen gestärkt hervorzugehen (wie sich dies bei Nico Malte andeutete). Das Resilienzkonzept widerspricht einer deterministischen Annahme, wonach Kinder, die einer Vielzahl von Risikofaktoren ausgesetzt sind, solche Schädigungen erleiden müssen, dass ihr weiteres Leben unweigerlich zerstört wird (obwohl im Fall der Familie Malte einiges für diese Sichtweise spricht). Die Resilienzforschung konnte jedoch zuerst an Beispielen aus dem Bereich psychischer Gesundheit zeigen (ebenfalls Teil unserer Fallgeschichte), dass es auch Menschen gab, die gefährdende Lebensumstände überwinden konnten und später fähig waren, ihren Kindern eine gute Erziehung zu geben (vgl. Werner 2006: 28 f.).

Erklärt wird dieses Ergebnis mit der These, dass sich Resilienz in der Interaktion von individuellen Anlagen und Umwelteinflüssen bilde (vgl. ebd.: 38 f.). Empirische Befunde aus Lebenslaufstudien stützen diese Sichtweise. Der Faktor individuelle Anlagen wirkt sich beispielsweise aus, wenn Kinder, die von Dritten im sozialen Kontakt „als angenehm, fröhlich, freundlich, aufgeschlossen und gesellig beschrieben wurden" (ebd.: 31), die früh in ihrem sozialen Verhalten aktiv und umgänglich gewesen sind, die deshalb bereits in ihren ersten Jahren eher positive Interaktionen mit ihren Betreuungspersonen erfuhren, später ein durchschnittlich höheres soziales Kompetenzniveau (etwa praktische Handlungs- und Lesefertigkeiten) erreichten. Solche Kinder verfügten über stärker ausgeprägte Überzeugungen, was ihre eigenen Handlungsmöglichkeiten anbelangte, und wiesen bessere Perspektiven im Leben auf als diejenigen, „die früher häufig durch unsoziales Verhalten aufgefallen waren" (ebd.: 35), wie v. a. Sascha Malte.

Doch auch Umwelteinflüsse i. S. von Risikofaktoren des sozialisatorischen Milieus schlagen sich in Untersuchungsergebnissen nieder. Kinder, die in sehr schwierigen Lebensverhältnissen geboren und aufgewachsen waren, die aus Familien stammten, in denen chronischer Unfriede, Scheidung oder elterliche Psychopathologie wie eine dauerhafte psychische Krankheit und/oder Alkohol- und Drogenprobleme drohten, entwickelten zu zwei Dritteln (das wären in unserem Beispiel Sascha und Rene Malte) „bis zum Alter von 10 Jahren Lern- oder Verhaltensprobleme bzw. wurden bis zum Alter von 18 Jahren straffällig und/oder psychisch krank" (ebd.: 30). Doch immerhin bis zu einem Drittel dieser Kinder (das wäre am ehesten Nico Malte) „entwickelte sich zu kompetenten, selbstbewussten und fürsorglichen Erwachsenen" (ebd.: 31), deren schulische und berufliche Leistungen mit den Erfolgen jener Individuen vergleichbar waren, die in einem ökonomisch sichereren und stabileren häuslichen Umfeld aufwuchsen. Positiv für die jugendliche Entwicklung war es (vgl. ebd.), nicht passiv auf die Zwänge widriger Lebensumstände zu reagieren (daraus resultiert u. a. die Problematik von Alkohol- und Drogensucht), sondern aktiv, sowie nicht delinquente Auswege zu suchen (was auf die Problematik einer kriminellen Karriere hinweist), sondern gesellschaftlich akzeptierte. Beides war in unserer Fallgeschichte zu beobachten.

3.7 Die siebte Ebene der Fachkräfte in den Einrichtungen

Familie Malte hat es im Hilfeprozess nicht unmittelbar mit Strukturen und Systemen zu tun, sondern mit professionellen Akteuren. So befassten wir uns auf einer siebten Ebene mit den Fachkräften in den sozialen Diensten und Einrichtungen – insbesondere unter dem Gesichtspunkt ihres beruflichen Habitus – und zeichneten die Bedeutung einer angemessenen Professionalisierung der Sozialen Arbeit in der konkreten Praxis nach (vgl. Bohler 2006). Ohne ein qualifiziertes Handlungspotenzial der Fachkräfte steht die Fallarbeit in der Gefahr, entweder zu einem Akt sozial-kontrollierenden Verwaltungshandelns (wie anfangs bei der 1994 zuständigen Bezirkssozialarbeiterin) zu werden oder sich in unsystematischen bzw. nur moralisch motivierten Hilfeversuchen zu verlieren (Letzteres hätte man bspw. von der Familienhelferin in unserer Fallgeschichte erwarten können, wenn sie die „elende" Lebenssituation der Familie Malte zu Gesicht bekommt). Erst ein gefestigter beruflicher Habitus vermag (nach innen) die engagierte Nähe mit einer kritischen Distanz auszubalancieren; und hilft (nach außen) dabei, sowohl die Autonomie der Klienten in Kontrollbeziehungen zu achten als auch deren Erwartungen in ausgesprochenen Hilfesituationen zumutbare Grenzen zu setzen.

Ein professionalisierter Habitus ist so unmittelbar für das Gelingen erzieherischer Hilfen von Bedeutung (vgl. Becker-Lenz/Müller 2009: 202-217). Seine Entfaltung hängt mit der Ausbildung zusammen. Er ist jedoch nicht (nur) das Ergebnis eines Wissenserwerbs, sondern (gerade auch) einer beruflichen Identitätsbildung, die sich an einem professionellen Ideal ausrichtet. Die Bedingungen dafür sind nach wie vor nicht die besten (vgl. ebd.: 196-199). Trotzdem zeigte sich uns: Je geringer der Ausbildungsstand der Mitarbeiter in einem Sozialen Dienst ist, desto eher sind sie zum einen geneigt, berufliche Handlungssicherheit durch korrekten bürokratischen Handlungsvollzug zu suchen. Man konnte am Beispiel Malte weiter sehen, dass Sozialarbeit als Akt des Verwaltungshandelns nicht zuletzt mit einer ausgesprochen defizitorientierten Sicht auf den Fall einhergeht, während der professionelle Habitus auf der Grundlage eines Fallverstehens zwar ebenfalls einen angemessenen Blick auf Defizite, aber eben auch einen auf die in der Regel vorhandenen Ressourcen der Klienten einfordert. Zum anderen wollen Mitarbeiter sozialer Dienste und Einrichtungen ohne fachliche Orientierung immer wieder und unbedingt helfen. Sie zeigen eine gesinnungsethische Persönlichkeitsdisposition, die durch keinen professionellen Habitus verantwortungsethisch „diszipliniert" wird. Solche emphatischen Helfer überschätzen tendenziell die Möglichkeiten sozialpädagogischer Unterstützung und sind so besonders enttäuschungsgefährdet (vgl. Welter-Enderlin/Hildenbrand 1996: 27 ff.).

Ein professioneller Habitus im Feld erzieherischer Hilfen schlägt sich zu Beginn der Fallarbeit im Jugendamt in der Weise der psychosozialen Diagnostik nieder. Ohne zureichende Professionalisierung neigen Fachkräfte der Sozialen Dienste wie im Fall Malte dazu, ihre eigenen milieuweltlichen Maßstäbe anzulegen, die in der Regel dem Spektrum der Mittelschichten entstammen, und auf Fälle auch aus ihnen ferner stehenden Gruppen zu übertragen. Verbunden mit der Problemdiagnose ist die Hilfeplanung nach § 36 SGB VIII. Im Hilfeplanverfahren sollen die Arbeitsbeziehungen zwischen allen Beteiligten begründet, der Hilfebedarf geklärt und eine angemessene Form der Zusammenarbeit vereinbart werden. Der Umgang mit diesem komplexen Arbeitsschritt dokumentiert deshalb besonders den professionellen Habitus einer Fachkraft. Deshalb gingen wir der Frage nach, welche Umgangsweisen mit der Hilfeplanung sich bei Fachkräften in den Sozialen Diensten erkennen lassen. Wir rekonstruierten dabei vier Typen, die Rückschlüsse auf die professionelle Habitusbildung in der Kinder- und Jugendhilfe zulassen.

- *Vermeidungshandeln*: Der erste Typus, dessen primäres Ziel das Vermeiden der in seinen Augen sehr aufwendigen und eher zu anspruchsvollen Aufgabe der Eruierung des Hilfebedarfs und einer Hilfeplanung im Konsens mit den Klienten ist, wird zum einen durch Fachkräfte vertreten, die strategisch die aufwendigen Vorgaben des § 36 unterlaufen wollen. In der Mehrzahl der Fälle liegt dieser Vermeidungsstrategie jedoch ein Arbeitsstil zugrunde, der durch fachliche Unsicherheit und persönliche Überlastung im beruflichen Alltag geprägt ist. Mit dieser Strategie kann man einem intensiveren Kontakt mit den Klienten und der anspruchsvollen Problematik von Nähe und Distanz in der Sozialen Arbeit aus dem Weg gehen.
- *Bürokratische Absicherungsstrategie*: Der zweite typische Umgang mit Diagnostik und Hilfeplanverfahren besteht darin, die formalen Vorgaben des Gesetzes und der Vorgesetzten im Jugendamt zu erfüllen. Der Vollzug und das Ergebnis der Hilfeplanung werden auf die Richtigkeit des Verwaltungsaktes hin ausgerichtet. Bei diesem Akteurstyp wird der fachlichen Unsicherheit durch eine Betonung der bürokratischen Regelbefolgung begegnet. Der Mangel an Kooperation bei der Klärung des Auftrags und Bedarfs der Hilfe zeigt sich u. a. in einem kumulativen Verfahren, wonach mit jedem bzw. jeder beteiligten Partei ein gesondertes Gespräch geführt wird. Nach diesem Vorgang ist es möglich, das entsprechende Formblatt für die Akte ordnungsgemäß auszufüllen.
- *Technokratischer Pragmatismus*: Der dritte Typus im Umgang mit der Hilfeplanung geht über den zweiten insofern hinaus, als die gesetzlichen Vorgaben nicht nur als Vorlage für sozialbürokratisches Handeln in einer Verwaltung gesehen wird, sondern als Angebot von Erziehungshilfen, von denen eine im Hilfeplan-

verfahren vertraglich zu vereinbaren ist. Die Problemdiagnose ist hier darauf ausgerichtet, den Fall unter eines der im Gesetz aufgeführten Hilfekonzepte zu subsumieren. Das Hilfeplangespräch hat den Sinn, die anderen am Verfahren Beteiligten von der Richtigkeit der Subsumtion zu überzeugen und für die aus ihr abzuleitenden praktischen Schritte zu gewinnen. Bei „falscher" Subsumtion bietet die Hilfeplanfortschreibung die Möglichkeit, eine andere Maßnahme „auszuprobieren". Dieses Vorgehen hält die Mitte zwischen einer bürokratischen und einer fachlichen Ausrichtung erzieherischer Hilfen.

- *Reflektierte und kooperative Arbeitshaltung*: Bei diesem Typus gewinnen bei psychosozialer Diagnose und Bedarfsfeststellung erstmals fallverstehende Gesichtspunkte des Hilfeprozesses ein Übergewicht. Hervorzuheben ist dabei die konzeptionelle Idee, das Hilfeplanverfahren auch zum Ort der Konstitution einer Kooperationsbeziehung zwischen Sozialem Dienst, den Klienten und den Fachkräften der die Leistung erbringenden Einrichtung zu machen. Günstigenfalls fließen hier die Ergebnisse der Problemdiagnose und einer offenen Aussprache mit der (Selbst-)Verpflichtung der Klienten zur Zusammenarbeit zusammen. Die mit einer fachlichen Kompetenz verbundene größere Handlungssicherheit erlaubt eine gemeinsame Reflexion der Problematik und bei der Fortschreibung geleisteter Hilfen die Evaluation der bisherigen Ergebnisse.

Die Hilfeplanung nicht als Akt der Überlastung, der bürokratischen Richtigkeit oder einer gelungenen Subsumtion, sondern als diskursiven Arbeitsschritt zu sehen, setzt eine systematische fachliche Qualifizierung und eine entfaltete Professionalität voraus. Nur dann ist es auch möglich, die außeralltägliche Situation des Hilfeplangesprächs für den Hilfeprozess zu nutzen.

3.8 Die achte Ebene der Interaktion im Hilfeprozess

Erzieherische Hilfen erfolgen nicht im Modus monologischen Handelns, sondern als Interaktion zwischen Fachkraft und Klient. In der Sprache der Sozialpädagogik hieße das: Familie Malte ist eine „Koproduzentin" gelingender sozialer Hilfe. Dieser Sachverhalt stellte eine letzte, achte Ebene bei unserer Untersuchung dar. Besonders Erving Goffman (so Knoblauch 2009: 9) beschäftigte sich mit sozialer Interaktion und fasste sie als ein situatives Geschehen, in dem Menschen ihr Verhalten aneinander orientieren. Da koordiniertes Handeln nicht endogen vorprogrammiert ist, hängt dessen Gelingen von Verständigungsmöglichkeiten und geteilten Bedeutungen ab (vgl. ebd.). Was z. B. unterschiedliche Bedeutungen von „ordentlich" bewirken können, war in der Fallgeschichte Malte gut zu sehen. Maßgeblich für eine Verständigung sind nicht nur intersubjektiv gültige Normen oder erwartbare rollenförmige Handlungsmuster, sondern auch subjektive Erwartungen, Wünsche und Befindlichkeiten. Aus diesem Grund sind bei Erziehungshilfen Aushandlungsprozesse (wie es im Praxisfeld heißt) zur gemeinsamen Definition der Situation nötig. Die Einflusschancen dafür sind in einer Interaktion zwischen Fachkräften und Klienten allerdings ungleich verteilt (wie sich in der Fallgeschichte mehrfach zeigte). Auch können Klienten von der Problematik ihrer Lage so überwältigt sein, dass sie zu verständigen Aushandlungen beispielsweise im Hilfeplangespräch nicht fähig sind und ihr Selbst des Schutzes bedarf (vgl. ebd.).

Gelingt Soziale Arbeit bei erzieherischen Hilfen nur im Rahmen interaktiver Praxis, dann stellt die Basis dieses Gelingens die Klientenbeziehung dar. Diese beruht auf einer Begegnung zwischen konkreten Menschen und ist als Beziehung nur in Teilen rollenförmig eingegrenzt. Gesteuert wird ein Klientenkontakt v. a. durch situative Gegebenheiten, weshalb auch die „Qualität" Sozialer Arbeit nicht mittels einer Kontrolle technischer Prozesse „herzustellen" ist. Das Gelingen erzieherischer Hilfen hängt in grundsätzlicher Weise davon ab, dass einerseits sozialpädagogische Fachkräfte bereit und in der Lage sind, die „geforderte Qualität" in „situativer Angemessenheit" zu erbringen. „Und diese Qualität ist andererseits in doppelter Weise grundsätzlich vom Klienten abhängig. Von seiner Beurteilung und von seiner Kooperation" (Müller 1999: 46). Familie Malte verweigerte die Kooperation in einer „reinen" Kontrollbeziehung, in der keine soziale Aushandlung möglich war, und zog weg.

Für Oevermann (1996: 115) ist das professionelle Handeln in therapeutischen und pädagogischen Feldern ebenfalls nicht als Ausübung einer monologischen technischen Problemlösung vorstellbar, „vergleichbar dem Handeln eines Mechanikers, der eine Maschine repariert, sondern als eine Beziehungspraxis" (ebd.). Diese impliziere eine zugleich diffuse und spezifische Beziehung zu Klienten, deren lebens- und erziehungspraktische Beschädigung beseitigt werden soll. Oevermann nennt „diese Beziehungspraxis das Arbeitsbündnis" (ebd.). Das Gelingen einer Erziehungshilfe setzt also ein vertrauensvolles Arbeitsbündnis voraus. Wegen der gemischten Beziehungsanteile steht das sozialpädagogische Arbeitsbündnis in der Spannung von (diffuser) Nähe und (spezifischer) Distanz (im Rahmen der Berufsrolle). Wichtig für die Vertrauensbildung ist die mehrfach angesprochene Balance aus Hilfe und Kontrolle. Insbesondere Kontrollaufgaben können einem Vertrauensverhältnis entgegenstehen, wenn sie nicht sachlich zur Hilfeleistung erforderlich sind, sondern die Machtasymmetrie der Beziehung in den Vordergrund gerückt wird (vgl. Becker-Lenz/Müller 2009: 209).

Die Problematik eines Arbeitsbündnisses wird aber nicht nur in Handlungsfeldern, die stark von Kontrollaufgaben geprägt sind, deutlich, sondern auch in der

Fallarbeit, wenn zu Beginn von Außenstehenden „gemeldet" wird, dass das Wohl eines Kindes oder der Kinder in der Familie gefährdet sei – und dies überprüft werden muss (wie mehrfach in der Fallgeschichte der Familie Malte). Aber selbst in solchen, nicht durch soziales Vertrauen geprägten Situationen nehmen Klienten als verantwortliche Akteure entsprechend ihrer Möglichkeiten eine Arbeitsbeziehung auf. Auch bei richterlichen Anordnungen, etwa im Rahmen von Schutzmaßnahmen, ist es immer noch die Entscheidung der Klienten, sich auf sozialpädagogische Angebote einzulassen oder nicht (vgl. ebd.: 214). In der an Autonomie orientierten modernen Gesellschaft wird soziale Hilfe zudem als Hilfe zur Selbsthilfe konzipiert. Dies soll die Gefahr der Chronifizierung von „Hilfekarrieren" minimieren. Jede Hilfe birgt die Gefahr in sich, die Klienten zu schwächen, weil sie ihnen etwas abnimmt, was sie ansonsten selbständig bewältigen könnten. Schwierig ist es, unter Berücksichtigung der Resilienzfaktoren das adäquate Maß an Unterstützung zu finden: zu wenig ist ineffektiv, zu viel kontraproduktiv (vgl. ebd.: 209).

4 Theoretischer Ertrag und Schlussfolgerungen

Die letzten Ausführungen zeigen, dass der Klientenstatus sich nicht einseitig aus der Hilfebedürftigkeit als solcher oder des sozialstaatlichen Kontrollbedürfnisses aufgrund einer möglichen Kindeswohlgefährdung konstituiert, sondern erst interaktiv mit dem Eingehen einer Arbeitsbeziehung in der Spannung von Hilfe und Kontrolle – wofür es im Fall der Familie Malte begründete Hinweise gab. Und die Professionalität der Fachkräfte erweist sich nicht am Wissen abstrakter Hilfekonzepte, sondern erst in der „produktiven" Interaktion mit Klienten, welche die Balance zwischen einer rollenbetont distanzierten Klientenbeziehung und einer Nähe betonenden „akzeptierenden Begegnung" hält. Zudem ist sie auf wichtige Voraussetzungen und Rahmenbedingungen angewiesen, wie am Acht-Ebenen-Modell abzulesen war.

Die Ausführungen machen aber auch deutlich, in welchem Maße die hermeneutisch-fallrekonstruktive Sozialforschung durch die Orientierung an der konditionellen Matrix gewinnt. Diese kann im Vorfeld den Gegenstand einer Untersuchung näher bestimmen, indem sie den Problemhorizont soziologischer Fragestellungen soweit einkreist und strukturiert, dass man relevanten Handlungsfeldern und -ebenen einzelne Analyseschritte zuordnen kann. Und zwar mit Bezug auf die jeweiligen konstitutiven Elemente und deren Einbettung in den gesellschaftlichen Strukturaufbau. Der empirische Gegenstand wird so zu Beginn der Projektarbeiten konstruktiv aufgebaut und thematisch entfaltet. Dieser erste

Schritt einer Untersuchung vermag den nächsten, die Auswahl des für den Gegenstand relevanten Feldes, anzuleiten, an den sich die Folgeschritte der Fallauswahl und Datenerhebung anschließen.

Mit Hilfe der konditionellen Matrix kann man sich auch klar machen, weshalb eine Datenauswertung, die sich an den methodischen Schritten der Fallrekonstruktion, der Fallkontrastierung, der Typenbildung und feldspezifischen Strukturgeneralisierung orientiert, im Ergebnis in eine so genannte Theorie mittlerer Reichweite einmündet. Denn die auf einer der Handlungsebenen angesiedelte Untersuchungseinheit hat nur zu Strukturelementen auf den unmittelbar über- und untergeordneten Ebenen eine direkte, ursächliche Beziehung. Auf der strukturlogisch tiefer liegenden Ebene sind die wesentlichen Elemente angesiedelt. Eltern und Kinder beispielsweise sind die wesentlichen Elemente einer Klientenfamilie. Umgekehrt stellen die auf der höheren Stufe rekonstruierten Strukturen notwendige Bedingungen für die Praxis auf der darunter liegenden Ebene dar. Die Strukturen einer Hilfeeinrichtung zum Beispiel öffnen den Handlungsspielraum für Leitungs- und Fachkräfte, engen ihn aber von vornherein auch ein.

Das Beispiel der Familie und der Hilfeeinrichtung weisen aber noch auf einen anderen wichtigen Punkt im Konzept der konditionellen Matrix hin: Dieses ist nicht schematisch „anzuwenden", sondern „dem Geiste nach" zu entfalten. Die verschiedenen Ebenen unserer Bedingungsmatrix sozialer Hilfen orientieren sich im Allgemeinen an Aggregierungsniveaus sozialen Handelns. Deshalb bestimmt die Gesellschaftsebene den Rahmen für Lebenspraxis und Strukturbildung. Doch orientierten wir uns nicht sklavisch an diesem Schema: Eine Interaktion ist als sozialer Austausch zwischen mindestens zwei Akteuren höher aggregiert als es einzelne Klienten und Fachkräfte sind; trotzdem erscheint sie als Ebene 8 nach den Klienten und Fachkräften auf den Ebenen 6 und 7. Der Grund liegt in der konstitutiven Strukturlogik der Praxis sozialer Hilfen, die keine monologische, sondern eine interaktive ist. Nicht nur das. In dieser Praxis begegnen sich zwei Handlungslogiken mit unterschiedlichen Einbettungsformen (Fachkraft, Einrichtung, gesellschaftliches Funktionssystem vs. Klient, Familie, lebensweltliches Milieu), die teilweise parallel zueinander liegen und auf der gesellschaftlichen Ebene wieder zusammengeführt werden. Dieses partielle Nebeneinander kann im Text nur nacheinander wiedergegeben werden.

Literaturverzeichnis

Allert, Tilman u. a. (1994): Familie, Milieu und sozialpädagogische Intervention. Münster: Votum

Becker-Lenz, Roland; Müller, Silke (2009): Die Notwendigkeit von wissenschaftlichem Wissen und die Bedeutung eines professionellen Habitus für die Berufspraxis der Sozialen Arbeit. In: Becker-Lenz, Roland u. a. (Hg.), Professionalität in der Sozialen Arbeit, Wiesbaden: VS Verlag, 195-222

Bohler, Karl Friedrich (2004): Region und Mentalität. Welche Rolle spielen sie für die gesellschaftliche Entwicklung? In: *sozialer sinn*, 5. Jg., H. 1: 3-29

Bohler, Karl Friedrich (2006): Die Professionalisierung der Sozialen Arbeit als Projekt. Untersucht am Beispiel ostdeutscher Jugendämter. In: *sozialer sinn*, 7. Jg., H. 1: 3-33

Bohler, Karl Friedrich (2007): Soziografische Analyse der sozialen Entwicklung in den untersuchten Kreisgebieten Heidenheim, Ostholstein, Rügen und Saalfeld-Rudolstadt. In: ders.; Hildenbrand, Bruno; Funcke, Dorett, Regionen, Akteure, Ereignisse. Die Entwicklung der Erziehungshilfen nach Einführung des Kinder- und Jugendhilfegesetzes 1990/91, Jena: SFB 580 Mitteilungen 23, 45-103

Bohler, Karl Friedrich (2008): Das Verhältnis von Fallanalyse und konditioneller Matrix in der rekonstruktiven Sozialforschung. In: *sozialer sinn*, 9. Jg., H. 2: 219-250

Bohler, Karl Friedrich; Bieback-Diel, Liselotte (2001): Jugendhilfe im ländlichen Sozialraum. Münster: Votum

Bohler, Karl Friedrich; Franzheld, Tobias (2010): Der Kinderschutz und der Status der Sozialen Arbeit als Profession. In: *sozialer sinn*, 11. Jg., H. 2: 187-217

Bourdieu, Pierre (1985): Sozialer Raum und ,Klassen'. Zwei Vorlesungen. Frankfurt a. M.: Suhrkamp

Bourdieu, Pierre (1987): Sozialer Sinn. Kritik der theoretischen Vernunft. Frankfurt a. M.: Suhrkamp

Harnach, Viola (1995/2007): Psychosoziale Diagnostik in der Jugendhilfe. Grundlagen und Methoden für Hilfeplan, Bericht und Stellungnahme. Weinheim und München: Juventa

Hildenbrand, Bruno (1999): Fallrekonstruktive Familienforschung. Opladen: Leske&Budrich

Hildenbrand, Bruno (2004): Die Transformation der Jugendhilfe in Ostdeutschland im Kontext von Tradition, Diskontinuität und Strukturbildung. In: *Österreichische Zeitschrift für Soziologie*, Jg. 29, Heft 2: 41-59

Hildenbrand, Bruno (2007): Wandel in Ereignissen. Die Vermittlung von Struktur und Handeln in der Analyse von Prozessen sozialen Wandels. In: Bohler, Karl Friedrich; ders.; Funcke, Dorett, Regionen, Akteure, Ereignisse. Die Entwicklung der Erziehungshilfen nach Einführung des Kinder- und Jugendhilfegesetzes 1990/91, Jena: SFB 580 Mitteilungen 23, 6-43

Kaufmann, Franz-Xaver (2003): Varianten des Wohlfahrtsstaats. Der deutsche Sozialstaat im internationalen Vergleich. Frankfurt a. M.: Suhrkamp

Knoblauch, Hubert (2009): Die Öffentlichkeit der Interaktion. In: Goffman, Erving, Interaktion im öffentlichen Raum, Frankfurt a. M.: Campus, 9-14

König, René (1969/1976): Soziologie der Familie. In: Handbuch zur empirischen Sozialforschung, Band 7 (hg. von ders.), Stuttgart: dtv

Müller, Burkhard K. (1999): Probleme der Qualitätsdiskussion in sozialpädagogischen Handlungsfeldern. In: Merchel, Joachim (Hg.), Qualität in der Jugendhilfe. Kriterien und Bewertungsmöglichkeiten, Münster: Votum, 43-60

Nüsken, Dirk (2007): Regionale Disparitäten in der Kinder- und Jugendhilfe. Eine empirische Untersuchung zu den Hilfen für junge Volljährige. Münster: Waxmann Verlag

Oevermann, Ulrich (1996): Theoretische Skizze einer revidierten Theorie professionalisierten Handelns. In: Combe, Arno; Helsper, Werner (Hg.), Pädagogische Professionalität. Untersuchungen zum Typus pädagogischen Handelns, Frankfurt a. M.: Suhrkamp, 70-182

Olk, Thomas u. a. (1995): Von der Wertgemeinschaft zum Dienstleistungsunternehmen. Oder: über die Schwierigkeit, Solidarität zu organisieren. Eine einführende Skizze. In: Rauschenbach, Thomas u. a. (Hg.), Von der Wertgemeinschaft zum Dienstleistungsunternehmen, Frankfurt a. M.: Suhrkamp, 11-33

Sachße, Christoph (1995): Verein, Verband und Wohlfahrtsstaat: Entstehung und Entwicklung der „dualen" Wohlfahrtspflege. In: Rauschenbach, Thomas u. a. (Hg.), Von der Wertgemeinschaft zum Dienstleistungsunternehmen, Frankfurt a. M.: Suhrkamp, 123-149

Strauss, Anselm L. (1993): Continual Permutations of Action. New York: Aldine de Gruyter

Werner, Emmy E. (2006): Wenn Menschen trotz widriger Umstände gedeihen – und was man daran lernen kann. In: Welter-Enderlin, Rosmarie; Hildenbrand, Bruno (Hg.), Resilienz – Gedeihen trotz widriger Umstände, Heidelberg: Carl-Auer-Verlag, 28-42

Welter-Enderlin, Rosmarie; Hildenbrand, Bruno (1996/2004): Systemische Therapie als Begegnung. Stuttgart: Klett-Cotta

Objektiv-hermeneutische Falldiagnostik im Rahmen der Kinder- und Jugendhilfe

Andreas Franzmann

1   Vorbemerkung

Der vorliegende Beitrag hat das Verfahren und Anwendungsfeld objektiv-hermeneutischer Falldiagnostik im Rahmen der Kinder- und Jugendhilfe zum Gegenstand. Als solcher behandelt er die Frage, wie in einem Feld *klinischer Forschung* ein Fall zum Fall wird und welche besonderen praxisgeleiteten Bedingungen die methodischen Operationen dabei leiten. Falldiagnosen dienen in aller Regel nicht dem Zweck einer über den je besonderen Fall hinausgehenden, auf Theoriebildung abzielenden Strukturgeneralisierung. Zumindest ist die verallgemeinernde Theoriebildung nicht das erklärte Ziel. Es geht vielmehr um einen interventionspraktischen Zweck, hier darum, ein drohendes oder bereits manifestes Scheitern eines sozialisatorischen Milieus, in dem Kinder heranwachsen, durch geeignete Maßnahmen aufzufangen. Diese klinische Forschung ist also eingebettet in einen berufspraktischen Kontext. Die Falldiagnostik dient einer handlungsgeleiteten Fragestellung, die im Rahmen einer professionalisierten sozialpädagogischen Praxis entsteht und in den Zuständigkeitsbereich der Jugendämter und Träger der Jugendhilfe fällt. Ein Ziel der Falldiagnostik ist, die darin Tätigen in ihren Entscheidungen zu unterstützen.

Dieser Unterschied von klinischer Forschung und Forschung im Allgemeinen soll zunächst etwas genauer besprochen werden (2). Sodann geht es um die speziellen institutionellen und praktischen Rahmenbedingungen der Jugendhilfe, in denen ein Fall zum Fall wird (3). Schließlich soll aufgezeigt werden, bei welchen Gelegenheiten objektiv-hermeneutische Falldiagnosen in der Jugendhilfe zum Einsatz kommen. Die Optionen reichen von der umfassenden Analyse von biographischen Daten und Interviews, die bei der Frage nach einer geeigneten Maßnahme ausgewertet werden, bis hin zu eher kleinen Ausdrucksgestalten, die im Verlauf einer bereits laufenden Betreuung Aufschluss über aktuelle erzieherische Krisen liefern können (4). Dabei soll ein Brief als Beispiel dienen (5).

2 Differenz grundlagenwissenschaftlicher und klinischer Forschung

Hinsichtlich der rekonstruktionsmethodologischen Grundbegriffe sowie der Regeln der Sequenzanalyse gibt es keine methodologischen oder methodischen Unterschiede zwischen einer Fallrekonstruktion, die im Rahmen eines Forschungsprojektes der Grundlagenforschung, und Fallrekonstruktionen, die im Rahmen einer klinischen Auftragsforschung bzw. Fallrekonstruktionen, die im Rahmen einer Berufspraxis als fest installierte Operation und quasi im Selbstauftrag stattfinden. Fallrekonstruktionen sind hier wie dort darauf ausgerichtet, eine unbekannte, fremde Lebenspraxis aufzuschließen, indem anhand von Lebenslaufdaten, Interviews und anderen Ausdrucksgestalten eine Fallstrukturgesetzlichkeit erschlossen wird.

Gleichwohl gibt es natürlich erhebliche Unterschiede forschungspraktischer Natur. In Forschungsprojekten der Grundlagenforschung interessieren sich Wissenschaftler in erster Linie für die Erschließung elementarer Strukturen oder Strukturdynamiken, die von allgemeiner Natur sind. Deren Erkenntnis geht über einen je besonderen Fall hinaus und erlaubt Aussagen über eine ganze Kategorie von Fällen bzw. über innewohnende Strukturgesetzlichkeiten, die von den je besonderen Fällen abgehoben werden können. Eine Fallanalyse erfolgt gewissermaßen pars pro toto und ist exemplarisch.[1] Ich entwerfe ein Beispiel: Wenn man sich für Paarbildungsprozesse interessiert, erhebt man zu diesem Zweck mehrere Interviews mit Paaren unterschiedlichen Alters aus verschiedenen Schichten und Milieus und befragt sie dazu, wie sie zusammengekommen sind. In einer solchen Studie werden stets mehrere Fallanalysen durchgeführt, die man miteinander kontrastiert. Im Kontrast der Fälle werden schon nach wenigen Analysen – so zumindest die Erwartung – strukturelle Merkmale sichtbar, die sich wiederholen und die sich von den je unverwechselbaren spezifischen Merkmalen des jeweiligen Falles abheben lassen. Zum Beispiel hat jedes Paar ein eigenes, oft sehr privates Narrativ des krisenhaften Zusammenkommens, das auch im späteren Leben wie zur Bekräftigung des gemeinsamen Lebensentwurfs immer wieder erinnert wird. Darin gibt es verallgemeinerbare Punkte, etwa wer wen zuerst angesprochen hat und wie der Moment verlief, da sich ein Partner dem anderen eröffnet hat. Aber der konkrete Inhalt solcher Narrative ist natürlich nicht verallgemeinerbar, und

---

1 Berühmte Studien dieser Art sind Levi-Strauss' „Elementare Strukturen der Verwandtschaft" (1947/2002, 1987/1984) oder Max Webers Studie zum Zusammenhang von „Der Geist des Kapitalismus und die Protestantischer Ethik" (1920/1986). Im Rahmen der Objektiven Hermeneutik sind zahlreiche mikrosoziologische Studien ähnlicher Anlage entstanden.

dies ist selbst noch ein generelles Merkmal, da Paare auf die Unverwechselbarkeit und Einzigartigkeit des Personals konstitutiv angewiesen sind. In solchen Projekten zielt die Erkenntnis nicht auf ein besonderes konkretes Paar, sondern auf ein Verständnis von Strukturmerkmalen und -dynamiken, die allen Paarbildungsprozessen innewohnen. Projekte dieser Art können in verschiedenen Settings aufgelegt werden. Denkbar sind zum Beispiel Projekte, die sich für den historischen Wandel der Paarbildung von Generation zu Generation interessieren; oder Projekte, die sich für die Paarbildungen von Menschen aus unterschiedlichen Kultur- und Migrationsmilieus oder von gleichgeschlechtlichen Paaren interessieren. Entscheidend ist der Fokus der Erkenntnis, und der liegt bei Grundlagenprojekten zumeist auf Fragestellungen, die gewissermaßen um ihrer selbst willen verfolgt werden und ohne berufspraktische Anwendungsinteressen auskommen.

In der klinischen Forschung geht es hingegen immer um einen Anwendungskontext. Um im Beispiel zu bleiben: Ein Projekt zur Paarbildung kann auch im Rahmen eines Berufsverbandes von Paartherapeuten oder Eheberatern angestellt werden, die auf Beobachtungen einer Veränderung in den zeitgenössischen Paarbildungsprozessen reagieren. Zum Beispiel will man verstehen, was sich hinter dem merkwürdigen Erfolg von Partnerschaftsbörsen im Internet verbirgt. Auch hierbei geht es um verallgemeinerbare Strukturen und nicht um einen besonderen konkreten Fall. Gleichwohl stehen praktische Interessen der Beratung und Therapie im Vordergrund.

Von diesen beiden Kontexten typologisch zu unterscheiden ist die hier vorliegende Praxis einer Falldiagnostik in der Jugendhilfe. In ihr geht es tatsächlich um einen besonderen Fall als solchen, der gewissermaßen um seiner selbst willen aufgeschlossen werden soll. Dabei geht es nicht um theoretische Erkenntnis, sondern um eine Diagnostik als Hilfestellung und Handhabe im Rahmen einer sozialpädagogischen und behördlichen Interventionspraxis, die auf ein drohendes oder manifestes Scheitern einer Familie reagieren muss und sich von der Analyse einer Familienkonstellation und biographischen Daten Aufschluss über die Ursachen eines Scheiterns und Hinweise auf angemessene Maßnahmen der Jugendhilfe erhofft. Obwohl auch bei solchen Falldiagnostiken immer viele Beobachtungen gemacht werden, die sich für theoretische Modellbildungen nutzen lassen, stehen diese also nicht im Zentrum und werden oftmals auch nicht explizit verarbeitet.

3   Rahmenbedingungen der Jugendhilfe

Die Frage, was einen Fall in der Jugendhilfe konstituiert, ist nicht leicht zu beantworten. Zwei Ebenen müssen unterschieden werden. (a) Ein Fall in der Jugendhilfe wird zunächst durch eine lebenspraktische Krise eines sozialisatorischen Milieus konstituiert, in dem Kinder heranwachsen. Es gibt verschiedene Anlässe, bei denen eine solche Krise hervortreten kann. Ein einfaches und hier zu vernachlässigendes Beispiel hierfür ist, wenn Eltern von sich aus eine Erziehungsberatung aufsuchen und aus eigenen Stücken dort um Hilfe nachsuchen, weil sie in einem erzieherischen Konflikt nicht mehr weiterwissen. Ein Anlass kann zum Beispiel sein, wenn eins ihrer Kinder immer wieder die Schule schwänzt, oder wenn Eltern eines exzessiven Mediengebrauchs ihrer Kinder nicht Herr werden, oder wenn sie sich über die Wahl der Freundeskreise ihrer Kinder Sorgen machen. Auch wenn solche Anlässe oftmals auf tiefergehende Konflikte als Ursachen verweisen und eine Falldiagnostik daher sehr wohl geboten sein kann, ist die Konstellation doch vergleichsweise einfach, da die Initiative von den Eltern selbst ausgeht und ein Scheitern ihrer Erziehung damit eingestanden ist. Das Scheitern stellt außerdem ein Zusammenleben der Familie nicht per se in Frage, die Familie hat also noch Selbstheilungspotentiale und ist somit intakt. Zwar haben auch Erziehungsberater immer wieder darauf zu reagieren, dass Eltern oder Jugendliche Widerstände gegen eine beratende Praxis entwickeln: Widerstände gegen unangenehme Ratschläge oder wenn eine Fehlentwicklung anders gedeutet wird und „eigene Anteile" daran angesprochen werden, deren Bearbeitung weitergehende Verhaltensänderungen verlangen würde. Stattdessen erhoffen sich Eltern oftmals lediglich technische Tipps zur Erziehung oder moralische Entlastungen, welche ohne Hinterfragung der eigenen Problemsicht auskommen. Aber dieses typische Problem der Beratungspraxis lässt sich im Rahmen eines freiwilligen Arbeitsbündnisses mit dem Hinweis auf den Leidensdruck der Klienten immerhin bearbeiten.[2] Insofern entspricht im pädagogischen Kontext am ehesten die Erziehungsberatung dem Modell eines freiwilligen Arbeitsbündnisses, wie es in der Professionalisierungstheorie auch für die ärztliche oder

---

2   Ein anderes Strukturproblem der Familien- und Erziehungsberatung soll hier nur kurz erwähnt werden, nämlich dass viele Familien mit Beratungsbedarf aus Misstrauen die Beratungsstellen gar nicht erst aufsuchen, oder, wenn sie dies tun, sich nicht vertrauensvoll in ein Arbeitsbündnis einlassen können, weil sie befürchten, dass die Beratungsstellen nicht vollends unabhängig von den Jugendämtern handeln. Befürchtet wird, dass Erziehungsberater den Jugendämtern Mitteilungen machen, wenn sie Sorgen um das Kindeswohl haben. Aus Angst vor Konflikten mit dem Jugendamt und einer Herausnahme der Kinder lassen sich so manche Familien auf eine Beratung gar nicht erst ein.

psychotherapeutische Praxis beschrieben wird. Ein Arbeitsbündnis liegt vor, wenn Klienten aus einem Leidensdruck heraus von sich aus um Hilfe nachsuchen und die krisenhafte Einschränkung ihrer Lebenspraxis eingestehen. Auf dieser Grundlage können Ärzte, Therapeuten, Berater auf eigenen, unangenehmen Deutungen der Krise beharren und für ihre Handlungspläne auch gegen innere Widerstände der Klienten um deren Gefolgschaft werben.

Ein solche Arbeitsbündnis liegt in den meisten Fällen der Jugendhilfe, um dies es hier geht, aus strukturellen Gründen nicht vor. Und dies macht auch die Frage, was einen Fall zum Fall macht, kompliziert: (b) In den hier interessierenden Fällen der Jugendhilfe liegt die Krise eines sozialisatorischen Milieus dann vor, wenn Eltern an den ihnen obliegenden Aufgaben der Erziehung und Pflege ihrer Kinder *im Ganzen* scheitern und ein Aufwachsen der Kinder bei ihren Eltern in einem gemeinsamen Haushalt gefährdet oder nicht mehr möglich ist. Das ist insbesondere dann indiziert, wenn Kinder verwahrlosen oder an Kleidung oder Nahrung unterversorgt sind oder körperlich und seelisch misshandelt oder sonst wie vernachlässigt werden.

Eine solche Krise ist aber nicht ausschließlich und nicht einmal in erster Linie die Krise eines Elternpaares und eines Verwandtschaftssystems, sondern automatisch und unweigerlich auch die Krise einer dem Familienverband übergelagerten politischen Vergemeinschaftung. Denn Kinder eines scheiternden Familienverbandes drohen nicht nur aus dem von den Erwachsenen zu gewährenden Schutzraum der Kindheit herauszufallen und an Leib und Seele Schaden zu nehmen – ein Schutzraum, der von allen Erwachsenen zu gewährleisten ist. Vielmehr ist diese Krise gleichbedeutend damit, dass die Einsozialisation dieser Kinder in die soziopolitische Vergemeinschaftung als solche zu misslingen droht und Kinder nicht zu selbständigen Erwachsenen heranwachsen, welche sich den Forderungen einer autonomen und gesellschaftsverträglichen Lebensführung gewachsen zeigen. Misslingende Sozialisation bedeutet nicht nur Kindeswohlgefährdung und Beeinträchtigung biographischer Chancen, sondern auch die Beschädigung der Befähigung, selbst Kinder groß ziehen zu können, eine mangelhafte Bildung und Ausbildung, und eine fehlende oder ambivalent-destruktive Bindung an das Gemeinwesen und seine Normen, also ein Scheitern an den Bewährungsaufgaben des Erwachsenenalters in Berufsarbeit, Familie und Gemeinwesen.

Das Scheitern einer Familie ist daher in dreifacher Hinsicht eine Krise: (i) Zum einen ist es die persönliche Krise von Erwachsenen als Eltern in der ihnen obliegenden Aufgabe, als Erziehungsberechtigte einem Kind von der Geburt bis zur Selbständigkeit den altersgerechten Schutzraum gewähren zu können. Dabei haben sie ihre Kinder in einem erzieherischen Alltag sowohl mit sozialen Regeln des Zusammenlebens als auch mit altersgerechten Forderungen an ihre Selbständigkeit zu konfrontieren und ihnen diese Selbständigkeit abzuringen, und zugleich bedingungslos vor Gefahren zu schützen. (ii) Zweitens bedeutet es die Störung einer je individuellen kindlichen Entwicklung in der Erschließung der Selbständigkeit in der Familie, der Peer Group, Schule usw. (iii) Und drittens ist das Scheitern einer Familie zugleich eine Krise des Gemeinwesens von Erwachsenen insofern, als dieses Gemeinwesen dem Scheitern nicht tatenlos zusehen kann und im Falle des manifesten Scheiterns sogar Substitute der sozialisatorischen Praxis suchen muss, welche die Erziehung und Förderung von Kindern außerhalb ihrer Familien übernehmen können.

In Deutschland ist wie in vielen anderen Ländern die Bewältigung von Krisen eines Familienverbandes vom Gesetzgeber geregelt. In Artikel 6 des Grundgesetzes wird die „Pflege und Erziehung der Kinder" als „das natürliche Recht der Eltern und die zuvörderst ihnen obliegende Pflicht" bezeichnet und ihre Praxis zugleich unter eine staatliche Aufsicht gestellt: „Über ihre Betätigung wacht die staatliche Gemeinschaft." Damit überträgt der Gesetzgeber die soziale Kontrolle und Aufsicht der Eltern einer behördlichen Instanz, was implizit die historisch vorangehende Aufsicht anderer Institutionen (etwa von Kirchenvorständen, Dorfältesten oder Feudalherren) ablöst. Aus diesem Artikel leitet sich der behördliche Auftrag der Jugendämter ab, die im Auftrag der Bürgermeister als den Leitern einer kommunalen Verwaltung handeln.

Ein Fall in der Jugendhilfe ergibt sich in dieser Perspektive also auch aus einer behördlichen Handlungsnot heraus, und diese ist zunächst einmal hoheitlicher Natur. Sie setzt ein, wenn die Jugendämter durch Meldungen oder Anzeigen auf eine mögliche Kindeswohlgefährdung aufmerksam gemacht werden und eine Prüfung einleiten müssen, ob Anzeichen einer Kindeswohlgefährdung vorliegen. Solche Anzeichen können sein: Zeichen häuslicher Gewalt, Hämatome, Brandmale, Brüche, die durch Kitas, Lehrer, Kinderärzte oder Nachbarn gemeldet werden (müssen), chronische Fehlernährung, falsche Kleidung, die auf Verwahrlosung hindeuten, längere, grundlose Fehlzeiten in der Schule, auffällig häufige Verwicklung von Kindern in Delikte (wie Diebstahl, Vandalismus, Körperverletzung), Berichte über häufige lautstarke Auseinandersetzungen im Haus, längere Abwesenheiten, Drogenkonsum, usw. Erhalten Jugendämter hiervon Kenntnis, müssen sie von Amts wegen tätig werden und prüfen, ob eine Kindeswohlgefährdung vorliegt.

Die Prüfung einer Kindeswohlgefährdung erfolgt eher nach dem Modell einer Tatsachenfeststellung und hat unweigerlich Anteile einer staatsanwaltlichen Ermittlung. Familien werden zu Gesprächen ins Amt geladen, zuhause aufgesucht, zu Vorkommnissen befragt und müssen diese erklären. Eine solche Befragung ist stets „peinlich", weil sie in die Privatsphäre von Familien hineinleuchtet und erzieherisches Verhalten von Eltern kontrolliert. In der Wahrnehmung ihres

Auftrags, für die „staatliche Gemeinschaft" über die „Betätigung" von Eltern zu „wachen", kollidiert die Behörde so automatisch mit dem im Grundgesetz den Eltern zugeschriebenen „natürlichen Recht der Eltern" zu Pflege und Erziehung ihrer Kinder (GG Art.6 Satz 2).

Eine solche Prüfung begründet noch keinen Bedarf nach falldiagnostischer Analyse und muss von einer solchen auch klar abgegrenzt werden. Prüfungen sind keine Ursachenforschung und können übrigens auch ergeben, dass eine Meldung unbegründet war oder als geringfügig zu betrachten ist, und dann wird der Fall zu den Akten gegeben. Wiederholen sich aber Meldungen und sind diese schwerwiegend, können Jugendämter gar nicht anders, als an der Erziehungsfähigkeit von Eltern zu zweifeln und negative Prognosen für die Entwicklung der Kinder zu stellen. Damit beginnt eine behördliche Verantwortung für das zukünftige Kindeswohl und eine Abwägung darüber, ob und wie in die Familie interveniert werden sollte.

Man sollte sich an dieser Stelle kurz klar machen, dass Jugendämter sich in einem vom Gesetzgeber (SGB VIII, KJHG §§27 ff) vorgeschriebenen Rahmen von Maßnahmen bewegen müssen, wenn sie Hilfen installieren. Eine niederschwellige Maßnahme ist zum Beispiel die Familienberatung (SGB VIII § 28) oder – schon aufwendiger, da personalkostenintensiv – die Installation einer Sozialpädagogischen Familienhilfe (SPFH), eine Person, welche die Familie regelmäßig aufsucht und „durch intensive Betreuung und Begleitung Familien in ihren Erziehungsaufgaben, bei der Bewältigung von Alltagsproblemen, der Lösung von Konflikten und Krisen sowie im Kontakt mit Ämtern und Institutionen unterstütz(t) und Hilfe zur Selbsthilfe" gibt (SGB VIII § 31). Weitergehende Maßnahmen reichen aber über kurzfristige In-Obhut-Nahmen (§§ 8a, 42) oder Clearing-Stellen bis hin zur dauerhaften Herausnahme und Fremdunterbringung von Kindern in Pflegefamilien (§ 33) oder in Einrichtungen mit Fachpersonal, Heimen, Wohngruppen, Erziehungsstellen bzw. Fachpflegefamilien (§ 33 Satz 2, § 34, § 35a).

Von Gesetz wegen sind Jugendämter dazu gehalten, immer zuerst Maßnahmen zu erwägen, die eine in die Krise geratene Familie zu stützen verspricht und noch vorhandene Selbstheilungspotentiale reaktivieren kann. Das „natürliche Recht der Eltern" auf Erziehung und Pflege ihres Kindes ist mit dem Recht des Kindes auf gute Pflege und Erziehung, sogar mit seinen Grundrechten auf Unversehrtheit und dem Recht, bei den Eltern zu leben und groß zu werden, stets abzuwägen. Auch in dauerhaften Fremdunterbringungen müssen die Möglichkeiten einer Rückführung erwogen werden, umstritten ist, ob dies selbst dann gilt, wenn ein Familiengericht den Eltern das Sorgerecht entzogen und es einem Vormund übertragen hat.

Man muss diesen rechtlichen und behördlichen Rahmen berücksichtigen, um erkennen zu können, dass die Frage, was in der Jugendhilfe einen Fall zum Fall macht, von mehreren Parametern konstituiert wird, die es in der Falldiagnostik gleichwohl analytisch auseinanderzuhalten gilt. Zunächst ist es die Krise einer Familie als eines nicht mehr funktionierenden sozialisatorischen Milieus, dann die Krise des Gemeinwesens, die sich um die Sozialisation ihres personellen Nachwuchses sorgen muss, dann die Krise einer Behörde, die im Auftrag der staatlichen Gemeinschaft abzuwägen hat, ob und wie in Familien interveniert werden muss und die sich dabei an gesetzliche Rahmen zu halten hat. Und schließlich gibt es eine vierte Ebene: Denn es ist zu berücksichtigen, dass die „staatliche Gemeinschaft" in Gestalt einer Behörde gar nicht oder nur sehr eingeschränkt sozialpädagogische Maßnahmen selbst durchführen kann. Jugendämter erziehen keine Kinder. Jugendämter entscheiden und verantworten die Art einer sozialpädagogischen Maßnahme, finanzieren diese aus ihrem Haushalt und kontrollieren über ihre Abteilungen der „wirtschaftlichen Jugendhilfe" und des hausinternen Controlling buchhalterisch eine korrekte Mittelverwendung. Darüber hinaus koordinieren sie über das halbjährliche Hilfeplangespräch die Hilfeplanung und nehmen Sachstandsberichte über den Entwicklungsstand eines Kindes entgegen. Doch die eigentliche Leistung der Kindererziehung übertragen sie in der Regel per Auftrag und vertraglich geregelt einem Trägern der Jugendhilfe, welcher Einrichtungen unterhält, in denen Kinder und Jugendliche leben: Pflegefamilien, Heime, Erziehungsstellen oder Wohngruppen und „Clearing-Stellen". Solche Einrichtungen der Jugendhilfe unterliegen behördlicher Aufsicht und Genehmigung. Zu einem geringeren Anteil sind diese selbst in staatlicher Trägerschaft, die meisten Einrichtungen werden von freien oder kirchlichen Trägern unterhalten.

4 Divergente Interessen an Falldiagnosen

Ein Bedarf nach Falldiagnosen entsteht in diesem Gesamtsetting aus sehr unterschiedlichen Interessenlagen heraus, je nach Zeitpunkt und Entscheidungsbedarf in einem Prozess der Krisenbewältigung. Fragen nach Art und Ausmaß eines lebenspraktischen Scheiterns stellen sich Jugendämtern bereits dann, wenn sie auf eine Familie aufmerksam werden und eine prognostische Einschätzung über den zukünftigen Verlauf eines familiären Zusammenlebens benötigen, noch bevor sie abwägen, ob und wie sie angemessen intervenieren sollen. Eine Prognose setzt Kenntnisse über Gründe und Ursachen eines Scheiterns und deren Tragweite voraus. Eine erweiterte Interessenlage ergibt sich daraus, wenn Jugendämter bereits über eine geeignete sozialpädagogische Maßnahme nachdenken und nicht wissen, ob sie ein Kind nur einige Wochen oder auf Dauer aus einer Familie herausnehmen sollten. Ist eine solche Herausnahme aber unvermeidlich, steht die nochmals erweiterte Frage im Raum, welches erzieherische Umfeld für ein konkretes Kind geeignet ist, damit es sich von der Krise des eigenen Herkunftsmilieus zunächst erholen kann, um dann dauerhaft eine bestmögliche Erziehung und Förderung zu erfahren. Dabei geht es um die Suche nach einem geeigneten Ersatzmilieu und so wichtige Fragen wie die, ob das darin lebende und arbeitende Personal eine pädagogische Qualifikation haben sollte, ob die Ersatzeltern älter oder jünger sein und eigene Kinder haben sollten oder nicht, ob sie auf dem Land oder in der Stadt leben oder ob Geschwister zusammen oder getrennt in verschiedenen Einrichtungen untergebracht werden sollten, usw.

Um einschätzen zu können, welche Maßnahme angemessen wäre, bedürfen Jugendämter immer einer falldiagnostischen Einschätzung der biographischen Konstellation des Kindes und der Gründe des Scheiterns seiner Familie. Eine solche Falldiagnostik findet in der Praxis der Jugendämter auch tatsächlich immer statt, wenngleich in der Mehrzahl der Fälle auf eine eher implizite, abkürzende und intuitive Weise. Diese intuitive Praktik der Falldiagnose beruht nicht auf methodisch kontrollierten Operationen des Fallverstehens, sondern auf ad hoc gebildeten Deutungen und Beobachtungen und auf Erfahrungssätzen, die sich in Jugendämtern bilden. Erfahrene Mitarbeiter von Jugendämtern kommen auf diese Weise durchaus zu richtigen Gestaltschlüssen und Einschätzungen hinsichtlich eines Falles, wenn sie mit den Jahren ein gutes Gespür für vorliegende Probleme und geeignete Maßnahmen entwickeln. Gleichwohl ist an der gegenwärtigen Praktik etwas Unzureichendes zu benennen. Problematisch ist, wenn Jugendämter sich auf eine solche Praktik intuitiver Falldiagnose strukturell verlassen. Eine intuitive Diagnostik hat ihre Deutung in der Regel nicht methodisch explizit erschlossen und alternative Deutungen nicht geprüft. Eine Falldiagnose war nicht in der Analyse eines Datenmaterials, sondern in einer persönlichen Einschätzung begründet gewesen. Wenn sich ein Fall nun anders entwickelt, als erwartet, oder wenn nach Beginn einer Maßnahme der Jugendhilfe Anzeichen einer erneuten krisenhaften Entwicklung vorhanden sind, die so nicht vorhergesehen wurde und sich mit den bisherigen Einschätzungen auch nicht umstandslos interpretieren lässt, gerät das Fallverstehen selbst in eine Krise. Es fehlt dann eine Basis, von der aus das aktuelle Geschehen bewertet werden kann. In einer solchen Situation können Deutungen dann zwar erneut ad hoc entwickelt werden. Aber ein Rückbezug auf die ursprüngliche Falldiagnose ist kaum möglich und so lässt sich auch nicht befriedigend aufklären, ob die ursprüngliche Deutung unzureichend war, weil etwas Wichtiges übersehen wurde, oder ob aktuelle Entwicklungen eher neuen Umständen geschuldet sind, wie zum Beispiel dem Erziehungsstil des Personals einer Einrichtung, in das ein Kind gegeben wurde. – Zwar kann eine nachträglich stattfindende methodische Falldiagnostik hier immer noch helfen. Es wäre aber viel besser, wenn die Jugendämter selbst über eine entsprechende methodische Expertise verfügen würden und die Mitarbeiter regelmäßig an Fallanalysen beteiligt wären. Davon kann leider keine Rede sein. Den Mitarbeitern von Jugendämtern fehlt hierfür häufig die Zeit, und sie können den Wert einer Falldiagnose auch nicht immer einschätzen, da ihnen die methodische Qualifikation fehlt, was wiederum auf ein Desiderat der Ausbildungs- und Studiengänge der Sozialen Arbeit verweist. ...

Es gibt schließlich noch ein weiteres, gänzlich anders gelagertes Interesse an Falldiagnosen. Während Jugendämter eine Falldiagnose letztlich immer im Zusammenhang mit ihrer Entscheidungskrise in der Wahl angemessener behördlicher Interventionsmaßnahmen benötigen, brauchen Träger der Jugendhilfe ebenfalls eine Falldiagnostik, weil ihr Personal mit den Kindern zusammenleben und erzieherisch arbeiten soll.[3] Hieraus entstehen nicht unbedingt anders gelagerte Fragen an eine Falldiagnose, doch der Fokus geht über die Frage nach angemessenen Maßnahmen weit hinaus und berührt die Deutung des kindlichen Verhaltens im Alltag. Hier geht es sowohl um strukturelle Entscheidungen über angemessene Unterbringungen („Belegungen"), als auch um das richtige Einschätzen von konkreten Situationen und Konflikten in einem Setting der Fremdunterbringung. Eine Falldiagnostik findet hier einen ganz anderen Widerhall und auch eine Chance zur Fortsetzung im Verlauf einer Unterbringung.

5 Falldiagnosen aus Sicht eines Trägers der Jugendhilfe

Falldiagnosen, die von einem Träger der Jugendhilfe gemacht werden, setzen also an sehr differenten Handlungsproblemen an, von denen sich die Fragestellungen herleiten. Im Folgenden sollen die Interessen aus Sicht eines freien Trägers der Jugendhilfe geschildert werden, der sozialpädagogische Leistungen im Sinne des § 27 (Hilfen zur Erziehung) erbringt und Kinder in eigenen Erziehungsstellen unterbringt. Falldiagnosen werden in diesem Zusammenhang aus drei Anlässen erstellt:

(1) Zum einen im Auftrag von Jugendämtern, die während einer schwelenden Krise „nicht weiter wissen" und eine fachliche Expertise zu der Frage einholen wollen, welche Maßnahme und gegebenenfalls Form der Unterbringung geeignet wäre. Eine solche Falldiagnose erfolgt im Rahmen von Gutachten, die als Entscheidungsgrundlage dienen und nach Gebühren bzw. Honoraren abgegolten werden. Anders

---

3   Auch bei Trägern der Jugendhilfe gibt es bislang keine flächendeckende methodische Expertise und Praxis einer methodisch kontrollierten Falldiagnostik.

als Fallanalysen in der Forschung münden sie immer in interventionspraktische Empfehlungen. Man darf nicht vergessen, dass Falldiagnosen der hier besprochenen Art nicht zum Standard der Tätigkeiten von Jugendämtern gehören und nur in kompliziert scheinenden Ausnahmefällen durchgeführt werden (s. o.). Falldiagnose setzt in diesem Kontext die Erhebung von Daten auf der Grundlage von Datenblättern und Interviews voraus; die Erstellung einer Familienkonstellation („Genogramm") und Chronologie objektiver biographischer Daten; die Auswertung von Interviews mit Eltern und dem betroffenen Kind, wenn nötig auch anderer Materialien wie Kinderzeichnungen, Texten, Briefen.

(2a) Zum zweiten erfolgen Falldiagnosen hausintern anlässlich konkreter Anfragen von Jugendämtern, die Kinder unterbringen möchten. Solche Anfragen gehen in der Regel nicht mit einem gutachterlichen Auftrag zur Falldiagnose einher; oft liegen andere Aussagen einer medizinischen oder psychiatrisch/psychologischen Diagnostik bereits vor, und eine Entscheidung über die Fremdunterbringung ist bereits erfolgt. In einem solchen Fall ist es in erster Linie das Interesse des aufnehmenden Trägers, möglichst früh einen umfassenden Einblick in die Ursachen des Scheiterns eines Herkunftsmilieus zu gewinnen. Falldiagnosen erfolgen also im Selbstauftrag und auf eigene Kosten. Sie dienen zum einen dem Träger als Entscheidungshilfe während einer Prüfung darüber, ob ein Kind im Rahmen der eigenen Angebote tatsächlich gut aufgehoben wäre oder ob der Auftrag abgelehnt werden muss bzw. dem Jugendamt eine anderslautende Empfehlung übermittelt werden sollte. Dabei spielen Fragen der Belegung eine große Rolle: Sollte man ein Kind alleine oder zusammen mit Geschwistern unterbringen? Sollte es in eine Fachstelle in der Nähe des Herkunftsmilieus, oder mit einem größeren Abstand zu ihm untergebracht werden? Sollten in der Fachstelle bereits andere Kinder leben und welches Alter wäre angesichts einer Vorgeschichte günstig oder ungünstig? Et cetera.

Zum anderen dienen Falldiagnosen bei erfolgender Aufnahme dann als Basis für die beginnende Arbeit mit dem Kind. Dabei stellt sich eine Vielzahl von Fragen gleich zu Beginn: Wie ist die Krise der Herausnahme aus der Herkunftsfamilie konkret verlaufen und welchen Bedarf hat das Kind, sich von einer belastenden Vorgeschichte des Scheiterns zu erholen? Welche Traumatisierungen liegen vor und wie lässt sich ihnen angemessen im Sinne eines heilpädagogischen Settings begegnen? Welche erzieherischen, kognitiven (z. B. Spracherwerb) und schulischen Entwicklungsrückstände liegen vor und wie können diese feindiagnostisch erklärt werden? Wie wird das Scheitern von den Kindern und Eltern selbst interpretiert? Und (wie) kann man Kindern und Eltern dabei helfen, das Trauma der Herausnahme angemessen zu verarbeiten und als Chance eines Neuanfangs zu begreifen?

Falldiagnosen werden in diesem Setting selbst zur Grundlage einer pädagogischen Praxis, weil sie prognostische Aussagen und Empfehlungen darüber erlauben, welche Maßnahmen in welchem Tempo geboten sind und welche nicht. Interventionspraktische Empfehlungen fließen in die Planung und Gestaltung eines erzieherischen Alltags selbst ein und werden durch Erfahrungen ebendieses Alltags zugleich überprüfbar am Erfolg oder Misserfolg einer Prognose bzw. Maßnahme. Charakteristisch ist, dass ein Fragen generierendes Interesse an die Falldiagnostik eben nicht auf eine Aufnahmephase beschränkt bleibt. Vielmehr stellt es sich mit der Einrichtung einer pädagogischen Praxis gewissermaßen auf Dauer und wirft erfahrungsbasiert Fragen immer wieder neu auf, wenn die Kinder sich weiterentwickeln oder wenn Konflikte und Themen aufkommen, die man (so) nicht erwartet hatte. Insofern kann man in Analogie zu Freuds Konzept der „endlichen" und „unendlichen" Psychoanalyse (1937/1981) davon sprechen, dass auch eine Falldiagnostik in der Jugendhilfe, zumindest bei langandauernden mehrjährigen Fremdunterbringungen in Ersatzmilieus, den Charakter einer unendlichen Analyse hat, bei der anlassbezogen Fragestellungen neu aufkommen oder sich verschieben können.

(2b) Vor diesem Hintergrund soll noch ein dritter Anlass der Falldiagnostik genannt werden, nämlich die Analyse im Rahmen einer laufenden Fremdunterbringung anlässlich eines neu aufkommenden Klärungsbedarfs bei konkreten Konflikten oder rätselhaften, unbefriedigenden Verläufen einer Maßnahme, als Fortsetzung oder Neuaufnahme einer bereits erfolgten Falldiagnostik zu einem früheren Zeitpunkt. Solche Analysen sind anlassbezogen. Sie können immer auch Revisionen oder Erweiterungen vorangehender Falldiagnosen notwendig machen. Sie setzen voraus, dass ursprüngliche Analysen schriftlich dokumentiert sind und bei der Neubewertung einer Krise an sie angeschlossen werden kann. Nur so können frühere Aussagen begründet verworfen oder neu bewertet und nach bislang vernachlässigten Ursachen einer aktuellen Krise gesucht werden. Bei diesem dritten Typus ist zu berücksichtigen, dass sich hinsichtlich der Sozialisation eines Kindes die strukturellen Rahmenbedingungen erheblich verändert haben, sodass sich auch die Frage danach, was den Fall als Fall eigentlich konstituiert, noch einmal neu stellt. Ein Kind lebt mittlerweile vielleicht mehrere Jahre nicht mehr bei seinen Eltern, sondern in einer Fachpflegefamilie, und diese Ersatzfamilie ist mit seinem konkreten Personal ein neues, eigenständiges erzieherisches Milieu, das für die Analyse von Konflikten und Entwicklungsschritten selbstverständlich mit herangezogen werden muss. Dies ist schon deshalb wichtig, damit ein in der Jugendhilfe ansonsten leicht sich einstellender, einengender Blick auf die Kinder als Verursacher eines Scheiterns vermieden wird, ein Blick, der sich insbesondere dann einstellt, wenn Erwachsene sich von der schwierigen und schmerzhaften Betrachtung eigener Anteile an einem drohenden Scheitern durch Konzentration auf die Defizite eines Kindes entlasten. Eine solche Entlastungsstrategie findet sich sowohl bei leiblichen Eltern, die das Scheitern des eigenen Familienverbandes lieber in pathogenem Verhalten ihrer Kinder begründet sehen, als sich mit eigenen Anteilen konfrontieren zu lassen, aber natürlich auch bei Fachpersonal in Erziehungsstellen, wenn es zum Beispiel zum vorzeitigen Abbruch einer Maßnahme kommt. Das Scheitern eines sozialisatorischen Milieus ist ursächlich immer in der Gesamtheit des Verhaltens von Eltern und Kindern zu erklären, und es kann sich natürlich auch in Heimen, Pflegefamilien oder Fachstellen wiederholen, in denen qualifiziertes pädagogisches Fachpersonal tätig ist. Gerade in einem solchen Falle ist es aber besonders schwerwiegend und daher wichtig, sehr genau die verschiedenen Anteile an einem erneuten Scheitern in den Blick zu nehmen.

6 Durchführung einer Falldiagnostik in der Jugendhilfe

Habe ich mich bislang auf Hinweise zu den Rahmenbedingungen von Falldiagnosen in der Jugendhilfe beschränkt, soll nun die konkrete Durchführung von Falldiagnosen erläutert werden.

Ein typisches Problem in der Jugendhilfe besteht darin, dass vorhandene Dokumente und Vorberichte aus der Akte der Jugendämter für eine Fallanalyse normalerweise nur bedingt aussagekräftig und oftmals sehr lückenhaft sind. Zwar gibt es Bemühungen, auch in den Behörden eine Dokumentation von Falldaten mithilfe einheitlicher Datenbögen zu erreichen, aber von einem Standard sind wir weit entfernt. Es ist daher nahezu immer geboten, eine eigenständige Erhebung durchzuführen, in der die biographischen Daten eines Falles erhoben werden. Dazu rechne ich Daten zu Geburt, regionaler Herkunft, Religion, Geschwisterstellung, dann Stationen des schulischen und beruflichen Werdegangs, besondere Lebensereignisse (Krankheiten, Traumata, Migration, Trennung, usw.) in chronologischer Aufstellung für Großeltern, Eltern und das Kind. Vor allem das Zusammenleben der Kinder in ihrem Elternhaus und die „heiße Phase" eines Scheiterns sollten gut dokumentiert sein. Dazu gehört auch das Handeln und Eingreifen des Jugendamtes sowie die Geschichte vorangehender Maßnahmen der Jugendhilfe mit etwaigen Aufenthalten in Heimen inklusive der Gründe eines dortigen Scheiterns. Ferner sind Interviews mit den beiden Eltern, gegebenenfalls mit den Großeltern, wenn diese zeitweilig die Erziehung eines Kindes übernommen hatten, und mit dem Kind oder den Kindern selbst zu führen. Dabei ist es empfehlenswert, als Fragestimulus im Interview danach zu fragen, wie es zu einer aktuellen Situation (gemeint ist das endgültige Scheitern einer Familie) eigentlich gekommen ist. In einem offenen Gespräch über den Hergang und die Gründe darf nach einem initialen Aussprechen des Fragestimulus („Erzählen Sie doch mal, wie es dazu gekommen ist!") immer wieder nachgefragt werden. Die Anteile der einzelnen Personen am Geschehen sollen angesprochen werden, wenngleich dies viel Geschick verlangt, da die Interviewpartner oftmals aus Scham oder Sorge vor rechtlichen Sanktionen durch das Jugendamt viele Details zurückhalten möchten und im Interview auch ihre Wut und Anklage ausagieren.

Das Interview unterscheidet sich insofern von einem Forschungsinterview als ihm ein anderes Arbeitsbündnis zugrundeliegt. In Forschungsinterviews sind Interviewees Repräsentanten einer unerforschten Praxis und stellen sich mit ihrem Wissen in den Dienst an der Erkenntnis. In Interviews, die im Rahmen der Jugendhilfe zu diagnostischen Zwecken geführt werden, haben Vertreter eines gescheiterten Familienmilieus eine Pflicht an der Mitwirkung am Aufarbeiten ebendieses Scheiterns, weil dies im Interesse des Wohlergehens ihres Kindes ist und einer (Wieder-) Herstellung eines funktionierenden sozialisatorischen Milieus dient, in dem das Kind groß werden soll. Eine solche Mitwirkungspflicht besteht selbst dann, wenn dies unter Bedingungen einer Fremdunterbringung erfolgte und die Kinder den Eltern „weggenommen" wurden. Mit dem Appell an diese Pflicht lassen sich Eltern meistens auch dann vom Sinn solcher Interviews überzeugen, wenn sie argwöhnisch gegenüber Vertretern der Jugendhilfe sind. Hier ist es wichtig, hinreichend klar zu machen, dass Falldiagnostiker, die im Auftrag eines Trägers der Jugendhilfe solche Interviews erheben, nicht identisch sind mit Mitarbeitern der Jugendämter und diesen auch keine Mitteilungen über Inhalte der Interviews machen, wenn dies nicht ausdrücklich erlaubt wird. Dies ist nicht ganz unproblematisch, da eine kollegiale, vertrauensvolle Zusammenarbeit zwischen Träger und Jugendamt ja im Interesse der Kinder und einer Erziehungsplanung ist. Hier hat der Schutz der Interviewsituation aber Vorrang, und es gilt ein Übertragen des Misstrauens der Eltern in die Jugendämter möglichst zu minimieren. Ein Misstrauen, das den Jugendämtern sehr häufig alleine deshalb entgegengebracht wird, weil Jugendämter strukturell in der Doppelposition als Akteur der erzieherischen Hilfe zur Selbsthilfe und als behördlicher Akteur der Kontrolle und Sanktion auftreten müssen, ein Hauptgrund dafür, warum ein professionelles Arbeitsbündnis zwischen dem Amt und den Eltern so gut wie nie zustande kommt. Nur wenn es gelingt, eine Übertragung dieses Misstrauens auf die Träger der Jugendhilfe auszuräumen, können Interviews in einer Atmosphäre der Offenheit geführt werden; erfahrungsgemäß äußern Eltern dann auch bereitwilliger kritische Vorkommnisse, die ihnen peinlich sind oder sie sogar strafrechtlich belasten könnten, aber für das Verständnis eines Geschehens wichtig sind. Voraussetzung ist hier selbstverständlich die Zusicherung einer unbedingten Verschwiegenheit. Darüber hinaus gilt es in der Interviewführung immer wieder an die Mitwirkungspflicht zu appellieren, wenn sich Widerstände und Abwehr bei der Vertiefung von Themen äußern.

Ein solches Interview hat einen doppelten Zweck: einerseits die Vorgeschichte einer Krise anamnestisch aufzuklären und Ereignisse in eine zeitlich nachvollziehbare, chronologische Ordnung zu bringen, darüber hinaus aber das habituelle Muster im Handeln von Eltern und Kind im Gespräch zu aktivieren und zum Sprechen zu bringen, so dass an einem Interview die Fallstruktur einer Familie rekonstruiert werden kann. Das Erreichen dieses Zweckes ist weniger von der Interviewtechnik abhängig, als von der Methode der Auswertung. In der Auswertung erschließen wir ursächliche Zusammenhänge eines Scheiterns der Primärsozialisation in der Herkunftsfamilie, indem sowohl die familiale Konstellation in ihrer Dynamik seit der Großelternebene, als auch die bisherige Lebens- und Vorgeschichte des Kindes auf Anzeichen und Gründe für Fehldynamiken des Misslingens oder Unterlaufens einer funktionierenden triadischen Familienstruktur untersucht wird. Darin interessieren sowohl die Dyaden zwischen den Gatten („Paarbildung"), als auch die Dyaden zwischen Mutter und Kind (Bindung) und Vater und Kind („Familialisierung des Vaters") in den verschiedenen Phasen der sozialisatorischen Entwicklung von der Geburt bis zum Einsetzen der Adoleszenz sowie die Gründe einer misslingenden Triangulierung der Dyaden in einen Familienverband.[4]

Interventionspraktische Empfehlung

Eine Besonderheit der Falldiagnosen ist, dass die Auswertung immer in eine interventionspraktische Empfehlung mit Vorschlägen für sozialpädagogische Maßnahmen und Verhaltensweisen mündet, wobei diese Vorschläge auf sehr verschiedenen Ebenen liegen können. Wichtig ist dabei, dass solche Vorschläge zunächst ganz bewusst unter Ausblendung einer „üblichen Praxis" der Jugendhilfe aus den Erfordernissen eines Falles her entworfen werden, und nicht den strukturellen Einschränkungen von vorneherein gefolgt wird, die sich aus rechtlichen, finanziellen und verwaltungspraktischen Rahmenbedingungen und Routinen der Jugendhilfe ergeben. Zunächst wird konstruiert, welche Hilfe ideal und passgenau wäre. Erst in einer zweiten Betrachtung sucht man dann unter den verfügbaren Bedingungen diejenigen, welche diesen idealtypischen Interventionsentwurf maximal zu realisieren verspricht. Dies ist wichtig, da sonst in der Assimilation der sozialpädagogischen Empfehlung an die begrenzten Möglichkeiten einer Praxis der Fall praktizistisch subsumiert und wichtige Alternativen zu einer üblichen Praxis

---

4 Vgl. hierzu Oevermann 2004.

nicht mehr gedacht werden könnten. Stattdessen kommt es in der Jugendhilfe darauf an, im Interesse von Kindern die rechtlichen, finanziellen und beruflichen Gegebenheiten advokatorisch im Sinne der Bedarfslage eines Falles auch gegen Widerstände einer etablierten Berufsroutine maximal auszuschöpfen und erfinderisch-kreativ darin zu sein, auch ungewohnte Maßnahmen möglich zu machen. Dass dies nicht immer gelingt, steht auf einem anderen Blatt. Die häufig anzutreffende Diskrepanz zwischen wünschbarer Maßnahme, einerseits, und tatsächlich von den Jugendämtern favorisierten Lösungsansätzen, andererseits, würde gar nicht mehr explizit formuliert werden können, wenn es nicht jene Auftrennung gäbe.

7 Fallbeispiel – „Angelinas Schwester meldet sich"[5]

Der Leser wird sich gewiss wünschen, dass die Ausführungen endlich durch ein konkretes Beispiel veranschaulicht werden mögen. Ich wähle einen Fall, der allerdings nicht alle Erwartungen wird erfüllen können. Eine ausführliche Fallanalyse mit Auswertung der familialen Konstellation und biographischen Daten, wie dies bei Anfragen oder zu Beginn einer Dauerunterbringung normalerweise geboten ist, wäre an dieser Stelle wünschenswert, ist aber viel zu komplex und sprengt den Rahmen der mir möglichen Darstellung. Ich wähle stattdessen einen Brief, der im Rahmen einer seit langem bestehenden Betreuung eines neunjährigen Mädchens in einer Erziehungsstelle analysiert werden musste, weil sich mit diesem Brief eine interventionspraktische Empfehlung für die Gestaltung des erzieherischen Alltags verband. Die Maßnahme war, wie gesagt, seit Jahren etabliert. Angelina lebte zu dem Zeitpunkt bereits einige Jahre in ihrer Fachpflegefamilie mit einer Pflegemutter mit pädagogischer Fachqualifikation und ihrem Mann, den zwei leiblichen Kindern des Pflegeelternpaares und einem weiteren aufgenommenen Mädchen, das etwas jünger war, aber gleichwohl seit einigen Jahren in dieser Familie lebte, zusammen. Die leibliche Mutter hatte das Kind wegen einer Suchterkrankung mit wiederkehrendem Konsum harter Drogen nicht angemessen versorgen können und nach zwei schwierigen Jahren in eine Fremdunterbringung eingewilligt. Der Vater ist nicht präsent und andere Familienmitglieder (Großmütter etc.) standen für eine Aufnahme nicht zur Verfügung. Der Kontakt zur leiblichen Mutter konnte zwar gehalten werden, die Mutter zeigte sich aber sehr unzuverlässig bei Terminabsprachen, Geburtstagen oder Hilfeplangesprächen, so dass sie im erzieherischen Alltag praktisch nicht präsent war. Kenntnisse über die weitere Vorgeschichte

---

5 Der Fall ist vollständig anonymisiert, alle Namen sind geändert.

dieses Mädchens, die Gründe und konkreten Umstände seiner Herausnahme und Aufnahme sind für die exemplarische Bedeutung des Briefes nicht weiter relevant; wichtige Informationen lassen sich ansonsten anhand des Briefes selbst erschließen.

8 Die pädagogische Fragestellung

Im Oktober erreichte Angelina ein Brief. Dieser Brief war ihr nicht auf dem Postweg zugestellt sondern der Pflegemutter von einer Mitarbeiterin aus dem örtlichen Jugendzentrum, (im Brief unten Frau Lindenthal genannt) mit der Bitte überreicht worden, diesen Brief an Angelina weiterzuleiten. Der Brief stammte von einem anderen Mädchen, wie sich herausstellt der leiblichen Schwester von Angelina. Diese Schwester hatte sich an jene Mitarbeiterin des Jugendzentrums in der Annahme gewandt, dass sie die Pflegemutter von Angelina kenne und regelmäßig treffe und ihr den Brief überbringen könne. Der Brief war nicht verschlossen und auch sonst nicht vollständig. Ihm fehlen übliche Adress- und Absenderangaben auf dem Briefumschlag.

Angelina wusste von der Existenz dieser Schwester, kannte sie aber nicht und hatte zu keinem Zeitpunkt mit ihr zusammen bei der Mutter gelebt, auch nicht als Kleinkind. Es gab also bislang keine gemeinsame Praxis, der Brief stellt die erste Interaktion zwischen den Schwestern dar. Für die Pflegemutter kam der Brief gleichwohl nicht vollends überraschend, da Frau Lindenthal ihr bei einer früheren Gelegenheit bereits darüber berichtet hatte, dass die Schwester Kontakt zu Angelina aufnehmen möchte und auch ein Treffen wünsche. Dies hatte die Pflegemutter Angelina mitgeteilt, aber Angelina hatte sich dazu nicht klar verhalten und auch nicht gesagt, ob sie sich mit der Schwester treffen wolle oder nicht. Die Pflegemutter hatte sie nicht weiter bedrängt. Offenbar – und leicht nachvollziehbar – stellte das Ansinnen ihrer Schwester Angelina vor eine große Herausforderung, von der sie nicht wusste, wie sie darauf reagieren sollte. Es konfrontierte sie mit dem Scheitern ihres Herkunftsmilieus, zwang sie also dazu, sich damit auseinanderzusetzen. Sie soll einen Menschen kennenlernen, mit dem sie eng verwandt ist, den sie aber nicht kennt und von dem sie nicht weiß, was genau er von ihr will. Diese Angelina offenbar überfordernde Kontaktanfrage lag nun einige Monate zurück und die Frage war wieder aus dem Fokus geraten, da die Anfrage mündlich nicht erneuert worden war. Nun jedoch lag der Brief vor.

Es stellte sich der Pflegemutter damit die Frage, ob und wie dieser Brief die Anfrage erneuern und wie Angelina ihn aufnehmen würde. Die Pädagogin entschied sich dazu, den Brief zusammen mit Angelina zu lesen. Da Angelinas Reaktion ähnlich verhalten und hilflos ausfiel und der Brief komplexe Eigenheiten aufwies, entschied sich die Pädagogin dazu, den Brief ihrer Supervisionsgruppe vorzulegen und dort kollegialen Rat einzuholen. In diesem Supervisionsteam kommen Mitarbeiter von verschiedenen Erziehungsstellen regelmäßig zusammen und besprechen und analysieren in einem zweiwöchentlichen Rhythmus aktuelle Fragen der Erzieherarbeit. Teams dieser Art sind bei vielen Trägern der Jugendhilfe üblich. Es ist eine Besonderheit des Trägers, bei dem Angelinas Pflegemutter tätig ist, dass dort regelmäßig Falldiagnosen mit den Verfahren der Objektiven Hermeneutik erarbeitet werden. Bei Bedarf können dabei auch Sequenzanalysen zu Ausdrucksgestalten aus dem Kontext einer laufenden Betreuung angefertigt werden. Die Pflegemutter sprach bei einer dieser Sitzungen das Thema an und bat um Rat.

Der Auftrag lautete zunächst, die Frage zu klären, welchen Stimulus der Brief beinhaltet und welche denkbaren Optionen einer angemessenen Antwort oder Reaktion es auf ihn gibt. Diese reichen aus Sicht von Angelina von einer Nicht-Reaktion bis zu verschiedenen inhaltlichen Ausprägungen eines Antwortbriefes. Der Auftrag war, die Pflegemutter in die Lage zu versetzen, Angelina dabei zu helfen, ihre Haltung gegenüber dem Brief zu klären und gegebenenfalls eine Antwort auf die mögliche Kontaktanfrage formulieren zu können oder eine solche zu verwerfen. Dafür war es wichtig, den Inhalt und „Stimulus" des Briefes zu kennen.

9 Die Briefanalyse

Der Brief (siehe Abb. unten) weist einige gestalterische Auffälligkeiten auf, die als Teil der Rahmung vorweg bestimmt werden sollen. Zunächst hat er keine Formzeilen einer Adresse und eines Absenders, der Brief ist als Ausdruck einer informellen Kommunikation, wie sie unter Kindern oder guten Freunden gebräuchlich ist. Auch findet sich keine Zeitangabe oder „Betreffzeile". Es ist sofort sichtbar, dass es sich nicht um einen Geschäftsbrief handelt, sondern um einen von einem Kind gestalteten Brief. Dafür sprechen die gemalten und geklebten Applikationen, die den Motiven nach auf ein noch jüngeres Kind schließen lassen: (i) Insgesamt acht in vier Farben von Hand ausgemalte Herzen am oberen linken Rand des Briefes. Die Herzen sind dem Wort „Liebe" beigestellt und zu einer Art Cluster versammelt. (ii) Mittig am oberen Rand findet sich eine etwa daumengroße Applikation eines Klebebildchens mit einem stilisierten Pudel im Seitenprofil mit roten Buscheln an Haupt, Nacken und Beinen und einem herzförmigen roten Buschel am Ende der Rute. Der Pudel blickt freundlich und könnte als Kuscheltier dienen und einen Freund darstellen. (iii) In der dritten Zeile des Textes eingefügt sieht man ein sternförmiges blau ausschraffiertes Gebilde mit sechs Gliedern von unterschiedlicher Länge. Das Gebilde weckt Assoziationen an einen Vogel, einen Engel, einen Seestern oder eine Amöbe, ohne dass diese eindeutig erkennbar wären. Seine Platzierung wird uns in der Auslegung des Textes noch zu beschäftigen haben. (vi) Ferner finden sich direkt unterhalb der Unterschrift linksbündig der Satz „Habe Dich lieb" handschriftlich eingefügt, und darunter ein das gesamte untere Drittel des Briefes ausfüllender Smiley mit senkrechten Strichen als Augen, kreisförmig gerundeter Nase und nach oben zum Lächeln gewendetem Mund.

Die Applikationen scheinen allesamt nachträglich eingefügt und ergänzen den Schrifttext, der offenbar mit dem Computer geschrieben und vom Drucker auf das Papier gebracht wurde. Dies lässt im Prinzip auch die Möglichkeit zu, dass nicht das Kind selbst den Brief getippt hat, sondern eine ihr helfende Person. Allerdings sprechen weitere Merkmale des Textes eher dafür, dass das Kind selbst auch getippt hat. Auffallend sind einige Einfügungen eines Absatzes, sogenannte Alineierungen, insbesondere in der dritten Zeile nach dem Wort „Schwester", in der siebenten Zeile nach dem Wort „ich" und in der vorletzten Zeile des Haupttextes nach dem Wort „ein", was die Frage aufwirft, ob die Absätze absichtlich mit einem Plan gesetzt wurden. Dazu gleich mehr. Darüber hinaus sind die Schlussformel „Liebe Grüße" und die Zeile „deine Schwester" eingerückt.

Aus diesen Merkmalen der Formgebung des Briefes können vorweg zwei Dinge geschlossen werden: Erstens ist der Brief auf den ersten Blick als der eines Kindes zu entschlüsseln. Zweitens stellt sich die Frage, wie die Gestaltelemente mit dem Inhalt des Brieftextes zusammenhängen. Insbesondere die Alineierungen werfen die Frage auf, ob sie lediglich Zeichen einer kindlichen Ungeübtheit im Tastaturschreiben und mangelnden Achtsamkeit der Korrektur sind, oder ob sie vielmehr inhaltlich motiviert und somit selbst Bestandteil der Ausdrucksgestalt sind, wobei es zwei verschiedene Optionen zu unterscheiden gilt: zum einen könnte es sich um geplante Absätze handeln, die bewusst gesetzt wurden, damit Raum für graphische Gestaltungen entsteht, der teils ausgefüllt und teils nicht ausgefüllt wurde; dann wäre auch die Niederschrift des Textes einem gewissen Gesamtplan der Gestaltung gefolgt. Oder es handelt sich um ungeplante, spontan herbeigeführte Absätze, die auf etwas im Text reagieren. Dies können wir erst klären, wenn wir den Brieftext selbst analysieren.

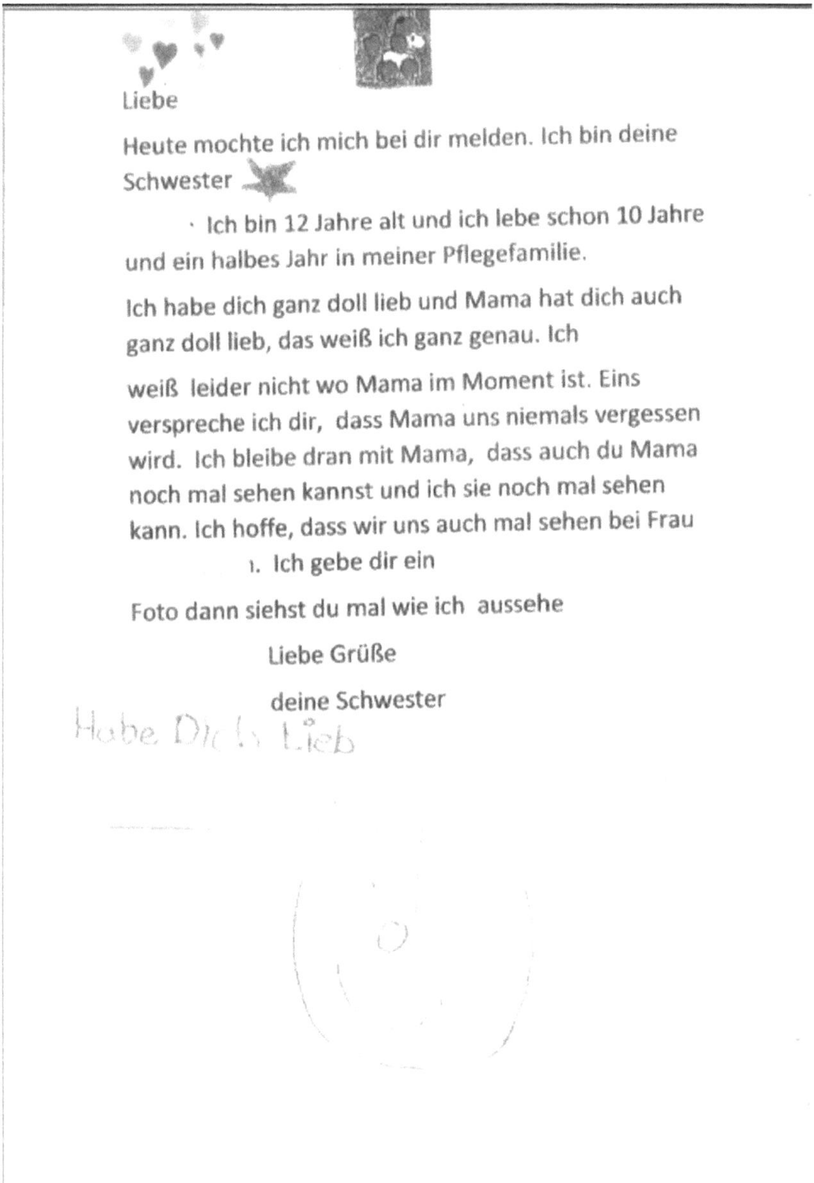

Liebe

Heute mochte ich mich bei dir melden. Ich bin deine Schwester

· Ich bin 12 Jahre alt und ich lebe schon 10 Jahre und ein halbes Jahr in meiner Pflegefamilie.

Ich habe dich ganz doll lieb und Mama hat dich auch ganz doll lieb, das weiß ich ganz genau. Ich weiß leider nicht wo Mama im Moment ist. Eins verspreche ich dir, dass Mama uns niemals vergessen wird. Ich bleibe dran mit Mama, dass auch du Mama noch mal sehen kannst und ich sie noch mal sehen kann. Ich hoffe, dass wir uns auch mal sehen bei Frau ɪ. Ich gebe dir ein Foto dann siehst du mal wie ich aussehe

Liebe Grüße

deine Schwester

Habe Dich Lieb

Abb. 1 Brief an Angelina,
Quelle: Material aus eigener Forschungs- und Beratungstätigkeit

Der Brief beginnt mit der für diffuse Sozialbeziehungen gebräuchlichen Anrede

"Liebe Angelina"[6]

und unterstellt damit Vertrautheit und Nähe, wie sie unter Verwandten, Freunden oder Partnern üblich ist. Angemessen und geboten ist eine solche Anrede immer gegenüber Kindern, auch wenn sich Ältere an sie wenden, die ihnen noch unbekannt sind. Denn Kinder leben in einer Art Schutzraum, in dem es noch keine Ansprüche rollenförmiger Sozialbeziehungen gibt, die Distanz zur ganzen Person gebieten würde. Kindern gegenüber wird per se wohlwollend unterstellt, dass sie „lieb" sind und ihnen diese Prädikation als Vorschuss auf kommendes Verhalten eingeräumt werden muss. Kinder sind ihrerseits erst ab einem bestimmten Alter in der Lage, Fremde anders als duzend zu adressieren.

Angelina wird hier also entweder als eine Erwachsene, die mit dem Briefeschreiber bekannt und vertraut sein muss, oder als ein Kind adressiert.

„Liebe Angelina
Heute mochte ich mich bei dir melden."

Der Brief setzt ein mit dem deiktischen Hinweis auf einen Zeitraum („heute"), der in Abgrenzung zu einem Gestern oder Morgen den gerade aktuellen Tag indiziert und diesen als Zeitraum eines konkreten Geschehens oder Vollzugs ausweist. „Heute" umfasst dabei formal die Zeit zwischen 0:00 Uhr und 24.00 Uhr eines Datums, lebenspraktisch die Zeit zwischen dem Aufwachen am Morgen und dem Einschlafen am Abend. Das Wort eröffnet die Prädikation eben dieses heutigen Tages als einer Praxis und was in ihr geschehen wird oder an ihm geschehen ist. „Heute ist der Tag, an dem ich unsere alte Heimatstadt besuche..."; „Heute habe ich den Lehrer Pfeiffer wiedergesehen"; „heute ist ein schöner Tag, denn ich darf dir endlich schreiben". Dabei ist wichtig, dass in einer schriftlichen Kommunikation Zeit (und Ort) zwischen Absender und Empfänger stets auseinandertreten und nicht geteilt werden. Für den Empfänger ist es daher wichtig zu erfahren, in welcher Zeit der Brief geschrieben wurde. Das Indexwort „heute" klärt die Frage nach der Zeit nur bedingt, da damit noch nicht gesagt ist, welches Heute gemeint ist; es könnte das heute der Briefeschreiberin gemeint sein, an dem sie ihren Brief geschrieben hat, und dies kann Tage und Wochen zurückliegen; es könnte aber

---

6 Kursiv markiert sind diejenigen Textpassagen, die jeweils im folgenden Abschnitt im Fokus der Analyse stehen; die zuvor bereits analysierten Textpassagen werden im Normaldruck wiedergegeben.

auch das Heute der Empfängerin gemeint sein, der Tag, an dem sie den Brief liest. Dann würde der Brief über diesen Tag des Lesens eine Aussage machen müssen und dies kann nur den Brief selbst zum Ereignis ebendieses Tages machen. („Heute ist der Tag, an dem Du von deiner Schwester Post erhältst.") Beide Lesarten setzen dasselbe voraus, nämlich dass die Praxiszeitlichkeit dieses wie jenes Tages auch für Angelina in irgendeiner Hinsicht relevant sei und dass die Briefeschreiberin darüber eine Aussage machen könne. Es wird unterstellt, dass die Schreiberin und Angelina eine Praxis bereits teilen und Angelina es wichtig ist zu erfahren, was in diesem heute geschehen ist oder geschieht. Alleine an diesem sprachlichen Partikel lässt sich also ablesen, dass die Briefeschreiberin von einer bereits bestehenden Vergemeinschaftung zwischen ihr und Angelina ausgeht.

Auffällig ist, dass der Satz dann im Präteritum fortgesetzt wird. Die heilende Lesart, dass es sich um einen Fehler im Tippen auf der Tastatur handeln könnte und das o als ö („möchte") zu lesen wäre, kann an dieser Stelle mit Hinweis auf das Wörtlichkeitsprinzip der Sequenzanalyse zurückgestellt werden, und ist im Übrigen auch unwahrscheinlich, da der Brief mit wenigen Ausnahmen der Interpunktion und der Großschreibung durchgängig korrekt formuliert ist und Rechtschreibung kein Problem darzustellen scheint. Ebenso ist die These, dass auf einer amerikanischen Tastatur geschrieben wurde, die das ö als Taste nicht kennt, zu verwerfen, da im Text weiter unten ein ü Verwendung findet.

Die Form der einfachen, unvollendeten Vergangenheit eröffnet eine Zeitspanne innerhalb des gemeinten Tages. Berichtet wird über einen Impuls, eine Regung, einen Wunsch zu einer Handlung („mochte"), welche bezogen auf den Zeitpunkt des konkreten Vollzugs des Schreibens des Briefes bereits vergangen ist. Das Berichtete meint nun, wie man dem weiteren Text der Zeile entnehmen kann, ebenjenen Impuls zur Kontaktaufnahme, der mit dem Briefeschreiben gerade umgesetzt wird. Hier treten also der Impuls zu einer Handlung und seine Umsetzung auseinander, etwas, das in einem spontanen Handeln normalerweise untrennbar ineinander übergeht, wenn ein Handlungsimpuls ungehemmt ausgeführt werden kann. Es muss folglich eine Hemmung der spontanen Ausführung gegeben haben, ein Innehalten und krisenhaftes Zurückweichen vor der Ausführung. Der Wunsch zur Kontaktaufnahme muss durch eine andere Regung irritiert oder verunsichert worden sein. Und diese Krise der Umsetzung wird am Anfang des Briefes explizit ausgedrückt. Damit rücken die Instanz, die den Brief gerade schreibt, und die Instanz, über die im Schreiben als derjenigen berichtet wird, die „sich melden mochte", auseinander. Beide Instanzen bleiben durch das „ich" in einem Subjekt vereint, aber es muss doch motiviert werden, warum es in seinen Instanzen auseinandertritt bzw. warum das Auseinandertreten von Impuls und Hemmung, Hemmung und Überwindung überhaupt mitgeteilt werden. Zwei Deutungen bieten sich an: Es könnte sein, dass sich die Briefeschreiberin im Moment des Schreibens an den ursprünglichen Impuls dazu nochmals erinnern musste, um sich in dieser Erinnerung über die anhaltende Hemmung hinwegzuhelfen. Dann hätte sich die Hemmung noch unmittelbar im Anfangen des Schreibens geäußert und konnte nur durch ein quasi beschwörendes Mitteilen des ursprünglichen Impulses überwunden werden. „Heute war der Tag, an dem ich mich bei dir melden mochte." Eine andere Deutung wäre, dass der Brief gar nicht von der Absenderin selbst verfasst ist, sondern dass ihr eine andere Person beim Tippen geholfen und sich beim Formulieren quasi in sie hineinversetzt hat. Diese andere Person könnte der Absenderin ein Sich-melden-Mögen „in den Mund gelegt" haben, weil sie es zuvor an ihr wahrgenommen hatte. Warum wollte oder konnte diese Person den Satz aber nicht im Präsens schreiben, was Mehrdeutigkeiten vermieden hätte? Warum konnte das „Ich möchte mich melden" nicht einfach vollzogen werden? Dies muss eigens motiviert werden. Hier lässt sich die Deutung nur mit der zusätzlichen Annahme halten, dass die helfende Person ihrerseits aus einer Hemmung heraus den Satz so formuliert haben müsste: Sie konnte das Präsens nicht verwenden, weil sie innerlich beteiligt war und es in ihren Augen nicht authentisch gewesen wäre. Sie hat nicht lediglich „als Stenotypist" fungiert und dasjenige geschrieben, was das Mädchen ihr diktierte, sondern sie war beim Schreiben aktiv beteiligt, hat mitformuliert oder sogar vorformuliert. Und vor diesem Hintergrund innerer Beteiligung wäre ein „heute möchte ich mich bei dir melden" nicht authentisch gewesen, entweder weil sie beim Mädchen nicht nur ein Sich-melden-Mögen wahrgenommen hatte, sondern auch eine Ambivalenz und Hemmung, oder weil sie selbst dieser Kontaktaufnahme ambivalent gegenüberstand und gar nicht wirklich dahintersteht. – Auch in dieser zweiten Deutung treten Instanzen auseinander: Das Ich des Briefes repräsentierte nicht nur das Mädchen, das unterschrieben hat, sondern auch das Ich eines heimlichen Briefe(mit)schreibers, der dem Mädchen helfen wollte, aber einen Kompromiss aus technischem Bemühen und innerer Beteiligung fabrizierte. – Die letztgenannte Deutung ist zwar voraussetzungsreicher als die erste, aber gleichwohl im Blick zu halten.

Das Wort „melden" macht nun kenntlich, dass es zunächst nur darum geht, einen Kontakt überhaupt herzustellen. Das Wort bezeichnet das Signalisieren einer Bereitschaft zur Kommunikation. Wer sich „meldet" schafft nötige technische Voraussetzungen des Austauschs, in dem er einen bereitstehenden Kanal nutzt oder sich in den Kegel einer Aufmerksamkeit stellt. Das Wort unterstellt, dass der Adressat einer Meldung von der Existenz eines Absenders der Meldung nicht grundsätzlich überrascht wird. Meldestellen bei Polizei oder Notdiensten sind zuständigkeitshalber für Meldungen eingerichtet. Präsupponiert wird hier also, dass Angelina von der Existenz der Briefeschreiberin weiß und es keine grundsätzliche Überraschung ist, von ihr zu erfahren.

Kehren wir vor diesem Hintergrund erneut zur ersten Deutung zurück („innere Hemmung"). Es stellt sich immer noch die Frage, wieso die Briefeschreiberin in ihrem Impuls sich zu melden, irritiert wurde und warum sie dies im Brief zudem ausdrückt.

Was kommt als eine solche widerstreitende Regung in Frage? Angst vor Zurückweisung oder Indifferenz. Also die Angst vor dem Risiko, welches derjenige eingeht, der eine Interaktion eröffnet oder wiedereröffnet, nämlich: keine Erwiderung zu erfahren und kein Einverständnis und Willkommen für die erhoffte gemeinschaftliche Praxis zu erhalten. Dass die Überwindung dieses Risikos am Anfang des Briefes selbst noch bemerkbar gemacht und (unbewusst) „inszeniert" wird, lässt erkennen, dass der Brief mit der Unterstellung geschrieben ist, die Gegenseite müsste diese „Überwindungsleistung" selbst anerkennen können und ihr dankbar sein. Dies unterstellt, dass Angelina selbst den Wunsch zur Kontaktaufnahme hat und folglich, da sie ihrerseits den Kontakt noch nicht aufgenommen hat, selbst irgendeine Hemmung erst noch überwinden muss. Unsere Deutung lautet daher zusammengefasst: Hier drückt sich nicht alleine eine Selbstüberwindung der Briefeschreiberin aus. Unterstellt wird, dass es einen zwar aus Angst vor Zurückweisung gehemmten, aber doch beidseitigen, gemeinsamen Wunsch gibt, miteinander in Kontakt zu treten, und dass sie, die Briefeschreiberin jetzt darin vorangeht, diese Schwierigkeiten zu überwinden, indem sie ihrem ursprünglichen Impuls folgt und den Brief tatsächlich schreibt. Sie überwindet damit nicht nur ihre eigene Hemmung, sondern auch die (unterstellte) Hemmung der Adressatin. Dies legt bereits jetzt die Hypothese nahe, dass hier die Briefeschreiberin die Aufgabe übernimmt, die Familie zusammenzuhalten, oder – in unserem zweiten Deutungsansatz formuliert, – dass ihr von einer helfenden dritten Person die Aufgabe übertragen wird, in der Annahme, dass dies ihr Willen sei.

„Liebe Angelina
Heute mochte ich mich bei dir melden. *Ich bin deine Schwester Emma*"

Die Absenderin stellt sich nun vor. Sie markiert ihre verwandtschaftliche Beziehung zur Adressatin und übernimmt es, ihre Position aus Sicht von Angelina zu bestimmen („bin deine Schwester"). Sie prädiziert sich aus der Perspektive des Verwandtschaftssystems und der Positionen, die Angelina und Emma darin zueinander einnehmen. Beide haben also dieselbe Mutter oder denselben Vater oder haben beide gemeinsam. Für den Außenstehenden wird erkennbar, dass hier außergewöhnliche Umstände vorliegen müssen, da sich die Schwestern offenkundig nicht kennen. Sie können ihr Herkunftsmilieu nicht geteilt haben oder müssen sich vor langer Zeit aus den Augen verloren haben. Ein Kontakt kann nicht bestanden haben und wird erstmals eröffnet.

Die Kontaktaufnahme bringt Angelina insofern mit ihrem Herkunftsfamilie in Berührung, von der sie einst getrennt wurde. Betrachtet man diesen Umstand in künstlicher Naivität, wirft ein solcher Kontakt zahlreiche Fragen auf: Lebt die Schwester noch bei den Eltern, oder ist auch sie fremduntergebracht? Im ersten Falle gäbe es eine Ungleichbehandlung der Kinder durch ihre Eltern, im zweiten hätten die Geschwister eine Gemeinsamkeit in ihrem Schicksal als „Pflegekinder". Wie ist die Schwester eigentlich? Älter, größer sportlich, schulisch etc.? Wie sieht sie aus? Und was ist der Grund für Emmas Kontaktaufnahme jetzt?

Dann wird der Name genannt. Auffällig ist der Zeilenwechsel nach dem Wort Schwester. Möglicherweise folgt dies – wie oben erwähnt – einem gestalterischen Plan, da in die freibleibende Restzeile ein graphisches Element – der blaue Engel – eingefügt wurde (siehe Faksimile). Alternativ kann dieser Plan auch nachträglich aufgekommen sein, als eine unbeabsichtigte Absatzmarkierung als Fehler bemerkt wurde. So oder so ist interessant, dass der Name auf diese Weise besonders gerahmt wird. Der Moment des Nennens des Wortes Schwester wird kompositorisch mit einer Lesepause „angehalten", indem ein Zeilenwechsel erzwungen wird, und der Überraschungsmoment mit einem graphischen „Feuerwerk" gefüllt. Das blaue sternartige Graphem weist einen imaginären Mittelpunkt und sechs periphere Spitzen oder Erhebungen von ungleichen Winkelgraden auf, die vom Mittelpunkt wegstreben. (Möglich, dass ursprünglich eine andere Figur oder ein Schriftzug geplant war, die dann aber verworfen und durch Übermalen in die vorhandene Struktur eingeebnet wurde.) Das Graphem erscheint jedenfalls wie eine Inszenierung des Überraschungsmoments, das auf das Wort „Schwester" folgt, so als ob die Aussage „Ich bin deine Schwester" durch einen lautmalerischen Tusch („tata!") bildlich unterstrichen werden soll.

Emma oder der Briefeschreiber gehen also davon aus, dass der Moment, da Emma sich im Brief zu erkennen gibt, ein Moment der Überraschung für Angelina sein muss. Die Kontaktaufnahme kann unerwartet sein, Angelina unvorbereitet treffen, oder auch mit einem Schreck einhergehen. Die Gestaltung fügt dem Moment daher wie in einer magischen Beschwörung eine positive Rahmung bei und soll ihm den Schrecken nehmen.

„Liebe Angelina
Heute mochte ich mich bei dir melden. Ich bin deine Schwester Emma *Ich bin 12 Jahre alt und lebe schon 10 Jahre und ein halbes Jahr in meiner Pflegefamilie.*"

Als Zwölfjährige steht Emma kurz vor oder am Anfang der Pubertät und dürfte die sechste oder siebente Klasse einer Schule besuchen. Wenn sie seit zehneinhalb Jahren in „ihrer" Pflegefamilie lebt, kann sie maximal eineinhalb Jahre bei der Mutter gelebt haben, wenn es nicht sogar eine weitere vorangehende Fremdbetreuung im Säuglingsalter gab. Auffällig ist, dass sie das halbe Jahr explizit erwähnt und nicht rundet. Es scheint ihr sehr wichtig zu sein, jeden Monat zu rechnen. Sie zählt die Jahre und die Monate, etwas, das Kinder, die bei ihren leiblichen Eltern leben, so niemals tun würden, weil Geburt und Aufnahme in eine Familie bzw. Aufenthaltsdauer und Lebensalter zusammenfallen und nicht eigens erwähnenswert sind. Hier fällt beides auseinander. Es gab ein Leben vor der Pflegefamilie und ein Leben nach der Herausnahme aus dem Herkunftsmilieu.

Das Leben in der Pflegefamilie wird folglich als etwas Besonderes wahrgenommen und auch dargestellt. Zum Kontrast: Es wird nicht „heruntergezählt" wie bei dem Insassen eines Gefängnisses, der die Tage bis zu seiner Entlassung zählt, sondern es werden die Monate des Aufenthalts wie eine Leistungsstrecke zusammenaddiert. Emma rechnet sich die Dauer des Aufenthalts in der Pflegefamilie an. Was bedeuten die 10,5 Jahre? (i) Emma ist schon so lange von zuhause weg und hat es in einer fremden Familie ausgehalten. Sie trägt ihr Schicksal bereits seit 10,5 Jahren. (ii) Seit ebendieser Zeit geht es aber auch gut. Es hat kein abermaliges Scheitern gegeben, sie hat sich in der neuen Familie gut zurechtgefunden und ist akzeptiert.

Dass sie von „ihrer" Pflegefamilie spricht, kann eigentlich nur bedeuten, dass sie sich mit ihr identifiziert und eine wie auch immer geartete Bindung an die Personen dieser Familie entwickelt hat. (Bei einer so langen Dauer wäre alles andere auch eine pädagogische Katastrophe.) Gleichwohl fällt auf, dass Emma ihre Pflegefamilie als Kategorie nennt und nicht etwa von „Familie Meyer" spricht. Dass sie in einer Pflegefamilie lebt, ist ihr also mitteilungswürdig und wird nicht weggelassen, wie dies Pflegekinder als Strategie der Normalisierung anderen, fremden Personen gegenüber ansonsten durchaus tun, wenn sie sich vorstellen. Faktisch stellt sie damit eine Gemeinsamkeit mit Angelina her, die ihrerseits ja auch in einer Pflegefamilie lebt. Vor diesem Hintergrund ist die genannte Jahreszahl sogar noch einmal anders zu werten. Sie schafft eine Vergleichbarkeit in der Anzahl an Jahren, die beide Schwestern jeweils in ihrer Pflegefamilie leben. „Ich lebe 10,5 Jahre in meiner Pflegefamilie. Wie lange lebst du in deiner?" Es könnte sich darin sogar geschwisterliche Rivalität andeuten.

Wir können offenlassen, inwiefern Emma die juristischen Details der Pflegefamilien kennt. Pflegefamilien sind auch ein gesetzliches Konstrukt nach § 33 SGB VIII. Es beschreibt Familien, die im Unterschied zu Adoptiveltern Kinder aufnehmen, ohne die Vormundschaft übertragen zu bekommen. Pflegefamilien werden von

Jugendämtern belegt, kontrolliert und erhalten auch Geld für die Unterbringung (aktuell ca. 1.000 Euro monatlich).

„Liebe Angelina
Heute mochte ich mich bei dir melden. Ich bin deine Schwester Emma Ich bin 12 Jahre alt und lebe schon 10 Jahre und ein halbes Jahr in meiner Pflegefamilie. *Ich hab dich ganz doll lieb"*

Es folgt eine Geste der affektiven Zuwendung, die in diesem Brief allerdings nicht glaubwürdig ausgesprochen werden kann. Emma kennt Angelina bislang überhaupt nicht und kann gar nicht wissen, ob sie sie wirklich „lieb" hat. Dazu fehlt ihr jegliche Erfahrungsbasis. Die Aussage ist demnach nicht aus einer Empfindung her gebildet, in Kenntnis der konkreten Person, sondern kategorial hergeleitet, wohl von der Annahme ausgehend, dass „Schwestern sich lieb haben". Aus Emmas Satz spricht insofern ein Modell geschwisterlich affektiver Solidarität einhergehend mit dem Wunsch, dass dieses Modell real wäre. Dieser Wunsch („Ich hätte gerne eine Schwester, die ich lieb habe!") wird aber nicht als solcher authentisch geäußert, vielmehr wird er als erfüllt bereits angenommen und auf dieser Grundlage sozusagen in diesem Modell gehandelt. Damit wird Angelina aber etwas unterstellt, nämlich, dass sie ebenfalls in diesem Modell denkt und fühlt und es ihr etwas bedeuten wird, wenn ihr gesagt wird, dass ihre Schwester sie lieb hat. Das Ansinnen dieser affektiven Solidarität muss sie aber nicht unbedingt teilen. Der Satz ist daher nicht frei von Übergriffigkeit und Vereinnahmung und muss eigentlich bei Angelina Misstrauen erregen. Angelina wird dafür vereinnahmt, dass ihre Schwester sich den Wunsch erfüllt, in ihrer Herkunftsfamilie eine affektive Beziehung zu haben. Die Anbahnung einer wirklichen Beziehung zwischen den Schwestern wird durch Emma dadurch eher erschwert und gestört. Denn diese Beziehung ist nicht real und das Bekunden der Zuneigung bleibt eher formelhaft. „Hab dich ganz doll lieb" entspricht ja eher einer Formel der Zuneigung, die pflichtschuldig gewählt wird. In der Jugendsprache wird sie sogar häufig abgekürzt: „hdgdl" findet sich als Standardabkürzung zum Beispiel in der Kommunikation vieler sozialer Medien, in SMS oder Einträgen bei WhatsApp. Die Formel „hab dich ganz doll lieb" lehnt sich insofern an einen hochgradig standardisierten Sprachgebrauch an und sucht zumindest keine Abweichung. Auch in dieser Hinsicht muss Angelina Zweifel hegen, wie sehr ihre Schwester es tatsächlich ernst meint. Es bleibt aber die Tatsache, dass der Brief hier einen Wunsch nach affektiver Nähe der Geschwister ausdrückt. Entweder erfüllt sich Emma den Wunsch, weil sie eine Leere in den affektiven Beziehungen ihrer Herkunftsfamilie beenden möchte, indem sie auch Angelina einen solchen Wunsch unterstellt. Oder dieser Wunsch wird gar nicht von Emma selbst, sondern von einer anderen Person, z. B. der Pflegeperson, die Emma gerade beim Tippen helfen könnte, gehegt. Dies könnte dadurch motiviert sein, dass die Pflegefamilie Emmas es gerne hätte, wenn sie Kontakt zu ihrer Schwester hätte. Beide Varianten vereinnahmen Angelina für diese Form der Wunscherfüllung.

„Ich bin 12 Jahre alt und lebe schon 10 Jahre und ein halbes Jahr in meiner Pflegefamilie. Ich hab dich ganz doll lieb *und Mama hat dich auch ganz doll lieb, das weiß ich ganz genau.*"

Emma erweitert ihre Aussage sogar noch und versichert Angelina auch der affektiven Zuneigung der Mutter. Analog zur obigen Analyse unterstellt Emma abermals, dass Angelina es etwas bedeuten muss, dies zu hören. Zugleich nimmt sie in Anspruch, von der Mutter etwas zu wissen, das Angelina nicht weiß. Wenn Emma ihre Schwester der Liebe ihrer Mutter versichert, dann unterstellt dies, dass Angelina selbst keinen ausreichenden Kontakt zur Mutter hat. Überdies wird eine spezifische Deutung der Mutter präsupponiert: Die Mutter ist nicht bösartig, hat die Kinder nicht „im Stich gelassen", sondern sie konnte die Kinder nicht selbst großziehen, weil sie von irgendetwas daran gehindert wurde: Krankheit, Sucht, Gefängnis, oder das Jugendamt – jedenfalls einer äußere Macht, der sich die Mutter trotz ihrer Liebe hat beugen müssen. Ihre Liebe zu den Kindern selbst aber ist wahr und ungebrochen und authentisch! Wenn Emma ihrer Schwester dieses Bild vermittelt, präsupponiert dies, dass Angelina sich nach Zeichen dieser Mutterliebe sehnt. Was damit wie selbstverständlich ausgeschlossen scheint, ist die Möglichkeit, dass Angelina sich gar nicht nach dieser Liebe sehnt, weil sie das Fehlen der Mutter aktuell gar nicht beschäftigt, oder weil sie dieser Mutterliebe nicht glauben kann. Vielleicht hat sie viele Gründe, an ihr zu zweifeln. Das kann Emma sich offenbar gar nicht vorstellen. Sie hat insofern auch ein spezifisches Bild von Angelina, als kleine, auf sich gestellte, sich sehnende Schwester, der nun von Emma ein Zeichen der Mutter übermittelt wird.

Wie interpretiert man dies nun? Emma scheint es sich zur Aufgabe zu machen, den Zusammenhalt der Herkunftsfamilie (wieder-) herzustellen. Da sie von Angelina aber nichts weiß, eben auch nicht, ob Angelina dieses Thema gerade auch beschäftigt, drängt sie ihr dieses Thema auf und agiert insofern nicht sehr rücksichtsvoll. Sie „fällt mit der Tür ins Haus", statt sich unverfänglich um eine Kontaktaufnahme zu bemühen. Offenbar agiert sie ihre eigenen Sehnsüchte und Sorgen aus und überträgt sie auf ihre Schwester. Folgende Deutung bietet sich an: Emma ist zwölf Jahre alt und in einer Lebensphase kurz vor Beginn der Pubertät. Für die Vorpubertät ist eine autobiographische Selbstvergewisserung typisch, die mit einer Krise des für die kindlich/jugendliche Entwicklung wichtigen Zugehörigkeitsgefühls einhergeht. In der Psychoanalyse diskutiert man dies als „Familienroman" (vgl. Freud 1909/1976). Damit ist gemeint, dass Kinder in diesem Alter die realen Beziehungen zu den Personen ihrer Familie kritisch bewerten und teils phantasierten, teils idealisierenden Gegenentwürfen zur vorhandenen Familie anhängen. Gut möglich, dass auch Emma mit ihrer Pflegefamilie gegenwärtig hadert und dass sie ihre Herkunftsfamilie als Gegenmodell phantasiert. Anders als Kinder in intakten Familien haben Kinder in der Jugendhilfe ja einen realen Bezug für solche Phantasien, nämlich ihre leiblichen Eltern (und Geschwister). Diese werden in Gedanken idealisiert und den realen (Pflege-)Eltern als bessere Alternative innerlich entgegengehalten.

Der Gebrauch des kindlichen Kosenamens „Mama" für die leibliche Mutter zeigt tatsächlich, dass die Pflegemutter nicht in eine von intimer Nähe und Vertrautheit gekennzeichnete Mutterposition aufgerückt ist. Vielmehr ist eine Distanz erhalten geblieben, während mit der leiblichen Mutter an einer ursprünglich bestehenden symbiotischen Sozialbeziehung idealisierend festgehalten wird, obwohl diese Sozialbeziehung nach der Mitte des zweiten Lebensjahrs in kaum mehr als außeralltäglichen Besuchskontakten bestanden haben kann.

Schließlich ist auszulegen, warum Emma betont, es „ganz genau" zu wissen, dass „Mama […] dich auch ganz doll lieb" hat. Offenkundig wird gegen einen Zweifel angeschrieben, indem eine gesteigerte Gewissheit betont wird. Worin besteht dieser Zweifel? Offenbar ist die Liebe der Mutter keine Selbstverständlichkeit, so dass die Frage, ob „Mama mich lieb hat", unwillkürlich aufkommen kann. Emma kennt den Zweifel aus eigener Erfahrung, unterstellt ihn aber auch Angelina, was nahelegt, dass Emma das Verhalten der Mutter als Grund des Zweifels ansieht. Die Mutter ist nicht da, versorgt die Kinder nicht, und die Mutterliebe ist nicht jederzeit verlässlich erfahrbar. Emma inszeniert sich an dieser Stelle als diejenige, die den Zweifel stellvertretend für beide Geschwister überwindet, indem sie sich als Quelle einer anderslautenden Gewissheit zu erkennen gibt. Worauf kann sich diese Gewissheit stützen? Da es einen lebenspraktischen Alltag mit der Mutter nicht gibt, kann sich die Gewissheit eigentlich nur darauf stützen, dass die Mutter Emma bei Treffen und Besuchen immer und immer wieder gesagt hat, dass sie sie lieb habe. Es sind Bekundungen, Schwüre, Versicherungen, die die Mutter mündlich oder in Briefen abgegeben hat. „Vergiss nie: ich habe dich ganz doll lieb!" Daran hält Emma geradezu trotzig fest, obwohl die Realität diesen Gedanken einer heilen Mutterliebe vielfach unterläuft oder Grund zum Zweifeln gibt.

Darüber hinaus unterstellt Emma, dass ihre Schwester Angelina zwar das Zweifeln teilt, aber nicht über gleichartige Versicherungen der Mutter verfügt, die ihr eine ähnliche Gewissheit verschaffen würden. Emma bietet Angelina ihre Gewissheit als Überzeugung an, die sie sich zu eigen machen kann. Es geht um geschwisterliche affektive Gefolgschaftsbildung, wobei Emma abermals wie selbstverständlich unterstellt, dass sie eine größere Nähe zur leiblichen Mutter hat als Angelina. Emma macht sich hier zum Sprachrohr des Gedankens einer im Kern intakten, heilen Mutterliebe, und da sie offenbar davon ausgeht, dass die Mutter Angelina nicht selbst ausreichend ihrer Mutterliebe versichern kann, übernimmt sie hier die Rolle einer Stellvertreterin, die ihre Schwester der affektiven Zugewandtheit und Liebe der Mutter versichert. Da sie Angelina und ihre Gefühle diesbezüglich gar nicht kennt, und folglich nicht weiß, wie Angelina zu ihrer leiblichen Mutter steht, handelt Emma erneut auf der Grundlage eines gedachten Modells familialen Zusammenhalts und wahrscheinlich mehr aus dem persönlichen Motiv heraus, dass sie selbst an dem Gedanken einer ihre Kinder einschränkungslos liebenden Mutter apodiktisch festhalten muss, weil das Zweifeln hieran schmerzhaft und nicht zu bewältigen wäre.

Diese Passage wirft die Frage auf, ob es in der Gegenwart einen konkreten Anlass dafür gibt, dass an der Mutterliebe gezweifelt werden und der Gedanken hieran zurückgedrängt werden muss.

„Ich bin 12 Jahre alt und lebe schon 10 Jahre und ein halbes Jahr in meiner Pflegefamilie. Ich hab dich ganz doll lieb und Mama hat dich auch ganz doll lieb, das weiß ich ganz genau. Ich *weiß leider nicht, wo Mama im Moment ist.*"

Emma hat selbst den Kontakt zur Mutter verloren, ein mögliches Motiv, warum Emma sich zum jetzigen Zeitpunkt bei Angelina meldet. Die Mutter ist verschwunden und nicht mehr erreichbar. Emma fürchtet den endgültigen Zusammenbruch ihres Herkunftsmilieus, das mehr eine phantasierte Praxis, denn eine reale ist, durch den Verlust der Mutter, und sie könnte versuchen, die Familiensolidarität durch den Kontakt zur Schwester zu retten. Nicht zu wissen, „wo Mama im Moment ist", muss sowohl Emma als auch Angelina beunruhigen. Es steht im Raum, dass der Mutter etwas zugestoßen ist. Vielleicht ist sie in Obdachlosigkeit, psychische Krankheit, in Drogensucht oder Kriminalität abgeglitten. Ihre Krise muss jedenfalls so schwerwiegend sein, dass sie für ihre Kinder nicht mehr erreichbar ist. Am Gedanken einer im Kern heilen und unbedingten Mutterliebe kann die Tochter unter diesen Bedingungen nur dann festhalten, wenn sie die Mutter selbst nicht als Verantwortliche dieses Verschwindens sieht und stattdessen einen Kampf mit bösen äußeren Mächten annimmt, denen die Mutter unterliegt und die sie daran hindern, mit ihren Kindern Kontakt zu halten. Die Schwäche der Mutter erscheint darin fremdbestimmt, nicht von ihr zu vertreten.

„Eins verspreche ich dir, dass Mama uns niemals vergessen wird."

Jetzt werden die Annahmen immer düsterer. Die Mutter wird abgeschrieben, kommt nicht mehr zurück. Doch vergessen wird sie, so die Phantasie von Emma, ihre Kinder nie. Emma wünscht es sich und sie kann es nicht anders denken, sie unterstellt ein unsichtbares Band zwischen Mutter und Töchtern, das nicht reißen kann. Die Mutter wird idealisiert und als schwacher Mensch mit gutem Herzen gesehen und der Schwester so präsentiert.

Dass die Mutter die Kinder nicht vergessen wird, kann Emma sich natürlich wünschen, aber sie kann es ihrer Schwester nicht „versprechen". Erneut wird der Logik gefolgt, dass Emma als Schwester hier für den Familienzusammenhalt sorgt und sich als Stellvertreterin der Mutter inszeniert, eine Position, die oftmals von den ältesten Geschwistern wahrgenommen wird. Emma gibt sich hier als „große Schwester", sie ist nahe an der Mutter dran und übernimmt den Familienvorstand in der Aufgabe, den jüngeren Geschwistern affektiv beizustehen. Sie tritt an die Stelle der Mutter, wenn diese ausfällt.

Folgende Interpretation verdichtet sich: Emma ist ein Kind, das in ihrem realen Leben in einer Pflegefamilie lebt. Dabei hat sie sich das Selbstbild eines „Pflegekindes" bewahrt, das sich zwar mit ihrer Pflegefamilie identifiziert, die Sonderidentität eines angenommenen Pflegekindes aber nicht aufgegeben hat. Eine Normalisierung der kindlichen Position hat nicht stattgefunden. Emma hält daher subjektiv an der Vorstellung einer inneren Bindung mit der abwesenden, aber liebenden Mama fest, der wahrscheinlich eine emotionale Distanziertheit zur realen Pflegemutter korrespondiert. Möglicherweise hadert sie latent immer wieder mit ihrem Schicksal und neigt zur Idealisierung der Mutterliebe als Gegenentwurf zur Pflegefamilie. Aber jetzt ist etwas passiert, was diese Krise erst richtig hervorlockt, denn der Kontakt zur Mutter ist abgerissen und dies bedroht nicht nur die Praxis sporadischer Mutter-Kind-Beziehungen, sondern Emmas Selbstbild und Deutungsmuster ihrer Lebenssituation und das ganze gedankliche Konstrukt einer im Kern noch bestehenden, affektiv heilen Herkunftsfamilie, der die Mutter vorsteht. Ob Emma dieses Konstrukt mehr braucht, um Schmerz und Trauer über das Scheitern ihres Herkunftsmilieus abzuhalten, oder weil sie in Konflikten mit ihren Pflegeeltern auf die emotionale Stütze eines idealisierten Gegenentwurfs zurückgreift, kann offengelassen werden; möglicherweise ist auch beides der Fall. Wie reagiert nun Emma? Emma vollzieht einen Schritt, der ihre Identitätsformation als Pflegekind retten soll: Sie sucht Kontakt zu ihrer Schwester, die ihrerseits in einer Pflegefamilie lebt, und übernimmt die Position einer „großen Schwester", die stellvertretend für die Mutter die Aufgabe des Familienvorstands übernimmt und für den Zusammenhalt der Familie sorgt.

Nach dieser Interpretation stellt dieser Brief also einer Krise Emmas dar und drückt dies auch aus.

„Eins verspreche ich dir, dass Mama uns niemals vergessen wird. *Ich bleibe dran mit Mama, dass auch du sie noch mal sehen kannst und ich sie noch mal sehen kann.*"

Das Versprechen wird abermals erweitert. Emma wird sich aktiv darum kümmern, dass der Kontakt zur Mutter *wiedererlangt* werden kann. Sie verspricht sozialarbeiterische, detektivische Beharrlichkeit, und stellt sich als große Schwester in den Dienst Angelinas, der unterstellt wird, dass sie unbedingt ihre Mutter „noch mal" sehen möchte. Noch einmal, bevor irgendetwas Schlimmes passiert. Es scheint so, als rechne Emma mit dem Schlimmsten und hoffe wenigstens einmal die Mutter noch sehen zu können. Es geht also um Abschied, um einen letzten Kontakt. Folgt Angelina dem Szenario, müsste sie sich die allergrößten Sorgen machen, ob sie ihre Mutter jemals wiedersehen wird, so wie offenkundig auch Emma mit dem Schlimmsten rechnet und einen letzten Kontakt auch explizit für sich wünscht. Dabei ist die Formulierung aufschlussreich: „dass *auch* du sie noch mal sehen kannst", unterstellt nämlich, das Emma sie bereits ein letztes Mal gesehen hat; „und ich sie noch mal sehen kann" ist vor diesem Hintergrund eigentlich unlogisch. Gesagt ist also, dass es nach Angelinas letztem Male noch ein allerletztes Mal für Emma geben solle, so als ob sie die letzte sein möchte, die Kontakt mit der Mutter habe. Sie eröffnet die letzten Kontakte und beschließt sie auch. Daraus spricht die Phantasie einer Sonderstellung Emmas zur Mutter innerhalb der Geschwisterreihe. Zugleich müsste Angelina ihrer Schwester dankbar sein, wenn es ihr gelänge, diesen letzten Kontakt noch einmal herzustellen. Die Botschaft lautet: Hier ist jemand, der sich wirklich um dich kümmert und für dich einsteht!

„Eins verspreche ich dir, dass Mama uns niemals vergessen wird. Ich bleibe dran mit Mama, dass auch du sie nochmal sehen kannst und ich sie nochmal sehen kann. *Ich hoffe, dass wir uns auch mal sehen bei Frau Lindenthal. Ich gebe dir ein Foto dann siehst du mal wie ich aussehe*
Liebe Grüße
Deine Schwester"

Der Schluss des Briefes bekräftigt den Wunsch zur Kontaktaufnahme, der aber angesichts der dramatischen Vorsätze erstaunlich unverbindlich bleibt. Die Formulierung „mal sehen" bedeutet, dass es einem Zufall überlassen wird, dass eine Gelegenheit nicht gezielt herbeigeführt werden soll, sondern lediglich abgewartet wird. Frau Lindenthal ist die Mitarbeiterin eines Jugendzentrums, das beide Kinder schon besucht hatten. Der Wunsch zum Kennenlernen ist also nicht aufdringlich, sondern zurückhaltend, und das scheint nun wieder ganz angemessen, wenn man bedenkt, dass die Schwestern erst neun und zwölf Jahre alt sind und sich nicht kennen. Auch das Offerieren eines Fotos ist wie nebenbei eingefügt, „dann siehst du mal wie ich aussehe". Emma unterstellt Angelina eine gewisse Neugierde auf ihr Aussehen, aber sie möchte dem keine weitere Bedeutung beimessen. Plötzlich wird nicht mehr agiert, sondern es geht um eine angemessene Kontaktanbahnung. Auch die Grußformel ist freundlich, angemessen und nicht weiter zu thematisieren. Unter das Wort Schwester ist schließlich noch der Satz „Habe dich lieb" handschriftlich eingefügt, der die Aussage aus dem Briefanfang nochmals bekräftigt.

Zusammenfassung

Vor uns liegt ein Brief, mit dem ein zwölfjähriges Mädchen einen Erstkontakt zu ihrer drei Jahre jüngeren Schwester anstrebt. Beide sind im Rahmen der Jugendhilfe in verschiedenen (Fach-) Pflegefamilien untergebracht, in denen sie seit Jahren leben, und sie kennen sich nicht, da sie zu unterschiedlichen Zeitpunkten von ihrer Mutter getrennt wurden. Aus dem Brief lässt sich erschließen, dass die Briefeschreiberin Emma den Kontakt zur Schwester auch deshalb sucht, weil sie sich in einer Krise befindet, die teils vom Verschwinden der leiblichen Mutter ausgelöst scheint, teils mit dem dadurch drohenden Zusammenbruch einer biographischen Selbstdeutung als Pflegekind einhergeht. Emma inszeniert sich als große Schwester, die Angelina der Liebe ihrer Mutter und Schwester als Repräsentanten der Herkunftsfamilie versichert. Damit sichert sie imaginativ einen Familienzusammenhalt ihrer Herkunftsfamilie, der angesichts des Verschwindens der Mutter bedroht ist. Emma rettet sich selbst, indem sie als große Schwester und Ersatz der Mutter für Angelina an deren Stelle tritt. Dabei agiert sie aber in einem phantasierten und lebenspraktisch nicht realen Modell von Familie, in dem sich Familienangehörige affektiv solidarisch einander beistehen, Mütter ihre Kinder lieben und große Schwester die Fürsorge für Jüngere übernehmen, wenn Eltern ausfallen – ein Modell, das sie in ihrer Herkunftsfamilie gar nicht gelebt und erfahren haben kann, sondern dass sie aus ihre Pflegefamilie oder der Beobachtungen anderer Familien erschlossen haben muss und das sie auf ihre Herkunftsfamilie rücküberträgt. Dass es sich nur um ein Modell handelt, indem sie sich bewegt, ist daraus zu schließen, dass sie ihre Schwester Angelina nicht kennt und dennoch ihr äquivalente Sorgen, Bedürfnisse und Zweifel im Hinblick auf die Mutter unterstellt, die sie selbst hat. Angelina wird dafür aber einfach vereinnahmt. Ob Angelina auch in diesem Modell denkt, ob sie sich Sorgen um die Mutter macht und den Beistand ihrer Schwester, die ihr völlig unbekannt ist, wünscht, ist ganz ungewiss.

Eine letzte Frage bleibt zu erörtern. Ist der Brief von Emma alleine geschrieben worden oder hatte sie Hilfe durch eine erwachsene Person, zum Beispiel die Pflegemutter? Letztlich lässt sich die zweite Deutung nicht restlos ausschließen.

Denkbar ist, dass insbesondere der Anfang mit Hilfestellungen geschrieben wurde. Dies würde einige ungelenke Formulierungen erklären. So ließe sich der Brief auch dahingehend deuten, dass der Wunsch nach Kontaktaufnahme mit der Schwester gar nicht von Emma selbst stammt, sondern ihr von der Pflegemutter insinuiert oder nahegelegt wurde. Dagegen können die Passagen, in denen Emma sich als große Schwester inszeniert, die Angelina der Liebe der Mutter versichert, nicht von der Pflegemutter selbst ausgehen. An unserer Gesamtdeutung ist daher nichts zu revidieren. Und letztlich muss man die Frage eines externen Einflusses wohl auch offenlassen.

10 Pädagogische Schlussfolgerungen im Supervisionsteam

Die Aufgabe der Analyse war, den beteiligten Pädagogen eine Hilfestellung zu geben, wie auf die Situation angemessen zu reagieren sei. Dazu sollte erschlossen werden, welchen Impuls der Brief für Angelina enthält. Welcher Rat ergibt sich daraus für das pädagogische Handeln? (1) Für Angelina bedeutet der Brief nicht allein eine Kontaktanfrage. Auf eine solche Anfrage hätte Angelina sicher unvoreingenommen und wohlwollend reagieren können, wenn der Brief lediglich das Interesse an einem Kennenlernen ausdrücken würde. Der Brief enthält jedoch Präsuppositionen, die weit darüber hinausgehen. Der Stimulus lautet: „Wir sind eine Familie und unsere Familie ist bedroht. Lass' mich deine große Schwester sein! Ich kümmere mich um dich!" Emmas Unterstellungen müsste Angelina zunächst einmal prüfen, bevor sie sich dieses Ansinnen zu eigen machen könnte. Ist die Mutter tatsächlich verschwunden? Wäre dies für Angelina denn überhaupt so bedrohlich, wie es für Emma anscheinend ist? Und will sie vor dem Hintergrund dieser komplexen, krisenhaften Annahmen überhaupt Kontakt zur Schwester haben? Will Angelina diese große Schwester Emma in ihr Leben lassen? Emma inszeniert sich zudem als große Schwester und möchte Angelina nicht alleine aus Neugierde einmal kennenlernen. Vielmehr, so ist zu vermuten, braucht sie sie auch für sich, ohne dass offen zu sagen. Sie will den Familienverband zusammenführen und sieht sich darin in einer speziellen Rolle: als große Schwester, die jetzt, da die Mutter ausfällt, als Mutterersatz fungiert. Eine unvoreingenommene Kontaktaufnahme „aus Neugierde" ist unter diesen Vorzeichen kaum denkbar. Es droht eher weitere Vereinnahmung oder, dass Angelina in die krisenhafte Auseinandersetzung Emmas mit ihrer Pflegefamilie hineingezogen werden könnte. Dies könnte sogar Angelinas Position in ihrer eigenen Pflegefamilie antasten, wenn die Schwester nämlich auf einen solidarischen Zusammenschluss der Mädchen als „Peers" gegen die Pflegeeltern drängen würde, was dem vorpubertären Entwicklungsstadium der zwölfjährigen Emmas durchaus entsprechen würde. Emma könnte eine emotional und sozial nicht so gefestigte und stabile Angelina zumindest erheblich verwirren in der Frage, wer eigentlich ihre Familie ist. Davor müssen die Fachpflegeeltern sie bewahren und schützen, wobei dies nicht bedeutet, dass sie insgesamt von dem Geschehen abzuschirmen wäre. Aber sie müssen dafür sorgen, dass Angelina den Zeitpunkt und das Tempo einer Auseinandersetzung selbst bestimmen kann. Zwar ist die verschwundene Mutter auch diejenige von Angelina und eine Auseinandersetzung mit dieser Krise dürfte auch sie beschäftigen, aber die Frage ist, wer den Zeitpunkt und das Tempo dieser Auseinandersetzung bestimmt. Der Brief drängt Angelina das Thema auf. Er unterstellt ihr überdies Gefühle, Bedürfnisse, die gar nicht selbstverständlich gegeben sein müssen. Diese Annahmen müssten insofern zunächst einmal zurückgewiesen werden. Eine mögliche Antwort wäre: „Danke liebe Schwester für deinen Brief. Ich würde dich auch gerne einmal kennenlernen. Aber ich mache mir nicht dieselben Sorgen wie du über unsere Mutter und sehne mich auch nicht so sehr nach ihr. Es ist nett, dass du mir etwas Gutes sagen willst. Aber ich brauche das eigentlich nicht." Es ist klar, dass eine Neunjährige eine solche Antwort kaum formulieren könnte. Zu komplex sind die aufzudeckenden Annahmen, zu groß die geforderte Souveränität. Aus diesem Grunde verwundert es nicht, dass Angelinas Pflegemutter berichtete, dass ihre Pflegetochter tatsächlich lange unsicher blieb und nicht wusste, was sie tun solle. Sie war neugierig, wollte ihre Schwester aber trotzdem lieber nicht kennenlernen.

Die eigentliche Aufgabe der Pädagogen besteht insofern darin, dem jungen Mädchen zu helfen, die komplexe Situation zu verstehen und eine eigene Haltung zu finden, das heißt, herauszufinden, was sie selbst möchte. Diese Aufgabe lässt sich nicht anlässlich eines Briefes in wenigen Wochen bewältigen. Daher muss man es herunterbrechen und auf Fragen beziehen, die sie beantworten kann. Will sie ihre Schwester jetzt kennenlernen? Und wenn ja, unter welchen Bedingungen? Wenn aber lieber (noch) nicht, dann sollte der Kontakt auch nicht gesucht und der Brief ignoriert werden, um lieber zu einem späteren Zeitpunkt selber die Initiative zu ergreifen.

Eine letzte Frage stellt sich schließlich. Sollte vonseiten der Pädagogen, die den Brief analysiert haben, Kontakt zu den Pflegeeltern Emmas aufgenommen werden, um in Kenntnis des Briefes mit ihnen ins Gespräch über seinen Inhalt zu kommen? Sollte man ihnen die Deutung mitteilen? Diese Option wurde aus zwei Gründen verworfen. Erstens fällt die Erziehung Emmas nicht in die Zuständigkeit der Erziehungsstelle, in der Angelina lebt. Es gibt also zumindest keine Notwendigkeit. Zweitens wurde die Möglichkeit aber auch mit Blick darauf verworfen, dass anhand des Briefes nicht abschließend zu klären ist, ob nicht die Pflegeeltern Emmas selbst aktiver als sichtbar an dem Brief beteiligt waren und Emma zur Aufnahme des Kontakts zu ihrer Schwester sogar gedrängt haben könnten. Der Brief wäre dann immer noch ein Brief Emmas, aber die Annahme, dass Emma ihre Schwester für die Bearbeitung eines biographischen Konflikts vereinnahmt, müsste zu der Annahme erweitert werden, dass auch die Pflegeltern den Geschwisterkontakt für die Bewältigung eines aktuellen Konflikts in der Pflegefamilie nutzen wollen. Einer solchen denkbaren Instrumentalisierung Angelinas sollte vorgegriffen werden.

Das Analysebeispiel sollte verdeutlichen, wie eine Sequenzanalyse auch während einer laufenden Maßnahme im Rahmen der Jugendhilfe eingesetzt werden kann, damit Erzieherinnen und Erzieher anhand einer Ausdrucksgestalt kindlicher Kommunikation die Angemessenheit vorhandener Optionen des elterlichen Handelns mit Blick auf eine Alltagssituation diskutieren und abwägen können. Die Analyse erzwingt nicht eine bestimmte Handlung; in deren Wahl fließen vielmehr auch andere Überlegungen ein. Sie erlaubt aber Einblicke in eine hintergründige Dynamik, (die von der beteiligten Pädagogin auch intuitiv wahrgenommen worden war, wenngleich erst die Analyse sie explizieren half), auf die das eigene Handeln bezogen werden kann.

Literaturverzeichnis

Freud, Sigmund (1909/1976): Der Familienroman der Neurotiker. In: ders., Werke aus den Jahren 1906-1909, Frankfurt a. M.: Fischer, 225-231 [Gesammelte Werke. Chronologisch geordnet, Bd. 7]

Freud, Sigmund (1937/1981): Die endliche und die unendliche Analyse. In: ders., Werke aus den Jahren 1932-1939, Frankfurt a. M.: S. Fischer Verlag, 57-99 [Gesammelte Werke. Chronologisch geordnet, Bd. 16]

Lévi-Strauss, Claude (1947/1984): Die elementaren Strukturen der Verwandtschaft. Frankfurt a. M.: Suhrkamp [Übersetzt von Eva Moldenhauer]

Lévi-Strauss, Claude (1947/2002): Les Structures Élémentaires de la Parenté. Berlin, New York: Mouton de Gruyter

Oevermann, Ulrich (2004): Sozialisation als Prozess der Krisenbewältigung. In: Geulen, Dieter; Veith, Hermann (Hg.), Sozialisationstheorie interdisziplinär – Aktuelle Perspektiven, Stuttgart, 155-181

Weber, Max (1920/1986): Die protestantische Ethik und der Geist des Kapitalismus. In: ders., Gesammelte Aufsätze zur Religionssoziologie I, Tübingen: Mohr (Siebeck), 17-206

Die Analyse materieller Kultur mit der Methode der Objektiven Hermeneutik

Matthias Jung

1 Vorbemerkung

Dieser Beitrag behandelt die Frage, wie vorgegangen werden kann, wenn mit der Methode der Objektiven Hermeneutik Zeugnisse materieller Kultur, also konkrete, den physikalischen Gesetzen unterliegende Objekte, analysiert werden sollen; er erläutert dies exemplarisch anhand eines archäologischen Fundgegenstandes. Es geht also um „Gegenstände" im wörtlichen Sinne, nicht in der übertragenen Bedeutung, wenn etwa vom „Gegenstandsbereich" der Methode gesprochen wird, der wesentlich in regelerzeugten Sinnstrukturen besteht. Sie sind objektiv insofern, als sie sich nicht auf „subjektiv gemeinten Sinn" (Weber 1920/1980, 1) reduzieren lassen.[1] Anders als konkrete Gegenstände sind diese Sinnstrukturen nicht sinnlich wahrnehmbar, allerdings richtet sich das Erkenntnisinteresse auch bei der Analyse materieller Kultur nicht auf die Gegenstände als solche, sondern auf die in ihnen materialisierten Sinn- und Bedeutungsstrukturen – man könnte daher sagen, dass sie als materiale Träger dieser Strukturen untersucht werden.

---

[1] Vertreter von Disziplinen, die sich wie die Ethnologie oder Archäologie mit der Erforschung materieller Kultur befassen, missverstehen die Objektive Hermeneutik tatsächlich häufig als ein Verfahren, das diesen Namen trägt, weil es ihm in erster Linie um eine Interpretation von Sachkultur gehe.

© Springer Fachmedien Wiesbaden GmbH, ein Teil von Springer Nature 2019
D. Funcke und T. Loer (Hrsg.), *Vom Fall zur Theorie*, Studientexte zur Soziologie,
https://doi.org/10.1007/978-3-658-22544-5_6

2 Methodologie

2.1 Options- und Auswahlparameter

Die vordringliche methodologische Frage in Zusammenhang mit der Analyse von Sachkultur mithilfe der Objektiven Hermeneutik besteht darin, wie sich hier die beiden für ein sequenzanalytisches Vorgehen zentralen Parameter sowie die eine objektiv-hermeneutische Interpretation leitenden Prinzipien darstellen. Der erste Parameter („Optionsparameter") umfasst die Bedingungen der Möglichkeit von Praxis, in Interaktionen besteht er in den bedeutungserzeugenden Regeln, welche die möglichen Anschlüsse des Handelns bzw. Sprechhandelns festlegen. Der zweite Parameter („Auswahlparameter") meint dagegen die (individuelle oder kollektive) Entscheidungs- und Handlungsinstanz, die aus den regelerzeugten Möglichkeiten in einer gegebenen Situation eine auswählt und ihr gemäß handelt oder, anders gesagt, Praxis vollzieht (zu den beiden Parametern vgl. Oevermann 2000, 64-68).

Was könnte, bezogen auf den Optionsparameter, ein Äquivalent zu den bedeutungserzeugenden Regeln sein? In Anlehnung an den Pragmatisten Charles Sanders Peirce (1839-1914) würde ich einen Bedeutungsbegriff vorschlagen, der Bedeutung als die möglichen sinnvollen Praxiseinbettungen eines Objektes begreift. In diesem Verständnis wäre der Begriff eines Gegenstandes identisch mit dem seines möglichen Gebrauchs in Handlungssequenzen: „Um die Bedeutung eines Gedankens zu entwickeln, haben wir daher einfach nur zu bestimmen, welche Verhaltensweisen er erzeugt, denn was ein Gegenstand bedeutet, besteht einfach in den Verhaltensweisen, die er involviert" (Peirce 1878/1991, 193). Der erste Arbeitsschritt besteht somit in der extensiven gedankenexperimentellen Ausbuchstabierung dieser „Verhaltensweisen" oder, wie man mit Max Weber (1864-1920) sagen könnte, der „objektiven Möglichkeiten" (Weber 1906/1988) des Gebrauches eines Objektes.[2]

---

2 Im Unterschied zu Weber werden hier die „objektiven Möglichkeiten" als Bestandteil der Realität behauptet (vgl. hierzu Loer 2007, 11 Anm. 5). Weber selbst hat die „objektiven Möglichkeiten" auch nicht auf Gegenstände bezogen. In seinen Ausführungen zu den methodischen Grundlagen der Soziologie billigte er Gegenständen nur dann Sinn zu, wenn sie an dem subjektiv gemeinten Sinn eines menschlichen Akteurs teilhaben, sei es bezogen auf die Intentionen, die zu ihrer Herstellung führten, oder auf die Intentionen, welche ihrer Verwendung zugrunde liegen. Lassen sie sich nicht auf einen derartigen subjektiven Sinn beziehen, werden sie als „sinnfremd" beurteilt: „Jedes Artefakt, z. B. eine ‚Maschine', ist lediglich aus dem Sinn deutbar und verständlich, den menschliches Handeln (...) der Herstellung und Verwendung dieses Artefakts verlieh (...); ohne Zurückgreifen auf ihn bleibt sie gänzlich unverständlich" (Weber 1920/1980, 3).

Hier liegt der Einwand nahe, diese objektiven Möglichkeiten seien unter Umständen so vielfältig, wenn wirklich alle und damit auch abwegige Verwendungen berücksichtigt werden sollen, dass es einer Sparsamkeitsmaxime bedürfe, damit man sich nicht in der unübersehbaren Reichhaltigkeit möglicher Verwendungen verliert. Dem wäre zunächst zu entgegnen, dass es nicht darum geht, möglichst konkretistisch jede empirisch denkbare Verwendungsweise zu benennen, sondern dass die Bestimmung allgemein und dennoch exakt sein soll. Die scheinbare Beliebigkeit wird schon dadurch erheblich eingeschränkt, dass der Gebrauch beispielsweise von Geräten wesentlich in der Ausnutzung naturgesetzlicher Gegebenheiten besteht, die ihrerseits universell sind. Die Endlichkeit der Möglichkeiten zeigt sich darin, dass in der Gerätekunde nur sechs sogenannte einfache Maschinen angenommen werden, aus denen alle komplexeren Maschinen zusammengesetzt sind: Hebel, schiefe Ebene, Keil, Rad oder Kurbel (starr mit einer Achse verbunden), Rolle (drehbar an einer Achse befestigt), Schraube (als Kombination von schiefer Ebene und Drehung) (Feest/Janata 1999, 16-18; Weule 1921, 31-54). Gleichwohl ist die Forderung nach einer Sparsamkeitsmaxime insofern berechtigt, als die objektiven Möglichkeiten einer Verwendung nicht alle in gleichem Maße naheliegend sein werden.

Für eine solche Maxime ließe sich das in der Wahrnehmungspsychologie James Gibsons (1904-1979) formulierte Konzept der „Affordanz" fruchtbar machen, das, auch in seinen Ungereimtheiten, kurz skizziert werden soll. Bereits in den 1920er Jahren befasste sich Kurt Lewin (1890-1947) mit dem, wie er es nannte, „Aufforderungscharakter" von Dingen, doch galt sein Interesse weniger den solcherart „auffordernden" Objekten als den auf sie reagierenden Probanden. Der „Aufforderungscharakter" bezieht sich daher nicht auf Objekteigenschaften, sondern auf situationsabhängige und unter Umständen schnell veränderliche Subjekt-Objekt-Relationen. So könne ein „Leckerbissen" bei eintretender Sättigung rasch seinen Aufforderungscharakter als zum Verzehr einladend verlieren (Lewin 1926, 352). Gibson nun konzipiert in Abgrenzung von dieser gestaltpsychologischen Tradition das mit dem Neologismus „Affordanz" belegte Phänomen der von Gegenständen ausgehenden Angebote als von den Wahrnehmungen eines Probanden unabhängige, unveränderliche Eigenschaften, die unmittelbar, das heißt ohne Reflexion des Subjektes, wahrgenommen werden können (Gibson 1979, 138 f.). Allerdings bergen seine Ausführungen eine Reihe von Missverständlichkeiten bezüglich des ontologischen Status der Affordanz:

> „An affordance cuts across the dichotomy of subjective-objective and helps us to understand its inadequacy. It is equally a fact of the environment and a fact of behavior. It is both physical and psychical, yet neither." (Gibson 1979, 129)

Das dritte neben Subjektivem und Objektivem, Psychischem und Physischem, das Gibson hier kategorial nicht adäquat zu fassen vermag, ist die Dimension des objektiven Sinnes, das heißt von objektiven Sinnstrukturen, die unabhängig von der Wahrnehmung und den Intentionen von Subjekten sind. Diese Sinnstrukturen sind nicht physisch, sie haben keine Ausdehnung im Raum, sie sind aber auch nicht metaphysisch, sondern empirisch und damit methodisch zu rekonstruieren. „Affordanz" meint eine solche objektive Sinnstruktur, von der erstens der konkrete Gegenstand als der physisch-materiale Träger der Affordanz sowie zweitens deren Wahrnehmung durch ein Subjekt zu unterscheiden sind. Der Sache nach hat Gibson dem so verstandenen objektiven Sinn Rechnung getragen, ohne dass er ihn in einer psychologischen Terminologie angemessen hätte formulieren können. Außerdem war ein von ihm zur Erläuterung angeführtes Beispiel schlecht gewählt und wurde daher von Kritikern immer wieder gegen das Affordanzkonzept angeführt. Gibson veranschaulichte das mit Affordanz Gemeinte anhand eines Briefkastens, ein Beispiel, das er von dem Gestaltpsychologen Kurt Koffka (1886-1941) übernommen hatte. Ihm zufolge ist der Aufforderungscharakter des Briefkastens abhängig von den Bedürfnissen eines Subjektes, das heißt, er wird dann akut, wenn dieses einen Brief verschicken möchte (Koffka 1935, 354). Dagegen beharrt Gibson auf einer subjektunabhängigen Permanenz der Affordanz: Der Briefkasten „affords letter-mailing to a letter-writing human in a community with a postal system" (Gibson 1979, 139). Das würde aber bedeuten, dass die Affordanz des Briefkastens gerade nicht unmittelbar wahrgenommen werden kann, sondern hierfür kulturspezifisches Hintergrundwissen erforderlich ist. Wie ist das mit der Behauptung einer direkten, nicht über kognitive Prozesse vermittelten Wahrnehmung in Einklang zu bringen? Gibson postuliert zwar, nicht ein Gegenstand werde wahrgenommen, sondern seine Affordanz, und die Erkenntnis des Gegenstandes für sich sei Produkt einer von der Affordanz abstrahierenden Reflexion.[3] In der Diskussion des Briefkastens jedoch geht es, ohne dass es klar markiert wäre, nicht eigentlich um Affordanz, sondern deren mentale Repräsentationen bei handelnden Subjekten, die situationsabhängig aktualisiert werden. Der Erworbenheit der Affordanzwahrnehmung im Falle des Briefkastens trägt Gibson auch Rechnung, indem er das Wissen um seinen Gebrauch erst ab einem Alter von sechs Jahren behauptet, während er zuvor gerade die frühkindliche Wahrnehmung als Modell der Affordanzwahrnehmung eingeführt hat (Gibson 1979, 134). Eine an dem Gegenstand selbst ansetzende Affordanzre-

---

3 Insofern ist die Affordanz dem verwandt, was Martin Heidegger (1889-1976) als „Zuhandenheit" bezeichnet hat, die sich im praktischen Umgang mit den Dingen erschließt, im Unterschied zur bloßen „Vorhandenheit", der stabilen Repräsentanz der Dinge im Bewusstsein der Individuen (vgl. Heidegger 1927/1986, 63-83).

konstruktion bleibt er indes schuldig; sie würde ergeben, dass die Affordanz eines Briefkastens darin besteht, etwas entsprechend den Abmessungen der Öffnung in diese einzubringen, ohne es wieder herausnehmen zu können. Dass es sich dabei aber um Postsendungen handelt, ist nicht zwingend.[4]

Der unklare ontologische Status von Affordanz und die unzureichende Unterscheidung zwischen ihrer direkten und kulturell bzw. sozialisatorisch vermittelten Wahrnehmung begünstigten in der Rezeption die Neigung, die strikte Objektbezogenheit der Affordanz, wie sie bei Gibson konzipiert ist, wieder zu verwässern, und das Ergebnis ist ein weitgehend grenzunscharfer Affordanzbegriff. Mehrheitlich wird, entgegen den Intentionen Gibsons, Affordanz mit ihrer Wahrnehmung gleichgesetzt, so etwa in dem einflussreichen Buch „The Design of Everyday Things" von Donald A. Norman (1988).[5]

Gibson sah zwar der Sache nach das Phänomen der Affordanz sehr klar, konnte es aber mit dem ihm zur Verfügung stehenden theoretischen Vokabular nicht auf den Begriff bringen. Problemlos reformulieren lässt es sich indes mit der Terminologie des Methodenmodells der Objektiven Hermeneutik: Die Affordanz eines Gegenstandes besteht darin, dass er im Sinne von Parameter 1 einem handelnden Subjekt bestimmte Handlungsoptionen eröffnet. Als Sparsamkeitsmaxime bei der Lesartenbildung kann das von Gibson genannte Kriterium einer unmittelbaren Wahrnehmbarkeit fungieren, mit dessen Hilfe sich Verwendungen, die von dem Gegenstand tatsächlich nahegelegt werden, von solchen unterscheiden lassen, die mit ihm zwar möglich sind, zu denen er aber nicht „auffordert".[6] So können beispielsweise zahlreiche Gegenstände in gegebenen Situationen als Waffen gebraucht werden, ohne dass sie hinsichtlich ihrer Morphologie tatsächlich einen entsprechenden „Aufforderungscharakter" hätten.[7] Ein interessanter Grenzfall ist die von den

---

4 „Gibson argued that the physical characteristics of the post-box announce its function in a direct and unmediated way. But what of other similar-sized receptacles with letter-sized slots, such as litterbins? Do not these also afford the posting of letters, in purely physical terms?" (Knappett 2004, 44-45).

5 Norman selbst hat rückblickend die unglückliche Gleichsetzung von „Affordanz" und „wahrgenommener Affordanz" korrigiert (Norman 1999, 39). Zu den Affordanzverständnissen Gibsons und Normans vgl. McGrenere/Ho 2000.

6 Vgl. in Analogie hierzu Thomas Loers (2013, 73-75) Ausführungen zu der „Atmosphäre" eines Raumes, verstanden als „die Totalität aller Handlungsmöglichkeiten, die durch einen Raum eröffnet, angeboten und zu imaginieren auf sinnliche, leiblich spürbare Weise nahegelegt werden (...)" (Loer 2013, 73).

7 Dies findet auch im deutschen Strafrecht seinen Niederschlag, in welchem bei Körperverletzungs- und Eigentumsdelikten das Anwenden bzw. Mitführen von Waffen dem von sogenannten „gefährlichen Werkzeugen" gleichgestellt wird, ohne dass diese näher

nordamerikanischen Indianern übernommene europäische Axt, die gerade nicht das als Werkzeug funktional äquivalente einheimische Steinbeil ersetzte, sondern eine einheimische Waffe, die Keule.[8] Von ihr gab es zwei indigene Varianten, nämlich eine solche, bei welcher die Schlagwirkung in einem bestimmten Punkt – um Beispiel einer Spitze oder einem kugelförmigen Kopf – konzentriert wird, und eine solche, bei welcher die Schlagwirkung sich auf einer zumeist die gesamte Länge des Kolbens einnehmender, keilförmig zugerichteter Schlagkante verteilt. Die Attraktivität der Axt mag auch darin gelegen haben, dass sie eine Synthese dieser beiden Varianten darstellt, denn der Axtkopf verfügt einerseits über eine keilförmige Zurichtung, konzentriert aber andererseits die Schlagwirkung. Die Affordanz der Axt umfasst also tatsächlich nicht nur einen Gebrauch als Werkzeug, sondern auch einen als Waffe. Ein instruktives Beispiel ist die zur Waffe umgewidmete Axt auch deshalb, weil sich an ihr zeigen lässt, dass die in sie bei ihrer Herstellung eingegangenen Intentionen nicht identisch sein müssen mit ihrer faktischen Affordanz, und die Verwendung ausschließlich als Waffe seitens der Indianer in der Praxis nur einen Teilaspekt der Affordanz verwirklicht. Einerseits also ist die Affordanz eines Gegenstandes im Normalfall weitaus reichhaltiger als die tatsächlich verwirklichten Verwendungen, während er umgekehrt auch in einer Weise gebraucht werden kann, die zwar möglich ist, aber nicht seiner Affordanz entspricht.

Ein Objekt ermöglicht somit Handlungen und schließt andere aus, es ist Bedingung der Möglichkeit bestimmter Praxisformen, ohne dass es selbst handeln und damit Praxis vollziehen würde; es ist daher keine Handlungsinstanz im Sinne von Parameter 2. Die Unterscheidung der beiden Parameter im Methodenmodell der Objektiven Hermeneutik ist auch dabei hilfreich, die Generalisierungen theoretischer Ansätze differenziert zu betrachten, die einerseits zu Recht die „Objektvergessenheit" (Latour 2001) der Soziologie beklagen, andererseits die Objekte überkompensierend und programmatisch zu Akteuren erklären und ihnen Handlungsmacht zusprechen (vgl. Jung 2012; 2015).

Der Parameter 2 als der Auswahlparameter wird dann relevant, wenn man über die Affordanzrekonstruktion hinaus erschließen möchte, welche der objektiven Möglichkeiten des Gebrauches tatsächlich realisiert wurden, etwa durch Spuren, die der Gebrauch am Objekt hinterlassen hat oder auch durch den Kontext, in welchem es überliefert wurde.

---

definiert würden, denn was als ein solches zählen kann, ist nur aus dem Kontext des jeweiligen Tatbestandes zu begreifen.
8   Die Anmerkungen zum Tomahawk basieren auf Dietschky 1939, 118-122; Feest 1964/65; Peterson 1971.

Soweit zu den beiden Parametern. Es schließt sich die Frage an, wie den Interpretationsprinzipien einer objektiv-hermeneutischen Interpretation Rechnung getragen werden kann.

2.2 Interpretationsprinzipien

Das Prinzip der *Kontextfreiheit* meint zunächst eine Ausblendung des fallspezifischen Kontextwissens, bei archäologischen Objekten beispielsweise über den Auffindungskontext und die Vergesellschaftung mit anderen Objekten, dann aber auch die Hintanstellung des Wissens über die prähistorische Epoche, aus welcher der Gegenstand stammt, und über Vergleichsobjekte. Vergleichsoperationen sind erst dann sinnvoll, wenn das zu Vergleichende für sich bereits hinreichend erschlossen ist. Werden sie zu früh unternommen, so besteht die Gefahr, das Neue unter das Bekannte einfach nur zu subsumieren.

Gemäß dem Prinzip der *Wörtlichkeit* ist, ganz analog zu einer Textinterpretation, das zu analysierende Objekt in seiner konkret vorliegenden Gestalt zu interpretieren, ohne dass, etwa bei einer funktionalen Ansprache, Befremdliches vorschnell im Sinne einer bestimmten Lesart „normalisiert" wird.

Sequentialität stellt sich bei einer Analyse von Objekten zunächst dadurch her, dass man sie, um sie überhaupt analysieren zu können, in eine sprachliche Beschreibung überführen muss, die dann interpretiert wird. Diese Beschreibung kann der Interpret entweder selbst herstellen, wobei darauf zu achten ist, dass sie möglichst neutral ist und nicht zu viele interpretierende Anteile in sie bereits einfließen, oder er kann, falls vorhanden, bereits bestehende Beschreibungen übernehmen. In diesem Fall ist es wichtig, sie während der Analyse anhand des Objektes oder seiner bildlichen Darstellungen auf ihre Richtigkeit und Genauigkeit hin zu überprüfen. Das beschreibt aber eher einen pragmatischen Aspekt von Sequentialität. Wichtiger noch ist der, dass ein Objekt analog zu einem Bild immer auch die Möglichkeiten eines Andersseins enthält. Daher gilt für die Analyse von Objekten sinngemäß das, was Thomas Loer im Rekurs auf Max Imdahl bezüglich der Bildanalyse ausgeführt hat: „Diese [die Möglichkeiten eines Andersseins, M.J.] in der Analyse durch Variation in Anschlag zu bringen, bedeutet eine Sequenzanalyse des Bildes durchzuführen. Sequenzanalyse ist nicht schlicht als Analyse von aufeinanderfolgenden Segmenten zu verstehen; vielmehr werden (…) stets die Optionen (‚das nur Bildmögliche') entworfen und die realisierte Option (das ‚Bildanschauliche') zu diesen in Relation gesetzt, um die Bedeutung dieser Auswahl bestimmen zu können" (Loer 2016, 320).

Dem *Totalitätsprinzip* wird genüge getan, indem das Objekt vollständig analysiert wird, das heißt ohne Auslassungen bezüglich vermeintlich unwichtiger, nebensächlicher oder bestimmte Lesarten „störender" Aspekte.
Wie schon ausgeführt, findet das *Sparsamkeitsprinzip* Anwendung durch eine Fokussierung auf die Affordanz eines Objektes, also diejenigen Verwendungsmöglichkeiten, zu denen es auffordert, im Unterschied zu denen, die lediglich nicht ausgeschlossen sind. Wie bei der Textinterpretation gilt auch hier, dass es kein abstraktes und allgemeines Kriterium gibt, mit dem sich sparsame und nicht sparsame Lesarten trennen lassen, dies muss sich jeweils material am Gegenstand erweisen.

3 Fallbeispiel: ein prähistorisches Möbel

3.1 Einrichtung des Analysegegenstandes

Das Fallbeispiel erörtert einen archäologischen Gegenstand, der vor der Analyse nicht näher kontextuiert wird und über den erst einmal nichts anderes gesagt werden soll, als dass es sich erstens um ein Möbel und zweitens um ein Einzelstück und damit um einen herausgehobenen Erkenntnisgegenstand handelt. Er dient im Folgenden nicht lediglich der Illustration des zuvor allgemein über eine Analyse materieller Kultur mithilfe der Objektiven Hermeneutik Gesagten, vielmehr sind, wie zu zeigen sein wird, die mit dieser Methode entwickelten Lesarten folgenreich für seine sozialhistorische Interpretation.

Zunächst ist die Stelle im Erschließungsprozess anzugeben, an welcher die objektiv-hermeneutische Analyse einsetzt. Eine Identifikation des Gegenstandes als Möbel wird vorausgesetzt, und das Erkenntnisziel, auf das hin er betrachtet werden soll, ist das einer Funktionsbestimmung, genauer die Frage, in welchen Körperhaltungen man sich auf ihm niederlassen konnte.

Eine Identifikation als Möbel ergibt sich residual aus einer kontrastierenden Betrachtung dessen, was der Gegenstand *nicht* sein kann. Hierzu nur einige knappe Hinweise. Er ist offensichtlich kein Werkzeug, also ein Gerät, mittels dessen andere Geräte hergestellt werden, er kann aufgrund seiner halb offenen Form nicht als Aufbewahrungsbehältnis dienen, ein Zusammenhang mit Vorratshaltung und Nahrungszubereitung scheidet daher aus. In die Funktionskreise von Jagd und Krieg lässt er sich gleichfalls nicht einpassen, und als Transportgerät ist er ungeeignet, obwohl er über kleine Räder und Handgriffe verfügt, mit denen er kleinräumig gerollt werden konnte, allerdings nur auf einer geraden Fläche von fester Beschaffenheit mit einer Breite von über zwei Metern. Aufgrund der mangelnden

"Geländegängigkeit" des Unterbaus wird er typischerweise in Behausungen und in ihrem Umkreis bewegt worden sein, aber nicht über weite Strecken. Vernachlässigt wird im Folgenden, auch aus Gründen der Pragmatik einer Darstellung im hier gegebenen Rahmen, eine Analyse der Verzierungselemente. Diese vielleicht etwas dezisionistisch erscheinende Setzung eines Erkenntnisziels widerspricht nicht dem Geist der Interpretationsprinzipien der Objektiven Hermeneutik, vielmehr kommt es darauf an, sich explizit Rechenschaft darüber abzulegen, *was* genau gemäß diesen Prinzipien, insbesondere dem Totalitäts- und Wörtlichkeitsprinzip, interpretiert werden soll.

Welche Protokolle sind als Grundlage der Interpretation des Möbels heranzuziehen? Da seine endgültige wissenschaftliche Vorlage noch aussteht, ist man auf Angaben aus Vorberichten der Ausgrabung und aus Ausstellungskatalogen angewiesen. Damit setzt man sich dem Einwand aus, man nehme dabei unvermeidlich auch Kontextinformationen und Deutungen zur Kenntnis, die man eigentlich ausblenden wollte, was zuweilen in dem Vorwurf mündet, die Nichtberücksichtigung von Vor- und Kontextwissen sei letztlich Trickserei oder eine systematische Selbsttäuschung. Tatsächlich aber bestätigt dieser Vorwurf das Vorherrschen eines methodenlosen und intuitiven Interpretierens in der Archäologie, denn Intuition und Erfahrungswissen, die unter der Bedingung des Fehlens einer expliziten Interpretationsmethode als Geltungsquellen für Deutungen dienen, sind natürlich nicht losgelöst von der konkreten Person des jeweiligen Forschers denkbar. In dem Methodenmodell der Objektiven Hermeneutik ist aber das Vorwissen, über das man als konkrete Person verfügt, methodisch unerheblich – entscheidend ist allein, dass es nicht die Interpretation infiltriert und die immanente Schlüssigkeit der Ableitung trübt. Um es unmissverständlich zu sagen: Gewiss kann nicht a priori ausgeschlossen werden, dass Vor- und Kontextwissen in die Deutung eines Gegenstandes eingeht. Wenn dieses Vorwissen aber zum Ausschluss von Lesarten führt, dann ist das ein Fehler, der entsprechend korrigiert werden muss – das aber rechtfertigt nicht den Generalverdacht, die Analyse beruhe in Wahrheit auf genau dem, was auszublenden sie vorgibt. Problematisch ist Vorwissen also dann, wenn es dazu verwendet wird, bestimmte Lesarten von vornherein auszuschließen, denn dies würde zu einer bloßen Reproduktion des Bekannten führen. Dagegen ist Vorwissen unbedenklich, das zur Formulierung von Lesarten verwendet wird – hierzu sind alle Praktiken wie Lektüre, Museumsbesuche, freies Assoziieren, Experimente, statistische Berechnungen etc. erlaubt, die das Zustandekommen von Lesarten befördern. Kritik im Sinne der Logik des besseren Argumentes ist bei diesen Praktiken unangemessen, denn über ihre Tauglichkeit entscheidet allein ihr Ertrag bei der Lesartenproduktion (vgl. Jung 2003, 100-102). Ein Vorzug der Analysen ist ihre Explizitheit, der Gang der Argumentation liegt offen zutage, und deshalb ist es intersubjektiv nachprüfbar, ob Vor- und Kontextwissen die Interpretation unkontrolliert verengt hat.

Konkret handelt es sich um Informationen, die der Beschreibung in dem Katalog der Ausstellung entnommen sind, bei welcher der restaurierte Gegenstand erstmals der Öffentlichkeit präsentiert wurde (Biel 1985a), sowie eine dort wiedergegebene Fotografie. Außerdem wurde er von dem Verfasser in dem Museum, in dem er sich befindet, dem Württembergischen Landesmuseum in Stuttgart, in Augenschein genommen, damit so ergänzende Informationen bezüglich seiner Abmessungen zumindest näherungsweise erhoben werden konnten. Nicht möglich ist es, Aussagen zu der Qualität der Restaurierung zu treffen, das heißt dazu, ob die Gestaltrekonstruktion korrekt ist oder nicht. Hierzu wäre, solange die wissenschaftliche Publikation des Möbels noch nicht vorliegt, die Einsicht in die originale Ausgrabungsdokumentation erforderlich. Die Einblicke, die sporadisch veröffentlichte Fotos der Befundsituation gewähren, geben zumindest keine Anhaltspunkte dafür, dass die restaurierte Gestalt unzuverlässig sein könnte.

3.2 Zur Affordanz des Objektes

Die folgenden dem Katalog entnommenen Angaben sollen bei der Interpretation berücksichtigt werden: Das Möbel (Abb. 1) besteht aus sechs untereinander vernieteten Bronzeblechen, von denen je drei die Sitz- bzw. Liegefläche[9] und die Rückenlehne bilden; die Außenränder dieser Bleche sind um einen Eisenstab gebördelt.

Die vier vorderen, die Sitzfläche tragenden und auf drehbaren Rädchen stehenden Figuren haben eine Höhe von 35 cm, die hinteren sind 3 cm niedriger, so dass die Fläche nach hinten abfällt. Die Rückenlehne steigt vertikal auf. Außer der Gesamtlänge von 2,75 m werden keine weiteren Abmessungen angegeben, sie lassen sich jedoch in Kenntnis der Länge mit Hilfe einer frontalen Abbildung (Biel 1985a, 146 Abb. 166) errechnen. So ergibt sich eine Sitzflächenlänge[10] von ca. 2,35 m und eine Lehnenhöhe von ca. 46 cm. Darüber hinaus ließ sich die Sitzflächenbreite in Ansehung des Originalstückes auf ca. 55-60 cm schätzen. In die Rückenlehne ist ein aus fünf Feldern bestehender Bilderfries eingepunzt. Die beiden äußeren Felder

---

9   Die waagrechte Fläche wird der Einfachheit halber als „Sitzfläche" bezeichnet, ohne dass dies eine Vorentscheidung darüber bedeutet, ob das Objekt primär als Sitz- oder Liegemöbel genutzt wurde.

10 Unterstellt man eine frontal sitzende Position, dann handelt es sich genau genommen nicht um die Länge, sondern die Breite der Sitzfläche. Zur Vermeidung von Missverständnissen ist im Folgenden einheitlich mit „Länge" stets die ca. 2,35 m messende Seite, mit „Breite" die ca. 55 bis 60 cm messende gemeint.

Die Analyse materieller Kultur mit Objektiver Hermeneutik

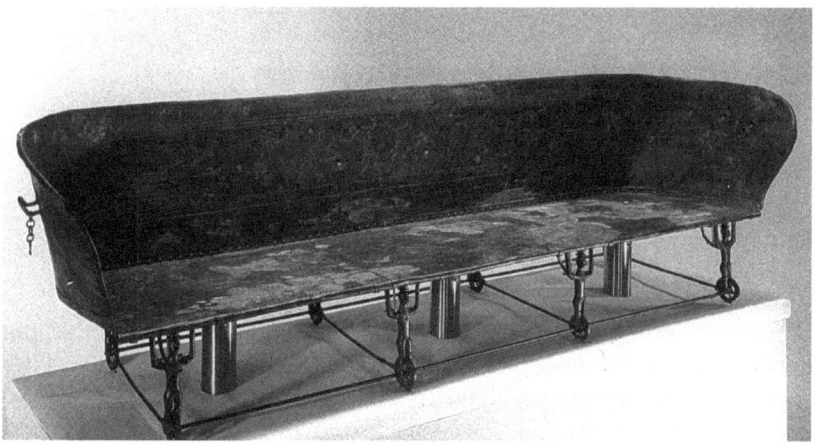

Abb. 1   nach Biel 1985a, 148 Abb. 167

zeigen eine mit Schild und Lanze bewehrte Figur, die auf einem vierrädrigen Wagen steht, vor den zwei Pferde geschirrt sind. Auf den drei mittleren Feldern befindet sich das identische Motiv zweier in spiegelbildlichen Körperhaltungen einander gegenüberstehender Männer, die, den Oberkörper nach hinten geneigt, in der dem Gegenüber abgewandten Hand ein Schwert, über dem ihm zugewandten Unterarm einen stulpenartigen Gegenstand tragen. An den Außenseiten der seitlichen Lehnen sind Horizontalgriffe mit eingehängten Ketten angebracht, an der Rückenlehne Halterungen, in denen ebenfalls Ketten hängen. Diese Kettenglieder zeigen Abnutzungsspuren, was wie die Tatsache, dass einige Eisenstangen des Unterbaus fehlen und die Trägerfiguren Beschädigungen aufweisen, als Hinweis auf einen längeren Gebrauch des Möbels gewertet wird.

Anhand der angeführten Angaben zu Konstruktion und Abmessungen soll nun gedankenexperimentell die Affordanz des Objektes als Möbel erschlossen werden, das heißt, welche Positionen des Sitzens oder Liegens auf ihm eingenommen werden konnten und welche Aspekte der Konstruktion durch diese Positionen jeweils erklärt werden können. Wichtig ist es dabei, auch Fraglichkeiten ausdrücklich zu benennen, die sich anhand der vorliegenden Informationen nicht beantworten lassen. Beginnen wir mit einer liegenden Haltung und der Frage, ob eine Verwendung des Möbels als Schlaf- oder Liegestätte angenommen werden kann (Abb. 2).

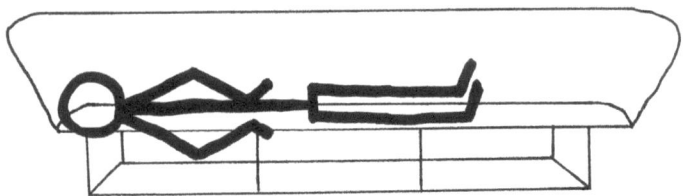

Abb. 2 nach Jung 2006, Taf. 24 Abb. 2

Gegen eine derartige Verwendung spricht zunächst die durch die unterschiedliche Höhe der vorderen und hinteren Trägerfiguren des Unterbaus bewirkte Neigung der Fläche, die bei einem Schlafmöbel unzweckmäßig wäre. Gewiss sind Polsterungen denkbar, mit denen diese Neigung kompensiert werden könnte – im Sinne eines geregelten methodischen Vorgehens ist es aber wichtig, erst einmal das faktisch Vorliegende auszudeuten. Man muss daher bestrebt sein, eine Erklärung für das Vorhandensein der Neigung zu finden, und die Tatsache, dass sie durch Polster ausgeglichen werden könnte, vermag eine solche Erklärung nicht zu liefern. Bei einer Primärfunktion als Schlafmöbel wäre ferner die Länge der Fläche wie die des Möbels insgesamt überdimensioniert, während die Breite für ein Liegemöbel sehr knapp bemessen wäre. Die Länge lässt sich folglich nicht damit begründen, dass man um der Bequemlichkeit willen einem Liegenden mehr Raum als unbedingt notwendig zur Verfügung stellen wollte, da die Breite der Fläche weit mehr als die Länge einer Erweiterung bedurft hätte. Auch die Symmetrie des Objektes, es sind weder Kopf- noch Fußende durch Konstruktion oder Gestaltung angezeigt, gibt keinen Hinweis auf eine Funktion als Schlafmöbel. Nimmt man als Liegehaltung nicht eine ausgestreckte Rückenlage, sondern seitliches Liegen an, ließe sich zwar vielleicht die Lehne dadurch erklären, dass sie den Rücken des Liegenden abstützen sollte, aber weder die Höhe der Rückenlehne noch die Form der seitlichen Lehnen, die zu steil aufsteigen, als dass man den Kopf auf sie betten könnte, wären zu motivieren. Die Affordanz des Möbels liegt nicht in einem Gebrauch als Schlaf- und Liegemöbel, ein solcher ist vor diesem Hintergrund demnach als unwahrscheinlich einzuschätzen.

Während ausgestreckt liegend nur eine Person auf dem Möbel Platz findet, können mehrere Personen nebeneinander auf ihm sitzen, wegen seiner Niedrigkeit eher mit ausgestreckten als mit angewinkelten Beinen (Abb. 3).

Abb. 3   nach Jung 2006, Taf. 24 Abb. 3

Eingedenk der Länge der Sitzfläche wäre von vier oder fünf sitzenden Personen auszugehen.[11] Wie es um die Bequemlichkeit einer solchen Sitzhaltung bestellt ist, hängt wesentlich davon ab, ob die Rückenlehne starr ist oder einem sich Anlehnenden etwas nachgibt. Aufgrund ihrer Neigung bildet die Sitzfläche mit der senkrechten Rückenlehne einen spitzen Winkel, bei einer starren Lehne wäre daher eine sitzende Position nur unter Inkaufnahme erheblicher Unbequemlichkeiten beizubehalten. Komfortabel dagegen wäre die Sitzflächenlänge, die bei einer ca. 1,80 m großen Person den gesamten Oberschenkel abstützte. Die Bequemlichkeit einer solchen sitzenden Haltung ist nicht mit derselben Sicherheit zu beurteilen wie die der liegenden, weil die Einschätzung der Flexibilität der Rückenlehne schwerfällt. Fraglich ist außerdem, ob ihre Vernietung mit der Sitzfläche der Belastung von vier oder fünf sich gleichzeitig anlehnenden Personen standhalten könnte. Auch kann auf der Grundlage der vorliegenden Informationen nicht entschieden werden, ob die an der Lehnenkante umbördelte Eisenstange eine wirksame Stabilisierung bedeutet. Während die seitlichen Lehnen aufgrund ihrer Steilheit dazu ungeeignet sind, den Kopf eines Liegenden abzustützen, so schwingen sie andererseits zu weit aus, als dass ein Sitzender seinen Arm auf ihnen ruhen lassen könnte.

Eine weitere mögliche Position schließlich ist eine halb sitzende und halb liegende: Zwei Personen lassen sich mit ausgestreckten Beinen an den Seiten des

---

11   Stéphane Verger (2006, 24 Abb. 13) nimmt ein Sitzen im Schneidersitz auf dem Möbel an, bei dem sich aus Platzgründen die Anzahl der Sitzenden auf drei reduzieren würde. Seine Lesart ist als Variante der hier besprochenen aufzufassen.

Möbels nieder, abgestützt von der seitlichen Lehne bzw. ihrem Übergang in die Rückenlehne (Abb. 4).

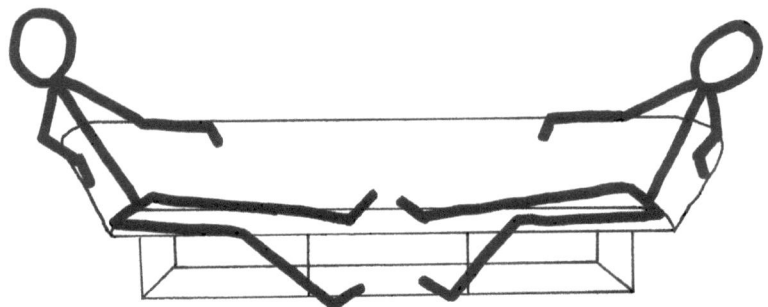

Abb. 4   nach Jung 2006, Taf. 24 Abb. 4

Die so Sitzenden sind einander in einer zur Kommunikation günstigen Haltung zugewandt. Nimmt man diese Position als die vorrangig auf dem Möbel eingenommene an, so hätte man nicht nur eine einfache Erklärung für seine Symmetrie, sondern auch für die Länge der Sitzfläche, denn sie wäre erforderlich, damit zwei Personen dort Platz finden können, ohne sich zu berühren. Bei dieser Körperhaltung wäre es möglich, zwanglos den einen Arm auf der Rückenlehne, den anderen auf der Seitenlehne aufzulegen, womit auch für deren Form und Höhe eine Erklärung gefunden wäre. Es spricht somit einiges für die Vermutung, dass die Gestalt des Möbels durch das Bestreben motiviert ist, es zwei Personen zu ermöglichen, sich in der beschriebenen Weise auf ihm niederzulassen. Die weit zur Seite ausschwingenden Seitenlehnen bedingen eine Position, bei welcher, unterstützt von der Neigung der Sitzfläche, der Oberkörper nach hinten gelehnt ist und die Arme auf den Lehnen ruhen. Nur eingeschränkt ist in dieser Haltung die Erledigung manueller Verrichtungen möglich, es ist eine Haltung der Muße, in der man sich seinem Gegenüber zuwenden kann. Die Spiegelbildlichkeit der Körperhaltungen der beiden Sitzenden impliziert eine soziale Beziehung mit einem eigentümlichen Verhältnis von Nähe und Distanz. Einerseits teilen sie ein Sitzmöbel, sind einander „auf Augenhöhe" zugewandt und in eine gemeinsame Praxis eingebunden, andererseits befinden sich ihre Oberkörper in maximaler Entfernung voneinander.

Überblickt man zusammenfassend die drei in Erwägung gezogenen Sitzhaltungen – eine Person ausgestreckt liegend, mehrere nebeneinander sitzend und zwei Personen an den Möbelenden sich lagernd –, so erscheint die letztgenannte als die sparsamste, da durch sie die Form des Gegenstandes am besten erklärt werden kann. Für die Abmessungen der Sitzfläche, die Höhe und Konstruktion der Lehnen sowie die symmetrische Anlage des Möbels lassen sich Gründe angeben. Die so einander zugewandt sich Lagernden befinden sich in einer zur Kommunikation günstigen Position, anders als nebeneinander frontal Sitzende. Nimmt man diese Haltung als die primäre an, dann lassen sich zwar Argumente für die Breite der Sitzfläche und ihre Neigung sowie eventuell für die Konstruktion der Rückenlehne anführen, nicht aber für die Form der Seitenlehnen. Die Länge wäre nur dann funktional sinnvoll, wenn auch vier oder fünf Personen gleichzeitig Platz finden müssten. Als am wenigsten überzeugend hat sich die Annahme einer liegenden Position erwiesen, denn die Liegefläche wäre zu lang und gleichzeitig zu schmal, die Neigung beeinträchtigte den Liegekomfort erheblich, Form und Ausmaße der Lehnen wären aus dieser Nutzung heraus nicht zu erklären. Man könnte daher sagen, dass das Möbel dazu „auffordert", sich in der beschriebenen Weise an den Seiten niederzulassen, hierin liegt seine spezifische Affordanz, während die beiden anderen genannten Körperhaltungen zwar möglich sind, ohne dass der „Aufforderungscharakter" des Möbels sie nahelegen würde.[12]

3.3 Experimentelle Überprüfung der Lesarten zur Affordanz

Über die Formulierung von Lesarten zu der Affordanz des Möbels hinaus ergab sich die Möglichkeit, sie an einem Nachbau experimentell zu überprüfen (vgl. Jung 2004). Dieser Nachbau, gleichfalls ein Museumsexponat, ist nicht eine bloße Replik, vielmehr wurde bei seiner Anfertigung durch einen Kunstschmied besondere Aufmerksamkeit darauf gelegt, Kenntnisse über die Fertigkeiten der Schmiede der vorgeschichtlichen Epoche, aus welcher der Gegenstand stammt, sowie über den Produktionsvorgang insgesamt zu gewinnen (vgl. Längerer 1996). Der Nachbau

---

12 Bezüglich der zuletzt beschriebenen Position verdient auch die Punzverzierung der rückwärtigen Lehne Interesse. Dass sie nur hier und nicht auch an den seitlichen Lehnen angebracht wurde, mag ein Hinweis darauf sein, dass sich tatsächlich zwei Personen auf diese Weise einander gegenüber saßen, denn in dieser Haltung bedecken sie die ohnehin unverzierten Seitenlehnen, während der Bilderfries in voller Breite sichtbar ist. Auch wenn eine detaillierte Analyse des Frieses an dieser Stelle nicht möglich ist, sei doch ein wichtiger Aspekt erwähnt: Er ist streng symmetrisch, die einzelnen Bilder stellen keine Abfolge dar und „erzählen" keine Geschichte, was auch bedeutet, dass keine der abgebildeten Figuren vor den anderen hervorgehoben ist. Der Gleichheit in der Darstellung korrespondiert die der auf dem Möbel einander spiegelbildlich Gegenübersitzenden, und festzuhalten ist diese Analogie zwischen der Funktion des Möbels und der Logik seiner Verzierung.

des Möbels gleicht ihm daher nicht nur in der Form, wie dies auch bei einer Kunststoffreplik der Fall wäre, sondern auch im Material, weshalb ähnliche Eigenschaften wie bei dem Original unterstellt werden können. Für ein Experiment zu möglichen Sitz- und Liegehaltungen ist diese Rekonstruktion daher bestens geeignet.

Bei der Durchführung haben wir auf eine Polsterung des Möbels verzichtet, von einer dünnen Decke auf der Sitzfläche abgesehen, die zur Vermeidung einer Beschädigung der Fläche erforderlich war. Die Verwendung zusätzlicher Polster von vornherein hätte weitere Unwägbarkeiten ins Spiel gebracht – sie wären dann erforderlich gewesen, wenn man hätte herausfinden müssen, ob und wie die Unbequemlichkeit bestimmter Positionen durch Polster ausgeglichen werden kann. Die auf dem ungepolsterten Möbel gewonnenen Erkenntnisse waren jedoch eindeutig, weshalb darauf verzichtet werden konnte.

Das Einnehmen einer ausgestreckten Rückenlage hat die bezüglich dieser Position angestellten Überlegungen bestätigt. Vor allem die zu geringe Breite der Fläche erlaubt kein komfortables Liegen, da ein Ellbogen an der Rückenlehne anstößt, während der andere auf der Kante der Fläche liegt und auch bei leichten Bewegungen von dieser abrutschen kann. Dagegen erwies sich die Neigung der Fläche als nicht so unbequem wie zunächst vermutet, das Liegen auf ihr wird allerdings desto unangenehmer, je länger man auf dem Möbel verweilt. Ein Aufstützen des Kopfes an der Seitenlehne ist aufgrund ihrer Form ausgeschlossen.

Wie dargelegt, ist die Bequemlichkeit einer frontal sitzenden Haltung in erster Linie abhängig von der Flexibilität der Rückenlehne. Tatsächlich gibt die Rückenlehne dem Druck eines sich Anlehnenden einerseits leicht nach und bietet doch andererseits dem Rücken genügend Widerstand, um eine hinreichende Abstützung zu gewähren. Das Sitzen auf dem Möbel ist deshalb recht komfortabel, allerdings schwingt die Seitenlehne zu weit aus, als dass man aufrecht sitzend einen Arm auf ihrem Rand lagern könnte.

Die dritte Position schließlich, bei der sich zwei Personen von den Seitenlehnen gestützt einander gegenüber niederlassen, ist vor allem deshalb außerordentlich bequem, weil die Form der Seitenlehne sich hervorragend der des Rückens anpasst und eine ausgezeichnete Abstützung bietet.[13] Daher ist auch ein längeres Verweilen in dieser Haltung möglich, ohne dass aufgrund der Möbelkonstruktion unangenehme oder schmerzhafte Druckstellen entstehen; wohlgemerkt ist dies auch ohne Polsterungen der Fall. Unseren Vermutungen entsprechend, finden in dieser Haltung zum einen zwei Personen Platz, ohne sich zu berühren, zum anderen verfügen Sei-

---

13 Diese Form ist nach Auskunft des Anfertigers der Rekonstruktion am Original bezeugt und nicht etwa seine Zutat (freundliche mündliche Mitteilung Gerhard Längerer, Renningen).

ten- und Rückenlehne tatsächlich über eine Höhe, die es gestattet, auf angenehme Weise die Arme auf ihnen ruhen zu lassen. Insgesamt haben wir es mit einer offenen, gelösten und bequemen Körperhaltung zu tun, die beste Voraussetzungen dafür bietet, sich der Geselligkeit mit einem gegenüber Sitzenden überlassen zu können, und andererseits zu diesem auch eine gewisse Distanz wahrt.

Das Ergebnis des Experimentes ist eindeutig. Als die vorrangig auf dem Möbel eingenommene Körperhaltung ist diejenige anzunehmen, bei der in der beschriebenen Weise zwei Personen an den Möbelenden Platz nehmen (Abb. 4).

In ihr liegt die Affordanz des Möbels, und sie allein vermag die Eigentümlichkeiten der Konstruktion befriedigend zu erklären. Zwar bot die Durchführung des Experimentes die willkommene Gelegenheit, die vorab aufgestellten Hypothesen einer Überprüfung zu unterziehen, diese Hypothesen konnten aber schon auf der Grundlage der wenigen oben angeführten Informationen formuliert werden, ohne auf Vor- und Kontextwissen bezüglich der archäologischen Kultur, aus der dieser Fund stammt, bezüglich des Fundzusammenhanges oder vergleichbarer Objekte Bezug zu nehmen. Auch mit wenigen Angaben kann man zu instruktiven Schlussfolgerungen gelangen, die sich durchaus nicht in spekulativer Beliebigkeit und Unentscheidbarkeit verlieren.

3.4 Einbettung in den historischen Kontext

Nun mag man einwenden, eine solche Affordanzbestimmung sei für sich ja recht interessant, aber für eine kulturhistorische Einordnung des Gegenstandes nur von nachgeordneter Wichtigkeit, hier seien andere Gesichtspunkte relevanter und aufschlussreicher. Das ist bei dem Möbel gewiss nicht der Fall, und es lässt sich zeigen, dass gerade das Überspringen einer detaillierten Funktionsbestimmung die historische Deutung, bildlich gesprochen, von vornherein auf das falsche Gleis setzt, was im weiteren Verlauf des Deutungsprozesses kaum mehr zu revidieren ist.

Zunächst aber sei der (prä-)historische Kontext nachgetragen. Das Möbel stammt aus einem prominenten archäologischen Befund, dem sogenannten „Fürstengrab" von Eberdingen-Hochdorf (Kr. Ludwigsburg), das in die Späthallstattzeit, eine Zeitstufe der Eisenzeit, datiert und in der zweiten Hälfte des 6. Jahrhunderts v.Chr. angelegt wurde.[14] „Fürstengrab" ist zunächst nur ein terminus technicus zur Bezeichnung eines im Hinblick auf Beigabenreichtum und Materialwert besonders reich ausgestatteten Grabes mit einer aufwendig angelegten Grabkammer unter einem monumentalen Hügel. Die in derartigen Gräbern Bestatteten werden darüber hinaus

---

14 Einen Überblick über diesen Grabbefund gibt Biel 1985b.

aber unter der Hand regelmäßig zu „Fürsten" im Sinne eines sozialgeschichtlichen Typenbegriffs und zu Akteuren in einem ausgesprochen wirkmächtigen Narrativ, dem zufolge sie mächtige Herrscher waren, die in befestigten Höhensiedlungen, den sogenannten „Fürstensitzen" residierten.[15] Ein Prozess der Konzentration politischer Macht und ökonomischen Reichtums, einhergehend mit der Integration lokaler Gemeinschaften in überregionale Herrschaftsverbände, kulminierte in der privilegierten und herausragenden Gruppe der „Fürsten". Angenommen wird eine ausgeprägte Stratifizierung der späthallstattzeitlichen Gesellschaft Württembergs, in welcher die „Fürsten" nur die Obersten in einem in sich differenzierten Adel waren. Die in den Gräbern wie den Höhensiedlungen zuweilen anzutreffenden Importgüter aus dem griechisch geprägten mediterranen Raum werden in diesem Verständnis als Zeugnisse ihres regen ökonomischen wie auch diplomatischen Austausches mit südlichen Machthabern verstanden. Die „Fürsten" hätten sich um eine Aneignung mediterraner Lebensgewohnheiten bemüht, wie etwa der Sitte, Symposien abzuhalten, und auch in der Anlage ihrer Herrschaftssitze, genauer in einer Unterteilung derselben in Akropolis und Suburbium, spiegele sich ein südlicher Einfluss. Das Bemühen um Akkulturation[16] hätte dazu geführt, dass die Gesellschaft der Späthallstattzeit an der Schwelle zu einer Hochkultur stand und diese auch überschritten hätte, wäre dieser Prozess nicht aus kontingenten Gründen unterbrochen worden. Dieses Narrativ erweist sich in Anbetracht der fragwürdigen Evidenzen als erstaunlich zählebig, es dominiert, trotz mannigfacher Kritik, bis heute die Hallstattforschung.[17]

Das Möbel wurde in den ersten Publikationen zu dem Verlauf der Ausgrabungen in Hochdorf noch als „Sitzbank" (Biel 1978, 30) bzw. „Bronzebank" (Biel 1979, 49) angesprochen, in einem 1982 erschienenen Vorbericht des Ausgräbers wird es schließlich als „Kline" (Biel 1982, 98) kategorisiert, eine Bezeichnung, die sich durchgesetzt hat, aber höchst problematisch ist.[18] „Kline" bedeutet zunächst nur

---

15 Grundlegend hierfür Kimmig 1969; ein guter Überblick über die Diskussion findet sich in Schier 1998 und Schier 2010.

16 Zur Akkulturationshypothese vgl. Krauße 2004, kritisch hierzu Jung 2007a.

17 Die insbesondere von dem Tübinger Prähistoriker Manfred K.H. Eggert vertretene Gegenthese besagt, dass die „Fürstengräber" lediglich Bestattungen von Repräsentanten relativ kleiner Primärgruppen und Verwandtschaftsverbände waren und anstelle einer ausgeprägten hierarchischen Schichtung vielmehr eine Pluralität autonomer Gemeinschaften von lokalem bis kleinregionalem Zuschnitt anzunehmen sei (vgl. Eggert 1989; 1991a; 1991b; 1999).

18 Zu der Ansprache des Möbels als Kline und damit als Liegemöbel mag der Umstand beigetragen haben, dass in der Hochdorfer Grabkammer der Tote auf dem Möbel liegend bestattet wurde. Freilich sind bei Toten Bequemlichkeitserwägungen unerheblich,

„Bett", allerdings hatte das Bett in der Antike nicht nur die Funktion eines bloßen Schlafmöbels, sondern diente darüber hinaus „zum Speisen, gelegentlich auch zum Lesen und Schreiben und sonstigem Aufenthalt" (Rodenwaldt 1921, 847). Die Form des Hochdorfer Möbels ist, wie auf den ersten Blick offensichtlich ist, eine ganz andere als die der antiken Klinen (vgl. Knigge 1976, 62 Abb. 22). Sie bestehen aus vier ineinander verzapften, ein Rechteck bildenden hölzernen Leisten, über das ein Gurtgeflecht gespannt ist, auf dem Polster und Kissen liegen. Das Gestell steht auf vier Pfosten, eine erhöhte Lehne ist am Kopfende angebracht, seltener auch eine niedrigere am Fußende. Die Klinen waren zum Liegen für eine Person bestimmt, manche waren auch breit genug, um zwei nebeneinander liegenden Personen Platz zu bieten. Darüber hinaus waren Klinen wichtige Bestandteile der antiken Symposionskultur, und in diesem Zusammenhang ist die Ansprache des Hochdorfer Möbels als „Kline" zu verstehen, das damit als Ausdruck und Beleg für die Akkulturationsbestrebungen der hallstattzeitlichen Eliten gewertet wird. In dem Grab befanden sich neben einem mit Met gefüllten griechischen Kessel auch neun Trinkhörner, worin sich der Versuch einer Nachahmung des mediterranen Symposions mit noch weitgehend barbarischen Mitteln dokumentiere. In der zeitlichen Abfolge der späthallstattzeitlichen Fürstengräber – die Späthallstattzeit dauerte ungefähr von 620 bis 480 v.Chr. – und der Entwicklung ihrer Ausstattungen lasse sich überdies fassen, dass die Symposionsutensilien immer stilechter wurden (vgl. Krauße 2004). Gab es zunächst keine Südimporte, so nahmen diese immer mehr zu, bis schließlich am Ende der Späthallstattzeit Importe in Gestalt von Keramik, Bronzegefäßen, aber auch Möbeln regelmäßig zu verzeichnen waren. Das Hochdorfer Grab enthält „nur" einen mit drei Henkeln und Löwenappliken versehenen Bronzekessel, der allerdings aus Altteilen zusammenmontiert wurde, zuweilen wird auch die „Kline" selbst als Import angesprochen.

Interesse verdienen in diesem Zusammenhang die Möbelfragmente aus in der Nähe gelegenen „Fürstengräbern", denn zu der Klassifizierung des Hochdorfer Möbels als „Kline" trug nicht unwesentlich bei, dass in der ausgeraubten zentralen Grabkammer des wenige Jahrzehnte jüngeren Fürstengrabhügels „Grafenbühl" in Asperg, ca. 10 Kilometer von Hochdorf entfernt, Bein-, Elfenbein- und Bernsteinplättchen gefunden wurden (Zürn 1970, Taf. 6-9), die sich als Reste von Einlegearbeiten einer griechischen Kline deuten lassen.[19] Tatsächlich gelang es der

---

weshalb die Verwendung im Grabzusammenhang nicht ohne weiteres Rückschlüsse auf die Verwendung in der vergangenen Praxis zulässt. Und dass das Möbel eigens als Totenliege angefertigt wurde, ist aufgrund seiner Gebrauchsspuren wohl auszuschließen.
19 Vergleichbare Objekte, jedoch in weit geringerer Anzahl, fanden sich auch in den gleichfalls beraubten Hauptgrabkammern des sogenannten „Römerhügels" bei Ludwigsburg (Zürn

Klassischen Archäologin Jutta Fischer (1990) überzeugend, die Fragmente aus dem Grafenbühl zu den Ornamenten eines Pfostens zusammenzusetzen, doch ist die der Rekonstruktion zugrundeliegende Prämisse, dieser Pfosten müsse zwingend Teil einer Kline sein, falsch. Wie zahlreichen bildlichen Darstellungen zu entnehmen ist, finden sich diese Pfosten nicht nur bei Klinen, also Liegemöbeln, sondern auch bei Sitzmöbeln. Mitnichten kann daher allein ein solcher Pfosten bereits als hinreichender Grund für die Annahme des Vorhandenseins einer Kline gelten (vgl. Jung 2007b). Betrachtet man nun die Rezeption dieses Rekonstruktionsversuches, dann ist die Zirkularität der Verweisungen bemerkenswert, die im Einzelnen darzustellen hier nicht möglich ist. So wurde das Hochdorfer Möbel als Bestätigung der schon frühzeitig geäußerten Annahme verstanden, im „Grafenbühl" habe sich eine griechische Kline befunden; andererseits verdankte sich die Ansprache des Hochdorfer Möbels als Kline immer schon dem Umstand, dass man mit den Fragmenten aus dem Grafenbühl die Reste einer Originalkline vor sich zu haben glaubte. Je nachdem werden das erklärende und das erklärungsbedürftige Element also einfach ausgetauscht, die Annahmen verdichten sich zu Gewissheiten, ohne dass aber in der Sache Evidenzen hinzugekommen wären. Interessanterweise schlägt die falsche Lesart des Möbels als Liegemöbel auf dieses selbst zurück – so gibt es in archäologischen Fachpublikationen erschienene Rekonstruktionszeichnungen, die das Möbel verfälschend so wiedergeben, *als ob* es ein Liegemöbel wäre.[20] Die Sitzfläche ist ohne Neigung wiedergegeben, ihre Breite ist völlig überdimensioniert, Rückenlehne und Seitenlehne stoßen in einem fast rechten Winkel aufeinander – sämtliche Elemente, die gegen eine Verwendung als Liegemöbel sprechen, sind in diesen Zeichnungen also getilgt.

4 Schlussbemerkung

Wie sich an dem Hochdorfer Möbel exemplarisch studieren lässt, besteht die Krux der traditionellen archäologischen Gegenstandserschließung in einem unter Umständen vorschnellen Sprung in Vergleichsoperationen, ohne dass das zu Vergleichende für sich ausreichend bestimmt wäre. Auch dann, wenn es sich um Einzelstücke handelt, zu denen es keine Parallelfunde gibt, werden entlegene Vergleichsgegenstände her-

1987, Taf. 154 A 3.4) sowie des Grabhügels 1 der Gießübel-Talhau-Nekropole unweit der als „Fürstensitz" angesprochenen Heuneburg bei Hundersingen an der oberen Donau (Kurz/Schiek 2002,Taf. 9 92-94.98-100, Taf. 10 110-112).
20 Vgl. beispielsweise Biel 1985b, 48 Abb. 33; Spindler 1996, 154 Abb. 15.

angezogen, die entweder aufgrund des Fundkontextes oder typologischer Merkmale ähnlich scheinen – im vorliegenden Fall die zu Unrecht als gegeben unterstellten Originalklinen in anderen „Fürstengräbern" oder metallene Sessel aus Etrurien (Frey 1989). Daran erweist sich, wie hilfreich eine vorgeschaltete, künstlich naive immanente Gegenstandsbetrachtung ist, die bei einer Affordanz- und damit Funktionsbestimmung ansetzt und in der Methodologie der Objektiven Hermeneutik fundiert ist. Forschungslogisch gesehen ist vor allem bedenklich, dass ein neuer Gegenstand bei dem von vornherein vergleichsvermittelten Vorgehen kaum eine Chance hat, das etablierte Wissen in Frage stellen zu können. Gewiss ist gerade unter der Bedingung der Selektivität und Fragmentiertheit, die archäologisches Material im Normalfall kennzeichnet, Vor- und Kontextwissen überaus wichtig, damit Lücken geschlossen werden können – problematisch ist es aber dann, wenn es dort bereits einfließt, wo es darum geht, solche Lücken überhaupt erst festzustellen. An dem Fallbeispiel ist abzulesen, dass die Objektive Hermeneutik bei der Analyse von Sachkultur nicht nur in einem mikrologischen Zugriff zur Klärung von Detailfragen geeignet ist, sondern an einer im Deutungsprozess entscheidenden, weil weichenstellenden Stelle einsetzt und verhindern kann, dass dieser Prozess, um im Bild zu bleiben, von vornherein auf ein falsches Gleis geleitet wird. Außerdem vermag sie, die insbesondere in den archäologischen Wissenschaften verbreitete, bloß antiquarische Thematisierung von Gegenständen zu transzendieren, indem sie Objekte daraufhin rekonstruieren kann, wie sie, gerade bedingt durch ihre Sachdimension, menschliches Handeln bestimmen.

Literaturverzeichnis

Biel, Jörg (1978): Ein Fürstengrabhügel der späten Hallstattzeit bei Eberdingen-Hochdorf, Kreis Ludwigsburg. In: *Archäologische Ausgrabungen in Baden-Württemberg*: 27-35

Biel, Jörg (1979): Die abschließende Untersuchung des späthallstattzeitlichen Fürstengrabhügels bei Eberdingen-Hochdorf, Kreis Ludwigsburg. In: *Archäologische Ausgrabungen in Baden-Württemberg*: 45-49

Biel, Jörg (1982): Ein Fürstengrabhügel der späten Hallstattzeit bei Eberdingen-Hochdorf, Kreis Ludwigsburg (Baden-Württemberg). In: *Germania*, 60. Jg.: 61-104

Biel, Jörg (1985a): Katalogtext zu den Exponaten 1-55. In: Der Keltenfürst von Hochdorf. Methoden und Ergebnisse der Landesarchäologie, Ausstellungskatalog Stuttgart 1985, Stuttgart: Theiss, 135-159

Biel, Jörg (1985b): Der Keltenfürst von Hochdorf. Stuttgart: Theiss

Dietschy, Hans (1939): Die Amerikanischen Keulen und Holzschwerter in ihrer Beziehung zur Kulturgeschichte der Neuen Welt. In: *Internationales Archiv für Ethnographie*, 37. Jg.: 89-196

Eggert, Manfred K.H. (1989): Die „Fürstensitze" der Späthallstattzeit: Bemerkungen zu einem archäologischen Konstrukt. In: *Hammaburg* NF, 9. Jg.: 53-66

Eggert, Manfred K.H. (1991a): Prestigegüter und Sozialstruktur in der Späthallstattzeit: Eine kulturanthropologische Perspektive. In: *Saeculum*, 42. Jg.: 1-28

Eggert, Manfred K.H. (1991b): Die konstruierte Wirklichkeit: Bemerkungen zum Problem der archäologischen Interpretation am Beispiel der späten Hallstattzeit. In: *Hephaistos*, 10. Jg.: 5-20

Eggert, Manfred K.H. (1999): Der Tote von Hochdorf: Bemerkungen zum Modus archäologischer Interpretation. In: *Archäologisches Korrespondenzblatt*, 29. Jg.: 211-222

Feest, Christian F. (1964/65): Tomahawk und Keule im östlichen Nordamerika. In: *Archiv für Völkerkunde*, 19. Jg.: 39-84

Feest, Christian; Janata, Alfred (1999): Technologie und Ergologie in der Völkerkunde 1. 4. Aufl. Berlin: Reimer

Fischer, Jutta (1990): Zu einer griechischen Kline und weiteren Südimporten aus dem Fürstengrabhügel Grafenbühl. Asperg, Kr. Ludwigsburg. In: *Germania*, 68. Jg.: 115-127

Frey, Otto-Herman (1989): Zur „Kline" von Hochdorf. In: Benedini, Eros (Hg.), Atti del convegno Mantova 1986, Gli etruschi a nord del Po, Mantua: Accademia Nazionale Virgiliana di Scienze e Arti, 129-145

Gibson, James J. (1979): The Ecological Approach to Visual Perception. Boston u. a.: Houghton Mifflin

Heidegger, Martin (1927/1986): Sein und Zeit. 16. Aufl. Tübingen: Niemeyer

Jung, Matthias (2003): Bemerkungen zur Interpretation materieller Kultur aus der Perspektive der objektiven Hermeneutik. In: Veit, Ulrich; Kienlin, Tobias L.; Kümmel, Christoph; Schmidt, Sascha (Hg.), Spuren und Botschaften: Interpretationen materieller Kultur, Tübinger Archäologische Taschenbücher 4, Münster, New York, München, Berlin: Waxmann, 89-106

Jung, Matthias (2004): Überlegungen zu möglichen Sitz- und Liegepositionen auf der Hochdorfer „Kline". In: *Archäologische Informationen*, 27. Jg.: 123-132

Jung, Matthias (2006): Zur Logik archäologischer Deutung. Interpretation, Modellbildung und Theorieentwicklung in der Urgeschichtswissenschaft am Fallbeispiel des späthallstattzeitlichen „Fürstengrabes" von Eberdingen-Hochdorf, Kr. Ludwigsburg. Universitätsforschungen zur Prähistorischen Archäologie 138. Bonn: Habelt

Jung, Matthias (2007a): Einige Anmerkungen zum Komplex des Südimportes in späthallstattzeitlichen Prunkgräbern. In: Karl, Raimund; Leskovar, Jutta (Hg.), Interpretierte Eisenzeiten II. Fallstudien, Methoden, Theorie, Tagungsbeiträge der 2. Linzer Gespräche zur interpretativen Eisenzeitarchäologie, Studien zur Kulturgeschichte von Oberösterreich 19, Linz: Oberösterreichisches Landesmuseum, 213-225

Jung, Matthias (2007b): Kline oder Thron? Zu den Fragmenten eines griechischen Möbelpfostens aus dem späthallstattzeitlichen „Fürstengrab" Grafenbühl in Asperg (Kr. Ludwigsburg). In: *Germania*, 85. Jg.: 95-107

Jung, Matthias (2012): „Objektbiographie" oder „Verwirklichung objektiver Möglichkeiten"? Zur Nutzung und Umnutzung eines Steinbeiles aus der Côte d'Ivoire. In: Lasch, Heike; Ramminger, Britta (Hg.), Hunde – Menschen – Artefakte. Gedenkschrift für Gretel Gallay, Internationale Archäologie: Studia honoraria 32, Rahden/Westf.: Leidorf, 375-383

Jung, Matthias (2015): Das Konzept der Objektbiographie im Lichte einer Hermeneutik materieller Kultur. In: Boschung, Dietrich; Kreuz, Patric Alexander; Kienlin, Tobias (Hg.), Biography of Objects. Aspekte eines kulturhistorischen Konzepts, Morphomata 31, Paderborn: Fink, 35-65

Kimmig, Wolfgang (1969): Zum Problem späthallstättischer Adelssitze. In: Otto, Karl-Heinz; Herrmann, Joachim (Hg.), Siedlung, Burg und Stadt. Studien zu ihren Anfängen, Deutsche Akademie der Wissenschaften Berlin, Schriften der Sektion Vor- und Frühgeschichte 25, Berlin: Akademie-Verlag, 95-113

Knappett, Carl (2004): The Affordances of Things: a post-Gibsonian Perspective on the Relationality of Mind and Matter. In: DeMarrais, Elizabeth; Gosden, Chris; Renfrew, Colin (Hg.), Rethinking Materiality: The Engagement of Mind with the Material World, Cambridge: McDonald Institute Monographs, 43-51

Knigge, Ursula (1976): Der Südhügel. Kerameikos. Ergebnisse der Ausgrabungen 9. Berlin: de Gruyter

Koffka, Kurt, (1935): Principles of Gestalt Psychology. London: Routledge & Kegan Paul

Krauße, Dirk (2004): Komos und Kottabos am Hohenasperg? Überlegungen zur Funktion mediterraner Importgefäße des 6. und 5. Jahrhunderts aus Südwestdeutschland. In: Guggisberg, Martin (Hg.), Die Hydria von Grächwil. Zur Funktion und Rezeption mediterraner Importe in Mitteleuropa im 6. und 5. Jahrhundert v.Chr. Schriften des Bernischen Historischen Museums 5, Bern: Verlag Bernisches Historisches Museum, 193-201

Kurz, Siegfried; Schiek, Siegwalt (2002): Bestattungsplätze im Umfeld der Heuneburg. Forschungen und Berichte zur Vor- und Frühgeschichte in Baden-Württemberg 87. Stuttgart: Theiss

Längerer, Gerhard (1996): Treiben, Schmieden, Feuerschweißen. Erfahrungen eines Kunstschmiedes. In: Biel, Jörg (Hg.), Experiment Hochdorf. Keltische Handwerkskunst wiederbelebt. Schriften des Keltenmuseums Hochdorf 1, Stuttgart: Theiss, 22-39

Latour, Bruno (2001): Eine Soziologie ohne Objekt? Anmerkungen zur Interobjektivität. In: *Berliner Journal für Soziologie*, 2. Jg.: 237-252

Lewin, Kurt (1926): Vorsatz, Wille und Bedürfnis. In: *Psychologische Forschung*, 7. Jg.: 330-385

Loer, Thomas (2007): Die Region. Eine Begriffsbestimmung am Fall des Ruhrgebiets. Qualitative Soziologie 9. Stuttgart: Lucius & Lucius

Loer, Thomas (2013): Zur eigenlogischen Struktur einer Stadt. Konstitutionstheoretische, methodologische und methodische Reflexionen zu ihrer Untersuchung. Frankfurt a. M.: Humanities Online, 71-77

Loer, Thomas (2016): Als ob. Fingierte Souveränität im Bilde – Analyse einer Photographie von August Sander. In: Burkart, Günter; Meyer, Nikolaus (Hg.), Die Welt anhalten. Von Bildern, Fotografie und Wissenschaft, Weinheim, Basel: Beltz Juventa, 301-325

McGrenere, Joanna; Ho, Wayne (2000): Affordances: Clarifying and Evolving a Concept. In: *Proceedings of Graphics Interface*: 179-186

Norman, Donald A. (1988): The Design of Everyday Things. New York: Basic Books

Norman, Donald A. (1999): Affordances, Conventions and Design. In: *Interactions*, 6. Jg.: 38-43

Oevermann, Ulrich (2000): Die Methode der Fallrekonstruktion in der Grundlagenforschung sowie der klinischen und pädagogischen Praxis. In: Kraimer, Klaus (Hg.), Die Fallrekonstruktion. Sinnverstehen in der sozialwissenschaftlichen Forschung, Frankfurt a. M.: Suhrkamp, 58-153

Peirce, Charles S. (1878/1991): Wie unsere Ideen zu klären sind. In: ders., Schriften zum Pragmatismus und Pragmatizismus, Frankfurt a. M.: Suhrkamp, 182-214

Peterson, Harold L. (1971): American Indian Tomahawks. Contributions from the Museum of the American Indian Heye Foundation. New York: Museum of the American Indian Heye Foundation

Rodenwaldt, Gerhart (1921): s.v. Kline. In: Pauly's Realencyclopädie der Classischen Altertumswissenschaft XI,1, Stuttgart: Metzler, 846-861

Schier, Wolfram (1998): Fürsten, Herren, Händler? Bemerkungen zu Wirtschaft und Gesellschaft der westlichen Hallstattkultur. In: Küster, Hansjörg; Lang, Amei; Schauer, Peter (Hg.), Archäologische Forschungen in urgeschichtlichen Siedlungslandschaften. Regensburger Beiträge zur prähistorischen Archäologie 5, Regensburg: Universitätsverlag, 493-511

Schier, Wolfram (2010): Soziale und politische Strukturen der Hallstattzeit. Ein Diskussionsbeitrag. In: Krausse, Dirk (Hg.), „Fürstensitze" und Zentralorte der frühen Kelten. Abschlusskolloquium des DFG-Schwerpunktprogramms 1171 in Stuttgart, 12.-15. Oktober 2009, Forschungen und Berichte zur Vor- und Frühgeschichte in Baden-Württemberg 120, Stuttgart: Theiss, 375-405

Spindler, Konrad (1996): Die frühen Kelten. 2. Aufl. Stuttgart: Reclam 1996

Verger, Stéphane (2006): La grande tombe de Hochdorf, mise en scène funéraire d'un cursus honorum tribal hors pair. In: *Siris*, 7. Jg.: 5-44

Weber, Max (1920/1980): Wirtschaft und Gesellschaft. Grundriß der verstehenden Soziologie. 5. Aufl. Tübingen: Mohr (Siebeck)

Weber, Max (1906/1988): Kritische Studien auf dem Gebiet der kulturwissenschaftlichen Logik. I. Zur Auseinandersetzung mit Eduard Meyer. II. Objektive Möglichkeit und adäquate Verursachung in der historischen Kausalbetrachtung. In: Weber, Max, Gesammelte Schriften zur Wissenschaftslehre, 7. Aufl., Tübingen: Mohr (Siebeck), 215-290

Weule, Karl (1921): Die Anfänge der Naturbeherrschung. 1. Frühformen der Mechanik. 3. Aufl. Stuttgart: Kosmos

Zürn, Hartwig (1970): Hallstattforschungen in Nordwürttemberg. Die Grabhügel von Asperg (Kr. Ludwigsburg), Hirschlanden (Kr. Leonberg) und Mühlacker (Kr. Vaihingen). Veröffentlichungen des Staatlichen Amtes für Denkmalpflege Stuttgart A 16. Stuttgart: Müller & Gräff

Zürn, Hartwig (1987): Hallstattzeitliche Grabfunde in Württemberg und Hohenzollern. Forschungen und Berichte zur Vor- und Frühgeschichte in Baden-Württemberg 25. Stuttgart: Theiss

Stand by Me: Was können Fotografien über Paarbeziehungen aussagen?[1]

Kai-Olaf Maiwald

Abb. 1 „Kommunikationsberatung 39. Rechtsanwalt, Reedereivorstand 43" (Rose 1972)

---

1 Ich danke Thomas Loer, Dorett Funcke und besonders Inken Sürig für viele hilfreiche Anmerkungen.

1 Fotografien als Daten der paar- und familiensoziologischen Analyse

Fotografien von Paaren oder Familien können soziologisch in zweierlei Hinsicht interessant sein, je nachdem, ob es sich um Aufnahmen handelt, die von den Beteiligten selbst oder von Künstlern gemacht wurden. Im ersteren Fall sind diese Daten schon deshalb von besonderem Interesse für die Forschung, weil sie „ohne ein Dazwischentreten des Sozialforschers" entstanden sind, wie Paul Lazarsfeld dies einmal formuliert hat (Institut für Sozialforschung 1936/1987: 354 ff.). Anders als zum Beispiel Interviews sind diese Daten nicht eigens von Sozialforschern erzeugt, sondern von den Familienmitgliedern selbst. Dementsprechend kommt in ihnen nur die Selektivität der jeweiligen familialen Praxis zum Ausdruck und gerade nicht auch die Selektivität der jeweiligen Forschungsperspektive.[2] Das ist jedoch nicht der entscheidende Grund, warum solche Fotos für die Forschung interessant sind, denn in methodischer Hinsicht kann man durchaus die eigene Selektivität in der Datenanalyse kontrollieren. Er ergibt sich vielmehr in gegenstandsbezogener Hinsicht. Denn dort, wo Amateurfotografie nicht als ästhetisch ambitioniertes Hobby betrieben wird, steht sie ganz wesentlich „im Dienst" von Paar- und Familienbeziehungen.[3] Man kann vermuten, dass gerade durch die Fotografie familiale Ereignisse zu ebensolchen gemacht werden, d. h. zu Ereignissen, in denen das Paar oder die Familie sich seiner/ihrer selbst als besondere Einheit vergewissert. Sie sind nicht nur *Ausdruck*, sondern integraler *Teil* der familialen Praxis an sich. Während sozialwissenschaftliche Interviews für das Familienleben nicht wichtig sind, sind es die Familienfotos durchaus. Die Einschätzung, die Pierre Bourdieu schon 1965 so treffend formuliert hat, dürfte – ungeachtet der mittlerweile viel weiteren Verbreitung von fotografischen Aufzeichnungsgeräten – auch heute noch Gültigkeit besitzen:

> „Wenn man bedenkt, daß eine sehr enge Korrelation besteht zwischen dem Merkmal »Haushalt mit Kindern« und dem Besitz eines Fotoapparats, und daß dieser oft das Eigentum der ganzen Familie ist, dann wird klar, daß die photographische Praxis meist einzig ihrer *Funktion für die Familie* wegen lebendig bleibt, genauer: durch die Funktion, die ihr die Familie zuweist, nämlich die großen Augenblicke des Familiendaseins zu feiern und zu überliefern, kurz, die Integration der Familiengruppe zu

---

2 Letztere käme dann nur in der Selektivität der Auswahl dieses Datentypus und der konkreten Fotografien zum Ausdruck.

3 Jedenfalls galt dies bis zur Verbindung von digitaler Fotografie und dem „World Wide Web" („Selfies" und andere Fotos, die „gepostet" werden). Es ist eine soziologisch interessante Frage, inwieweit dieser neue Verwendungszusammenhang daran etwas geändert hat. Vgl. dazu – allerdings nicht in familiensoziologischer Perspektive – Müller 2016.

verstärken, indem sie immer wieder das Gefühl neu bestätigt, das die Gruppe von sich und ihrer Einheit hat." (Bourdieu 1965/1983: 31; Hervorh. i. O.)

Das gilt für künstlerische fotografische Portraits zwar nicht. Weder lassen sie sich als Teil familialer Praxis beschreiben, noch kommt in ihnen nur die Selektivität dieser Praxis selbst zum Ausdruck. Vielmehr tritt auch hier jemand dazwischen: der Fotograf mit seiner eigenen Perspektive auf den Gegenstand. Gleichwohl ist auch in diesen Fotografien ein Ausschnitt familialer Praxis dokumentiert. Und man kann vor allem vermuten, dass die künstlerische Perspektive in gewisser Weise auch „im Dienst" der Paar- und Familienbeziehungen steht, indem sie nämlich darauf zielt, eine ästhetische Verdichtung von Eigenschaften der Beziehungen zu realisieren. Dieses ästhetische Auf-den-Punkt-Bringen kann man im Rahmen einer systematischen Analyse sozialwissenschaftlich nutzen[4], und aus diesem Grund stellen derartige Fotografien einen vielversprechenden Datenfundus dar. Dieser Fundus ist recht umfangreich, denn Paar- und Familienportraits haben in der künstlerischen Fotografie eine lange Tradition: Für Fotografen und Fotografinnen wie Walker Evans, Dorothea Lange, Henri-Cartier-Bresson, Robert Doisneau, Margit Emmrich, Christian Borchert, Herlinde Koelbl und viele mehr waren Paare und Familien, meist in ihrer natürlichen Umgebung fotografiert, wichtige Sujets.[5] Das Paarportrait, um das es in diesem Beitrag gehen soll, ist Teil einer Serie, die Beate Rose Anfang der 1970er Jahre herstellte (Rose 1972). Es trägt den Titel „Kommunikationsberatung 39. Rechtsanwalt, Reedereivorstand 43".

Bevor wir uns der Interpretation zuwenden, kann hier erst einmal festgestellt werden, dass, ungeachtet ihres großen Potentials, die methodische Analyse von Fotografien in der Paar- und Familienforschung eindeutig ein Schattendasein führt. Wenn Familienfotos Verwendung finden, dann oft eher illustrativ (Weber-Kellermann 1974) und mit einer eher sozialstrukturellen Ausrichtung (Bourdieu 1982, Sturmberger 2016). Nur wenige Analysen haben einen familiensoziologischen Fokus (Bourdieu 1965/1983, Hirsch 1997) und sind auch methodisch anspruchsvoll (Breckner 2010, Garz/Zizek/Zizek 2014, Müller/Krinninger 2016). Für die allgemeine Vernachlässigung von Familienfotos dürften zwei Gründe ausschlaggebend sein. Zum einen bearbeitet die empirische Familiensoziologie vorwiegend sozialstrukturelle und sozialpolitische Fragestellungen, für die quantitative Analysen von vielen als geeigneter angesehen werden. Zum anderen ist die methodische Analyse, will

---

4   Einen Vorschlag, inwieweit man ästhetische Gebilde auch in gewissermaßen „triangulatorischer Absicht" als Test für an anderen Protokollen sozialer Realität gewonnene soziologische Modelle nutzen kann, hat Ulrich Oevermann vorgelegt (Oevermann 1997).
5   Zur Familienfotografie in der Gegenwartskunst vgl. Howarth/McLaren 2016.

man es nicht bei einer bloß illustrativen Verwendung des Bildmaterials belassen, nicht einfach.

In diesem Beitrag soll exemplarisch gezeigt werden, wie man methodisch mit Fotografien umgehen kann, um zu gehaltvollen und begründeten Schlüssen über Paarbeziehungen zu gelangen. Dabei ist die Fotografie freilich ein Datentyp, bei dem eine methodisch aufwendige Analyse vordergründig wenig sinnvoll erscheint. Ist nicht alles offenkundig, weil eben nur fotografisch abgebildet? So könnte man auf der vorliegenden Aufnahme doch einfach „sehen", dass man es hier mit einem Paar in den mittleren Jahren und – wie man unschwer aus der Kleidung erschließen kann – aus den höheren Klassen zu tun hat. Wirken sie nicht auch etwas überheblich? Und kann man nicht auch schnell sehen, dass ihre Beziehung eher distanziert ist, weil sie doch so ernst sind und sich nicht anfassen? Vielleicht ist sie aber nur gegenwärtig etwas angespannt, wie ihre reservierte und abweisende Haltung zeigt? Oder sind sie sich nicht doch als Paar relativ einig, so nett und nah, wie sie zusammen stehen?

Wir neigen bei einer alltagsweltlichen Betrachtung dazu, auf eine unmittelbare Weise mit Fotografien umzugehen und das Abgebildete zuzuordnen. Es erscheint uns alles selbstverständlich, gleichzeitig können wir unser auf diese Weise vorreflexiv gebildetes Urteil nicht besser begründen als im Fall von im alltäglichen Vollzug „verstandenen" sprachlichen Äußerungen. Im Zweifel ist das eher schwieriger. Die Fallstricke eines wie selbstverständlichen „Verstehens" von Fotografien muss eine soziologische Methodologie auf den Plan rufen (Breckner 2012: 160), um Kriterien für eine distanzierte Analyse zu entwickeln, die gesicherte Annahmen begründen und es ermöglichen kann, zwischen konkurrierenden Deutungen zu entscheiden.

Derartige methodologische Überlegungen wurden in den letzten Jahren verstärkt unternommen. Fotografie wird dabei vor allem im Kontext einer allgemeinen „Bildhermeneutik" oder „visuellen Soziologie" (z. B. Burri 2008, Raab 2008, Bohnsack 2001, 2016, Breckner 2010, Lucht/Schmidt/Tuma 2013, Kraimer 2014, Burkart/Meyer 2016, Lüddemann/Heinze 2016, Eberle 2017) thematisch. Dabei steht nicht das Foto als besonderes Ausdrucks- bzw. Kommunikationsmedium im Mittelpunkt[6], sondern Fragen wie die, was ein „Bild" überhaupt ist, wie sich seine Ausdrucksmodalität bestimmen lässt, inwieweit man mit ihm kommunizieren und inwieweit es überhaupt sozialwissenschaftlich analysiert werden kann, da es sich doch in verschiedenen Hinsichten erheblich von sprachlicher Interaktion und auch von schriftsprachlichen Texten unterscheidet. Den Hintergrund dafür bildet eine Entwicklung, die mit dem Schlagwort „iconic turn" umrissen wird. Die nachvollziehbare Idee ist dabei, dass in den letzten Jahrzehnten und nicht zuletzt

---

6 Mit Ausnahme des gerade erschienen Bandes von Thomas S. Eberle.

im Gefolge des World Wide Web die Bedeutung von „Bildern" in der gesellschaftlichen Kommunikation deutlich zugenommen hat, wobei darunter nicht nur – im klassischen, traditionell von der Kunstgeschichte bearbeiteten Sinn – Gemälde und andere künstlerische Bildformen verstanden werden, sondern auch Fotos, Videos usw. Letztlich geht es um alles, was nichtsprachlich, visuell und zweidimensional in Kommunikationen (wiederum in einem weiten Sinn verstanden) verwendet wird. Aufgrund der steigenden Bedeutung dieser Mittel für die mediale, aber auch private Kommunikation (Stichwort „social media") sollte sich auch die Soziologie mehr damit beschäftigen; dem gesellschaftlichen „iconic turn" soll auch eine „Wende" in der Soziologie entsprechen.

Die dabei verfolgte Strategie der Methodologiebildung ist jedoch nicht nur sehr abstrakt und operiert gewissermaßen „top down", sondern berücksichtigt nicht ausreichend den Umstand, dass wir es in der empirischen Analyse immer mit bestimmten Daten*typen* zu tun haben. Im Vordergrund steht, wie schon angesprochen, das Abstraktum des „Bildes" als etwas, das gewissermaßen als „das Andere der Sprache" in den Blick kommt. Aber so, wie wir im Hinblick auf ein bestimmtes Datenmaterial ja nicht sagen „das ist Sprache", sondern „das ist ein Interview" (oder ein Interaktionstranskript, ein Gesetzestext, ein Tagebuch usw.), und überlegen müssen, was daraus für die Analyse folgt, so haben wir es auch nie einfach mit „Bildern" zu tun, sondern immer mit Daten eines bestimmten Typus: mit Fotografien, Gemälden, Drucken, Zeichnungen, Werbeanzeigen, Websitelayouts, Grafiken, Diagrammen usw. Entsprechend soll im Folgenden eine andere, auf den Datentyp fokussierte Strategie verfolgt werden, um die erforderlichen methodologischen Fragen zu bearbeiten. Ausführlicher, als dies bei anderen exemplarischen Analysen von Fotografien der Fall ist (z. B. Haupert 1994, Bohnsack 2006, Breckner 2012, 2014, Oevermann 2014, Loer 2016), wird es zunächst darum gehen, um was für ein „Protokoll"[7] es sich handelt, also welche Realitätsausschnitte darin auf welche Weise protokolliert sind. Die methodologischen Überlegungen werden dabei sowohl „abseits" des konkret untersuchten Fotos wie auch immanent, d. h. darauf bezogen entwickelt – schließlich müssen sie im konkreten Datenmaterial ihre Entsprechung finden.

Diese relativ ausführlichen methodologischen Bestimmungen des „Protokollstatus" der Fotografie sind kein Selbstzweck, kein „Glasperlenspiel". Denn erst in diesem Zusammenhang können wir entscheiden, was in dieser Fotografie der „Fall" ist, welche Aspekte dieser konkreten Paarbeziehung sowie allgemein von Paarbeziehungen in ihr zum Ausdruck kommen. Dies soll in aufeinander aufbauenden, nachvollziehbaren Schritten geschehen. Sukzessive und systema-

---

7 Der Begriff wird noch erläutert.

tisch werden wir uns immer mehr dem Kern des Forschungsinteresses nähern. Dabei wird gleichzeitig expliziert, auf Grundlage welcher Wissensbestände wir verallgemeinerungsfähige Aussagen treffen können. Neben Beständen eines allgemein geltenden Regelwissens wird zum einen, wie in Analysen sprachlichen Datenmaterials auch, ein „Weltwissen" eine Rolle spielen, das als Teil des – in der Terminologie der Wissenssoziologie – „gesellschaftlichen Wissensvorrats" gelten kann, den alle sozialisierten Gesellschaftsmitglieder teilen, und zum anderen ein sozialwissenschaftliches Fachwissen. Das zentrale Hilfsmittel für die Analyse ist das Begriffsinstrumentarium der Objektiven Hermeneutik (z. B. Oevermann 1981, 2000, Wernet 2009). Dabei werden auch die methodischen Maximen der objektiv-hermeneutischen Sequenzanalyse (Kontextfreiheit, Wörtlichkeit, Sequentialität, Extensivität, Sparsamkeit)[8] berücksichtigt, die an das spezifische Datenmaterial angepasst werden.[9]

2 Bestimmung des Datentypus: Was protokolliert eine Fotografie?

Der erste Schritt jeglicher rekonstruktiver Analysen (Maiwald 2013) besteht der Objektiven Hermeneutik zufolge in der Bestimmung des Datentypus (das, was Wernet den „Protokollstatus" nennt (Wernet 2009: 57 f.)). Es geht darum zu klären, welche Art von Datum zur Analyse vorliegt, um schon vorab methodisch zu klären, was für Erkenntnisse man aus diesem Material zu ziehen berechtigt ist. Schon intuitiv ist klar, dass die soziale Realität, die etwa in einem Interview protokolliert ist, sich von jener unterscheidet, die in einem Gemälde protokolliert ist. Es ist aber wichtig, dies genauer zu bestimmen, um Fehlschlüsse zu vermeiden.[10] Die Beantwortung

---

8 Vgl. Wernet 2009
9 Zur Adaptation der objektiv-hermeneutischen Sequenzanalyse an die Interpretation von Gemälden vgl. Loer 1996. Dabei geht es nicht um eine vermeintliche Anpassung an den Malprozess (so ein verbreitetes Missverständnis der Rede von „ikonischen Pfaden"), vielmehr steht dabei eine systematische Relationierung der in der Bildgestalt realisierten Optionen zu den jeweils möglichen Optionen im Vordergrund (Loer 2004: 100, Fn 2; 2016: 320).
10 Dass derartige Fehlschlüsse nicht unwahrscheinlich sind, zeigen prominente Beispiele. So hat etwa Philippe Ariès in seiner „Geschichte der Kindheit" aus der Tatsache, dass in der frühneuzeitlichen Malerei Kinder entweder gar nicht oder als kleine Erwachsene dargestellt wurden, fälschlicherweise den Schluss gezogen, dass Kinder in dieser Zeit generell noch als kleine Erwachsene galten, jedenfalls Kindheit als eigenes Lebensalter

der Frage scheint im vorliegenden Fall zunächst einfach zu sein: Die Abbildung zeigt keine Zeichnung, kein Gemälde, sondern eine Fotografie.[11] Was uns zu diesem Urteil berechtigt, ist der ausgeprägte „Realismus" der Darstellung, den wir auf der Grundlage unseres Wissens als sozialisierte Mitglieder moderner Gesellschaften mit einer Fotografie verbinden. Tatsächlich könnten wir uns in diesem Urteil aber auch täuschen. Es wäre beispielsweise nicht ausgeschlossen, dass es sich um die Abbildung eines fotorealistischen Gemäldes handelte. Aber in methodischer Hinsicht können wir bis zum Nachweis des Irrtums davon ausgehen, dass es sich um eine Fotografie handelt.

Was folgt daraus weiter? Wir können hier auf die mit der Objektiven Hermeneutik eingeführte Unterscheidung von Protokoll und Protokolliertem zurückgreifen.[12] Einem grundlegenden Postulat dieser Methodologie zufolge lässt sich soziale Realität methodisch kontrolliert nur unter Rekurs auf „Daten" im engeren Sinne erfassen, d. h. unter Rekurs auf sich selbst gleichbleibende Objektivierungen sozialer Praxis, an denen wir unsere Aussagen über diese Praxis intersubjektiv überprüfbar entwickeln und kritisieren können. Im Hinblick auf die grundlegende Sinnstrukturiertheit dieser Daten wie auch sozialer Praxis allgemein spricht die Objektive Hermeneutik von „Texten", wobei dann nicht nur schriftsprachliche Daten gemeint

---

gesellschaftlich noch nicht repräsentiert war (Ariès 1960/1978: 92 ff.). Dabei ist aber unterstellt, dass die Malerei dieser Zeit den Sinn hatte, soziale Realität abzubilden, was mehr als fraglich ist. Ein ähnlicher Fehlschluss unterlief Arthur E. Imhof, der in einem Vergleich von Blumenstillleben der holländischen Malerei des 16. Jahrhunderts mit solchen des Impressionismus am Ende des 19. Jahrhunderts feststellte, dass bei Letzteren keine Zeichen des Verfalls (Insekten, welke Blätter) mehr zu sehen sind, und daraus den Schluss zog, dass Tod und Sterben sukzessive aus dem Bewusstsein der Menschen verschwanden (Imhof 1988). Daran lässt sich jedoch grundlegend zweifeln, weil autonome Kunst nicht einfach zeittypische Geisteshaltungen abbildet.

11 Eine kurze Anmerkung zur Frage, was bei einer Fotografie-Analyse eigentlich das primäre Datenmaterial ist, die Fotografie oder die (fotografische) Reproduktion einer Fotografie: Grundsätzlich ist es wie bei Gemälden, d. h. das primäre Datenmaterial ist das Gemälde selbst, seine Reproduktion nur ein Hilfsmittel. Auch wenn die Fotografie eine größere Affinität zur technischen Reproduktion aufweist, muss im Prinzip der vom Fotografen erstellte (oder autorisierte) Abzug als das primäre Datenmaterial gelten. Das betrifft aber vor allem die künstlerische Fotografie. Wie auch bei Gemälden muss man die besondere Ausdrucksmaterialität (wie bei der besonderen Tiefe der „prints" von Ansel Adams) und die Größe des Bildes (wie bei den übergroßen Portraits von Thomas Ruff) berücksichtigen. Je mehr aber – wie im vorliegenden Fall – die dokumentarischen Aspekte einer Fotografie im Vordergrund stehen, desto weniger wichtig sind diese Gesichtspunkte.

12 Vgl. dazu sowie zur später relevant werdenden Unterscheidung von Protokoll und Protokollierungshandlung Oevermann 2000: 83 ff.

sind, sondern alle Datentypen einschließlich jeglicher Formen von Bildern oder Artefakten. Im Hinblick auf das Moment der Objektivierung in einer materialen Ausdrucksgestalt spricht sie von „Protokollen". Das, was in Daten festgehalten oder „protokolliert" ist, ist immer eine soziale Praxis.

Zweifelsohne handelt es sich bei einer Fotografie um ein Datum im Sinne einer sich selbst gleichbleibenden Objektivierung. Abgesehen von gewissen Konservierungsproblemen können wir eine Fotografie im Prinzip immer wieder konsultieren, um Schlüsse daraus zu ziehen und um die Schlüsse, die wir daraus gezogen haben, zu überprüfen und Dritten gegenüber plausibel machen. Aber was ist darin nun protokolliert? Da es sich um eine technische Protokollierung handelt – das von Gegenständen reflektierte Licht wird optisch eingefangen und mittels chemischer und/oder elektronischer Mittel auf einem Datenträger festgehalten –, handelt es sich zunächst einmal um Dinge in der äußeren Realität. Es ist nicht eine hypothetische, eine imaginierte und gestaltete Welt, die wir auf einer Fotografie sehen, sondern ein Ausschnitt der äußeren Realität, die an einer prinzipiell angebbaren Raum/Zeit-Stelle aufgenommen wurde. Natürlich können wir uns auch in diesem Urteil prinzipiell täuschen. Gerade angesichts der Möglichkeiten digitaler Gestaltungsmittel erscheint es als nicht gänzlich ausgeschlossen, dass das, was wir auf der Fotografie zu sehen vermeinen, gar kein Ausschnitt aus der äußeren Realität ist, sondern teilweise oder gänzlich ein Protokoll einer hypothetischen Realität. Entsprechend würde es sich aber gar nicht um eine Fotografie handeln, sondern um eine Form bildlicher Darstellung, die einer Fotografie sehr ähnelt oder gar vortäuscht, eine zu sein. Der entscheidende Punkt hier ist, dass dieser Zweifel in methodischer Hinsicht nicht weiter erheblich ist: Ohne einen erkennbaren Anhaltspunkt können – und müssen – wir in der Analyse bis auf Weiteres davon ausgehen, dass das, was auf ihr abgebildet ist, tatsächlich ein Ausschnitt äußerer Realität ist. Natürlich müssen wir bei der Analyse dieser Realität die technischen Mittel der Abbildung in Rechnung stellen, also die (gewollte oder ungewollte) „Machart" des Fotos. Im vorliegenden Fall heißt das, dass wir natürlich nicht davon ausgehen, dass es sich hier um einen uns bislang unbekannten Fall schwarz-weißer Realität handelt – wie wir bei anderen Fotografien auch nicht davon ausgehen würden, dass es sich um merkwürdig grenzunscharfe oder perspektivisch verzerrte Realitäten handelt.[13]

---

13 Wie „authentisch" (im Unterschied zu „gestellt") eine Fotografie ist, ist wieder eine andere Frage. Sie verweist auf einen spezifisch dokumentarischen Anspruch, der mit einer Fotografie in einem bestimmten Verwendungskontext verbunden sein *kann*. Inwieweit das konkret der Fall ist, muss in Bezug auf die Protokollierungshandlung (s. u.) bestimmt werden.

Um was für einen Realitätsausschnitt handelt es sich bei der vorliegenden Fotografie? Hier erkennen wir unschwer – unter anderem nach Maßgabe der in westlichen Kulturen geltenden Regeln der Geschlechterdifferenzierung – zwei Personen, eine Frau und einen Mann.[14] Und wiederum können wir uns auch in dieser Hinsicht täuschen. Es wäre prinzipiell denkbar, dass es sich gar nicht um eine Frau und einen Mann handelt, sondern beispielsweise um eine hyperrealistische Skulptur von Duane Hanson. Allgemein gesprochen ist es denkbar, dass die von uns auf der Fotografie „gesehene" abgebildete äußere Realität gar nicht die ist, als die sie uns erscheint. Der Künstler Thomas Demand beispielsweise thematisiert diesen Schluss von der Abbildung auf das Abgebildete, indem er aus Papier und Pappe täuschend echt Szenerien beispielsweise von Tatorten von Kriminalfällen nachbaut und fotografiert – allerdings eben nicht wirklich „täuschend echt", denn der Nachbau erfolgt stets so, dass ein genauerer Blick diesen Schluss irritiert. Wenn eine solche Irritation aber nicht vorliegt, wenn auch ein genauerer Blick keinen Anhaltspunkt liefert, müssen wir erst einmal davon ausgehen, dass die Objekte, die wir auf der Fotografie erkennen, auch die Objekte sind, die als Teil einer äußeren Realität protokolliert sind.

Diese ausführlichen und bezogen auf unser konkretes Datenmaterial und unsere Fragestellung vielleicht etwas allgemeinen Überlegungen haben den Sinn, deutlich zu machen, dass wir ungeachtet theoretisch formulierbarer Zweifel – das ist keine Fotografie; die dargestellten Objekte sind teilweise oder gänzlich nicht Teil einer äußeren Realität; die von uns erkannten Objekte sind in der dargestellten äußeren Realität nicht das, wofür wir sie halten – in methodischer Hinsicht genau vom Gegenteil ausgehen müssen. Wenn nicht konkrete Anhaltspunkte dagegensprechen, müssen wir in der Analyse den strukturell dokumentarischen Charakter der Fotografie in Rechnung stellen, also davon ausgehen, dass sie Realität abbildet. Dass gerade die künstlerische Fotografie (wie etwa Thomas Demand) vielfach mit dieser Hintergrundannahme „spielt" und daraus ästhetischen Gewinn zieht, ist kein Gegenbeispiel, sondern eine Bestätigung ihrer Geltung, denn schließlich kann sie nur unter dieser Bedingung operieren.

Natürlich ist es sinnvoll, fotografische Dokumente einer quellenkritischen Prüfung zu unterziehen. Aber die Analyse einer Fotografie als ein Protokoll sozialer Realität im Sinne einer Abbildung kann in methodischer Hinsicht nicht daran gebunden sein, im konkreten Fall die Zweifel quellenkritisch positiv auszuschlie-

---

14 Im Fokus der hier verfolgten Analyse stehen Paarbeziehungen, nicht soziale Geschlechterdifferenzierungen. Aus diesem Grund kann auf eine Explikation der Wissensbestände, die zu der Einschätzung, dass es sich um eine Frau und einen Mann handelt, verzichtet werden.

ßen. Entsprechend macht es methodisch wenig Sinn, den Zweifel als Option immer mitzuführen (wie z. B. in Breckner 2012). Das führt genauso wenig weiter, wie in der Sequenzanalyse verbaler Interaktion an jeder Stelle zu schreiben, dass diese Äußerung jetzt auch im Prinzip unaufrichtig, ironisch, zitierend, spielerisch usw. gemeint sein könnte. Hier geht man vielmehr methodisch von der Maxime der Wörtlichkeit aus: Bis auf Weiteres, d. h. bis zum Nachweis des Gegenteils, gilt, dass das, was gesagt wurde, auch so gemeint wurde. In modifizierter Form kann man diese Maxime auch auf die Fotografie anwenden: Bis zum Nachweis des Gegenteils geht man davon aus, dass in einer als Fotografie erkannten bildlichen Darstellung ein Teil äußerer Realität abgebildet ist und dass die nach geltenden Regeln der Gestalterschließung erkannten Objekte (als Teil ebendieser äußeren Realität) auch die Objekte sind, für die wir sie halten.

Aber was macht jetzt eine Fotografie grundsätzlich zu einem Datum *sozialer* Realität? Muss es sich bei dem abgebildeten Teil äußerer Realität um Personen oder zumindest Artefakte handeln? Dann wäre eine Fotografie etwa einer Pflanze oder einer Landschaft, anders als oben behauptet, kein Datum sozialer Realität, was sie freilich ist, gerade weil im Foto nicht allein das Fotografierte protokolliert ist, sondern auch die Protokollierungshandlung, wie im Folgenden dargelegt wird.

3 Das Protokoll und seine Protokollierungshandlung: Zur fotografischen Praxis

Es scheint so, als bliebe im alltagspraktischen „Verstehen" von Fotografien üblicherweise die Praxis des Fotografierens, also die Tatsache, dass ein Foto immer etwas „Gemachtes" ist, ausgeblendet.[15] Dazu ein Beispiel, das zwar dem Bereich des Films entlehnt ist, sich aber auf die Fotografie übertragen lässt: Das Kinopublikum empörte sich seiner Zeit über Szenen in Sacha Baron Cohens Film „Bonrat" (2006), wie jener, in der ein US-amerikanischer Autohändler gezeigt wird, der auf eine entsprechende Nachfrage hin ernsthaft erörtert, ob man mit einem bestimmten Automodell ohne größeren Schaden eine Gruppe von Juden überfahren könne. Es geht hier nicht darum, diese durchaus befremdlichen Äußerungen zu interpretieren, sondern darum festzuhalten, dass bei der sich in der Rezeption einstellenden Empörung wie selbstverständlich von der Tatsache abgesehen wurde, dass an der Szene mindestens eine dritte Person beteiligt war, nämlich diejenige, die sie mit

---

15 Vielleicht ist das im privaten Kontext anders. Ein Hinweis darauf sind die typischen Erörterungen, wie man auf einer Fotografie schaut, ob man „gut getroffen" ist usw.

einer Filmkamera und einem Mikrofon aufnahm. Dabei steht eigentlich außer Frage, dass mit der Präsenz einer Filmkamera erhebliche Machtchancen für die Filmenden/Interviewenden, mindestens im Sinne eines Agenda-Settings, verbunden sind, die bei der Einschätzung der Reaktion der Befragten berücksichtigt werden sollten. Wer kritisiert schon einen Journalisten oder einen anderen Repräsentanten von Film und Fernsehen vor laufender Kamera? Aber gleichwohl – das sollte das Beispiel verdeutlichen – war die Kamera anscheinend in der Rezeption ihrer Aufzeichnungen nicht präsent, wurde in der sich empörenden Rezeption nicht realisiert, dass es sich um eine Aufzeichnung handelte.

Eine methodische Analyse hingegen zwingt dazu, die fotografische Praxis selbst zu reflektieren. Dazu kann man auf eine weitere von der Objektiven Hermeneutik eingeführte begriffliche Unterscheidung zurückgreifen: die Unterscheidung von Protokoll und Protokollierungshandlung. Daten (Protokolle) sozialer Praxis liegen für eine sozialwissenschaftliche Analyse stets nur deshalb vor, weil sie hergestellt wurden.[16] Das gilt für von Sozialwissenschaftlern eigens erhobene Daten ebenso wie für Dokumente oder andere Artefakte (Briefe, Tagebücher, Fotografien, Automobile, Kirchen usw.). Auf diesen Aspekt der Herstellung eines Protokolls verweist die Rede von der Protokollierungshandlung. Anders als bei insbesondere technischen Aufzeichnungen sozialer Praxis, die von Sozialwissenschaftlern hergestellt werden, dient das, was getan wird, wenn Briefe oder Tagebücher geschrieben, Fotografien gemacht oder Autos und Kirchen gebaut werden, nicht (primär) dazu, *über* eine soziale Praxis zu informieren, sondern ist selbst *Teil* eines Praxiszusammenhangs, in dem diese Protokolle eine unverzichtbare Rolle spielen. Das muss eine methodische Analyse berücksichtigen. Wenn wir beispielsweise Passagen eines historischen Gesetzestextes, die das Familienleben betreffen, im Hinblick auf die damalige Struktur des Familienlebens betrachten, müssen wir berücksichtigen, dass diese Texte *nicht* unmittelbarer Ausdruck familialer Praxis sind, sondern dazu dienen, Rechtskonflikte zu lösen.[17] Wenn zum Beispiel das Bürgerliche Gesetzbuch noch in den ersten Jahrzehnten der Bundesrepublik einen Passus enthielt, nach dem Frauen ein Arbeitsverhältnis nur unter der Bedingung der Einwilligung ihrer Ehemänner eingehen konnten, dann folgt daraus *nicht*, dass in Ehebeziehungen zu dieser Zeit Frauen grundsätzlich Männer um Erlaubnis bitten mussten, ein Arbeitsverhältnis einzugehen, sondern nur, dass im Fall einer Strittigkeit unter

---

16 Grenzfälle im Sinne nicht hergestellter Protokolle sind beispielsweise versteinerte Fußabdrücke oder im Erdboden nachweisbarer Ascheschichten, die auf menschliche Siedlungen verweisen.
17 Zur exemplarischen Rekonstruktion der Protokollierungshandlung eines Gesetzestextes siehe Maiwald 1998.

Ehegatten in dieser Hinsicht eine gerichtliche Entscheidung mit Rekurs auf diesen Passus zu erfolgen hatte.

Die Protokollierungshandlung ist also, wie eingangs schon angesprochen, immer intrinsischer Bestandteil der protokollierten Realität. Das heißt aber auch, dass sie im Protokoll selbst protokolliert und damit im Prinzip über eine immanente Analyse rekonstruierbar ist. Es ist jedoch sinnvoll, sich schon vorab, d. h. vor der Auseinandersetzung mit dem konkreten Datenmaterial, allgemein Klarheit über die Protokollierungshandlung zu verschaffen. Das läuft darauf hinaus zu bestimmen, in welchem Praxiszusammenhang der jeweilige Datentyp steht. Also: Was heißt es, Briefe zu schreiben? Was heißt es, Gesetze zu erlassen? Was heißt es, zu fotografieren? Um derartige Fragen zu beantworten, muss man keine umfassenden Theorien der Kommunikation, des Rechts oder der Bildgestaltung entwerfen, denn aus soziologischer Sicht ist der Bezugspunkt der Bestimmung, was es „heißt", etwas zu tun, immer „nur" der Protokolltyp und sein Status.

Was bedeutet das alles für die Fotografie? Zunächst einmal kann man jetzt begründen, warum eine Fotografie immer ein Datum sozialer Praxis ist, selbst wenn das Fotografierte nicht Teil der sozialen, sondern der natürlichen Welt ist. Sie ist es deshalb, weil sie Ausdruck einer spezifischen Protokollierungshandlung ist, und zwar der Person, die fotografiert hat. Wir können des Weiteren davon ausgehen, dass diese Protokollierungshandlung in der Fotografie selbst protokolliert ist, nämlich als von der fotografierenden Person gewählter Ausschnitt der zu protokollierenden Wirklichkeit. Und wir wissen jetzt, dass wir die Protokollierungshandlung selbst rekonstruieren müssen, um das, was uns primär interessiert, nämlich das Fotografierte als eine soziale Praxis, angemessen rekonstruieren zu können.

Wie bestimmt man nun die fotografische Praxis als Protokollierungshandlung? Es ist naheliegend, an das anzuknüpfen, was wir schon über den Protokollstatus wissen. Wenn in einer Fotografie ein Ausschnitt aus der äußeren Realität protokolliert und damit auf Dauer gestellt wird, dann wird im Akt des Fotografierens dieser Ausschnitt mit einer besonderen Relevanz versehen. Er ist es „wert", festgehalten zu werden, andere Ausschnitte aus der Fülle des Wahrgenommenen nicht. Vordergründig typische Formen der Relevanzsetzung – als Protokollierungshandlung – sind: Erinnerungsstütze, wissenschaftliche oder journalistische Dokumentation, Familien- oder Urlaubsfoto, künstlerisches Foto. Aber das sind nur sehr ungenaue Kennzeichnungen der denkbaren Protokollierungshandlungen. Es kommt darauf an, die Relevanzsetzungen und die dazugehörigen Praktiken am konkreten Datenmaterial selbst genauer zu bestimmen. Dass das möglich ist, liegt daran, dass sie nicht nur in der Selektivität der Auswahl des Realitätsausschnitts zum Ausdruck kommen, sondern auch und vor allem in der fotografischen Gestaltung. Schon die technischen Auswahlmöglichkeiten (Begrenzung des Bildausschnitts, Bildformat,

Schärfe, Tiefenschärfe, Belichtung, Farbigkeit, Größe und Bearbeitung der Abzüge usw.) zwingen dazu, das Foto zu gestalten. Hinzu kommen weitere erforderliche Selektionen: Welche Objekte werden auf welche Weise in den Vordergrund, an den Rand oder in den Hintergrund gesetzt? In diesen Selektivitäten, die am Material ablesbar sind, kommt die Protokollierungshandlung zum Ausdruck. All dies zwingt zu einer Entscheidung darüber, *wie* etwas gesehen wird.

Mit diesen begrifflichen Unterscheidungen lässt sich nun auch feststellen, dass die Fotografie dokumentarisch und konstruierend zugleich ist. Dokumentarisch ist sie dahingehend, dass in ihr immer ein äußerer Realitätsausschnitt protokolliert ist. Konstruierend ist sie dahingehend, dass die Protokollierungshandlung bzw. die fotografische Praxis diesen Realitätsausschnitt in seiner konkreten Gestalt bestimmt.

Für eine paar- oder familiensoziologische Perspektive sind Fotografien, auf denen Personen abgebildet sind, von besonderem Interesse. Dieser Umstand ist auch für die Protokollierungshandlung – und damit für die Rekonstruktion des Protokollierten – von Bedeutung. Worin sie besteht, muss in einem nächsten Schritt geklärt werden. In welcher Weise beeinflusst Fotografieren *und Fotografiert-Werden* das, was auf der Fotografie abgebildet ist?

4 Fotografieren und Fotografiert-Werden als Sozialbeziehung

Der Aspekt der im Foto protokollierten Sozialbeziehung ist in methodischer Hinsicht von erheblicher Bedeutung. Denn erst dann, wenn man ihn in der Analyse berücksichtigt, kann man methodisch kontrolliert darüber entscheiden, was an dem Fotografierten den Fotografierten selbst oder aber der konkreten Situation des Fotografiert-Werdens zugerechnet werden kann. Unter der Bedingung, dass die Beteiligten wissen, was Fotografieren (der Technik und Handlung nach) ist, ist eine Fotografie Ergebnis und Ausdruck einer Beziehung zwischen Fotografierenden und Fotografierten. Diese Beziehung hat zwei Seiten: zum einen die Face-to-Face-Beziehung zwischen den Beteiligten, zum anderen die über die Kamera vermittelte Beziehung zwischen den Fotografierten und den zukünftigen Betrachtern der Fotografie, die im Folgenden als Face-to-Lense-Beziehung bezeichnet wird. Geht man vom Datenmaterial aus, dann wird diese zweiseitige Sozialbeziehung immer dann offenkundig, wenn auf der Fotografie – wie auch im vorliegenden Fall – die Fotografierten die Betrachter anblicken. Denn das heißt, sie haben im Moment des

Fotografierens Fotograf und Kamera angeblickt und damit das Fotografiert-Werden realisiert.[18]

Auf der Fotografie ist die Reaktion auf das Fotografiert-Werden ablesbar: Zeigen sich die Fotografierten überrascht oder darauf eingestellt, indem sie zum Beispiel eine besondere Haltung zur Kamera einnehmen? Nehmen sie es ernst, gleichmütig, belustigt oder peinlich berührt? Ein interessanter Fall liegt dann vor, wenn die auf einer Fotografie abgebildete Person verärgert, skeptisch oder wütend *in die Kamera blickt*, weil man daraus schließen muss, dass diese Person nicht mit irgendetwas in der Situation unzufrieden, sondern mit dem Fotografiert-Werden selbst nicht einverstanden war. Man kennt dies insbesondere von sogenannten „Paparazzi"-Fotos. Die Fotografie protokolliert damit einen Übergriff, denn es bestand im Augenblick des Fotografierens hinsichtlich des Fotografiert-Werdens keine Übereinkunft zwischen den Akteuren. Mehr noch: Die Tatsache, dass das Foto existiert – sei es als publiziertes Bild oder nur als aufbewahrter Abzug oder gespeicherte Datei –, verweist darauf, dass der Fotograf nicht nur in der Situation, sondern auch im Nachhinein dem Unwillen der Fotografierten gegenüber gleichgültig blieb. Das macht ex negativo deutlich, dass es sich im Prinzip um eine Kooperationsbeziehung handelt: Fotografieren und Fotografiert-Werden erfordert eine Übereinkunft zwischen den Akteuren. Für die methodische Analyse bedeutet dies, am konkreten Fall zu untersuchen, ob und in welcher Weise eine solche Übereinkunft faktisch vorliegt oder ob und in welcher Weise sie verletzt ist: Werden die Fotografierten im fotografischen Akt vorgeführt? Werden sie in ihrer Würde verletzt?[19]

Hier muss man sich freilich zunächst fragen, ob tatsächlich jede wütende, verärgerte etc. Mimik beim festgehaltenen Blick in die Kamera als Reaktion auf die Tatsache des Fotografiert-Werdens zu werten, also der Ebene der Face-to-Face-Beziehung zuzurechnen ist. Wie ist es etwa mit wütenden Blicken in die Kamera, die man von Fotos von politischen Demonstrationen kennt? Diese Frage stellt sich genau deshalb, weil mit der Face-to-Face-Beziehung immer eine Face-to-Lense-Beziehung einhergeht. Die Fotografierten adressieren mit ihrem Blick nie allein den Fotografen, sondern immer auch die Kamera – und damit ein potenzielles Publikum. Es ist

---

18   Im Prinzip wäre es auch denkbar, dass nur eine Seite der Beziehung realisiert wurde, wenn etwa die Fotografierten die Kamera mittels Selbstauslöser selbst bedienen (Face-to-Lense) oder wenn der Fotograf eine für die Fotografierten nicht erkennbare Mikrokamera bedient hat (Face-to-Face). Man kann aber bis auf Weiteres vom Normalfall der Gleichzeitigkeit beider Beziehungsseiten ausgehen.

19   Kontexte, in denen diese Frage eine naheliegende Rolle spielt, sind etwa die kolonialistische Fotografie, die Fotografie von Patienten in medizinischen Darstellungen oder die „Milieu"-Fotografie. Im Prinzip ist die Frage nach der Berücksichtigung der Menschenwürde im Foto aber in jedem Fall geboten.

genau dieser Umstand, aus dem sich die „Macht" der Paparazzi speist. Die Art und Weise, wie die gegen ihren Willen Fotografierten gegenüber dem Fotografen in der Face-to-Face-Beziehung agieren, kann immer auch als Art und Weise des Agierens gegenüber einem allgemeinen Publikum verstanden werden. Und so würde man es auch im Fall der Demonstrationsfotos verstehen: Die Akteure demonstrieren nicht nur auf der Straße, sondern auch gegenüber der durch die Kamera repräsentierten Öffentlichkeit Wut und Ärger angesichts eines bestimmten Zustands. Die Frage, auf welcher Ebene der Interaktion – Face-to-Face oder Face-to-Lense – adressiert wird, kann nur am Material entschieden werden.

Um an dieser Stelle das Zusammenspiel von Face-to-Face und Face-to-Lense genauer zu klären, lohnt es sich, das Fotografieren und Fotografiert-Werden interaktionstheoretisch zu betrachten. Jemanden Anblicken bedeutet allgemein Adressierung, bedeutet unter der Bedingung von Ko-Präsenz den Übergang von unfokussierter zu fokussierter Interaktion (Goffman 1963/2010: 89),[20] auf den in der Regel eine verbale Interaktionseröffnung, etwa durch Begrüßung, erfolgt – ein Kooperationsangebot, das man, wenn man den Konventionen der Höflichkeit folgt, annehmen, aber durchaus auch ablehnen kann, sofern man Anlass hat, mit der entsprechenden Person nicht kooperieren zu wollen. In vielen Fällen findet die Interaktion zwischen Fotograf und Fotografierten nicht als Interaktion im öffentlichen Raum zwischen Fremden statt, sondern ist schon voreingerichtet. Der Fotograf und die Kamera sind dann Teil der Situation: beim gemeinsamen Abendessen im Urlaub, bei der weihnachtlichen Bescherung vor dem Tannenbaum, bei der Hochzeitsfeier, beim Empfang auf der Fachtagung, auf der Pressekonferenz usw. Die Kooperationsbeziehung ist hier Teil der Situationsbedingungen und muss nicht mehr eigens von den Beteiligten, d.h. insbesondere vom Fotografen, hergestellt werden. Das sieht man schon daran, dass man bei solchen Anlässen das Ansinnen des Fotografiert-Werdens nur schwer abweisen kann und dann immer auch begründen muss. In diesen Zusammenhängen „weiß" man also um die spezifische Selektivität des fotografischen Aktes und stimmt dem Fotografiert-Werden unausgesprochen zu.

Wenn man hingegen „auf offener Straße" von einem Fremden fotografiert wird, ist das anders. Fotografieren selbst ist keine Adressierung; der Blick durch die Kamera allein kann schlicht deshalb keine Interaktionseröffnung sein, weil er nicht auf der Face-to-Face-Ebene erfolgt, denn wir sehen nicht das Gesicht desjenigen, der uns fotografiert. Es ist also nicht der Fotograf, der uns hier ungefragt anschaut, wohl aber das potenzielle Publikum, das der Fotograf/die Kamera vertritt. Und

---

20 Im öffentlichen Raum ist es genauer gesagt der „zweite Blick", der einen Gegenüber zum „ratified participant" macht.

genau deshalb muss uns der Fotograf vorher (eigentlich) anders adressiert und eine Kooperationsbeziehung eingeleitet haben. Ist das nicht der Fall, handelt es sich um einen Übergriff, dem auf der Face-to-Face-Ebene im öffentlichen Raum eine Adressierung ohne einleitende Entschuldigungsfloskel („Wie spät ist es?" statt: „Entschuldigen Sie, können Sie mir sagen, wie spät es ist?") entspricht.

Das ist aber noch nicht alles. Greifen wir, um das Erfordernis einer Kooperation genauer zu verstehen, auf die Überlegungen hinsichtlich der Protokollierung mittels Fotografie zurück. Fotografieren bedeutet einen selektiven Zugriff auf äußere Realität, bedeutet im vorliegenden Zusammenhang ein spezifisches Interesse an den zu fotografierenden Personen und ihrem Leben. Wenn ich nicht eine „Person des öffentlichen Interesses" bin oder wenn dieses Interesse nicht, wie oben ausgeführt, Teil der spezifischen Situation ist, dann weiß ich, als unvermittelt fotografierte Person, nicht, was den Fotografen dazu bewegt hat, mich zu fotografieren. Fotografieren bedeutet des Weiteren das Auf-Dauer-Stellen eines bestimmten Realitätsausschnitts, hier der Personen und ihren Handlungen in einer gegebenen Situation. Der Fotograf hat damit die Verfügungsgewalt über ein Protokoll, das in eine unbestimmte Zukunft hinein Gegenstand der Rezeption sein kann. Welcher Personenkreis als Rezipienten anvisiert ist, weiß man nicht, wenn man ungefragt fotografiert wird. Die entscheidende Überlegung ist hier jedoch, dass es völlig unerheblich ist, ob mit dem Fotografieren eine Publikationsabsicht verbunden ist oder nicht, weil aufgrund der Tatsache der Protokollierung der potentielle, in der Interaktion nicht präsente Rezipientenkreis grundsätzlich unbestimmt ist und deshalb das Fotografieren selbst bereits als Akt der Veröffentlichung gelten kann. Das ist der Grund, weshalb die Face-to-Lense-Beziehung seitens der Fotografierten immer eine gegenüber einem Publikum ist, sogar wenn es sich um eine „private" Aufnahme etwa im Familienkreis handelt. Denn auch hier ist nicht vollständig kontrollierbar, wer dereinst diese Aufnahme sehen wird. Diese Überlegungen können erklären, warum Fotografieren und Fotografiert-Werden eine Kooperationsbeziehung voraussetzt und warum es sich um einen Übergriff handelt, wenn ein beiderseitiges Einverständnis nicht vorliegt.[21]

Das Fotografieren stellt die Fotografierten also auf eine Bühne. Sie stehen einem unsichtbaren Publikum gegenüber. Das hat Folgen für die Selbstpräsentation, die sich schon daran ablesen lassen, dass die interaktive Präsenz des unsichtbaren Publikums

---

21 Von hier aus ist auch erklärbar, warum man Fotografieren auch als „Waffe" einsetzen kann. Zu denken ist hier an Aktionen, in denen politische Gegner Angehörige rechter Gruppierungen auf erkennbare Weise fotografieren oder umgekehrt Angehörige rechter Gruppierungen das Mittel der Fotografie oder Videografie nutzen, um „bürgerliche" politische Aktivitäten zu stören. Zur Störung, zur Provokation wird dies aus den genannten Gründen.

auch im alltagsweltlichen Diskurs präsent ist. Hat man Schwierigkeiten mit dieser Präsenz, wird das Moment der Außendarstellung als Spontaneitätseinschränkung erfahren. Und diese Schwierigkeiten finden sich auf den Fotos dokumentiert. Dann heißt es „Wie siehst du denn da aus?", oder man selbst sagt: „Wie sehe ich denn da schon wieder aus?" Impliziert ist dabei: nicht so wie sonst, nicht so, wie ich „eigentlich", d. h. wenn ich nicht fotografiert werde, aussehe. Es ist damit ein Moment des Gelingens bzw. Scheiterns im Umgang mit dem Problem der Adaptation an das Fotografiert-Werden angesprochen: Geht man souverän und entspannt damit um oder nicht? Der alltagsweltliche Ausdruck „fotogen" verweist genau auf diese Problematik. Menschen, die „fotogen" sind, sind ja nicht etwa attraktiver als andere. Sie gehen nur auf eine „entspanntere" Art mit dem Fotografiert-Werden um.

Wie Goffman herausgestellt hat, ist die Präsentation seiner selbst als akzeptable Person ein Handlungsproblem, das jegliche Face-to-Face-Interaktion begleitet. Auch wenn wir das gar nicht bewusst verfolgen, sind wir immer bemüht, uns in unserem Handeln als Personen darzustellen, die dem Bild entsprechen, das wir von uns selbst in den jeweiligen Situationen und im Hinblick auf die unterstellten Erwartungen unserer Interaktionspartner entwerfen. Indem wir beispielsweise beim Bäcker drei Brötchen kaufen, kaufen wir nicht nur drei Brötchen, sondern sind immer auch bemüht, uns als erwachsene, handlungsfähige Personen darzustellen – und vielleicht noch als mehr: als Mann oder Frau, als jovial, als jemand, der das Brötchen-Einkaufen eigentlich nicht nötig hat usw. Indem wir im Rahmen unserer Berufsrolle handeln, sind wir immer auch bestrebt, uns als kompetente Berufsausübende darzustellen, die jetzt gerade ein kompliziertes Problem gewissenhaft bearbeiten oder sogar eine Aufgabe erfüllen, die eigentlich unterhalb unseres Tätigkeitsprofils liegt – und vielleicht noch als mehr: als Person, die eigentlich gar nicht mit dieser Rolle identifiziert ist usw. Kurz: In jeder Face-to-Face-Interaktion sind wir immer auch um eine angemessene Selbstpräsentation bemüht, um unsere psycho-soziale Integrität zu schützen. Denn so, wie diese Integrität in Interaktionen immer wieder bestätigt und gestärkt werden kann, kann sie auch in Frage gestellt werden.

Aber während dies ein Problem der Selbstpräsentation darstellt, das jegliche Interaktionen *begleitet*, wird es durch die Präsenz einer Fotokamera zu einem *ausdrücklichen, eigenen Handlungsproblem*, mit dem sich der Fotografierte auseinandersetzt. Aus dem Umstand, dass der Fotograf nie einfach Teil des sozialen Beziehungsgeschehens ist, das fotografiert wird, sondern immer auch Repräsentant der Dokumentation, entsteht eine ganz eigene Art der Sozialbeziehung, mit einem besonderen Zwang zur Selbstpräsentation. Der Gegenüber des Fotografierten ist nicht allein der Fotograf, sondern gleichzeitig der virtuelle Betrachter des Dokuments, und zu dieser spezifischen „Öffentlichkeit" muss der Fotografierte sich verhalten. Hinzu kommt, dass es, anders als bei Face-to-Face-Interaktionen vor einem anwesenden Publikum, keine Korrekturmöglichkeit gibt. Zwar ist der gestisch-leibliche Ausdruck im Unterschied zur sprachlichen Kommunikation ohnehin schon schwerer korrigierbar. Das Foto aber steigert das Problem, indem es den Augenblick auf Dauer stellt, ihn aus dem Strom der Interaktion herausreißt und die Selbstdarstellung der Möglichkeit der Korrektur enthebt, die in Interaktionen immer gegeben ist.

Kommen wir abschließend zur Frage, wie es sich verhält, wenn die fotografierten Personen auf dem Foto nicht in die Kamera blicken. Daraus folgt zunächst nicht zwingend, dass das Fotografiert-Werden von ihnen nicht bemerkt wurde. Um die Möglichkeit und die Art der Face-to-Face- und Face-to-Lense-Beziehung methodisch zu bestimmen, müsste geklärt werden, ob räumliche Ko-Präsenz gegeben ist (wie im Fall von Fotografien in geschlossenen Räumen oder bei anderweitig erkennbarer räumlicher Nähe des Fotografen zu den Fotografierten). Dann müsste am Material, d.h. durch Analyse der fotografierten Praxis, geklärt werden, ob es sich um eine inszenierende (die Anweisungen des Fotografen sind zentral) oder dokumentierende (die Vollzüge der sozialen Praxis sind zentral) Aufnahme handelt. Natürlich können Fotografien auch auf eine Weise erfolgen, dass der Fotografierte davon nichts bemerkt. Dann ist eine „naturwüchsig" sich vollziehende Praxis in der Fotografie auf eine bestimmte, immer auch selektive Weise dokumentiert.

Aber auch im letzteren Fall liegt eine Sozialbeziehung zwischen Fotograf und Fotografierten vor, für die normative Standards gelten. Darauf verweist schon die Tatsache einer rechtlichen Regulierung.[22] Eine Beziehung liegt auch dann vor, wenn die Fotografierten gar nicht wissen, dass sie fotografiert werden, und weder implizit noch explizit zugestimmt haben. Ausgehend vom Normalfall der Kooperation kann man sagen, dass der Fotograf dazu angehalten ist, diese Beziehung gewissermaßen stellvertretend zu führen. Anders gesagt: Es gilt die Maxime, die Beteiligten so zu fotografieren, dass sie im Prinzip dem Fotografiert-Werden zugestimmt hätten; es gilt die Verpflichtung, die ausgesprochenen und unausgesprochenen Interessen der Fotografierten zu berücksichtigen bzw. ihre Würde zu wahren.[23]

Zusammenfassend kann festgehalten werden, dass in die Protokollierungshandlung der Fotografie eine grundsätzlich kooperative Sozialbeziehung eingeschlossen ist, die zwei Seiten hat: die Face-to-Face-Beziehung und die Face-to-Lense-Bezie-

---

22 Allerdings trifft dies – jedenfalls im deutschen Urheberrecht – nur für den Fall der anschließenden Veröffentlichung der Fotos zu.

23 Im Bereich der Presse- oder Kriminalfotografie gibt es natürlich Sonderbedingungen, wenn das öffentliche Interesse eine Nicht-Berücksichtigung der Kooperationsverpflichtung legitimiert; gerade daran, dass sie als Ausnahmen legitimiert werden müssen, zeigt sich, dass sie Umrahmungen des Normalfalls darstellen.

hung. Erst im Hinblick auf Letztere lassen sich die Praxis des Fotografierens und die Praxis des Fotografiert-Werdens als zwei unterschiedliche, aber aufeinander bezogene Handlungsprobleme bestimmen. Das Handlungsproblem der Fotografierten besteht dabei nicht nur darin, sich zu den Ansinnen des Fotografen zu verhalten (ihnen zu entsprechen oder sie abzuweisen), sondern in der Face-to-Lense-Beziehung auch darin, sich einem abstrakten und immer auch unklaren Publikum (als denjenigen, die einst diese Fotografie betrachten werden) gegenüber zu präsentieren. Und das Handlungsproblem des Fotografen besteht nicht nur darin, eine Kooperationsbeziehung zu den zu Fotografierenden herzustellen, sondern in der Face-to-Lense-Beziehung auch darin, zwischen Fotografierten und abwesendem Publikum zu vermitteln, d. h. konkret die Personen so zu fotografieren, dass das Bild seinem angestrebten „Wert" entspricht.

5 Die Protokollierungshandlung des vorliegenden Fotos

Kommen wir zurück zur vorliegenden Fotografie und versuchen wir, ausgehend vom Material zu bestimmen, welche besondere Protokollierungshandlung hier vorliegt. Wie ausgeführt ist dies wichtig, um die folgenden Fragen zu beantworten: Was ist der Auftrag der Fotografierten? Worin besteht ihr Handlungsproblem? Welchen Relevanzzusammenhang vertritt der Fotograf? Erst dann wird es möglich sein, adäquate Aussagen über die fotografierte Praxis zu treffen.

Dass die beiden Personen die Kamera und damit den Betrachter anblicken, hatten wir schon festgestellt. Damit ist klar, dass sie das Fotografiert-Werden realisiert haben. Mehr noch: Ohne schon im Detail auf die Haltung einzugehen, die die beiden eingenommen haben, kann man schon sagen, *dass* sie bewusst eine bestimmte Haltung gegenüber Fotograf/Publikum eingenommen haben, und dies als Ausdruck ihres Einverständnisses mit dem Fotografiert-Werden werten. Beides ergibt sich auch aus einem weiteren Grund. Wenn man das Foto entsprechend der *Maxime der Kontextfreiheit* so interpretiert, als sei es Ausdruck einer naturwüchsigen Praxis, dann scheiden gängige Anlässe wie eine Familienfeier oder ein Betriebsausflug schon auf den ersten Blick aus: Der neutrale Hintergrund verweist auf eine Studioaufnahme. Man kann also davon ausgehen, dass die Frau und der Mann sich absichtlich zum Fotografen begeben haben, um ein Foto von sich aufnehmen zu lassen. Damit lag eine explizite Übereinkunft zwischen Fotograf und Fotografierten vor.

In einem nächsten Schritt kann man sich vor dem Hintergrund allgemeiner Wissensbestände fragen, ob es sich um einen typischen Aufnahmekontext handelt, und wenn ja, um welchen. Um diese Frage zu beantworten, müssen Annahmen über den Beziehungsstatus der abgebildeten Personen getroffen werden. Bei einem solchen Schluss rekurrieren wir nicht nur auf ein Wissen *über* die soziale Welt, sondern auf konstitutive, allgemein – jedoch immer auch kulturspezifisch – geltende Regeln der Beziehungsgestaltung. Diese Regeln leiten, wie auch die grammatikalischen Regeln sprachlicher Interaktion, unser intuitives Angemessenheitsurteil an, und sie strukturieren unser praktisches Beziehungshandeln. Auf der vorliegenden Fotografie lassen sich entsprechende „Beziehungszeichen" finden, die den Schluss zulassen, dass es sich bei den abgebildeten Personen nicht um Arbeitskollegen oder Mitglieder eines Vereins und auch nicht um Bruder und Schwester handelt, sondern um ein Paar. Entscheidend ist hier die körperliche Nähe, die offenkundig nicht äußeren Bedingungen (z. B. Gruppenfoto) geschuldet ist und damit in sozialer Hinsicht Intimität zum Ausdruck bringt. Es gibt noch weitere Hinweise, auf die wir im Folgenden noch eingehen werden. Hier reicht es zunächst aus festzuhalten, dass wir auch dann, wenn wir nicht schon wüssten, dass das Foto Teil einer Serie von Paarfotografien ist, von der Fotografie selbst her sagen können, dass es sich hier um ein Paar handelt. Mehr noch: Vor dem Hintergrund unseres herausgearbeiteten Wissens um die Protokollierungshandlung können wir sagen, dass es sich um ein Paar handelt, das sich dem Fotografen/Publikum gegenüber *als Paar* darstellt, indem es seinen Beziehungsstatus performativ zu erkennen gibt.

Was wären nun typische Anlässe für ein professionell hergestelltes Paarfoto? In Frage käme hier ein Hochzeitsfoto oder ein Foto aus Anlass eines Hochzeitsjubiläums. Allerdings sprechen verschiedene Dinge zumindest gegen ein konventionelles Hochzeitsportrait. Da ist zunächst der Umstand, dass es sich um eine Schwarz-Weiß-Aufnahme handelt, zudem – was vielleicht auf der Reproduktion nicht so gut zu erkennen ist – um eine recht grobkörnige. Die Farbfotografie stand schon zum Zeitpunkt der Aufnahme, der sich aus der Kleidung der Personen grob einschätzen lässt, zur Verfügung und ist seit langem das „Mittel der Wahl" für derartige Anlässe. Schwarz-Weiß steht dagegen für einen künstlerischen Anspruch, eine Distanzierung vom Realismus, bedeutet bildimmanent gegenüber der Farbfotografie eine relative Abstraktion. Des Weiteren wird von der Bildgestaltung her keine „Atmosphäre" erzeugt. Der vermutlich weiße Hintergrund (Helligkeit) lässt das Paar in einem gleichsam abstrakten, eigenschaftslosen Raum stehen. Der Raum ist diffus und hell ausgeleuchtet, es gibt keine Schatten.[24] Damit sind noch

---

24 Das lässt die Vermutung zu, dass die Aufnahme bei der Herstellung des Abzugs noch einmal entsprechend bearbeitet wurde.

nicht einmal Vorder- und Hintergrund, Boden und Wände zu unterscheiden. Auf diese Weise wird der Blick des Betrachters ganz auf die Personen konzentriert. Das ist der erste zentrale Anhaltspunkt für die Relevanzsetzung des Fotografen, der im vorliegenden Fall eine Fotografin ist. Gehen wir an dieser Stelle auf das Projekt von Beate Rose ein, um die „Aufgabe" genauer zu bestimmen, vor der unser Paar stand. Die Fotografie ist Teil einer Serie von Aufnahmen, die in der publizierten Fassung den Titel „Paare. Menschenbilder aus der Bundesrepublik Deutschland zu Beginn der siebziger Jahre" trägt. Im Vordergrund steht die „elementare" Konzentration auf die Paarbeziehung. Gleichzeitig wird eine quasi-anthropologische Ausrichtung („Menschenbilder") mit einer Zeitdiagnose verknüpft. Der dokumentarische Anspruch enthält dabei ein Moment der Generalisierung; es geht um eine bestimmte Gesellschaft („Bundesrepublik Deutschland"). Auch wenn nicht beansprucht wird, diese Gesellschaft hinsichtlich des thematischen Realitätsausschnitts der Paarbeziehung regelrecht abzubilden – es geht um Menschenbilder nicht *„der"*, sondern *„aus"* der Bundesrepublik Deutschland –, müsste sich der generalisierende Anspruch auch in der Auswahl der fotografierten Paare wiederfinden. Tatsächlich wurden Paare jeglichen Alters und aus sehr unterschiedlichen sozialen Schichten festgehalten. Darüber informiert die Betrachter auch der jeweilige Titel der Fotos, der sich aus der Nennung des Alters und des Berufs der Abgebildeten zusammensetzt. Dass im Titel auch der Zeitpunkt der Herstellung der Aufnahmen („zu Beginn der siebziger Jahre") ausdrücklich genannt wird, verweist über den sich von selbst ergebenden Aktualitätsbezug hinaus auf einen Überlieferungsanspruch. Es geht nicht nur um eine beinahe schon sozialwissenschaftliche Dokumentation eines Ausschnitts aus der Gegenwartsgesellschaft für die Zeitgenossen, sondern es sind auch spätere Generationen von Betrachtern in den Blick genommen.[25]

Wie kommt man auf die Idee, Paare auf diese Weise zu fotografieren, auf eine Weise, in der das Allgemeine der Paarbeziehung als elementarer Beziehungsform mit dem Besonderen der Alters- und Milieugebundenheit ihrer konkreten Beziehung zusammengedacht wird? Naheliegenderweise wird dabei der soziale Wandel Anfang der 1970er Jahre ausschlaggebend gewesen sein. Hinter dem Projekt wird

---

25 Dass nicht von den „1970er Jahren", sondern „den siebziger Jahren" die Rede ist, verweist auf eine „mittlere Reichweite" des Überlieferungsanspruchs. Dorett Funcke wies mich darauf hin, dass August Sanders berühmte, zur Zeit der Weimarer Republik entstandene Fotoserie den Titel „Menschen des 20. Jahrhunderts" trägt. Dies ist ein Beispiel nicht nur für einen weiter reichenden Überlieferungsanspruch, sondern auch für ein besonderes Verständnis von der Epoche, die fotografisch dokumentiert wurde. Wenn die Fotografien aus den 1920er und -30er Jahren als exemplarisch für ein Jahrhundert angesehen wurden, das noch zwei Drittel der Zeit vor sich hat, muss damit die Vorstellung einer erheblichen Transformation – vermutlich in Richtung „Modernität" – verbunden sein.

die Wahrnehmung gestanden haben, dass sich gerade zu dieser Zeit viel in den gesellschaftlichen Vorstellungen von „Familie" verändert hat: „68" ist gerade vorbei, die zweite Frauenbewegung beginnt, die Suche nach alternativen Lebensformen jenseits der „bürgerlichen Familie" spielt auch massenmedial („Kommune 1") eine große Rolle. Es wird so etwas wie ein Gestaltungsspielraum wahrgenommen; Paarbeziehungen können sehr unterschiedlich aussehen. Das kommt schon in der Serie als Serie zum Ausdruck. Und das wird sich den Paaren unweigerlich mitgeteilt haben, als sie für das künstlerische Projekt rekrutiert wurden. Selbst wenn dabei nur die Minimalinformation eines Interesses an Paarbeziehungen kommuniziert wurde, wäre damit der Akzent auf ihre Verschiedenartigkeit gelegt. Zudem wissen sie um das Vorhaben der Veröffentlichung des Projekts, d. h. sie wissen in jedem Fall darum, dass ihr Foto von einer anonymen Öffentlichkeit rezipiert wird. Das ist Teil der Übereinkunft zwischen den Fotografierten und der Fotografin, Teil dessen, worauf sich die Fotografierten eingelassen haben.

Wenn dies die Anforderungen sind, die – metaphorisch gesprochen – von der Kamera gestellt werden, was folgt daraus für das konkrete Handlungsproblem der Paare? Was ist die andere Seite der Face-to-Lense-Beziehung? „Was sind wir – im Unterschied zu anderen – für ein Paar?" – Das ist die stille (oder vielleicht auch explizit geäußerte) Aufforderung, mit der die Paare konfrontiert sind und mit der sie sich auseinandersetzen müssen. Die fotografische Kunst wird unter anderem darin bestehen, diese artifizielle Situation so zu gestalten, dass „Lebendigkeit" erzeugt wird, dass also die Selbstdarstellung nicht schematisch gerät, sondern als gültiger Ausdruck der Lebenspraxis des Paares erscheint.[26] Aus Interviews ist bekannt, dass Beate Rose den Paaren keinerlei „Hilfestellung" gegeben oder Vorgaben gemacht hat, außer der, sich auf einen bestimmten Punkt zu stellen, eine Haltung ihrer Wahl einzunehmen und in die Kamera zu schauen. Damit gibt das vorliegende fotografische Arrangement mit Bedacht der Lebenspraxis des jeweiligen Paares einen großen Raum.[27]

---

26 Dem kommt auch die Art der Rekrutierung der Paare entgegen. Sie erfolgte vor allem nach dem Schneeballprinzip, Freunde forderten Freunde auf oder luden sie ein, sich zu beteiligen. Die Kooperation ist damit zu einem Teil einem sozialen Druck („jemandem einen Gefallen tun") geschuldet. Das ist wichtig im Hinblick darauf, wie „programmatisch" die Selbstdarstellung zu verstehen ist. Ein besonderes „Commitment" zum ästhetischen Projekt ist damit nicht erforderlich – es könnte dazu führen, sich als in irgendeiner Weise „typisch" darzustellen. Dementsprechend finden sich in dem Band kaum begeisterte Selbstdarsteller, vielmehr auch einige eher „mürrische" Paare.

27 Tatsächlich ist dies für Beate Rose Ausgangspunkt des Projekts gewesen (Interview DRadio Wissen, 11.6.2011). „Ohne Pose, möglichst ehrlich und natürlich", so fasst die Journalistin Kathy Ziegler die Vorgabe der Fotografin zusammen.

Fazit: Die paarspezifische Fallstruktur drückt sich im Umgang mit der besonderen Situation der Selbst-Präsentation als Paar gegenüber einer von der Kamera repräsentierten, unbestimmten Öffentlichkeit aus. Das ist das, was in diesem Foto protokolliert ist. Damit sieht man jetzt auch, warum das Foto nicht unmittelbar als Ausdruck der je konkreten Paarbeziehung gelten kann. Wenn man die Protokollierungshandlung nicht mit interpretiert, d.h. hier das Repräsentationsproblem vis-á-vis einer Öffentlichkeit nicht berücksichtigt, dann kann man zu dem Kurzschluss verleitet werden, dass ein Paar, das vielleicht nicht „auf Tuchfühlung" nebeneinandersteht, ein Paar ist, dessen Beziehung nicht von Nähe und Intimität gekennzeichnet ist. Es ist in der Fotografie eben *nicht protokolliert, wie die Paare „sind"*, vielmehr ist *protokolliert, wie sie sich mit diesem spezifischen Handlungsproblem auseinandersetzen*. Und nur dies ist instruktiv im Hinblick auf die Beziehung des Paares.

5 Fallanalyse: Positionierung – Positur – Gesten – Accessoires

Das Foto soll uns im Hinblick auf die Struktur der Paarbeziehung interessieren. Das ist die anvisierte Fallstruktur. Wir haben eine Begründung dafür entfaltet, dass und in welcher Hinsicht das Foto als Protokoll dieser Fallstruktur gelten kann. Was können wir über die Paarbeziehung der Fotografierten sagen? Beginnen wir mit der Positionierung der Personen zueinander.[28] Dieser zentrale Aspekt bietet sich als Einstieg in die Analyse an, denn seine herausragende Bedeutung zeigt sich schon darin, dass es eine entsprechende alltagssprachliche Redewendung gibt: „Wie stehen sie zueinander?" fragt man, wenn man sich für die Art und Qualität einer Beziehung interessiert (bekannt, befreundet, können sich nicht leiden, sind verfeindet etc.).[29]

Unser Paar steht, von oben und gewissermaßen schematisch betrachtet, fast auf einer Linie nebeneinander. Aber während die Frau „en face" zur Fotografin/zum Publikum steht, steht der Mann leicht versetzt hinter ihr und in einem ihr leicht

---

28 Roswitha Breckner spricht im Zusammenhang mit Personenfotografien allgemein von „szenischer Choreographie" (Breckner 2010, 2012). „Positionierung" meint das Gleiche, verweist aber direkter auf das spezifische Handlungsproblem der Selbstdarstellung als Paar.

29 „Am liebsten sehe ich Menschen, Paare und wie sie zueinander stehen. Und dieses „zueinander stehen" hab ich dann wörtlich genommen.", so Beate Rose in einem Interview (Preiss/Zimmermann 2015).

zugewendeten Winkel, sodass sein rechter Arm von ihrem Oberkörper verdeckt ist. Es ist eine Haltung, in der er ihr um die Taille fassen könnte. Das wäre ein typisches „Beziehungszeichen" für Paarbeziehungen. Aber diese Geste vollzieht er nicht. Es bleibt offen, ob sein rechter Arm seine Partnerin am Rücken berührt, oder ob Arm und Hand in hängender Stellung ruhen.[30]

Schematisch lässt sich ihre Positionierung wie folgt darstellen:

Abb. 2 Schematische Darstellung der vorliegenden Positionierung, Quelle: eigene Darstellung

Dabei stehen sie sehr eng. Die positionale Nähe, in der sich die beiden Personen befinden, verweist schon auf eine intime Beziehung. Schließlich gibt es keine äußeren Gründe (Fahrstuhl, U-Bahn, Menschenmenge, Gruppenfoto o. ä.), die eine Unterschreitung des persönlichen „Schutzraums" (Goffman 1971: 28 ff.) nahelegen und dadurch soziale Modulierungen der Distanzregel ermöglichen. Die Personen stehen vielmehr in einem freien Raum, die Nähe muss deshalb als Ausdruck der Intimität der Sozialbeziehung verstanden werden. Es ist auszuschließen, dass es sich z. B. um Arbeitskollegen handelt. Das Fehlen von Gesten des Umfassens oder An-den-Händen-Haltens lässt zwar im Prinzip auch Freundschaft oder Verwandtschaft zu. Dennoch ist das im vorliegenden Fall nicht plausibel, denn die Nähe ist zu groß: Es gibt Körperkontakt, sie lehnt leicht an ihm. Es gibt aber noch ein weiteres Moment, das zumindest für eine Intimbeziehung spricht und sich im Folgenden erschließt.

Dazu müssen wir die hier gewählte Positionierung mit anderen denkbaren idealtypischen Positionen vergleichen. Solche Optionen lassen sich auf der Grundlage des geteilten Regelwissens genauso entfalten wie Optionen für Sprechhandlungen. Betrachten wir zunächst die unten stehenden drei schematischen Formen, die sich als „Idealtypen" verstehen lassen, die ein Spektrum möglicher Handlungsweisen umreißen. Die Darstellung ist wiederum als Aufsicht gedacht; die Blickrichtung geht jeweils nach vorn, auf den Betrachter hin, d. h. in der Darstellung nach unten. Die Typen lassen sich formal beschreiben „beide vis-à-vis zum Betrachter" (1), „beide

---

30 Der Umstand, dass es zwischen den beiden einen Schatten gibt, der etwas länger zu sein scheint als der Saum seines Sakkos, spricht für letztere Lesart.

vis-á-vis zueinander, 90 Grad zum Betrachter" (2) und „beide 90 Grad zueinander, 45 Grad zum Betrachter" (3).

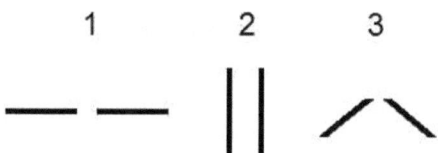

Abb. 3 Idealtypische Formen der Positionierung, Quelle: eigene Darstellung

Diese Typen betreffen den Kern des Handlungsproblems der Selbstdarstellung als Paar: Wie wende ich mich dem Fotografen und damit der Öffentlichkeit zu? Betrachten wir die Varianten zunächst kontextfrei: Welche typischen Verwendungskontexte lassen sich ganz allgemein finden? Für Variante 1 wäre ein typischer Kontext das „Gruppenbild" (Klassentreffen, Fußballverein, G8-Gipfel etc.). Wenn es nur zwei Personen sind, könnte es sich zum Beispiel auch um ein Foto in einer Unternehmensbroschüre handeln: „Herr Müller und Frau Meier: die Mitarbeiter der Abteilung XY". Oder um eine Abbildung in einer Tageszeitung: „Die Gewinner des diesjährigen Förderpreises". Was diesen und ähnlichen Kontexten gemein ist, ist der Umstand, dass sich zwei Personen dem Fotografen/dem Publikum als *Elemente einer formalen Organisationseinheit* präsentieren. Thematisch ist hier ihre gemeinsame Mitgliedschaft in einer formalen Gruppe, die Art der konkreten Beziehung ist dabei nicht angesprochen. Wenn man sie betonen will, muss man zusätzliche Gesten aktivieren. So kann man Verbundenheit demonstrieren, indem man sich wechselseitig die Arme auf die Schultern legt (die Fußballmannschaft wird so zu einem eng verbundenen „Team") oder sich bei den Händen fasst (wie in der berühmten Pose von Helmut Kohl und Francois Mitterand am 22. September 1984 in Verdun).

Die Bedeutungsstruktur von Variante 2 ist eine ganz andere. Typische Beispiele wären Abbildungen auf Websites oder in Jahrbüchern: „Herr Müller und Frau Meier im Gespräch" (auf der Betriebsfeier, am Rande einer Tagung usw.). Hier interveniert der Fotograf/das Publikum gewissermaßen in eine dyadische Interaktion. Wenn die Beteiligten auf dem Foto den Betrachter anblicken, hätten sie diese Intervention realisiert, gleichwohl aber an der dyadischen Beziehung festgehalten. Wenn man davon ausgeht, dass es sich nicht um den Augenblick des „Überrascht-Werdens" durch den Fotografen handelt, was empirisch natürlich möglich wäre und sich an der Art des Blicks in die Kamera ablesen ließe, und wenn man weiter davon ausgeht, dass ein grundsätzliches Einverständnis gegenüber dem Fotografiert-Werden vorliegt, dann kommt in dieser Pose eine *dyadische Abschließung* gegenüber dem durch den Fotografen/das Publikum repräsentierten Dritten zum Ausdruck – als wollten Müller und Meier in ihrem Gespräch nicht gestört werden. Wenn es sich nicht um eine tatsächlich spontane Intervention handelt, wie in den genannten Beispielen, sondern um eine Inszenierung, wie sie etwa zum typischen Repertoire professioneller Hochzeitsfotos gehört, dann wird genau diese dyadische Geschlossenheit inszeniert. In der gestischen Abschließung gegenüber dem Dritten, der nur über die Blickrichtung berücksichtigt wird, bekommt die Pose etwas objektiv Exhibitionistisches, wird doch dem Publikum Einblick in die dyadisch geschlossen sich vollziehende Interaktion gewährt.

Die Öffnung der Dyade gegenüber dem Fotografen/dem Publikum ist genau das, was kennzeichnend für Variante 3 ist. Sie ist ebenfalls typisch für Aufnahmen auf einer Betriebsfeier, einem Ball, einem Familienfest etc. Man wird in einer Begegnung mit der Aufforderung des Fotografiert-Werdens konfrontiert und „öffnet" die Dyade dem Fotografen/dem Publikum wie einer konkreten dritten Person in der Situation. Die Bedeutung der Geste lässt sich paraphrasieren mit „wir halten unsere Interaktion aufrecht, ermöglichen aber einem Dritten, sich dazuzugesellen". Es ist eine Positionierung, die eine *Vermittlung von Dyade und Drittem* (Fotograf/Publikum) vollzieht.

Die auf unserem Foto gewählte Position entspricht keiner der idealtypischen Varianten eindeutig. Die Frau steht „en face" zum Fotograf/Publikum, aber beide stehen nicht direkt nebeneinander, d. h. sie präsentieren sich nicht einfach als „Mitglieder der Organisationseinheit". Vielmehr verweisen sowohl die räumliche Nähe als auch die Art, wie er ihr – im Stil von Variante 3 – leicht zugewandt ist, auf den Charakter der Beziehung: Sie präsentieren sich gleichzeitig als intime Dyade. Mit der „en face"-Position der Frau bekommt die Vermittlung von Innen und Außen nicht nur etwas Offensives, es wird in diesem Innen-Außen-Verhältnis auch eine Asymmetrie zwischen den beiden eingerichtet.

Betrachten wir zunächst die Asymmetrie. Die gedankenexperimentell konstruierten Beispiele sind alle symmetrisch, die Positionen sind austauschbar. Das ist im vorliegenden Fall anders. Welcher Art ist die Asymmetrie? Dass sie geschlechtstypisch ist – d. h. auf gängige soziale Geschlechterdifferenzierungen verweist –, zeigt schon eine gedankenexperimentelle Vertauschung der Positionen: Würde er in dieser Weise „en face" vorne stehen, leicht an sie angelehnt, würde dies als eine vergleichsweise „schwache" Position auffallen. Nutzen wir das implizite Wissen um die geltende „Matrix der Zweigeschlechtlichkeit", das als Teil des allgemeinen Wissensvorrates gelten kann, weiter und fragen uns, was nun das Geschlechterdifferenzierende daran ist. In der Interpretation muss man sich von der Zurechnung männlich/weiblich insoweit lösen, als man versucht zu explizieren, welche beziehungsstrukturelle Position und Haltung mit der leiblichen Position und Haltung verbunden ist. Die Analogie zwischen beidem besteht hier in der Regel „der Dame den Vortritt lassen". Vielleicht kann man sogar von einer „Superstruktur der Gestenbildung" sprechen, eine Regel, die einzelne Gesten in traditionellen Geschlechterbeziehungen übergreifend zusammenfasst. Der rechte Arm gilt damit gleichsam als eine Art „Führungsarm": haltend oder schiebend.

Allgemein gibt es zwei Varianten der asymmetrischen Positionierung, und wieder kann man zu ihrer Explikation auf sprachliche Formen rekurrieren: „Ich stehe hinter dir" und „Ich stelle mich vor dich". Letzteres bedeutet Schutz gegenüber einer Bedrohung (im weiteren Sinne). Wenn beispielsweise ein Hund knurrend auf das Kind zuläuft, ist es eher unpassend zu sagen „ich stehe hinter dir", sondern man stellt sich vor das Kind. Das ist dabei immer auch de-autonomisierend, denn die Auseinandersetzung wird stellvertretend für den geführt, vor den man sich stellt. Demgegenüber ist die Geste im ersten Fall vergleichsweise autonomisierend; sie verdeutlicht symbolisch Unterstützung. Gleichwohl impliziert auch sie Asymmetrie, denn sie geht über die Unterstützung eines autonom zu bewältigenden Handlungsproblems deutlich hinaus: Es gehört ein Machtpotenzial zu dem „hinter jemandem Stehenden", von dem der im Vordergrund Stehende profitiert. Umgekehrt benötigt – dem Sinngehalt nach – der im Vordergrund Agierende dieses Potential.[31] Das „Gewährende" ist das Gemeinsame mit dem „Vortritt lassen": Um jemandem den Vortritt *lassen* zu können, muss man ihn erst einmal *haben*. Oder anders: Die Geste unterstellt den „Besitz" des Vor-Rechts, und genau das macht sie zu einer Gabe.

Insofern knüpft die Positionierung des Paares im vorliegenden Fall durchaus an ein traditionelles Muster der Geschlechterbeziehungen an. Man muss allerdings festhalten, dass die Asymmetrie hier nur angedeutet ist. So ist ein „Führungsarm" nicht erkennbar. Vor diesem Hintergrund lässt sich folgende Hypothese formulieren: Die Paarbeziehung ist von der Art der Selbstdarstellung her durch eine Spannung zwischen Egalität und Traditionalität gekennzeichnet, in die eine Spannung zwischen Autonomie und Heteronomie der Stellung der Frau eingeschlossen ist. Dabei liegt das Schwergewicht allerdings auf Seiten der Egalität und Autonomie.

An dieser Stelle ist ein Vergleich mit einem anderen Paar instruktiv:

---

31 Vgl. auch die Redensart „jemandem den Rücken stärken".

Abb. 4   „Stadtbaurat 48. Hausfrau (Architekturstudium) 44"(Rose 1972)

Obwohl formal ähnlich – sie steht „en face", er ihr leicht zugewandt – ist die Positionierung hier eine ganz andere. Er stellt sich beinahe vor sie, zudem wird die extrem fürsorgliche Geste des „gereichten Arms" gewählt, bei der gleichzeitig noch ihre Hand von seiner rechten gehalten wird. All das erzeugt eine starke Komplementarität von Schwäche und Dominanz. Seine Frau muss gehalten werden wie eine gebrechliche alte Dame. Dabei erfolgt eine einseitige Moderierung zwischen

„Innen" und „Außen", zwischen der Öffentlichkeit und dem Partner: als würde er sie dem Publikum präsentieren.[32]

Doch zurück zu unserem Paar. Die rekonstruierte Gleichzeitigkeit von Egalität und Asymmetrie sowie von Autonomie und Heteronomie, verbunden mit dem Schwerpunkt auf dem jeweils ersten Moment, wird durch Aspekte der je individuellen Positur der beiden verstärkt. In dieser Hinsicht hat man hier ein Paar, das zunächst ausgesprochen souverän und entspannt mit dem Außendarstellungsproblem umgeht. Die „lässige Souveränität" zeigt sich bei beiden in der von ihnen eingenommenen Positur. Aber auch in dieser Hinsicht lassen sich Geschlechterdifferenzen ausmachen: Er kann kaum ihre Haltung einnehmen und sie kaum seine. Er steht in einer Standbein-Spielbein-Haltung, ruhend, die linke Hand in der Hosentasche. Dies war einer Frau zur damaligen Zeit schon allein deshalb kaum möglich, weil es noch nicht in dem Maße legitim war, Anzug oder Hosen zu tragen. Demgegenüber wäre ihre Positur prinzipiell zwar auch für ihn möglich gewesen, allerdings kaum in dieser „balletthaften" Zuspitzung (der Fuß des angewinkelten Beines berührt nur mit der Spitze den Boden). Damit ist ihre Positur gleichzeitig lässig und de facto etwas unsicher, fragil. Typischerweise würde man in dieser Haltung an einer Wand lehnen. Diesen Part übernimmt er; er unterstützt gewissermaßen ihre Lässigkeit. Sie steht nicht so „für sich" wie er in seiner eigenen Lässigkeit. Ihre fragile Haltung benötigt Halt. Er unterstützt sie in ihrem Autonomieanspruch in einer Weise, die sich umschreiben lässt „Sie macht das schon". Diese Spannung von Symmetrie und Asymmetrie, von Autonomie und Heteronomie drückt sich bis in die Körperhaltung hinein durch und reproduziert sich auch hier.

Betrachten wir in einem nächsten Schritt die einzelnen Gesten. Die Armhaltung des Mannes ist schon ausgedeutet worden. Was bedeuten nun ihre verschränkten Arme? In einer konventionellen Deutung erscheinen sie als eine Haltung der Abwehr, der Distanziertheit, der Reserviertheit. Zunächst einmal handelt es sich um eine Variante der Lösung des Problems „Wo tut man seine Hände hin, wenn die nicht wirklich etwas zu tun haben?". Seine Hand in der Tasche ist eine andere Variante. Dass es sich dabei um ein besonderes Problem der Selbstdarstellung handelt, kann man schon daran sehen, dass insbesondere bei Politikern diesem Aspekt der Gestik auch im öffentlichen Diskurs großes Augenmerk zuteilwird. Wiederum mit Goffman (z. B. Goffman 1959, 1967/1982) lässt sich generell konstatieren, dass mit der Präsentation des Selbst im öffentlichen Raum die Anforderung verbunden ist,

---

32 Im Übrigen – das ist gewissermaßen das „Perfide" der Struktur – tritt er damit in gewisser Weise auch hinter sie zurück. Indem er sie führt und hält, muss er sich angesichts des Problems der Selbstpräsentation nicht exponieren.

eine bestimmte Art von Aktivität zu demonstrieren, die sozial akzeptabel ist.³³ Da nun Arme und Hände als der leibliche Bereich gelten, der per se für Aktivität steht – wie schon eine Fülle entsprechender Redensarten verdeutlicht („Hand anlegen", „die Sache in die Hand nehmen", „die Hände nicht in den Schoß legen") –, stellt sich für sie das Problem in gesteigerter Weise.

Um die von ihr gewählte Variante der verschränkten Arme in ihrer Sinnstruktur ausdeuten zu können, bietet es sich an zu fragen, in welchen Situationen dies gerade nicht als angemessen erscheinen würde. Das vielleicht deutlichste Gegenbeispiel bietet das Militär, konkret die Aufstellung der Soldaten beim Appell. Wenn die Soldaten hier mit verschränkten Armen dastehen würden, wäre das höchst ungewöhnlich. Soldaten stehen „stramm" oder bequem, aber immer haben sie die Hände unten.³⁴ Verschränkte Arme würden hier nachgerade als Provokation erscheinen. Das hat offenbar etwas mit Autonomie zu tun. Verschränkte Arme sind eine Haltung des Abwartens, des Evaluierens. Sie sind Ausdruck der Inspruchnahme einer Ja/Nein-Stellungnahme, des Entscheidens. Das ist der Grund, weshalb die Geste nicht zum Befehlskontext passt. Jemand, der so mit verschränkten Armen dasteht, erwartet keinen Befehl. Es handelt sich also weniger um eine Haltung der Verschlossenheit als vielmehr um eine Haltung des souveränen Urteilens über etwas. Die Geste der verschränkten Arme ist in sich allerdings keine geschlechterdifferenzierende. Das machen Männer wie Frauen.

Diese Geste verstärkt die Seite der Autonomie in der Autonomie-Heteronomie-Ambivalenz, wie auch der erhobene Kopf und der ernste Gesichtsausdruck. Die Beziehung zum Betrachter ist durch Herausforderung gekennzeichnet: „Was wollen Sie?" Darin wird sie von ihrem Mann unterstützt. Auch er lächelt nicht wirklich, allerdings ist ein Lächeln zumindest angedeutet. Damit reproduziert sich auf der Ebene der Mimik ein Strukturaspekt, der sich schon bei der Betrachtung der Positionierung feststellen ließ. Beide nehmen nur sehr ansatzweise gegenüber den anonymen Betrachtern eine virtuell interaktionseröffnende Haltung ein. Und

---

33 Nur nebenbei: Ein Grund für den Siegeszug des Smartphones als ubiquitärem Gebrauchsgegenstand liegt sicherlich darin, dass es einem bequeme Lösungen für dieses Problem bietet.

34 Man sieht hier auch das „Problem" der entspannt hängenden Arme: Es handelt sich zwar um eine Ruheposition, aber um eine, aus der heraus man sofort handeln kann. Das ist bei den verschränkten Armen anders: Um sie zu benutzen, muss man sie erst einmal „entflechten". Vielleicht kann man das sogar generalisieren: Um wirklich, d. h. im vorliegenden Zusammenhang: symbolisch, Inaktivität darzustellen, muss man seine Arme und Hände auf irgendeine Weise „binden". So könnte man auch die verschiedenen Gesten der verschränkten, gefalteten oder zusammengepressten Hände beim Gebet erklären.

wieder ist er es, der den vermittelnden Part spielt; nicht nur in der Andeutung der idealtypischen Variante 3 der Positionierung, sondern auch in der Andeutung eines Lächelns.

Um den rekonstruierten Strukturmerkmalen in der Selbstpräsentation als Paar weiter nachzugehen, betrachten wir nun die weiteren Informationen, die die Fotografie zur Verfügung stellt: Beruf, Klassenlage, Generationenzugehörigkeit und Zeitpunkt der Aufnahme. Dass wir entsprechende Informationen zur Verfügung haben, hängt zum Teil mit der quasi-sozialwissenschaftlichen Ausrichtung des ästhetischen Projekts zusammen: Als Titel für die Portraits wurden von Beate Rose Beruf und Alter der Akteure gewählt. Im vorliegenden Fall ist er Rechtsanwalt und Reedereivorstand und damit Angehöriger des gehobenen Bürgertums, das Einkommen und Bildung verbindet. Bei ihr steht „Kommunikation". Das wirkt wie eine Verlegenheitslösung; in anderen Fällen findet sich eine klare Berufsangabe oder „Hausfrau". Heutzutage kann „Kommunikation" auf eine Organisationseinheit in einem Unternehmen verweisen oder auf eine Ausbildung als Kommunikationswissenschaftlerin. Beides wird es 1971 so nicht gegeben haben. Man muss vermuten, dass sie selbst keine klare Angabe gemacht hat, sonst stünde im Titel z. B. Verlagsmitarbeiterin oder Pressesprecherin. Es wird also weder eine Ausbildung noch ein „Brotberuf" eindeutig angegeben. Auf der anderen Seite erscheint sie auch nicht als „Hausfrau". Die Frau nimmt also faktisch keine Berufsposition ein, will sich aber auch nicht auf die Hausfrauenrolle festlegen (lassen).

Dies würde gut zur Spannung Autonomie/Heteronomie bzw. Symmetrie/Asymmetrie passen. Die Struktur ließe sich umschreiben mit „sie sucht ihren Platz in der Gesellschaft". Es wird ein Bereich angegeben, in dem sie tätig sein will oder womöglich auch tätig ist, allerdings nicht in einer einem „Normalarbeitsverhältnis" entsprechenden Weise (z. B. gelegentliche Aufgaben in der Firma ihres Mannes). Dabei ist auch eingeschlossen, dass ihre Erwerbstätigkeit keine Frage ökonomischer Notwendigkeit ist. Andererseits steht die Hausfrauenrolle, ergänzt in dieser Schicht um Repräsentationsfunktionen, für dieses Paar wohl auch nicht zur Verfügung. Hier muss man berücksichtigen, dass, anders als heutzutage, vor den 70er Jahren die Oberschichtfamilien sich gerade *nicht* durch besonders egalitäre Orientierungen auszeichneten, sondern im Gegenteil besonders traditionale, asymmetrische und hierarchische Strukturen aufwiesen. Dieses Milieu wird der Bezugspunkt des vorliegenden Paares gewesen sein. Und offenkundig grenzen sie sich von ihm ab.

Wenn man an dieser Stelle sozialwissenschaftliches Wissen um die gesellschaftliche Situation zu Beginn der 1970er Jahre nutzt, kann man sagen, dass weibliche Erwerbstätigkeit zum Zeitpunkt der Aufnahme noch nicht institutionalisiert war; sie war noch nicht allgemein normativ gefordert. Es war gewissermaßen die „heroische" Zeit des Egalitarismus. Entsprechend hatten es egalitär orientierte

Frauen bzw. Paare damals schwerer als zwei Jahrzehnte später, nach der normativen Institutionalisierung der Gleichheitsidee: Sie hatten mit Widerständen zu rechnen, mit sozialen Sanktionen. In gewisser Hinsicht hatten sie es aber auch leichter, denn der Heroismus ermöglichte es, durch eine positive Abgrenzung von „den anderen" relativ einfach ein Selbstverständnis als Paar zu gewinnen (z. B. „meine Frau/ mein Mann ist anders als die anderen"). Genau dies kommt in der vorliegenden Selbstdarstellung als Paar zum Ausdruck: ein offensiver Stolz auf das Moment des Partnerschaftlichen, des Symmetrischen: „Wir sind ein modernes Paar".

Diese „moderne" Orientierung zeigt sich schließlich auch in Kleidung und Frisuren. Zwar sind sie eindeutig geschlechtsdifferenzierend, d. h. es gibt keine „androgynen" Accessoires, keine Übernahme gegengeschlechtlicher Elemente (z. B. weiblicher Kurzhaarschnitt, lange Haare beim Mann). Gleichwohl existiert eine Spannung zum eigenen Milieu, und dies vor allem auf ihrer Seite. Er trägt einen Anzug aus recht grobem Wollstoff mit einer dezenten Musterung, seine Kleidung ist also einerseits wenig formell (kein dunkler Büroanzug), andererseits aber auch keine lässig-legere Freizeitkleidung (Krawatte). Man könnte sagen, dass es sich um einen Anzug handelt, mit dem man bestenfalls noch in die Oper, ins Konzert, am passendsten aber in ein gehobenes Restaurant oder eine Vernissage gehen kann. Mit der Wahl seiner Bekleidung tritt er dem Publikum hinter der Kamera als Privatmann entgegen, der sich „standesgemäß" auf informell-öffentlicher Bühne bewegt. Ihre Kleidung ist demgegenüber informeller. Oper und Konzert fallen aus, und auch das Restaurant wäre jetzt eher „der kleine nette Italiener um die Ecke"; eine Vernissage würde passen, insbesondere aber der Besuch bei Freunden ihrer Schicht. Aber die entscheidende Differenz wird nicht (nur) durch ein größeres Maß an Informalität markiert. Sie trägt einen Midi-Rock mit relativ dichtem floralen Muster und eine eher „flächig" gemusterte Bluse mit Blatt- und Blütenmotiven, wobei ein Paisley-Element die Musterung des Rocks aufgreift. Vermutlich ist beides recht bunt. Die Kombination ist eher modisch und alles andere als „verhuscht" oder „kleinkariert". Mut zum großen Muster und zur Farbe kommen darin zum Ausdruck, vor allem ein Anklang an die damalige Jugendkultur, an „68" und „Flower Power". Sie ist jedoch 39 Jahre alt, also ca. 1932 geboren, und gehört dementsprechend nicht zu dieser Generation. Aber sie ist daran orientiert, zumindest vom Muster her. Der lässigen Art des Sich-Schmückens entsprechen auch die Schuhe (eher bequeme Pumps mit Zierriemen) sowie die Ohrringe, die, soweit sich das von der Aufnahme her beurteilen lässt, eher in Richtung Modeschmuck als Juwelierware gehen. Ihre Frisur ist vergleichsweise streng, aber auch wenig „gemacht", eher „natürlich" (nicht onduliert oder toupiert).

Diese Anpassung der älteren Generationen[35] an die „68er" war verbreitet, auch bei Männern. Man muss sich nur Fotografien von Politikern aus den 1970er Jahren anschauen (Willy Brandt etwa): längere Haare, Bart, Koteletten werden akzeptabel, im Vordergrund steht nicht mehr eine „akkurate" oder „korrekte" Erscheinung, vielmehr werden Offenheit, Lässigkeit und Expressivität zum Ausdruck gebracht. Unser Paar lässt sich angesichts des Zeitpunkts der Aufnahme und seiner Schichtzugehörigkeit als Vertreter einer „Avantgarde" in dieser Hinsicht bezeichnen. Allerdings findet sich auch diesbezüglich eine Asymmetrie zwischen ihnen, ist er doch noch deutlicher konform mit den gegenwärtig geltenden Dress-Codes. Die Ausnahme bildet seine modisch-unkonventionelle Brille, die mit dem breiten, dunklen Rand und dem breiten, vermutlich metallenen Bügel in Richtung 70er Jahre weist und sich von den schmalrandigen Gestellen der männlichen Bildungsschichten abhebt.

Abschließend ist nun die Frage, in welchen Situationen ein Paar so fotografiert werden bzw. sich in dieser Haltung fotografieren lassen würde. Dies kann zum Beispiel vor dem eigenen Haus geschehen, vor dem Auto, der Fabrik oder dem Weinberg; man präsentiert sich also vor seinem Besitz. Das Kontrastbeispiel hierzu ist das Urlaubsfoto: Würde sich das Paar auf diese Weise vor dem Schloss von Versailles fotografieren lassen, würde der dargestellte Besitzerstolz lustig oder selbstironisch wirken. Fragt man sich nun, was der Referent für den Besitzerstolz im vorliegenden Fall ist (denn hier ist ja kein Haus, kein Auto, kurz: kein „Werk", das man sich als Besitz und Leistung zurechnen kann, hinter ihnen), so kann man vor dem Hintergrund der Analyse sagen: Es ist die Beziehung selbst. Auf der Fotografie ist ein Paar abgebildet, das sich explizit, geradezu programmatisch, als „modernes Paar" versteht und dieses „Programm" selbstbewusst verkörpert. Dabei drückt sich gleichzeitig die Verhaftetheit in einer historischen Übergangssituation in Gestalt einer Beziehungsstruktur durch, die sich kennzeichnen lässt als „gewährte Autonomie".

6 Schluss: Was ist der Fall? Und wie gelange ich zu Aussagen über ihn hinaus?

Die exemplarische Analyse hat zeigen können, dass man auf der Grundlage des vorliegenden Paarportraits begründete Aussagen über die spezifische Beziehungsstruktur des abgebildeten Paares treffen kann. Zum „Fall" wurde es dabei primär im Hinblick

---

35 Bei unserem Paar müsste der Mann vom Geburtsjahrgang her (ca. 1928) der Flakhelfer-Generation zugerechnet werden.

auf die Auseinandersetzung mit einem besonderen Problem der Selbstpräsentation. Wie bei schriftsprachlichen Texten erfolgte auch bei diesem Datentypus die Analyse entsprechend der Methodologie der Objektiven Hermeneutik sequentiell. Es wurden sukzessive die bedeutungstragenden Bildelemente („Segmente" nach Breckner 2010, 2012) interpretiert und dabei überprüft, inwieweit sich die herausgearbeiteten Strukturmuster reproduzieren oder sich vielleicht Spannungen oder gar Widersprüche identifizieren lassen. Im Vergleich zu den „klassischen" sozialwissenschaftlichen Daten des Interviews oder des Transkripts familialer Interaktion gibt es allerdings einen entscheidenden Unterschied: Künstlerische Fotografien können zwar – wie gezeigt – eine erhebliche Prägnanz hinsichtlich der Struktur der Beziehung aufweisen, sie sind jedoch hinsichtlich des protokollierten Realitätsausschnitts deutlich begrenzter. Das gilt auch für Fotografien, die von den Familienmitgliedern selbst aufgenommen wurden. Zwar gewinnt auch hier in der sequentiellen Analyse die Fallstruktur sukzessive an Komplexität und Differenziertheit, man kann aber davon ausgehen, dass zum Beispiel ein gutes Interview von einer Stunde Dauer oder ein längeres Interaktionstranskript noch mehr Informationen zur Weiterentwicklung der Fallstruktur bereitstellt, dies schon deshalb, weil hier andere Handlungsprobleme des Paares und der Individuen thematisch werden können. Anhand nur dieses Portraits können wir nicht mehr und nichts Genaueres über die Beziehung sagen als das, was wir gesagt haben, und für eine umfassende Fallstudie (Hildenbrand 1999) über das abgebildete Paar wäre das freilich nicht sehr viel. In dieser Hinsicht müssten also ergänzend weitere Daten berücksichtigt werden. Solche Daten liegen für den hier analysierten Fall jedoch nicht vor.

In welcher Hinsicht könnte man dann an die vorliegende exemplarische Analyse weiterführend anknüpfen? Wie gezeigt, ist in diesem Paarportrait nicht allein die besondere Praxis des abgebildeten Paares protokolliert, sondern diese Praxis kann gleichzeitig als Ausdruck des Beziehungstypus gelten. Oder anders gesagt: Als Fall kam nicht allein *diese* Paarbeziehung in den Blick, sondern auch die *Paarbeziehung* als solche. Das ist keine Eigentümlichkeit der Paar- und Familienforschung und hat auch nichts mit dem Datentyp „Fotografie" zu tun. Vielmehr wird ganz unabhängig davon, welchen Gegenstandsbereich man im Blick hat (Familie, Organisation, Religion, Politik usw.), in fallrekonstruktiven Analysen die Lebenspraxis, die in Daten protokolliert ist, immer in einer doppelten Hinsicht zum „Fall".[36] Sie ist immer gleichzeitig in ihrer Besonderheit und als Ausdruck eines allgemeinen Typus, als „token" und als „type" (Oevermann 2002: 13) thematisch. In unserer Analyse waren mit den Fragen, wie man sich generell als Paar „positionieren" kann

---

36 Vgl. zum Konzept des „Falles" in den Sozialwissenschaften und den professionellen Berufen allgemein Maiwald 2005, 2008.

und auf welche Beziehungszeichen man dabei zurückgreift, solche übergreifenden, allgemeinen Aspekte angesprochen. Solche Beziehungszeichen sind für die Paarsoziologie deshalb interessant, weil sich Paare mit ihnen nicht nur im Hinblick auf die Selbstpräsentation gegenüber Dritten, sondern auch im Binnenverhältnis zum Paar „machen". Und – wie gesehen – sie bieten ihnen gleichzeitig die Möglichkeit, sich zu „besondern". Indem sie aus dem gesellschaftlich verfügbaren Repertoire für solche Beziehungszeichen wählen, konstituieren sie sich als besonderes Paar.

Fotografien empfehlen sich naturgemäß dafür, derartige gestisch-leibliche Ausdrucksformen zu untersuchen. Sie gehören damit zu den Datenmaterialien, die sich insbesondere für solche Analysen empfehlen, die bestrebt sind, das Wissen darüber voranzutreiben, was Paar- und Familienbeziehungen als eigenen Typus von Sozialbeziehungen ausmacht (im Unterschied etwa zu rollenförmigen Sozialbeziehungen als Marktteilnehmer oder in Vertragsverhältnissen). Nicht nur von den Familienmitgliedern selbst hergestellte Fotografien, sondern auch künstlerische Paarportraits können Auskunft darüber geben, was aktuell unter dem Schlagwort „doing family" thematisiert wird (Jurczyk/Lange/Thiessen 2014) und für eine strukturale Familiensoziologie schon immer ein zentrales Thema war (Maiwald 2012): das Interaktionsrepertoire, mit dem Familienangehörige ihren Beziehungen eine Struktur geben, die sie als Familienbeziehungen ausweist.

Die Portraits von Beate Rose bieten einen ausgezeichneten Fundus, um in dieser Hinsicht an die exemplarische Analyse anzuschließen und sie im Sinne einer systematischen, vergleichenden Analyse weiterzuführen. Man kann im Vergleich der Paarportraits versuchen, die unterschiedlichen Lösungen, die für das besondere Problem der Selbstpräsentation als Paar gegenüber einer allgemeinen Öffentlichkeit gefunden wurden, typologisch zu sortieren; man kann versuchen, sich einen genaueren und systematischeren Überblick über die verwendeten Beziehungszeichen zu verschaffen; und man kann schließlich versuchen, so, wie dies im vorliegenden Fall exemplarisch möglich war, Aussagen über das zeitgeistspezifische gesellschaftliche Verständnis von Paarbeziehungen zu treffen. Gerade Letzteres erscheint besonders lohnend, weil eine aktuelle Portraitserie die Möglichkeit eines Zeitvergleichs bietet. Das Künstlerpaar Nadine Preiss und Damian Zimmermann hat vierzig Jahre nach Beate Rose ein Projekt realisiert, das sich ausdrücklich an deren damaliges Vorgehen anlehnt (Preiss/Zimmermann 2015). Die in den neuen Portraits dokumentierten, in vielerlei Hinsicht sehr unterschiedlichen Lösungen für dasselbe Problem warten auf ihre soziologische Analyse.

Literaturverzeichnis

Ariès, Philippe (1960/1978): Geschichte der Kindheit. München: dtv
Bohnsack, Ralf (2001): Die Dokumentarische Methode und ihre Forschungspraxis. Wiesbaden: VS Verlag
Bohnsack, Ralf (2006): Die dokumentarische Methode der Bildinterpretation in der Forschungspraxis. In: Marotzki, Winfried; Niesyto, Horst (Hg.), Bildinterpretation und Bildverstehen. Methodische Ansätze aus sozialwissenschaftlicher, kunst- und medienpädagogischer Perspektive, Wiesbaden: VS Verlag, 45-75
Bohnsack, Ralf (2016): Qualitative Methoden der Bildinterpretation. In: Burkart, Günter; Meyer, Nikolaus (Hg.), „Die Welt anhalten". Von Bildern, Fotografie und Wissenschaft, Weinheim und Basel: Beltz Juventa, 276-300
Bourdieu, Pierre (1982): Die feinen Unterschiede. Frankfurt a. M.: Suhrkamp
Bourdieu, Pierre (1965/1983): Kult der Einheit und kultivierte Unterschiede. In: Bourdieu, Pierre et al., Eine illegitime Kunst. Die sozialen Gebrauchsweisen der Photographie. Frankfurt a. M.: Suhrkamp, 25-84
Breckner, Roswitha (2010): Sozialtheorie des Bildes: Zur interpretativen Analyse von Bildern und Fotografien. Bielefeld: Transcript
Breckner, Roswitha (2012): Bildwahrnehmung – Bildinterpretation. Segmentanalyse als methodischer Zugang zur Erschließung bildlichen Sinns. In: *Österreichische Zeitschrift für Soziologie*, Jg. 37, H. 2: 143-164
Breckner, Roswitha (2014): Offenheit – Kontingenz – Grenze? Interpretation einer Portraitfotografie. In: Müller, Michael R.; Raab, Jürgen; Soeffner, Hans-Georg (Hg.), Grenzen der Bildinterpretation. Wissen, Kommunikation und Gesellschaft, Wiesbaden: Springer, 123-150
Burkart, Günter; Meyer, Nikolaus (Hg.) (2016): „Die Welt anhalten". Von Bildern, Fotografie und Wissenschaft. Weinheim und Basel: Beltz Juventa
Burri, Regula Valérie (2008): Bilder als soziale Praxis – Grundlegungen einer Soziologie des Visuellen. In: *Zeitschrift für Soziologie*, Jg. 37, H. 4: 342-358
Eberle, Thomas S. (Hg.) (2017): Fotografie und Gesellschaft. Phänomenologische und wissenssoziologische Perspektiven. Bielefeld: Transcript
Garz, Detlef; Zizek, Boris; Zizek, Lalenia (2014): Familienpositionalitäten – Zur Rekonstruktion familiärer Lebenswelten. In: Kraimer, Klaus (Hg.), Aus Bildern lernen. Optionen einer sozialwissenschaftlichen Bild-Hermeneutik, Ibbenbüren: Münstermann, 76-106
Goffman, Erving (1959): The Presentation of Self in Everyday Life. New York et al.: Anchor
Goffman, Erving (1963/2010): Behavior in Public Places. New York: Free Press
Goffman, Erving (1967/1982): Interaction Ritual. Essays on Face-to-Face Behavior. New York: Pantheon
Goffman, Erving (1971): Relations in Public. Microstudies of the Public Order. New York: Harper
Haupert, Bernhard (1994): Objektiv-hermeneutische Fotoanalyse am Beispiel von Soldatenfotos aus dem 2. Weltkrieg. In: Garz, Detlef; Kraimer, Klaus (Hg.), Die Welt als Text. Theorie, Kritik und Praxis der objektiven Hermeneutik, Frankfurt a. M.: Suhrkamp, 281-314
Hildenbrand, Bruno (1999): Fallrekonstruktive Familienforschung. Opladen: Leske + Budrich
Howarth, Sophie; McLaren, Stephen (2016): Family Photography Now. London: Thames & Hudson

Imhof, Arthur E. (1988): Die Lebenszeit. Vom aufgeschobenen Tod und der Kunst des Lebens. München: Beck
Institut für Sozialforschung (Hg.) (1936/1987): Studien über Autorität und Familie. Lüneburg: zu Klampen
Jurczyk, Karin; Lange, Andreas; Thiessen, Barbara (Hg.) (2014): Doing Family. Warum Familienleben heute nicht mehr selbstverständlich ist. Weinheim und Basel: Beltz Juventa
Kraimer, Klaus (Hg.) (2014): Aus Bildern lernen. Optionen einer sozialwissenschaftlichen Bild-Hermeneutik. Ibbenbüren: Münstermann
Loer, Thomas (1996): Halbbildung und Autonomie: über Struktureigenschaften der Rezeption bildender Kunst. Opladen: Westdeutscher Verlag
Loer, Thomas (2004): Rückstände im Kraftwerk? Ein Kunstwerk als Dokument – Schwierigkeiten beim Versuch, ein Werk der Bildenden Kunst als »Ego-Dokument« zu deuten. In: Häder, Sonja (Hg.), Der Bildungsgang des Subjekts. Bildungstheoretische Analysen, Weinheim, Basel: Beltz, 100-114
Loer, Thomas (2016): Als ob. Fingierte Souveränität im Bilde. Analyse einer Photographie von August Sander. In: Burkart, Günter; Meyer Nikolaus (Hg.), „Die Welt anhalten". Von Bildern, Fotografie und Wissenschaft, Weinheim und Basel: Beltz Juventa, 301-325
Lucht, Petra; Schmidt, Lisa-Marian; Tuma, René (Hg.) (2013): Visuelles Wissen und Bilder des Sozialen. Wiesbaden: Springer VS
Lüddemann, Stefan; Heinze, Thomas (Hg.) (2016): Einführung in die Bildhermeneutik. Wiesbaden: Springer VS
Maiwald, Kai-Olaf (1998): Der Produktionssinn von Gesetzestexten: Methodologische Überlegungen zum Verhältnis von Gesetzessprache und juristischem Handeln. In: *Zeitschrift für Rechtssoziologie*, Jg. 19, H. 1: 61-72
Maiwald, Kai-Olaf (2005): Competence and Praxis. Sequential Analysis in German Sociology. In: *Forum Qualitative Sozialforschung*/Forum: Qualitative Social Research [Online Journal], Jg. 6, No. 3, Art. 31. (http://www.qualitative-research.net/fqs-texte/3-05/05-3-31-e.htm; zuletzt angesehen am 05.05.2017)
Maiwald, Kai-Olaf (2008): Die Fallperspektive in der professionellen Praxis und ihrer reflexiven Selbstvergewisserung. Allgemeine Überlegungen und ein empirisches Beispiel aus der Familienmediation. In: Forum qualitative Sozialforschung/Forum: Qualitative Social Research [Online Journal], Vol. 9, No. 1, Art. 3. (http://nbn-resolving.de/urn:nbn:de:0114-fqs080138; zuletzt angesehen am 05.05.2017)
Maiwald, Kai-Olaf (2012): Familie als Beziehungsstruktur. Zur gegenwärtigen Lage der Familiensoziologie. In: *WestEnd – Neue Zeitschrift für Sozialforschung*, Jg. 9, H. 1/2: 112-125
Maiwald, Kai-Olaf (2013): Der mikroskopische Blick. Rekonstruktion in der Objektiven Hermeneutik. In: *sozialer sinn*, Jg. 14, H. 2: 185-205
Müller, Hans-Rüdiger; Krinninger, Dominik (2016): Familienstile. Eine pädagogisch-ethnographische Studie zur Familienerziehung. Weinheim/Basel: Beltz Juventa
Müller, Michael R. (2016): Bildcluster. Zur Hermeneutik einer veränderten sozialen Gebrauchsweise der Fotografie. In: *sozialer sinn*, Jg.17, H. 1: 95-141
Müller-Doohm, Stefan (1997): Bildinterpretation als struktural-hermeneutische Symbolanalyse. In: Hitzler, Ronald; Honer, Anne (Hg.): Sozialwissenschaftliche Hermeneutik. Opladen: Leske & Budrich, 81-108
Oevermann, Ulrich (1981): Fallrekonstruktion und Strukturgeneralisierung. Frankfurt a. M.: unv. Manuskript. (http://publikationen.ub.uni-frankfurt.de/frontdoor/index/index/docId/4955; zuletzt angesehen am 10.04.2017)

Oevermann, Ulrich (1997): Literarische Verdichtung als soziologische Erkenntnisquelle: Szenische Realisierung der Strukturlogik professionalisierten ärztlichen Handelns in Arthur Schnitzlers Professor Bernhardi. In: Wicke, Michael (Hg.), Konfigurationen lebensweltlicher Strukturphänomene. Soziologische Varianten phänomenologisch-hermeneutischer Welterschließung, Opladen: Leske + Budrich, 276-335

Oevermann, Ulrich (2000): Die Methode der Fallrekonstruktion in der Grundlagenforschung sowie der klinischen und pädagogischen Praxis. In: Kraimer, Klaus (Hg.), Die Fallrekonstruktion. Sinnverstehen in der sozialwissenschaftlichen Forschung, Frankfurt a. M.: Suhrkamp, 58-156

Oevermann, Ulrich (2002): Klinische Soziologie auf der Basis der Methodologie der objektiven Hermeneutik – Manifest der objektiv hermeneutischen Sozialforschung. Frankfurt a. M.: unv. Manuskript. (https://www.ihsk.de/publikationen/Ulrich_Oevermann-Manifest_der_objektiv_hermeneutischen_Sozialforschung.pdf; zuletzt angesehen am 10.04.2017)

Oevermann, Ulrich (2014): Ein Pressefoto als Ausdrucksgestalt der archaischen Rachelogik eines Hegemons. Bildanalyse mit den Verfahren der objektiven Hermeneutik. In: Kauppert, Michael; Leser, Irene (Hg.), Hillarys Hand. Zur politischen Ikonographie der Gegenwart, Bielefeld: Transkript, 31-57

Preiss, Nadine; Zimmermann, Damian (2015): Paare. Menschenbilder aus der Bundesrepublik Deutschland zu Beginn des 21. Jahrhunderts. Dortmund: Kettler

Raab, Jürgen (2008): Visuelle Wissenssoziologie. Konstanz: UVK

Rose, Beate (1972): Paare. Menschenbilder aus der Bundesrepublik Deutschland zu Beginn der siebziger Jahre. München: Langewiesche-Brandt

Sturmberger, Rudolf (2016): Die sozialen Milieus der DDR und BRD im Bild. Die Fotografien von Margit Emmrich und Herlinde Koelbl aus den 1970er Jahren. In: Burkart, Günter; Meyer, Nikolaus (Hg.), „Die Welt anhalten". Von Bildern, Fotografie und Wissenschaft, Weinheim und Basel: Beltz Juventa, 202-238

Weber-Kellermann, Ingeborg (1974): Die deutsche Familie. Versuch einer Sozialgeschichte. Frankfurt a. M.: Suhrkamp

Wernet, Andreas (2009): Einführung in die Interpretationstechnik der Objektiven Hermeneutik. 3. Aufl. Wiesbaden: VS Verlag

# „... ich möchte unabhängig sein ..."[1]
Autonomie in der öffentlichen Diskussion um ein Bedingungsloses Grundeinkommen. Eine exemplarische Deutungsmusteranalyse

Sascha Liebermann

1 Vorbemerkung – von den Füßen auf den Kopf

Seit einigen Jahren gebe ich immer zum Wintersemester eine Lehrveranstaltung, die in Methodologie und Methoden „qualitativer" Sozialforschung einführt. Sie ist für Erstsemester bestimmt, damit diese sogleich mit dem Handwerkszeug sowie grundlegenden Fragen sozialwissenschaftlicher Forschung konfrontiert werden, und zwar nicht nur, weil das zum Rüstzeug wissenschaftlichen Arbeitens gehört. Veranlasst dazu hatte mich der Umstand, dass Ergebnisse sozialwissenschaftlicher Forschung in praktischen Lebenszusammenhängen an Bedeutung gewonnen haben. Sei es in öffentlichen Auseinandersetzungen, politischen Entscheidungen bis in die alltägliche Lebensführung hinein – Befunden von Studien wird ein besonderes Gewicht eingeräumt. Repräsentative Gremien der Entscheidungsfindung wie z. B. Kommunalparlamente, Landtage, der Deutsche Bundestag stützen sich schon lange auf wissenschaftliche Expertisen und Expertenanhörungen, um sich ein Urteil zu bilden, welche Folgen etwaige Entscheidungen haben bzw. wie Handlungsprobleme beschaffen sein könnten. Wenn Eltern sich heute die Frage stellen, für welche Form der außerhäuslichen Betreuung sie sich entscheiden sollen, bieten Broschüren und Ratgeber mit Verweis auf Forschungsergebnisse unterstützende Hinweise an. Dabei besteht stets die Gefahr, dass die Lebenspraxis ihre Entscheidungsfindung derartigen Befunden subsumiert; eine Entwicklung, die Ulrich Oevermann vor vielen Jahren in einem Beitrag mit dem Titel „Versozialwissenschaftlichung der Identitätsformation" (Oevermann 1984) beschrieben hat. Für den methodischen Laien jedoch, der sich – wenn überhaupt – gegebenenfalls im Studium oder in beruflichen Zusammenhängen mit Fragen von Datenerhebung und -auswertung

---

[1] Mein Dank für die sehr aufmerksame Lektüre und die vielen hilfreichen Anmerkungen zur Überarbeitung meines Beitrags gilt den Herausgebern.

befasst, im Allgemeinen damit aber wenig bis gar nichts zu tun hat, stellt sich die Frage, wie Studien einzuschätzen sind, wo liegen ihre Stärken, wo ihre Schwächen, wo ihre Grenzen.

Wer dazu eine Einschätzung gewinnen will, der muss sich also mit Grundfragen von Datenerhebung und -auswertung beschäftigen. Hin und wieder finden sich in überregionalen Tageszeitungen Kommentare zu solchen Studien, die auf Schwächen hinweisen. Sie fragen gezielt danach, auf Basis welcher Daten in einer Studie Schlussfolgerungen gezogen wurden, was wurden Interviewees gefragt, ging es um reale oder um hypothetische Handlungsmöglichkeiten, zu denen sie Stellung beziehen sollten usw. Zum überwiegenden Teil allerdings wird dabei über Studien berichtet, die mit standardisierten Daten und Verfahren arbeiten. Nicht-standardisierte Daten wie sogenannte „offene" bzw. „unstrukturierte" Interviews werden entweder nicht oder nur am Rande erwähnt. Mangelt es also schon im Allgemeinen an den zur Bewertung von Studien, die auf der Basis standardisierter Verfahren durchgeführt wurden, nötigen Spezialkenntnissen, gilt das in noch viel größerem Maße für nicht-standardisierte Datenerhebungen und -auswertungen. Genau das zeigt sich in Einführungsveranstaltungen in aller Deutlichkeit daran, dass zum einen das – unangemessene – Bonmot „Vertraue keiner Statistik, die du nicht selbst gefälscht hast", schnell bei der Hand ist.[2] Zum anderen werden Methoden der Datenauswertung, die die Sinnstrukturiertheit sprachlich konstituierter Ausdrucksgestalten ernst nehmen, häufig als weiche Verfahren verstanden, deren rekonstruktive Vorgehensweise bloß „Interpretation", „Auslegungssache" oder gar Meinung des urteilenden Subjekts sei. Diese verbreitete Auffassung, dass Sprache doch ungenau, ihre Bedeutung vom „Kontext"[3] abhängig sei, wird in Lehrveranstaltungen häufig geäußert.

---

2   Dass Walter Krämer, Professor für Wirtschafts- und Sozialstatistik an der TU Dortmund und Autor des Buches „So lügt man mit Statistik" (Krämer 2015) dieses Bonmot befördert, entbehrt nicht einer gewissen Ironie. Denn in seinem Buch kritisiert er einen voreingenommenen Umgang mit statistischen Daten, die zu Zwecken des Alarmismus ausgeschlachtet und verzerrt dargestellt werden.

3   Gerade dieser Einwand hat sich mittlerweile fest etabliert, ohne dass allerdings die Frage gestellt wird, was denn hierbei unter Kontext zu verstehen wäre. Dabei ist eine Klärung in diesem Fall besonders wichtig, wenn der Begriff nicht Banalitäten benennen oder die willkürliche Einbeziehung von Vorwissen jeglicher Art in die Auswertung beinhalten soll. Denn für die Analyse einer Ausdrucksgestalt, die stets nur einen Ausschnitt der Objektivationen einer Lebenspraxis darstellt, ist stets die Lebenspraxis in Gänze ihr Kontext. Für eine methodisch-disziplinierte Auswertung ist es also unerlässlich, zwischen dem inneren und dem äußeren Kontext einer Äußerung zu unterscheiden, damit nicht jegliche Ausdrucksgestalt dem äußeren Kontext subsumiert wird.

Wer nun – wie zu Beginn eines Studiums – damit beginnt, sich mit solchen Fragen zu beschäftigen, wird dabei notwendig die irritierende Erfahrung machen, sich auf den Kopf stellen zu müssen. Weshalb? Die Beschäftigung mit Erhebungs-[4], noch mehr aber mit Auswertungsverfahren bereitet erfahrungsgemäß den Studenten besondere Mühe und sorgt für besondere Irritationen, weil Überzeugungen und Meinungen darüber, wie die Welt so sei, in Frage gestellt werden. Während es für die Praxis wichtig ist, von Überzeugungen, die wie ein innerer Kompass die Entscheidungsbildung leiten, auszugehen, ist für methodisch disziplinierte Forschung gerade die Suspendierung vorgängiger Überzeugungen unerlässlich.

Wie stark die Differenzen zwischen verschiedenen Forschungstraditionen sein können, möchte ich anhand einer Erfahrung veranschaulichen, die ich vor nicht allzu langer Zeit gemacht habe. Ich trug im Rahmen eines interdisziplinären Symposiums in komprimierter Form eine Sequenzanalyse vor, um auf ein bestimmtes Handlungsproblem und seine Deutung in der jüngeren Sozialpolitik aufmerksam zu machen. Dazu stützte ich mich auf die Notation eines öffentlich zugänglichen Interviews von Renate Künast, einer sehr bekannten Politikerin von Bündnis 90/ Die Grünen, ehemalige Bundesministerin. Das Notat erstellte ich auf der Basis eines Video-Interviews (Künast 2012; Liebermann 2015: 80 ff.), das im Rahmen der Vorbereitung zur Bundestagswahl 2013 gemacht wurde. Während ich in meinem Vortrag die Analyse vorstellte und die entsprechende Verschriftlichung per Beamer projizierte, damit die Zuhörer meine Schlussfolgerungen am Material nachvollziehen konnten, platzte förmlich aus einem Teilnehmer sein Vorbehalt heraus. Er war Wirtschaftswissenschaftler mit volkswirtschaftlichem Hintergrund, promoviert und habilitiert, erfahren in der Forschung. Für ihn war es ein Ding der Unmöglichkeit, eine Analyse auf eine solche Interviewverschriftlichung zu stützen. Auf meine Rückfrage, wo er die Schwierigkeiten sehe, wandte er ein, dass das Material in keiner Weise geprüft und autorisiert sei. Wäre es, so sein Einwand, in einer Zeitschrift mit peer review erschienen, dann erst könnte es als verlässlich erachtet werden.

Was sagt uns dieser Einwand?

---

4 Erhebungsverfahren wird zwar kaum mit Vorbehalten begegnet, sie werden indes eher unterschätzt, sowohl in der Reichhaltigkeit dessen, was sie über den Interviewee preisgeben, als auch bezüglich der Fallstricke z. B. der Interviewführung. Diese Erfahrung machen Studenten zwar schon in der Durchführung von Interviews, dann in der Verschriftlichung. Doch die Fallstricke zeigen sich in aller Deutlichkeit erst in der Auswertung, wenn z. B. Ausführungen von Interviewees abgebrochen wurden, um die nächste Frage im Leitfaden abzuarbeiten oder gar Personen für Interviews angefragt wurden, zu denen der Interviewer zu wenig Distanz hatte bzw. die gar zu seinem Kollegenkreis gehören.

Zuerst einmal gibt er zu erkennen, wie unterschiedlich methodische Standards in der Wissenschaft sind, sowohl was Datenerhebung als auch -auswertung betrifft. Darüber hinaus bezeugt er allerdings, wie selbstverständlich vor dem Hintergrund einer bestimmten Disziplin, hier der Wirtschaftswissenschaften, bestimmte Formen von Datenerhebung und -auswertung für wissenschaftlich gehalten werden, andere hingegen nicht. Wer sich mit der Methodendiskussion in den Sozialwissenschaften eingehender befasst, wird dieselbe Erfahrung dort machen. Der Einwand bezeugt allerdings zugleich, dass eine Methodenkritik, wie sie in der Soziologie nun schon eine längere Tradition hat, wenn man auf die Entstehung und Entwicklung nicht-standardisierter Verfahren zurückschaut, in anderen Disziplinen entweder nicht einmal bekannt ist oder nicht rezipiert wird.

Die Dominanz und Selbstverständlichkeit eines bestimmten Verständnisses von „harter" Forschung bzw. „harter Daten" ist es, der ich in meinen Lehrveranstaltungen immer wieder beggne. Bei aller im Gestus eines Durchblickers vorgetragenen Kritik an Statistik, auf die ich oben hingewiesen habe, wird doch zugleich davon ausgegangen, dass sie die einzig harten Daten liefert, die „Fakten". Dieselbe Vorstellung lag letztlich den sogenannten Marches for Science im Jahr 2017 zugrunde, in denen dafür geworben wurde, Fakten statt Fake-News ernst zu nehmen.

2 Vorgeschichte und Entstehung der hier verhandelten Fragestellung

Eher zufällig bin ich in der zweiten Hälfte der 1990er Jahre, während ich an meiner Dissertation (Liebermann 2002) arbeitete, auf die Idee des Bedingungslosen Grundeinkommens (BGE) gestoßen.[5] Für meine Dissertation erhob ich Interviews mit deutschen Vorstandsmitgliedern international agierender Unternehmen und wertete sie mit der Methode der Objektiven Hermeneutik aus. Hintergrund da-

---

5 Für eine eingehende Beschäftigung mit der öffentlichen Diskussion um das Bedingungslose Grundeinkommen sei hier auf drei instruktive Internetseiten verwiesen, zum einen auf das „Archiv Grundeinkommen". Dort werden seit etlichen Jahren Publikationen verschiedenster Art gesammelt und durch Verlinkung oder direkte Bereitstellung zugänglich gemacht. Seit 2004 wird intensiv archiviert. Zum anderen die Internetseite des „Netzwerks Grundeinkommen", das Mitglied des „Basic Income Earth Network" (BIEN) ist. Dort finden sich ebenfalls viele Hinweise zur Diskussion, inklusive eine stetig aktualisierte Literaturliste sowie Verweise auf Internetseiten, die regelmäßig zur Diskussion um das BGE publizieren. Zuletzt ist die Website von BIEN selbst interessant, um Einblick in die internationale akademische Diskussion zu erhalten.

für waren die Folgen der Globalisierung, die nicht nur in der Öffentlichkeit rege diskutiert wurden, sondern auch in den Sozialwissenschaften. Während in der öffentlichen Debatte die Folgen für Arbeitsmarkt- und Sozialpolitik sowie für die nationalstaatliche Handlungsfähigkeit überhaupt Beachtung fanden, waren die Sozialwissenschaften um präzise Analysen bemüht, um mehr Licht in das Dunkel etwaiger Folgen zu bringen. Mich interessierte in dieser Lage, wie diejenigen, für die die Globalisierung zum Alltag gehörte, die mit ihr direkt konfrontiert waren und die Interessen ihres Unternehmens wahren mussten, diese Entwicklung deuteten, welche Probleme sie ausmachten und welchen Handlungsbedarf sie politisch sahen. In den Interviews spielte die Entwicklung am Arbeitsmarkt wider Erwarten eine große Rolle. Bis zum Zeitpunkt meines Dissertationsprojektes hatte ich von der Idee eines Grundeinkommens nichts gehört, das mag auch damit zu tun haben, dass die einst etwas intensivere Diskussion in den 1980er Jahren mit der deutschen Vereinigung sang- und klanglos verschwunden war (Liebermann 2012a). In den Interviews nahm ich die Frage nach der Entwicklung des Arbeitsmarktes auf, weil sie von den Interviewees selbst eingeführt wurde und fragte danach – ohne dass ich mit der Literatur dazu vertraut war –, ob ein Grundeinkommen darauf eine Antwort sein könnte. Erstaunlich waren die Antworten der Interviewees, die in vielerlei Hinsicht wie besorgte Gewerkschaftsvertreter argumentierten. Diese Haltung entsprach ganz und gar nicht dem, wie Vorstände und Geschäftsführer zu dieser Zeit in der sozialwissenschaftlichen und öffentlichen Diskussion weithin dargestellt wurden.

Nachdem meine Dissertation eingereicht und das Promotionsverfahren eröffnet worden war, begann ich mich mehr mit der Idee eines BGE und der Diskussion darüber, die weitgehend akademisch bestimmt war, zu beschäftigen. Die Ergebnisse der Interviewanalysen aus meiner Dissertation waren dafür sehr aufschlussreich, verschafften sie mir doch einen anderen Zugang zu dieser Auseinandersetzung, die dominiert wurde von sozialphilosophischen bzw. gerechtigkeitstheoretischen Argumenten. Erfahrungswissenschaftliche Untersuchungen fallrekonstruktiver Art waren sowohl in der BGE-Diskussion als auch der Sozialpolitikforschung die Ausnahme – das ist bis heute der Fall.

Obwohl es in den 1980er Jahren schon einmal unter dem Schlagwort „Garantiertes Grundeinkommen" in Deutschland eine Diskussion über etwas dem BGE Vergleichbares gegeben hatte, war ihr keine breite Aufmerksamkeit beschieden. Dabei haben viele Argumente, die von Befürwortern aber auch Kritikern damals schon vorgebracht wurden, an Aktualität nichts eingebüßt. Liest man sie heute, sind sie einem vertraut. In den 1990er Jahren verschwand der Vorschlag eines Grundeinkommens dann weitgehend von der Bildfläche (Liebermann 2012a) und lebte nur in akademischen Beiträgen, hier und da einmal in Wochen- oder Monatszeitschriften, fort. Erst mit der Jahrtausendwende, etwa ab 2004, setzte die Diskussion um das Grundeinkommen, nun mit der Betonung auf der Bedingungslosigkeit[6], wieder ein, diesmal von Anbeginn als öffentliche Debatte. Sie fällt mit den unter Bundeskanzler Schröder vorbereiteten Veränderungen in der Sozial- und Arbeitsmarktpolitik zusammen, die unter dem Schlagwort Agenda 2010 entworfen wurden. Dass diese Ausrichtung nur ein Anlass, nicht aber der Grund für eine erneute Diskussion um das BGE war, sei erwähnt. Wer sich mit dem BGE befasst, wird alsbald damit konfrontiert, dass es im Zentrum der Diskussion um das Menschenbild geht. Für eine soziologische Analyse hingegen muss diese Erkenntnis reformuliert werden, da von dieser Warte aus nicht lediglich relevant ist, welches Menschenbild jemand hat, sondern in welchem Verhältnis das Menschenbild zur Lebenspraxis in ihrer Struktur steht (Liebermann 2012b).

3 Worum geht es und welches Material untersuchen wir?

Wir werden uns also mit der Frage beschäftigen: 1) welche Deutungsmuster[7] von Autonomie der Lebenspraxis in der öffentlichen Diskussion anzutreffen sind und

---

6   Das Attribut „bedingungslos" richtete sich in der neueren Diskussion von Anfang an gegen die Leistungsbedingungen, an die Ersatzeinkommen im deutschen Sozialstaat gebunden sind. In keiner Weise wurde behauptet, dass es nicht andere Bedingungen gibt, die erfüllt sein müssen, damit es ein BGE geben könne, so z. B. ein Gemeinwesen, das es bereitstellt, eine entsprechende Wertschöpfung oder gar ein bestimmter Status, der zum Bezug berechtigt (Staatsbürgerschaft bzw. Aufenthaltsbewilligung). In der internationalen Diskussion wird meist nur von „basic income" oder auch „universal basic income" gesprochen. Es handelt sich also nicht um einen wissenschaftlich präzisen Begriff, vielmehr ist es ein zugespitztes Schlagwort in der öffentlichen Auseinandersetzung (siehe auch Liebermann 2010).

7   Deutungsmuster sind nach Ulrich Oevermann (2001a: 38) „krisenbewältigende Routinen, die sich in langer Bewährung eingeschliffen haben und wie implizite Theorien verselbständigt operieren, ohne das jeweils ihre Geltung neu bedacht werden muß. Als solche Muster müssen sie (i) vor allem einen hohen Grad der situationsübergreifenden Verallgemeinerungsfähigkeit besitzen, (ii) sich in der Unterdrückung bzw. Auflösung potentieller Krisen bewährt haben und (iii) angesichts der von daher erforderlichen Anwendbarkeit auf eine große Bandbreite konkret verschiedener Handlungssituationen einen hohen Grad von Kohäsion und innerer Konsistenz aufweisen. Sie sind demnach einerseits historisch-epochale Gebilde, die jeweils den Zeitgeist gültig ausdrücken, andererseits aber auch Gebilde, die universellen Bedingungen der Gültigkeit genügen müssen."

2) wie sich diese Deutungsmuster zur Ausgestaltung von Autonomie in der politischen Ordnung der Bundesrepublik Deutschland verhalten. Wir greifen dazu auf Material aus der BGE-Diskussion zurück, weil sie genau um die Frage kreist, worin Autonomie besteht und wie sich Autonomie und Gemeinschaft zueinander verhalten. Welches Material eignet sich?

Eignen würden sich für unsere Fragestellung alle Ausdrucksgestalten, die direkt in Zusammenhang mit der öffentlichen Diskussion stehen, z. B. 1) Stellungnahmen von einzelnen Personen mit dem Ziel, auf die öffentliche Diskussion einzuwirken, ohne aus einem Amt heraus zu sprechen oder eine Interessengruppe zu vertreten. Das wäre ein typischer Fall intellektuellen Räsonnements (Oevermann 2003: 13 ff.); 2) Stellungnahmen von Interessengruppen (Arbeitgeber, Arbeitnehmer, Wohlfahrtsverbände usw. in Gestalt von Broschüren, Reden u. ä.); 3) Stellungnahmen von politischen Parteien (ebenfalls in Broschüren, Wahlprogrammen, Beschlüssen, Reden, Interviews, Diskussionsrunden); 4) Stellungnahmen von Mandatsträgern und Regierungsmitgliedern auf allen Ebenen der Repräsentation (Parlamentsreden, Interviews usw.). Darüber hinaus aufschlussreich, jedoch anderen Charakters, sind 6) zu Forschungszwecken durchgeführte Interviews, in denen Personen sich zum Bedingungslosen Grundeinkommen äußern, die keine stellvertretende Position beanspruchen und 7) wissenschaftliche Studien bzw. Expertisen zum Bedingungslosen Grundeinkommen.

Für diesen Beitrag habe ich eine Ausdrucksgestalt gewählt, die zur vierten der oben genannten Kategorien gehört. Es handelt sich dabei um die Videoaufzeichnung eines Vortrags der Bundesministerin für Arbeit und Soziales, Andrea Nahles, den sie im Jahr 2017 auf der seit 2007 jährlich stattfindenden Konferenz *re:publica* (Nahles 2017) gehalten hat. Diese Konferenz wendet sich besonders an Interessierte, die sich mit Fragen zur Bedeutung der Digitalisierung für die Gesellschaft befassen. Wir werden uns für die Analyse auf die von mir erstellte Verschriftlichung des gesprochenen Wortes stützen, warum? Die Videoaufzeichnung, die wir ebenso heranziehen könnten, bietet im Vergleich zur Audioaufzeichnung zwar noch einen visuellen Eindruck der Vortragenden, der für sich genommen interessant sein kann, wenn man z. B. etwas über Körpersprache in Erfahrung bringen will. Bezüglich der uns interessierenden Frage nach Deutungsmustern zu Autonomie ist die Verschriftlichung der Audioaufzeichnung indes präzise genug, da Ausdrucksbewegungen wie Gesten mit der gesprochenen Sprache kongruieren.[8]

---

8 Den Sonderfall, dass ein Schauspieler es sich antrainiert, Ausdrucksbewegungen zu vollziehen, die nicht mit der gesprochenen Sprache übereinstimmen, lasse ich hier außen vor, da er für sich spricht.

Der Moderator, Hanno Burmester, leitet zu Beginn der Aufzeichnung den Vortrag von Andrea Nahles mit Verweis auf einen Vortrag von ihr im Jahr 2016 ein (min 00:00 bis 02:59). Dort sprach sie über den Wandel der Arbeitswelt und die Herausforderungen, die damit einhergehen. Sie berichtete damals über das zweijährige Projekt „Dialog Arbeiten 4.0", dessen Ergebnisse in das Weissbuch Arbeiten 4.0 (BMAS 2017) eingeflossen sind. Für unsere Frage besonders aufschlussreich ist eine Passage (ab min 11:31), in der es zentral um Autonomie geht.

4 Systematik eines Bedingungslosen Grundeinkommens

Bevor wir nun direkt zu dieser Passage gehen, ist es für den Argumentationszusammenhang wichtig, kurz zu skizzieren, worum es genau beim Bedingungslosen Grundeinkommen bei allen unterschiedlichen Vorschlägen, die in der Diskussion kursieren (Blaschke 2012: 189 ff.)[9], in seiner Systematik geht. Dazu gehört, dass das BGE 1) auf Basis eines Individualanspruchs von der Wiege bis zur Bahre bereitgestellt werden soll, während für viele der heute gewährten Leistungen das Haushalts- und Nachrangigkeitsprinzip gilt. In einem Haushalt werden die Einkommen der zum Haushalt gehörenden Personen miteinander ins Verhältnis gesetzt. Eine nach den Kriterien des Sozialgesetzbuches bedürftige Person erhält nur dann Leistungen, wenn der Haushalt – nicht die Person – sein Auskommen nicht ohne diese Leistung bestreiten kann. Das BGE hingegen sieht von der Haushaltslage bzw. den Haushaltseinkommen ab. Eine praktische Folge dessen wäre, dass in einem Haushalt die BGE kumulierten. Je mehr Personen dort lebten, desto mehr BGE wären verfügbar. 2) Das BGE setzt weder Bedürftigkeit, noch Erwerbsbereitschaft voraus, es werden keinerlei Gegenleistungen verlangt. Bereitgestellt wird es um der Person selbst willen. 3) Das BGE soll eine Höhe haben, die es erlaubt, davon ohne

---

9   Diese verdienstvolle Zusammenstellung der verschiedenen Vorschläge, die in der Diskussion kursieren, ist allerdings nicht frei von politischen Bewertungen des Autors, erkennbar an den Kategorien, mit deren Hilfe er die Vorschläge sortiert. Dasselbe gilt für seine ebenso verdienstvolle Darstellung vermeintlich historischer Vorläufer (Blaschke 2010). In der BGE-Literatur und vielen öffentlich kursierenden Darstellungen werden teils sehr ungenaue Verbindungen zwischen der gegenwärtigen Debatte und historischen Vorläufern geknüpft, die bei genauer Betrachtung nicht haltbar sind. So wird z. B. immer wieder auf Thomas Morus' „Utopia" verwiesen, die viel eher den Geist der Planwirtschaft als des BGE atmet. Siehe hierzu auch Schmidtke (2016). Eine aktuellere Darstellung der historischen Vorgeschichte des BGE bieten z. B. Van Parijs/Vanderborght (2017: 70 ff.).

Erwerbstätigkeit leben zu können. Erst dadurch ist es möglich, sich unabhängig von Einkommen für Tätigkeiten zu entscheiden. Tätigkeiten werden dadurch normativ gleichgestellt, wohingegen heute der Erwerbstätigkeit der normative Vorrang zukommt; nicht erwerbstätig zu sein, muss man sich nicht nur leisten können, es wird heute normativ als unerwünscht bzw. nachrangig betrachtet. 4) Das BGE soll eine eigenständige Einkommensart sein und nicht mit anderen Einkommen verrechnet oder auf diese angerechnet werden (im Unterschied zu einer Negativen Einkommensteuer, vgl. Liebermann 2015: 235 ff.). Damit ist grob benannt, worum es beim BGE geht, das aufgrund seines Charakters die normative Erwerbszentrierung des heutigen Sozialstaats aufheben würde und dadurch vielfältige strukturelle Veränderungen mit sich brächte, alleine durch die Handlungsmöglichkeiten, die es schüfe. Das BGE veränderte die Legitimationsbasis von Handeln im Vergleich zu heute. Mit dieser groben Darstellung der Systematik können wir uns nun dem Protokoll zuwenden, das es zu analysieren gilt

5 „...ich möchte unabhängig sein"

Bevor wir die Äußerungen an der entsprechenden Stelle der Verschriftlichung des Vortrags zu analysieren beginnen, müssen wir die Rahmung des Vortrags explizieren. Wir müssen also kurz klären, was es bedeutet, wenn eine Bundesministerin einen Vortrag zu einer öffentlich diskutierten Frage hält. Dass sich eine Ministerin mit Fragen und Diskussionen befasst, die in ihr Ressort fallen, ist selbstverständlich, hat sie doch eine besondere Verantwortung dafür, Vorschläge zur Lösung von Handlungsproblemen zu machen. Ihr Handeln legitimiert sich vor dem Hintergrund, Problemlösungen stellvertretend für ein Gemeinwesen zu entwerfen, von denen sie überzeugt ist, dass sie angemessen sind. Dafür, was angemessen ist, gibt es allerdings keine scharfen Kriterien, solange sich der Vorschlag zum einen im Rahmen des Grundgesetzes bewegt, zum anderen Chancen hat, Gefolgschaft zu finden. Da politisches Handeln immer auf Kompromissbildung ausgerichtet sein muss, ist es eine stete Aufgabe, für Vorschläge zur Lösung eines Handlungsproblems Gefolgschaft zu suchen. Einem Minister stehen dafür institutionalisierte Kanäle zur Verfügung wie z. B. die Bundespressekonferenz, Parteitage, Fraktionssitzungen, Ausschüsse und der privilegierte Zugang zu Medien.

Nun äußert sich Andrea Nahles hier nicht auf den Wegen, die ihr ohnehin zur Verfügung stehen. Sie ist als Bundesministerin zu einer solchen Veranstaltung eingeladen worden, um über das BGE zu sprechen. Der Veranstalter sucht damit die Nähe zu Amts- bzw. Funktionsträgern. Das bedeutet zum einen, ihnen eine

Bühne zu geben, die sie zur Verbreitung ihrer Ansichten im Grunde nicht benötigen. Als Ministerin vertritt Andrea Nahles ihr Amt und kann nicht ungeschützt reden, wie es gerade für öffentliches intellektuelles Räsonnement konstitutiv ist. Intellektuelles Räsonnement besteht darin, Lösungsvorschläge für Handlungsprobleme argumentativ zu entwerfen, ohne die Macht für ihre Umsetzung zu haben, noch an ein Amt gebunden zu sein (Oevermann 2003: 13 ff.). Die Entwürfe können riskant sein, ihre Umsetzbarkeit im Sinne einer Ausgestaltung muss nicht vorliegen, um sie in die Diskussion zu werfen. In einem öffentlichen Vortrag kann also frei und offen über eine Sachfrage räsoniert werden, ohne sich schon festlegen zu müssen. Das erlaubt es gerade, Argumente auszuloten und auf ihre Tragfähigkeit zu prüfen. All diese Freiheiten gelten für eine Ministerin nicht, da jedes ihrer Worte in der öffentlichen Diskussion auf die Waagschale gelegt wird. Jede Äußerung hat praktische Folgen für sie als Amtsträgerin, weil sich sogleich die Frage stellt, ob daraus ein Gesetzentwurf werden könnte, wie weit der Vorschlag schon gediehen ist, welche Allianzen geschmiedet werden. Für eine Veranstaltung wie die re:publica, die sich als Speerspitze in der Digitalisierungsdiskussion versteht, müsste das unbefriedigend sein, es sei denn, man versteht sich als Meinungsbildner, der eine Art Lobbying für bestimmte Ideen betreibt. Ist es denkbar, dass Andrea Nahles nicht als Amtsträgerin spricht? Das wäre überraschend, weil im Grunde unmöglich, da jede Äußerung eines Amtsträgers in der Öffentlichkeit entsprechendes Gewicht erhält, es sei denn, es handelt sich um offenkundig private Angelegenheiten. Diese hätten dann allerdings in der Öffentlichkeit auch nichts verloren, es sei denn, es ginge darum, Schaden abzuwenden.[10]

Wenn nun eine Bundesministerin zu einem Vorschlag Stellung bezieht, der öffentlich diskutiert wird, verschafft sie ihm alleine dadurch schon eine gewisse Anerkennung. Nicht Stellung zu beziehen wäre ebenso möglich, womit sie signalisieren würde, dass sie die Diskussion um eine bestimmte Sache, wie hier dem BGE, nicht für relevant hält, weil sie z. B. von einer kleinen Minderheit geführt wird oder nicht erkennbar ist, worin der Lösungsvorschlag bestehen soll. Da sie darüberhinaus das Thema selbst gewählt hat (s. u.), gilt für sie in gesteigertem Maße, was für jede Diskussion in der Öffentlichkeit in einer demokratisch verfassten politischen Ordnung der Fall ist: Sie muss sich der Logik des besseren Arguments stellen, was einschließt, im Prozess der Darlegung das Für und Wider abzuwägen, um am Ende zu einer begründeten Einschätzung zu gelangen Es kommt also darauf an, eine

---

10 Das kann der Fall sein, wenn das Privatleben eines Amtsträgers in die Öffentlichkeit gezogen wird bzw. er es selbst dorthin getragen hat und sich daraus Folgen für das Amt ergeben. In diesem Fall kann es notwendig sein, um weiteren Schaden abzuwenden, zu privaten Angelegenheiten Stellung zu beziehen.

Entscheidung dahingehend zu treffen, ob eine Problemlösung nicht nur tatsächlich eine Lösung darstellt, sondern darüber hinaus, ob eine solche für richtig gehalten wird. Genau das unterscheidet öffentliches intellektuelles Räsonnement und politisches Handeln von der wissenschaftlichen Erörterung einer Sachfrage. Für den Vortrag wäre also zu erwarten, dass Andrea Nahles Argumente für oder gegen ein BGE entwickelt und eventuell sogar einen alternativen Vorschlag dazu darlegt.

Da wir die Sequenzanalyse an einer späteren Passage des Vortrags beginnen, sei hier aus Gründen der Lesefreundlichkeit kurz zusammengefasst, worum es vor dieser Passage geht. Methodisch wäre eine solche Zusammenfassung nicht notwendig, da unsere Schlussfolgerungen in der Analyse auf diese Zusammenfassung nicht zurückgreifen. Methodisch maßgeblich ist, dass die Fallrekonstruktion sich lediglich auf die Sequenzanalyse stützt und nicht auf Deutungen zurückgreift, die nicht in ihr selbst gewonnen wurden.

Die Bundesministerin stellt zu Beginn heraus, dass sie sich diesmal mit dem BGE befasse, damit es angesichts ihres zweiten Auftritts auf der Konferenz nicht „langweilig" werde. Sie begrüße eine Diskussion über unser „System", und zwar darüber, wie mehr Selbstbestimmung (min. 03:47) in der „Erwerbsbiographie" ermöglicht werden könne. Dabei hebt sie zugleich heraus, wie wichtig „Familienarbeit" (min. 04:02) und „Ehrenamt" (min. 04:04) für ein Gemeinwesen seien. Die Diskussion über „die Grundlagen unseres gesamten Systems" sei auch eine darüber, wie Produktivitätsgewinne (min. 04:21) verteilt werden sollen. Zwar befasse sich die Diskussion um ein BGE ebenfalls damit, es gebe allerdings unter den Befürwortern unterschiedliche Antworten. Diese unterschiedlichen Antworten werden von Andrea Nahles zwischen den Polen emanzipatorisch-egalitärer auf der einen und „flat-rate"-Vorschlägen auf der anderen Seite angeordnet (ab min. 04:52). Letztere führten zu Sozialabbau. Dann führt sie vier „Sachen" bzw. „Kritikpunkte" an, die sie am BGE nicht überzeugen.

Mit ihrem ersten Argument (ab min. 07:26) moniert Andreas Nahles den Charakter des BGE. Es handele es sich um einen „pauschale[n] monetäre[n] Transfer [...]", der für Menschen mit Behinderungen nicht ausreichend sei. Genauso wenig wie es deren Bedarfen gerecht werden könne, genauso wenig könne es dazu beitragen, gegen Armut zu schützen. Es „knacke" die Probleme dahinter nicht „auf" und lasse die Ursachen unangetastet. Nahles bezieht sich hier offenbar auf eine Variante des BGE, in der es keine Leistungen sozialer Sicherung mehr geben soll, die über ein BGE hinaus gewährt werden können. Solche Vorschläge gibt es zwar in der Diskussion, der vollständige Ersatz aller bisherigen sozialstaatlichen Leistungen durch ein BGE ist aber nicht zwingend. Insofern ist Nahles zumindest unpräzise, wenn sie nur die eine Variante anführt. Das gilt für den zweiten Aspekt, die Armut, ebenso. In der Tat kann ein pauschaler monetärer Transfer nicht Probleme lösen, die nicht mit Einkommensmangel zu tun haben. Es kann aber gleichwohl die Möglichkeiten dafür verbessern, sich diesen Problemen zu stellen, weil ein BGE die Person um ihrer selbst willen anerkennt und damit zugleich die Abhängigkeit davon, Leistungen beantragen zu müssen, reduziert oder gar aufhebt, je nach Problemlage. Im Vergleich zu den bedarfsgeprüften Leistungen führt ein BGE zu einer gewissen Machtverlagerung von den Behörden weg auf die BGE-Bezieher. Es verändert sogar den Charakter bedarfsgeprüfter Leistungen. Denn ein BGE wäre nicht mehr eine Einkommensersatzleistung, weil jemand Einkommen nicht zu erzielen in der Lage wäre, sondern es wäre eine Autonomieunterstützungsleistung. Sie begründet sich vor dem Hintergrund, die Autonomieentfaltung einer Person zu unterstützen, wenn sie dazu alleine nicht in der Lage wäre, weil sie z. B. bestimmte Hilfsmittel benötigte.

Das „zweite Argument" (ab min. 08:52), das sie gegen das BGE anführt, zielt darauf, dass Bildung gefördert werden müsse, nicht nur die Schule solle dafür ein Ort sein, ebenso der Betrieb. Wenn es um die Finanzierung von Bildung als Infrastruktur gehe, müsse man sich entscheiden, ob man eben eine solche Infrastruktur oder nur monetäre Transferleistungen haben wolle. Der Gegensatz zwischen BGE und Sozialstaat, den sie hier aufmacht, besteht ebenso wenig zwingend wie der oben thematisierte und gleichwohl können wir sagen, dass die Unabhängigkeit von Erwerbseinkommen es einfacher machen würde, sich fortzubilden. Zugleich stellt sich die Frage, ob das BGE nicht aufgrund des Merkmals, dass es um der Person selbst willen bereitgestellt würde, den Vergemeinschaftungszusammenhang des Gemeinwesens auf eine Weise stärkt, der sich auf Bildungsprozesse auswirken könnte.

Im „dritte[n] Argument" (ab min. 09:54) geht es Andrea Nahles um die Auswirkungen des BGE auf den Niedriglohnsektor. Während die Befürworter des BGE davon ausgehen, so ihre Darstellung, dass Löhne in diesem Bereich durch ein BGE steigen würden, mache sie eine ganz andere Erfahrung. Als Beispiel führt sie die Minijobs an. Dort erlebe sie, was für das BGE gelten werde: es werde von den Arbeitgebern „eingepreist", d. h. die Arbeitgeber würden es nutzen, um die Löhne entsprechend abzusenken. Auffällig ist bei allen bislang angeführten „Argumenten", dass die Handlungsmöglichkeiten, die ein BGE böte, mit denen gleichgesetzt werden, die ohne BGE in der Gegenwart bestehen. Am letzten Beispiel wird das besonders deutlich. Wenn es mit einem BGE möglich wäre, auf Erwerbstätigkeit zu verzichten, dann könnten Arbeitnehmer ein Arbeitsverhältnis ausschlagen, wenn ihnen die Arbeitsbedingungen, hier: der Lohn, nicht ausreichten bzw. die eine Seite versuchte, sie zu diktieren. Das BGE würde damit die „Machtasymmetrie" (Offe/Hinrichs 1984: 47 ff.) aufheben, die unter heutigen Bedingungen in der Regel besteht. Arbeitnehmer können den Verzicht auf einen Arbeitsplatz nicht lange aufschieben, weil sie auf das Einkommen angewiesen sind. Arbeitgeber hingegen können durch

Nutzung von Technologie menschliche Arbeitskraft substituieren bzw. aufgrund eines Überangebots an Arbeitnehmern auf andere Bewerber ausweichen.

Dann kommt Nahles zum „letzten Argument" (ab min. 11:31), das wir uns nun genauer anschauen wollen. Beziehen wir ein, dass die bisherigen „Argumente" eine gewisse Vereinseitigung erkennen ließen, wäre es naheliegend, wenn diese Einseitigkeit beibehalten würde, da bisher nichts für eine unvoreingenommene Auseinandersetzung mit dem BGE spricht.

Wir beginnen mit der ersten Sequenz (ab min. 11:31):

> „…letztes Argument mh… "[11]

Ein „letztes Argument" setzt eine Reihe von Argumenten voraus, auf die bezogen das hier nun angeführte den Abschluss bildet. Da wir uns dafür interessieren, welches Deutungsmuster von Autonomie in dieser Passage zum Ausdruck kommt, konzentrieren wir uns auf sie und gehen auf die vorangehenden, die weitere Argumente beinhalten, nicht ein. Die Sequenzanalyse geht davon aus, dass ein Deutungsmuster an jeder Sequenzstelle rekonstruierbar sein muss. Wir werden sehen, ob das hier der Fall ist. Ein Argument erhebt – im Unterschied zu einer Meinung – den Anspruch, einen Begründungszusammenhang herzustellen, der allgemeingültig ist. Für intellektuelles Räsonnement gilt das gleichermaßen wie für erfahrungswissenschaftliche Forschung. Anders als eine Meinung, die auf

---

11 Die Passage lautet in Gänze: „…letztes Argument mh ich will das [das BGE, SL] nicht haben ich will weder Geld von [meinem (Lachen im Publikum)] ja ich will weder Geld von meinem Ehemann ich will auch kein Geld von meinen Eltern, ich will auch kein Geld von meinem Staat es tut mir leid es widerstrebt mir es ich verst- es gibt etwas ganz Grundsätzliches was mich dadran stört es ist es ist es ich ich möchte unabhängig sein ich möchte einen gerechten Lohn für die Arbeit die ich mache und wenn ich weniger arbeite dann muss man dadrüber verhandeln ham wir mehr Produktivität kann ich den gleichen Lohn behalten haben wir weniger muss man drüber reden aber das is ich möchte nicht eine Leistung die der Staat zahlt ich möchte das grundsätzlich nicht die Rente ist ne andere Geschichte dafür habe Beiträge eingezahlt die kriege ich nachher zurück aber eigentlich ist der ganze Grundgedanke der in der politischen Realität dazu führt dass wir uns von parteipolitischen Auseinandersetzungen abhängig machen das ist doch vollkommen logo was dann passiert die Höhe des Grundeinkommens wird in jedem in jedem Wahlkampf ne Rolle spielen es wird en Überbietungswettlauf geben dann wird dann geködert und letztendlich ist das auch wie so ne Karotte vor der Nase nee sach ich dazu es widerstrebt mir persönlich aber das können ja alle anderen anders sehen…" [Verschriftung, SL] (Nahles 2017).

Notationsregeln: […] = gleichzeitig gesprochen, (lachen) = Kommentar des Verschrifters. Auslassungspunkte „…" in den zitierten Sequenzen zeigen an, dass etwas vorangegangen ist und etwas folgt.

persönlichen Vorlieben und Neigungen beruht sowie kurzfristigen Schwankungen unterliegt, erhebt ein Argument den Anspruch, für andere nachvollziehbar und überprüfbar zu sein. Es muss also Belege dafür geben, dass es sich so verhält, wie ein Argument es in Anspruch nimmt.

„…ich will das nicht haben…"

Die Sprecherin bekundet, etwas nicht haben zu wollen. Durch das Verb „wollen" in Verbindung mit der Negation muss es sich um etwas handeln, das entweder schon existiert oder aber im Bereich des Möglichen ist und vorausschauend abgelehnt wird. Dann wäre es schon so nahe an der Realisierung, dass alleine die Möglichkeit abgelehnt würde. Wie das Relativpronomen „das" erkennen lässt, ist die Sache, um die es geht, entweder schon eingeführt worden oder wird demnächst ausdrücklich benannt. Jemand hat der Sprecherin zum Beispiel ein Getränk angeboten und hält es schon in der Hand, woraufhin die Sprecherin mit „ich will das nicht haben" antwortet. Es handelte sich dabei allerdings um eine barsche Zurückweisung, die nur dann nicht unhöflich oder unangemessen wäre, wenn das Angebot mit einem gewissen Drängen einherginge. Ein solches Drängen wäre übergriffig, würde den zuvor schon bekundeten Willen, z. B. das Getränk abgelehnt zu haben, missachten, woraufhin die Sprecherin deutlicher werden muss.

Die Sprecherin schlägt also nicht einfach ein freundliches Angebot aus, indem sie ihm mit „nein, danke" begegnet. Sie hält es sich vielmehr vom Leib. Es muss also um etwas gehen, dass ihr nicht nur nicht behagt, es kommt für sie auf keinen Fall in Frage. Diese Willensbekundung ist sehr drastisch und überraschend angesichts dessen, dass es – wie der innere Kontext des Vortrags uns gezeigt hat – beim BGE, worauf „das" referiert, lediglich um einen Vorschlag geht. Weder gibt es bislang Mehrheiten für seine Einführung, noch eine in der Öffentlichkeit wirklich breite Diskussion darüber. Die etablierten Parteien sehen ebenfalls nicht vor, das BGE einzuführen. Offenbar ist alleine die Diskussion darum für Nahles bedrängend genug. Wenn das BGE ihren Überzeugungen widerspricht, dann ist das genug Grund, mit Vehemenz darauf zu antworten. Warum aber will sie das BGE nicht? Sie ist dabei, das „vierte Argument" vorzubringen, das in ihren Augen gegen das BGE spricht. Von einem Argument kann bislang allerdings keine Rede sein. Wie fährt sie fort?

„…ich will weder…"

Wie sie die Darlegung des „vierten Argumentes" begonnen hat, so fährt sie fort. Wieder geht es um eine Willensbekundung bzw. eine negative Willensbekundung, was nicht dafürspricht, dass nachfolgend ein Argument vorgebracht werden wird. Mit der Konjunktion „weder" eröffnet sie nun eine Reihung, denn die eröffnende Konjunktion erfordert mindestens eine Schließung durch die Konjunktion „noch", damit der Satz wohlgeformt ist. Es müsste nun eine Spezifizierung des Nicht-Wollens vorgenommen werden. Was will sie nicht?

„…//Geld von meinem ((Lachen im Publikum))// ja ich will weder Geld von meinem Ehemann…"

Sie führt nun an, dass sie Geld nicht wolle (pauschale Ablehnung jeglicher Geldleistung) und zwar, so die erste Position, die sie nennt, nicht von ihrem Ehemann. Um die Tragweite dieser Äußerung ermessen zu können, müssen wir zuerst explizieren, was die Ehe auszeichnet. Das Institut der Ehe erhebt durch öffentliche Zeremonien (Standesamt, z. B. kirchliche Trauung und andere Zeremonien) eine Gattenbeziehung in eine öffentlich bekundete Solidarverbindung, die dadurch ausgezeichnet ist, dass die Partner füreinander einstehen als ganze Personen. Die Ehe bekräftigt auf besondere Weise, was für die Gattenbeziehung als solche schon gilt. Soziologisch gesprochen handelt es sich hierbei um eine diffuse Sozialbeziehung par excellence, denn die Gattenbeziehung mit ihrer öffentlichen Bekundung ist die stärkste partikularistische Solidarverbindung zweier Erwachsener, die es in modernen Gesellschaften gibt. Sie zeichnet sich dadurch aus, zusammen zu leben, was über das zusammen Wohnen, wie z. B. in der Sozialform einer Wohngemeinschaft, hinausgeht. Solche Beziehungen werden initiiert, also eröffnet, ohne mit einer Terminierung verbunden zu werden, d. h. sie werden unbefristet eingegangen. Sie wird nicht zu einem bestimmten Zweck geschlossen, der außerhalb ihrer selbst liegt. Damit unterscheidet sie sich grundsätzlich von einem Vertrag, der stets einen Zweck hat, woraufhin er geschlossen wird. Diese Nicht-Befristung bedeutet keineswegs, dass es nicht zu einer Trennung kommen kann, doch die Trennung tritt dann ein, wenn die Gattenbeziehung ihre Versprechen der Nicht-Befristung nicht einhalten kann. Darüber hinaus zeichnen sich diffuse Sozialbeziehungen dadurch aus, dass ihr Personal nicht ausgetauscht und durch etwaige geeignetere Partner ersetzt werden kann, ohne dass die Sozialbeziehung als solche beendet wird. Diffuse Sozialbeziehungen sind an die Person als ganze gebunden im Unterschied zu spezifischen Sozialbeziehungen, in denen die Personen Rollen übernehmen (Oevermann 2001b: 84ff.), sie sind darin Funktionsträger. Wenn eine Gattenbeziehung nicht mehr fortgeführt werden soll, gibt es nur den Weg der Trennung. Eine andere Gattenbeziehung ist nicht dasselbe wie diejenige davor. Während Personen in spezifischen Sozialbeziehungen ihr Handeln stets daran zu messen haben und daran gemessen werden, ob sie ihre vordefinierte Rolle ausüben oder einer Aufgabe dienen, sind es in diffusen Sozialbeziehungen die Personen selbst, die diese konstituieren.

Was bedeutet nun Nahles' Aussage, vom „Ehemann" kein Geld haben zu wollen? Wenn eine Gattenbeziehung sich dadurch auszeichnet, zusammen zu leben, das Leben zu teilen, dann umfasst das alles. Wenn Gattenbeziehungen darauf beruhen, alles miteinander zu teilen im Sinne einer Involviertheit der Personen als ganzer, dann betrifft dies auch die Einkommen. Sie sind immer Einkommen beider, selbst wenn nur einer sie z. B. durch Erwerbstätigkeit ausgezahlt erhält. Wenn beide Einkommen haben, gilt dasselbe, denn nur, wenn Einkommen immer gemeinsame Einkommen sind, wird die Struktur der Gattenbeziehung nicht unterlaufen. Wer Einkommen zurückhalten wollte, würde damit immer signalisieren, dass er dem anderen gegenüber einen Vorbehalt hat.[12] Denn weshalb sonst sollte er etwas aus dem gemeinsamen Leben heraushalten, wenn nicht, um, ohne auf den anderen angewiesen zu sein, darüber verfügen zu können? In diesem Zusammenhang ist nicht selten die Begründung zu vernehmen, dass für den Fall einer Trennung vorgebaut werden müsste. Das bestätigt jedoch nur den Vorbehaltscharakter, denn im Falle einer Trennung könnte konsequenterweise nur gelten, das Gemeinsame wird geteilt, soweit es möglich ist. Was daraus folgt, lässt sich im Alltag eindrücklich beobachten. Wer getrennte Kassen hat, muss eine formale, quasi vertragliche Regelung dafür finden, wie Ausgaben für gemeinsame Belange gehandhabt werden. Wer zahlt was und wann? Wer ist an der Reihe?

Weshalb ist, wenn die Folgen für die Praxis so wie dargelegt sind, es für Andrea Nahles so bedeutsam, kein Geld vom Ehemann zu bekommen? Die einfachste Deutung dafür wäre, eine gewisse Unabhängigkeit zu bewahren, also vom eigenen Einkommen leben zu können und das des Ehemannes dafür nicht zu benötigen. Vom Gatten unabhängig zu sein ist nur um den Preis zu haben, die Struktur der Gattenbeziehung nicht zur Geltung kommen zu lassen. In der Konsequenz läuft das darauf hinaus, die für Gattenbeziehungen konstitutive Abhängigkeit voneinander nicht anzunehmen. Unabhängigkeit davon ist jedoch nur außerhalb einer Gattenbeziehung zu erreichen. Mit ihrer Äußerung dementiert sie also genau dasjenige, worauf sie sich als Positivum bezieht: die Gattenbeziehung. Wie gehen ihre Ausführungen weiter?

---

12 Es kann gleichwohl Fälle geben, in denen ein Partner nicht in der Lage ist, sich auf diese konstitutive Abhängigkeit einzulassen und deswegen den Vorbehalt benötigt, im Sinne einer Hintertür, um überhaupt mit jemandem zusammenleben zu können. Das geht dann jedoch nur um den Preis, die Struktur der Gattenbeziehung nicht voll zur Geltung kommen zu lassen.

„...ich will auch kein Geld von meinen Eltern..."

In der durch die Konjunktion „weder" schon angekündigten Reihung folgt nun das nächste Element. Weder vom Ehemann noch von „meinen Eltern" wolle sie Geld. Die zweite Zurückweisung einer pekuniären Unterstützung hat mit der ersten nur oberflächlich etwas gemeinsam. Denn, vom Ehemann kein Geld haben zu wollen ist der Sache nach nicht vergleichbar damit, dasselbe von den Eltern abzulehnen. Während es im Fall der Ehe um eine freiwillige Allianz autonom handlungsfähiger Individuen geht, die sich füreinander entscheiden, handelt es sich bei der diffusen Sozialbeziehung zu den Eltern um eine zwangsstrukturierte Sozialbeziehung, da ein Kind in dieses Gefüge hineingeboren wird und aufgrund seiner noch nicht ausgebildeten Autonomie notwendigerweise in Heteronomie lebt. Das Kind ist auf die verlässliche Fürsorge angewiesen, die auf einfachste Weise durch die leiblichen Eltern geleistet wird. Sie bestimmen über das Leben der Kinder, treffen Entscheidungen für sie, weil sie dazu noch nicht in der Lage sind und befördern gerade dadurch ihren Bildungsprozess als Autonomisierungsprozess, der mit der Adoleszenzkrise zum Abschluss kommt. Da es gerade die Bewältigung der Adoleszenzkrise ist, mit der eine Ablösung aus dieser Zwangsstruktur hin zur Autonomie vollzogen werden muss, ist es naheliegend, nicht in den Status des von den Eltern versorgten Kindes zurückfallen zu wollen. Denn sonst würde die schon autonomisierte Praxis in einen Status zurückgeführt, der als De-Autonomisierung wahrgenommen werden muss und gesellschaftlich als solches auch bewertet wird. Während die Zurückweisung pekuniärer Leistungen durch den Ehemann das Allianzprinzip der egalitären Gattenbeziehung unterläuft und letztlich Ausdruck einer nicht vollständig ausgebildeten Autonomie ist, verhält es sich mit der Ablehnung pekuniärer Leistungen der Eltern in gewisser Hinsicht genau andersherum. Sie ist Ausdruck der erreichten Autonomie. Nahles differenziert nun nicht, um welche Form der Geldleistung es geht. Im Zusammenhang des Vortrags indes wäre die sparsamste Lesart, dass sie auf eine dauerhafte Alimentierung im Allgemeinen Bezug nimmt und deswegen oberflächlich vergleichbare Beispiele sucht. Eine solch allgemeine Alimentierung würde am ehesten dem BGE entsprechen, das von der Wiege bis zur Bahre verfügbar sein soll.

Eines ist an dieser Stelle schon erklärungsbedürftig. Weshalb setzt Andrea Nahles zwei strukturell unterschiedliche pekuniäre Versorgungsleistungen gleich? Bislang bietet sich dafür eine Erklärung an, die in der oberflächlichen Gemeinsamkeit der Beispiele besteht. Keine pekuniären Leistungen in Anspruch zu nehmen spricht für eine Vorstellung von Unabhängigkeit bzw. Autonomie, die sich wesentlich durch finanzielle Unabhängigkeit zum Ausdruck bringt. Unabhängig ist die Sprecherin nur, wenn sie nicht auf das Geld anderer angewiesen ist.

Wie fährt sie fort, ist die Aufzählungsreihe damit abgeschlossen?

„…ich will auch kein Geld von meinem Staat…"

Das dritte Element in der Aufzählung bezieht sich auf den Staat als Ausdruck einer politischen Vergemeinschaftung von Bürgern. Von ihm wolle sie ebenso wenig Geld haben wie von Ehemann und Eltern. Die Aussage ist so allgemein, dass wir sie uns genau anschauen müssen. In welcher Form kann überhaupt der Fall eintreten, vom Staat pekuniäre Leistungen zu erhalten? In direkter Form, also „in cash", tritt dieser Fall dann ein, wenn z. B. Alimentierungsleistungen in Anspruch genommen werden, weil eigenes Einkommen nicht vorhanden ist. Arbeitslosengeld nach dem Zweiten Sozialgesetzbuch (Grundsicherung für Arbeitsuchende bzw. „Arbeitslosengeld II") wäre eine solche Leistung oder Sozialhilfe nach dem Zwölften Sozialgesetzbuch. Im weiteren Sinne können Versicherungsleistungen ebenfalls als Alimentierungsleistungen verstanden werden, obwohl die Bereitstellungsbedingungen gänzlich anders sind. Der Versicherungsnehmer erwirbt durch Beiträge Ansprüche auf Leistungen aus der Versicherung, es handelt sich dabei um Eigentumsansprüche. Bedient werden sie allerdings aus dem Topf, in den alle Versicherten einzahlen und der nur dann fortbestehen kann, wenn nicht mehr Ansprüche abgerufen werden, als bedient werden können, wenn also, um es plastisch zu machen, nicht mehr Arbeitslosengeld gezahlt werden muss als durch Beiträge in die Versicherung gedeckt ist. Selbst das Versicherungssystem ist damit faktisch ein Solidarsystem, wie die Bedingungen zur Inanspruchnahme von Arbeitslosengeld deutlich machen. Da Andrea Nahles „Geld von meinem Staat" pauschal zurückweist, erstreckt sich diese Äußerung auf alle Geldleistungen in dem hier ausgeführten Sinne.

Gehen wir einen Schritt weiter und beziehen ihre Äußerung nicht nur auf direkte pekuniäre Alimentierung „in cash", sondern auch „in kind", also auf Sachleistungen, wird sie noch folgenreicher. Denn dann gehören alle vom Staat erbrachten Infrastrukturleistungen dazu, die aus Steuergeldern finanziert werden. Diese Leistungen sind per se Gemeinschaftsleistungen und veranschaulichen gerade, wie groß die Abhängigkeit voneinander in einem Gemeinwesen ist, sie ist nicht vermeidbar.

Noch deutlicher wird die Abhängigkeit, wenn wir sie über „in cash"- und „in kind"-Leistungen hinaus betrachten. Ein Gemeinwesen als politische Vergemeinschaftung ist eine Solidargemeinschaft, in der die Bürger als Staatsbürger für das Gemeinwesen und das Gemeinwesen für die Bürger einstehen müssen, sonst kann es nicht existieren. Wir können die Abhängigkeiten, die in einer politischen Vergemeinschaftung unvermeidbar sind, in dreierlei Hinsicht bestimmen: 1) Gemeinwesen und Bürger füreinander, 2) bezüglich Infrastrukturleistungen, 3) bezüglich Mindestversorgung in Geld- und in Sachleistungen.

Nun nimmt die Äußerung am Ende eine sonderbare Wendung. Was meint die Sprecherin damit, wenn sie von „meinem Staat" spricht, von dem sie kein Geld haben will? Der Possessivartikel „mein" legt zuerst nahe, den Staat als etwas zu verstehen, über das die Sprecherin verfügen kann, vergleichbar der Verfügungsmacht über Eigentum. Was dort zutrifft, ist hier abwegig, denn über den Staat verfügen Einzelpersonen nicht. Wenn es also nicht um Eigentum gehen kann, welche Möglichkeit, den Possessivartikel zu verstehen, bleibt dann? Ähnlich wie im vorliegenden Fall verhält es sich mit Formulierungen wie „meine Heimat", „mein Freund", „mein Mann" bzw. „meine Frau". Der Possessivartikel hat, wie an diesen Beispielen zu erkennen, eine umfänglichere Bedeutung, als lediglich Besitz oder Eigentum anzuzeigen. Ganz allgemein geht es zunächst formal um die Bestimmung der Gesprächsrolle und dann inhaltlich um Zugehörigkeit oder Verortung in einer einen Sprecher umgreifenden Praxisform.[13] Der Artikel zeigt eine Relation an. Übertragen wir dies auf „mein Staat", so wäre hier also eine Verortung bzw. Zugehörigkeit zu erkennen, die allerdings eine Merkwürdigkeit hat. Staat bezeichnet anders als Heimat nicht die politische Vergemeinschaftung, sondern eher die organisationale bzw. institutionelle Seite davon. Diese Unterscheidung ist wichtig, weil die politische Vergemeinschaftung Träger des Staates ist, er bedarf ihrer, um lebensfähig zu sein, was umgekehrt nicht der Fall ist. Nahles spricht also auf der einen Seite eine große Nähe zum Staat aus, wenn sie ihn als „mein[en] Staat" bezeichnet, um dann sogleich eine Distanzierungsbewegung zu vollziehen, denn von ihm wolle sie gerade kein Geld haben. Es fällt auf, dass sie diese Nähe nicht zur politischen Vergemeinschaftung selbst herstellt („mein Land"), die die Legitimationsbasis des Staates darstellt. So nah sie also dem Staat kommt, so weit entfernt ist sie von der politischen Vergemeinschaftung.

Wir können festhalten, dass die Unabhängigkeit, die Andrea Nahles in ihrer Rede betont, in zweierlei Hinsicht unrealistisch ist oder, um es genauer zu sagen, genau der Struktur widerspricht (Gattenbeziehung, demokratisches Gemeinwesen), auf die sie sich bezieht. Ein Argument, wie angekündigt, hat sie für ihre Position noch

---

13 Begriffssprachlich ist die Bezeichnung „Possessivartikel" äußerst unglücklich, weil die „besitzanzeigende" Funktion dominiert und die andere, eine Zugehörigkeit anzeigende, leicht übersehen werden kann. Alltagssprachlich wird dies in bestimmten Milieus als Anlass genommen, nicht mehr von „meinem" Mann bzw. „meiner" Frau zu sprechen, denn sie „gehören" einem ja nicht. – Harald Weinrich führt aus: „Man könnte ihn [...] ‚Gesprächsrollen-Artikel' nennen." (2007: 432) Entsprechend gibt es „den Sprecher-Artikel (*mein, unser*), den Hörer-Artikel (*dein, euer, Ihr*) und den Referenz-Artikel (*sein, ihr*)." (ebd.; kursiv i. Orig.). Ähnlich auch Wahrig (1991: 599), Lemma „possessiv" bzw. „Possessivpronomen". Missverständlich, weil nur die besitzanzeigende Bedeutung betonend hingegen sind die Ausführungen im Duden (1959: 243).

nicht vorgebracht. Bislang handelt es sich um Willensbekundungen. An diesem Punkt der Analyse ist es schwer vorstellbar, welches Argument noch folgen könnte, wenn doch die bislang eingeführten Beispiele, sich vor allem dadurch auszeichnen, über reale Strukturen hinwegzugehen und sich in Willensbekundungen zu erschöpfen. Wie fährt sie fort?

„...es tut mir leid es widerstrebt mir es ich verst- es gibt etwas ganz Grundsätzliches was mich dadran stört..."

Bevor sie nun in der Sache fortfährt, wird eine Entschuldigung bzw. ein Bedauern eingeschoben. Da diese Äußerung unmittelbar auf die vorausgehende folgt, kann sie sich nicht auf ein Handeln jenseits des Vortrags beziehen, das nicht selbst Bestandteil des Vortrags ist. Im Vollzug des Sprechens sich für etwas zu entschuldigen ist dann möglich, wenn der Sprecher davon ausgeht, dass zwischen seinen Ausführungen und den Erwartungen oder Haltungen des Publikums, die der Sprecher grundsätzlich als legitim anerkennt, eine große Diskrepanz besteht. Sie wäre so groß, dass das Publikum sich vor den Kopf gestoßen fühlen könnte, wofür sich die Sprecherin entschuldigen würde, ohne aber auf ihre Ausführungen zu verzichten. Ein solcher Fall könnte z. B. eintreten, wenn ein Experte von einem Interessenverband oder einer Partei zu einem Vortrag eingeladen wird und sich zu gerade von diesen Organisationen verabschiedeten Lösungsvorschlägen für Problemlagen äußern soll. Wenn er dann zu davon deutlich abweichenden oder gar entgegengesetzten Einschätzungen gelangt, könnte er seine Ausführungen entsprechend mit einem Einschub wie hier einleiten, um dann seine Position darzulegen. Wie verhält es sich nun hier?

Ihr „widerstrebt" „es", was im Zusammenhang der Äußerung sich zunächst darauf, Geld von jemandem zu erhalten, und dann auf das BGE beziehen muss – und darin eingelagert auf die Abhängigkeit, die sie damit verbindet. Sie bekräftigt damit die schon zuvor betonte Ablehnung „ich will das nicht haben" und fügt nun noch an, weshalb, und zwar, weil es ihr „widerstrebt". Ein Argument liefert sie damit immer noch nicht, sie artikuliert ein Gefühl, das auf ein Werturteil zurückgehen mag. Dass sie sich für dieses Widerstreben entschuldigt, zeigt auf der einen Seite, dass sie niemandem zu nahetreten will, auf der anderen gleichwohl an ihrer Haltung festhält. Nach „widerstrebt mir" fährt sie fort und vollzieht zwei Satzplanwechsel. Das Personalpronomen der dritten Person „es" hätte nochmals die Bezugnahme auf das BGE eröffnen können, vielleicht um das direkt zuvor geäußerte Widerstreben zu wiederholen. Mit dem Wechsel zum Personalpronomen der ersten Person „ich" stellt sie nun nicht das BGE ins Zentrum, es geht nun um die Sprecherin selbst. Damit wird es wieder nicht um ein Argument gehen, das gegen das BGE vorgebracht wird, sondern um ihre Haltung dazu, eine persönliche Bewertung, die nicht in Anspruch nimmt, allgemeingültig sein zu können. Auf den Wechsel der Personalpronomen folgt wieder ein Abbruch bzw. Satzplanwechsel. Das spricht für eine gewisse Erregtheit, denn die Sprecherin ringt mit dem Ausdruck. Etwas Grundsätzliches stört sie am BGE, es geht dabei also nicht um einen nebensächlichen Aspekt, es geht um etwas Zentrales. Das Verb stören allerdings entbehrt wieder des argumentativen Gehalts, Nahles bleibt – ganz passend zur Äußerung bisher – bei einem Werturteil, denn dass sie etwas daran „stört", ist kein Argument, vor allem dann nicht, wenn sie als Bundesministerin sich die Frage stellen muss, welche Lösung einem Handlungsproblem am ehesten entspräche.

„…es ist es ist es ich…"

Was die Sprecherin zu sagen hat, ist offenbar nicht einfach auszudrücken, sie muss mehrere Anläufe nehmen. Das kann dann der Fall sein, wenn etwas aufgrund seiner Komplexität schwer greifbar und deswegen schwer auszudrücken ist oder weil eine Sache einem besonders nahegeht. Das spräche dafür, dass ihr die Distanz dazu fehlt bzw. sie die Sache nicht genügend auf Distanz bringen kann, um sie sachlich zu erwägen. Was aber ist es, das so schwer auszusprechen ist?

„…ich möchte unabhängig sein…"

Dass es darum gehen könnte, deutete sich in den vorangehenden Sequenzen schon an, in denen die Sprecherin deutlich machte, dass sie kein Geld von anderen haben will. Dabei geht es nicht nur darum, dass sie es nicht benötigt oder braucht, sie will es nicht, wie sie sagt. Hier nun wird dieses Wollen abgemildert, wenn sie davon spricht, unabhängig sein zu mögen.

Nahles' Verständnis von Unabhängigkeit reduziert sich also darauf, kein Geld von anderen zu wollen, auf keinerlei pekuniäre Unterstützung angewiesen zu sein. Diese Vorstellung entspricht dem, was wir den normativen Vorrang von Erwerbstätigkeit nennen können, weil Erwerbstätigkeit die einzige Möglichkeit ist, regulär Einkommen zu erzielen, ohne dazu einer privilegierten Vermögensposition zu bedürfen. Der Vorrang besteht darin, dass ein Gemeinwesen die Erzielung von Einkommen über Erwerbstätigkeit normativ prämiert. „Von der eigenen Hände Arbeit leben zu können" – wie es in der öffentlichen Diskussion immer wieder zu hören ist, gilt nicht nur als erstrebenswert, es ist unerlässlich. Ein bestimmtes Handeln normativ zu prämieren führt dazu, anderes Handeln entsprechend zurückzusetzen. Wenn nun, das ist der konkrete Fall hier, Einkommenserzielung über Erwerbstätigkeit normativ erwünscht ist und entsprechend die Systeme sozialer Sicherung so konstruiert sind, dass der Bezug von Ersatzeinkommensleistungen 1) als Notfallleistung betrachtet wird (Arbeitslosengeld II, Sozialhilfe), die nur vorübergehend gewährt wird, 2) als Leistung, auf die Ansprüche durch Erwerbstätigkeit entweder für einen befristeten (Arbeitslosengeld I) oder unbefristeten Zeitraum (Rente) erworben werden müssen, dann stellt sich angesichts jedes nicht auf Erwerbstätigkeit gerichteten Handelns die Frage, ob und wie lange man es sich leisten kann. Denn der Verzicht auf Erwerbstätigkeit führt nicht nur zu einem Einkommensausfall in der Gegenwart, er hat auch zur Folge keine oder nur geringfügige (Erziehungs- und Pflegezeiten) Ersatzeinkommensansprüche für die Zukunft zu erwerben. Aus diesem Grund spielt in der öffentlichen Diskussion die Erwerbsteilnahme eine so große Rolle in der Frage, wie Altersarmut verhindert werden könne, denn vor dem Hintergrund der normativen Prämierung von Erwerbstätigkeit ist ein sozialversicherungspflichtiger Arbeitsplatz hierfür entscheidend.

Andrea Nahles' Verständnis von Unabhängigkeit befindet sich also ganz im Einklang mit dem normativen Konsens bezüglich der Bedeutung von Erwerbstätigkeit in Deutschland, wie er sich in Argumenten, die in den vergangenen Jahrzehnten noch für beinahe jede Entscheidung vorgebracht wurden, die arbeitsmarkt-, sozial- und bildungspolitisch getroffen wurde, wiederfindet. Die Betonung der eigenständigen Einkommenserzielung als Charakteristikum von Unabhängigkeit unterschätzt indes die vielfältigen Abhängigkeiten dieser Unabhängigkeit: dass es Möglichkeiten der Erzielung von Einkommen über Erwerbstätigkeit geben muss, zu denen der Einzelne Zugang erhält, um diese Unabhängigkeit erreichen zu können. Da dieser Zugang nicht garantiert werden kann, solange Arbeitsverträge zwischen zwei Parteien, Arbeitnehmern und Arbeitgebern, geschlossen werden, ist diese Unabhängigkeit fragil, man könnte auch sagen, sie ist auf die Lage am Arbeitsmarkt angewiesen. Damit ist die hier herausgehobene Unabhängigkeit enorm abhängig und keineswegs der Verfügungsmacht des Einzelnen anheimgestellt, so dass sie in ihrer Bedeutung stark relativiert wird. Selbst für den Fall, durch selbständige Beschäftigung Einkommen erzielen zu können, ist der Einzelne abhängig, und zwar von der Nachfrage nach seiner Arbeitskraft und der mittels ihrer bereitgestellten Güter bzw. Dienstleistungen durch Kunden. Dass Abhängigkeiten, die wir oben schon für die familiale Triade, damit für den Bildungsprozess, und den Staat als politische Vergemeinschaftung von Bürgern dargelegt haben, ebenso für das Tauschgeschehen in Gütermärkten gelten, ist offensichtlich. Um es soziologisch auszudrücken: Die autonome Lebenspraxis steht mit ihren konkreten Fähigkeiten und Fertigkeiten stets vor bestimmten, gegebenen Handlungsmöglichkeiten, vor anderen nicht. Sie kann also nur begrenzt gestalten. Wie erklärt sich dann, dass die Sprecherin in dieser Passage dennoch die Unabhängigkeit von pekuniären Leistungen derart herausstellt und in ihr den entscheidenden Einwand gegen ein

BGE erkennt? Offenbar ist die Vorstellung, von anderen abhängig sein zu können, schwer erträglich.

„…ich möchte einen gerechten Lohn für die Arbeit die ich mache…"

Jetzt wird die Verknüpfung zwischen Erwerbstätigkeit und Unabhängigkeit um einen weiteren Aspekt angereichert, der nicht unmittelbar damit verbunden ist. Damit steht das vierte Argument gegen das BGE nach wie vor aus.

„…und wenn ich weniger arbeite dann muss man dadrüber verhandeln ham wir mehr Produktivität kann ich den gleichen Lohn behalten haben wir weniger muss man drüber reden…"

Es geht um die Lohnbildung, nach welchen Kriterien sie erfolgt; Nahles nennt hier das Verhältnis von Arbeitsaufwand und -kosten zum Arbeitsergebnis. Damit hat die Sprecherin die Unabhängigkeitsthematik verlassen.

„…aber das is ich möchte nicht eine Leistung die der Staat zahlt ich möchte das grundsätzlich nicht…"

Sie kehrt nun zur Unabhängigkeitsthematik zurück, wodurch in der Sequenz deutlich wird, dass der „gerechte" Lohn womöglich deshalb wichtig ist, weil er die Grundlage für die Unabhängigkeit von einer staatlichen Leistung bildet. Andrea Nahles verleiht ihrer zuvor gezeigten Haltung Nachdruck, dass sie eine „Leistung die der Staat zahlt", „grundsätzlich" nicht möchte. Die Vehemenz, mit der sie diese Haltung zeigt, bestätigt, wie wichtig es ihr ist, eine bestimmte Form von Unabhängigkeit zu haben, die bei genauerer Betrachtung sehr abstrakt bleibt, da sie von den vielfältigen Verflechtungen absieht, in die diese Unabhängigkeit eingelagert ist oder anders ausgedrückt: von denen sie abhängt. Woher aber kommt die Vehemenz, wie könnte sie erklärt werden? Wir werden darauf am Ende der Analyse zurückkommen müssen.

„…die Rente ist ne andere Geschichte, dafür hab ich Beiträge eingezahlt die kriege ich nachher zurück…"

Wir hatten an einer früheren Stelle die Rentenversicherung als Beispiel für eine Alimentierungsleistung eingeführt und können an diese Ausführungen hier anschließen. Nahles betont, dass es sich bei der Rente um „ne andere Geschichte" handele, das unterscheide sie vom BGE vor allem in einer Hinsicht, dass man nämlich Beiträge zahle und diese dann „zurück"-erhalte. Die Rente, die man einst erhalten wird, hat man also, nimmt man Nahles' Ausführungen beim Wort, selbst über die Jahre durch Beiträge aufgebaut, die dann einfach abgerufen werden, wenn man in Rente geht. Entspricht das den tatsächlichen Verhältnissen und damit der Funktionsweise der umlagefinanzierten Rentenversicherung?

Die tatsächliche Rente, die ein Beitragszahler bezieht, bestimmt sich nach der „Rentenformel", einem komplexen Berechnungsverfahren, in das verschiedene Variablen eingehen (Deutsche Rentenversicherung 2017: 4). Es ist keineswegs so, dass Beiträge in die Versicherung unmittelbar in Rentenleistungen in Form von Einkommen umgesetzt werden. Vielmehr wird in Abhängigkeit von der Rentenformel und ihren Variablen eine Rentenanwartschaft bestimmt. Diese Anwartschaft wird nicht dadurch gedeckt, dass von dem Konto des Versicherten, auf das dieser Beiträge eingezahlt hat, der entsprechende Betrag abgerufen wird. Die Bereitstellung des Beitrags ist von den Einnahmen der Versicherung durch das Einziehen von Beiträgen abhängig, die von Erwerbseinkommen anderer stammen. Die Rente kann also von der Deutschen Rentenversicherung nur ausgezahlt werden, wenn Einnahmen in der Form von Beiträgen aus Erwerbstätigkeit vorliegen. Die Rente der einen wird aus den Beiträgen der anderen ermöglicht. Die saloppe Ausdrucksweise der Bundesministerin zum Charakter von Rentenanwartschaften ist demnach nicht nur verkürzt, sie entspricht dem System der Rentenversicherung nicht, weil es keine Äquivalenz von Beiträgen und Ausschüttung gibt. Gerade für das umlagefinanzierte System der Rentenversicherung gilt, was treffend als Generationenvertrag bezeichnet werden kann, dass nämlich die Einkommen der Rentner von den Beiträgen der Erwerbstätigen abhängen. Deswegen hat die demographische Entwicklung für ein solches System großes Gewicht, wenn sich das Verhältnis von Beitragszahlern zu Rentnern verändert. Das setzt sich von Generation zu Generation fort. Was für die Rentenversicherung in ihrer Struktur gilt, findet sich in noch deutlicherer Ausprägung bei Leistungen, die durch das allgemeine Steueraufkommen getragen werden, beruht es doch ebenso auf dem Solidarprinzip.

Wenn Andrea Nahles die Rentenversicherung und das BGE in Gegensatz zueinander bringt, weil im ersten Fall die zum späteren Zeitpunkt bezogene Leistung durch Beiträge erworben wurde, im zweiten Fall gar keine Beiträge nötig sind, dann übergeht sie, dass die erworbenen Anwartschaften in der Rentenversicherung nur dann eingelöst werden können, wenn andere durch ihre Beiträge die Bereitstellung der Rente möglich machen. Genau dasselbe allerdings gilt für das BGE auf breiterer Basis, seine Bereitstellung ist vom allgemeinen Steueraufkommen und dieses wiederum von der Wertschöpfung abhängig, die besteuert werden kann, ganz gleich mit welchen Steuerarten das geschieht. Lediglich die normative Konstruktion der Bezugsberechtigung beider Leistungen, der Rente und dem BGE, unterscheidet sich.[14] In der Hinsicht, dass ein BGE, ebenso wie die Rente, nur bereitgestellt werden kann, wenn entsprechende Einnahmen erwirtschaftet wurden, verhalten sich BGE und Rentenanwartschaften genau gleich. Selbst die durch Anwartschaften erworbenen Eigentumsansprüche der Rente würden in der Luft hängen, wenn sie nicht bedient werden könnten aufgrund fehlender Einnahmen durch Beiträge. Finanzierungslücken in der Rentenversicherung werden aus diesem Grund heute durch Einnahmen des Staates über das allgemeine Steueraufkommen gedeckt, wo nötig, doch auch dieser Weg steht nur offen, solange es überhaupt Einnahmen über Steuern gibt. Wie man es dreht und wendet, so zeigt sich Andrea Nahles' Vorstellung von Unabhängigkeit als illusionär, weil sie sie herauslöst aus den vielfältigen Abhängigkeiten, die zur Unabhängigkeit, oder besser: zur Autonomie von Lebenspraxis gehören, ja, die sie erst zu dem machen, was sie ist.

Über die bisherigen Einwände hinaus gibt es weitere, die Andrea Nahles beschäftigen und die hier abschließend noch betrachtet werden. Sie fährt in der bislang analysierten Passage folgendermaßen fort:

„...aber eigentlich ist der ganze Grundgedanke auch einer der in der politischen Realität dazu führt dass wir uns von parteipolitischen Auseinandersetzungen abhängig machen, das ist doch vollkommen logo was dann passiert die Höhe des Grundeinkommens wird in jedem in jedem Wahlkampf ne Rolle spielen..."

Sie bezieht sich nochmals auf das BGE in Gänze – „der ganze Grundgedanke" –, dem sie bestimmte Folgen zuschreibt, die er mit sich bringen wird. „Parteipolitische Auseinandersetzungen" sind solche auf der Suche nach einer Lösung für ein Handlungsproblem, die mehrheitsfähig ist, sei es schon in der Gegenwart oder aber in absehbarer Zukunft. Von diesem Willensbildungsprozess würden „wir"

---

14 Im Grunde steht das allgemeine Steueraufkommen (zweckungebunden) für das Solidarprinzip politischer Vergemeinschaftung in Reinform, da die Einnahmen ausgabenunspezifisch und frei gestaltbar sind sowie keine Empfängergruppen bevorzugen. Es geht dabei nicht um die Solidarität der „Steuerzahler", so, als ginge damit ein bestimmter Rechtstatus einher, sondern um die Solidarität derer, die darüber bestimmen, welchen Steuern erhoben werden. Sie ist also universalistisch. Ganz anders ist es in den Sozialversicherungen, deren Solidarität eine der Erwerbstätigen repräsentiert, sie ist partikularistisch. Sie ist viel enger gefasst, weil es um eine Solidarität derer geht, die beitragen und derer, die aus Beiträgen alimentiert werden. Man kann es durchaus als Symptom für das spezifische Solidarverständnis in Deutschland sehen, wenn die Sozialversicherungen (Rente, Arbeitslosengeld) eine größere Wertschätzung genießen als das allgemeine Steueraufkommen.

uns abhängig machen, wenn ein BGE eingeführt werde. Wer ist „wir"? Für wen spricht Nahles hier in der ersten Person Plural? Als Bundesministerin ist sie Mitglied der Regierung, bezieht sie sich darauf? Das wäre insofern überraschend, als Entscheidungsfindungen im politischen Prozess immer von Mehrheiten abhängig sind, damit auch von Parteien, die im Parlament vertreten sind. Das zu beklagen würde dazu führen, den Willensbildungsprozess in der Demokratie als solchen zu beklagen. Entsprechend könnte das Pronomen „wir" nicht auf ihre Partei Bezug nehmen, denn sie ist ebenfalls ein Moment des Willensbildungsprozesses. Nahles muss hier, damit die Rede davon, sich durch das BGE „abhängig zu machen", in sich stimmig ist, aus einer anderen Perspektive sprechen, die nicht mehr den Prozess der politischen Willensbildung einschließt. Bedenkt man, dass es in einer Demokratie ein Außerhalb des Willensbildungsprozesses grundsätzlich nicht geben kann, wird die Äußerung noch erklärungsbedürftiger. Aus wessen Perspektive spricht sie, vielleicht aus der von Nicht-Staatsbürgern, die in der Tat im Willensbildungsprozess kein Gewicht haben?

Wenn es nun keine Position außerhalb des Willensbildungsprozesses gibt, Nahles aber dennoch kritisiert, durch ein BGE von ihm abhängig zu werden, nimmt sie zweierlei an: 1) Die Systeme sozialer Sicherung heute, insbesondere Arbeitslosengeld I und Rente, sind nicht von parteipolitischen Auseinandersetzungen abhängig. 2) Ein BGE hingegen wäre davon abhängig. Dass diese Gegenüberstellung beider Leistungen so nicht haltbar ist, haben wir schon oben dargelegt, denn sowohl die Leistungen des Arbeitslosengeldes I (Lohnersatzrate) als auch die Rente („Rentenformel") werden von politischen Entscheidungen geprägt. Nahles mag sich hier lediglich auf die erworbenen Ansprüche durch Beitragszahlungen beziehen, doch auch für sie gilt, dass sie im Allgemeinen nicht den Auseinandersetzungen enthoben und von den realen Entwicklungen unabhängig sind. Nahles muss aus der Perspektive der Leistungsbezieher sprechen, die sie den „politischen Auseinandersetzungen" ausgeliefert sieht. Damit entmachtet sie die Bürger in ihrer konstitutiven Bedeutung und erklärt sie zu Opfern. Das ist für sich sonderbar in einer Demokratie und noch sonderbarer, dass eine Ministerin das äußert.

Wie fährt sie fort

„…es wird en Überbietungswettlauf geben…"

Die von Nahles herausgehobene Abhängigkeit, die sie für problematisch hält, bezieht sich also auf den „Überbietungswettlauf", der zwischen den Parteien um die Gunst der Wähler entbrennen könnte. Ein Überbietungswettlauf ist einer, der nicht mehr mit der Lösung eines Handlungsproblems beschäftigt ist, sondern mit der Überbietung des Vorschlags des Kontrahenten in Absehung davon, ob die dann erreichte Lösung noch praktikabel oder sachgerecht ist. Beinahe der Logik der Unterhaltungssendung „Wetten, dass" vergleichbar muss eine noch gewagtere, noch skurrilere Wette angeboten werden, um die zuvor angebotenen zu überbieten. Nahles attestiert den Parteien hier – das sagt sie als Bundesministerin (!) – an Sachlösungen nur begrenzt interessiert zu sein. Aus einem Überbietungswettlauf als Sieger hervorzugehen, das sei vorrangig und würde nolens volens auch für sie gelten. Demzufolge wäre der Prozess der Entscheidungsfindung ein von der Sache abgehobener Wettlauf. Es überrascht an dieser Stelle, dass sie als Bundesministerin, die nun selbst zahlreiche Vorschläge zur Gestaltung in ihrer Amtszeit vorgelegt hat, das vollkommen erwartbare Ringen um einen Kompromiss, für etwas hält, das besser nicht geschähe. Wie aber sollte politische Gestaltung ohne ein solches Ringen möglich sein? Soll es konfliktuöse Auseinandersetzungen nicht geben dürfen? In einer Demokratie ist das undenkbar, in einer Autokratie hingegen wäre es möglich – wobei selbst ein Autokrat sich eine Gefolgschaft sichern muss und diese nicht verordnen kann. Aus dieser Deutung politischen Handelns spricht eine doch überraschende Herablassung gegenüber dem Willensbildungsprozess, in dessen Zentrum das Ringen um Mehrheiten steht. Auch hier gilt offensichtlich: Abhängigkeit zu vermeiden ist das höchste Ziel. Das ist allerdings in Willensbildungsprozessen ebenso wenig möglich wie in der Ehe.

„...dann wird dann geködert und letztendlich ist das auch wie so ne Karotte vor der Nase nee sach ich dazu es widerstrebt mir persönlich aber das können ja alle anderen anders sehen..."

Im Überbietungswettlauf wird „geködert", die Parteien legen eine Kost aus, die die Bürger anlocken soll. Das von Nahles hier gewählte Bild versetzt die Bürger in den Status von Tieren, um die nicht mit Argumenten geworben wird, wie es für politische Lösungen zu erwarten wäre. Argumente legen Zusammenhänge dar, um deutlich zu machen, wozu eine Lösung dienen soll und weshalb sie für eine Lösung gehalten wird. Polemische Zuspitzungen können hierfür hilfreich sein, um sich von konkurrierenden Vorschlägen abzusetzen. Gleichwohl müssen Vorschläge praktikabel sein. Ganz anders hingegen ein Köder, er bedient basale Instinkte, täuscht etwas vor, um etwas anderes zu erreichen, ganz so, wie ein Angler einen Köder benötigt, um Fische zu fangen. Nahles betrachtet den Prozess der Willensbildung in der demokratisch verfassten Öffentlichkeit letztlich als etwas, das der Instinktregulierung in der Tierwelt gleichgestellt werden kann. Politische Willensbildung ist dann jedoch nicht dem besseren Argument verpflichtet, das für eine Lösung vorgebracht und aus einer bestimmten Wertposition für richtig gehalten wird. Das Volk wird degradiert. Ganz konsistent mit dem ersten Teil der Äußerung ist der darauffolgende, wenn sie den „Köder" durch „ne Karotte vor der Nase" ersetzt, der bekanntlich Hase oder Esel aufgrund der Instinktorientierung ihres Verhaltens hinterhertrotten. Die Degradierung des Bürgers zum instinktgeleiteten Tier setzt sich fort. Von einer für Argumente offenen und durch sie gerade wertgeschätzten Autonomie der Lebenspraxis kann hier keine Rede mehr sein.

Abschließend wendet sich Nahles nun gerade gegen diesen Überbietungswettlauf samt Köder und Karotte, weil er ihr – wie sie sagt – „widerstrebt". Sie hatte allerdings eingeführt, dass ein BGE – offenbar notwendig – zu diesem unsachhaltigen Wettlauf führen würde. Wie kommt sie darauf? Darüber erfahren wir an dieser Stelle nichts. Ebensowenig erfahren wir, weshalb die Gefahr eines solchen Wettlaufs denn ohne BGE nicht genauso besteht, dass es nur noch um die Gunst des Wählers geht, ganz gleich, welche Lösung ihm präsentiert wird? Und wer sagt, dass Entscheidungen des Wählers so unsachhaltig ausfallen, wer sagt, dass er sich einfach „ködern" lässt? Nun unterstellt Nahles dies zwar nicht ausdrücklich im Allgemeinen, in der Praxis ihrer Rede jedoch kommt das einer Unterstellung gleich, wenn sie für ihre Position keinerlei Argumente liefert. Wie sie zu dieser jegliche sachhaltige Auseinandersetzung letztlich ausschließenden Einschätzung gelangt, bleibt im Dunkeln.

6 Zusammenfassung der Ergebnisse und Ausblick

Wir schließen an dieser Stelle die Analyse der ausgewählten Passage ab und fassen zusammen, was sich ergeben hat. Andrea Nahles wendet sich in ihren Ausführungen gegen ein BGE, weil sie es damit in Verbindung bringt, für den Bezieher Abhängigkeiten zu schaffen, die sie nicht „haben will". Obwohl sie im Vortrag ankündigt, vier Argumente für ihre Ablehnung vorzubringen, fällt am letzten, in dem es um Unabhängigkeit geht, auf, dass es sich gar nicht um ein Argument handelt. Sie vertritt dort argumentationslos eine Überzeugung, eine Wertposition. Sehr deutlich wird das, wenn sie davon spricht, dass sie das BGE nicht haben „will" oder es ihr gar „widerstrebt". Sie konkretisiert ihre Ablehnung mit Hilfe dreier Beispiele, die Abhängigkeitskonstellationen darstellen, die sie mit der Abhängigkeit, die ein BGE schüfe, gleichsetzt. Wie wir zeigen konnten, besteht zwischen den Beispielen allerdings nur eine oberflächliche Gemeinsamkeit insofern, als alle Konstellationen Abhängigkeiten thematisieren: vom Ehemann, von den Eltern, vom Staat. Strukturell, von ihrer Handlungslogik her gesehen, unterscheiden sich die Beispiele erheblich. Die Abhängigkeitskonstellationen im Beispiel Ehemann und Staat erweisen sich bei näherer Betrachtung als etwas, das nur um den Preis umgangen werden kann, die Handlungslogik der entsprechenden Praxisform (Gattenbeziehung, Gemeinwesen) einzuschränken oder gar aufzuheben. Wer vom Ehemann bzw. vom Ehepartner nicht abhängig sein will, der kann sich auf eine Ehe nicht einlassen, weil die Abhängigkeiten im Sinne des Füreinandereinstehens, woraus sich eine eigene Praxis herausbildet, nicht umgehbar sind. Wird versucht, diese Abhängigkeit zu umgehen, hat dies unmittelbare Folgen für die Struktur der Paarbeziehung, die dann unter Vorbehalt steht. Die Gatten nehmen sich nicht mehr vorbehaltlos so an, wie sie sind, und stehen nicht vorbehaltlos füreinander ein, wenn in Einkommensfragen separat abgerechnet wird.

In dieselbe Richtung weist Nahles Haltung, von „meinem Staat" unabhängig sein bzw. von ihm kein Geld haben zu wollen. Da sie, wie in den anderen Beispielen, eine Unterstützung in Geldform pauschal zurückweist und in diesem konkreten Fall sogar Leistungen ablehnt, die „der Staat zahlt", d. h. die nicht unbedingt in Geldform („in cash"), sondern durchaus als Sachleistung („in kind") bereitgestellt werden könnten, greift ihre Ablehnung noch weiter. Was wäre die Konsequenz aus dieser Haltung? Dass Andrea Nahles gar keine Leistungen in Anspruch nehmen dürfte und letztlich sogar eine Abschaffung des Staates anstreben müsste, um die Gefahr vor einer etwaigen Staatsabhängigkeit aus der Welt zu schaffen. Denn, solange es öffentliche Leistungen gibt, die ein Gemeinwesen erstellt oder bereitstellt, gibt es in irgendeiner Form Leistungen des Staates. Bedenkt man, dass diese Leistungen stets aus Steuern finanziert werden und somit eine (immer auch finanzielle) Abhängigkeit des Einzelnen von der im Staat organisierten politischen Gemeinschaft, die auch die Steuern aufbringt, unvermeidbar ist, wäre der einzige Ausweg aus dieser Abhängigkeit eine Abschaffung des Staates. Das käme aber zugleich einer Abschaffung der politischen Vergemeinschaftung des Nationalstaates gleich, denn sie trägt letztlich den Staat und beauftragt ihn durch demokratische Verfahren, Aufgaben wahrzunehmen. Wie man es dreht und wendet, Nahles Haltung ist radikal antistaatlich, ja anarchistisch. Auf der einen Seite ist sie dem Staat nah („mein Staat") und nicht der Vergemeinschaftung der Bürger als Träger der politischen Ordnung, auf der anderen ist es genau der Staat, den sie sich vom Leib halten will.

Diese Radikalität erweist sich als umso erstaunlicher, wenn zwei Dinge berücksichtigt werden, die für den Vortrag relevant sind. Zum einen ist Nahles als Bundesministerin gerade in einer Position, in der sie ausschließlich vom Staat Geld erhält. Da ihr dieser Zusammenhang nicht verborgen geblieben sein kann, könnten wir wohlwollend festhalten, sie beziehe sich nur auf Leistungen, die ohne Gegenleistung bereitgestellt werden. Das führt sie jedoch nicht als Kriterium ein bzw. nur an einer Stelle der analysierten Passage auf mittelbare Weise, wenn sie auf die Rente zu sprechen kommt, für die sie Beiträge einzahlt. Für diesen Fall haben wir ebenso herausgearbeitet, dass die Rente, anders als sie es darstellt, ein Solidarsystem darstellt, dessen Leistungen nur durch diejenigen ermöglicht werden, die aktiv am Erwerbsleben teilnehmen. Rentner hingegen tragen nicht mehr aktiv bei. Diese Abhängigkeit lässt sich nur dann übergehen, wenn Nahles den Umstand, die Rente nicht einfach so, ohne Gegenleistung, zu erhalten, zum entscheidenden Kriterium erhebt. Deswegen wäre sie etwas anderes. Das Beispiel macht einmal mehr deutlich, dass Nahles Unabhängigkeit als etwas versteht, das sich an der Verfügbarkeit über Einkommen bemisst, das wiederum nicht von anderen abhängig sein darf. Doch diese Unabhängigkeit ist ein Abstraktum und wird erst dadurch lebendig, dass andere die Leistungen erbringen, damit die abstrakte Unabhängigkeit mit Leben gefüllt werden kann, sei es durch die Bereitstellung von Gütern und Dienstleistungen, die mit dem Geld erworben werden können, sei es durch Beitragszahlungen bzw. Steueraufkommen, wodurch es möglich ist, öffentliche Aufgaben zu finanzieren.

Zum anderen macht Nahles an anderer Stelle in ihrem Vortrag (min. 13:35) selbst einen Vorschlag, einen Gegenentwurf zum BGE, der auf nichts anderes setzt als auf staatliche Leistungen. Sie schlägt vor, ein „steuerfinanziertes Startguthaben"[15] in Gestalt staatlich bezahlter Auszeit von Erwerbstätigkeit einzurichten. Die Finanzierung aus Steuermitteln würde nun gerade der Abhängigkeit entsprechen, die sie im Falle des BGE und anderen Einkommenssicherungsleistungen ablehnt. Damit widerspricht sie sich offenkundig. Wie lässt sich nun erklären, dass sie trotz der Widersprüche, in die sie sich dadurch verstrickt, einen Gegenvorschlag unterbreitet, der für all das steht, was sie ablehnt?

Führen wir die verschiedenen Momente ihrer Ausführungen zusammen, lässt sich folgendes sagen: Unabhängigkeit als Unabhängigkeit im Sinne der Verfügung über Geld ist für sie von besonders großer Bedeutung. Das ermöglicht es ihr, sich in einem Atemzug gegen verschiedene Abhängigkeitskonstellationen zu wenden, die nur oberflächlich etwas gemeinsam haben. Weil es für die Sprecherin von herausragender Bedeutung ist, unabhängig zu sein, kann sie in Kauf nehmen, inkommensurable Bespiele für ein und dieselbe Sache anzuführen. Wir haben es hier also auf der einen Seite mit einem Deutungsmuster von Autonomie zu tun, demgemäß Unabhängigkeit über allem steht. Es wäre angemessener, diese Autonomie als Autarkie zu bezeichnen. Darüber hinaus allerdings lässt die emotionale

---

15 Dieser Vorschlag ist ganz aus der Erwerbsnorm heraus gedacht, denn die Auszeit soll eine von Erwerbstätigkeit sein. Ganz ähnlich verhält es sich z. B. beim „Lebenschancenkredit" (Mau 2015) dem Erwerbstätigenkonto (Fratzscher 2017) oder den „Ziehungsrechten" (Mückenberger 2007).

Aufgeladenheit des Vortrags darauf schließen, dass es nicht nur um ein Deutungsmuster geht, sondern auch um eine Habitusformation[16].

Nahles geht dann noch einen Schritt weiter und bringt erhebliches Misstrauen in die repräsentative Demokratie zum Ausdruck, wenn sie prognostiziert, dass „wir" uns durch ein BGE von parteipolitischen Auseinandersetzungen abhängig machen, die sie als Ködermanöver betrachtet, in denen instinktorientierte Bürger durch attraktive Kostangebote gelockt und – so können wir ergänzen – eingefangen werden. Dass diese Auseinandersetzungen für die Rente ebenso gelten („Rentenformel"), kann sie aufgrund ihres abstrakten Autonomieverständnisses nicht sehen. Wenn sie die Willensbildungsprozesse in einer Demokratie als ein Auslegen von Ködern und ein Winken mit Karotten vor der Nase bezeichnet, spricht sie den Bürgern als Staatsbürgern, die das Volk als Legitimationsgrundlage der Demokratie bilden, nicht nur ein Misstrauen aus. Sie dementiert deren Autonomie. Die Konsequenz davon wäre, die Demokratie aufzugeben, da sie ohnehin nur eine politische Ordnung darstellt, die auf dem bloßen Schein von Autonomie und freier Entscheidungsfindung der Bürger beruht.

Wie kann erklärt werden, dass sie all die Widersprüche und Verkürzungen in Kauf nimmt und unbearbeitet stehen lässt? Das BGE steht, wie wir zu Beginn gesehen haben, für ein Verständnis von Autonomie, das Einkommenssicherung nicht als Resultat von Erwerbsanstrengungen bzw. -beiträgen versteht. Der Einzelne, dem es qua Individualprinzip bereitgestellt würde, hebt gerade den Leistungs-Gegenleistungs-Zusammenhang gegenwärtiger Sicherungssysteme auf und verlagert die Verantwortung dafür, etwas zum Gemeinwohl, zum Fortbestehen, beizutragen, in die Verantwortung des Individuums als Bürger des Gemeinwesens. Als Bürger dieses Gemeinwesens muss sich jeder fragen, wie er zum Fortbestehen des Ganzen beitragen kann, sein Beitrag ist jedoch nicht normativ präformiert, wie es gegenwärtig durch die Erwerbsnorm der Fall ist; vielmehr wird auf seine Autonomie als Bürger gesetzt. Es scheint genau diese Autonomie zu sein, die Andrea Nahles „widerstrebt", eine Autonomie, die sich in Vergemeinschaftung konstituiert und auf diese stets angewiesen bleibt. Ihr Widerstreben gegen diese Form der Autonomie beherrscht sie so sehr, dass sie kaum dazu in der Lage ist, es argumentativ zu begründen. Diejenigen Argumente, die sie vorbringt, diskreditieren nicht das BGE, sie richten sich vielmehr gegen Autonomie und Demokratie als solche.

Unser Befund ist von erheblicher Tragweite, da angesichts dessen, dass eine erfahrene Bundesministerin, die diverse Selektionsverfahren in ihrer Karriere

---

16 Habitusformationen sind als Handlungsprogrammierungen vorstellbar, „die wie eine Charakterformation das Verhalten und Handeln von Individuen kennzeichnen und bestimmen" (Oevermann 2001a: 45).

durchlaufen hat und schon verschiedene Ämter bekleidete trotz einer solchen Haltung zu Demokratie und politischem Handeln für amtsfähig erachtet wurde, lässt Schlüsse auf die Verfasstheit der Demokratie in Deutschland zu. Offenbar ist ein solch abstraktes Verständnis von Autonomie ebenso wenig ein Hindernis dafür, in ein Amt berufen zu werden, wie die de-autonomisierende Haltung gegenüber den Bürgern, die immerhin Legitimationsquelle allen staatlichen Handelns sind. Zwar ist es auf der einen Seite so, dass Autonomie auf verschiedenen Handlungsebenen vorausgesetzt wird: 1) individuell, weil der Einzelne tatsächlich selbst Entscheidungen für sein Leben treffen muss; 2) politisch, weil die politische Ordnung diese Autonomie ausdrücklich zu ihrer Legitimationsquelle erhebt; 3) die Wahrnehmung dieser Autonomie ausdrücklich erwartet wird, sie ist zur Norm erhoben. Auf der anderen Seite ist es trotz dieser Voraussetzung auf mehreren Ebenen möglich, dass sich Deutungsmuster von Autonomie ausbilden bzw. erhalten, die zu den Voraussetzungen in denkbar starkem Gegensatz stehen. Wir haben es mit einem Kollektivphänomen zu tun, das sich in einem konkreten Fall auf drastische Weise gezeigt hat.

Wir könnte weiter vorgegangen werden? Um dieses Ergebnis zu prüfen, stünde als nächstes an, weitere Passagen aus dem Vortrag zu analysieren, und zwar genau solche, die die bislang erreichte These zum Scheitern bringen könnten. Darüber hinaus wären weitere Ausdrucksgestalten aus der öffentlichen Diskussion heranzuziehen, um herauszufinden, wie verbreitet die Haltung ist, die Nahles zeigt. Gilt sie womöglich für andere Handlungssphären ebenso, z. B. in Unternehmen, im Bildungswesen (Schule und Hochschule)[17]. Dann könnten Ländervergleiche angestellt werden, um Ausformungen von Autonomie bzw. De-Autonomsierungsprozesse genauer zu bestimmen.

---

17 Für die Hochschule können wir als prägnantes Beispiel die Umgestaltung der Studiengänge im Gefolge der Bologna-Erklärung anführen, aber auch die Diskussion um eine Anwesenheitspflicht in Lehrveranstaltungen.

Literaturverzeichnis

Blaschke, Ronald; Otto, Adeline; Schepers, Norbert (Hg.) (2010): Grundeinkommen. Geschichte – Modelle – Debatten. Berlin: Karl-Dietz-Verlag (http://www.rosalux.de/fileadmin/rls_uploads/pdfs/Publ-Texte/Texte_67.pdf; zuletzt angesehen am 30.10.2017)

Blaschke, Ronald (2012): „Aktuelle Ansätze und Modelle von Grundsicherungen und Grundeinkommen in Deutschland". In: Blaschke, Ronald; Otto, Adeline; Schepers, Norbert (Hg.), Grundeinkommen. Von der Idee zu einer europäischen politischen Bewegung. Mit einem Vorwort von Katja Kipping. In Kooperation mit der Rosa-Luxemburg-Stiftung, Hamburg: VSA, 118-250 (https://www.rosalux.de/fileadmin/rls_uploads/pdfs/sonst_publikationen/VSA_Blaschke_ua_Grundeinkommen.pdf; zuletzt angesehen am 30.10.2017)

BMAS (2017): Weissbuch Arbeiten 4.0. Bundesministerium für Arbeit und Soziales Abteilung Grundsatzfragen des Sozialstaats, der Arbeitswelt und der sozialen Marktwirtschaft (Hg.), Berlin (http://www.bmas.de/SharedDocs/Downloads/DE/PDF-Publikationen/a883-weissbuch.pdf;jsessionid=E2BBBEC9538A8E7C987C9FE7FE357532?__blob=publicationFile&v=9, zuletzt angesehen am 30.10.2017)

Deutsche Rentenversicherung (2017): Rente: So wird sie berechnet. 22. Auflage, Nr. 204

Duden (1991): Der Große Duden. Grammatik der deutschen Sprache. Mannheim: Duden-Verlag

Fratzscher, Marcel (2017): „Von Frankreich lernen". Rubrik: Fratzschers Verteilungsfragen/Grundeinkommen. In: *Zeit Online*, 9. 6.2017 (http://www.zeit.de/wirtschaft/2017-06/grundeinkommen-moderne-sozialpolitik-frankreich-deutschland/komplettansicht?print; zuletzt angesehen am 30.10.2017)

Krämer, Walter (2015): So lügt man mit Statistik. Frankfurt: Campus

Künast, Renate (2012). Renate Künast im Sommerinterview Teil 2: Betreuungsgeld, Frauenquote, Lesben & Schwule (Videoaufzeichnung v. 19.6.2011; https://www.youtube.com/watch?v=UIRlNXCOa0w; zuletzt angesehen am 30. 10.2017)

Liebermann, Sascha (2010): Autonomie, Gemeinschaft, Initiative. Zur Bedingtheit eines bedingungslosen Grundeinkommens. Eine soziologische Rekonstruktion. Karlsruhe: KIT Scientific Publishing (https://www.ksp.kit.edu/9783866444713, zuletzt angesehen am 30.10. 2017)

Liebermann, Sascha (2012a): „Manifold Possibilities, Peculiar Obstacles – Basic Income in the German Debate". In: Murray, Matthew C.; Pateman, Carole (Hg.), Basic Income Worldwide. Horizons of Reform. Basingstoke: Palgrave Macmillan, International Political Economy Series, 173-199

Liebermann, Sascha (2012b): „Das Menschenbild des Grundeinkommens – Wunschvorstellung oder Wirklichkeit?". In: *Werner, Götz W. et al (2012)*, 12-19

Liebermann, Sascha (2015): Aus dem Geist der Demokratie: Bedingungsloses Grundeinkommen. Frankfurt: Humanities Online

Mau, Steffen (2015): Der Lebenschancenkredit. Ein Modell der Ziehungsrechte für Bildung, Zeitsouveränität und die Absicherung sozialer Risiken. In: *WISO-direkt*, Bonn: Friedrich-Ebert-Stiftung, Oktober, 4 Seiten

Mückenberger, Ulrich (2007): Ziehungsrechte – ein zeitpolitischer Weg zur „Freiheit in der Arbeit"?. In: *WSI-Mitteilung*, 4/2007, Hans-Böckler-Stiftung: 195-201

Nahles, Andrea (2017): Bedingungsloses Grundeinkommen – (K)eine Antwort auf den Digitalen Wandel. Vortrag auf der Konferenz re:publica, Berlin (Videoaufzeichnung v.

9.5.2017; https://re-publica.com/en/17/session/bedingungsloses-grundeinkommen-keine-antwort-auf-den-digitalen-wandel; zuletzt angesehen am 30.10.2017)

Oevermann, Ulrich (1984): Versozialwissenschaftlichung der Identitätsformation und der Verweigerung von Lebenspraxis: eine aktuelle Variante der Dialektik der Aufklärung. In: Lutz, Burkard (Hg.), Soziologie und gesellschaftliche Entwicklung. Verhandlungen des 22. Deutschen Soziologentages in Dortmund, Frankfurt: Campus, 463-474

Oevermann, Ulrich (2001a): Die Struktur sozialer Deutungsmuster – Versuch einer Aktualisierung. In: *sozialer sinn*, 11/2001: 35-81

Oevermann, Ulrich (2001b): Die Soziologie der Generationenbeziehungen und der historischen Generationen aus strukturalistischer Sicht und ihre Bedeutung für die Schulpädagogik. In: Kramer, Rolf-Torsten; Helsper, Werner; Busse, Susanne (Hg.), Pädagogische Generationsbeziehungen. Jugendliche im Spannungsfeld von Schule und Familie, Opladen: Leske und Budrich, 78-128

Oevermann, Ulrich (2003 [2001]): Der Intellektuelle – soziologische Strukturbestimmung des Komplementär von Öffentlichkeit. In: Franzmann, Andreas; Liebermann, Sascha; Tykwer, Jörg (Hg.), Die Macht des Geistes. Soziologische Fallanalysen zum Strukturtyp des Intellektuellen, Forschungsbeiträge aus der Objektiven Hermeneutik, Band 3, Frankfurt: Humanities Online, 13-76

Offe, Claus; Hinrichs, Karl (1984): Sozialökonomie des Arbeitsmarktes: primäres und sekundäres Machtgefälle. In: Offe, Claus, Arbeitsgesellschaft: Strukturprobleme und Zukunftsperspektiven, Frankfurt: Campus, 44-86

Schmidtke, Oliver (2016): Ideal und Ironie der Gesellschaft. Die „Utopia" des Thomas Morus. Frankfurt: Campus

Van Parijs, Philipp; Vanderborght, Yannick (2017): Basic Income. A Radical Proposal for a Free Society and a Sane Economy. Cambridge: Harvard University Press

Wahrig (1991): Wahrig. Fremdwörterlexikon. Gütersloh: Bertelsmann Lexikon Verlag

Weinrich, Harald (2007): Textgrammatik der deutschen Sprache. Hildesheim, Zürich, New York: Georg Olms Verlag (unter Mitarbeit von Maria Thurmair, Eva Brendl, Eva-Maria Willkop)

Werner, Götz W.; Eichhorn, Wolfgang; Friedrich, Lothar (2012): Das Grundeinkommen. Würdigung. Wertungen. Wege. Karlsruhe: KIT Scientific Publishing (https://www.ksp.kit.edu/9783866448735; zuletzt angesehen am 30. 10.2017)

Über die Arbeit an einer Strukturtheorie des Unterrichts und die dabei auftretenden methodologischen Probleme

Johannes Twardella

1 Skizze der Forschungslage

Die Schulpädagogik als eine akademische Disziplin befindet sich grundsätzlich in einer schwierigen Situation: Auf der einen Seite ist sie mit der Erwartung konfrontiert, der Praxis zu dienen. Sie soll angehende Lehrer auf ihren zukünftigen Beruf vorbereiten und zur Verbesserung der pädagogischen Praxis, wie sie faktisch permanent stattfindet, beitragen. Auf der anderen Seite wird von ihr erwartet, Wissenschaft zu betreiben. Durch diese Schwierigkeit ist auch die Forschungslage geprägt, u. a. auf einem der zentralen Gebiete der Schulpädagogik: der Theorie des Unterrichts. Von einer Theorie des Unterrichts wird einerseits erwartet, dass sie einen praktischen Nutzen hat und zwar für die – angehenden oder bereits im Beruf stehenden – Lehrer. Für diese soll sie eine Hilfe sein bei der Planung und Durchführung ihres Unterrichts. Gleichzeitig aber soll sie den Standards der avanciertesten wissenschaftlichen Forschung genügen. In der zweiten Hälfte des 20. Jahrhunderts dominierten Theorien des Unterrichts, die von Personen stammten, welche Erfahrungen in der Praxis gesammelt hatten und diese theoretisch reflektierten. Gegen Ende des 20. Jahrhunderts schlug das Pendel in die entgegengesetzte Richtung aus – inzwischen dominieren Personen die Diskussion, die ausschließlich wissenschaftlich qualifiziert sind. Praktische Erfahrungen gelten eher als für einen wissenschaftlichen Zugang zum Feld hinderlich. Das hat jedoch nicht dazu geführt, dass die Erwartung, der Praxis zu dienen, keine Rolle mehr spielt. Im Gegenteil: Die Behauptung eines praktischen Nutzens hat als Legitimationsgrund für Forschungen zur Theorie des Unterrichts vielmehr an Bedeutung gewonnen – und diese haben zunehmend einen technokratischen Charakter.

Im Folgenden soll von einem Versuch berichtet werden, eine materiale Theorie des Unterrichts zu entwickeln, einem Versuch, der sich frei von der Erwartung machte, der Praxis dienlich zu sein, und allein darauf zielte, wissenschaftlichen

Ansprüchen zu genügen. Der Schwerpunkt soll auf die methodologischen Probleme gelegt werden, die bei diesem Versuch auftauchten. Unternommen wurde er im Rahmen des Forschungsprojektes „Pädagogische Rekonstruktion des Unterrichtens" (PAERDU), das in der Zeit von 2004 bis 2013 an der Goethe-Universität in Frankfurt am Main unter der Leitung von Andreas Gruschka durchgeführt wurde und an dem ich auch beteiligt war.[1] Im Rahmen dieses Projektes ist meine Studie „Konstellationen des Pädagogischen. Zu einer materialen Theorie des Unterrichts"[2] entstanden, auf die im Folgenden Bezug genommen werden soll.

2 Forschungsfrage

Die Entscheidung für eine Forschungsfrage ist stets von mehreren Faktoren abhängig: dem Forschungsinteresse des einzelnen Forschers, dem Forschungsansatz, den er bzw. eine Gruppe von Wissenschaftlern verfolgt, sowie den pragmatischen Bedingungen, unter denen ein konkretes Forschungsprojekt durchgeführt wird.

Das eigene Forschungsinteresse war zunächst recht diffus. Fest stand allein der Gegenstand, auf den es sich bezog: Unterricht. Ihn zu erforschen, ihn zu verstehen war mir ein starkes Bedürfnis, da ich mehrere Jahre zuvor als Lehrer gearbeitet hatte. Die Arbeit in der Schule, vor allem das Unterrichten ist ein Prozess, der aus der Teilnehmerperspektive kaum zu verstehen ist. Die Interaktionen sind dermaßen dicht und die Voraussetzungen für eine Reflexion so ungünstig, dass vieles, ja, das meiste, was in der Schule passiert, unverstanden bleibt. Viele Dinge muss ein Lehrer planen und reflektieren, das Unterrichten wird z. T. vorweg sehr genau durchdacht[3], doch auch bei der genauestens Planung ist die Praxis, der Unterricht selbst, etwas ganz anderes. Und was in ihm geschieht, bleibt – wie gesagt – weitgehend unverstanden.

Ich war also in eine Praxis involviert, die ich zwar selber plante und organisierte, die mir jedoch fremd und unverständlich blieb. Daraus entstand der Wunsch, sie zu

---

1 https://www.uni-frankfurt.de/51669803/PAERDU (zuletzt angesehen am 04.04.2017.)
2 Die Studie wurde 2011 fertig gestellt. Überarbeitete Fassung s.: Twardella 2018.
3 Das Referendariat kennzeichnet, dass angehende Lehrer dazu angehalten werden, ihren Unterricht immer differenzierter zu planen und zu durchdenken – bis sie am Ende dazu in der Lage sind, einen „Entwurf" zu schreiben, der die wichtigsten Aspekte einer Unterrichtsstunde differenziert reflektiert. In der Berufseinstiegsphase nimmt der Umfang der Planung deutlich ab und in einem Prozess des Ausprobierens entwickelt ein jeder Lehrer das Maß an Planung, das er langfristig gesehen für die Durchführung seines Unterrichts benötigt.

erschließen – und die Wissenschaft versprach, die Mittel zur Verfügung zu stellen, mit denen dieser Wunsch erfüllt werden kann.

Dem subjektiven Forschungsinteresse kam ein Forschungsansatz entgegen, der auf das Verstehen von Unterricht, seine Rekonstruktion als eines empirischen Geschehens zielte, die pädagogische Unterrichtsforschung von Andreas Gruschka. Als ich zu der Forschungsgruppe um Gruschka stieß, war dieser Ansatz so weit entwickelt, dass mit der Durchführung von PAERDU unmittelbar begonnen werden konnte. Gruschka hatte zuvor mit dem Soziologen Ulrich Oevermann über mehrere Jahre hinweg gemeinsam eine rekonstruktive Unterrichtsforschung betrieben[4] und sodann eine „Vorstudie" vorgelegt, in der die Umrisse dieses Forschungsprojektes dargelegt wurden (Gruschka 2005). Die Besonderheit dieses Ansatzes ging bereits aus dem Untertitel dieser Studie hervor: Gruschka modelliert Unterricht als eine „widersprüchliche Einheit von Erziehung, Didaktik und Bildung".

Die eigene Forschungsfrage ergab sich schließlich unter den pragmatischen Bedingungen des Forschungsprojektes PAERDU: Da das Projekt letztlich auf die Konstruktion einer allgemeinen Theorie des Unterrichts zielte, auf Strukturmerkmale von Unterricht unabhängig vom Fach sowie von der Schulform, musste dieser umfassend in den Blick genommen werden. Ausgewählt wurden dafür vier Schulen in der Rhein-Main-Region, welche für die verschiedenen Schulformen stehen – eine Haupt- und Realschule, eine Integrierte Gesamtschule (IGS), ein traditionelles Gymnasium sowie eine reformorientierte Gesamtschule – und Unterricht wurde aufgenommen in sieben Fächern, die als repräsentativ für den Fächerkanon angesehen werden können.[5] Der Fokus wurde sodann auf *eine* Jahrgangsstufe gelegt, die Jahrgangsstufe 8. Daraus, dass mir die Zuständigkeit für eine der Schulen zufiel, in der Unterricht aufgezeichnet wurde: für die IGS, und daraus, dass es mein Anliegen war, einen Beitrag zur Theorie des Unterrichts zu leisten, ergab sich sodann die Frage, die ich in meinem Teilprojekt beantworten wollte: Ist überhaupt eine allgemeine Theorie des Unterrichts möglich oder unterscheidet sich der Unterricht an einer IGS dergestalt von dem Unterricht an anderen Schulen, dass nur schulformspezifische Theorien des Unterrichts möglich sind?

---

4   Im Rahmen von Schulpraktischen Studien.
5   Deutsch, Englisch als erste Fremdsprache, eine zweite Fremdsprache (Französisch oder Spanisch), Kunst, Ethik oder Religion, Sozialkunde (bzw. „Politik und Wirtschaft") oder Geschichte, Mathematik, Physik oder Chemie.

3 Was ist Unterricht?

Die Frage, was Unterricht ist, scheint nicht schwer zu beantworten zu sein. Jeder kennt Unterricht, hat lange an ihm teilgenommen. Eine einfache, vorwissenschaftliche Antwort könnte lauten, Unterricht sei schlicht ein Geschehen, in dem eine Lehrperson einer Gruppe von Schülern einen bestimmten „Stoff" vermittelt. Wird Unterricht jedoch zum Gegenstand wissenschaftlicher Forschung gemacht, stellen sich sofort eine Reihe von Fragen: Wenn ein Forscher von dem oben erwähnten Vorverständnis ausgeht und einen Lehrer aufsucht, der in einer Schule mit Schülern über einen bestimmten Stoff spricht, wird sich ihm zunächst die einfache Frage stellen, wann denn der Unterricht beginnt: Fängt er damit an, dass der Lehrer und die Schüler aufeinandertreffen, ersterer den Klassenraum betritt und die Anwesenden sich wechselseitig wahrnehmen? Oder beginnt er dann, wenn der erste verbale Austausch zwischen ihnen stattfindet? Der scheinbar einfache Unterschied zwischen dem, was gemeinhin als „Pause", und dem, was als „Unterricht" bezeichnet wird, erweist sich bei genauerer Betrachtung als ein komplexer Übergang, der beschrieben werden kann als ein solcher von der kommunikativen Ordnung „Pause" zu einer anderen kommunikativen Ordnung, der des Unterrichts. Und gestaltet wird dieser Übergang in vielen Fällen mit Hilfe eines Rituals, dem Ritual der Begrüßung. Doch diese erste begriffliche Bestimmung lässt immer noch Fragen offen: Ist dasjenige, was auf die Begrüßung folgt, der Unterricht? Dann irritiert jedoch, dass im Anschluss an die Begrüßung häufig erst einmal über „Organisatorisches" gesprochen wird (z. B. über eine bevorstehende Klassenfahrt). Handelt es sich dennoch bereits um Unterricht? Oder beginnt dieser erst dann, wenn über einen bestimmten „Stoff" gesprochen wird?

Die Antwort, welche im Rahmen von PAERDU auf diese Frage gegeben wurde, lautete: Empirisch in den Blick genommen wird die Kommunikation zwischen Lehrer und Schüler. Ob es sich bei dieser Kommunikation sodann um eine pädagogische Kommunikation, genauer gesagt, um Unterrichtskommunikation handelt, das hängt davon ab, aus welcher theoretischen Perspektive das Geschehen untersucht wird, anders formuliert, welche Gegenstandsbestimmung vorgenommen wird.

4 Die Frage der Gegenstandsbestimmung

Auf der Basis der Prämisse, dass dasjenige, was empirisch im Unterricht anzutreffen ist, als Kommunikation zu begreifen ist, kann diese in unterschiedlicher Weise als Gegenstand bestimmt werden. Der Forscher könnte z. B. das kommunikative

Geschehen wahrnehmen und den Eindruck gewinnen, es handle sich bei diesem um ein Spiel. Was er dort vor sich habe, sei gewissermaßen eine Bühne, auf der die Personen unterschiedliche Rollen einnehmen und etwas aufführen. Er habe es also mit inszenatorischem Handeln, also mit Theater zu tun. Dann würde sich womöglich die Frage stellen, wie die Akteure ihre jeweilige Rolle ausfüllen, welcher rhetorischen Mittel sie sich bedienen und wie die Dramatik des Stückes beschaffen ist, das sie aufführen (Hausmann 1959). Ist es eine Komödie, die hier geboten wird, oder eine Tragödie?

Eine andere Möglichkeit bestünde darin, dass der Forscher das beobachtete Geschehen als ein Managementhandeln sieht. Dann würde er sich auf die Lehrperson konzentrieren und danach fragen, wie diese den kommunikativen Prozess organisiert: Hat sie alles, was im Unterricht geschieht, im Blick? Ist der Ablauf so strukturiert, dass es zu keinen Reibungsverlusten kommt? Sind die Arbeitsaufträge präzise formuliert und wird insgesamt dafür gesorgt, dass der Unterricht effizient ist und das heißt, einen möglichst hohen Ertrag, einen möglichst hohen „Output" bringt (Schönbächler 2007).

Oder der Forscher sieht den Unterricht als einen Interaktionsprozess an, der durch ein Machtgefälle gekennzeichnet ist. Dann interessiert er sich für die asymmetrische Beziehung zwischen der Lehrperson und den Schülern, für die Mikrophysik der Macht, die nicht nur funktioniert, wenn die Lehrperson machtvoll auftritt, z. B. indem sie ein Machtwort spricht, sondern auch wenn sie dies nicht tut, da die Macht längst ihre Spuren in den Schülern hinterlassen hat, so dass diese auch ohne ein solches tun, was von ihnen erwartet wird (Hummrich 2012).

Dem Forschungsprojekt PAERDU lag nun die Entscheidung zugrunde, das kommunikative Geschehen zwischen Lehrer und Schüler als pädagogische Praxis zu bestimmen. Das klingt trivial, ist es jedoch keineswegs – und selbstverständlich ist es auch nicht. Tatsächlich wird Unterricht in der Regel *nicht* als pädagogischer Gegenstand bestimmt.

5 Gegenstandsbestimmung in der Unterrichtsforschung

Wer sich die Literatur zur Unterrichtsforschung ansieht, wird rasch bemerken, dass Unterricht aus äußerst unterschiedlichen theoretischen Perspektiven in den Blick genommen bzw. als Gegenstand bestimmt wird. Die Vielzahl von Gegenstandsbestimmungen, wie sie in der Unterrichtsforschung zu finden ist, lässt sich grob drei Disziplinen zuordnen: der Psychologie, der Soziologie und der Pädagogik.

I.

Vereinfacht gesprochen fokussiert die Psychologie, genauer gesagt, die Pädagogische Psychologie ihren Blick allein auf das Individuum. Sie interessiert sich für dessen Intelligenz und Wissen, für dessen Motivation und Selbstwahrnehmung sowie für dessen Lernen. Im Unterricht treten jedoch mehrere Individuen in Beziehung zueinander und sie interagieren miteinander. Dem versucht die Pädagogische Psychologie Rechnung zu tragen, indem sie Modelle entwirft, die es auf der einen Seite ermöglichen, weiterhin nach wie vor die einzelnen Individuen im Blick zu behalten, auf der anderen Seite aber auch, sich eine Vorstellung davon zu machen, wie die Individuen miteinander agieren. Das gegenwärtig dominante Modell, mit dem in der Pädagogischen Psychologie gearbeitet wird, ist das Angebots-Nutzungs-Modell von Andreas Helmke (Helmke 2003). Unterricht wird von Helmke modelliert als ein Prozess, in dem ein Individuum, die Lehrperson, ein „Angebot" macht. Dieses Angebot besteht in der „Lehre", welche sich in der Regel eines „Lehr-Lern-Materials" bedient. Die Lehre richtet sich an andere Individuen, an Schüler, welche dieses „Angebot" „nutzen". Ihre Nutzung besteht in „Lernaktivitäten", die entweder im Rahmen des Unterrichts oder auch außerhalb seiner stattfinden (z. B. als Hausaufgabe) und die in einen bestimmten „Ertrag" münden.

Die letzte Reform des Bildungssystems stützte sich mehr oder weniger auf eben dieses Modell. Um Unterricht „optimieren" zu können, muss er messbar werden, so hieß es. Das gilt auch in Bezug auf die Lehrperson: Deren „Kompetenzen" sollen messbar sein, vor allem deren fachliche und didaktische Kompetenzen (Baumert/Kunter 2006). Auch werden inzwischen die Qualität des „Angebots", die Kompetenzen der Schüler und vor allem der „Output" des Unterrichts, sein „Ertrag" gemessen.[6]

An dieser Modellierung von Unterricht wurde kritisiert, sie lehne sich zu sehr an diejenige der Wirtschaftswissenschaften an, Unterricht werde bestimmt als ökonomisches Handeln (Frost 2006). Zwar könne, was Lehrpersonen tun, durchaus als „Angebot" bezeichnet werden, doch stehe diesem keine Nachfrage auf Seiten der Schüler gegenüber. Und vor allem gehe es im Unterricht nicht darum, dass ein möglichst großer Gewinn bzw. Ertrag, der sich messen lässt, erreicht wird. Worauf es im Unterricht ankomme, das sei letztlich nicht messbar, ja, sei „unverfügbar" (Rosa 2016: 78).

---

6   Die Ergebnisse werden sodann in großen Studien miteinander verglichen, z. B. im Rahmen der regelmäßig stattfindenden PISA-Studien. Aus diesen lässt sich dann ableiten, wer noch – wie es im Jargon heißt – seine „Hausaufgaben" machen muss, also seinen Unterricht „optimieren" sollte.

Wenn, wie oben geschehen, davon ausgegangen wird, dass Unterricht ein kommunikativer Prozess ist, ist unmittelbar evident, dass die Begriffe des Angebots-Nutzungs-Modells unzureichend sind: Kommunikationsprozesse sind viel zu komplex, als dass sie einfach nach dem Muster von Angebot, Nutzung und Ertrag begriffen werden könnten. Hinzu kommt, dass sich mit diesem Modell die Spezifik der pädagogischen Kommunikation nicht erfassen lässt. Diese folgt einer bestimmten Logik, wird bestimmt durch pädagogische Normen und Ziele, die sich nicht mit den Begriffen „Effizienz" und „Maximierung des Ertrags" fassen lassen.

II.

Auch die Möglichkeiten Unterricht mit den Begriffen einer anderen Disziplin, der Soziologie als Gegenstand zu bestimmen, können hier nur grob angedeutet werden. Die Soziologie, genauer gesagt, eine in der Tradition Max Webers stehende Soziologie fokussiert weniger das Individuum als vielmehr das Handeln bzw. die Interaktion von Akteuren. Und dieses Handeln wird stets als ein soziales begriffen, das einen Sinn hat, welcher sich explizieren lässt. Der soziologische Zugriff ist insofern kompatibel mit dem Vorverständnis von Unterricht als einem kommunikativen Geschehen – und mit seiner Hilfe kann z. B. verständlich gemacht werden, wie die Differenz zwischen Lehrer und Schüler kommunikativ erzeugt wird. Ja, kommunikativ wird im Unterricht eine bestimmte Ordnung eingerichtet, werden Erwartungen vermittelt, die sich auf der einen Seite zur Rolle des Lehrers verdichten, auf der anderen zu derjenigen des Schülers. Ausgehend von diesen Prämissen bzw. von systemtheoretischen Überlegungen des Soziologen Niklas Luhmann haben Wolfgang Meseth, Matthias Proske und Frank-Olaf Radtke Unterricht als ein soziales System theoretisch modelliert (Meseth/Proske/Radtke 2011). Auf zwei Punkte ihrer soziologischen Theorie des Unterrichts sei kurz eingegangen: Vor dem Hintergrund des Theorems der „doppelten Kontingenz", demzufolge Kommunikationsprozesse äußerst fragil sind, stellen die Autoren die Frage, warum die Ordnung im Unterricht dennoch weitgehend stabil ist. Es sei, so behaupten sie, vor allem ein bestimmtes Interaktionsmuster, das die Stabilität der Ordnung im Unterricht gewährleiste:[7] das Schema von Lehrerfrage, Schülerantwort und Bewertung durch den Lehrer.[8] Dieses Schema sei auf verschiedenen Ebenen und in unendlich vielen Varianten im Unterricht zu finden und es sichere – wie gesagt – die Stabilität der Unterrichtskommunikation. Vollkommen unsicher sei jedoch, so die Autoren, was mit den am Unterricht beteiligten Akteuren geschehe, vor

---

7 Und zwar in verschiedenen Dimensionen, der Sach-, der Zeit- und der Sozialdimension.
8 In der linguistischen Forschung zum Unterricht wird dieses als IRE-Schema bezeichnet (Steiner 2008).

allem was der Unterricht bei den Schülern bewirke. Diese Behauptung stützt sich auf ein theoretisches Argument: Unterricht sei zu bestimmen als soziales System. Wie alle anderen sozialen Systeme werde er kommunikativ erzeugt. Die an ihm beteiligten Akteure seien ihrerseits ebenfalls als Systeme zu begreifen, jedoch nicht als soziale Systeme, sondern als psychische Systeme. Da aber der Systemtheorie zufolge alle Systeme autopoietisch sind, sich also nur auf sich selbst beziehen, würden zwar empirisch gesehen Lehrer und Schüler am Unterricht teilnehmen, aber die Vorstellung, dass Lehrer auf Schüler einwirken können, ja, die Vorstellung von irgendeinem Wirkungszusammenhang sei abwegig, sei völlig naiv. Auch Schüler würden sich letztlich nur auf sich selbst beziehen.

III.

Nicht zuletzt ist es möglich, Unterricht aus einer pädagogischen Perspektive als Gegenstand zu bestimmen; z. B. ist es möglich, ihn als didaktischen Prozess zu bestimmen und danach zu fragen, welche didaktischen Strategien in ihm zu finden sind. Es wurde bereits erwähnt, dass in der Vergangenheit Unterricht häufig in dieser Weise bestimmt wurde, ja, dass Unterrichtstheorie häufig mit didaktischer Theorie in eins gesetzt wurde. Ebenfalls aber wurde schon gesagt, dass es eine Differenz zwischen didaktischen Theorien bzw. der Planung von Unterricht und der Praxis des Unterrichts gibt. Die Praxis ist immer wesentlich komplexer als alles das, was vorweg geplant wurde. Dennoch ist ihr immer eine bestimmte Didaktik inhärent. Deswegen hat schon in den 20er Jahren des 20. Jahrhunderts Erich Weniger zwischen verschiedenen Ebenen von „Theorie" differenziert: der (didaktischen) Theorie, welche dem Handeln einer Lehrperson (inklusive den Medien, Methoden und Materialien, derer sie sich bedient) implizit ist. Weniger bezeichnete sie als Theorie 1. Grades. Jene didaktischen Überlegungen, die eine Lehrperson zu explizieren vermag, wenn sie entweder vor oder nach dem Unterricht nach ihrer Didaktik gefragt wird, gehören zu der Theorie 2. Grades. Und wissenschaftliche Theorien sind für Weniger Theorien 3. Grades (Weniger 1929/1975).

Aus einer pädagogischen Perspektive kann Unterricht aber nicht nur als didaktischer Prozess, sondern auch als Erziehung bestimmt werden. In den Fokus gerät dann die Differenz zwischen dem Lehrer als einem Erwachsenen und den Schülern, die noch nicht erwachsen sind. Und es stellt sich die Frage, worin das Ziel der Kommunikation des Lehrers mit den zu erziehenden Heranwachsenden besteht. Nicht nur der einzelne Lehrer, sondern die Schule insgesamt hat einen Erziehungsauftrag, ist dazu verpflichtet, die ihr anvertrauten Kinder und Jugendlichen zu mündigen Bürgern zu erziehen. Wenn Lehrer danach gefragt werden, welche erzieherischen Ziele sie verfolgen, dann äußern sie sich entsprechend. Davon zu unterscheiden ist jedoch, was in der Praxis geschieht. Dieser sind stets bestimmte Erziehungsziele inhärent, die z. T. mit den offiziellen Erziehungszielen von Schule übereinstimmen, z. T. aber auch nicht. Die Zusammenhänge sind hier sehr kompliziert und zwar deswegen, weil, um das Ziel der Mündigkeit zu erreichen, zunächst ein anderes Ziel verfolgt werden muss, nämlich die Kinder- und Jugendlichen zu Schülern zu erziehen. Damit die Heranwachsenden durch den Unterricht zu mündigen Bürgern erzogen werden können, müssen sie bereits ein Stück weit erzogen worden sein und zwar dazu, gemäß den Erwartungen zu handeln, die mit der Schülerrolle verbunden sind. Die Erziehung der Heranwachsenden zu Schülern kann nun aber derjenigen zur Mündigkeit durchaus auch hinderlich sein. Dies geschieht z. b. dann, wenn Mittel, die primär der Erziehung dienen, für anderes verwendet werden. (Wenn z. B. die Frage eines Schülers, der etwas nicht verstanden hat, nicht geklärt, sondern, weil der Schüler nicht das Rederecht besaß und unaufgefordert hereingerufen hat, als Unterrichtsstörung angesehen und entsprechend sanktioniert wird.)

Schließlich kann Unterricht auch als Bildungsprozess bestimmt werden. Dann kann – wie dies Wolfgang Klafki für die Planung von Unterricht vorgesehen hatte – in Bezug auf den „Gegenstand", der zum Inhalt der Unterrichtskommunikation gemacht worden ist, im Nachhinein gefragt werden, worin dessen „Bildungsgehalt" besteht. Und es stellt sich die Frage, ob die Unterrichtskommunikation Hinweise darauf enthält, dass es zu Bildungsprozessen auf Seiten der Schüler gekommen sein könnte.

Wenn davon ausgegangen wird, dass der Begriff des Lernens für eine Aneignung steht, die sich darauf beschränkt, dass ein Wissen reproduziert oder eine Operation richtig durchgeführt werden kann, und der Begriff der Bildung für eine Veränderung der Person, die sich ein Wissen aneignet oder ein Können erlernt, eine Veränderung, die auf ein Verstehen, ein „Erschlossensein einer dinglichen und geistigen Wirklichkeit für einen Menschen" und ein „Erschlossensein dieses Menschen für diese seine Wirklichkeit" (Klafki 1959/1964: 43) zurückzuführen ist, dann kann ein erstes Indiz für einen möglichen Bildungsprozess eine Frage oder eine Bemerkung sein, die auf das Interesse eines Schülers an dem Unterrichtsgegenstand hinweist. Ein weiteres, eventuell noch deutlicheres Indiz ist es, wenn Schüler beim Lernen ins Stocken kommen oder Fehler machen. Dann zeigt sich, dass zumindest die Möglichkeit eines Bildungsprozesses gegeben ist (Oser/Spychiger 2005).

Die pädagogische Unterrichtsforschung, wie sie Gruschka konzipiert hat, geht nun davon aus, dass Unterricht weder als allein didaktischer Prozess, noch als allein erzieherischer oder als Bildungsprozess angemessen bestimmt ist, sondern bei der Gegenstandsbestimmung von Unterricht auf alle drei pädagogischen Begriffe Bezug zu nehmen ist; d. h., Unterrichtskommunikation unterscheidet sich von allen anderen Formen der Kommunikation dadurch, dass sie durch drei Dimensionen bestimmt ist, eben diejenigen, für die die drei Begriffe Erziehung, Didaktik und Bildung stehen.

6 Gibt es eine *richtige* Gegenstandsbestimmung?

Angesichts dessen, dass Unterricht in unterschiedlicher Weise als Gegenstand bestimmt werden kann, stellt sich die Frage, ob es Gründe gibt, die für die eine oder die andere Gegenstandsbestimmung sprechen und wenn ja, welche? Wovon ist die Gegenstandsbestimmung abhängig, von dem jeweiligen Forscher oder von dem Gegenstand? Verschiedene Antworten sind denkbar:

Wird davon ausgegangen, dass der Gegenstand nicht vorab bestimmt werden muss, hängt die Bestimmung letztlich von demjenigen ab, der diesen zu erforschen beabsichtigt, bzw. von der Disziplin, der er angehört, oder der „Schule", aus der er stammt. Die Folge wäre, dass unterschiedliche Perspektiven auf Unterricht gleichberechtigt nebeneinander stünden und es wäre fraglich, ob sie miteinander konkurrieren oder sich vielmehr schlicht wechselseitig tolerieren würden – ohne dass eine Auseinandersetzung zwischen ihnen stattfindet. Von einem übergeordneten Standpunkt aus gesehen könnte dann behauptet werden, dass in der Summe dieser Pluralismus zu einem äußerst facettenreichen Bild von Unterricht führe.

Oder es wird der Standpunkt vertreten, dass zwar unterschiedliche Gegenstandsbestimmungen möglich sind, der Gegenstand aber letztlich eine spezifische Bestimmung verlange. Nur wenn diese vorgenommen werde, könne er in seiner ganzen Komplexität erschlossen werden. D. h. von der Gegenstandsbestimmung sei die Reichweite der analytischen Durchdringung des Gegenstandes abhängig. Nur wenn eine dem Gegenstand angemessene Gegenstandsbestimmung vorgenommen werde, könne die Analyse zu dem vordringen, was ihn letztlich bestimmt.

Die pädagogische Unterrichtsforschung beruht auf der Prämisse, dass der Gegenstand zwar tatsächlich unterschiedlich bestimmt werden kann, letztlich aber nur die Bestimmung als pädagogisches Handeln es ermöglicht, die „Strukturlogik" des Unterrichts zu rekonstruieren. Diese gehe darauf zurück, dass in der Praxis des Unterrichts bestimmte Normen bzw. Ansprüche wirken, die Einfluss auf das Handeln der Akteure und den Verlauf des Geschehens haben. Kurz, die pädagogische Unterrichtsforschung beruht auf der Annahme, dass es pädagogische Normen, pädagogische Ansprüche sind, die dem Verlauf des Unterrichts zugrunde liegen. Sie beeinflussen das Handeln der Akteure, auch wenn diese sich dessen nicht bewusst sind (Geier/Pollmanns 2015).

Wichtig ist festzuhalten: Wenn in der pädagogischen Unterrichtsforschung von einer pädagogischen „Eigenstruktur" des Unterrichts ausgegangen wird, so ist dies nicht als eine dogmatische Setzung, sondern als eine heuristische Annahme zu verstehen, die sich im Prozess der Forschung entweder bewährt oder widerlegt wird (Dewey 2008).

7 Das Problem der Normativität

Die Gegenstandsbestimmung von Unterricht als einem pädagogischen Geschehen bezieht sich auf Begriffe, die sehr unterschiedlich interpretiert werden können. Nicht selten werden sie als normative Begriffe verstanden. In der Praxis ist dies notwendig der Fall. Die Frage stellt sich jedoch, ob diese Begriffe auch in der Wissenschaft immer normative sind oder ob sie auch als analytische Begriffe verwendet werden können.

Tatsächlich ist der pädagogischen Unterrichtsforschung, wie man auf Tagungen und in Gesprächen immer wieder erfahren kann, schon mehrfach vorgeworfen worden, nicht wissenschaftlich zu sein, da sie normative Begriffe verwende. Dabei wird davon ausgegangen, dass die Begriffe Didaktik, Erziehung und Bildung nur als normative und nicht auch als analytische verstanden werden können. Das leuchtet jedoch keineswegs ein. Erinnert sei an Max Weber, der sich gegen die Behauptung wandte, soziale Prozesse könnten nicht wissenschaftlich untersucht werden, da sie durch Normen bestimmt seien. Demgegenüber stellte er klar, dass dies durchaus möglich sei und zwar dergestalt, dass die in der Praxis wirkenden Normen selbst zum Gegenstand der Forschung gemacht werden. In gleicher Weise geht die pädagogische Unterrichtsforschung davon aus, dass im Unterricht pädagogische Normen und Ansprüche wirken, die analytisch bestimmt und deren Wirkung rekonstruiert werden kann – ohne Gefahr zu laufen, unwissenschaftlich zu werden.

Die pädagogische Unterrichtsforschung werde jedoch unwissenschaftlich, wenn sie Unterricht kritisiere, heißt es dann weiter in den entsprechenden Vorwürfen. Tatsächlich mündet sie nicht selten in eine Kritik von Unterricht. Entscheidend ist jedoch zum einen, dass der Maßstab der Kritik nicht von außen an den Unterricht herangeführt wird. Vielmehr wird der Unterricht an den ihm eigenen, ihm immanenten Normen kritisiert. Die immanente Kritik von Unterricht ergibt sich also aus der Frage, ob er seinen eigenen Ansprüchen genügt oder nicht. Zum anderen enthält sich die pädagogische Unterrichtsforschung insofern normativen Aussagen, als sie nicht sagt, wie praktisch auf die Kritik am Unterricht geantwortet werden könnte bzw. sollte. Anders gesprochen, die Frage, welche praktischen Konsequenzen aus der Kritik zu ziehen sind, lässt die pädagogische Unterrichtsforschung unbeantwortet – dies ist aus ihrer Sicht die Aufgabe der Praxis.

8 Zur Methode

Für ein wissenschaftliches Vorgehen ist neben der Bezugnahme auf Theorie ein weiteres konstitutiv: die Verwendung einer Methode. Diese dient dem Zweck, den wissenschaftlichen Erkenntnisprozess dergestalt zu kontrollieren, dass dieser sowie die Ergebnisse, zu denen er führt, intersubjektiv überprüfbar sind.

Ähnlich wie bei der Frage nach der Gegenstandsbestimmung könnte auch bei derjenigen nach der Methode auf unterschiedliche Möglichkeiten verwiesen und danach gefragt werden, wovon die Entscheidung für die eine oder die andere Methode abhängig gemacht wird. Auch hier bestehen zwei Möglichkeiten: Entweder es wird angesichts der Vielzahl existierender Methoden der Standpunkt vertreten, dass keine Methode „besser" als die anderen sei. Jede Methode habe, so wird häufig behauptet, ihre Stärken und ihre Schwächen. Welche geeignet ist, das hänge von dem jeweiligen Forschungsinteresse ab. So seien qualitative Methoden eher geeignet für die Auswertung geringer Mengen von Daten und ihre Stärke bestehe darin, explorativ zu sein, d. h. neue Thesen generieren zu können. Quantitative Methoden seien hingegen bei großen Mengen von Daten zu bevorzugen und ihre Stärke liege im Überprüfen von Hypothesen in Bezug auf eine Vielzahl von Fällen.

Oder es wird der Standpunkt vertreten, eine bestimmte Methode sei allen anderen überlegen, da nur mit ihrer Hilfe objektive, intersubjektiv überprüfbare Ergebnisse gewonnen werden können.

In dem Forschungsprojekt PAERDU wurde mit einer Methode gearbeitet, die zu den häufig als ‚qualitativ' bezeichneten gehört: mit der „Objektiven Hermeneutik" (Oevermann 2000). Dies geschah nicht in der Überzeugung, dass allein diese zu objektiven Ergebnissen führen könne; die Verwendung dieser Methode beruhte aber auf der Überzeugung, dass durch keine andere Methode, auch nicht durch eine andere ‚qualitative' Methode (z. B. durch die dokumentarische Methode)[9] die kommunikativen Prozesse im Unterricht in ihrer Komplexität und ihrer „Eigenlogik" rekonstruiert werden können.

Die Objektive Hermeneutik verlangt, dass jeder Sprechakt in einzelne Sequenzen zerlegt wird – nur auf diese Weise kann man dem Gebot eines kontrollierten Vorgehens gerecht und kann eine intersubjektive Überprüfbarkeit gewährleistet

---

9 Siehe hierzu: Twardella 2010.

werden. Mehrere Sequenzen gleichzeitig zu interpretieren, ist hingegen stets mit dem Risiko eines Kontrollverlustes verbunden. Zu jeder Sequenz sind sodann Lesarten zu bilden und zwar indem danach gefragt wird, welche Bedeutung die jeweilige Sequenz in unterschiedlichen pragmatischen Kontexten haben könnte. Diese Lesartenbildung soll – wie es Andreas Wernet formulierte – auf der einen Seite extensiv geschehen, d. h. es sollen möglichst viele Lesarten gebildet werden, auf der anderen Seite jedoch auch sparsam, d. h. abwegige Lesarten sollen ausgeschlossen werden (Wernet 2000). Wenn dann zur zweiten Sequenz übergegangen wird, zeigt sich, dass der Sprecher in dieser an *eine* der möglichen Lesarten, welche zu der ersten gebildet wurden, anschließt. Die zweite Sequenz ermöglicht dann ihrerseits wieder mehrere Lesarten. In der Folge ergibt sich so eine Reihe von Öffnungen und Schließungen, von Eröffnung einer bestimmten Zahl von Lesarten und Schließung durch den Anschluss an jeweils *eine* Lesart, kurz, es ergibt sich eine bestimmte Struktur, die in Abhängigkeit davon, welche Gegenstandsbestimmung zuvor vorgenommen wurde, als Struktur des Gegenstands bezeichnet werden kann.

9 Zum Zusammenhang von Theorie und Methode

Es wurde davon ausgegangen, dass für die Gegenstandsbestimmung der Rekurs auf eine bestimmte Theorie erforderlich ist (die wiederum einer bestimmten wissenschaftlichen Disziplin zugeordnet werden kann). Wenn nun mit der Objektiven Hermeneutik gearbeitet wird, ist diese überhaupt geeignet für eine Erforschung des Unterrichts als eines pädagogischen Prozesses?

Diese Frage mag überflüssig wirken, tatsächlich aber wird über sie heftig gestritten. Nicht selten wird der Standpunkt vertreten, eine Gegenstandsbestimmung sei erst dann möglich, wenn mit der Analyse empirischer Daten begonnen wurde und eine bestimmte Struktur erkennbar wird. Sie vorweg vorzunehmen, so wird argumentiert, könne nur dazu führen, dass nicht mehr so vorgegangen wird, wie es die Methode verlangt, nämlich dass unvoreingenommen („künstlich naiv") eine Vielzahl von Lesarten gebildet werden. Ein solches Vorgehen hat dann nicht selten zur Folge, dass die Gegenstandsbestimmung eine soziologische wird. Dies erklärt sich dadurch, dass die Methode der Objektiven Hermeneutik von einem Soziologen entwickelt wurde, von Ulrich Oevermann und vor allem von ihm selbst und seinen Schülern, die ebenfalls Soziologen sind, angewendet wird (z. B. Wernet 2006).

Umgekehrt wird von Erziehungswissenschaftlern gelegentlich die Behauptung vertreten, die Objektive Hermeneutik sei für die Analyse pädagogischer Prozesse grundsätzlich ungeeignet, da sie ja eine soziologische Methode sei. Oder es wird behauptet, die Objektive Hermeneutik könne zwar als soziologische Methode auf pädagogische Prozesse angewendet werden, mit ihrer Hilfe könne man aber nur zu soziologischen Erkenntnissen über diese gelangen (z. B. Meseth/Proske/Radtke 2011).

Die pädagogische Unterrichtsforschung beruht auf der Prämisse, dass die Objektive Hermeneutik keine per se soziologische Methode ist. Zwar lässt sich nicht bestreiten, dass sie in der Soziologie entwickelt wurde und dort äußerst erfolgreich angewendet wurde (und nach wie vor wird). Doch führt ihre Anwendung keineswegs notwendig immer zu einer soziologischen Gegenstandsbestimmung. Zudem ist es durchaus möglich, vorweg eine pädagogische Gegenstandsbestimmung vorzunehmen. Dies muss keineswegs dazu führen, dass der Prozess der Lesartenbildung von Anfang an eingeschränkt wird.

Worauf kann sich die pädagogische Unterrichtsforschung mit dieser Annahme stützen? Zum einen auf die Geschichte der Hermeneutik als einer wissenschaftlichen Methode. Es sei kurz daran erinnert, dass diese gegen Ende des 19. Jahrhunderts von Wilhelm Dilthey als *die* Methode der Geisteswissenschaften begründet wurde. Und zu Beginn der Pädagogik als wissenschaftlicher Disziplin wurde sie von den Vertretern der „Geisteswissenschaftlichen Pädagogik" als *die* Methode einer erziehungswissenschaftlichen Forschung begriffen. Einer ihrer geistigen Väter, Eduard Spranger, sprach sich in den 20er Jahren des 20. Jahrhunderts deutlich gegen eine „Einfühlungshermeneutik" aus und formulierte damals bereits die Forderung, die Hermeneutik müsse zu objektiven Ergebnissen führen können (Hollstein 2011). An diese Traditionslinie wurde angeknüpft, als die Objektive Hermeneutik ab den 60er Jahren entwickelt wurde. Weiter entwickelt wurde sie durch den Bezug auf andere Theorietraditionen, vor allem die des französischen Strukturalismus. Zum anderen kann darauf verwiesen werden, dass sich die Objektive Hermeneutik im Kontext erziehungswissenschaftlicher Forschung bereits hinreichend bewährt hat. Das gilt auch für die pädagogische Unterrichtsforschung, bei der die Anwendung der Methode es ermöglichte, sich auf die Subtilitäten der Erziehung, der Didaktik und der Bildung im Unterricht einzulassen und diese zu erschließen (Twardella 2015).

10 Auswahl des Datenmaterials

Eine materiale Theorie des Unterrichts kann sich nicht auf einige wenige Daten beschränken, sondern bedarf einer breiten empirischen Basis, ist doch mit ihr der Anspruch verbunden, für Unterricht überhaupt zu gelten. Dieser tritt in äußerst unterschiedlichen Formen in Erscheinung, in der Grundschule anders als an weiterführenden Schulen, an einer Haupt- und Realschule anders als an einem

Gymnasium oder einer Gesamtschule, abhängig zudem von der Jahrgangsstufe sowie dem jeweiligen Fach. Wie ist es möglich, auf der einen Seite den hohen Ansprüchen der Sequenzanalyse gerecht zu werden und gleichzeitig Unterricht in seinen vielfältigen Erscheinungsformen in den Blick zu nehmen und auf dem Weg über die Rekonstruktion der äußerst bunten und komplexen Empirie zu einer allgemeinen Theorie des Unterrichts zu gelangen?

Auf der Basis der Prämisse, dass die Unterrichtsstunde (im Umfang von zumeist 45 Minuten) die elementare Analyseeinheit ist, wurden im Rahmen von PAERDU mehr als 200 Unterrichtsstunden sequenzanalytisch interpretiert. Zunächst war es das Ziel, an allen vier Schulen mindestens fünf Stunden in jedem der sieben Fächer aufzunehmen. (So entstand ein Korpus von 140 Stunden, der durch weitere Stunden ergänzt wurde.) Diese Stunden wurden einzeln interpretiert und dann wurde eine Auswahl getroffen. Kriterium der Auswahl für mein Teilprojekt, in dessen Zentrum eine IGS stand, war zum einen, dass aus jedem der sieben Fächer *eine* Stunde stammen sollte, und zudem, dass die Differenzierung, wie sie für eine IGS typisch ist, die Differenzierung in verschiedene Leistungsniveaus (die der des dreigliedrigen Schulsystems entspricht) berücksichtigt wird. Aufgrund der Fragestellung wurden sodann sieben weitere Stunden aus den anderen Schulen herangezogen. Für die Auswahl ergab sich so ein weiteres Kriterium, das der Vergleichbarkeit, welches vor allem im Hinblick auf die Thematik der Stunden eine Rolle spielte. (So wurden z. B. Deutschstunden ausgewählt, in denen jeweils ein literarischer Text behandelt wurde, oder zwei Mathematikstunden, in denen es jeweils um Funktionen ging.)

11 Fallstrukturgeneralisierung

Was bedeutet es, Unterricht als einen Gegenstand zu analysieren, der die Aspekte Erziehung, Didaktik und Bildung umfasst? In der Konsequenz bedeutet es, dass letztlich jeder Sprechakt der pädagogischen Kommunikation im Unterricht, ja, jede einzelne Sequenz eines Transkriptes im Hinblick auf diese drei Begriffe zu interpretieren ist. Und dies hat vor dem Hintergrund der Tradition pädagogischen Denkens zu geschehen, ohne dass damit die Präferenz für eine bestimmte Variante der Erziehung, der Didaktik oder der Bildung verbunden ist – zumal in der Empirie die unterschiedlichsten Varianten anzutreffen sind und es schlicht gilt, diese empirisch zu rekonstruieren.

Das Ziel der Rekonstruktion besteht darin, die Struktur des jeweiligen Falles zu bestimmen und zwar im Sinne einer spezifischen Logik, welche der jeweiligen pädagogischen Kommunikation als einem Prozess zugrunde liegt. Und diese

Logik soll letztlich beschrieben werden als ein spezifisches Verhältnis der drei pädagogischen Dimensionen zueinander. D. h., dass auf der einen Seite das Material möglichst detailliert zu analysieren ist und auf der anderen Seite möglichst weitgehende Hypothesen zu formulieren sind. Nachdem der Fall analysiert und die Hypothesen, zu deren Bildung er Anlass gegeben hat, überprüft, verändert und/oder modifiziert wurden, ist die Struktur des Falles zu bestimmen.

Das Ziel der Analyse besteht also darin, die Fallstruktur einer Unterrichtsstunde als Konstellation der Dimensionen Erziehung, Didaktik und Bildung zu bestimmen, wobei der Begriff der Konstellation dafür steht, dass dieses Verhältnis äußerst unterschiedlich beschaffen sein kann und es nicht darum geht, *ein* bestimmtes Verhältnis als das einzig wünschenswerte oder richtige zu behaupten.

12 Typenbildung

Die obigen Überlegungen können in ein Modell überführt werden, das sich mit Hilfe des pädagogischen Dreiecks des Unterrichts veranschaulichen lässt:

Abb. 1 Das pädagogische Dreieck des Unterrichts, Quelle: eigene Darstellung

Dieses Modell macht es möglich, Idealtypen zu konstruieren.[10] Dabei ist von der Frage auszugehen, welche Dimension des Pädagogischen jeweils in einer Unterrichtsstunde dominiert.

Denkbar ist, dass die drei Dimensionen dergestalt im Verhältnis zueinander stehen, dass das Telos des Unterrichts, die Bildung der Schüler in der Auseinan-

---

10 Der Begriff „Idealtypus" ist nicht mit einer positiven Bewertung verknüpft. „Ideal" ist hier allein im Sinne von „abstrakt" zu verstehen.

dersetzung mit der Sache möglich wird und die Dimension der Bildung dominiert. Die beiden anderen Dimensionen, die der Erziehung und die der Didaktik, sind dem dann untergeordnet, ermöglichen, dass es zu Bildungsprozessen im Unterricht kommen kann. Der Didaktik ist dieses Ziel immanent: Sie ist kein Selbstzweck, sondern soll der Ermöglichung von Bildungsprozessen im Unterricht dienen. Gleiches gilt für die Erziehung. Auch sie ist kein Selbstzweck. Erziehung im Sinne von Disziplinierung zielt darauf, dass die Heranwachsenden zu Schülern werden, damit sie sich mit der Sache auseinandersetzen und es zu Bildungsprozessen kommen kann. Und eine Erziehung zur Mündigkeit ist von Bildung nicht zu trennen, fällt mit ihr vielmehr letztlich ins eins.

Denkbar sind aber auch andere Konstellationen, in denen die Dimension der Erziehung und die der Didaktik *nicht* der Bildung förderlich sind. Das ist entweder dann der Fall, wenn die Didaktik ihren Zweck nicht erfüllt. Sie kann einer wechselseitigen Erschließung von Schüler und Gegenstand in sehr unterschiedlicher Weise eher hinderlich sein. Dominant wird sie dann, wenn sie sich tendenziell verselbstständigt hat, anderen Zwecken dient oder vollkommen zum Selbstzweck geworden ist. In der Empirie ist dieser Typus nicht anzutreffen, wird immer ein Stück weit eine Sache erschlossen. Die einzelnen Fälle bzw. Fallstrukturen können graduell danach unterschieden werden, inwieweit bei ihnen trotz der Dominanz der Didaktik Bildungsprozesse noch ermöglicht werden oder nicht.

Oder die Erziehung erfüllt nicht ihren Zweck. Auch sie kann im Unterricht dominieren, kann anderen Zwecken dienen oder zum Selbstzweck werden. In der Empirie können die einzelnen Fälle bzw. Fallstrukturen ebenfalls danach unterschieden werden, inwieweit trotz der Dominanz dieser Dimension Bildungsprozesse möglich werden oder nicht.

13   Drei Fälle

Im Folgenden soll auf drei Fälle eingegangen werden um an diesen zu zeigen, wie sie typologisch zugeordnet wurden. D. h. alle vorausgehenden Schritte – die Erhebung der Daten vor Ort, die Transformation der primär akustischen Daten in einen Text, ein Transkript – werden nicht dargestellt.[11] Vielmehr werde ich mich darauf beschränken, einen kurzen Überblick über die jeweilige Stunde zu liefern,

---

11 Alle Transkripte, die im Rahmen von PAERDU interpretiert wurden, sind online verfügbar, finden sich im „Archiv für pädagogische Kasuistik": http://www.apaek.uni-frankfurt.de (zuletzt angesehen am 04.04.2017.)

werde einen Auszug aus der Analyse der Stunde einschieben und schließlich die Fallstruktur der jeweiligen Stunde präsentieren.[12]

I.

Bei dem ersten Fall handelt es sich um eine Stunde im Fach Deutsch, die in einem c-Kurs stattgefunden hat. In dieser Stunde wird über ein Buch der Kinder- und Jugendliteratur gesprochen, über „Und das nennt ihr Mut" von Inge Meyer-Dietrich. Die Stunde besteht im Wesentlichen aus zwei Phasen: In der vorangegangenen Stunde wurde den Schülern die Hausaufgabe gestellt, das Buch bis zu einer bestimmten Seite zu lesen. In der ersten Phase des Unterrichts stellt die Lehrperson (eine Lehrerin) nun einige Fragen um zu prüfen, wie „fit" die Schüler im Hinblick auf den Text sind. Die zweite, deutlich längere Phase besteht darin, dass die Klasse an einem Soziogramm arbeitet, mit dem das „soziale Umfeld" der Hauptfigur namens Andi erfasst werden soll. Diese Phase lässt sich wiederum in mehrere Subphasen untergliedern: Sie beginnt mit einer Darlegung des Arbeitsauftrages und längeren Erklärungen der Lehrerin dazu. Es folgt eine Stillarbeitsphase und anschließend wird damit begonnen, die Ergebnisse der Stillarbeitsphase zu besprechen.

Analyse des „Spiels" mit der Lehrerin

Bevor die Fallstruktur der Stunde präsentiert wird, soll kurz die Analyse einer Passage geboten werden, die aus der Stillarbeitsphase stammt. Die Lehrerin geht in der Klasse herum, schaut den Schülern über die Schulter und gibt gelegentlich Hilfestellungen. Da heißt es plötzlich im Transkript:

360 {Sm pfeift}[13]

Ein männlicher Schüler pfeift. Würde ein Lehrer-Schüler-Gespräch oder eine offene Diskussion geführt, wäre dies eindeutig als Unterrichtsstörung zu qualifizieren. Im Rahmen einer Stillarbeit könnte Pfeifen jedoch auch geduldet werden. Oder es könnte mit einer leichten Ermahnung auf ein solches reagiert werden. Die Frage ist allerdings, um was für ein Pfeifen es sich handelt: Ist es ein Pfeifen, mit dem Sm sich selbst und andere ein wenig unterhält, oder ist es gezielt an jemanden gerichtet, den der Schüler auf sich aufmerksam machen will oder den er mit seinem Pfeifen dazu auffordert, zu ihm zu kommen? Entsprechend sind unterschiedliche

---

12 Die hier präsentierten Fälle stammen alle aus der IGS, die im Zentrum meiner Studie stand.
13 Sm steht für „Schüler männlich", Sw für „Schüler weiblich", Lm für „Lehrer männlich" und Lw für „Lehrer weiblich".

außerschulische pragmatische Kontexte denkbar, in denen gepfiffen wird: Jemand geht (allein oder in Begleitung) im Wald spazieren und pfeift ein Lied vor sich her. Ein junger Mann macht einen „Kumpel", der sich in einiger Entfernung von ihm befindet und ihn noch nicht bemerkt hat, auf sich aufmerksam. Ein Hundebesitzer pfeift seinen Hund herbei. Und schließlich gibt es auch noch das Pfeifen von Männern, die einer Frau hinterherpfeifen. Dieses Pfeifen bedeutet, dass sie die Frau als mögliche Sexualpartnerin sehen.[14]

361 Lw: Was war das?

Die Lehrerin hat offensichtlich das Pfeifen vernommen. Und ihre Frage zielt, so ist anzunehmen, nicht einfach auf die Identität des Wahrgenommenen – sie weiß, dass es ein Pfeifen und nicht irgendetwas anderes (z. B. ein Schreien) war –, sondern auf die Bedeutung des Pfeifens. Die Lehrerin will wissen, wie das Pfeifen, das sie gehört hat, zu verstehen ist.

Was könnte nun folgen? Es könnte sein, dass die Lehrerin auf ihre Frage keine Antwort bekommt. Weil eine negative Reaktion von Seiten der Lehrerin zu erwarten ist, traut sich niemand auf ihre Frage einzugehen. Unverfänglich wäre eine Antwort, die sich gewissermaßen dumm stellt und die Frage einfach als eine solche nach der Identität des Wahrgenommenen versteht: Auf die Antwort „Das war ein Pfeifen" kann die Lehrerin nicht negativ reagieren. Schließlich wäre darüber hinaus auch denkbar, dass auf die Ebene der Deutung eingegangen wird und jemand erklärt, wie das Pfeifen zu verstehen sei. Dann wäre freilich relevant, wer die Antwort gibt: derjenige, der selbst gepfiffen hat, oder ein anderer. Und dann könnte die Frage von einem Schüler dazu verwendet werden, einen Mitschüler anzuschwärzen und in Bedrängnis zu bringen oder auch ihn in Schutz zu nehmen. Wie dem auch sei: Die Reaktion auf die Frage ist auf jeden Fall aussagekräftig für das Verhältnis, das zwischen der Lehrerin und der Klasse besteht.

362 Sm: Können Sie mal bitte please kommen?

Ist Schüler Sm, der jetzt die Lehrerin anspricht, derjenige, der gepfiffen hat? Mit Sicherheit lässt sich dies nicht sagen. Und das liegt daran, dass er sich ganz höflich und „unschuldig" an die Lehrerin wendet. Unter der Voraussetzung, dass er es tatsächlich war, ist Verschiedenes vorstellbar: Entweder diente das Pfeifen nur

---

14 Von Pfeifen in bestimmten institutionalisierten Kontexten – dem Pfeifen des Polizisten, der den Verkehr regelt, oder dem Pfeifen des Schiedsrichters, der die Befolgung der Spielregeln kontrolliert – kann hier abgesehen werden.

der eigenen Unterhaltung (und eventuell auch derjenigen anderer). Dann hat die darauf folgende Bitte an die Lehrerin, sie möge zu ihm kommen, nichts mit ihm zu tun. Der Schüler kann seine Bitte bedenkenlos äußern. Oder das Pfeifen war ein solches, mit dem Sm die Lehrerin zu sich rufen wollte. Dass er nun explizit die Bitte äußert, die Lehrerin möge kommen, kann dann wiederum heißen, dass er hofft, die Lehrerin werde das Pfeifen anders deuten, nicht ihm zurechnen oder ihm nicht übelnehmen, d.h. es nicht negativ sanktionieren. Womöglich hegt er diese Hoffnung, gerade weil er denkt, die Lehrerin rechne gar nicht damit, dass der Täter sich meldet, sich „outet", sondern sich – feige – nicht zu erkennen gibt. Wenn nun aber er sich an die Lehrerin wendet, so werde sie annehmen, dass er der Täter nicht sein könne, sondern jemand anderes es gewesen sein müsse. Das wäre eine sehr offensive und riskante Form auf seine „Unverschämtheit" und die Frage der Lehrerin zu reagieren. Oder das Pfeifen war tatsächlich ein anzügliches. Dann versucht der Schüler womöglich mit seiner Bitte, dem Pfeifen seine Spitze zu nehmen, indem er die Aufmerksamkeit der Lehrerin auf etwas zu lenken versucht, das ihn beschäftigt. Irgendeinen Grund muss er ja jetzt nennen, aus dem heraus er die Lehrerin zu sich bittet. Naheliegend ist, dass er entweder Probleme mit dem Arbeitsauftrag hat oder etwas in dem Text nicht versteht.

363 Lw: War das, sollte das eine freundliche Aufforderung sein -

Worauf bezieht sich diese Frage? Entweder auf das Pfeifen oder auf die fragende Bitte von Sm, die Lehrerin möge zu ihm kommen. Doch letzteres wäre eigentlich unsinnig. Natürlich war die Bitte von Sm freundlich, auf sie ist eigentlich nur eine Antwort mit „ja", „nein" oder „gleich" möglich.

Die Lehrerin erkundigt sich also nicht nach dem Grund für die Bitte des Schülers, will nicht wissen, warum sie zu ihm kommen soll, sondern bleibt bei der Frage, die sie zuvor schon gestellt hatte: Wollte sie soeben wissen „was war das?" (361), bietet sie nun eine mögliche Interpretation des Pfiffes an. Genauer gesagt: Sie schließt – unabhängig davon, wie der Pfiff tatsächlich gemeint war, respektive dessen, dass er anzüglich war – alle anderen „Lesarten" des Pfiffes aus und geht davon aus, dass er eigentlich nur eines gewesen sein kann: „eine freundliche Aufforderung". D.h., auch wenn er etwas anderes war, ein befehlendes „Bei Fuß!" oder ein anzügliches Hinterherpfeifen, signalisiert die Lehrerin: „Ich bin bereit, das ›durchgehen zu lassen‹, nachgiebig zu sein und es nicht zu sanktionieren. Wir müssen uns allerdings auf eine gemeinsame Interpretation des Pfiffes einigen und ich biete dir an, die einzig tolerierbare Interpretation – eben als ›freundliche Aufforderung‹ – zu akzeptieren und ihr zuzustimmen." Geht der Schüler auf dieses Angebot ein?

364 Sm: Ne, ne Anmache

Aufgrund dessen, dass der Schüler vom Transkribenten nicht genau identifiziert werden konnte und es mehrere männliche Schüler in der Klasse gibt, kann es sein, dass jetzt ein anderer Schüler der Lehrerin antwortet. Doch unter der Voraussetzung, dass es nach wie vor derselbe ist, muss die Antwort von Sm als Ausdruck einer extremen Dreistigkeit gedeutet werden. Und es wird deutlich, dass er letztlich schon von Anfang an äußerst dreist war: Zunächst hat er nach der Lehrerin gepfiffen, als sei sie eine potentielle Sexualpartnerin. Dann hat er auf die Nachfrage der Lehrerin ganz unschuldig reagiert, als ob er nichts getan und nur ein legitimes Anliegen hätte, eben hilfsbedürftig sei. Dann bietet ihm die Lehrerin an, dass dasjenige, was der Pfiff faktisch war – eine extreme Respektlosigkeit gegenüber der Lehrerin – zu übergehen und sich auf eine mehr als benevolente Deutung des Pfiffes zu einigen. Doch er schlägt dieses Angebot auch noch aus und treibt seine Dreistigkeit auf die Spitze, indem er erklärt, er habe mit dem Pfiff die Lehrerin anmachen wollen.

Auf der einen Seite ist klar: Es ist zwar vorstellbar, dass ein Schüler sich in seine Lehrerin verliebt. Doch eine „Anmache" ist eine Form der Respektlosigkeit, die nicht nur die Grenzen der zwischen Lehrer und Schüler normalen Umgangsformen eindeutig überschreitet, ja, diese verletzt, sondern auch – unter normalen Bedingungen – vollkommen absurd erscheint, da als selbstverständlich vorausgesetzt werden kann, dass sie keinen Erfolg haben wird. D.h., sie kann eigentlich nicht ernst gemeint sein – und das wissen, so kann angenommen werden, alle Beteiligten. Man könnte sagen, die „Anmache" steht in so eklatantem Widerspruch zu dem Verhalten, das eigentlich gegenüber der Lehrerin als Respekts- und Autoritätsperson geboten ist, dass sie in ihrer Übertreibung sich selbst negiert. Anders ausgedrückt: Das, was der Schüler Sm als „Anmache" bezeichnet, ist faktisch keine. Es kann gar keine „Anmache" sein, da ein solches Verhalten eines Schülers gegenüber seiner Lehrerin schlicht nicht möglich ist. Und das heißt: Der Schüler Sm „spielt" mit der Lehrerin, er bringt erotische, sexuelle Aspekte mit in das Verhältnis zur Lehrerin, ja, man könnte sagen, er kokettiert mit ihr – was eben letztlich nur geht unter der Voraussetzung, dass allen Beteiligten klar ist, dass das Ganze nicht ernst gemeint ist.

Diese Interaktion – bzw. diese Deutung der Interaktion – setzt zwei Dinge bezüglich des Lehrer-Schüler-Verhältnisses voraus: Zum einen müssen – als Voraussetzung – die Positionen klar sein. Die Rollenbeziehung muss stabil, die Distanz zwischen den Schülern und der Lehrerin muss klar sein, nicht der geringste Zweifel an der Unverrückbarkeit dieser Distanz darf bestehen. Zum anderen muss gleichzeitig eine „lockere Atmosphäre" herrschen („muss" nicht normativ, sondern im Sinne einer logischen Voraussetzung). Wäre dies nicht gegeben, hätte der Schüler es nicht gewagt, auf so „riskante" Weise mit der Lehrerin umzugehen. Er muss sich gewissermaßen sicher sein: Die Lehrerin ist eine solche, mit der ich mein „Spiel" spielen kann ohne befürchten zu müssen, dass mein Verhalten sofort hart und schmerzhaft sanktioniert wird. So gesehen ist das Verhalten des Schülers Sm noch weiter zu deuten: Es kann entweder tatsächlich als Ausdruck einer gewissen Respektlosigkeit verstanden werden, einer Respektlosigkeit, die Sm dazu verleitet, sich einiges herauszunehmen, weil er sich sicher ist, dass er keine Sanktionen zu befürchten hat. Oder das Verhalten von Sm ist Ausdruck eines großen Vertrauens in die Lehrerin – und womöglich darüber hinaus einer gewissen Sympathie, die auf diese Weise der Lehrerin signalisiert wird.

Das macht es umso schwieriger für die Lehrerin, adäquat zu reagieren. Welche Möglichkeiten stehen ihr zur Verfügung? Die Möglichkeit, den Schüler Sm einfach zu übergehen, besteht freilich nicht – irgendwie muss die Lehrerin reagieren. Würde die Lehrerin zurückweisend reagieren, womöglich Sms Verhalten negativ sanktionieren, würde das Vertrauen, das der Schüler in die Lehrerin hat, zerstört – ebenso wie die „lockere Atmosphäre". Lässt sich das aber verhindern? Muss die Lehrerin nicht mindestens dem Schüler klar machen, dass er zu weit gegangen ist?

Zum anderen könnte die Lehrerin versuchen das „Spiel", das der Schüler Sm mit ihr begonnen hat, mitzuspielen. Das wäre aber sehr heikel, könnte leicht „kippen", wäre ein „Drahtseilakt" angesichts dessen, dass eigentlich eine Zurückweisung erfolgen müsste. Denn mit dem Einlassen auf das Spiel lässt die Lehrerin sich auf die vom Schüler Sm gesetzten Bedingungen ein. Und wenn dieser sie kündigt, stünde die Lehrerin schlecht da, da sie den Zeitpunkt verpasst hat, den Schüler in seine Grenzen zu verweisen. Ein solches Vorgehen wäre also hoch riskant: Auf der einen Seite würde die Lehrerin das Vertrauen, das in sie gesetzt wurde und die gute Atmosphäre nicht zerstören, würde auch der Provokation, die in Sms Verhalten liegt, die Spitze nehmen. Auf der anderen Seite würde sie sich auf Bedingungen einlassen, die der Schüler gesetzt hat und die sie selbst nicht mehr kontrollieren kann. Sie würde sich also ein Stück weit in die Hände von Sm begeben.

365 Lw: dass ich zu dir komme?

Die Lehrerin führt ihren Satz, der durch die Antwort von Sm unterbrochen wurde, zu Ende.

365 {Lachen}

Wer lacht hier? Lacht der Schüler, der gepfiffen hat, lacht ein Mitschüler oder ist es die Lehrerin, die lacht? Wäre es ein Außenstehender, ein Dritter, so könnte dessen Lachen auf die Komik und Irrealität der Interaktion bezogen sein. Wäre es das Lachen des Schülers, der gepfiffen hat, so könnte es als ein weiterer Ausdruck seiner Überheblichkeit gedeutet werden, als Ausdruck der Freude über seine dreiste Antwort auf die Frage der Lehrerin. Das Lachen könnte aber auch – unabhängig davon, wer es ist, der lacht – als ein solches verstanden werden, in dem das Wissen zum Ausdruck kommt (und dem anderen signalisiert wird), dass dasjenige, was hier gerade geschieht, nicht ernst gemeint ist.

365 Na, da werd ich natürlich
366 schwach

Die Lehrerin lässt sich tatsächlich auf das Spiel von Sm ein. Auch das ist freilich nur möglich unter der Voraussetzung, dass die Beziehung, welche zwischen Sm und der Lehrerin existiert, so fest steht, dass allen – den unmittelbar Beteiligten und dem Publikum – klar ist, dass die Äußerung der Lehrerin nicht ernst gemeint sein kann.

Also, das Spiel ist auf der einen Seite möglich, weil die Voraussetzungen – die Distanz in der Beziehung zwischen der Lehrerin und dem Schüler – klar sind und auf der anderen Seite die Spielzüge aufgrund der maßlosen Übertreibung, die für alle unübersehbar ist, klar als solche erkennbar sind.

367 Sm: Ja, is' klar. Bei mir. {lacht}

Der Schüler setzt das Spiel weiter fort: Dass die Lehrerin schwach wird, ist nicht selbstverständlich. Doch die Attraktivität seiner Person ist so bezwingend, dass die Lehrerin ihm nicht widerstehen kann. Er vermag das Spiel weiterzuspielen, weil er dessen Bedingungen zu beherrschen scheint: Er beherrscht die Registratur der maßlosen Übertreibung. Doch kann dieses Spiel endlos weiter gespielt werden? Irgendwann wird die Lehrerin genötigt sein, Sm wieder „auf den Teppich zu holen", d.h., auf den Boden der Realität. Wie wäre das möglich? Es ist ein Punkt erreicht, an dem weitere „Anschlusskommunikationen" schwer vorstellbar sind. Die Lehrerin müsste, wollte sie Sms Äußerung auf der gleichen Ebene parieren, sich zu ihrer eigenen Person äußern. Das könnte nur dergestalt geschehen, dass sie ihre extreme Verführbarkeit behauptet. Das würde aber definitiv zu weit gehen. Oder sie würde die Attraktivität von Sm in Frage stellen und da sie dies ebenfalls im Modus der maßlosen Übertreibung tun müsste, würde sie also das glatte Gegenteil behaupten müssen – und damit eine Äußerung machen, die ebenfalls „daneben" wäre. Warum? Weil ein Lehrer sich über die Frage, ob ein Schüler sexuell attraktiv ist, nicht äußern sollte. Er bzw. sie würde seinerseits eine Grenze überschreiten. D.h., die Lehrerin wird hier durch Sm zu einer Grenzverletzung geradezu provoziert. Vollzieht sie eine solche? (Das einzig Mögliche wäre noch eine Bestätigung mit einem ironischen Unterton.)

368 (4 sec)

Es geschieht erst einmal nichts. Dies kann als ein Indiz dafür interpretiert werden, dass die Lehrerin nicht sofort weiß, wie sie auf Sm reagieren soll, der unverdrossen sein Spiel fortsetzt.

369 {Es klopft an die Tür. Ein zu spät kommender Schüler kommt
370 herein}

Die Interaktion wird durch ein externes Ereignis unterbrochen. Im Folgenden wird, das zeigt sich bei der weiteren Lektüre des Transkriptes, nicht noch einmal an sie angeknüpft. D. h., mit der Unterbrechung ist die Interaktion beendet. Man könnte sagen: Die Lehrerin hat Glück gehabt, sie wurde aus einer Situation, in die sie durch ein dreistes Verhalten eines Schülers gebracht wurde und aus der herauszukommen für sie sehr schwer gewesen wäre, durch einen Zufall gerettet. Sie hat sich auf ein Spiel eingelassen, das, wenn der Schüler es beendet hätte, zu einem Gesichtsverlust für sie hätten führen können. Deswegen wäre es unbedingt notwendig gewesen, dass sie selbst ihm ein Ende setzt. Der Punkt, an dem dies unausweichlich zu sein schien, war nun erreicht. Da aber etwas anderes geschah, blieb der Lehrerin dieser Schritt erspart.

Hinzuzufügen ist, dass durch die Unterbrechung auch der Grund „unter den Tisch fällt", der den Schüler dazu veranlasst hatte, die Lehrerin zu sich zu bitten. Nach diesem hätte die Lehrerin fragen, damit das Spiel beenden und zu der rollenförmigen Kommunikation zurückkehren können. Diesen hätte aber auch der Schüler geltend machen können. Zu vermuten ist, dass er auf der Ebene der Didaktik liegt, d. h., mit dem Arbeitsauftrag zu tun hat. So liegt letztlich die Deutung nahe, dass beide – sowohl der Schüler als auch die Lehrerin – es vorgezogen haben, sich auf eine informelle Kommunikation einzulassen, auf ein „Spiel", statt sich mit dem Arbeitsauftrag und der Sache zu befassen. Erotik, Koketterie wird so für eine kurze Zeit zu einem Gegenthema, zu einem Nebenschauplatz, der attraktiver ist als „das soziale Umfeld von Andi".

Die Analyse dieser Stunde mündete in folgende Fallstruktur: Die Lehrerin nutzt die Möglichkeiten, die in dem Verhältnis zwischen ihr und den Schülern liegen, die Möglichkeit von Nähe und Distanz, um auf die Schüler erzieherisch einzuwirken. Ihre Erziehung ist dadurch gekennzeichnet, dass sie nicht abstrakt auf Disziplin und Ordnung setzt, wohl aber darauf beharrt, dass die Schüler diejenigen Pflichten erfüllen, welche die Voraussetzung dafür sind, am Unterricht teilnehmen und sich mit der in diesem behandelten „Sache" auseinandersetzen zu können. Ansonsten versucht sie ihren Schülern ein Zutrauen in ihre eigene Leistungsfähigkeit zu vermitteln. Mit dieser Art von Erziehung scheint sie weitgehend erfolgreich zu sein: Davon, dass die Schüler nicht bereit wären, ihre Rolle als Schüler und die damit verbundenen Pflichten zu übernehmen, ist nichts im Transkript erkennbar.[15] Sie beteiligen sich selbst dann noch am Unterricht, wenn sie eine Aufgabe gestellt bekommen, deren Sinnhaftigkeit fraglich und die kaum zu verstehen ist. Freilich schließt das nicht aus, dass sie gelegentlich versuchen, sich ihren Verpflichtungen zu entziehen, z. B. indem sie mit der Lehrerin ein „Spiel" spielen. Darauf vermag die Lehrerin – wie sich gezeigt hat – weitgehend souverän zu reagieren.

Die Kooperationsbereitschaft der Schüler führt jedoch nicht dazu, dass eine bildende Auseinandersetzung mit einer „Sache" im Unterricht stattfindet. Das ist zum einen darauf zurückzuführen, dass die „Sache" selbst wenig dazu geeignet ist, die Schüler herauszufordern. Zum anderen liegt der Grund dafür darin, dass die Didaktik der Lehrerin dies eher verhindert. Auch wenn davon ausgegangen wird, dass die Auseinandersetzung mit der Lektüre den Schülern ein Stück weit ein Verständnis der „Welt" oder ihrer selbst ermöglichen könnte, so ist doch der von der Lehrerin formulierte Arbeitsauftrag kaum dazu geeignet, den Prozess einer wechselseitigen Erschließung in Gang zu bringen. Und das liegt daran, dass die Methode des Soziogramms für die Erschließung eines literarischen Textes nur bedingt geeignet ist. Hinzu kommt, dass diese Methode keineswegs klar und verständlich erklärt wurde.

Bildung im Sinne einer wechselseitigen Erschließung von Schüler und Gegenstand wäre trotz der Simplizität der Lektüre möglich gewesen, wenn sich die Schüler mit der Darstellung der Krisensituation des Protagonisten unmittelbar hätten befassen können. Die Didaktik, welche in dieser Stunde zur Anwendung kam und in deren Zentrum die Methode des Soziogramms stand, machte dies jedoch schwierig, ja, stand dem letztlich eher im Wege. Wie lässt sich dieser Fall nun typologisch zuordnen?

Die Fallstruktur der Stunde kennzeichnet, dass die Dimension der Bildung eine untergeordnete Rolle spielt. Die beiden anderen Dimensionen sind hingegen sehr wichtig. Und von der Dimension der Didaktik kann gesagt werden, dass sie in der Weise, wie sie sich hier darstellt, einer Erschließung der Sache wenig förderlich ist, ja, sie eher erschwert – zumal den Schülern die Methode des Soziogramms nicht

---

15 Mit einer Ausnahme, derjenigen eines Schülers, der behauptet nicht mitarbeiten zu können, weil er sein Buch schon abgegeben habe. Im Gegenteil, die Schüler scheinen äußerst kooperationsbereit zu sein.

hinreichend erklärt wurde. Angesichts dessen könnte man annehmen, dass die Schüler sich weigern zu tun, was von ihnen verlangt wird. Warum aber machen sie das nicht? Aus der Analyse ergab sich die Hypothese, dass dies aufgrund der positiven Lehrer-Schüler-Beziehung nicht geschieht: Die Schüler lassen sich auf die Didaktik ein, sie kooperieren, auch wenn für sie nicht klar ist, was sie aus welchem Grund machen sollen, weil sie Vertrauen in die Lehrperson haben. Und die Lehrperson ist darauf bedacht, dieses Vertrauen bzw. die Nähe zu den Schülern nicht durch harte Sanktionen – etwa anlässlich des „Spiels" eines Schülers – zu zerstören. Letztlich kann deswegen der Fall dem Typus der Dominanz der Didaktik zugeordnet werden.

II.

Bei dem zweiten Beispiel geht es um eine Stunde aus dem Fach Gemeinschaftslehre. Thema der Stunde ist die Eroberung Mexikos durch die Spanier unter der Führung von Hernando Cortez. Die Stunde gliedert sich in eine Vielzahl von Phasen, die dadurch entstehen, dass Texte auf Arbeitsblättern abwechselnd vorgelesen und dann besprochen werden. Was das didaktische Vorgehen betrifft, so ist dieses hier darauf beschränkt, dass zunächst Texte vorgelesen und sodann im Lehrer-Schüler-Gespräch Fragen behandelt werden, Fragen, die sich entweder auf den Arbeitsblättern befinden und von diesen abgelesen werden, oder die von dem Lehrer gestellt werden. Die Fragen sind dergestalt, dass sie zunächst primär auf das Textverständnis zielen, später aber auch darauf, das in den Texten beschriebene Geschehen zu betrachten: aus der Perspektive der Zeitgenossen, die von diesem Geschehen hören und aus der Perspektive der Schüler selbst, die aufgefordert werden, das Geschehen zu beurteilen bzw. zu bewerten.

Hinzu kommt, dass der Lehrer an einer Stelle ausgehend von den auf den Arbeitsblättern abgedruckten Quellentexten fragt, was denn überhaupt eine „Quelle" ist. Die Stunde endet mit der Aufforderung zu einer Internetrecherche.

Analyse von Teilen des Unterrichtsgesprächs

Einige Passagen aus dem Transkript sollen im Folgenden analysiert werden, Passagen, in denen deutlich wird, wie sehr in dieser Stunde das Anforderungsniveau herabgesenkt wird – so sehr, dass die Kooperationsbereitschaft der Schüler erkennbar nachlässt.

Nachdem eine Quelle vorgelesen wurde, verweist der Lehrer auf die Fragestellungen, welche unterhalb der Quelle abgedruckt sind und liest die erste vor:

„Erklärt, was Montezuma meinte, wenn er sagte: ‚Du bist in deiner Stadt angekommen.'"

Ein Schüler versucht darauf zu antworten:

190 Sm5: Montezuma wollte-e, was wollte Montezuma?

Die Antwort von Sm5 könnte so gedeutet werden, als wisse er nicht, wie die Frage des Lehrers beantwortet werden kann. Doch ist eine andere Deutung plausibler: Sm5 setzt dazu an, zu erklären, was Montezuma wollte, zweifelt dann jedoch plötzlich daran, ob er sich mit seiner Antwort auch hinreichend auf die Frage des Lehrers bezieht. Deswegen fragt er diesen: „Wollen sie wissen, was Montezuma wollte?"
Der Lehrer könnte nun diese Frage schlicht mit „Ja" beantworten. Stattdessen aber sagt er:

191 Lm: Ähm, Sm5, wer ist denn der Montezuma überhaupt noch
192 mal?

Mit dieser Frage wechselt der Lehrer die Ebene, verlässt die der Deutung und begibt sich auf diejenige der einfachen Fakten. Warum macht er das? Die Vermutung liegt nahe, dass die Tatsache, dass Sm5 nicht unmittelbar eine Antwort gab, sondern sich erst noch einmal rückversichern wollte, ob er den Lehrer richtig verstanden habe, diesen dazu veranlasst, daran zu zweifen, ob Sm5 (und/oder auch andere Schüler) überhaupt weiß, über wen gerade gesprochen wird. Erst wenn dies geklärt sei, könne über die – anspruchsvollere – Frage nachgedacht werden, was Montezuma mit seiner Äußerung gemeint haben könnte. Der Lehrer fragt also so basal, als hätte Sm5 nicht einmal die einfachsten Dinge verstanden. Das ist aber unwahrscheinlich. Vorstellbar wäre es nur, wenn Sm5 bisher vollständig geistig abwesend gewesen sein sollte.

193 Sm5: N Spanier.

Es hat den Anschein, als habe der Lehrer Recht, als sei es tatsächlich nötig, erst einmal die einfachsten Dinge zu klären. Doch ist es so offensichtlich, dass diese Antwort falsch ist, es liegt dermaßen auf der Hand, dass Montezuma gerade *kein* Spanier ist, dass die Vermutung nahe liegt, Sm5 weigere sich, auf die triviale, seine vollkommene Ahnungslosigkeit unterstellende Frage des Lehrers eine ernsthafte Antwort zu geben. Das würde bedeuten, dass seine Antwort als ein Protest gegen die Herabsenkung des Niveaus und die damit verbundene Unterstellung, er wisse nicht, von wem gerade geredet wird, zu verstehen ist.

194 Sm3: {lacht}

Bei Sm3 ist nun jeglicher Zweifel ausgeschlossen: Er weiß, dass die Antwort von Sm5 falsch ist. Unklar ist allenfalls, ob er lacht, weil er glaubt, Sm5 sei von der Richtigkeit seiner Antwort überzeugt, oder ob er davon ausgeht, dass Sm5 sich gegen die Unterstellung des Lehrers zur Wehr setzt.

Was gerade als Vermutung, als eine mögliche Lesart formuliert wurde, gewinnt an Plausibilität angesichts dessen, dass im Folgenden das Unterrichtsgespräch in ähnlicher Weise fortgesetzt wird: Der Lehrer stellt weiter die aller einfachsten Fragen, z. B.:

223 Lm: Wer sind die Azteken? Wo wohnen die?

und die Schüler geben folgende Antworten:

224 Sm4: In Mexiko.
225 Sw?: [In Spanien.]
226 Sm?: [In Häusern.]

Während Sm4 unverdrossen mit dem Lehrer ernsthaft kooperiert, antwortet Sw? so, wie es Sm5 in ähnlicher Weise oben schon getan hatte. Auch ihre Antwort könnte als Indiz dafür genommen werden, dass sie den Text nicht verstanden hat und die Vorgehensweise des Lehrers richtig und angemessen ist. Doch zeigt sich hier sehr deutlich, wohin eine solche Interpretation führt: Sie würde darauf hinauslaufen, Sw? für so unwissend zu halten, dass sie nicht einmal weiß, dass in Spanien nicht die Azteken, sondern die Spanier leben.

Wenn die Herabsenkung des Niveaus, das Stellen von einfachsten Fragen nicht einfach als Ausdruck für eine mangelde Vorbereitung bzw. einen Mangel an der Fähigkeit, sich spontan bessere Fragen einfallen zu lassen (was wiederum auf eine unzureichende fachliche Qualifikation verweisen könnte), gedeutet wird, kann es als Hinweis auf eine pessimistische Anthropologie des Schülers verstanden werden (Twardella 2008). Die Antworten von Sm5, Sw? und anderer Schüler ernst zu nehmen würde dann bedeuten, die pessimistische Anthropologie, die dem Handeln des Lehrers wohl zugrunde liegt, zu teilen. Dies ist aber keineswegs zwingend, da die Antworten der Schüler auch als Ausdruck von Protest interpretiert werden können. Der Lehrer wird von den Schülern „auf den Arm genommen" – und für die Schüler gewinnt ein Unterrichtsgespräch, das sie ansonsten völlig unterfordert, auf diese Weise einen gewissen Reiz. Dafür spricht auch die Antwort von Sm?, der auf die Frage des Lehrers mit „in Häusern" antwortet. Er begibt sich bereits mit seinen Mitschülern in einen Wettstreit, welcher der Logik der Überbietung folgt: Wer produziert den geistreichsten Unsinn?

In dieser Art und Weise setzt sich das Unterrichtsgespräch fort. Der Lehrer stellt weiter einfache Fragen, die Schüler nehmen ihn teilweise ernst, teilweise protestieren oder provozieren sie und machen sich über ihn bzw. über die Sache lustig. Die Analyse des Transkriptes dieser Stunde führte schließlich zu folgender Fallstruktur: Die Stunde ist durch eine Didaktik gekennzeichnet, die kaum als Didaktik des Lehrers, vielmehr als die des Arbeitsblattes, das hier Verwendung findet, bezeichnet werden kann. Auf dem Arbeitsblatt befinden sich sowohl einige Bilder als auch Texte: didaktisierte Texte, die der Information dienen, einige Quellen sowie auf diese bezogene Aufgabenstellungen. Nicht auf die Bilder, sondern nur auf die Texte wird im Unterricht eingegangen. Diese Texte enthalten eine Deutung, die den hoch komplexen und sehr interessanten historischen Prozess der Eroberung Mexikos auf eine einfache Formel bringt: Die Spanier waren getrieben von ihrer Gier nach Gold und die Azteken haben sich von diesen besiegen lassen, weil sie religiös verblendet waren. Diese unterschiedlichen Voraussetzungen machten es möglich, dass ein kleiner Trupp von Spaniern ein kulturell hoch entwickeltes Reich, das Reich der Azteken erobern konnte. Die Beschäftigung mit diesem Prozess hätte durchaus bildend sein können – wenn den Schülern ein subjektiver Zugang zu den verschiedenen Texten ermöglicht worden wäre und/oder wenn diese Texte daraufhin befragt worden wären, wie denn das, was in ihnen beschrieben wird, zu verstehen sei. Doch weder die Fragen, die der Lehrer im Unterrichtsgespräch stellte, noch die Aufgabenstellungen auf dem Arbeitsblatt waren dazu geeignet, einen Prozess der wechselseitigen Erschließung in Gang zu bringen: Entweder zielten sie auf ein elementares Textverständnis oder auf die Reproduktion des simplen Deutungsmusters.

Die Kooperationsbereitschaft der Schüler war zunächst dergestalt ausgeprägt, dass zu Beginn des Unterrichts der Eindruck entstand, es sei gar nicht nötig, dass der Lehrer die Autorität, mit der er als Lehrer ausgestattet ist, für die Disziplinierung der Schüler und die Herstellung der Voraussetzungen für die Durchführung des Unterrichts nutzt. Die Unterforderung, ja, das systematische Unterlaufen der mit dem Thema gegebenen Bildungsmöglichkeiten führte bei einigen Schülern jedoch zu einer Änderung in ihrer Art zu kooperieren: Ihre Äußerungen wurden ambivalent, insofern sich in diese nicht nur eine Distanzierung, sondern auch Provokation oder sogar auch Resignation mischte. Die sehr verhalten geäußerte, nur latent in manchen Schüleräußerungen enthaltene Kritik am Unterricht führte jedoch nicht zu einem Fehlverhalten oder zu einer massiven Unterrichtsverweigerung, die den Lehrer erzieherisch gefordert hätte. Von daher gesehen „lief" die Stunde – auch wenn es übertrieben wäre zu sagen, sie lief „wie geschmiert".

Auch diese Stunde kann dem Typus der Dominanz der Didaktik zugeordnet werden. Vereinfacht gesprochen resultiert diese daraus, dass es im Unterricht nicht um die Erschließung der Sache, das historische Geschehen geht, sondern um die Erschließung des Arbeitsblattes, das eine äußerst vereinfachte Deutung bietet. Hinzu kommt, dass diese durch die Fragen des Lehrers noch einmal vereinfacht wurde, also eine doppelte didaktische Reduktion stattfand. Das führte zu indirekt zum Ausdruck gebrachtem Protest auf Seiten der Schüler, jedoch nicht dazu, dass der Unterricht nicht mehr hätte fortgesetzt werden können.

III.

Das dritte Beispiel stammt aus dem Unterricht im Fach Spanisch (E-Kurs). In dieser Stunde beginnt eine Lehrerin mit ihrem Kurs die Lektüre einer „Ganzschrift"[16], eines in Spanisch geschriebenen Buches. Die Stunde gliedert sich in folgende Phasen: In einer ersten Phase stellt die Lehrerin ihr Vorhaben für die aktuelle Stunde in den Kontext dessen, was in dem vorangegangenen Unterricht stattgefunden hat und was für die nächste Zeit geplant ist. In diesem Zusammenhang begründet sie, warum sie ausgerechnet jetzt mit der Lektüre eines neuen Buches beginnen möchte. Dann steigt die Lehrerin in die Behandlung des neuen Buches ein, indem sie die Schüler danach fragt, was sie gegenwärtig lesen – zum einen für die Schule, zum anderen aber auch „privat". Gerade letzteres interessiere sie besonders, einfach weil sie „neugierig" sei. Der nächste Schritt besteht darin, dass die Lehrerin „auf Deutsch" mit den Schülern über den Umschlag des Buches spricht, genauer gesagt, über das Bild auf dessen Vorderseite (sowie – ein wenig – über den Klappentext auf der Rückseite des Buches) und – auf Spanisch – versucht mit den Schülern gemeinsam eine Formulierung zu finden, mit der die verschiedenen Vermutungen bezüglich des Inhalts des Buches zusammengefasst werden können. Danach werden die ersten drei Teile bzw. Abschnitte des Buches gemeinsam gelesen. Die Stunde endet schließlich damit, dass die Lehrerin die Schüler dazu auffordert, Informationen über die wichtigsten Figuren, von denen der gelesene Text handelt, in eine Tabelle einzutragen. Dies sollen die Schüler zunächst in den restlichen verbleibenden Minuten des Unterrichts tun. Dann wird ihnen schließlich aufgetragen, diese Aufgabe zu Hause zu erledigen (und auch noch den vierten Abschnitt des Buches zu lesen).

Warum „einfach lesen"? Analyse der Begründung der Lehrerin
Bevor mit der Lektüre des Buches begonnen wird, erklärt die Lehrerin den Verzicht auf jede weitere Didaktik. Da heißt es:

---

16 Der Begriff „Ganzschrift" steht in der Literaturdidaktik für einen Prosa- oder einen dramatischen Text, der – mehr oder weniger – vollständig im Unterricht gelesen wird.

518 Lw: So, ähm, wir fangen jetzt einfach mal an zu lesen
518 und
519 ich würde euch bitten, ja, entgegen eurer sonstigen
520 Gewohnheit, die ich auch gut nachvollziehen kann,
521 aber wirklich versuchen euch da drauf zu
522 konzentrieren, was ihr versteht und nicht auf das,
523 was ihr nicht versteht.

Mit „einfach mal (...) lesen" ist tatsächlich gemeint: Es wird schlicht gelesen, mehr nicht. Und die Lehrerin will nun, dass die Schüler dabei eine bestimmte Haltung einnehmen, die, davon geht sie aus, für die Schüler ungewöhnlich sei. Normalerweise würden sie beim Lesen eines Textes eine Haltung einnehmen, aus der heraus sie sich konzentrieren auf das, was sie nicht verstehen. An dieser Lesehaltung will die Lehrerin auch nichts aussetzen.[17] Die Haltung ist für sie „gut nachvollziehbar". D. h., die Lehrerin zeigt Verständnis dafür, dass die Schüler sie gewohnheitsmäßig einnehmen (weil es ihnen ein Bedürfnis ist alles genauestens zu verstehen oder weil sie zu dieser Gewohnheit erzogen wurden). Nun aber sollen die Schüler diese Haltung zugunsten einer anderen aufgegeben, jetzt sollen sie sich darauf konzentrieren, „was ihr versteht". D. h., die Lehrerin geht davon aus, dass die Schüler, wenn im Folgenden „einfach gelesen" wird, vieles nicht verstehen werden, will dem aber selbst nicht Abhilfe schaffen, z.B. indem sie Übersetzungshilfen gibt, sondern verlangt stattdessen von den Schülern, dass diese eine andere Haltung einnehmen. Und das angesichts einer Lektüre, von der die Lehrerin zwar behauptete, dass sie „einfach" sei, die aber alles andere als einfach ist. Es stellt sich die Frage, ob dies sinnvoll ist: Überfordert die Lehrerin nicht heillos ihre Schüler? Vernachlässigt sie hier nicht massiv ihre Pflichten? Oder gibt es irgendwelche starken Gründe, die sich für dieses Vorgehen anbringen lassen?

523 Das ist immer leichter gesagt
524 als getan,

Die Lehrerin hat nicht nur Verständnis für die übliche, gewohnheitsmäßige Lesehaltung, sondern ist sich auch der Schwierigkeit dessen, was sie von den Schülern verlangt, bewusst.

---

17 Sehr wahrscheinlich weiß sie auch, wie wichtig diese ist, weil sie die Voraussetzung dafür sein kann, dass die Schüler Fragen stellen, dass Lernfortschritte gemacht werden können etc.

524 aber ihr solltet irgendwann mal dahin
525 kommen, dass ihr einfach sagt, ok also ich versteh
526 zwar nicht alle Wörter, egal, ich versteh aber
527 trotzdem, worum's geht.

Das ist also das Ziel der Lehrerin: ein Leseverständnis, das sich loslöst von dem Verständnis eines jeden einzelnen Wortes – so dass das Ganze auch dann verstanden werden kann, wenn nicht jedes einzelne Wort verstanden wurde. Und ein solches Verständnis von Texten, ein Verständnis, das auf das Ganze zielt und von den Teilen absieht, entsteht nicht allein durch stetiges Lernen, nicht allein dadurch, dass das Quantum, also der Prozentsatz der verstandenen Wörter immer mehr steigt. Vielmehr hängt es auch, so die Lehrerin, von dem einzelnen Subjekt und dessen Willen ab. Dieses muss es sich „einfach sagen", dass es versteht, „worum's geht". Und dafür ist es notwendig, dass die Schüler eine bestimmte Haltung einnehmen, eine selbstbewusste Haltung, die sich loslöst von der Vorstellung, alles 100-prozentig verstehen zu müssen. Die Schüler, so behauptet es die Lehrerin implizit, haben diese Haltung noch nicht. Und sie haben auch noch nicht die Einstellung, dass sie sich sagen, dass einzelne Wörter unwichtig sind, da es auf das Ganze ankommt. Aber „irgendwann" sollten sie dahin gelangen. Das ist das Ziel, welches der Lehrerin vor Augen schwebt. Anders gesprochen: Das Ziel der Lehrerin besteht darin, dass die Schüler die Fähigkeit besitzen, ohne irgendwelche Hilfestellung einen spanischen Text lesen und verstehen zu können. Dabei ist es ihrer Meinung nach nicht nötig, dass die Schüler jedes einzelne Wort verstehen. Wäre das notwendig, würden die Schüler für unabsehbare Zeit abhängig bleiben von jemandem bzw. von etwas, das bzw. der ihnen beim Verständnis behilflich ist (ein Wörterbuch, ein Lehrer o. ä.). Die Lehrerin will aber letztlich die Unabhängigkeit, will „den mündigen Leser". Anders gesprochen: Die Lehrerin verzichtet auf jegliche Didaktik, weil sie ein erzieherisches Ziel verfolgt, das allein mit den Mitteln der Didaktik eben nicht erreicht werden kann: die Mündigkeit der Schüler.

Die Fallstruktur der Stunde lässt sich folgendermaßen formulieren: Bei dem Beginn der Lektüre einer „Ganzschrift" – zu der durchaus ein „Zugang" geschaffen wird, indem über das Bild auf dem Cover des Buches sowie über den Klappentext gesprochen wurde – verzichtet die Lehrerin radikal auf jede Didaktik, obwohl die Schüler noch nicht lange Unterricht im Fach Spanisch haben und das ausgewählte Buch durchaus anspruchsvoll ist, also zu erwarten ist, dass die Schüler vieles nicht verstehen werden. Ihr Ziel besteht in einem Verständnis des Textes auf einer allgemeinen Ebene („worum's geht"), das nur erreicht werden kann, wenn die Schüler eine bestimmte Haltung entwickeln, ein Zutrauen in die eigenen Fähigkeiten. Dieses erzieherische Ziel versucht die Lehrerin dadurch zu erreichen, dass sie die

Schüler die Erfahrung machen lässt, dass das möglich ist, indem sie mit ihnen das Buch „einfach liest". Hinzu kommt, dass sie ihnen gut zuspricht, indem sie das Problem, welches sie haben – eben vieles nicht zu verstehen –, anspricht, damit auch anerkennt, und ihnen gleichzeitig Vertrauen in ihre Fähigkeiten signalisiert. Darüber hinaus wird auf Äußerungen von Seiten der Schüler, die als Wunsch gedeutet werden können, die Lehrerin möge „die Latte etwas niedriger hängen", nicht eingegangen, sondern konsequent an der Zumutung festgehalten. Ob dieses Vorgehen den erhofften Erfolg auch bringt, ob die Schüler tatsächlich den Text so verstehen, wie die Lehrerin sich es wünscht, und ob sie sich auf diesem Weg tatsächlich zu „mündigen Lesern" entwickeln, bleibt offen. Welchem Typus ist diese Stunde zuzuordnen?

Da die Lehrerin weitgehend auf Didaktik verzichtet und gleichzeitig ein hohes erzieherisches Ziel verfolgt, die Erziehung ihrer Schüler zu mündigen Lesern, lässt die Stunde sich dem Typus der Dominanz der Erziehung zuordnen. Und die Dimension der Bildung? Zwar hat die Lehrerin zu Beginn der Stunde versucht, den Schülern einen subjektiven Zugang zu der Lektüre zu ermöglichen, doch bleibt offen, ob dieser ihnen tatsächlich dabei geholfen hat, sich den Text zu erschließen oder ob sie nicht vielmehr durch ihn letztlich überfordert wurden.

14 Zentrale Ergebnisse

Eine Theorie mit dem Anspruch, generell für Unterricht an allgemeinbildenden Schulen der Sekundarstufe zu gelten, ist von Gruschka vor einiger Zeit vorgelegt worden (Gruschka 2013). Aufgrund dessen, dass mit meiner Arbeit nicht der Anspruch verbunden ist, eine eigene Theorie zu entwickeln, sondern nur einen Beitrag zur Arbeit an einer solchen Theorie zu leisten, wäre es möglich, die Ergebnisse, zu denen ich gekommen bin, zu der von Gruschka entwickelten Theorie ins Verhältnis zu setzen, d.h. die verschiedenen Fallstrukturen in dessen Schema der „sechs Konstellationen des Unterrichtens" (236) einzuordnen. Da dann aber dieses Schema zunächst ausführlich erklärt werden müsste, soll – abkürzend – das „pädagogische Dreieck des Unterrichts" und die ausgehend von diesem konstruierten Idealtypen genutzt werden, um die Ergebnisse meiner Forschungen systematisch zu präsentieren.

Zunächst kann festgehalten werden, dass die meisten Fälle dem Typus der Dominanz der Didaktik entsprachen. Einige wenige Fälle konnten auch dem Typus zugeordnet werden, bei dem die Dimension der Erziehung dominiert. Nur ein Fall fand sich dafür, dass die Dimension der Bildung im Vordergrund stand und im Verhältnis der drei Dimensionen dominierte.

Dieses Ergebnis bedeutet, dass in fast allen analysierten Fällen das Telos des Unterrichts, eine wechselseitige Erschließung von Schüler und Gegenstand nicht erreicht wurde. Vor allem erfüllte die Didaktik kaum den Zweck, der ihr immanent ist – freilich auf unterschiedliche Weise. Dieses Ergebnis überrascht nicht: In mehreren quantitativen Studien ist bereits darauf verwiesen worden, dass der Unterricht an deutschen Schulen problematisch ist. Diese beschränkten sich aber immer darauf, Ergebnisse zu messen. Im Unterschied dazu beruhen die Ergebnisse meiner Studie auf qualitativen Analysen, nicht bezogen auf die Ergebnisse des Unterrichts, sondern auf die pädagogische Kommunikation im Unterricht als einem Prozess.

Die analysierten Fälle bzw. die Konstellationen des Pädagogischen lassen sich den drei Idealtypen nun folgendermaßen zuordnen:[18]

Zum Typus der Dominanz der Didaktik

Die verschiedenen Fälle bzw. Konstellationen des Pädagogischen, die dem Typus der Dominanz der Didaktik zugeordnet werden können, lassen sich danach unterscheiden, welches Spannungsverhältnis für den Unterricht besonders prägend ist, dasjenige zur Dimension der Bildung oder dasjenige zur Dimension der Erziehung. Beispielhaft für letztere sei auf folgende Konstellationen verwiesen:

- In einigen Fällen wurde die Didaktik in den Dienst der Erziehung gestellt (so dass sich die Frage stellt, ob bei diesen die Didaktik überhaupt noch dominiert oder nicht vielmehr die Dimension der Erziehung). Die Didaktik soll dann entweder der Erziehung der Schüler zu moralischen Zwecken – wie z. B. in einer Stunde im Fach Ethik – oder schlicht der Disziplinierung der Schüler dienen (wenn, wie in einer Deutschstunde geschehen, die Lehrperson in den Hintergrund tritt und die Schüler an einer „Lerntheke" sich ohne Hilfe der Lehrperson und somit auch ohne deren erzieherische Intervention einen Gegenstand eigenständig erschließen sollen).[19]
- Oder die Didaktik steht dergestalt in einem Spannungsverhältnis zur Dimension der Erziehung, dass tendenziell erzieherische Probleme evoziert werden. Dies geschieht entweder, wenn das Anforderungsniveau so sehr herabgesenkt wurde, dass die Schüler unterfordert sind (wenn sie z. B. im Englischunterricht nur ein-

---

18 Im Folgenden werden nicht alle Fälle berücksichtigt, sondern nur einige, da es nur darum geht, die Systematik zu veranschaulichen.
19 Damit ist die Erwartung verbunden, dass die Schüler sich selbst disziplinieren, sich unter das „Joch der Notwendigkeit" (Rousseau) begeben. Die Stunde kann dennoch dem Typus der Dominanz der Didaktik zugeordnet werden, weil die auf der Lerntheke befindlichen didaktischen Materialien der Erschließung der Sache wenig förderlich sind.

fachste Vokabeln übersetzen müssen), oder wenn die Didaktik zu kompliziert ist, so dass die Schüler nicht recht wissen, was sie zu welchem Zweck machen sollen. (Dafür wurde oben ein Beispiel präsentiert, die Deutschstunde, in der die Schüler an einem Soziogramm arbeiten sollen.)

In vielen Fällen, in denen ebenfalls die Dimension der Didaktik dominierte, ist das Spannungsverhältnis zwischen dieser und der Dimension der Bildung von besonderer Bedeutung.

- Das Spannungsverhältnis ist besonders ausgeprägt, wenn die „Sache" zwar potentiell interessant für die Schüler ist und sie einen großen „Bildungsgehalt" (Klafki 1959/1964) besitzt, die Didaktik aber dermaßen die „Sache" reduziert, dass sie nur noch auf die Reproduktion einfacher Aussagen zielt (wie in einer Geschichtsstunde zum Thema „Cortez").
- Die Dimension der Didaktik kann auch dadurch in einem Spannungsverhältnis zu derjenigen der Bildung stehen, dass sie sich (wie eventuell auch die Dimension der Erziehung) verselbstständigt (ebenfalls in einer Geschichtsstunde) oder weitgehend losgelöst hat von der „Sache" (wie in einer Physikstunde, in der physikalische Zusammenhänge zunächst veranschaulicht und dann in Formeln gebracht werden und bei der weder die Veranschaulichung noch die Formeln verständlich werden).
- In einigen Fällen tritt an die Stelle des Verstehens ein routinisiertes Operieren. Bei Übungen im Sprachunterricht oder bei bestimmten mathematischen Problemen bewältigen die Schüler die ihnen gestellten Anforderungen eine nach der anderen, bis sie dann über eine Aufgabe „stolpern". Dann zeigt sich, dass ihr Können nicht auf einem Verstehen beruht. Die Krise böte die Möglichkeit, dies zu ändern, doch faktisch geschieht dies in keinem der analysierten Fälle.

Zum Typus der Dominanz der Erziehung

Es gibt auch zwei Fälle, in denen *nicht* die Dimension der Didaktik dominiert, sondern diejenige der Erziehung.

- Der eine Fall ist geprägt durch eine „funktionale Erziehung": Die Schüler waren bereits eingeübt in eine Methode, die ihnen ein weitgehend selbstständiges Arbeiten erlaubt. Die Analyse der Stunde (im Fach Religion) lässt erkennen, dass die Schüler tatsächlich eine enorme „Methodenkompetenz" besitzen. Sie arbeiten ein Thema, das sie selbst ausgewählt haben, in Arbeitsgruppen routiniert ab.
- Ebenso dominiert die Dimension der Erziehung in einer Stunde im Fach Spanisch. Die Lehrperson verzichtet weitgehend auf Didaktik und verfolgt konsequent das

Ziel der Erziehung der Schüler zu mündigen Lesern (in der oben vorgestellten Stunde mit dem Titel „Loga Lago").

Zum Typus der Dominanz der Bildung

Diesem Typus kann ein Fall zugeordnet werden. Ihn kennzeichnet, dass ein Lehrer (in einer Kunststunde) weitgehend auf Didaktik verzichtet. Nur „für den Notfall" wird auf sie zurückgegriffen.

Die Antwort auf die Forschungsfrage

Wie eingangs dargelegt wurde, bestand die Forschungsfrage meines Teilprojektes darin, zu klären, ob eine allgemeine Theorie des Unterrichts möglich ist oder im Hinblick auf die jeweilige Schulform differenziert werden muss. Ins Zentrum wurde eine IGS gestellt und die Frage entsprechend modifiziert: Unterscheidet sich die Pädagogik im Unterricht an dieser Schule von derjenigen an Schulen anderer Schulformen? Vor dem Hintergrund der durchgeführten Analysen lässt sich als Antwort auf diese Frage festhalten, dass die Schulform als organisatorische Einbettung des Unterrichts *nicht* dergestalt von Bedeutung ist, dass an den unterschiedlichen Schulen eine jeweils andere Pädagogik anzutreffen ist und folglich eine allgemeine Theorie des Unterrichts nicht möglich wäre. Das soll nicht bedeuten, dass die Schulform völlig unbedeutend ist, doch in Bezug auf den Unterricht und seine Eigenlogik ist sie nicht dermaßen prägend, dass sich etwa an der IGS eine schulspezifische Pädagogik fände. Womöglich hätte erwartet werden können, dass im Unterricht an einem Gymnasium die Dimension der Bildung dominiert, während etwa im Unterricht an einer Haupt- und Realschule die der Erziehung im Vordergrund steht. Tatsächlich war es aber so, dass in den meisten Fällen – unabhängig von der Schulform – die Dimension der Didaktik im Vordergrund stand.

In weiteren Untersuchungen könnte der Fragen nachgegangen werden, ob bzw. inwiefern andere Faktoren Einfluss auf die Pädagogik im Unterricht haben. Z. B. könnte danach gefragt werden, welchen Einfluss die Lehrperson auf den Unterricht hat. Dazu wäre es dann allerdings erforderlich, diese auch unabhängig vom Unterricht in den Blick zu nehmen, z. B. indem nach ihren pädagogischen Einstellungen gefragt wird (nach ihren Theorien 2. Grades). Hinweise auf die Bedeutsamkeit der Lehrperson ergaben sich in verschiedenen Fällen, z. B. im Zusammenhang mit der Spanischstunde.[20] Im Hinblick auf den Kunstunterricht, in dem der Lehrer ebenfalls weitgehend auf Didaktik verzichtet, liegt die Vermutung nahe, dass dieser

---

20 Es hieß, die Lehrerin, die im Spanischunterricht ihre Schüler zu mündigen Lesern erziehen will, habe sich bereits innerlich von der Schule distanziert, da sie diese bald verlassen werde.

sich weniger als Lehrer und primär als „Meister" sieht, der im Atelier seine Schüler als potentielle Kollegen adressiert (Gruschka 2014). Nicht zuletzt erwies es sich als relevant, ob die Lehrperson bereit war, sich als „ganze Person" in den Unterricht einzubringen oder im Gegenteil bestrebt war, ihre Person möglichst außen vor zu lassen (Oevermann 1996, siehe auch: Twardella 2003/2004).

15 Reflexion der Ergebnisse

Angesichts dessen, dass in den meisten Fällen die Dimension der Didaktik dominierte und das Telos des Unterrichts nicht erreicht wurde, soll abschließend auf zwei Fragen eingegangen werden: Sollte man sich nicht von der Vorstellung verabschieden, dass es im Unterricht darum geht, dass Schüler sich bilden? Es gibt nicht wenige „Bildungsforscher", die diese Meinung vertreten: Der Begriff der Bildung sei obsolet (und zudem kaum zu definieren). Im Unterricht könne und solle es nicht darum gehen, dass Schüler sich bilden. Vielmehr sollten sie schlicht etwas lernen (Tenorth 2006). Die empirischen Analysen haben jedoch gezeigt, dass der Anspruch der Bildung im Unterricht immer wieder emergiert: Er steht im Hintergrund, wenn Schüler versuchen eine Sache zu verstehen, wenn sie Fragen stellen, eine Aufgabe nicht verstehen oder sich unmittelbar einer Sache widmen. Und er zeigt sich auch dann, wenn Lehrer sich verpflichtet fühlen, auf Fragen bzw. Probleme von Schülern einzugehen, z. B. dann, wenn sie einen Fehler gemacht haben.

Die zweite Frage, die sich stellt, lautet: Wenn in den meisten Fällen die Dimension der Didaktik der Erschließung der „Sache" wenig förderlich war, ja, dieser in manchen Fällen sogar deutlich im Wege stand, ist sie dann womöglich grundsätzlich ein Problem? Sollte nicht besser auf sie verzichtet werden? Zum einen ist jedoch die Dimension der Didaktik letztlich unhintergehbar; auch der Versuch auf Didaktik zu verzichten wäre eine Form von Didaktik. Zum anderen haben die Fallstudien gezeigt, dass es starke graduelle Unterschiede gibt. Die Antwort auf die Frage kann also nicht in einem Verzicht auf Didaktik bestehen.

Mögliche praktische Konsequenzen

Vor dem Hintergrund der oben erwähnten quantitativen Studien hat sich die Bildungspolitik vor einiger Zeit zu einer radikalen Umstrukturierung des Bildungssystems entschieden, zur Umstellung auf eine andere Didaktik, die Didaktik der Bildungsstandards und des kompetenzorientierten Unterrichtens. Meine Studie legt jedoch nahe, dass es wenig sinnvoll ist, pauschal eine alte Didaktik durch eine neue zu ersetzen, es vielmehr wichtig wäre, die Didaktik jeweils fallbezogen zu reflektieren. D. h., was notwendig wäre, ist die Institutionalisierung der Möglichkeit zu einer Dauerreflexion der Didaktik. Die Vorstellung, der Unterricht könne (allein) durch die Einführung von Standards verbessert werden, die mit Hilfe einer kompetenzorientierten Didaktik erreicht werden sollen, ist wenig realistisch, ja, Ausdruck einer Phantasie, Unterricht „von oben" steuern zu können (Herzog 2013). Es bedarf vielmehr der reflexiven Auseinandersetzung der Lehrer mit ihrer eigenen Didaktik, der Möglichkeit zu dieser auf Distanz zu gehen, Routinen zu erkennen und über Alternativen nachzudenken – und auf diese Weise an der Professionalisierung des pädagogischen Handelns zu arbeiten.

Literaturverzeichnis

Baumert, Jürgen; Kunter, Mareike (2006): Stichwort: Professionelle Kompetenz von Lehrkräften. In: *Zeitschrift für Erziehungswissenschaft*, 9. Jg., H. 4: 479-520
Dewey, John (2008): Logik. Die Theorie der Forschung. Frankfurt a. M.: Suhrkamp
Frost, Ursula (Hg.) (2006): Unternehmen Bildung. Die Frankfurter Einsprüche und kontroverse Positionen zur aktuellen Bildungsreform. Sonderheft der Vierteljahrsschrift für wissenschaftliche Pädagogik. Paderborn, München, Wien, Zürich: Ferdinand Schöningh
Geier, Thomas; Pollmanns, Marion (Hg.) (2015): Was ist Unterricht? Zur Konstitution einer pädagogischen Form. Wiesbaden: Springer
Gruschka, Andreas (2002): Das Kreuz mit der Vermittlung. Elf Einsprüche gegen den didaktischen Betrieb. Wetzlar: Büchse der Pandora
Gruschka, Andreas (2005): Auf dem Weg zu einer Theorie des Unterrichtens. Die widersprüchliche Einheit von Erziehung, Didaktik und Bildung in der allgemeinbildenden Schule. Frankfurt a. M.: Frankfurter Beiträge zur Erziehungswissenschaft
Gruschka, Andreas (2009): Erkenntnis in und durch Unterricht. Empirische Studien zur Bedeutung der Erkenntnis- und Wissenschaftstheorie für die Didaktik. Wetzlar: Büchse der Pandora
Gruschka, Andreas (2013): Unterrichten – eine pädagogische Theorie auf empirischer Basis. Opladen, Berlin, Toronto: Barbara Budrich
Gruschka, Andreas (2014): Lehren. Stuttgart: Kohlhammer
Hausmann, Gottfried (1959): Didaktik als Dramaturgie des Unterrichts. Heidelberg: Quelle & Meyer
Helmke, Andreas (2003): Unterrichtsqualität erfassen, bewerten, verbessern. Seelze: Kallmeyer in Verbindung mit Klett
Herzog, Walter (2013): Bildungsstandards. Stuttgart: Kohlhammer
Hollstein, Oliver (2011): Vom Verstehen zur Verständigung. Die erziehungswissenschaftliche Beobachtung einer pädagogischen Denkform. Frankfurt a. M.: Frankfurter Beiträge zur Erziehungswissenschaft
Hummrich, Merle (2012): Jugend und Raum. Exklusive Zugehörigkeitsordnungen in Familie und Schule. Wiesbaden: Springer VS

Klafki, Wolfgang (1959/1964): Studien zur Bildungstheorie und Didaktik. Weinheim/ Bergstr.: Julius Beltz

Meseth, Wolfgang; Proske, Matthias; Radtke, Frank-Olaf (2011): Was leistet eine kommunikationstheoretische Modellierung des Gegenstandes „Unterricht"? In: Meseth, Wolfgang; Proske, Matthias; Radtke, Frank-Olaf (Hg.), Unterrichtstheorien in Forschung und Lehre, Bad Heilbrunn: Verlag Julius Klinkhardt, 223-241

Oevermann, Ulrich (1996): Theoretische Skizze einer revidierten Theorie professionalisierten Handelns. In: Combe, Arno; Helsper, Werner (Hg.), Pädagogische Professionalität. Untersuchungen zum Typus pädagogischen Handelns, Frankfurt a. M.: Suhrkamp, 70-182

Oevermann, Ulrich (2000): Die Methode der Fallrekonstruktion in der Grundlagenforschung sowie der klinischen und pädagogischen Praxis. In: Kraimer, Klaus (Hg.), Die Fallrekonstruktion. Sinnverstehen in der sozialwissenschaftlichen Forschung, Frankfurt a. M.: Suhrkamp, 58-156

Oser, Fritz; Spychiger, Maria (2005): Lernen ist schmerzhaft. Zur Theorie des Negativen Wissens und zur Praxis der Fehlerkultur. Weinheim und Basel: Beltz Verlag

Rosa, Hartmut (2016): Resonanzpädagogik. Wenn es im Klassenzimmer knistert. Weinheim und Basel: Beltz

Schönbächler, Marie-Therese (2007): Klassenmanagement. Situative Gegebenheiten und personale Faktoren in Lehrpersonen- und Schülerperspektive. Bern, Stuttgart, Wien: Haupt Verlag

Steiner, Astrid (2008): Unterrichtskommunikation. Eine linguistische Untersuchung der Gesprächsorganisation und des Dialektgebrauchs in Gymnasien der Deutschschweiz. Tübingen: Gunter Narr

Tenorth, Heinz-Elmar (2006): Professionalität im Lehrerberuf. Ratlosigkeit der Theorie, gelingende Praxis. In: *Zeitschrift für Erziehungswissenschaft*, 9. Jg., H. 4: 580-597

Twardella, Johannes (2004/2005): Rollenförmig oder als „ganze Person"? Ein Beitrag zur Diskussion über die Professionalisierungstheorie und die Struktur pädagogischen Handelns. In: *Pädagogische Korrespondenz. Zeitschrift für kritische Zeitdiagnostik in Pädagogik und Gesellschaft*, H. 33: 65-74

Twardella, Johannes (2008): Pädagogischer Pessimismus. Eine Fallstudie zu einem Syndrom der Unterrichtskultur an deutschen Schulen. Frankfurt: Humanities Online

Twardella, Johannes (2010): Rezension zu: Arnd-Michael Nohl (2009): Interview und dokumentarische Methode. Anleitungen für die Forschungspraxis. 3. Aufl. Wiesbaden: VS Verlag für Sozialwissenschaften. In: *FQS Forum qualitative Sozialforschung*, Volume 11

Twardella, Johannes (2015): Pädagogische Kasuistik. Fallstudien zu grundlegenden Fragen des Unterrichts. Opladen, Berlin, Toronto: Barbara Budrich

Twardella, Johannes (2018): Konstellationen des Pädagogischen. Zu einer materialen Theorie des Unterrichts. Opladen, Berlin, Toronto: Barbara Budrich

Weniger, Erich (1929/1975): Theorie und Praxis in der Erziehung. In: Weniger, Erich, Ausgewählte Schriften zur geisteswissenschaftlichen Pädagogik, Weinheim, Basel: Beltz Verlag, 29-44

Wernet, Andreas (2000): Einführung in der Interpretationstechnik der objektiven Hermeneutik. Opladen: Leske + Budrich Verlag

Wernet, Andreas (2006): Hermeneutik – Kasuistik – Fallverstehen. Eine Einführung. Stuttgart: Verlag W. Kohlhammer

Verlaufsformen fallrekonstruktiver Forschung
Methodologische Reflexion einer Untersuchung zum Berufshabitus von Umweltmediatoren

Peter Münte

Im vorliegenden Beitrag wird anhand eines Beispiels aus der Forschungspraxis ein möglicher Verlauf fallrekonstruktiver Forschung durchgespielt. Dieser Verlauf ergibt sich auf der Grundlage einer Vorgehensweise, bei der die drei Schritte *Gegenstandsbestimmung, Fallrekonstruktion* und *Typenbildung* vorgesehen sind. Ein solches Vorgehen stellt einen aufeinander aufbauenden Hypothesenbildungs- und -überprüfungsprozess dar. Im Folgenden wird ein Verlauf skizziert, bei dem sich die im ersten Schritt entwickelte Ausgangshypothese als problematisch beziehungsweise als nicht tragfähig erweist. Gerade dieses Scheitern kann aufschlussreich sein; allerdings ergibt sich dabei ein Forschungsverlauf, der von der anvisierten Schrittfolge *Gegenstandsbestimmung – Fallrekonstruktion – Typenbildung* abweicht. Das gewählte Beispiel bietet zudem einen Einblick in die Komplexität einer fallrekonstruktiv ansetzenden Analyse der Berufe der modernen Gesellschaft. Es geht auf eine Untersuchung zum Berufshabitus von Mediatoren zurück, die in der Umweltmediation tätig sind, einem neuartigen Verfahren der Konfliktbearbeitung, das bei der politischen Auseinandersetzung über umstrittene Vorhaben wie Ausbau eines Flughafens, Neubau einer Bahntrasse oder Bau einer Müllverbrennungsanlage angewendet wird. Gegenstand der Untersuchung ist eine nicht zuletzt in zeitdiagnostischer Hinsicht interessante Tätigkeit. Sie bildet sich in einer Gesellschaft heraus, in der technischer und ökonomischer Wandel auf Dauer gestellt sind, auf eine kritische Öffentlichkeit stoßen und ein neuartiger Wissensbestand zur Bearbeitung von Konflikten zur Verfügung steht. Der Beitrag gliedert sich in drei Teile: In Anlehnung an den tatsächlichen Ablauf des herangezogenen Forschungsvorhabens wird eine naheliegende Möglichkeit skizziert, die Umweltmediation als Gegenstand fallrekonstruktiver Forschung

© Springer Fachmedien Wiesbaden GmbH, ein Teil von Springer Nature 2019
D. Funcke und T. Loer (Hrsg.), *Vom Fall zur Theorie*, Studientexte zur Soziologie,
https://doi.org/10.1007/978-3-658-22544-5_10

einzurichten (1).[1] Es wird gezeigt, dass diese Gegenstandsbestimmung bei der Analyse des erhobenen Materials in Schwierigkeiten führt und wie diese behoben werden können (2). Abschließend wird der sich ergebende Verlauf des Forschungsprozesses unter methodologischen Gesichtspunkten rekapituliert (3).

1 Der theoretische Vorgriff auf den Gegenstand

1.1 Die Umweltmediation als Gegenstand fallrekonstruktiver Forschung

Eine fallrekonstruktive Soziologie geht von einer Reihe theoretischer Voraussetzungen aus. So begreift sie das menschliche Handeln als einen Prozess, in dem sich fortwährend Handlungsmöglichkeiten eröffnen und eine Auswahl unter ihnen zu treffen ist. In der fallrekonstruktiven Forschung wird dieser Ablauf daraufhin betrachtet, wie das, was an der jeweiligen Stelle des Ablaufs geschieht, lebensgeschichtlich motiviert und inwiefern es für den weiteren Lebensweg folgenreich ist. Es wird untersucht, wie sich im Durchlaufen einer ununterbrochenen Kette solcher Öffnungen und Schließungen sowie der Erfahrung des Gelingens und Scheiterns nach und nach eine besonders strukturierte Praxis und ein ihr korrespondierender individueller Habitus herausbilden. Dabei wird auch davon ausgegangen, dass jeder beobachtbare Handlungsvollzug vor dem Hintergrund universaler Problemzusammenhänge humaner Sozialität zu sehen ist. Handeln bedeutet stets, die sich im Lebensvollzug ergebenden Probleme so oder so und mit mehr oder weniger Erfolg zu bearbeiten. Doch sind die zu bewältigenden Probleme in unterschiedlichen Problemkreisen verankert: Auf der einen Seite müssen die zum Leben wichtigen Güter erlangt und die es bedrohenden Gefahren abgewehrt werden; auf der anderen ist der Bestand einer Gemeinschaft zu sichern, in der Menschen in wechselnden Konstellationen zu Zwecken wie Gütererwerb und Gefahrenabwehr zusammenwirken können. Hierzu sind stabile Bindungen zwischen jeweils besonderen Menschen erforderlich. Auf solchen Bindungen baut eine mehr oder weniger umfassende Vergemeinschaftung auf und mit der Entstehung immer umfassenderer Vergemeinschaftungen stellen sich Probleme wie die Sozialisation des sich in einem je besonderen Milieu bildenden Individuums, die Herstellung eines übergreifenden Konsenses über Rechte, Pflichten und Verbote und die

---

1 Der Ablauf des Forschungsprozesses wird in methodologischer Absicht idealisiert dargestellt

Weitergabe der für das Überleben wichtigen Wissensbestände. Wie lässt sich die Umweltmediation als ein neuartiges Verfahren zur Bearbeitung gesellschaftlicher Konflikte in die skizzierte Forschungsperspektive einrücken?

Der Versuch einer der Materialanalyse vorausgehenden Bestimmung setzt Vorkenntnisse voraus. Zwar gibt es bei der Umweltmediation – anders als bei Berufen wie Arzt, Politiker, Unternehmer, Filmemacher usw. – kein alltägliches Vorverständnis, doch lässt sich dieses Defizit durch Recherche beheben. Knapp zusammengefasst ergibt sich so folgendes: Die Umweltmediation stellt eine Anwendung des in den USA entwickelten Verfahrens der Mediation dar.[2] Die Mediation selbst ist ihrem Selbstverständnis nach ein Verfahren zur Bearbeitung von Konflikten verschiedenster Art.[3] Für die Entwicklung dieses Verfahrens kann der Zeitraum von den 70er bis zu den 90er Jahren als ausschlaggebend betrachtet werden – auch wenn es weiter zurückreichende Entwicklungsstränge gibt.[4] Die Mediation wird als eine Alternative zu den bereits existierenden Verfahren der Konfliktbearbeitung aufgefasst. Sie ist aus einem gesellschaftspolitischen Diskurs hervorgegangen, in dem die etablierten Strukturen der Gesellschaft kritisiert wurden und die Frage nach denkbaren Alternativen aufkam. Dies erklärt, warum die Mediation häufig in Abgrenzung zu den schon etablierten Verfahren, etwa dem Gerichtsverfahren, wie es bei zivilrechtlichen Streitigkeiten vorgesehen ist, beschrieben wird.

Die einschlägigen Darstellungen der Mediation kreisen erkennbar um einen Grundgedanken. Eine schon etwas ältere Definition bei Breidenbach (1995: 4) lautet:

---

2   Zur Mediation gibt es eine breite Literatur, die sich direkt an Praktiker wendet beziehungsweise die Mediation im Hinblick auf praktische Fragen diskutiert, so etwa Breidenbach 1995, Besemer 2003 sowie Weckert/Oboth 2014. Die empirische Mediationsforschung beschäftigt sich mit der Wirksamkeit und mit Wirkmechanismen der Mediation; vgl. die schon älteren Sammelbände Kressel/Pruitt 1989 und Folger/Jones 1994. Einen Überblick über die Geschichte der Mediation bietet Barrett 2004.

3   Zur terminologischen Klarheit sei erwähnt, dass der Ausdruck „Mediation" im Folgenden überwiegend als Eigenname verwendet wird. Er bezeichnet dann eine Praxis, die sich in der zweiten Hälfte des 20. Jahrhunderts herausgebildet hat und die heute unter dieser Bezeichnung auf einem Dienstleistungsmarkt angeboten wird. Es ist diese Praxis, die den Gegenstand der Untersuchung bildet. Von der Verwendung als Eigennamen ist die als Allgemeinbegriff zu unterscheiden. Hier kommt es auf den eigentlichen Wortsinn an. Das aus dem Lateinischen stammende Wort „Mediation" meint das Vermitteln im Streit. Mit dem Begriff der Mediation kann deshalb auf jedwede Praxis Bezug genommen werden, in der im Streit vermittelt wird. Vor diesem Hintergrund lässt sich die scheinbar paradoxe Aussage formulieren, dass die Mediation (die Tätigkeit, die heute unter dieser Bezeichnung firmiert) keine Mediation ist (also keine Praxis, in der im eigentlichen Sinne vermittelt wird). Um die Eingrenzung des Untersuchungsgegenstands zu markieren, ist an manchen Stellen auch von der modernen Mediation die Rede.

4   Zur Vorgeschichte der Mediation s. Barrett 2004: 1-139.

„*Mediation* ist eine Einschaltung eines (meist) neutralen und unparteiischen *Dritten* im Konflikt, der die Parteien bei ihren Verhandlungs- und Lösungsversuchen unterstützt, jedoch über *keine eigene (Konflikt-)Entscheidungskompetenz* verfügt." Der Bundesverband Mediation definiert: „Mediation ist ein Verfahren zur außergerichtlichen, konstruktiven Bearbeitung von Konflikten". Der Mediator wird als „allparteilich, unabhängig, qualifiziert, professionell" beschrieben: Die Medianten sind „eigenverantwortlich", „an einer konstruktiven Konfliktbearbeitung interessiert" und „erarbeiten eigene Lösungen".[5] Weckert und Oboth (2014: 35) schreiben in einer neueren Einführung: „Mediation als Verfahren der Konfliktvermittlung zielt auf eine gütliche Lösung ab. Die Streitparteien werden durch das Verfahren aktiviert, neue, konstruktive Beiträge in einer festgefahrenen Situation oder Beziehung zu leisten." Im Zuge ihrer rechtlichen Verankerung ist mit dem 2012 erlassenen Mediationsgesetz folgende Begriffsbestimmung festgeschrieben worden: „(1) Mediation ist ein vertrauliches und strukturiertes Verfahren, bei dem Parteien mithilfe eines oder mehrerer Mediatoren freiwillig und eigenverantwortlich eine einvernehmliche Beilegung ihres Konflikts anstreben. (2) Ein Mediator ist eine unabhängige und neutrale Person ohne Entscheidungsbefugnis, die die Parteien durch die Mediation führt."[6] Zwar wird in der Literatur immer wieder betont, dass die Mediation eine „uralte Konfliktlösungstechnik" darstelle, doch zeigen die Formulierungen, dass Motive in sie eingeflossen sind, die für die Gesellschaft der Gegenwart kennzeichnend sind. So sollen die Streitparteien „aktiviert" werden, und sie werden als „eigenverantwortlich" beschrieben. Solche Charakterisierungen verweisen auf ein zeitgebundenes Verständnis der Mediationspraxis. Nicht selten findet sich auch der Hinweis, die Mediation wolle zur Entwicklung einer dem Prinzip der Gewaltfreiheit verpflichteten Konfliktkultur beitragen. Dies zeigt sich an programmatischen Publikationstiteln wie „Mediation – Pfade zum Frieden" (vgl. Montada 2009: 501) und Bezeichnungen wie „Gewaltfrei Leben Lernen", unter der ein Verein firmiert, der eine der hier angeführten Einführungen in die Mediation verlegt hat (s. Besemer 2009). Schließlich greift die Mediation auf Techniken des Konfliktmanagements zurück, die sich so erst im Laufe des 20. Jahrhunderts herausgebildet haben.[7] Auffällig ist, dass sich die Mediation auf die unterschiedlichsten Konflikte anwenden lassen soll: den Streit bei Trennung und Scheidung (Hohmann/

---

5   Vgl. https://www.bmev.de/mediation/was-ist-mediation.html (zuletzt abgerufen: 15.05.18).

6   Vgl. https://www.bmev.de/fileadmin/downloads/mediationsgesetz/mediationsgesetz _2012_07_26.pdf (zuletzt abgerufen: 15.05.18).

7   In der Praktikerliteratur werden diese Techniken eingehend behandelt (vgl. Besemer 2009: 198-229; Weckert/Oboth 2014: 129-144; Glasl 2013).

Morawe 2013), zwischen Nachbarn (Götz/Schäfer 2008), in und zwischen Organisationen (Pühl 2003; Kals/Ittner 2008), in der Schule (Lange 2002) oder auch anlässlich der Planung umweltrelevanter Vorhaben (Neuert 2001). Nicht immer ist Mediation eine Alternative zum Gerichtsverfahren. Wird sie in Organisationen bei Konflikten zwischen Mitarbeitern anwendet, tritt der Mediator an die Stelle des Vorgesetzten. Bei ihrer Anwendung in Planungsvorhaben ergänzt sie die üblichen Verfahren in Politik und Verwaltung.

Für die soziologische Einordnung der Umweltmediation bietet diese Übersicht wichtige Anhaltspunkte. Mit der Bezeichnung als Mediation wird sie als Vermittlung im Streit ausgewiesen (vgl. Fn. 3), und dies verweist auf einen grundlegenden Komplex von Problemen humaner Sozialität: Wo Menschen zusammenleben, kann es zu Streit kommen, und wo zwei sich streiten, kann ein vermittelnder Dritter hinzutreten. Der vergleichsweise neue Beruf des Mediators deutet außerdem darauf hin, dass die Art und Weise, wie Streit in der modernen Gesellschaft bearbeitet wird, einer Entwicklung unterliegt, die sich bei näherer Betrachtung in verschiedenen Ländern zeitlich versetzt vollzieht. Schließlich überrascht das breite Anwendungsspektrum der Mediation. Der Rückgriff auf Techniken des Konfliktmanagements soll eine rationale Bearbeitung von Konflikten erlauben, die sich auf nahezu alle Bereiche des menschlichen Lebens ausdehnen lässt und auch vor der Politik nicht haltmacht. Diesen drei Hinweisen soll im Folgenden nachgegangen werden, um Schritt für Schritt eine forschungsleitende Fragestellung zu entwickeln.

Bei einem solchen Bestimmungsversuch sind schon vorliegende Untersuchungen zu berücksichtigen. Zur Umweltmediation gibt es eine breite sozialwissenschaftliche Forschung. Diese hat allerdings eine deutlich praktische Ausrichtung.[8] Sie geht von einer Diagnose der Probleme der Gegenwartsgesellschaft aus und untersucht das Umweltmediationsverfahren daraufhin, was es zu deren Bewältigung beizutragen vermag. Tatsächlich ist die Etablierung der Umweltmediation nicht von diesem Zweig sozialwissenschaftlicher Forschung zu trennen. Sie ist das Ergebnis eines Modernisierungsprozesses, in dem Sozialwissenschaftler, die an der Lösung gesellschaftlicher Probleme interessiert sind, eine tragende Rolle gespielt haben. Gerade deshalb kann die gesuchte Gegenstandsbestimmung aber nicht an diese Forschung anschließen. Folgt man dem eingangs umrissenen fallrekonstruktiven Ansatz, ist der mit der Umweltmediation verknüpfte Problemlösungsanspruch einzuklammern und das mit diesem Anspruch auftretende Verfahren als Moment eines umfassenden Strukturbildungsprozesses zu betrachten. Die leitende Frage ist nicht: Löst die Umweltmediation die mit ihr verbundenen Ansprüche ein? Vielmehr

---

8 Beispiele der deutschsprachigen Literatur zur Umweltmediation sind: Dally/Weidner/Fietkau 1994, Zilleßen 1998b, Fietkau/Weidner 1998, Geis 2005.

ist zu untersuchen, wie sich ausgehend von einem bestimmten Problemfokus der sozialen Existenz des Menschen nach und nach ein Handeln herausgebildet hat, in dem diese Ansprüche formuliert werden, und warum die Entwicklung diese und keine andere Richtung genommen hat.

Das als Beispiel herangezogene Vorhaben konnte allerdings an eine vorangegangene Untersuchung zur Familienmediation anknüpfen, die ebenfalls fallrekonstruktiv ansetzte (Maiwald 2003, 2004a, 2004b). Von ihr ausgehend wurde vermutet, dass Mediation als eine fallverstehende Interventionspraxis aufzufassen ist. Fallverstehen und Intervention stellen Begriffe der Professionalisierungstheorie dar, mit denen sich das Berufshandeln bestimmter Berufe, der Professionen, bestimmen lassen soll. Prototypen sind Arzt und Jurist.[9] Umweltmediatoren wären demnach Leute, die in einen Konflikt eingreifen, den sie, damit dies angemessen erfolgt, in seiner Besonderheit verstehen müssen. Die Herausforderung der Umweltmediation bestünde dabei darin, in eine in der Öffentlichkeit geführte Auseinandersetzung intervenieren zu müssen. Die vorliegenden Forschungsergebnisse zur Familienmediation liefern allerdings schon Hinweise darauf, dass sich die Mediation nicht ohne weiteres in die vorliegende professionalisierungstheoretische Modellbildung einfügt. Wichtige Ergebnisse sind, dass im beruflichen Selbstverständnis der Familienmediation die Position des vermittelnden Dritten unausgefüllt bleibt (Maiwald 2004a: 151-153). Maiwald führt das auf eine für die 1970er Jahre charakteristische Expertokratiekritik zurück (a. a. O.: 165-167, 178-180, 297). Außerdem weist er darauf hin, dass der Anspruch der Mediation, eine neue Konfliktkultur zu schaffen, einen Auftrag sozialer Kontrolle impliziert (a. a. O.: 179). Vor diesem Hintergrund vermutet Maiwald, dass die Familienmediation zwar als eine professionalisierungsbedürftige Vermittlungspraxis zu bestimmen sei, die genannten Merkmale des beruflichen Selbstverständnisses jedoch ihrer gültigen Professionalisierung entgegenstünden. Dementsprechend spricht er davon, dass die Mediation eine „paradoxe Professionalisierungsstrategie" verfolge (a. a. O.: 165). In späteren Publikationen hebt er den Auftrag der sozialen Kontrolle stärker hervor (2009, 2016). Hierauf wird später zurückgekommen. Im Anschluss an die genannte Untersuchung konnte mit Blick auf die Umweltmediation gefragt werden, wie speziell diese Variante der Mediation als Vermittlungshandeln zu bestimmen wäre, inwiefern auch dieses Handeln Momente aufweisen müsste, die sich mit den professionalisierungstheoretischen Begriffen Fallverstehen und Intervention charakterisieren lassen, ob sich bei der Umweltmediation ein ähnlich brüchiges Selbstverständnis findet und wie sich das im Handeln auswirkt.

---

9 Zu diesem Ansatz der Professionalisierungstheorie s. Oevermann 1996.

1.2 Die Ausgangsbestimmung: Mediation als Vermittlung im Streit

Der erste für die soziologische Einordnung der Mediation wichtige Hinweis war, dass sie über ihre Bezeichnung in allen ihren Anwendungen als Vermittlung im Streit ausgewiesen wird.[10] Offenbar setzt das so bezeichnete Verfahren den Streit als grundlegenden Sachverhalt menschlichen Zusammenlebens voraus. Indes zeigt die nähere Betrachtung, dass nur bestimmte Streitigkeiten zum Ausgangspunkt einer Praxis des Vermittelns werden können. Wenn in einer Gruppe von Jägern ein Streit darüber entbrennt, in welche Jagdgründe sie ziehen sollten, so ist das kein Fall für einen Vermittler. Der Streit kann dadurch beendet werden, dass, nachdem die Argumente ausgetauscht worden sind, jemand als Anführer auftritt und eine ausreichende Zahl von Leuten hinter sich bringt. Auch wenn in einem Zirkel von Gelehrten darüber gestritten wird, wie eine Naturerscheinung zu erklären ist, bietet das keinen Anlass für eine Vermittlung. Unter Umständen kann die Klärung der Frage solange aufgeschoben werden, bis Argumente vorliegen, die alle Beteiligten überzeugen. Die mit dem Begriff der Vermittlung bezeichnete Form der Streitbeendung verweist vielmehr auf einen speziellen Typus von Streitigkeit, und dieser setzt eine bestimmte soziale Konstellation voraus. Schon an dieser Stelle erfordert die Gegenstandsbestimmung eine vergleichsweise aufwendige Explikation.

Eine Vermittlung setzt zwei Parteien voraus, die sich darüber streiten, was ihnen zusteht, sowie eine Gruppe, der die streitenden Parteien angehören. In dieser Gruppe müssen Regeln gelten, die ein friedliches Zusammenleben ermöglichen und über deren Einhaltung ihre Mitglieder wachen. In einer solchen Konstellation kann die in einer oder mehreren Personen verkörperte Gruppe als dritte Instanz hinzutreten. Damit das geschieht, muss eine Grenze erreicht sein, deren Überschreitung eine Intervention rechtfertigt. Ein Dritter kann *von sich aus hinzutreten*, wenn die Auseinandersetzung ein für Außenstehende nicht mehr tragbares Maß erreicht hat. Er kann *angerufen* werden, wenn eine der beiden Streitparteien keine Möglichkeit mehr sieht, sich mit der anderen zu einigen und sich geschädigt fühlt. Vor diesem Hintergrund kann das Vermitteln im Streit einem eingangs schon angedeuteten Problemzusammenhang humaner Sozialität zugeordnet werden. Wenn

---

10 Eine anders ansetzende Entwicklung des theoretischen Vorgriffs findet sich in der Untersuchung Maiwalds. Ausgangspunkt ist dort die Explikation der sozialen Konstellation einer Scheidung mit minderjährigem Kind. Vor diesem Hintergrund wird die Mediation als eine grundsätzlich passende Antwort auf die dieser Konstellation inhärente Problemlage bestimmt. Allerdings ergibt sich bei diesem Zugriff das Folgeproblem, dass die Generalisierung der Mediation über eine auffällig große Zahl verschiedener Konflikttypen hinweg eigens erklärt werden muss.

sich Menschen vergemeinschaften, so geschieht das nicht allein auf der Grundlage von Bindungen zwischen je besonderen Individuen; es muss auch ein Konsens über Rechte, Pflichten und Verbote hergestellt und aufrechterhalten werden. Vor diesem Hintergrund können sich vielfältige Aktivitäten entfalten: Rechte können reklamiert, aber auch beschnitten, Pflichten auferlegt wie auch verletzt und Verbote errichtet sowie übertreten werden. Es werden dann Beschuldigungen ausgesprochen, Verteidigungen vorgebracht, Gegenvorwürfe formuliert, Unterlassungen gefordert, Forderungen gestellt und Ahndungen verlangt. Auch die Beiträge, die ein Dritter zur Beilegung eines Streites zu leisten vermag, variieren: Er kann, sofern die Eskalation eines Streits fortgeschritten ist, die Streitparteien trennen; zwischen ihnen mit dem Ziel vermitteln, dass sie von ihren jeweiligen Standpunkten abrücken und sich einigen; den Streit durch einen Kompromissvorschlag zu schlichten versuchen; den Streit entscheiden, indem er ein verbindliches Urteil darüber fällt, was wem zusteht; das Recht, das der einen Partei zugesprochen worden ist, gegenüber der anderen durchsetzen.[11] Die verschiedenen Beiträge, die ein Dritter zur Beilegung des Streits leisten kann, verweisen darauf, dass in einer Gruppe nicht lediglich *eine* normative Ordnung existiert, die für *alle* gilt, sondern dass ihre Mitglieder auch *untereinander* Normen aushandeln können. Erst vor diesem Hintergrund kann sich für einen Dritten die Alternative ergeben: dass er auf der einen Seite – sofern der Streit Rechte, Pflichten und Verbote berührt, die in der den Streitparteien übergeordneten Gruppe gelten – ein verbindliches Urteil darüber fällen kann, was welcher Partei zusteht; dass er auf der anderen Seite aber auch darauf hinarbeiten kann, dass die Streitparteien ihren Streit durch die Vereinbarung einer eigenen Regelung beilegen.[12]

Der raschen Bestimmung der möglichen Aktivitäten des Dritten beim Versuch, den Streit beizulegen, steht die wesentlich aufwendigere der Schwierigkeiten gegenüber, mit denen er sich bei seinen Bemühungen konfrontiert sieht. Hierzu muss man sich vor Augen führen, wie die verschiedenen Sozialbeziehungen zusammenspielen, die sich mit dem Hinzutreten des Dritten ergeben. Mit seinem Hinzukommen entsteht eine Konstellation, die drei Sozialbeziehungen umfasst: diejenige der Streitparteien und die beiden aus dem Dritten und jeweils einer der

---

11 Entsprechende Typologien finden sich in der Rechtssoziologie in unterschiedlichen Varianten. Vgl. Aubert 1963, Eckhoff 1967, Koch 1976: 101-110, Röhl 1979. S. a. Maiwald 2004a: 111-130.

12 Das Zusammenspiel dieser verschiedenen Ebenen normativer Ordnung kann wiederum geregelt sein: Indem von den Mitgliedern einer Gruppe erwartet wird, dass sie grundsätzlich in der Lage sind, ihren Streit untereinander zu regeln, und indem bestimmte Regelungen, die untereinander getroffen wurden, beispielsweise Verträge, mit Hilfe der Gruppe durchsetzbar sind.

Streitparteien. In dieser Konstellation ist der hinzukommende Dritte gefordert, *unparteiisch* zu bleiben. Als Repräsentant der Gruppe, deren Frieden durch den Streit gefährdet ist, darf er weder mit der einen noch der anderen Partei koalieren. Er darf nicht dadurch zur Beendung des Streites beitragen, dass er sich mit einer der Parteien auf Kosten der anderen zusammentut. Dies gilt allerdings nicht für die von den Parteien vertretenden Standpunkte selbst. Insofern der hinzukommende Dritte die Gruppe repräsentiert, der auch die Streitparteien angehören, und die strittigen Standpunkte die Frage betreffen, was den Streitparteien zusteht, und zwar als Angehörigen einer Gruppe, muss seine Beurteilung des Falls daran gebunden sein, was in ihr als billig gilt. Insofern der Dritte einen inhaltlichen Beitrag zur Bearbeitung des Streites leistet, muss er außerdem spezifische *Verstehensleistungen* erbringen: Er hat die Hintergründe des jeweils besonders gelagerten Streits auszuleuchten; denn nur so kann er zu einem eigenen Urteil in der Sache gelangen. Das gilt immer dann, wenn der Dritte die Streitparteien nicht einfach trennt oder die Durchsetzung von berechtigten Ansprüchen betreibt. Insofern der Dritte Recht spricht, hat er den jeweils vorliegenden Streitfall vor dem Hintergrund einer Reihe schon entschiedener Fälle zu betrachten und ein Urteil zu finden, das sich konsistent in die bisherige Rechtsprechung einfügt. Wird er vermittelnd tätig, muss er die sich in der Auseinandersetzung abzeichnenden Einigungsmöglichkeiten erkunden. Auf diese Weise werden wesentliche Teile der Auseinandersetzung, die ursprünglich von den Streitparteien allein ausgetragen wurde, an den Dritten *delegiert*. Soll der Dritte einen Beitrag zur Beendigung des Streites leisten, muss er schließlich wirkungsvoll in die Auseinandersetzung *intervenieren*. Das kann, wie schon ausgeführt, auf unterschiedliche Weise geschehen. Will er ausdrücklich als Vermittler tätig werden – und nicht als Friedenstifter, Schlichter, Richter oder Vollzugsinstanz – muss er in der Interaktion den unvereinbaren Standpunkten der Streitparteien zum Trotz die Möglichkeit einer Einigung zur Geltung bringen, und dies auf eine für beide Streitparteien überzeugende Weise. Er muss die grundsätzlich erwünschte Nachgiebigkeit der Parteien fördern und – wenn sich eine beiderseitige Zustimmung zu einer tragfähigen Regelung abzeichnet – diese verbindlich fixieren. – Die Bestimmung eines vermittelnden Dritten als einer Person, die diese solch komplexe Aufgabe in der beschriebenen Konstellation zu bearbeiten hat, erlaubt es, an eine professionalisierungstheoretische Modellbildung anzuschließen. Eine fallverstehende Intervention kann als ein wesentliches Merkmal des Vermittlungshandelns betrachtet werden. Sollte das Vermitteln im Streit zu einem Beruf werden, so müsste auch dieser Beruf es aufweisen.

1.3 Von der Alltagspraxis des Vermittelns zum Beruf des Mediators

Dritte, die auf die beschriebene Weise intervenieren, können immer und überall auftreten, wo Menschen geregelt zusammenleben. Die Position eines solchen Dritten kann prinzipiell jeder einnehmen, ohne dass sie in einer gesellschaftlichen Ordnung vorgesehen oder zugewiesen worden sein müsste. Allerdings impliziert diese Position eine Übernahme von Aufgaben, für die sich nicht jeder gleichermaßen eignet. Es kann sich aber auch eine feste Ordnung herausbilden, in der bestimmte Personen *auf Dauer* Aufgaben übernehmen wie die, verbindliche Streitregelungen zu verfügen oder im Streit zu vermitteln. Hat sich eine auf Dauer gestellte Position herausgebildet, kann sie *neu besetzt* beziehungsweise in einem Auswahlverfahren *zugewiesen* werden. Somit können *Organisationen mit prinzipiell austauschbarem Personal* entstehen, in denen Streit *nach festgelegten Regeln arbeitsteilig* bearbeitet wird. Insbesondere, wenn eine solche Organisation für viele Menschen zuständig ist und sich auf entsprechende Ressourcen zu stützen vermag, kann sie zum Bezugspunkt der Entstehung eines mehr oder weniger komplexen *Apparates* werden. In einem solchen Apparat werden Mittel bereitgehalten, mit denen sich Streitfälle *rational* bearbeiten lassen, und es steht ein entsprechend *qualifiziertes Personal* zur Verfügung, das diese Mittel zu gebrauchen versteht. Dieser Prozess lässt sich als eine (möglicherweise fortschreitende) Rationalisierung begreifen. Schließlich kann ein solcher so und nicht anders gewordener Apparat zur rationalen Streitbearbeitung, der Organisationsregeln, Personal und Mittel umfasst, selbst zum Gegenstand einer Systematisierungsbemühung werden. Auf einer entsprechend fortgeschrittenen Stufe der gesellschaftlichen Entwicklung kann davon gesprochen werden, dass sich ein *Funktionssystem der Gesellschaft* herausgebildet hat.[13] Fragt man nach dem Funktionssystem der modernen Gesellschaft, in der eine dritte Instanz auf die beschriebene Weise Konflikte rational und arbeitsteilig bearbeitet, so ist die Antwort: das Recht. Während aber das Recht schon lange eigene Berufe hervorgebracht hat, ist der Beruf des Mediators eine neuere Erscheinung.

Von der alltäglichen Vermittlung im Streit zum Beruf des Mediators ist es ein weiter Weg. Dieser führt über die Entstehung der modernen Gesellschaft und ihre Weiterentwicklung. Für die soziologische Rekonstruktion einer solchen Entwicklung sind nicht nur spezielle Kategorien (wie Zuständigkeit, Organisation, Apparat und System) erforderlich, es sind auch längere Zeiträume zu überblicken, die nur in Bruchstücken überliefert sind. Will man sich bei der Gegenstandsbestimmung

---

13 Dieser Aspekt sozialer Strukturbildung steht im Zentrum von Luhmanns Theorie der modernen Gesellschaft. Vgl. Luhmann 1997.

nicht in der Rekonstruktion geschichtlicher Abläufe verlieren, bedarf es einer historisch informierten Vermutung, aus was für einer Konstellation der Beruf des Mediators hervorgegangen ist: Inwiefern sind schon etablierte Formen der Bearbeitung von Konflikten brüchig geworden und inwieweit zeichneten sich neue Möglichkeiten ihrer Bearbeitung ab, so dass sich Raum für einen neuen Beruf bot? Als entscheidend ist der schon genannte Zeitraum zu betrachten: das letzte Drittel des 20. Jahrhunderts. Dieser Zeitraum gilt in der historischen Forschung als eine Epoche, die generell mit tiefgreifenden Strukturbrüchen einhergegangen ist.[14] Die Entstehung der Mediation lässt sich gut in diesen Zusammenhang einordnen. Wie eingangs erwähnt, ist hierbei die Suche nach Alternativen zum Gerichtsverfahren von besonderer Bedeutung gewesen. In dieser Hinsicht führte der Weg zum Beruf des Mediators über die Entstehung des modernen Gerichtsverfahrens und seine Kritik. Die Kritik am Recht hat die Entstehung des modernen Gerichtsverfahrens begleitet.[15] Wiederkehrende Themen der Rechtskritik sind, dass das Gerichtsverfahren von Experten durchgeführt wird und die Klärung lebensferner Rechtsfragen das Verfahren dominiert, während die Befriedung des Konfliktes aus dem Blick gerate. Daneben finden sich profane Kostenerwägungen: In der demokratischen Gesellschaft ist ein möglichst breiter Zugang zum Recht grundsätzlich erwünscht, doch gehen Gerichtsverfahren für die Beteiligten mit hohen Kosten einher, und die Gerichte selbst sind häufig überlastet. Schließlich gibt es Auseinandersetzungen, in denen es wünschenswert ist, dass über den Rechtsstreit hinaus eine tragfähige Beziehung aufrechterhalten bleibt. Ein auf Schuldspruch angelegtes Verfahren scheint hierfür wenig geeignet zu sein.[16]

---

14 Zum Schwellencharakter der siebziger und achtziger Jahre s. Rodgers 2012, speziell für Deutschland: Doering-Manteuffel/Raphael 2008, Geyer 2010, Jarausch 2006, Raithel/Wirsching 2009.

15 Zur US-amerikanischen Geschichte einer Justizkritik, die auf informelle Verfahren setzt vgl. Harrington 1985, für Großbritannien Eekelaar/Dingwall 1988, für Deutschland Collin 2016.

16 Beispiele sind Sorgerechtsstreitigkeiten, Fälle häuslicher Gewalt und der Streit unter Nachbarn. – Zur Illustration der Rechtskritik, aus der die Mediation hervorgegangen ist, sei folgende Passage aus einem Evaluationsbericht zu einem US-amerikanischen *Neighorhood Justice Center* angeführt: „For many citizens, the urban judicial system is a foreboding, somewhat mysterious institution whose costs and arcane workings make it practically inaccessible. If the citizen steps into this system, he may find that the costly adjudication process moves at a disturbingly slow pace and that the control of events falls into other hands. Any sense that justice has been delivered is often overwhelmed by feelings of frustration and powerlessness; that one has been dealt with by strangers rather than served by a segment of the community" (Cook/Roehl/Sheppard 1980: 2).

Auch wenn die Kritik am und die Suche nach Alternativen zum Recht kein spezifisch US-amerikanisches Phänomen ist: maßgeblich für die Entstehung der (modernen) Mediation sind die Entwicklungen in den USA gewesen. Unter dem Eindruck massiver gesellschaftlicher Veränderungen und einer auch unter Juristen geübten Kritik am Recht wurden hier ausgehend von den 1970er Jahren zahlreiche Mediationsprogramme durchgeführt.[17] Hierfür wurde Personal geschult, und die Programme wurden von sozialwissenschaftlicher Forschung begleitet. Dabei ging es nicht nur um eine Bewertung der Programme, sondern auch um die Entdeckung wirkungsvoller Interventionstechniken. In den 1980er Jahren folgte eine rasante Entwicklung: Es wurden Studiengänge für Mediation eingerichtet, es entstand eine breite Praktikerliteratur, es bildete sich ein Dienstleistungsmarkt für Mediation heraus, es gründeten sich Berufsorganisationen und es kam zu einer rechtlichen Regulierung.[18] Das in diesem Zusammenhang entwickelte und als Mediation bezeichnete Verfahren wurde in anderen Ländern übernommen – unter anderem in Deutschland.

Die Ausgangsvermutung, dass dem Verfahren der Mediation ein Typus sozialen Handelns zugrunde liegt, der als Vermittlung im Streit zu beschreiben ist, hat eine Reihe von Implikationen. Die moderne Mediation stellt sich erstens als ein Ergebnis funktionaler Differenzierung innerhalb eines bestehenden Systems der Konfliktbearbeitung dar. Sie ergänzt die schon existierende rechtliche Bearbeitung von Konflikten. Folgt man der Ausgangsvermutung, müsste im Mediationsverfahren eine von Rechtsfragen entlastete Vermittlungstätigkeit erfolgen. Diese Differenzie-

---

17 Wegmarken waren der *Civil Rights Act* von 1964, der die Einrichtung von *Community Relations Services* vorsah, die bei Streitigkeiten in Bürgerrechtsangelegenheiten auf kommunaler Ebene vermitteln sollten, sowie die Gründungen des *National Centers for Dispute Settlement* in Washington D.C. und des *Centers for Mediation and Conflict Resolution* in New York 1968 durch die Ford Foundation. Vgl. Barrett 2004, 149-158. Dokumentiert ist die in der Justiz geführte Debatte in Levin/Wheeler 1979.

18 Diese Entwicklung lässt sich anhand der wachsenden Praktikerliteratur dokumentieren: Am Anfang stand die Literatur zur Vermittlung bei Arbeitskonflikten: Simkin 1971, Maggiolo 1971. Fisher/Ury 1981 formulierten im Rückgriff auf die Verhandlungstheorie Verhandlungstechniken, die für die Entwicklung der akademischen Mediation richtungsweisend wurden. In den 80er Jahren entstand eine immer breiter werdende Literatur zu alternativen Konfliktlösungsverfahren, die in den verschiedensten Lebensbereichen Anwendung finden sollten: S. Haynes 1981, 1986, Goldberg/Green/Sander 1985, Susskind/Cruikshank 1987, Ury/Brett/Goldberg 1988. In den 1990er Jahren entwickelten Bush/Folger 1994 mit dem Transformationsansatz eine Alternative zum an Fisher/Uri 1981 orientierten Verhandlungsansatz. Eine Übersicht über die in den 1980er Jahren einsetzende Akademisierung und der an Hochschulen eingerichteten Ausbildungsgänge bietet wiederum Barrett 2004: 211-215.

rung hätte sich zweitens in einer Zeit gesellschaftlicher Umbrüche vollzogen, die mit einer sozialwissenschaftlich gepflegten Kritik an den etablierten Institutionen der modernen Gesellschaft und der staatlich wie auch privat geförderten Erprobung von Alternativen verbunden waren. Drittens ist die Mediation in den Prozess fortschreitender Verwissenschaftlichung eingebettet. Die Mediation muss als ein Beruf der modernen Gesellschaft dem erreichten Rationalisierungsniveau entsprechend auf rationale Mittel der Streitbearbeitung zurückgreifen. Bei der Anbindung an das gesellschaftlich verfügbare Wissen spielte die akademische Beschäftigung mit Mediation eine wichtige Rolle. Insofern stellt die Mediation ein genuin modernes Phänomen dar und ist zugleich Ausdruck einer bestimmten Phase der Entwicklung der modernen Gesellschaft.

1.4 Die Umweltmediation als Vermittlung in verschärften und umweltpolitisch relevanten Konflikten

Im Laufe ihrer Entwicklung ist die Mediation auf verschiedene Konflikte angewendet worden. Schon früh wurde sie unter der Bezeichnung „environmental mediation" bei der Bearbeitung sogenannter Umwelt- und Technikkonflikte eingesetzt. Auch diese Spielart der Mediation entstand in den USA.[19] Die in der Umweltmediation bearbeiteten Konflikte sind ihrerseits für eine eingrenzbare Phase der Entwicklung der modernen Gesellschaft charakteristisch, die sich in verschiedenen Ländern ähneln dürfte und stark von global zirkulierenden Deutungsmustern geprägt zu sein scheint. Mit dem Umweltdiskurs wurde eine Herausforderung der modernen Gesellschaft diagnostiziert: die unbeabsichtigten negativen Folgen des wissenschaftlich-technischen Fortschritts. Diese hätten, so die Annahme, das Potential, die Grundlagen des Lebens auf der Erde zu zerstören. Die im Umweltdiskurs formulierte Diagnose einer tiefgreifenden Krise der Industriegesellschaft prägt das gesellschaftliche Bewusstsein bis in die Gegenwart hinein. Mit der Umweltbewegung entstand ein gesellschaftlicher Interessenantagonismus, der mit der Gegenüberstellung von Ökonomie und Ökologie markiert ist. Charakteristisch für die Umweltbewegung war aber auch die Art und Weise, wie dieser Konflikt ausgetragen wurde, nämlich mit

---

19 Als „Pionierverfahren" der Umweltmediation gilt das von Cormick und McCarthy 1973/4 durchgeführte Verfahren im Konflikt um den Snoqualmie-River-Staudamm. Vgl. Cormick/Patton 1980: 85-90. Eine Übersicht über die Verbreitung der Umweltmediation Ende der 90er Jahre bietet Weidner 1998: 93-200. Die ersten Verfahren in Deutschland waren der Münchehagen-Ausschluß (1990-1997) und das Verfahren zum Abfallwirtschaftskonzept des Kreises Neuss (1991-1993). S. Anhelm/Hammerbacher 1999, Fietkau/Weidner 1998: 201-305.

organisierten Aktionen, die medienwirksam in Szene gesetzt wurden, Rechtsbruch einbezogen und die Durchführung umstrittener Vorhaben effektiv behinderten. Die so entstandene Konfliktkonstellation war für die entwickelte Industriegesellschaft spezifisch; in ihr gerieten energie- und verkehrspolitische Entscheidungen, aber auch Entscheidungen im Bereich der Abfallentsorgung zum Gegenstand heftiger politischer Auseinandersetzungen.[20]

Der Umweltdiskurs hat auch die Sozialwissenschaften geprägt. Die Diagnose einer ökologischen Krise der modernen Gesellschaft verband sich hier mit einer Kritik am politisch-administrativen System.[21] Es wurde ein gesteigerter umweltpolitischer Handlungsbedarf bei gleichzeitigem Vollzugsdefizit sowie eine Zunahme umweltpolitischer Konflikte konstatiert. Das Defizit des politisch-administrativen Systems wurde in einem hierarchisch-regulativen Politikstil gesehen. Wiederkehrende Themen der Diskussion waren die Zunahme der Komplexität von Entscheidungsprozessen, denen die klassischen Regulierungsformen nicht mehr gerecht würden, sowie die mangelnde Fähigkeit, gesellschaftliche Konflikte angemessen zu bearbeiten, was zu Unzufriedenheit, Protest, Vertrauensverlust und Entscheidungsblockaden geführt hätte. Dies zog die Forderung nach innovativen Steuerungsinstrumenten nach sich, die verstärkt auf Kooperation und Verhandlung setzen sollten; so verbanden sich steuerungs- und demokratietheoretische Überlegungen. Mit dem wachsenden Umweltbewusstsein der Bürger wäre auch deren Bereitschaft gewachsen, sich zu engagieren und eine verstärkte Mitwirkung an Entscheidungsprozessen zu fordern. Das Engagement der Bürger und die Ausweitung von Mitwirkungsmöglichkeiten stellen bekanntlich zentrale Themen der normativen Demokratietheorie dar. Mit der Frage, wie sich die Interessen der Betroffenen, die sich in den Konflikten über „umweltrelevante Vorhaben" artikulierten, in die Entscheidungsprozesse des politisch-administrativen Systems integrieren ließen, kamen alternative Verfahren der Konfliktbeilegung in den Blick.

Die beschriebene Konstellation weist große Ähnlichkeit mit der im vorhergehenden Abschnitt skizzierten auf. Auf eine Kritik der etablierten Institutionen folgt eine Erprobung von Alternativen, in denen die Betroffenen größere Einflussmöglichkeiten besitzen und Konflikte auf neuartige Weise bearbeitet werden sollen. Doch besteht ein grundlegender Unterschied. Bei der Umweltmediation wird das Verfahren der Mediation auf politische Konflikte angewendet. Hier gibt es keine zwei isolierbaren und gleichrangigen Streitparteien, die das friedliche Zusammenleben stören. Der Streit strahlt auf das Gemeinwesen insgesamt aus. Deshalb hat er

---

20 Auch die gesellschaftlichen Veränderungen infolge der Ökologieproblematik sind mittlerweile in den Fokus der historischen Forschung gerückt. Vgl. Radkau 2011.
21 Einblicke in diese Diskussion bieten: Fietkau/Weidner 1998: 29–44, Zilleßen 1998a: 8–14.

politischen Charakter. Vor diesem Hintergrund haben sich Verfahren herausgebildet, in denen die Auseinandersetzung in verbindliche Entscheidungen überführt wird. Von einem Dritten kann allenfalls in einem übertragenen Sinn gesprochen werden. Im verfahrensgemäß erfolgten Mehrheitsentscheid soll sich die Bürgerschaft beziehungsweise das Volk als eine den politischen Parteien übergeordnete Instanz artikulieren und die Parteien trotz der weiterhin bestehenden Differenzen binden. Allerdings haben im demokratischen Rechtsstaat nur die wenigsten Entscheidungen genuin politischen Charakter. Umweltrelevante Vorhaben wie der Ausbau der Verkehrsinfrastruktur oder der Bau von Müllentsorgungsanlagen können im politisch-administrativen System Gegenstand unterschiedlicher Entscheidungsinstanzen sein: Ein Parlament kann über ein Vorhaben der öffentlichen Hand entscheiden. Ein dem Parlament rechenschaftspflichtiges Ministerium kann über ein unter Raumordnungsgesichtspunkten wichtiges Vorhaben befinden. Ein Parlament kann Gesetze erlassen, in denen die Genehmigung umweltrelevanter Vorhaben durch eine zuständige Behörde geregelt wird. In einem entsprechenden Verwaltungsverfahren kann auf dieser Grundlage über die Genehmigung eines Vorhabens beschieden werden. Schließlich lässt sich eine Verwaltungsentscheidung mit juristischem Mitteln anfechten.

Wird in einer solchen Konstellation ein Vermittlungsverfahren angestrengt, hat die Vermittlung einen besonderen Charakter. Mit der Unterstellung, dass ein Vermittlungsfall vorliegt und nicht bloß ein Bedarf der Abstimmung gesellschaftlicher Interessen, wird der institutionelle Zerfall des Gemeinwesens behauptet. Das Verfahren müsste folglich nichts Geringeres leisten als die Restitution eines beschädigten Gemeinwesens. Vor dem Hintergrund bürgerkriegsähnlich anmutender Auseinandersetzungen, wie sie anlässlich des Baus des Kernkraftwerks Brokdorf oder der Startbahn West erfolgten, mag diese Annahme eine gewisse Plausibilität besitzen. Sie passt jedoch nicht dazu, dass das Umweltmediationsverfahren die bestehenden Verfahren des politisch-administrativen Systems unter umweltpolitischen Gesichtspunkten ergänzen soll. An dieser Stelle zieht die Ausgangsvermutung, die Mediation ließe sich als Vermittlungshandeln bestimmen, andere Folgeannahmen nach sich als im Fall einer Mediation, die als eine Alternative zum Recht beschrieben wird. Zwei Möglichkeiten zeichnen sich ab, wie die Mediation bei politischen Konflikten ins Spiel kommen könnte. Zum einen ist denkbar, dass die Mediation wirklich auf einen Konflikt reagiert, bei dem das politisch-administrativ verfasste Gemeinwesen an seine Grenzen gelangt.[22] Zum anderen scheint die Umweltmedi-

---

22 Hierzu passt, dass sich die Umweltmediation bisweilen in die Tradition der Vermittlung bei kriegerischen Auseinandersetzungen stellt. In einem „Studienbrief Umweltmediation" wird beispielsweise auf die Rolle des Botschafters von Venedig als Mediator bei der

ation vor dem Hintergrund der Suche nach innovativen Steuerungsinstrumenten gesehen werden zu müssen.

Folgt man der ersten Vermutung, läge eine der oben beschriebenen Grundfigur analoge Gestalt vor. Mit dem institutionellen Zerfall des Gemeinwesens formierten sich Streitparteien, die nicht mehr in der Lage sind, eine das friedliche Zusammenleben garantierende Regelung herzustellen. In einer solchen Ausnahmesituation wäre es denkbar, dass eine dritte Macht zwischen den Parteien vermittelt. Die zweite Vermutung führt in eine andere Richtung. Gesucht wäre ein Regulierungsinstrument, mit dem über die Gewährleistung der Umweltverträglichkeit von Infrastrukturmaßnahmen und technischen Anlagen hinaus auch ein Beitrag zur Vermeidung beziehungsweise Abschwächung gesellschaftlicher Konflikte geleistet wird. Allerdings würde auf ein Instrument zurückgegriffen, das an einem traditionellen Staatsverständnis gemessen unkonventionell ist. Es sähe ein Verfahren vor, in dem ein als Mediator bezeichneter Dritter einen Verhandlungsprozess anleitet. Im ersten Fall wäre die Mediation eine Ausnahme, die eine extreme Krisensituation voraussetzt. Dann könnte sie aber kaum unter der Bezeichnung „Umweltmediation" *im* politisch-administrativen System verankert werden – bleibt also nur die zweite Möglichkeit. Entsprechend stellten sich mit der Einführung der Umweltmediation vor allem Implementierungsfragen. Es wurde untersucht, welche Möglichkeiten das Verwaltungsrecht bot, auf vermittelnde Dritte zurückzugreifen, und wie sich die Ergebnisse eines Mediationsverfahrens in die rechtlich vorgesehenen Verwaltungsverfahren einspeisen ließen (vgl. Hehn 1999: 199-211). Dann aber ergibt sich die Folgefrage, inwiefern sich *innerhalb* eines solchen Rahmens eine Praxis installieren lassen soll, in der zwischen zwei oder mehreren Parteien im eigentlichen Sinne des Wortes vermittelt wird. Wenn das Mediationsverfahren als Steuerungsinstrument aufgefasst wird, weist es zwangsläufig Asymmetrien auf, die der Idee einer von Gleich zu Gleich erfolgenden Verhandlung entgegenlaufen. Wird ein solches Verfahren von Politik und Verwaltung anlässlich eines umstrittenen Vorhabens angeregt und finanziert, fragt sich, ob es nicht nur der Durchsetzung eines im Grundsatz schon beschlossenen Vorhabens dient. Es stellt sich außerdem die Frage, inwiefern das Verfahren dem übergeordneten Zweck umweltverträglicher Planung *und* dem einer ergebnisoffenen Vermittlung zwischen den sich gegenüberstehenden Parteien dienen können soll. Schließlich müsste sich, wenn Vertreter der im politisch-administrativen System vorgesehen Verfahren am Mediationsverfahren teilnehmen, ein kaum zu lösender Strukturkonflikt ergeben. Einerseits müssten sie sich den Regeln

---

Aushandlung des Westfälischen Friedens hingewiesen (Förderverein Umweltmediation 1999: 20-21).

des Mediationsverfahrens unterwerfen, andererseits wären sie auf die Regeln des Verfahrens verpflichtet, das sie vertreten (hierzu Maiwald 2004a: 305).[23]

Somit liegt die Vermutung nahe, dass es so etwas wie eine Umweltmediation eigentlich nicht geben kann. Während die Mediation als Alternative zum Recht durchaus denkbar, wenn nicht gar wünschenswert erscheint, fällt es schwer, sich eine Mediation als Ergänzung des Verwaltungsverfahrens konsistent vorzustellen. Vor diesem Hintergrund stellt sich die Umweltmediation als problematischer Grenzfall dar. Gerade deshalb ist sie aber soziologisch interessant: Wie konnte es zur Etablierung solcher Verfahren kommen? Da solche Verfahren, wenn sie den in der Mediation geltenden fachlichen Standards entsprechen sollen, zudem von ausgebildeten Mediatoren durchgeführt werden müssen, fragt sich, wie es den Mediatoren angesichts der beschriebenen Asymmetrien und Strukturkonflikte gelingen kann, die Auseinandersetzung in die Praxis einer Vermittlung zu überführen. Und wie verhalten sie sich dazu, dass dies womöglich systematisch scheitert? Eine eingehende Untersuchung der Umweltmediation sollte auch Aufschluss über den Mediatorenberuf im Allgemeinen und über die gegenwärtige Verfassung des Politischen bieten: Warum wird das Verfahren der Mediation auf so viele unterschiedliche Konflikte angewendet? Und aus welchen Motiven greifen Vertreter von Politik und Verwaltung heute auf dieses Verfahren zurück?

2 Die Befunde der Materialanalyse

2.1 Der über Interviews erfolgende Zugang zu einem unscharfen Tätigkeitsfeld

Die Umweltmediation in Deutschland ist ein überschaubares Tätigkeitsfeld. Entsprechend sollte mit einer geringen Zahl von Interviews Aufschluss über das implizite Fallverständnis und die Schwierigkeiten bei der Durchführung eines Umweltmediationsverfahrens zu erlangen sein. Bei der Suche nach geeigneten Interviewpartnern stößt man jedoch auf Schwierigkeiten. Es zeigt sich, dass die Umweltmediation kein klar abgrenzbares Handlungsfeld darstellt. Praktiker, die das Verfahren anwenden, arbeiten in praxisorientierten wissenschaftlichen Einrichtungen, in Unternehmen, die Planungsdienstleistungen anbieten, in der Verwaltung, oder sie sind freiberuflich tätig. Nur selten sind sie ausschließlich mit

---

23 Eine Materialanalyse, die zeigt, wie dieser Strukturkonflikt in der Praxis „aufgelöst" wird, findet sich in Münte 2012.

Mediation beschäftigt. Oft bieten sie ein breiteres Spektrum von Leistungen zur Organisation von Partizipationsprozessen an, die unter Begriffen wie Moderation, Prozessbegleitung und Mediation firmieren.[24]

Grundlage der im Folgenden skizzierten Analyse ist ein Ausschnitt aus einem Interview, das an anderer Stelle ausführlicher behandelt worden ist (s. Münte 2010). Der Analyse kam im Verlauf der durchgeführten Untersuchung eine weichenstellende Bedeutung zu. Anhand dieses Ausschnitts wurde die Frage diskutiert, inwiefern die sich dort artikulierende Praxis nicht auf etwas anderes als eine Vermittlung zielt. Hieran schlossen sich Überlegungen an, die den weiteren Verlauf des Forschungsvorhabens geprägt haben und erst vor kurzem zu einem vorläufigen Abschluss gekommen sind (vgl. Münte 2017).

2.2 Ein Ausschnitt aus der Analyse eines Interviews mit einem Umweltmediator

Da die Analyse publiziert vorliegt, konzentriert sich die Darstellung auf die hier relevanten Punkte.[25] Gegenstand der Interpretation ist die Schilderung einer berufsbiographischen Schlüsselepisode. Informationen zur Berufsbiographie und zum in der Passage thematischen Verfahren, werden in der Analyse und im Anschluss an sie geliefert. Der folgende Ausschnitt entstammt der Antwort des befragten Mediators (im Folgenden Herr Neitzer)[26] auf die zu Beginn des Gesprächs gestellte Frage des Interviewers (IN), wie er zur Partizipation gekommen sei. Eigentlich sollte erfragt werden, wie die Gesprächspartner zur Mediation gekommen sind. Aufgrund der Unschärfen des Untersuchungsfeldes war die tatsächliche Formulierung der Eingangsfrage jedoch von Adressierungsunsicherheiten geprägt. Nachdem Herr Neitzer die wesentlichen Stationen seines Werdegangs abgehandelt hat, kommt

---

24 Zur Unterscheidung dieser Techniken wird in der Literatur auf den „Intensitätsgrad der Intervention" und die „Eskalationsstufe des Konfliktes" verwiesen (Glasl 2013: 398-403). Die Schwierigkeiten beim Zugriff auf den Gegenstand ergeben sich weniger aus der Frage, ob diese Unterscheidungen in der Sache erhellend sind. Vielmehr stellt sich dem Forscher beim Feldzugang angesichts der Vielzahl der dort anzutreffenden Etiketten zwangsläufig die Frage, inwiefern es überhaupt mit einem einheitlichen Untersuchungsgegenstand zu tun hat.

25 In der schon publizierten Analyse ist der zuvor umrissene Forschungsansatz allerdings schon nicht mehr kenntlich; sie zielt darauf, anhand der ausgewählten Stelle einen (neuen) Ansatz der Modellbildung zu entwickeln.

26 Dieser Name ist wie alle, die im Material auftauchen, ein Pseudonym.

er allerdings von selbst auf seinen ersten „Mediationsfall" zu sprechen. Es scheint also ein für die Forschungsfrage relevantes Dokument vorzuliegen.

```
115   HN    XXXXXXXXXXXXXXXXXXXXXXXXXXXXXX .h und nachdem ich das öh
116         einige (-) zeit gemacht habe, (---) teils mit dem
117         professor frank teils allEIne, .h kam dann anfang der
118         neunziger jahre es war (2) neunzehnhundert
119         zweiundneunzich, .h öhm die oberbürgermeisterin von
120         schönstadt auf mich zu, die ursel braun, .h und sagte
121         also hier ich habe grade meinen wahlkampf gewonn: als
122         oberbürgermeisterin, (-) mit dem versprechen wenn ich
123         gewählt WÜRDE, gibts mehr bürgerbeteiligung und wir
124         packen gleich das heiße eisen unsrer ungelösten
125         verkehrsprobleme an, .h jetz is sie gewählt worden, (-)
126         und will ihr versprechen einlösen und hat dann ma:l (.)
127         einfach gesagt (-) also hier äh .h (-) ich schaffe ein
128         verkehrsforum .h (-) und ich lade alle (.) initiativen
129         vereine verbände JEDE gruppe die irgendwo in schönstadt
130         intresse hat da mitzureden ein, sie solln ein: vertreter
131         schicken, .h und ähm (1) dann gucken wir mal ob wir DA:
132         zu ner lösung (.) wenn wa uns zusammensetzen <<dim>zur
133         lösung unserer verkehrsprobleme komm:;> .hh sie wusste an
134         dem abend im rathaussaal da nich komm: da zwanzich
135         dreißich vierzich (-) leute,=
136   IN    =mhmh,=
137   HN    =wobei es nich um einzelne bürger ging <<p>sondern eben
138         um intressensvertreter;>
139   IN    mhmh,
140   HN    es kamen über hundert; (1) über hundert die: (.) bereit
141         waren über diese (-) verkehrsfragen zu reden,
142   IN    mhmh,
143   HN    aber eben in der bandbreite ich sage mal von <<engl.
144         aussprache>grienpies> zur (--) industrie und
145         handelskammer,
146   IN    mhmh,
147   HN    und entsprechend gings gleich los mit (.) streit, öh und
148         (2) der streit richtete sich auch gleich an das (-)
149         stadtplanungsamt von schönstadt für die versäumnisse der
150         letzten jahre, XXXXXXXXXXXXXXXXXXXXXXXXXXXXXXXXX
```

Die Schilderung ist in eine umfassendere biographische Erzählung eingebettet. Die geschilderte Episode beginnt damit, dass die Oberbürgermeisterin einer Stadt Kontakt mit Herrn Neitzer aufnimmt. Der Hintergrund der Kontaktaufnahme wird in der weiteren Darstellung entfaltet. Der Rahmen sei, so wie er sich aus der Passage selbst und aus anderen Dokumenten rekonstruieren lässt, kurz zusammengefasst und vor die Klammer gezogen.[27] Die Politikerin hat mit zwei Versprechen Wahlkampf geführt: mehr Bürgerbeteiligung und die Lösung der offenbar kontrovers diskutierten Verkehrsprobleme von Schönstadt. Die beiden Versprechen münden in die Idee eines „Verkehrsforums". Ein solches Forum ist, wie sich aus anderen Unterlagen ergibt, nicht in der Gemeindeordnung verankert. Es handelt sich um ein von der Oberbürgermeisterin eigens geschaffenes Gremium. Eingeladen sind – anders als der Begriff Bürgerbeteiligung vermuten ließe – Interessengruppen. Das Forum scheint weniger als Arena der politischen Auseinandersetzung oder zur Abstimmung von Interessen gedacht. Das angestrebte Ziel ist mit der Frage markiert, „ob wir da [...] wenn wa uns zusammensetzen, zur Lösung unserer Verkehrsprobleme komm". So wie Herr Neitzer es schildert, sind ein gemeinsames Vorgehen und eine lösungsorientierte Arbeitsweise anvisiert. Aus dem verfügbaren Kontextwissen lässt sich ergänzen, dass die Teilnehmer nach dem Stellvertreterprinzip ausgewählt wurden und es bei dem Forum um eine Bestandsaufnahme der bestehenden Verkehrsprobleme sowie die Entwicklung eines Verkehrsleitbildes ging. Das Gremium hatte demzufolge eine klar umrissene Aufgabe in der städtischen Verkehrsplanung. Der offiziellen Außendarstellung nach war mit ihm die Idee verbunden, auf dem Wege von Verständigung und Konsensbildung das öffentliche Interesse zu ermitteln. Bei dieser Ausgangskonstellation weist bislang nichts auf einen Vermittlungsbedarf hin. Die Verkehrsprobleme werden zwar als heißes Eisen bezeichnet, doch das spricht nicht für einen außeralltäglichen Konflikt, sondern dafür, dass die Verantwortlichen sich scheuen, sich der anstehenden Aufgaben anzunehmen. Allerdings entspricht die Zielsetzung des Verkehrsforums der in den einschlägigen Selbstbeschreibungen der Mediation betonten gemeinsamen Suche nach Lösungen. Die geschilderte Ausgangskonstellation ist in einer weiteren Hinsicht aufschlussreich: Der Oberbürgermeisterin wird ein besonderes Politikverständnis unterstellt. Schon der Wahlkampf wurde offenbar nicht mit einer Position dazu geführt, wie die Verkehrsprobleme gelöst werden sollen. Damit zeichnet sich die Motivlage ab, aus der Politik und Verwaltung auf Verfahren

---

27 Die Analyse folgt an dieser Stelle nicht der im Transkript festgehaltenen Folge der Interaktionszüge, sondern dem Gang der geschilderten Ereignisse. Beides kann zum Gegenstand einer sequenzanalytischen Betrachtung werden und wäre bei einer eingehenden Analyse genauer, als das hier geschieht, ins Verhältnis zu setzen.

wie die Mediation zurückgreifen, und es ergibt sich eine weitere Entsprechung zum Mediationsverfahren. An die Stelle einer Entscheidung angesichts strittiger Positionen tritt die Suche nach Konsens (mit der in Gestalt des Versprechens von mehr Bürgerbeteiligung freilich selbst Politik gemacht wird).

Die Schilderung der Episode beginnt damit, dass Herr Neitzer ausführt, wie ihm die Oberbürgermeisterin ihr Problem darlegt. In der Wiedergabe ihrer Ausführungen schlägt die Perspektive des Fachmanns durch. Indem er das Vorgehen der Oberbürgermeisterin mit der Formulierung „hat dann mal einfach gesagt also hier äh ich schaffe ein Verkehrsforum" beschreibt, lässt er durchblicken, dass er ihr Vorgehen für naiv hält. In dieser Hinsicht liegt der Erzählung die Grundkonstellation einer Laien-Experten-Beziehung zugrunde: Die Oberbürgermeisterin schafft ein Gremium, das einzurichten, offenbar Kenntnisse erfordert, die ihr fehlen, Herr Neitzer aber besitzt. Nach der schon vor die Klammer gezogenen Schilderung der Ausgangslage, kommt Herr Neitzer auf den tatsächlichen Gang der Dinge zu sprechen: Es kommen mehr Leute als erwartet. Die Bandbreite der vertretenen Interessen umfasst Gegensätze, die entlang des Grundkonflikts von Ökonomie und Ökologie verlaufen. Vor allem kommt es zu heftigen Auseinandersetzungen und massiver Kritik an der Verwaltung. Die Situation stellt sich Herrn Neitzer als zweischneidig dar. Auf der einen Seite hebt er die Bereitschaft der Teilnehmer zur Diskussion hervor, auf der anderen aber die in der geschilderten Konstellation unweigerlich einsetzende Konfliktdynamik. Vom sachlichen Kern der Auseinandersetzung erfährt man in der Schilderung nichts. Allerdings ist der Ansatzpunkt jeden mediatorischen Handelns angesprochen: Eine Mediation setzt Streit voraus. Doch schon in der Formulierung „entsprechend gings gleich los mit Streit" drückt sich eine eigentümliche Haltung zum Streit aus. Der Blick richtet sich nicht auf seine innere Dynamik, die sich aus den verschiedenen zur Sache bezogenen Positionen ergibt. Die Betrachtung bleibt äußerlich und beschränkt sich darauf, *dass* gestritten wird.

Was trägt der hinzugezogene Experte zur Bewältigung des Problems „Streit" bei? In dieser Hinsicht ist eine nur wenig später einsetzende Passage aufschlussreich. Da das Forum aus der Sicht der Veranstalter zu scheitern droht, übernimmt Herr Neitzer die Leitung:

```
174    HN    und ähm (1) ((schluckt)) als ich dann: mich da
175          vorgestellt hab vor dem gremium, und=und=und auch mal n:
176          probeabend moderiert hab, warn die bereit mit mir
177          zusammzuarbeiten, .hh und da hatte ich meinen ersten
178          mediationsfall [äh an der backe sage ich [mal, und konnte
179    IN                   [mhmh,                   [mhmh,
180    HN    das wort grade buchstabiern;
181    IN    mhmh;
182    HN    KEIne ausbildung [kaum gewusst was es is, [(-) aber sehr
183    IN                     [mhmh,                   [mhmh,
184    HN    konfliktgeladen und über hundert leute im saal, also als
185          sich das etabliert hatte warns hundertachtundzwanzich
186          ZUgelassene vereine verbände [äh <<p>mit personen die
187    IN                                 [mhmh,
188    HN    sich da über die verkehrsfragen von schönstadt äh
189          streiten wollten;> [.hh ich hab dann ne: verSUcht in
190    IN                       [mhmh,
191    HN    einem crashkurs äh über scheidungsmediation überhaupt
192          erstmal [(--) mit mediation vertraut zu werden,
193    IN            [aha,
194    HN    ((schluckt)) also moderation war [(-) k=konnte ich, da
195    IN                                     [mhmh,
196    HN    hatt ich ja ebend [(-) vielfältig dann auch, aber doch
197    IN                      [mhmh,
198    HN    eben doch so (-) wirklich (-) ganz heftigen streit im
199          saal und sich (--) wirklich nur noch anschießen und
200          beleidigen und .hh nich ernstnehm und nich ausreden UND
201          so weiter=es ging also wirklich hoch her, XXXXXXXXXXXXX
```

Wichtig ist, dass Herr Neitzer gar nicht als Mediator hinzugezogen wird, sondern (wie aus einer anderen Stelle hervorgeht) aufgrund seiner Erfahrungen bei der Moderation von Großgruppen. Angesichts der Intensität des Streites kommt er jedoch an seine fachlichen Grenzen. Dies drückt er plastisch dadurch aus, dass er davon spricht, dass er seinen „ersten Mediationsfall an der Backe" hatte und das Wort „Mediation" gerade mal buchstabieren konnte. Dass er die Moderation des Forums als seinen ersten Mediationsfall deutet, ist irritierend, wenn man unter einer Mediation das Vermitteln in einem Streit versteht. Das in der Passage geschilderte Problem besteht darin, dass der Oberbürgermeisterin die von ihr ins Werk gesetzte Veranstaltung zu entgleiten droht. Warum sollte und inwiefern könnte dieses Scheitern Anlass für eine Vermittlung sein? Letztlich tritt der beauftragte Moderator einfach an die Stelle der bisherigen Veranstaltungsleitung.

Der Rahmen der Tätigkeit, die Herr Neitzer ausübt, ist mit dem seitens der Politik anvisierten Veranstaltungsformat abgesteckt. Dass er von den Akteuren, die in die Auseinandersetzung involviert sind, als Vermittler hinzugezogen worden wäre, ist der Schilderung nicht zu entnehmen. Nach Kenntnis der Lage erscheint das auch unwahrscheinlich. Im Gegenteil, mit der verwendeten Redensart, etwas an der Backe zu haben, wird der „Mediationsfall" als etwas Lästiges beschrieben, das einem, ohne dass man es wollte, zugefallen ist und man so schnell wie möglich wieder loswerden möchte. Welche Anhaltspunkte bietet die geschilderte Situation für die Deutung, dass ein Mediationsfall vorliegt?

Ein Anhaltspunkt ist die Intensität des Konfliktes: Der hinzugezogene Moderator hatte „wirklich ganz heftigen Streit im Saal". Einen weiteren Hinweis gibt die schon behandelte Zielsetzung der Veranstaltung. Es geht darum, sich zusammenzusetzen, um gemeinsam eine Lösung zu finden. In einem solchen Rahmen ist Streit störend. In den Augen des beauftragten Moderators scheinen somit gar nicht die Merkmale der Ablaufgestalt des Vermittelns ausschlaggebend: dass nämlich zwei sich streiten, dabei an eine Grenze gelangen und ein Dritter hinzukommt. Vielmehr stellt sich die Mediation als ein Mittel dar, die Diskussion auf die angestrebte konstruktive Suche nach einer Lösung hin zu kanalisieren. Die Pragmatik des Vermittelns im Streit wird dabei verkehrt: Ausgangspunkt ist nicht der Streit, zu dem ein Dritter hinzukommt, mit dem eine einvernehmliche Regelung gefunden werden soll. Am Anfang steht die Programmatik der gemeinsamen Suche nach einer Lösung, und weil sie sich als schwer umsetzbar erweist, kommt jemand hinzu, der diese Suche anleiten soll.

Nun entspricht dieser erste „Mediationsfall" nicht Herrn Neitzers eigenen Vorstellungen. Wie er seine Tätigkeit als Mediator im Weiteren gestaltet geht aus der folgenden Passage hervor. Zwar werden auch die dort thematischen Verfahren nicht unter dem Titel Mediation durchgeführt. Sie sollen aber – so der anderen Dokumenten zu entnehmende Anspruch – weitgehend die Merkmale des als Mediation bezeichneten Verfahrens aufweisen. Vor dem Hintergrund, dass Herr Neitzer einen Mangel des in Schönstadt praktizierten Vorgehens darin sah, dass zu viele Interessengruppen zugelassen waren, fragt der Interviewer zu Beginn der Passage danach, wie er bei den von ihm konzipierten Veranstaltungen die erforderliche Auswahl trifft:

```
353   IN    oke; gut; .h und (.) das (.) ham sie in baustadt und
354         holzdorf denn versucht- oder nicht nur versucht sondern
355         struktuRIERT dadurch dass sie gesagt haben hier gibts nur
356         zwanzig .h aber da stellt sich denn ja denk ich mir so n:
357         enormes AUSwahlproblem; wer sind jetzt diese zwanzig;
358         oder?=
359   HN    =ja; [ja, .hh
360   IN         [wie ham sie das denn bewältigt (--) [würd mich
361   HN                                              [das hab ich
362   IN    intessiern;
363   HN    dadurch bewältigt dass ich zunächst mal in einer
364         öffentlichen veranstaltung zu der jeder kommen konnte,
365         [.h öh sozusagen meine gedanken dazu vorgestellt hab und
366   IN    [mhmh,
367   HN    gesagt hab .h mich intressiern jetzt keine vereine und
368         intressensverbände und und so weiter, sondern ich hätte
369         gerne mit ihnen diskutiert was sind denn die wichtigen
370         geSICHTSpunkte oder BLICKwinkel die [zu dem thema zu dem
371   IN                                        [mhmh,
372   HN    wir hier zusammkomm gehört werden müssen;
373   IN    mhmh,
374   HN    .hh und (.) wenn es jetzt um verkehr ging, dann NAJA, die
375         fußgänger die radler die öh [die RADfahrer öh radfahrer
376   IN                                [mhmh,
377   HN    hab ich schon gesagt, aber auch die autofahrer auch
378         öffentlichen nahverkehr ja und wen denn noch? ja und dann
379         (.) soziale gruppen, .h und dann die WIRTschaft und die
380         natur und UMwelt- .h also das heißt [ich ha=hab eine
381   IN                                        [mhmh,
382   HN    ein (ende) diskussion mit denen, öh (1) wichtige zu
383         hörende blickwinkel identifiziert, .h und da kamen wir so
384         auf (--) in dem einen fall sechzehn in dem andern
385         zwanzich, .h und haben gesagt SO: und wer kann denn jetzt
386         diese intressen, diesen diese blickwinkel personell
387         abbilden;
388   IN    mhmh,
```

In dieser Schilderung wird die Transformation einer *öffentlichen* Zusammenkunft, in der eine politische Auseinandersetzung erfolgen könnte, in ein der Lösung von Problemen verschriebenes *Gremium* konsequent vollzogen. Im hergestellten Arrangement ist es nicht vorgesehen, einen politischen Standpunkt zu artikulieren oder auch nur ein Interesse im eigentlichen Sinne des Wortes zu vertreten. Den eingeladenen Bürgern und Interessenvertretern wird eine Rolle zugewiesen: nämlich in einem mit Planungsaufgaben betrauten Stab den Blickwinkel eines bestimmten Nutzertypus zu artikulieren. Aus Bürgern und Interessenvertretern wird eine humane Ressource der Planung. Mit der Beteiligung sollen planungsrelevante Blickwickel „personell" abgebildet werden. Hinsichtlich der Ausgangsfrage lässt sich feststellen, dass nunmehr ein Arrangement geschaffen worden ist, in dem es schon deshalb nichts zu vermitteln gilt, weil die eingeladenen Bürger und Vertreter gesellschaftlicher Interessen gar keine Position zur Politik ihrer Stadt beziehen sollen. Die am Verfahren Beteiligten haben die Aufgabe, einen wohldefinierten Beitrag zur Verkehrsplanung zu leisten.

2.3 Der Befund und seine möglichen Erklärungen

Auf das Wesentliche reduziert, geht es in der Erzählung darum, wie sich eine Versammlung von Bürgern und Interessenvertretern, in der eine politische Auseinandersetzung erfolgen und Kritik an Politik und Verwaltung geübt werden kann und wird, in ein Arrangement überführen lässt, in dem die Beteiligten konstruktiv an einem Planungsprozess mitwirken. Die geschilderte Transformation wird in der Darstellung des hinzugezogenen Partizipationsfachmanns als Mediation bezeichnet, und das, obwohl es sichtlich nicht darum geht, in einem Streit zu vermitteln. Die der Analyse vorangestellten Überlegungen zur Struktur des Vermittlungshandelns erweisen sich trotz dieses unerwarteten Befundes nicht als überflüssig. Auch in der Materialanalyse selbst wäre die Frage aufgeworfen worden, was eine Mediation ist und was es bedeutet, dass die sich hier artikulierende Tätigkeit als Mediation bezeichnet wird. Die geschilderte Praxis wird nicht nur über die in der Passage erfolgende Bezeichnung als „Mediationsfall" mit dem Begriff der Mediation verknüpft. Die dort thematischen Beteiligungsformate werden in der Literatur unter dem Begriff der Umweltmediation behandelt, und Herr Neitzer tritt offiziell als Moderator und Mediator auf. Aus diesem Grund wurde er als Interviewpartner ausgewählt.

Aus der Analyse ergibt sich außerdem die Frage, inwiefern die anvisierte Transformation politischer Subjekte in eine menschliche Ressource von Planungsprozessen mit den Konstitutionsbedingungen politischen Handelns in einer repräsentativen Demokratie vereinbar ist. Die repräsentative Demokratie erschöpft sich nicht im Prinzip der Volkssouveränität, also im für die Legitimation politischer Entscheidungen wichtigen Anspruch, dass Herrschaft im Namen aller Bürger beziehungsweise eines Volkes ausgeübt wird. Sie impliziert darüber hinaus eine politische Öffentlichkeit. Sowohl der einzelne Bürger als auch die Vertreter organisierter

Interessen sind gefordert, als politische Subjekte an einer Meinungsbildung teilzunehmen, die sich über die öffentlich und kontrovers erfolgende Diskussion von Standpunkten vollzieht. Eine solche Öffentlichkeit wird durch ein Verfahren, wie es hier beschrieben wird, in dem Maße beeinträchtigt, in dem die Protagonisten der öffentlichen Auseinandersetzung den Sachzwängen eines geordneten und ergebnisorientierten Planungsprozesses unterworfen und damit der Öffentlichkeit faktisch entzogen werden. Das ließe sich leicht vermeiden. Will man etwas über die interessenbedingten Anforderungen einer zu planenden Verkehrsinfrastruktur erfahren, so könnte man ihre potentiellen Nutzer befragen. Möglicherweise würden sich zur Informationsbeschaffung auch Instrumente wie eine Gruppendiskussion oder eine „Planung zum Anfassen und Mitmachen" eignen. Teilnahmevoraussetzung wäre die Bereitschaft, sich einzubringen und Verwertbares zum Planungsprozess beizutragen. Das Problem, auftretende Konflikte zu bearbeiten und Konsens herzustellen, könnte so gar nicht auftreten. Da es darum ginge, die Planung durch die Mitwirkung der Nutzer zu verbessern, nicht aber, ein für die Legitimation politischer Entscheidungen bedeutsames Verfahren durchzuführen, gäbe es auch keinen Anlass, den legitimationsbedeutsamen Begriff des Bürgers zu bemühen. Will man hingegen Bürgern und Interessengruppen über die gegebenen Möglichkeiten öffentlicher Meinungs- und Interessenbekundungen hinaus Gehör verschaffen, so ließe sich eine Bürgerversammlung oder eine Anhörung organisieren. Auf diese Weise würde Öffentlichkeit hergestellt. Nur müssten die Vertreter von Politik und Verwaltung dann bereit sein, die geäußerte Kritik zur Kenntnis zu nehmen und gegebenenfalls politische Konsequenzen zu ziehen. Auch in diesem Fall wären die geäußerten Positionen nicht auf einen Konsens hin zu bearbeiten, und es wäre unangemessen, von einer Bürgerbeteiligung zu sprechen. Man ließe die Bürger ja nicht an etwas teilhaben, was ihnen ansonsten vorbehalten geblieben wäre. Ihnen würde vielmehr eine *zusätzliche* Gelegenheit geboten, Position zu beziehen. Charakteristisch für die in der Interviewpassage behandelten Formate ist, dass die beiden Möglichkeiten ineinandergeschoben werden: Die Protagonisten der öffentlichen Auseinandersetzung werden eingeladen, um sie als Mitwirkende in das Planungsverfahren einzubeziehen und Konsenszwängen zu unterwerfen.

Dass es in der Materialanalyse Schwierigkeiten geben könnte, ein Vermittlungshandeln zu finden, das dem vorab explizierten Modell entspricht, war durchaus zu erwarten, wenn man die Ergebnisse der eingangs erwähnten Studie zur Familienmediation im Hinterkopf hatte. Doch der in der betrachteten Passage geschilderte Ablauf weicht – anders als der Fall eines in Trennung lebenden Paares mit Kind, das sich bei einem Mediator einfindet – von der Figur des Vermittelns im Streit von vornherein ab. Würde sich der Begriff der Mediation nicht im untersuchten Material finden, käme man kaum auf die Idee, ihn im vorliegenden Zusammenhang zu verwenden. Warum wird der Begriff dennoch gebraucht, und wie kommt es, dass er für ein Verfahren benutzt wird, das mit den Konstitutionsbedingungen einer repräsentativen Demokratie und ihrer Öffentlichkeit nicht gut verträglich zu sein scheint? Bei der Suche nach einer Erklärung wird zunächst zurückgestellt, dass zur Familienmediation schon Forschungsergebnisse vorliegen, mit denen die skizzierten Befunde abzugleichen wären. Würden diese Ergebnisse nicht vorliegen, bliebe ohnehin nichts anderes übrig, als von der vorliegenden Materialanalyse ausgehend Vermutungen zu formulieren. Außerdem wird solange wie möglich daran festgehalten, dass die eingangs vorgenommene Bestimmung der Mediation als einer Vermittlung im Streit zutreffend ist. Die Tragfähigkeit dieser Bestimmung soll bis an ihre Grenzen ausgelotet werden.

Eine erste Erklärungsmöglichkeit legt die betrachtete Passage selbst nahe. Es ließe sich ein in der Lebensgeschichte des „Mediators" liegender Grund vermuten, warum er an der angemessenen Ausübung seiner Tätigkeit als Mediator scheitert. Herr Neitzer kommt recht unvermittelt zur Mediation, über eine Bürgerbeteiligung, die nicht als Mediation ausgewiesen ist und ohne als Mediator ausgebildet worden zu sein. Nimmt man seine mit einigem zeitlichen Abstand erfolgte Schilderung als authentischen Ausdruck seiner Reaktion auf die Auseinandersetzung, so ließe sich überdies annehmen, dass Herr Neitzer eine Haltung gegenüber Konflikten mitbringt, aufgrund derer er für die Tätigkeit als Mediator ungeeignet ist. Gegen diese Interpretation lassen sich verschiedene Einwände vorbringen. Die *in* der geschilderten Situation selbst erfolgende Einschätzung, dass ein Mediationsfall vorliegt, mag dem Umstand zugeschrieben werden können, dass Herr Neitzer zum Zeitpunkt seiner Tätigkeit in Schönstadt noch keine Erfahrungen mit Mediation hatte. Doch ist er *zum Zeitpunkt des Interviews* schon längere Zeit als Mediator tätig. Das Verständnis von Mediation, das er über seine Ausbildung erworben hat, muss also mit seiner oben formulierten Sicht vereinbar sein. Die sich in der Passage artikulierende Haltung hindert den Großgruppenmoderator auch nicht, weitere von ihm als Mediation aufgefasste Verfahren durchzuführen. Freilich erscheint seine Ausbildung oberflächlich. Er durchläuft einen Crashkurs in Scheidungsmediation. Außerdem handelt es sich um eine Zusatzqualifikation. Seine Ausbildung hat Herr Neitzer als Volkswirt begonnen. Anschließend wechselte er in die Stadt- und Regionalplanung. Auf diesem Wege kam er mit partizipativen Verfahren in Berührung. Möglicherweise ist seine Sicht der Mediation durch diese Vorqualifikationen getrübt.

Ein stärkerer Einwand lässt sich formulieren, wenn man den Fall Herrn Neitzers mit kontrastierenden Fällen vergleicht. Bei der Analyse entsprechender Gespräche gelangt man allerdings zu vergleichbaren Ergebnissen. Ein solcher Fall ist Herr Zinns. Herr Zinns kommt nach eigenen Angaben aus dem Planungsbereich, hat daran mitgewirkt, die Umweltmediation in Deutschland zu etablieren, und ein Unternehmen für Partizipationsdienstleistungen gegründet. Das Ziel seiner Firma beschreibt er mit den Worten: „Wir machn Verständigung", und er fügt zur Erläuterung hinzu, dass es darum ginge, „Leute in einen Raum bringen, die Schwierigkeiten miteinander haben, und zu nem produktiven Miteinander zu führen". Als weiteres Beispiel kann Frau Lutter angeführt werden. Sie ist über die Raum- und Regionalplanung zur Medation gekommen und erläutert diese Entwicklung mit der folgenden Erfahrung: Dass es im Vergleich zur klassischen Raumplanung wichtiger sei, „die Menschen zu integriern, sowohl im Prozess des Miteinanders an einem Projekt arbeiten [...] und dann aber auch zu gucken, öhm, was passiert eigentlich dann vor Ort mit dem Leben was da stattfinden soll". Solche Äußerungen sind ausgesprochen markant und verweisen auf etwas für das Untersuchungsfeld Charakteristisches. Sie heben ähnlich wie die Passage aus dem Gespräch mit Herrn Neitzer auf ein produktives und ergebnisorientiertes Zusammenwirken ab, das in einem vorgegebenen Rahmen erfolgt. Bei Herrn Zinns tritt das Moment der Fremdbestimmung hervor: Es gilt „Leute in einen Raum zu bringen" und „zu nem produktiven Miteinander zu führen". In der Darstellung von Frau Lutter zeichnet sich eine Vorgehensweise ab, die denjenigen, für die eine städtische beziehungsweise regionale Infrastruktur geplant werden soll, auf eine bestimmte Weise Rechnung zu tragen versucht. Das geschieht nicht dadurch, dass die jeweils besondere Geschichte einer Stadt oder Region gewürdigt wird, in die sich die Planung möglichst nahtlos einfügen sollte. Das erfolgt auch nicht dadurch, dass sich die Planung an einen politischen Willen bindet, der ihre Richtung vorgibt. Vielmehr zeichnet sich ein konsequent planungsimmanentes Denken ab. Der Mensch wird in der Planung dadurch berücksichtigt, dass er an ihr selbst mitwirkt und beobachtet wird, was mit ihm „passiert", wenn er die geplanten Strukturen gewissermaßen zu besiedeln beginnt.

Fälle wie Herr Zinns und Frau Lutter weisen das Problem auf, dass die Gesprächspartner *auch*, aber *nicht nur* im Bereich Mediation tätig sind. Wie Herr Neitzer sind sie in einem Feld beschäftigt, in dem die Verfahren der Moderation und Mediation in die Planung integriert werden. Vor diesem Hintergrund ist das Beispiel Herrn Hoheisels interessant, der aus der Politikwissenschaft kommt, zum Zeitpunkt des Interviews schon längere Zeit als Mediator in eigener Praxis tätig war und in dieser Funktion auch Umweltmediationsverfahren durchgeführt hat. Auf eine Frage, die das Verhältnis von Mediator und Konfliktparteien im Mediationsverfahren thematisiert, erläutert er die mediatorische Praxis so: „Die Strukturierung eines solchn Prozesses äh is die eine Seite, un das was da raus kommt is die andre Seite. Wir stelln mit der Strukturierung nur die, wenn man so will, objektivn Möglichkeitn dafür [sic!] her, dass auf eine ähm strukturierte konsensorientierte vernünftige Form [sic!] miteinander gerungn wird ähm ein ein Konsens zu er zieln. Was da inhaltlich rauskommt is nich mehr unsere Sache. Wir müssn nur sicherstelln, dass wir, dass unsere Strukturierung alln gleichermaßn gerecht wird." An dieser Charakterisierung fällt die scharfe Trennung von Struktur und Inhalt auf. Die Leistung, die Herr Hoheisel für die Mediation reklamiert, beschränkt sich auf eine Strukturierung, die jede *inhaltliche* Bearbeitung des Streitfalls ausschließt. Mediatoren haben mit dem Ergebnis des von ihnen strukturierten Prozesses dieser Formulierung nach nichts zu tun. Dennoch bestimmt diese Strukturierung die *Form* der Auseinandersetzung. Mit ihr werden die *Voraussetzungen* dafür geschaffen, dass die Konfliktregelung auf eine normativ ausgezeichnete Weise angestrebt wird: strukturiert, konsensorientiert und vernünftig. Auch in dieser Passage findet sich kein Hinweis auf eine vermittelnde Tätigkeit. Es scheint vielmehr darum zu gehen, einen Kommunikationsprozess so zu strukturieren, dass eine unter normativen Gesichtspunkten bevorzugte Form der Suche nach einer Konfliktregelung ermöglicht wird. Da die angeführten Fälle gleichsinnig gelagert zu sein scheinen, spricht wenig dafür, den am Interview mit Herrn Neitzer gewonnenen Befund, mit den Besonderheiten seiner Bildungsgeschichte zu erklären. Vor allem artikuliert sich in den Passagen eine Dienstleistungspraxis, die in dieser Form über öffentlich erfolgende Ausschreibungen regelmäßig nachgefragt wird und die auf einem in Weiterbildungen erwerbbaren Fachwissen beruht. Es steht also zu vermuten, dass die genannten Fälle durchgängig eine mit diesem Fachwissen kompatible Haltung aufweisen.

Bezieht man die der Materialanalyse vorangegangenen Überlegungen in die Suche ein, so drängt sich eine weitere Erklärungsmöglichkeit auf. Es wurde ausgeführt, dass es sich bei dem zu bearbeitenden Konflikt nicht um einen Streit zweier gesonderter Parteien handelt, zu denen ein Dritter hinzutritt. Vielmehr liegt eine politische Auseinandersetzung vor, in die komplexe Interessenlagen eingehen und die in der Öffentlichkeit sowie den dafür vorgesehenen politischen, administrativen und juristischen Entscheidungsverfahren ausgetragen wird. Es wurde herausgearbeitet, warum in diesem Kontext eine gelingende Installierung eines Vermittlungsverfahrens unwahrscheinlich erscheint. Der an der betrachteten Passage gewonnene Befund könnte also dem politischen Kontext geschuldet sein. Allerdings entspricht dieser Befund nicht den oben angestellten Vermutungen. Die befragten Mediatoren scheitern nicht *bei* dem Versuch, ein Vermittlungsverfahren zu installieren. Die Aneignung der Mediation verbindet sich *gar nicht erst* mit dem Bestreben, im eingangs explizierten Sinne vermittelnd tätig zu werden. Es geht von vornherein darum, Leute zu einem „produktiven Miteinander" beziehungsweise dahin zu führen, dass auf eine normativ ausgezeichnete Weise Konsens hergestellt wird. Soll der zweite Erklärungsversuch nicht auch ins Leere laufen, müsste er entsprechend modifiziert werden. Womöglich stellt die Anwendung von Techniken der Mediation im Kontext von Beteiligungsverfahren einen von der Mediation abgrenzbaren Fall dar, weil nur bestimmte Elemente der Mediation in den Bestand von Verfahrenstechniken der Bürgerbeteiligung überführt werden, das eigentliche Grundprinzip – das Vermitteln – aber unterschlagen wird. Die so modifizierte Erklärung unterscheidet sich allerdings nicht mehr grundlegend vom ersten Ansatz. Nur hebt sie nicht mehr auf die individuelle Bildungsgeschichte Herrn Neitzers ab, sondern bezieht sich auf die Entwicklung eines ganzen Tätigkeitsfeldes. Diese Erklärung passt zu Fällen, in denen sich Planer Zusatzqualifikationen in Moderation und Mediation zulegen, also den Fällen Neitzer, Zinns und Lutter. Aber auch Herr Hoheisel lässt sich hier einordnen. Über die Politikwissenschaft partizipiert er sogar in besonderer Weise an den Debatten über die Modernisierung des politisch-administrativen Systems, die angesichts einer diagnostizierten ökologischen Krise für notwendig erachtet wurde.

Spätestens an dieser Stelle bietet es sich an, auszuholen und die Umweltmediation mit anderen Anwendungsfällen des Mediationsverfahrens zu vergleichen. Wenn der zu erklärende Befund dem Kontext einer Bürgerbeteiligung bei umstrittenen Planungsvorhaben zuzuschreiben ist, wie sieht es bei Streitfällen aus, die eine genuine Vermittlungstätigkeit nahelegen? Ein in dieser Hinsicht guter Vergleichsfall ist die schon mehrfach erwähnte Familienmediation. Der Ausgangspunkt des Mediationsverfahrens ist hier die Scheidung eines Paares mit einem gemeinsamen Kind. Das Ziel ist, zu einer einvernehmlichen und tragfähigen Regelung des Sorgerechts zu kommen. Dies entspricht dem bei einer Vermittlung zu erwartenden Ablauf. Der Streit selbst ist in die Beziehungsstruktur einer Familie eingelagert, die sich infolge der Scheidung transformiert. Mit dem noch minderjährigen Kind ist eine über die Interessenlagen der sich trennenden Gatten hinausweisende Problematik aufgeworfen: die Sicherstellung eines tragfähigen Sozialisationsmilieus. Da eine über die Scheidung hinausreichende Kooperation der Eltern zum Wohle des Kindes wünschenswert ist, wäre eine einvernehmliche Regelung, die von beiden Elternteilen für gut befunden wird, gegenüber einer vom Richter verfügten Entscheidung vorzuziehen. Die Familienmediation müsste also im Unterschied zur Umweltmediation ein klarer Kandidat für eine nicht nur mögliche, sondern auch wünschenswerte Vermittlungstätigkeit sein.

Der Abgleich der Befunde der vorliegenden Untersuchungen kann kurz gefasst werden, da sie in den wesentlichen Punkten konvergieren. Maiwald hat in seiner Arbeit über die Professionalisierung der Familienmediation neben Interviews mit Scheidungsmediatoren auch Dokumente zum offiziellen beruflichen Selbstverständnis der Familienmediation analysiert. Deren Analyse zeigt, dass auch dort kein vermittelnder Zugriff angelegt ist. So wie die Tätigkeit des Familienmediators beschrieben wird, scheint gar nicht vorgesehen zu sein, dass er die Position des vermittelnden Dritten einnimmt. Stattdessen wird die Kooperationsorientierung der als „Konfliktpartner" adressierten Streitparteien hervorgehoben. Dem Mediator wird, was seine Beiträge zur Entwicklung inhaltlicher Lösungsvorschläge angeht, Zurückhaltung auferlegt. In diesem Sinne sollen die Streitparteien selbst für die Regelung ihres Konfliktes verantwortlich sein. In den eingangs angeführten Charakterisierungen der Mediation klang das schon an, als von der Aktivierung der Streitparteien und ihrer Eigenverantwortung die Rede war. Der vom Mediator geforderten Zurückhaltung bei der inhaltlichen Bearbeitung des Streites entspricht es, dass seine Rolle auf die Gestaltung des Kommunikationsprozesses beschränkt sein soll. Damit verläuft auch dieser zweite Erklärungsversuch im Sand.

Die gesuchte Erklärung muss offenbar tiefer ansetzen. So wie die Mediation konzipiert und im offiziellen Selbstverständnis festgeschrieben ist, fehlt ihr etwas, das für ein genuines Vermittlungshandeln wichtig ist: Die Delegation wesentlicher Bestandteile der inhaltlichen Bearbeitung des Streits. Allerdings erlauben es, die an der Familienmediation gewonnenen Befunde zu erklären, warum selbst ausgebildete Mediatoren kein Problem darin sehen, das Verfahren der Mediation auf die politische Auseinandersetzung zu übertragen. Das ist deshalb möglich, weil sich die Rolle des Mediators, wie es scheint, generell auf die Steuerung eines Kommunikationsprozesses beschränken soll. Ist eine inhaltliche Auseinandersetzung mit dem Streitfall nicht vorgesehen, kann sich auch kein Sensorium für unterschiedliche Konfliktkonstellationen entwickeln. Um die Frage zu beantworten, warum Mediatoren nicht im eigentlichen Sinne vermittelnd tätig werden, ist jedoch ein neuer Erklärungsversuch erforderlich. Da der zu erklärende Befund schon bei der Analyse des institutionell verankerten beruflichen Selbstverständnisses gewonnen werden kann, wäre die Erklärung im Entstehungsprozess der modernen Mediation selbst zu suchen. Ein erster Erklärungsversuch wurde, wie erwähnt, von Maiwald unternommen. Maiwald geht von der Beobachtung aus, dass sich die Mediation in einem historischen Kontext etabliert hat, der von einer Kritik an den *Experten des Rechts* geprägt gewesen ist. Dem entspricht die in die Mediation eingegangene Forderung, den Streitparteien – also den *Laien* – größere Mitwirkungsmöglichkeiten bei der Streitbearbeitung einzuräumen. Diese Expertokratiekritik hindere aber, so der Erklärungsvorschlag, den Mediator an der Übernahme der Position eines Vermittlungs*experten*, und das, obwohl er als solcher seine Dienste anbietet und von den Streitparteien aufgesucht wird. Stattdessen sollen diese, so die dem Zeitgeist affine Forderung, ihren Streit, vom Mediator unterstützt, selbst beilegen. Diese Erklärung erlaubt es, an der Ausgangsvermutung festzuhalten, dass die Mediation ein Vermittlungshandeln darstellt, das eigentlich eine fallverstehende Intervention erforderte. Nur würde diese Praxis aufgrund der besonderen Entstehungsbedingungen durch ein wirkmächtiges expertokratiekritisches Deutungsmuster in Mitleidenschaft gezogen (vgl. Maiwald 2004a: 165-167, 178-180, 297, 313-315).

In der aufeinander aufbauenden fallrekonstruktiven Erforschung sozialer Wirklichkeit stellen sich die Untersuchungsergebnisse zur Umweltmediation auf den ersten Blick als eine Bestätigung vorausgegangener Ergebnisse dar. Bei näherer Betrachtung zeichnen sich aber wichtige Unterschiede ab. Zum einen tritt an der Umweltmediation die Expertenförmigkeit des Handelns der in diesem Bereich tätigen Mediatoren deutlich zu Tage. Moderation und Mediation sind Techniken, die für ein aufwendiges Prozessmanagement benutzt werden. Die Mediation trägt hierzu spezielle Kommunikationsformate und -techniken bei. Im Interview mit Herrn Neitzer kam das deutlich zum Ausdruck: Auch wenn er nicht vermittelnd tätig wird, tritt er doch fraglos als ein Fachmann auf, den man in schwierigen Situationen zu Rate ziehen kann und der sein Fachwissen erweitert, sobald seine Tätigkeit das erfordert. Auf diesem Wege kam er zur Mediation. Zum anderen geben die betrachteten Interviewpassagen Hinweise darauf, dass es bei den dort behandelten Verfahren um etwas anderes als eine Vermittlung im Streit geht. An diese Hinweise anknüpfend ließe sich ein erneuter Versuch unternehmen, den Gegenstand Umweltmediation zu bestimmen.

Der erste Punkt führt zu einer weiteren Möglichkeit zu erklären, warum in der Mediation kein vermittelnder Zugriff auf den Streit anvisiert ist. Es stellt sich ja die Frage, wie die Expertokratiekritik der Mediation mit dem Umstand vereinbar ist, dass das mediatorische Handeln selbst auf einer ausgearbeiteten Wissensbasis beruht. Diese Wissensbasis beschränkt sich allerdings über weite Strecken auf die Kommunikationsformate und -techniken, die bei der Durchführung des Mediationsverfahrens zum Einsatz kommen. Doch scheint keine am jeweils besonderen Fall ansetzende Schulung des Fallverstehens zu erfolgen. Vor diesem Hintergrund hat der Autor im Anschluss an seine Untersuchungen zur Umweltmediation eine Erklärung für den fehlenden vermittelnden Zugriff vorgeschlagen, die am Fachwissen der Mediation ansetzt. Ein solcher Zugriff impliziert, wie ausgeführt wurde, eine fallverstehende Intervention. Doch bietet die Wissensbasis der Mediation hierfür keine Grundlage. Dem Mediator werden zwar in der Mediationsforschung als wirkungsvoll ausgewiesene Kommunikationsformate und Interventionstechniken zur Verfügung gestellt. Diese sind für die Entwicklung eines professionellen Fallverstehens jedoch unzureichend, wenn nicht hinderlich. Dass die Mediation die Anforderungen an ein genuines Vermittlungshandeln systematisch unterläuft, läge demnach nicht an der in die Mediation eingegangenen Expertokratiekritik, sondern an der Eigenart des ihr zugrundeliegenden Expertenwissens.

Der zweite Punkt betrifft die Ausgangsbestimmung der Untersuchung. Die bislang diskutierten Versuche kreisen um die Frage, warum in einem als Mediation ausgewiesenen Handeln bei näherer Betrachtung gar nicht im Streit vermittelt wird. Sie formulieren ausgehend von der Materialanalyse immer weiter ausgreifende Erklärungen, die ein Hindernis der gültigen Entfaltung des anvisierten Vermittlungshandelns angeben. In diese Erklärungsversuche geht ein, dass der mit der Selbstbezeichnung als Mediation verbundene Anspruch, im Streit zu vermitteln, ernstgenommen wird. Für sich genommen bieten die betrachteten Interviewpassagen den Ausgangspunkt einer anders ansetzenden Erklärung. Das dort geschilderte Verfahren lässt sich treffend charakterisieren, wenn man die im Feld selbst zu findenden Begriffe „Bürgerbeteiligung" und „Forum" beiseitelässt und es als eine Herrschaftstechnik begreift. Diese Technik steht nicht im Dienste des Partikularinteresses einer herrschenden Klasse; sie wird eingesetzt, wenn die Entscheidungsträger in Politik und Verwaltung die öffentliche Auseinandersetzung bei der Ermittlung des Gemeinwohls oder bei der Durchführung von Maßnahmen, die sie zu dessen Verwirklichung für notwendig befinden, als hinderlich einstufen. In diesem Zusammenhang kann das Ziel verfolgt werden, die Planung selbst zu verbessern. Dies entspricht einer heute verbreiteten Programmatik, die Grenzen von Produktion und Konsum beziehungsweise Entwicklung und Anwendung in der Hoffnung auf Optimierungseffekte durchlässig zu machen. Neben der Frage, wie sich die von einer Infrastrukturmaßnahme berührten Interessenlagen in der Planung berücksichtigen lassen, kann die Verfolgung abstrakter Regulierungsziele wie das einer nachhaltigen Planung eine Rolle spielen. Von einer Herrschaftstechnik kann hingegen erst gesprochen werden, wenn darüber hinaus das Ziel verfolgt wird, den reibungslosen Ablauf komplexer Planungsprozesse angesichts einer in der politischen Öffentlichkeit erfolgenden Kontroverse sicherzustellen. Dies geschieht, wie schon ausgeführt, dadurch, dass die Akteure der politischen Auseinandersetzung in den Planungsprozess eingezogen werden. Die Instrumente der Planung greifen auf ihren politischen Kontext über, und dies bietet der Politik eine Möglichkeit, die politische Auseinandersetzung zu kanalisieren. Der politischen Öffentlichkeit wird nicht nur vorübergehend ihr Personal entzogen, indem es den Zwängen eines Planungsverfahrens unterworfen wird. Können Bürger und Interessenvertreter in einem solchen Verfahren zu einer öffentlich sichtbaren Zustimmung zu einem umstrittenen Vorhaben bewegt werden, ist dies auch für dessen politische Durchsetzung verwertbar. Wiederum können übergeordnete Ziele zum Tragen kommen, beispielsweise standortpolitische Erwägungen. Allerdings muss ein solches Verfahren im Kontext eines politischen Systems angewendet werden können, das auf freier politischer Betätigung und öffentlicher Debatte beruht. Vor diesem Hintergrund ist interessant, wie solche Verfahren in der Öffentlichkeit in Szene gesetzt werden. Bezeichnungen wie „Bürgerdialog" oder „Dialogforum" suggerieren, dass Bürgern und Interessengruppen ein für ihre Anliegen attraktiver Rahmen geboten und den Grundprinzipien demokratischer Öffentlichkeit Nachdruck verliehen wird. Die Suggestion eines freien Austauschs der Angehörigen eines Gemeinwesens ist geeignet, den herrschaftstechnischen Charakter der so bezeichneten Verfahren zu verdecken.[28] Kehrseitig ergibt sich ein Strukturkonflikt. Das Verfahren wird mit der Wahl entsprechender Begriffe nicht nur öffentlich in Szene gesetzt. Eine Beziehung wie die als Forum impliziert auch eine Praxis, die *im* Verfahren zum Tragen kommen kann. Die oben betrachtete Interviewpassage gibt einen entsprechenden Hinweis. In der dort geschilderten Episode geschieht etwas, was in einem als Verkehrsforum ausgewiesenen Rahmen, in dem Interessengruppen und Entscheidungsträger aufeinandertreffen, nahe liegt: Es wird Kritik an der Verwaltung geübt. Erst hieraus ergibt sich der Zwang, eine zusätzliche Kontrollinstanz zu installieren, die über die Verfahrenskommunikation wacht.

Lässt sich der skizzierte Ansatz auch für das Verständnis des Berufshandelns von Mediatoren im Allgemeinen fruchtbar machen? Eine entsprechende Ausweitung des Ansatzes erscheint auf den ersten Blick schwierig. Zumindest dann, wenn Mediation auf einem Dienstleistungsmarkt angeboten und freiwillig in Anspruch genommen wird, kann kaum von einer Herrschaftstechnik gesprochen werden. Allerdings war schon eingangs davon die Rede, dass die Mediation, so wie sie von ihren Vertretern verstanden wird, einen Auftrag der sozialen Kontrolle impliziert. Maiwald sah dies in dem Anspruch begründet, nicht nur im Streit zu vermitteln, sondern auch eine neue auf Kooperation begründete Konfliktkultur zu schaffen.[29] Doch warum sollten sich die Streitparteien auf ein Verfahren einlassen, das eine solche Kontrolle vorsieht? Eine mögliche Antwort wäre, dass auch hier Kontrolle *verdeckt* ausgeübt wird.[30] Leute, die im Streit liegen, finden sich bei jemandem ein,

---

28 Ein vergleichbares Muster verdeckter Kontrolle liegt vor, wenn ein Beteiligungsverfahren anders als hier ausdrücklich als Mediation ausgewiesen wird, tatsächlich aber ein von Politik und Verwaltung eingesetztes Steuerungsinstrument darstellt. Indem das Mediationsverfahren eine von Gleich zu Gleich erfolgende und ergebnisoffene Verhandlung unterstellt, die auf den Konsens aller Streitparteien zielt, werden die hinter dem strategischen Einsatz dieses Verfahrens liegenden Entscheidungsprozesse verdeckt und der öffentlichen Kritik entzogen. Vgl. hierzu die schon genannte Analyse einer Mediationsvereinbarung in Münte 2012.

29 Maiwald argumentiert, dass in dem Maße, in dem der Mediator ein eigenes Interesse an einer Friedensstiftung und einer Verbesserung der Konfliktbearbeitungskompetenz entwickelt, er „strukturell Agent sozialer Kontrolle" sei, was „für die Klienten auch deutlich gemacht werden" sollte (2009: 544). Eine, was das Moment der Kontrolle angeht, ähnliche Deutung ist in den Gouvernementalitätsstudien entwickelt worden: Bröckling 2004, 2015.

30 Auch hierzu findet sich ein Hinweis bei Maiwald. So fordert er, dass die Mediation sich entscheiden müsse, „ob sie als desinteressierte dritte Instanz den Ausgang des [Me-

der als Mediator auftritt, also durch seine Bezeichnung signalisiert, einen *inhaltlichen* Beitrag zur Bearbeitung des Streites zu leisten. Doch verfügt er aufgrund seiner Ausbildung vor allem über die Kenntnis von Kommunikationsformaten und Interventionstechniken, mit denen er die Streitparteien dazu zu bewegen versucht, *selbst* zu einer Regelung zu kommen, und zwar *ohne* dass er inhaltlich in die Auseinandersetzung eingreifen würde. Auf dieser Grundlage füllt er die Position des Dritten in einem speziellen Sinn aus: Er weist das Ansinnen der Streitenden zurück, ein Dritter solle sich *ihrer Sache annehmen*, und appelliert stattdessen an die *Eigenverantwortung der Parteien*. Ein so auftretender Dritter stellt genau genommen einen Grenzfall der eingangs skizzierten Sozialfigur dar. Er lässt sich als ein Agent einer sozialen Kontrolle verstehen, mit der sich ein grundsätzlich nachvollziehbares Anliegen verbindet: Die Leute sollen sich erst einmal selbst um die Regelung ihrer Konflikte bemühen, bevor sie die öffentlichen Institutionen in Anspruch nehmen. Das wird so freilich an keiner Stelle gesagt. Vielmehr wird ein Verfahren zur Verfügung gestellt, das die Parteien unterstützen soll, ihren Streit selbst zu regeln, und da das Verfahren ausdrücklich unterstützenden Charakter besitzt, scheint es auf dem ersten Blick verfehlt, von sozialer Kontrolle zu sprechen. Die Parteien könnten sich beispielsweise bewusst auf ein Verfahren einlassen, in dem sie angehalten sind, ihren Streit selbst zu regeln. Vor diesem Hintergrund wird allerdings deutlich, inwiefern sich die Mediation als eine verdeckt ausgeübte soziale Kontrolle interpretieren lässt. Dies ist in dem Maße der Fall, in dem die Parteien das Verfahren nicht durchschauen und den Anspruch ernstnehmen, es werde dort vermittelt. An die Stelle des von ihnen erwarteten inhaltlichen Beitrags zur Streitbearbeitung, tritt *unter der Hand* ein Verfahren, das auf Aktivierung von Eigenverantwortung angelegt ist. Doch damit nicht genug: Das Verfahren bietet auch eine Gelegenheit, darauf hinzuwirken, dass die angestrebte einvernehmliche Regelung auf eine normativ ausgezeichnete Weise zustande kommt: kooperativ und konsensorientiert. Aber auch wenn die Streitparteien diesen Zusammenhang erahnen, kann sich ein Zwang ergeben, sich auf das Verfahren einzulassen. Das ist zum Beispiel der Fall, wenn sie ein Interesse daran haben, ihren Streit außerhalb eines Gerichtsverfahrens und einvernehmlich beizulegen, und sich keine Alternative zum ihnen angesonnenen Verfahren bietet. Genau das ist aber der Fall: Mit der

---

diations-]Prozesses letztlich der je konkreten Kooperationsorientierung der Parteien [...] anheim stellt, oder ob sie als dritte Partei mit einem eigenen Interessen an der Pazifizierung des Konfliktes agiert [...]." Er kommt für diese zweite Möglichkeit nun zu dem Schluss: „Es handelt sich dann aber auch nicht um Mediation, sondern um eine verdeckte Form sozialer Kontrolle." (2016: 25-26) Die Argumentation hat sich an dieser Stelle in einem wichtigen Punkt verändert: Für eine *verdeckte* Form sozialer Kontrolle ist entscheidend, dass sie gegenüber ihrem Adressaten *nicht* ausgewiesen wird.

Institutionalisierung des als Mediation bezeichneten Verfahrens ist die mit dem Begriff der Mediation bezeichnete soziale Position besetzt. Wer *eine* Mediation (also ein Verfahren, in dem eine Vermittlung erfolgt) anstrebt, ist somit auf *die* Mediation (das Verfahren, das unter diesem Begriff firmiert) verwiesen.

Das Argument kann weiter ausgebaut werden. Es stellt sich beispielsweise die Frage, ob nicht auch die mit der Mediation verbundene Expertokratiekritik ein Moment des vermuteten Musters verdeckter sozialer Kontrolle ist. Die Kritik an den Experten, die angeblich die Laien entmündigen, impliziert ja die an die Laien gerichtete Aufforderung, es selbst zu machen. Diese Aufforderung erfolgt insofern versteckt, als jemand anderes in den Fokus der Kritik rückt wird: die Experten des Rechts. Außerdem lässt sich gerade bei einer Mediation, in der die Ablauffigur, bei der zwei sich streiten und einen Dritten hinzuziehen, tatsächlich vorliegt, ein Strukturkonflikt vermuten. In dieser Konstellation tritt der „Mediator" ausdrücklich als Vermittler auf und die Streitparteien kommen zu ihm, weil er seine Dienste als Vermittler anbietet. Aufgrund dieser Situationsdefinition hat es der Mediator in seiner Praxis notgedrungen mit einem Streit*fall* zu tun. Für dessen Bearbeitung steht ihm jedoch ausschließlich ein Instrumentarium der Interaktionskontrolle zur Verfügung steht, das auf die Herstellung eines „produktiven Miteinanders" zielt. Die Anwendung dieses Instrumentariums dürfte schon deshalb erforderlich werden, weil in der als Vermittlung gerahmten Situation eine gegenläufige Praxis einsetzt: Streit.

Folgt man dem Gedankengang, liegt der Familien- und der Umweltmediation trotz aller Unterschiede dasselbe Grundprinzip zugrunde, die verdeckte Ausübung von Kontrolle, und in beiden Fällen würde dieses Prinzip einen Strukturkonflikt implizieren, der eine Dynamik forcierter Kontrollbemühungen freisetzt. Die Umweltmediation erscheint vor diesem Hintergrund nicht mehr als ein problematischer Sonderfall der Mediation. Vielmehr kann argumentiert werden, dass sich das Grundprinzip der Mediation an der Umweltmediation besonders gut erschließt. Dies ist bei der Familienmediation deshalb schwierig, weil dort eine Verlaufsgestalt vorliegt, die der einer Vermittlung entspricht: Es streiten sich zwei und wenden sich an einen Dritten, der sich als Vermittler anbietet. Entsprechend stellt sich die Frage, warum der als Vermittler hinzugezogene Dritte bei näherer Betrachtung das zu erwartende Vermittlungshandeln unterläuft. Das Beispiel der Umweltmediation wirft hingegen die Frage auf, ob es auf die soziale Verlaufsgestalt, dass zwei sich streiten und einen Dritten hinzuziehen, möglicherweise gar nicht ankommt, sondern darauf, den Streit soweit als eben möglich zugunsten von Kooperation aus der Welt zu schaffen. Hierfür können sich offenbar unterschiedliche Einsatzstellen anbieten: die Suche nach Alternativen zum Recht, effektiveren Steuerungsinstrumenten in der Umweltweltpolitik oder auch neuen Wegen einer ökologischen Stadtplanung. Phänomene wie die (moderne) Mediation – also die Praxis, die heute unter diesem Begriff firmiert – und die an sie anschließende Umweltmediation wären dann aber nicht – wie beispielsweise das Recht – in den Zusammenhang eines historischen Prozesses der fortschreitenden Rationalisierung einer fallverstehend ansetzenden Bearbeitung von Streitfällen zu stellen. Sie wären vor dem Hintergrund einer Rationalisierung der Mittel zur Kontrolle des menschlichen Lebens zu sehen. In diesem Zusammenhang würde sich ein Handlungstypus herausbilden, der anders als das Vermitteln im Streit ganz und gar nicht „uralt" wäre, sondern höchst modern: eine mit technischen Mitteln erfolgende und wissenschaftlich reflektierte Kontrolle menschlicher Kommunikation. Eine solche Kontrolle geht mit erheblichen Zumutungen einher und bedarf der Rechtfertigung. Die Diskurse über die atomare und ökologische Selbstgefährdung des Menschen und schließlich über die Konkurrenzzwänge einer globalisierten Welt, die den Zeitgeist in den Dekaden seit dem zweiten Weltkrieg geprägt haben, dürften hier eine wichtige Rolle gespielt haben.

3 Abschließende methodologische Betrachtung

Die durchgespielten Erklärungsmöglichkeiten werfen nicht nur die Frage auf, welche dieser Möglichkeiten tragfähig sind und wie sich weitere Evidenz ihrer Frage gewinnen ließe. Sie sind auch unter methodologischen Gesichtspunkten interessant. Sie verweisen auf verschiedene Verläufe des Prozesses der Hypothesenbildung und -überprüfung. Es lassen sich drei Verläufe unterscheiden. In allen drei Fällen erfolgt dieselbe vorläufige Gegenstandsbestimmung. Mit der Gegenstandsbestimmung wird ein bestimmter unter soziologischen Gesichtspunkten interessanter Typus von Fällen herausgearbeitet, Fälle des Typus X, im vorliegenden Beispiel: ein unter bestimmten historischen und gesellschaftlichen Bedingungen institutionalisiertes Vermittlungshandeln, das in einem Kontext etabliert werden soll, in dem es unwahrscheinlich erscheint, das dies gelingen kann. Aus dieser Gegenstandsbestimmung ergibt sich eine Fragestellung, die bei der Auswertung des erhobenen Materials mitläuft, inwiefern nämlich *ein jeweils besonderer Fall von X* vorliegt. Der Forschungsprozess kann nun verschiedene Wege gehen.

Bei einem ersten Verlauf – der hier nicht vorliegt, aber, so wie das Forschungsvorhaben angelegt war, anvisiert wurde – lassen sich die gewonnenen Befunde ohne weiteres als Fälle von X auffassen, und zwar *als verschiedene Fälle von X, die sich in ihrer Besonderheit im untersuchten Material selbst reproduzieren.* Der Forschungsprozess lässt sich dadurch vorläufig abschließen, dass eine *Typologie dieser Fälle* ausgearbeitet wird. Diese Typologie kann an der Frage orientiert sein, inwiefern in den Fällen eine für das untersuchte Handeln angenommene Grundspannung in einer bestimmten Richtung aufgelöst wird. Eine andere Möglichkeit besteht darin, sie als Ausdruck rationalisierungsgeschichtlicher Verzweigungen zu interpretieren. Eine solche Typologie bildet den Anknüpfungspunkt weiterer Forschungen, indem nämlich der Frage nachgegangen wird, *wie* es zu diesen Unterschieden gekommen ist. Hierzu müssen über die schon betrachteten Fallmaterialien hinaus und im Rückgriff auf frühere Ausdrucksgestalten die Bildungs- und Entwicklungsprozesse untersucht werden, an deren Ende die schon auswerteten Materialen stehen. Am Anfang der Untersuchung steht also ein allgemeiner Typus sozialen Handelns, der über die am Material erfolgende Fallrekonstruktion typologisch differenziert wird. Die im ersten Zugriff notgedrungen klassifizierende Betrachtung des Gegenstandes wird im weiteren Verlauf der Forschung immer mehr zugunsten eines Verständnisses von Bildungs- und Entwicklungsprozessen aufgelöst, ohne sich der Möglichkeit zu entheben, den Gegenstand in allgemeinen Begriffen zu fassen.

Ein zweiter Verlauf ergibt sich, wenn die Materialanalyse keinen klaren Fall von X zu Tage befördert, es aber Gründe dafür gibt, an der vorgenommenen Gegenstandsbestimmung festzuhalten. Die Frage lautet nun nicht mehr, inwiefern sich ein herausgearbeiteter und unproblematischer Fall von X unter dem Gesichtspunkt von Gemeinsamkeit und Differenz in ein Ensemble vergleichbarer Fälle einordnen lässt. Es ist zu fragen, warum sich der Fall überhaupt im untersuchten Forschungsfeld findet und ob er eine erklärbare Ausnahme bildet oder sich an anderen Fällen vergleichbare Schwierigkeiten zeigen. Hält man bei der Suche nach entsprechenden Erklärungen an der ursprünglichen Gegenstandsbestimmung fest, so wären die fraglichen Fälle als *Grenzfälle von X* zu bestimmen: als Fälle, die das Ergebnis von Entwicklungs- und Bildungsprozessen sind, die *verhindert* haben, dass es zu einer *gültigen* Ausbildung eines Falls von X kommt.

Vor diesem Hintergrund kann aber auch die Möglichkeit in Betracht gezogen werden, dass die Gegenstandsbestimmung selbst unzutreffend gewesen ist. Die Frage, der nun nachgegangen wird, ist, ob sich die Befunde *besser* erklären ließen, wenn man sie nicht als Fälle von X, sondern als Fälle eines erst *noch zu bestimmenden Typus Y* auffasste. Bei diesem Verlauf wird ausgehend von den Befunden ein Schritt zurückgegangen und nach einer neuen Gegenstandsbestimmung gesucht. – Geht man davon aus, dass in einer erfahrungswissenschaftlichen Soziologie grundsätzlich alle Aussagen vorläufigen Charakter besitzen und sich im Laufe des weiteren Forschungsprozesses als korrekturbedürftig erweisen können, ist beim eingangs beschriebenen fallrekonstruktiven Vorgehen grundsätzlich damit zu rechnen, dass der Forschungsprozess alle drei Verläufe nehmen kann.

Danksagung

Thomas Loer bin ich für die sorgfältige Lektüre des Manuskriptes, wertvolle Anregungen und zahlreiche Änderungsvorschläge verbunden.

Transkriptionszeichen

=	unmittelbarer Anschluss neuer Turns oder Einheiten
und=äh	Verschleifungen innerhalb von Einheiten
(.)	Mikropause
(-), (--), (---)	Pause von ca. 0.25-0.75 Sekunden
(2.0)	Pause der angegebenen Dauer
:, ::, :::	Dehnung, je nach Dauer
'	Abbruch durch Glottalverschluss
akZENT	Primär- bzw. Hauptakzent
akzEnt	Sekundär- bzw. Nebenakzent
,	steigende Intonation
-	Tonhöhe gleichbleibend
;	fallende Intonation
.h .hh .hhh	Einatmen, je nach Dauer
h hh hhh	Ausatmen, je nach Dauer
( )	unverständliche Passage
(solche)	unsichere Transkription, vermuteter Wortlaut
(solche/welche)	unsichere Transkription, mögliche Alternativen
XXXXXX	Zeilenlängenneutrale Tilgung im Transkript

Literaturverzeichnis

Anhelm, Fritz Erich; Hammerbacher, Ruth (Hg.) (1999): Das Vermittlungsverfahren „Münchehagen-Ausschuss" zur Altlast SAD Münchehagen. Abschlußbericht und Dokumentation der Stellungnahmen der Beteiligten. Rehburg-Loccum: Evangelische Akademie Loccum

Aubert, Vilhelm (1963): Competition and Dissenses – Two Types of Conflict and Conflict Resolution. In: *Journal of Conflict Resolution 7*, H. 1: 26-42

Barrett, Jerome T. (2004): A History of Alternative Dispute Resolution. The Story of a Political, Cultural, and Social Movement. San Francisco: Jossey-Bass

Besemer, Christoph (2009): Mediation. Die Kunst der Vermittlung in Konflikten. Karlsruhe: Gewaltfrei Leben Lernen

Breidenbach, Stephan (1995): Mediation. Struktur, Chancen und Risiken von Vermittlung im Konflikt. Köln: Otto Schmidt
Bröckling, Ulrich (2004): Vermittlung als Befriedung. Über Mediation. In: Liell, Christoph; Pettenkofer, Andreas (Hg.), Kultivierungen von Gewalt. Beiträge zur Soziologie von Gewalt und Ordnung, Würzburg: Ergon, 211-233
Bröckling, Ulrich (2015): Gute Hirten führen sanft. Über Mediation. In: *Mittelweg 36*, 24. Jg., H. 1/2: 171-186
Bush, Robert A. Baruch; Folger, Joseph P. (1994): The Promise of Mediation. Responding to Conflict through Empowerment and Recognition. San Francisco: Jossey-Bass
Collin, Peter (2016): Vom Richten zum Schlichten – juristische Entscheidungssysteme im Umbruch. In: *Zeitschrift für Rechtssoziologie 36*, H. 1: 112-138
Cook, Roger F.; Roehl, Janice A.; Sheppard, David I. (1980): Neighorhood Justice Centers Field Test – Final Evaluation Report. U.S. Department of Justice, National Institute of Justice, Office of Program Evaluation
Cormick, Gerald W.; Patton, Leota (1980): Environmental Mediation. Defining through Experience. In: Lake, Laura M. (Hg.), Environmental Mediation. The Search for Consensus, Boulder, CO: Westview Press, 76-97
Dally, Andreas; Weidner, Helmut; Fietkau, Hans-Joachim (Hg.) (1994): Mediation als politischer und sozialer Prozeß. Rehburg-Loccum: Evangelische Akademie Loccum
Doering-Manteuffel, Anselm; Raphael, Lutz (2008): Nach dem Boom. Perspektiven auf die Zeitgeschichte seit 1970. Göttingen: Vandenhoeck und Ruprecht
Eckhoff, Torstein (1967): The Mediator, the Judge and the Administrator in Conflict-Resolution. In: *Acta Sociologica 10*, H. 1/2: 148-172
Eekelaar, John; Dingwall, Robert (1988): The Development of Conciliation in England. In: Dingwall, Robert; Eekelaar, John (Hg.), Divorce Mediation and the Legal Process, Oxford: Clarendon Press, 3-22
Fietkau, Hans-Joachim; Weidner, Helmut (Hg.) (1998): Umweltverhandeln. Konzepte, Praxis und Analysen alternativer Konfliktregelungsverfahren. Berlin: Edition Sigma
Fisher, Roger; Ury, William L. (1981): Getting to Yes. Negotiating Agreement without Giving In. Boston: Houghton Mifflin
Folger, Joseph P.; Jones, Tricia S. (Hg.) (1994): New Directions in Mediation. Communication Research and Perspectives. Thousand Oaks, CA: Sage
Förderverein Umweltmediation (Hg.) (1999): Studienbrief Umweltmediation. Eine interdisziplinäre Einführung. Bonn: Förderverein Umweltmediation
Geis, Anna (2005): Regieren mit Mediation. Das Beteiligungsverfahren zur zukünftigen Entwicklung des Frankfurter Flughafens. Wiesbaden: VS
Geyer, Martin H. (2010): Auf der Suche nach der Gegenwart. Neue Arbeiten zur Geschichte der 1970er und 1980er Jahre. In: *Archiv für Sozialgeschichte 50*: 643-669
Glasl, Friedrich (2013): Konfliktmanagement. Ein Handbuch für Führungskräfte, Beraterinnen und Berater. Bern: Haupt
Goldberg, Stephen B.; Green, Eric D.; Sander, Frank E. A. (1985): Dispute Resolution. Boston: Little, Brown and Co
Götz, Monika; Schäfer, Christa D. (Hg.) (2008): Mediation im Gemeinwesen. Nachbarschaftsmediation, Stadtteilmediation, Gemeinwesenmediation. Baltmannsweiler: Schneider Hohengehren
Harrington, Christine B. (1985): Shadow Justice. The Ideology and Institutionalization of Alternatives to Court. Westport, CT: Greenwood Press

Haynes, John M. (1981): Divorce Mediation. A Practical Guide for Therapists and Counselors. New York: Springer

Hehn, Marcus (1999): Gesetzliche Möglichkeiten zum Einsatz eines Verfahrensmittlers im Öffentlichen Recht. In: Förderverein Umweltmediation (Hg.), Studienbrief Umweltmediation. Eine interdisziplinäre Einführung, Bonn: Förderverein Umweltmediation, 199-211

Hohmann, Jutta; Morawe, Doris (2013): Praxis der Familienmediation. Typische Probleme mit Fallbeispielen und Formularen bei Trennung und Scheidung. Köln: Otto Schmidt

Jarausch, Konrad H. (2008) (Hg.): Das Ende der Zuversicht. Die 1970er Jahre als Geschichte. Göttingen: Vandenhoeck und Ruprecht

Kals, Elisabeth; Ittner, Heidi (2008): Wirtschaftsmediation. Göttingen: Hogrefe

Koch, Klaus-Friedrich (1976): Konfliktmanagement und Rechtsethnologie. Ein Modell und seine Anwendung in einer ethnologischen Vergleichsanalyse. In: *Sociologus 26*, H. 2: 97-129

Kressel, Kenneth; Pruitt, Dean G. (Hg.) (1989): Mediation Research. The Process and Effectiveness of Third-Party Intervention. San Francisco: Jossey-Bass

Lange, Catrin (2002): Schulmediation. Oldenburg: Oldenburger Vor-Drucke

Levin, A. Leo; Wheeler, Russell R. (Hg.) (1979): Perspectives on Justice in the Future. Proceedings of the National Conference on the Causes of Popular Dissatisfaction with the Administration of Justice. St. Paul, MN: West

Luhmann, Niklas (1997): Die Gesellschaft der Gesellschaft, 2 Bände. Frankfurt a. M.: Suhrkamp

Maggiolo, Walter A. (1971): Techniques of Mediation in Labor Disputes. Dobbs Ferry, NY: Oceana Publications

Maiwald, Kai-Olaf (2003): Der unsichtbare Mediator. Probleme der Ausweisung beruflicher Leistung in der Familienmediation. In: Mieg, Harald; Pfadenhauer, Michaela (Hg.), Professionelle Leistung – professional performance. Positionen der Professionssoziologie, Konstanz: UVK, 195-226

Maiwald, Kai-Olaf (2004a): Professionalisierung im modernen Berufssystem. Das Beispiel der Familienmediation. Wiesbaden: VS

Maiwald, Kai-Olaf (2004b): Die Anforderungen mediatorischer Konfliktbearbeitung. Versuch einer typologischen Bestimmung. In: *Zeitschrift für Rechtssoziologie 25*, H. 2: 175-189

Maiwald, Kai-Olaf (2009): Friedensstiftung und Autonomie (Kritik an: Leo Montada, Mediation – Pfade zum Frieden). In: *Erwägen Wissen Ethik 20*, H. 4: 543-544

Maiwald, Kai-Olaf (2016): Die Professionalisierung(en) der Mediation. In: *Zeitschrift für Rechtssoziologie 36*, H. 1: 6-28

Montada, Leo (2009): Mediation – Pfade zum Frieden. In: *Erwägen Wissen Ethik 20*, H. 4: 501-511

Moore, Christopher W. (1986): The Mediation Process. Practical Strategies for Resolving Conflict. San Francisco: Jossey-Bass

Münte, Peter (2010): Zur Rolle partizipativer Verfahren im Wandel von Politik. Rekonstruktion einer berufsbiographischen Schlüsselepisode eines Umweltmediators. In: *Zeitschrift für Rechtssoziologie 31*, H. 1: 81-102

Münte, Peter (2012): Das Mediationsverfahren als sozialtechnologische Form herrschaftstechnischer Versachlichung und inszenierter Herrschaftsfreiheit. Eine Analyse eines Entwurfs der Vereinbarung über eine Mediation zum Ausbau des Flughafens Wien. In: Bora, Alfons; Münte, Peter (Hg.), Mikrostrukturen der Governance. Beiträge zur materialen Rekonstruktion von Erscheinungsformen neuer Staatlichkeit, Baden-Baden: Nomos, 217-260

Münte, Peter (2016): Professionalisierungsbedürftige Vermittlungspraxis oder Sozialtechnologie? In: *Zeitschrift für Rechtssoziologie 36*, H. 1: 29-57

Münte, Peter (2017): Improving Modern Society. Governing Science and Technology by Engineered Participation. In: Paul, Regine; Mölders, Marc; Bora, Alfons; Huber, Michael; Münte, Peter (Hg.), Society, Regulation and Governance. New Modes of Shaping Social Change? Cheltenham: Edward Elgar, 166-180

Neuert, Christian (2001): Umweltmediation. Möglichkeiten und Grenzen. Marburg: Tectum

Oevermann, Ulrich (1996): Theoretische Skizze einer revidierten Theorie professionalisierten Handelns. In: Combe, Arno; Helsper, Werner (Hg.), Pädagogische Professionalität. Untersuchungen zum Typus pädagogischen Handelns, Frankfurt a. M.: Suhrkamp, 70-182

Pühl, Harald (Hg.) (2003): Mediation in Organisationen – Neue Wege des Konfliktmanagements: Grundlagen und Praxis. Berlin: Leutner

Radkau, Joachim (2011): Die Ära der Ökologie. Eine Weltgeschichte. München: Beck

Raithel, Thomas; Rödder, Andreas; Wirsching, Andreas (Hg.) (2009): Auf dem Weg in eine neue Moderne? Die Bundesrepublik Deutschland in den siebziger und achtziger Jahren. München: Oldenbourg

Rodgers, Daniel T. (2012): Age of Fracture. Cambridge, MA: Belknap Press of Harvard University Press

Röhl, Klaus F. (1979): Beraten, Vermitteln, Schlichten und Richten. In: *Schleswig-Holsteinische Anzeigen*, H. 7: 134-141

Simkin, William E. (1971): Mediation and the Dynamics of Collective Bargaining. Washington, D.C.: Bureau of National Affairs

Susskind, Lawrence; Cruikshank, Jeffrey L. (1987): Breaking the Impasse. Consensual Approaches to Resolving Public Disputes. New York: Basic Books

Ury, William L.; Brett, Jeanne M.; Goldberg, Stephen B. (1988): Getting Disputes Resolved. Designing Systems to Cut the Costs of Conflict. San Francisco: Jossey-Bass

Weckert, Al; Oboth, Monika (2014): Mediation für Dummies. Weinheim: Wiley

Zilleßen, Horst (1998a): Einleitung. In: ders. (Hg.), Mediation. Kooperatives Konfliktmanagement in der Umweltpolitik, Opladen: Westdeutscher Verlag, 8-16

Zilleßen, Horst (Hg.) (1998b): Mediation. Kooperatives Konfliktmanagement in der Umweltpolitik. Opladen: Westdeutscher Verlag

Autoren und Herausgeber

Karl Friedrich Bohler, Prof. Dr. phil.; Professor am Institut für Sozialwissenschaften der Universität Hildesheim; Arbeitsschwerpunkte: Professions-, Familien- und Regionalsoziologie; einschlägige Publikationen: „Berufsethische Elemente von Professionalität in der Jugendhilfe" (In: Becker-Lenz, Roland u. a. [Hrsg.]: Professionalität in der Sozialen Arbeit. Standpunkte, Kontroversen, Perspektiven, Wiesbaden, VS Verlag, 2009), „Die traditionelle Bauernfamilie und das Ende eines Entwicklungspfads" (In: Krüger, Dorothea Christa u. a. [Hrsg.]: Familie[n] heute. Entwicklungen, Kontroversen, Prognosen, Weinheim und Basel, Beltz Juventa, 2013), „Region und Mentalität. Welche Rolle spielen sie für die gesellschaftliche Entwicklung?" (In: sozialer sinn 1/2004)

Andreas Franzmann, PD Dr.; Privatdozent an der Universität Frankfurt/Main, wissenschaftlicher Mitarbeiter am Institut für Pädagogische Diagnostik IPD, Siegburg; Leiter des DFG-Projekts „Biographische Ursprungskonstellationen des Wissenschaftsberufs", Arbeitsschwerpunkte: Objektive Hermeneutik, Professionalisierungstheorie, Wissenschaftssoziologie. Zuletzt erschienen: mit Axel Jansen, Peter Münte: Legitimizing Science. National and Global Public, 1800-2010, Frankfurt, New York, 2016; mit Roland Becker-Lenz, Axel Jansen, Matthias Jung: Die Methodenschule der Objektiven Hermeneutik. Eine Strandortbestimmung, Springer 2016; Die Disziplin der Neugierde. Zum professionalisierten Habitus in den Erfahrungswissenschaften, transcript 2012

Dorett Funcke, Dr.; Juniorprofessorin für das Fach Soziologie familialer Lebensformen, Netzwerke und Gemeinschaften an der FernUniversität in Hagen; Arbeitsschwerpunkte: Paar- und Familiensoziologie, Sozialisationsforschung, Fallrekonstruktive Sozialforschung; einschlägige Publikationen: „Ursprünge und Kontinuität der Kernfamilie. Eine Einführung in die Familiensoziologie" (gemeinsam mit Bruno Hildenbrand, Springer 2017), „In welchen Familien leben wir eigentlich? Die Kernfamilie – ein aufschlussreicher soziologischer Begriff zur Analyse gegenwärtiger Familienformen" (In: Familiendynamik 2/2017), „Soziale Konstruktion von Elternschaft und Verwandtschaft am Beispiel einer gleichgeschlechtlichen Familie" (In: soziader sinn 2/2013)

Matthias Jung, PD Dr. phil., Privatdozent am Fachbereich Gesellschaftswissenschaften der Goethe-Universität Frankfurt, derzeit wissenschaftlicher Mitarbeiter im LOEWE-Schwerpunkt „Prähistorische Konfliktforschung – Burgen der Bronzezeit zwischen Taunus und Karpaten"; Arbeitsschwerpunkte: Objektive Hermeneutik, Arbeitsmarktforschung, Sozialstrukturen traditionaler Gesellschaften; einschlägige Publikationen: „Archaische Illusionen. Die Vernutzung von Wissenschaft durch das Fernsehen am Beispiel der SWR-Produktion ‚Steinzeit. Das Experiment'" (Frankfurt am Main: Humanities Online 2016), „‚Heimathirsche'. Hobbyarchäologen zwischen Hedonismus und Professionalisierung" (Münster u. a.: Waxmann 2010), „Zur Logik archäologischer Deutung. Interpretation, Modellbildung und Theorieentwicklung in der Urgeschichtswissenschaft am Fallbeispiel des späthallstattzeitlichen ‚Fürstengrabes' von Eberdingen-Hochdorf, Kr. Ludwigsburg" (Bonn: Habelt 2006)

Sascha Liebermann, Prof. Dr. phil.; Professor für Soziologie, Alanus Hochschule für Kunst und Gesellschaft, Alfter. Gegenwärtige Forschungsschwerpunkte: Politische Soziologie, Sozialpolitik, Sozialisation, Familie, Bildungsprozesse, Objektive Hermeneutik; einschlägige Publikationen: „Autonomie und Verantwortung im Studium. Zur Diskussion über Anwesenheitspflicht " (In: soziader sinn 1/2016), „Das Selbstmissverständnis der ‚Arbeitsgesellschaft' oder zur strukturellen Gemeinsamkeit von Demokratie und Bedingungslosem Grundeinkommen" (In: Dortmunder politische-philosophische Diskurse Bd. 14/2016), „‚Überflüssige', ‚Überzählige', ‚Entbehrliche' – konstitutionstheoretische Leerstellen, diagnostische Verkürzungen" (mit Thomas Loer; in: soziader sinn 1/2009)

Thomas Loer, Dr. (habilitierter Soziologe); Gastdozent an der Universiät Witten/Herdecke, Lehrbeauftragter an der IPU Berlin, freiberufl. Soziologe; Arbeitsschwerpunkte: Objektive Hermeneutik, Kultursoziologie; einschlägige Publikationen: „Objektive Bedeutungsstruktur und latente Sinnstruktur. Eine Forschungsnotiz zu zwei klärungsbedürftigen Termini der Objektiven Hermeneutik" (In: soziader sinn 2/2016), „Als ob. Fingierte Souveränität im Bilde – Analyse einer Photographie von August Sander" (In: Burkart, Günter; Meyer, Nikolaus (ed.), Die Welt anhalten. Von Bildern, Fotografie und Wissenschaft, Weinheim, Basel: Beltz Juventa 2016), „Forschungsnotiz zum Begriff der Ausdrucksgestalt" (In: soziader sinn 1/2015)

Kai-Olaf Maiwald, Prof. Dr.; Professor für Mikrosoziologie und qualitative Methoden an der Universität Osnabrück; Arbeitsschwerpunkte: Paar- und Familiensoziologie, Geschlechterforschung, qualitative Methoden; einschlägige Publikationen: „Mikrosoziologie. Eine Einführung" (mit Inken Sürig; Springer 2017), „An ever-fixed mark? On the symbolic coping with the fragility of partner relationships by means of padlocking" (Forum Qualitative Sozialforschung 17, 2016), „Solidarität in Paarbeziehungen. Eine Fallrekonstruktion" (In: Dorothea Christa Krüger, Holger Herma, Anja Schierbaum [Hrsg.], Familie[n] heute – Entwicklungen, Kontroversen, Prognosen. Weinheim und München: Juventa 2012)

Peter Münte, Dr.; forscht am Arbeitsbereich „Recht und Gesellschaft" der Universität Bielefeld über partizipative Verfahren und Mediation; zuletzt erschienen sind: „Improving Modern Society. Governing Science and Technology by Engineered Participation" (In: Paul, Regine; Mölders; Marc; Bora, Alfons; Huber, Michael; Münte, Peter [ed.], Society, Regulation and Governance. New Modes of Shaping Social Change? Cheltenham: Edward Elgar 2017), „Professionalisierungsbedürftige Vermittlungspraxis oder Sozialtechnologie?" (In: Zeitschrift für Rechtssoziologie 1/2016)

Johannes Twardella, PD Dr.; Privatdozent an der Goethe-Universität und Lehrer an der Elisabethenschule in Frankfurt am Main; Arbeitsschwerpunkte: Soziologie des Islam, Unterrichtsforschung, Professionalisierungstheorie; einschlägige Publikationen: „Pädagogischer Pessimismus. Eine Fallstudie zu einem Syndrom der Unterrichtskultur an deutschen Schulen" (Frankfurt: Humanities Online 2008), „Pädagogische Kasuistik. Fallstudien zu grundlegenden Fragen des Unterrichts" (Opladen Berlin Toronto: Barbara Budrich 2015)

Andreas Wernet, Prof. Dr.; Professor für Schulpädagogik mit dem Schwerpunkt Schul- und Professionsforschung am Institut für Erziehungswissenschaft der Leibniz Universität Hannover; einschlägige Publikationen: „Einführung in die Interpretationstechnik der Objektiven Hermeneutik" (Wiesbaden 2009), „Die Objektive Hermeneutik als Methode der Erforschung von Bildungsprozessen." (In: Karin Schittenhelm [ed.]: Qualitative Bildungs- und Arbeitsmarktforschung. Wiesbaden: Springer VS), „Über das spezifische Erkenntnisinteresse einer auf die Rekonstruktion latenter Sinnstrukturen zielenden Bildungsforschung." (In: Martin Heinrich; Andreas Wernet [ed.]: Rekonstruktive Bildungsforschung: Zugänge und Methoden. Wiesbaden: Springer VS)

MIX
Papier aus verantwortungsvollen Quellen
Paper from responsible sources
FSC® C105338

If you have any concerns about our products,
you can contact us on
ProductSafety@springernature.com

In case Publisher is established outside the EU,
the EU authorized representative is:
**Springer Nature Customer Service Center GmbH
Europaplatz 3, 69115 Heidelberg, Germany**

Printed by Libri Plureos GmbH
in Hamburg, Germany